제6판

세계화와 글로벌이슈

Michael T. Snarr & D. Neil Snarr 외 지음
김계동, 민병오, 박영호, 차재권, 최영미 옮김

명인문화사

세계화와 글로벌 이슈, 제6판

제1쇄 펴낸 날 2018년 2월 20일
제3쇄 펴낸 날 2022년 3월 2일

지은이 Michael T. Snarr, D. Neil Snarr 외
옮긴이 김계동, 민병오, 박영호, 차재권, 최영미
펴낸이 박선영
주 간 김계동
디자인 전수연
교 정 정주영

펴낸곳 명인문화사
등 록 제2005-77호(2005.11.10)
주 소 서울시 송파구 백제고분로 36가길 15 미주빌딩 202호
이메일 myunginbooks@hanmail.net
전 화 02)416-3059
팩 스 02)417-3095

ISBN 979-11-6193-005-3
가 격 25,000원

이 도서의 국립중앙도서관 출판예정도서목록(CIP)은 서지정보유통지원시스템 홈페이지(http://seoji.nl.go.kr)와 국가자료공동목록시스템(http://www.nl.go.kr/kolisnet)에서 이용하실 수 있습니다. (CIP제어번호 : CIP2018003658)

Introducing Global Issues, Sixth Edition

Michael T. Snarr and D. Neil Snarr ed.

★ 각 장의 저자 및 역자 안내는 pp. 496~504를 참조.

간략목차

세부목차

제3부 결론

도해목차

표

도표

저자 서문

이 책의 5판이 출판된 이후 수많은 새로운 이슈들이 등장을 했고, 다수의 과거 이슈들은 새롭게 진화해 왔다. 세계에서 가장 두려운 테러조직으로 이슬람국가(ISIS)가 등장했고, 기후변화 협력이 느리게 진전이 되고 있으며, 기술발전이 예견했던 것과 같이 보다 복합적인 세계를 창조하고 있으며, 기후변화와 분쟁의 결과로 더 많은 난민들이 발생하고 있다. 이 6판은 이러한 다양한 이슈들에 대해서 보다 많은 관심을 집중하고, 각 장은 가장 최근의 상황변화에 대한 이해를 돕기 위해서 내용을 업데이트 하고 있다. 오랜 기간 누락되어 온 농업과 식량에 대한 장이 완전히 새로 추가되었고, 안보, 기후, 빈곤, 건강과 같은 이슈들과 연결되어 설명되고 있다. 사이버전과 자율무기에 대한 사례연구를 포함한 다른 중요한 변화들이 분석되고 있으며, 식량안보, 정치참여, 교육에 대한 논의를 포함한 발전의 이슈에서의 여성의 역할에 대한 장도 새롭게 개정되었다. 보건에 대한 장의 내용도 새로워졌다. 또한 더 나은 책을 만들기 위해서 주요 주제와 아이디어를 더욱 명료하게 반영하도록 책 전체를 재구성했다.

* * *

우리 저자들은 새로운 판을 출간하도록 도와 준 여러 사람들에게 감사의 말을 전한다. 우리 두 명의 저자는 글로벌 이슈를 연구하고 가르치는 데 60년 이상의 세월을 보냈다. 그 결과 이러한 가치있는 책을 출판할 수 있게 되었다. 이 6판에 훌륭한 글을 기고해 준 학자들과 전문가들로부터 많은 도움을 받을 수 있는 행운을 누릴 수 있었으며, 따라서 그들의 각 분야의 전문성에 대해서 특별히 감사의 마음을 전한다. 18년 전에 이 책의 첫 판의 출판을 동의해 주고, 이후 계속 지원을 해 준 린 라이너에게 특별한 감사의 말을 하고 싶다. 크리스마스 휴가 1주일과 더불어 한 학기 동안 인용글, 참고문헌, 그리고 이 책의 다른 부분들의 편집을 도와준 미건 캔필드의 도움 없이 이 책의 발간은 어려웠을 것이다. 항상 우리는 끝없는 지지와 지원을 해 준 가족들에게 무한한 고마움을 표한다.

마이클 T. 스나르
D. 닐 스나르

역자 서문

18년 전에 첫 판이 출판된 이 책은 세계화 과정에서 일어나는 문제점들을 안보, 경제, 개발, 환경의 측면에서 포괄적으로 다루고 있다. 자본주의와 공산주의의 이데올로기와 군사적 대립을 중심으로 한 세계 냉전이 종식된 1990년 이후 보다 포괄적인 안보, 즉 경제안보, 사회안보, 인간안보, 환경안보라는 영역들이 인류의 관심을 끌게 되었다. 과거의 이슈들은 새로운 성격으로 확대 발전하고 있으며, 과거에는 없던 새로운 이슈들도 등장하고 있다.

세계화의 과정에서 추구되는 새로운 인류의 평화와 번영을 위태롭게 하는 이슈들이 계속 등장하고 있으며, 이 이슈들에 대해서 종합적인 연구를 한 결과가 이 책이다. 세계화 과정에서 등장하는 이슈들을 식별함과 동시에 이 책은 그 이슈들을 극복하기 위한 대안을 제시하고 있다. 미국의 Lynne Rienner에서 출판된 이 책은 이미 6판을 낼 정도로 학계와 일반 독자층에게 선풍적인 인기를 끌고 있다. 이 연구는 학제 간 연구의 성격을 가지고 있으며, 성격이 다른 각 장을 다른 학자들과 전문가들이 저술하여 전문성을 높였다.

이 책의 개정판을 번역 출판하면서 번역진도 부분적으로 개편되어 왔다. 이번 6판에는 통일연구원 출신이면서 강원대학에서 가르치고 있는 박영호 교수, 그리고 정치경제 전문학자이면서 전남대학교 정외과에서 가르치고 있는 최영미 교수가 새로 참여했다. 민병오, 차재권, 박영호, 최영미, 김계동 등 5명의 공동번역진은 과거보다 전문성이 높은 점을 특징으로 하고 있다.

이 책은 정치학, 경제학, 사회학 등 사회과학을 공부하는 학생이나 학자들이 각 분야별로 이루어지고 있는 세계화가 인류사회 발전에 얼마나 기여를 하고 있으며, 반대로 인류의 삶에 얼마나 해가 되는가를 연구하는 데 필요한 필독서이다. 사회과학을 공부하는 학생이나 학자들 외에도 일반 지식인들이 반드시 읽고, 성찰하고, 보다 살기 좋은 지구를 만들기 위한 미래의 행동을 준비하기 위해서 읽어야 할 교양서이다.

이 책을 번역하여 출판하기까지에는 많은 사람들의 도움과 땀이 배어 있다. 우선 개정판 나올 때마다 번역을 허용해 주는 Lynne Rienner 출판사에 고마운 마음을 표하고 싶다. 공동번역이기 때문에 매우 관리가 어렵고 편집작업이 까다로운 이 책의 출판을 흔쾌히 응한 명인문화사 박선영 대표에게 감사드린다. 번역진의 번역 마무리 일자가 개인별로 들쑥날쑥하고 일관되지 않은 번역결과를 조정하면서 좋은 책을 내기 위해서 애를 써 준 명인문화사의 전수연 편집디자이너의 인내와 노고에도 찬사를 보낸다.

2018년 1월 25일

번역진 대표 김 계 동

Chapter 1

세계화와 글로벌 이슈의 탐구

기록적인 난민의 증가, 테러리스트들에 의한 참수, 절망적인 빈곤, 기후변화에 따른 위기의 증가, 잔인한 인권침해, 영양실조와 질병의 확산 등은 당신이 뉴스를 보면 접하게 되는 이슈들이다. 불행하게도, 아래의 통계가 보여주듯이, 다양한 글로벌 이슈들이 인류를 위협하고 있다.

- 세계의 인구는 매일 약 20만 명씩 증가하고 있다.
- 매일 1만 6,000명의 어린이들이 기아와 관련된 원인으로 인해 사망하고 있는데, 5초에 한 명 꼴이다 (WHO 2015k).
- 지금 세계에는 7억 9,500만 명의 가난한 사람들이 있다 (Gladstone 2015b).
- 지금 세계에는 1945년 이후 어느 때보다 많은 난민들이 있다 (Alexander 2015).
- 전지구적으로 9명 중에 1명꼴로 영양실조에 처해 있다 (UN 2015a).
- 1990년 이후 지구적으로 이산화탄소 배출이 50퍼센트 증가했다 (UN 2015a).

- 3명 중에 1명 꼴(약 24억 명)로 수세식 화장실 또는 다른 적절한 위생시설을 이용하지 못하고 있다 (Gladstone 2015a).
- 날씨가 가장 더웠던 15년 중에서 13번이 2000년 이후에 발생했다 (Thompson 2015b).
- 과학자들은 향후 수십 년간 동물 종의 75퍼센트가 멸종될 것으로 예측하고 있다 (Neuhauser 2015).
- 약 40퍼센트의 성인이 과체중이고 13퍼센트는 비만이다 (WHO 2015i).
- 지난 25년 동안 남아공 국토 면적의 지역(미국 텍사스 크기의 두 배)의 산림이 벌채되었다 (Mooney 2015).

오늘날 뉴스의 헤드라인이 부정적인 경우가 많고 세계의 문제들이 도처에서 발생하고 있는 것처럼 보이지만, 많은 글로벌 이슈에 있어서 진전이 이루어지고 있다. 특히, 교육, 전쟁, 보건 등의 분야에서 중요한 진전이 이루어지고 있다. 국가, 국제정부간기구, 비정부기구와 개인의 끈질긴 노력이 보다 많은 향상을 가져 올 수 있을 것이다. 아래의 리스트는 희망의 동기를 부여하고 있다.

- 국가 사이의 전쟁이 많이 줄어들었다.
- 글로벌 산림벌채 비율이 감소하고 있다 (Mooney 2015).
- 1990년 이후 글로벌 문자해독자 비율이 83퍼센트에서 91퍼센트로 증가했다 (UN 2015a).
- 오늘날 글로벌 차원에서 평균수명이 1세기 전에 비해서 두 배로 늘어났다.
- 지난 15년 동안 새로운 에이즈 감염 비율이 350만 건에서 210만 건으로 감소했다 (UN 2015a).
- 1990년 이후 빈곤한 국가들에서 극빈자의 비율이 23.3퍼센트에서 12.9퍼센트로 줄어들었고 (Gladstone 2015b), 5세 이하 어린이의 사망자 수가 53퍼센트 줄어들었다 (D'Urso 2015).
- 깨끗한 물을 마시는 사람들의 비율이 1990년 이후 76퍼센트에서 91퍼센트로 늘어났다 (UN 2015a).

- 역사상 처음으로 세계인구 중에서 극빈자의 비율이 10퍼센트 이하가 되었다 (World Bank 2015c).

위 항목들은 이 책에서 논의하고 있는 글로벌 이슈와 관련된 것들이며, 이 중 많은 항목들이 이 책을 읽는 독자들에게도 영향을 미칠 것이다. 그러면 '글로벌 이슈'란 무엇인가? 여기서 다루어진 용어들은 두 가지 형태의 현상을 지칭하기 위해 사용되었다. 첫째, 초국가적 이슈들이 있다. 이들은 정치적 경계선 혹은 국경을 넘나들며 한 국가 이상의 국민들에게 영향을 미친다. 미국의 공장에서 배출된 대기오염 물질이 바람에 실려 캐나다까지 이동하는 것이 그 좋은 예이다. 둘째, 반드시 국경을 넘나드는 것은 아니지만 전세계의 수많은 개인들에게 영향을 미치는 문제와 이슈들이 있다. 예를 들어, 인종대립과 인권침해는 한 국가 내에서 발생할지라도 그 국가를 넘어 다른 국가들에도 영향을 미친다.

이 책의 집필자들의 최우선 목표는 가장 절박한 글로벌 이슈를 소개하고, 그들이 얼마나 밀접하게 상호연계되어 있는지를 밝히는 것이다. 이 이슈들은 우리들 개인 모두에게 영향을 미치기 때문에, 우리는 독자들이 이 이슈들에 대해 좀 더 알고 싶어지게 되길 바란다.

세계는 작아지고 있는가?

최근 몇 해 동안 이루어진 세계화에 관한 수많은 논의들에 따르면, 세계화는 "국경을 초월한 경제, 정치, 사회, 문화관계의 강화"로 정의될 수 있다 (Holm and Sørensen 1995: 1). 세계화의 증거는 일상생활에서 흔히 찾아볼 수 있다. 미국 동네 쇼핑센터의 식료품 가게에는 외국산 물건들로 가득 차 있다. 마찬가지로 나이키, 아디다스. 뉴욕 양키즈의 모자와 티셔츠를 미국뿐만 아니라 다른 나라에서도 쉽게 발견할 수 있다. 많은 국가에서 테일러 스위프트(Taylor Swift), 리한나(Rihanna) 등 미국 음악그룹들이 라디오 방송 전파를 지배하고, BBC와 CNN이 텔레비전 화면을 장악하고 있으며, 영화 〈어벤저스〉 및 다른 할리우드 영화들이 극장가를 지배하고 있다. 우리는 단일화된 글로벌 문화를 향해 나아가고 있는 것일까? 바버(Benjamin Barber)에 의하면 우리는 "통합과 획일을 요구하는 동시에 간편한 음악, 고속 컴퓨터, 패스트 푸드와 같은 것들로 전세계를 매혹시키는 경제적이고 생태적인 힘의 영향을 받고 있다. MTV, 매킨토시, 맥도날드는 국가들로 하여금 상업적으로 단일 글로벌 네트워크를 형성케 한다. 맥월드(McWorld: 맥도날드 세상)는 기술, 생태, 커뮤니케이션과 무역에 의하여 하나로 결속된다" (Barber 1992: 53).

이 책의 편집자들은 몇 년 전 멕시코에서 한 학생단체를 만났을 때 개인적으로 세계화를 경험할 수 있었다. 멕시코시티 근처에 있는 테오티후아칸(Teotihuacan)의 피라미드를 향하여 버스를 타고 갈 때 우리는 잭(Jag)이라는 캐나다인을 만났다. 버스를 타고 가면서 우리는 잭이 인도에서 온 힌두교인이며 몬트리올에 살고 있다는 것을 알게 되었다. 그의 직업은 새롭게 캐나다의 영토로 편입된 누나벳(Nunavet)의 이뉴잇(Inuit: 에스키모에 대한 공식 호칭) 정부를 돕는 일이었다. 생각해보라. 프랑스어를 사용하는 몬트리올에 살면서 이뉴잇 정부에서 일하는 인도 출신 힌두교인이 멕시코시에서 휴가를 지내면서 테오티후아칸 사람들이 만든 피라미드를 방문하고 있다. 바로 이것이 세계화이다.

기술은 아마도 세계화의 가장 뚜렷한 양상이고, 다양한 차원에서 세계화를 추동하는 힘이기도 하다. 커뮤니케이션 기술은 우리의 정보체계를 혁명적으로 변화시켰다. CNN 방송은 전세계 200개 넘는 국가와 영토의 수억 가구에 방영되고 있다. "컴퓨터, 텔레비전, 케이블, 위성, 레이저, 광학섬유, 마이크로 칩 기술(나노와 사이버 기술과 함께)들이 결합하여 광범위하게 상호작용하는 커뮤니케이션과 정보 네트워크를 창조하였다. 이를 통하여 지구상의 모든 사람들은 다른 사람들과 접촉을 할 수 있고, 그들의 눈으로 모든 데이터와 정보를 접할 수 있게 되었다" (Barber 1992: 58). 또한 기술은 국제무역과 국제자본 흐름을 확대시키는 데 기여하였고, 서양문화,

특히 미국문화의 확산을 촉진하였다.

프리드먼(Thomas Friedman)은 과감한 제목의 베스트셀러인 『세계는 평평하다(*The World Is Flat*)』에서 세계가 세계화의 세 번째 단계에 들어섰다고 주장하고 있다. "세계화 3.0은 세계를 작은 사이즈에서 더 작은 사이즈로 줄어들게 하고 있으며, 동시에 무대를 평평하게 만들고 있다" (Friedman 2005: 10). 과거에 세계화는 기업들의 글로벌화가 심화되는 것으로 인식되었지만, 이 세 번째 단계에서는 "개인들이 글로벌 차원에서 협력하고 경쟁하는 새로운 힘"으로 인하여 독특한 성격을 지니고 있다 (Friedman 2005: 10). 인도와 호주의 방사선과 의사는 미국에서 찍은 컴퓨터단층촬영(CAT-scan: CT촬영이라고도 함) 사진을 분석하고, 인도의 전화교환원은 주요 미국 회사에 걸려온 전화를 대신 받고, 중국에 위치하는 콜 센터의 일본어를 말하는 직원들이 일본 고객들에게 서비스를 제공한다. 이와 같이 세계무대는 평등화하고 있으며, 가난한 국가들을 포함한 전세계의 모든 소기업들과 개인들은 글로벌 경제체제 내에서 경쟁을 할 수 있게 되었다.

우리는 글로벌 차원의 분쟁에 있어서도 유사한 현상을 볼 수 있다. 핑커(Steven Pinker 2011)와 맥(Andres Mack 2014)은 미디어가 우리들로 하여금 세계가 점차 폭력화되어 간다고 믿도록 하지만, 우리는 상대적으로 매우 평화로운 시대에 살고 있다는 주장을 하였다. 이와 유사하게 골드스타인(Joshua Goldstein 2011)도 최근 수십 년간 전쟁의 수가 줄었고 전쟁사망의 수도 줄고 있다는 언급을 하였다. 골드스타인은 정부들이 "국제공동체에 참여함으로써 … 그러지 않았다면 실현될 수 없는 호혜적인 결과를 공동으로 달성하고 있다. 이 결과 세계적 차원에서 전쟁이 줄어들고 있다"는 주장을 한다 (Goldstein 2011: 8). 부분적으로 골드스타인은 전쟁과 인권침해를 거부하는 글로벌 가치의 광범위한 공유가 중요하다는 점을 인정한다. 국제공동체 및 공유된 가치의 강화는 세계가 작아지고 있으며 점차 동질화되고 있음을 입증해 준다.

물론 지구가 말 그대로 줄어들고 있는 것은 아니지만 (평평하지도 않고), 여행 및 커뮤니케이션 속도가 빨라지고 있다는 측면에서 세계가 점점 작아지고 있다는 점을 부인하기는 어렵다. 많은 학자들은 우리가 이전보다 더욱 상호적으로 연계되어 있는 세상, 질적으로 다른 세상에 살고 있다고 주장한다. "변화에 대한 현 시대의 경험과 이전 세대의 경험에는 차별성이 존재하고 있다. 이전에는 이와 같이 글로벌 규모에서 눈에 확연히 보일 정도의 신속한 변화가 발생한 적이 없다" (CGG 1995: 12). 또는 프리드먼이 언급한 대로, "세계를 평평하게 만드는 무엇인가 있는데, 그것은 이제까지의 다른 중요한 변화와는 질적으로 다른 것이 될 수 있다. 이 변화는 속도와 폭에 있어서 확고한 뿌리를 내리고 있다. 이와 같이 평평해지는 과정은 초고속으로 진행되고 있으며, 지구상의 많은 사람들에게 직간접적으로 동시에 영향을 주고 있다" (Friedman 2005: 46).

이러한 세계화와 축소되는 세계의 개념을 무비판적으로 수용하는 데 대해 비판하는 사람들은 19세기 후반부에도 노동, 무역, 자본이 지금만큼은 아니지만 자유롭게 이동되었다고 지적한다. 비판론자들은 지난 30년 동안 세계가 경제적으로 상호의존하도록 만든 극적인 변화를 하나의 예로 들고 있다. "현대 금융의 복잡성으로 인해 뉴욕은 런던에, 런던은 파리에, 파리는 베를린에 역사적으로 그 어느 때보다 더욱 더 강하게 의존하게 되었다. 이 상호의존은 문명의 고안품들의 일상적인 사용 … 금융과 통상 정보의 급속한 확산 … 그리고 커뮤니케이션 고속화의 결과이다" (Angell 1909: 44–45). 이러한 주장이 오늘날 신문에 게재되었다면 별 관심을 끌지 못할 것이다. 그러나 이 글은 20세기 초반에 쓰여졌고, 세계화가 새로운 현상이 아니라는 비판론자들의 주장을 뒷받침하는 사례로 이용된다.

일부 회의론자들은 세계의 일부지역에서 상호의존과 기술발전이 이루어졌지만, 이는 제3세계의 대부분 국가에서는 나타나지 않는다고 주장한다 ('제3세계', '남부[the South]', '개발도상 세계', '저개발 국가' 등의 용어는 이 책에서 가난한 국가들을 지칭하는 데 사용된다. 이 용어들은 '제1세계', '북부[the North]', '선진국'으로 불리는 미국, 캐나다, 서유럽, 일본, 호주와 뉴질랜드 등과 비교되어 사용된다). 예를 들어, 모우라나는 '글로벌'이 '범세계적(universal)'인 것이 아니라고 주장하였다 (Hamid Mowlana,

1995: 42). 남부의 경우 극히 적은 수의 사람들만이 새로운 기술을 이용하면서 '지구촌(global village)'에 거주하는 혜택을 누리는 반면, 이 지역의 인구 대부분은 그러한 기회조차 누리지 못하고 있다.

세계의 인터넷 사용에 대한 연구가 이를 잘 설명해 준다. 표 1.1은 세계 각 지역의 조사결과를 보여준다. 인터넷 사용을 세계화의 지표로 활용한 이 표는 지역 간의 극명한 차이를 나타낸다. 유럽(73.5퍼센트), 북미(87.9퍼센트), 그리고 오세아니아/호주(72.9퍼센트)에서 대다수의 국민들이 인터넷을 사용한다. 그러나 아프리카(27.0퍼센트)와 아시아(38.8퍼센트)는 엄청난 차이를 보인다. 북미 사람들은 아시아 사람들보다 인터넷을 두 배 사용하고, 아프리카 사람들보다는 3배 이상 사용한다. 과거 10년 동안 아시아, 중동, 그리고 특히 아프리카에서 인터넷 사용이 급증(15년 동안 약 7,000퍼센트)하고 있지만, 선진지역과 저개발지역의 격차가 줄어들기까지는 많은 시간이 필요한 것으로 분석된다. 다시 말해서, 인터넷 사용을 기준으로 측정한다면 세계화가 범세계적인 현상이 되기는 아직도 요원하다.

표 1.1 세계 인터넷 사용과 인구통계, 2015년

	추정 인구 2015년 (억)	인터넷 사용자 수 2000년 (만)	인터넷 사용 증가율 (퍼센트) 2000~2015년	인구 대비 인터넷 사용자 (퍼센트) 2015년	세계 전체 사용자 대비 지역 사용자 (퍼센트) 2011년
북미	3.572	10,810	190.4	87.9	9.6
아시아	40.325	11,430	1,267.6	38.8	47.8
아프리카	11.584	450	6,839.1	27.0	9.6
오세아니아와 호주	0.372	760	255.6	72.9	0.8
유럽	8.216	10,510	474.8	73.5	18.5
중남미와 카리브해	6.178	1,810	1,743.6	53.9	10.2
중동	2.361	330	3,426.1	49.0	3.5
합계	72.606	36,100	806.0	45.0	100.0

출처 : IWS (2015).

이와 유사하게 세계화의 특징인 증가된 정보가 한 방향으로만 흐르고 있다는 주장이 나오고 있다. 심지어 텔레비전이나 라디오를 사용하는 저개발 지역의 사람들조차 불리한 입장에 놓여 있다. 저개발 국가들에서 커뮤니케이션의 세계화는 전형적으로 한 방향으로 이루어지고 있다. 국민들은 어떠한 정보도 통제할 수 없으며, 단지 받기만 할 뿐이다. 세계적으로 방송을 통제하거나 제작할 수 있는 권한은 극히 소수에게만 부여되어 있는 것도 사실이다.

재정적 자원의 부족이 세계화의 중요한 장애요인이지만, 다른 저해요인들도 존재한다. 우리가 '맥도날드화'에 의한 지구적 통합을 경험하고 있다는 주장을 한 바버(Benjamin Barber 1992)는 역설적으로 우리가 동시에 지구적 분열을 경험하고 있다는 주장을 한다. 그는 소비에트연방과 유고슬라비아의 해체, 그리고 다른 수많은 인종분쟁과 민족분쟁(제4장 참조)들을 세계화에의 주요 역행 사례로 거론한다. 많은 하위 민족 집단들(국가 내의 집단들)은 자치를 원한다. 일부는 자신들의 종교적 가치와 정체성에 대한 위협을 느끼고, 따라서 그들은 세계화의 비종교적인 성격을 거부한다. 그 결과 모우라나(Harold Mowlana)는 세계화가 "획일성이 아니라 비세속적 가치로 회귀하려는 열망을 만들어냈다. 오늘날 이슬람, 기독교, 유대교, 신도(神道), 유교를 불문하고 세계 주요 종교에서 근본주의가 부활하고 있다. 동시에 범세계적 동질성이 확산되면서 이러한 종교적 교의가 정체성의 개념으로 재출현하고 있다"고 주장했다 (Mowlana 1995: 46).

이러한 비판들은 우리가 맞고 있는 현 시대의 세계가 일부 주요 관점에서 볼 때 과거와 다르지 않다는 데에 의미를 부여하고 있다. 이들은 커뮤니케이션과 무역, 그리고 자본이 유례없이 빠른 속도와 거대한 폭으로 움직이고 있다는 사실에는 대부분 동의한다. 그러나 이런 비판들은 세계화의 과정과 효과가 과장되거나 폭 넓게 일반화되는 것에 대해 엄중하게 경고를 하고 있다.

세계화는 좋은 것인가, 나쁜 것인가?

대부분의 사람들이 동의하는 세계화의 측면들을 들여다보면, 긍정적인 면(예를 들어, 의료기술의 확산)이 있는가 하면 부정적인 면(예를 들어, 불법적 마약의 글로벌 거래)도 있다. 보건용품 생산과 정보의 확산과 같이 좋은 동기를 통하여 세계의 사람들을 연결하는 기술은 ISIS(Islam State of Iraq and Syria, 이라크-시리아 이슬람국가)와 같은 집단들로 하여금 소셜 미디어를 통하여 지지자들을 모집할 수 있도록 하고 있다. 세계화가 복합적이라는 측면에서, 세계화의 다른 형태들을 고려함으로써 개념을 분석하려고 노력하는 것이 바람직하다.

표 1.2는 세계화가 영향을 미치는 세 분야, 즉 정치, 경제, 문화를 살펴보고 있으며, 긍정적인 면과 부정적인 면을 고찰할 수 있는 사례들을 제시한다. 정치적 세계화의 핵심적인 특징은 국경 밖과 안에서 일어나는 일들을 통제할 수 있는 국가 능력의 약화이다. 다시 말해 세계화는 국가의 주권, 즉 국가가 국내문제들을 다스리는 능력을 약화시킬 수 있다는 것이다. 이는 긍정적으로 평가될 수도 있는데, 그 이유는 비민주적 정부들이 민주화운동 단체들의 정보 흐름을 통제하는 것이 점차 어려워질 것이기 때문이다. 특히 위성 텔레비전과 인터넷이 국가 주권을 축소시키는 역할을 하고 있다. 그러나 국가의 축소된 주권은 국가가 불법 마약과 테러리스트를 비롯하여 원치 않는 이민자들의 유입을 통제하는 데 어려움을 겪게 된다는 점을 의미하기도 한다.

표 1.2 세계화의 이득과 손실

세계화의 효과	이득	손실
정치	권위주의 정부의 권력 약화	원하지 않는 외부 영향의 제거 불가능
경제	직업, 자본, 소비자 선택의 확대	착취; 소수에게만 혜택; 양극화
문화	다른 문화에 대한 개방	문화적 제국주의

경제 분야에서 세계화의 확산은 소비자들에게 더 많은 선택의 기회를 제공한다. 그리고 다국적기업들은 이전에 이러한 기회를 가져본 적이 없는 가난한 지역에 고용을 창출하고 있다. 일부 비판가들은 이러한 논리에 반대하면서, 해외투자와 무역의 확대는 소수의 부유한 사람들에게만 이득을 가져다주고, 그 결과 국가 간에 그리고 국내적으로 빈부격차가 더욱 확대된다고 주장한다. 이러한 비판가들은 세계에서 가장 부유한 15명이 소유한 부의 합계가 사하라 이남 아프리카 지역의 국내총생산(한 해에 생산된 상품과 서비스 합계)보다 훨씬 더 많다고 지적한다 (Parker 2002). 이와 관련하여 많은 고소득 블루칼라 직업들이 잘사는 북부로부터 라틴 아메리카, 아프리카, 아시아 등의 가난한 국가들로 이전되고 있다는 주장도 있다.

문화 분야를 들여다보면, 문화 접촉의 확대를 긍정적으로 보는 사람들은 문화접촉이 다른 나라의 문화를 배울 수 있는 (그리고 상품들을 구입할 수 있는) 기회를 보다 더 많이 제공한다고 언급한다. 그러나 문화적 세계화를 비판하는 사람들은 다르게 생각한다. 헌팅턴(Samuel Huntington 1998)은 축소되고 있는 세계가 '문명의 충돌'을 야기할 것이라고 주장했다. 이 시나리오에 의하면 충돌은 대규모 서방 기독교권이 이슬람권에 대항하는 것과 같은 형태로 많은 문명권 사이에서 발생하게 된다. 다른 비판론자들은 지배하는 집단들(주로 부유한 국가들)이 자신들의 문화를 다른 집단들에게 강요하는 문화적 제국주의를 언급한다. 문화적 영향력의 주요 도구는 비서방권 문화에 영향을 미치고, 이러한 문화를 일정 수준 파괴하는 데 사용되는 북부의 수십억 달러짜리의 광고비이다. 문화적 제국주의에 대한 우려는 일부 아랍 국가들이 가지고 있는 미국을 향한 증오의 핵심 요소이다. 또 다른 비판론자들은 외국어, 특히 영어의 침투로 인해 민족 고유의 언어가 점차 사라져 가는 데 대해 우려를 표한다. 문화적 영향에 대한 대응으로 이란과 같은 나라는 국영 라디오와 텔레비전에서 서양음악을 방송하지 못하게 하여 원하지 않는 외국문화의 영향을 차단하고 있다. 심지어는 프랑스와 같은 서방국가들조차 원하지 않는 해외문화의 영향을 차단하기 위한 정책을 채택하고 있다.

문화적 가치가 '수출'될 수 있다는 데 대해서는 논쟁의 여지가 있다. 헌팅턴은 "미국인들이 초밥을 먹는다고 해서 일본인처럼 생각하지 않는 것과 마찬가지로, 코카콜라를 마신다고 해서 러시아인들이 미국식 사고방식을 갖게 되는 것은 아니다. 역사적으로 유행과 상품이 한 사회에서 다른 사회로 전이된다고 해서 그 사회의 기본 문화를 근본적으로 변화시킨 경우는 없었다" (Huntington 1996: 28-29). 모우라나(Harold Mowlana)와 같은 다른 비평가들 역시 세계화는 단지 피상적인 변화를 가져다줄 뿐이라고 주장한다. "맥도날드는 거의 모든 나라에 존재하지만, 일본에서는 햄버거와 함께 초밥을 판매하고 있다. 아예 메뉴에 햄버거가 없는 국가도 많이 있다" (Mowlana 1995: 46). 이와 같이 글로벌 제품이 해당 지역의 취향에 따라 변형되는 경우도 가끔 있다. 이와 같은 하이브리드 생산품을 설명하기 위하여 지구(global)와 지방(local)을 합성한 '글로컬리제이션(glocalization, 세방화)'이라는 용어가 만들어져 사용되기도 한다.

요컨대 세계화는 부를 제공해 주는가 하면 다양한 소비의 선택을 할 기회를 주는 등 세계의 많은 사람들에게 이득을 안겨 준다. 동시에 세계화는 보다 심각한 취약성과 안보불안을 안겨 주기도 한다. 우리의 직업이 불안하게 되고, 질병이 빠르게 전파되고, 전통적인 가족구조가 약화된다 (Kirby 2006). 이 책에서 논의되는 이슈들에 세계화가 긍정적인 영향을 미쳤는지 혹은 부정적인 영향을 미쳤는지를 판단하는 것은 독자들의 몫이다. 세계화는 특정 이슈를 다루는 인간의 능력을 향상시켰는가? 아니면 더욱 어렵게 만든 것은 아닌가? 물론 각 개인의 시각은 이러한 이슈들을 개인적인 이해, 국익, 종교적 견해, 또는 글로벌 인도적 관점에 기초하여 어떻게 평가하느냐에 따라 영향을 받을 것이다. 자신들에게 가장 중요한 것이 무엇인가에 기초하여 독자들은 좋은 것과 나쁜 것의 윤리적 문제들을 어떻게 평가할 것인가를 결정해야 한다. 예를 들어, 자유무역(제10장 참조)에 대한 이슈를 생각할 때, 개인 이익을 최우선으로 고려하는 사람들은 "자유무역이 나에게 어떠한 영향을 미칠 것인가"라는 의문부터 가질 것이다. 민족주의적 관점을 가진 독자들은 "자유무역이 우리나라에 어떠한 영향을 미칠 것인가?"라는 질문을 던질 것이다. 종교적 관점을 가진 독자들은 "나의 종교는 이 이슈들에 대하여 나에게 어떠한 지침을 제시해 줄 것인가?"라는 의문을 가질 것이다. 마지막으로 글로벌 인도주의 관점에서는 "보편적으로 인류에게 있어 무엇이 최선인가"라는 의문이 제기될 것이다.

이슈들 간의 상호연결성

앞서 언급한 바와 같이 이 책의 주요 목적은 여기서 논의되는 다양한 이슈들의 상호연결성을 탐구하기 위한 것이다. 예를 들어, 이 책에서는 빈곤과 인구에 관한 장이 분리되어 있지만, 빈곤에 관한 장은 인구문제를 다룬 장과 서로 떼어놓고 생각하기 힘들다. 이 책에서 다룬 이슈들이 어떻게 서로 연결되어 있는지를 보여주는 몇 가지 사례가 있다.

- 세계인구의 성장(제12장)은 특히 아프리카의 에이즈 위기(제7장)로부터 큰 영향을 받는다.
- 무역(제10장)에 대한 가치판단의 상당 부분은 인권문제(제5장)와 복잡하게 연결되어 있다.
- 인종분쟁(제4장)과 그 밖에 다른 형태의 분쟁들은 종종 국제 인구이동뿐 아니라 국내 이주를 야기하기도 한다 (제12장).
- 빈곤 퇴치를 위한 권고 중 하나(제11장)는 여성을 교육시키고 그녀들이 자신의 인생에 대한 결정권을 보다 많이 갖도록 하는 것이다 (제13장).
- 기후변화(제13장)는 보건(제7장), 인구이동(제12장), 분쟁(제2장) 등에 갈수록 점점 더 부정적인 영향을 미치고 있다.

이 이슈들의 상호연결성은 다음과 같은 사례에서 더욱 명확해진다. ISIS를 둘러싼 최근의 사건들은 적절한 사례연구를 제공한다. 2014년 이라크와 시리아로부터 급진적 이슬람 신자들에 의하여 고무된 무자비한 테러집단에 대한 보도가 있었다. 알카에다의 보다 급진적인 분파인 이 조직은 현재의 이라크와 시리아 영토에 이슬람에 기반한 국가, 또는 보다 구체적으로 칼리프국가의 수립을 추구했다. 대체로 ISIS는 2003년 미국의 이라크 침공과 시리아 내전과 함께 등장했다. 시리아 내전은 시리아의 지도자였던 아사드(Bashar al-Assad)를 권력으로부터 축출하려는 다양한 집단들에 대한 대항으로부터 시작되었다. 시리아의 내전과 ISIS의 등장은 많은 국가들을 편 가르게 만들었다. 예를 들어, 이란과 러시아는 아사드 체제를 지지했고, 미국과 많은 중동국가들은 아사드를 축출하려는 집단에 대해서 다양한 방식의 지원을 했다.

그동안 수십만 명의 난민이 발생하여 북아프리카, 유럽, 북미 등의 안전한 지역으로 탈출을 했다. 이에 더하여 이라크와 시리아에서 수백만 명의 주민들이 강제 이주해야 했다. 현재 제2차 세계대전 이후 어느 시기보다 많은 난민들이 발생하고 있는 것으로 파악되고 있다 (Nordland 2015). 이 난민들은 관련된 또 다른 이슈들을 등장시키고 있다. 많은 난민들이 수천 개의 임시 텐트를 포함한 난민캠프에 수용되고 있다. 불행하게도 이 캠프들은 적절한 위생시설을 갖추지 못하고 있으며 깨끗한 물의 공급도 제대로 이루어지지 않고 있다. 보건당국은 혼잡하고 무질서한 조건 때문에 홍역, 장티푸스, 콜레라, 소아마비와 같은 전염병이 확산될 수 있다고 지적하고 있다. "비위생적인 생활환경과 더불어 많은 난민들이 예방접종을 받지 못하고 영양실조상태에 놓여 있다" (Welch 2015).

불행하게도 난민들이 향하는 많은 국가들의 정부와 국민들은 중동의 난민들이 자국으로 유입되는 것을 극렬하게 반대하고 있다. 반대의 이유로는 난민 수용국의 재정문제로부터 ISIS의 전사들이 난민으로 가장하여 잠입함으로써 반이슬람 감정을 불러일으킬지도 모른다는 우려까지 다양하다. 일부 유럽국가들은 중동난민들을 수용하지 않는 것과 관련하여 인권침해로 비난받고 있다. 에를 들어, 유엔은 체코공화국이 이주자들과 난민들의 자국으로의 유입을 막기 위하여 설득하는 노력을 인권침해로 규정하고 있다 (Calamur 2015).

시리아 내전과 ISIS의 등장에 따른 재앙적 사건들에 대한 간략한 설명은 이 책의 다른 장들에서 다루는 상호연결된 사건들의 네트워크를 보여 주고 있다. 글로벌 안보에 대한 위협과 국제전으로부터 내전으로 변화하는 전쟁의 성격을 논의하는 제2장은 대표적인 사례를 제시하고 있다. 그러나 이 문제는 단순히 제2장에서만 논의되는 것은 아니다. 제12장은 이주민과 난민에 대해서 다루고, 빈곤의 이슈(제11장), 보건(제7장), 인권(제5장)의 문제들도 별도의 장들에서 논의된다. 제4장은 민족주의가 어떻게 집단들 간의 갈등을 유발하는지에 대해서 탐구하는데, 이는 위에서 언급한 반이민 정서와 연관이 된다. 시리아 내전의 사례는 환경과 별로 깊은 연관성이 없어 보인다. 그러나 일부 관찰자들은 기후변화와 극한적인 날씨 때문에 난민이 증가할 것이 예상되며 (제6장과 15장 참조), 기후변화가 현재의 난민위기의 중요한 요인이 될 것이라고 주장한다 (Baker 2015). 세계화(이 책의 모든 장에서 논의됨)는 앞서 사례의 많은 관점에서 중요한 역할을 한다. 예를 들어, 세계화는 난민의 이동과 구조수단을 제공하고, 난민의 상황과 관련된 모든 집단들이 통신을 할 수 있는 능력을 제공한다. 앞에서 언급한 바와 같이 세계화에 의해서 더욱 빨라진 통신의 증가는 좋은 목적과 나쁜 목적으로 사용될 수 있다. 한편으로 ISIS는 소셜미디어를 활용하여 외국의 전사들을 보다 효율적으로 모집할 수 있지만, 해학적인 측면에서 해커들은 동일한 기술을 사용하여 ISIS의 웹사이트를 비아그라 또는 성적 흥분제를 광고하는 데 사용하게 만들 수 있다 (Chang 2015). 요컨대, 독자들은 이 책에서 언급된 위의 이슈들이 별도의 장들에서 다뤄지고 있지만, 그들 중 많은 부분이 불가피하게 연결되어 있다는 점을 기억해야 한다.

주요 행위자들

글로벌 이슈들에 관여하고 있는 핵심적인 행위자 또는 활동가 중에 가장 두드러진 행위자는 국가이다. 다음 페이지부터 여러분들은 세계의 다양한 국가들에 대해서, 그리고 다양한 글로벌 이슈들을 해결하려는 이들의 노력에 대해서 계속 읽게 될 것이다. 국가들은 때로 협력을 통해 국제정부간기구(IGOs)라 불리는 조직을 설립하기도 한다. 유엔, 세계은행, 유엔 아동기금(UNICEF) 같은 IGO를 통해 협력함으로써 국가들은 자력으로는 이룰 수 없는 전쟁방지와 빈곤퇴치 같은 공동목표를 달성할 수 있는 기회를 가지게 된다. 골드스타인(Goldstein 2011)은 유엔의 평화유지 노력이 과거 수십 년 간 전쟁을 줄여 온 핵심요인이라고 주장한다. 독자 여러분들은 유엔과 새천년개발목표(Millennium Development Goals) 등과 같은 IGO들이 이 책 곳곳에서 언급되고 있음을 알게 될 것이다.

글로벌 이슈를 다루는 비정부기구(NGOs)는 시민사회라고 불리는 것의 한 부분이다. 예를 들어, 최근 수십 년간 세계를 보다 좋은 곳으로 만들기 위해 노력하는 비정부기구들이 급격하게 증가하였다 (NGO들은 가끔 국제 비정부기구[INGOs]로 불리기도 한다). NGO들은 그 이름에서 볼 수 있듯이 정부 밖에서 하나 또는 여러 문제에 대하여 함께 활동하는 개별 시민들로 구성되어 있다. 글로벌 이슈에 대하여 활동하는 잘 알려진 수천 개의 NGO들 중에는 적십자, 그린피스, 국제사면위원회, 월드비전, 국경없는의사회 등이 있다. 이 NGO들은 전쟁이나 난민캠프에서 크게 자극받아 활동 동기를 갖게 된 사람들로 구성되어 있는 까닭에 때로 국가가 이룰 수 없는 일을 종종 실현하곤 한다. NGO들은 이 책에서 논의되는 모든 이슈들에 대하여 매우 능동적이며, 그들은 흔히 IGO 또는 개별국가들과 협력한다.

다른 비정부 행위자로는 다국적기업(TNCs: transnational corporations)으로 불리는 기업들이 있다. 나이키, 애플, 도요타, 기타 다국적기업들은 최근 들어 글로벌 이슈에 영향을 미칠 수 있는 힘을 갖게 되었다. 많은 비판자들은 다국적기업이 경제력과 글로벌 네트워크를 사용하여 지나치게 많은 영향력을 행사하고 있다는 불만을 토로하고 있다.

유명 인기인들도 이 책에서 다루는 글로벌 이슈들을 해결하는 역할을 한다. 가장 높은 인기를 끌었던 사례는 비욘세, 에드 시런, 펄 잼, 콜드플레이 같은 세계적인 가수들이 참석했던 2015년의 글로벌 시티즌 페스티벌이었다. 이 페스티벌은 이 책에서 논의되는 여러 이슈들을 위한 기금의 조성을 시도했는데, 구체적으로 여성의 권리, 빈곤, 지속가능 발전을 포함했다. 흥미롭게도 유명 인기인들은 여기 언급되는 국제기구들의 파트너가 되었다. 예를 들어, 이 페스티벌이 파트너를 맺은 잘 알려진 비정부기구들은 케어(CARE), 키바(KIVA), 하이퍼 인터내셔널(Heifer International), 빈곤퇴치프로젝트(The Hunger Project), 옥스팜, 유니세프 등이다. 유엔 난민기구(UNHCR)와 세계은행 등의 정부간기구들도 지원을 하고 있다. 구글과 유튜브 같은 다국적기업들도 재정적인 스폰서 역할을 하고 있다.

마지막으로 개인들도 글로벌 이슈에 영향을 미칠 수 있다. 보위(Leymah Gbowee)가 훌륭한 사례를 제공한다. 라이베리아에서 태어난 보위는 어린 시절 평범한 어린이였다. 그러나 그녀는 10대 시절에 라이베리아 내전을 겪었다. 전쟁이 끝나면서 그녀는 유니세프가 지원한 심리적 상처를 치유하는 세미나에 참석하였다. 후에 그녀는 평화운동가가 되었고 무슬림과 크리스천 여성들을 이끌고 비폭력, 반전시위를 주도하였다. 이 시위는 시장 한복판으로 여성들을 끌어 모았고 거기서 기도를 하고 노래를 불렀다. 그녀는 다른 비폭력 행동에도 참여하였다. 예를 들어, 2003년 평화회담 당시 보위와 다른 여성들은 라이베리아 지도자들이 평화회담을 하고 있는 호텔을 급습했다. 회담 대표단이 결과 없이 회담을 끝내려 하자 시위여성들은 출구를 막고 옷을 벗겠다는 위협을 하였다. 그들의 문화에서 나이가 들었거나 결혼한 여성의 나체를 보는 것은 매우 저주스러운 일이기 때문에 남성회담 대표단들은 호텔에 남아 협상을 계속하였다. 라이베리아의 평화를 위한 이 시위 및 다른 활동에 근거하여 보위는 2011년 노벨평화상을 공동 수상하였다.

이와 유사하게, 파키스탄의 10대 소녀인 유사프자이(Malala Yousafzai)는 소녀들의 교육 받을 권리에 대한 관심과 지지를 호소했다. 인권에 대한 그녀의 열정적인 호소에 대해서 탈레반의 조직원은 그녀를 향해 총을 쏘았다. 수개월 만에 회복한 후에 유사프자이는 소녀들의 권리를 위한 투쟁을 계속하면서 국제운동을 조직했다. 2014년에 17세의 그녀는 노벨평화상을 받은 최연소 인물이 되었다. 보위와 유사프자이 이외에도, 다음 장들에서 다양한 글로벌 이슈들을 해결하기 위한 개인들의 사례가 소개될 것이다.

책의 구성

이 책은 3부로 구성되어 있다. 제1부는 다양한 분쟁과 안보 이슈에 초점을 맞춘다. 구체적으로 대량살상무기, 민족주의, 테러리즘, 인권침해 등과 같은 분쟁, 그리고 식량안보, 보건, 천연자원 등 갈등의 주요원인에 대해서도 다루고 있다. '글로벌 안보'에 대한 광범위한 관점을 위한 설명은 제2장에서 하고 있다. 제2부는 경제이슈와 사회 및 환경문제를 포함하여 글로벌 정치경제의 광범위한 관점을 다루고 있다. 제2부는 국제자본의 흐름, 국제무역, 빈곤, 인구와 이민, 개발과정에서 여성의 역할, 지속가능한 발전, 기후변화 등에 대한 장들을 포함한다. 제3부는 미래의 세계질서, 희망의 원천, 향후 수십 년 동안 이루어질 도전들, 그리고 글로벌 이슈들에 긍정적인 영향을 줄 혁신적인 활동들을 포함한다.

토의주제

1. 당신의 생활 속에서 찾아볼 수 있는 세계화의 사례는 무엇인가?
2. 세계화가 계속 심화될 것으로 생각하는가? 만약 그렇다면, 어느 분야에서 그렇게 될까?
3. 세계화는 긍정적인 성격과 부정적인 성격 중 어느 쪽을 더 많이 가지고 있다고 생각하는가?
4. 어떠한 관점(개인, 국가, 종교, 글로벌 인도주의)에서 당신은 글로벌 이슈를 생각하는가?
5. 각기 다른 장에서 논의된 글로벌 이슈들이 상호연결되는 또 다른 예를 들 수 있는가?

추천 문헌

Barber, Benjamin R. (1996) *Jihad vs. McWorld*. New York: Ballantine.
Friedman, Thomas L. (2000) *The Lexus and the Olive Tree: Understanding Globalization*. New York: Anchor.
______ (2005) *The World Is Flat: A Brief History of the Twenty-First Century*. New York: Farrar, Straus, and Giroux.
Goldstein, Joshua S. (2011) *Winning the War on War: The Decline of Armed Conflict Worldwide*. New York: Dutton.
Iyer, Pico (2001) *The Global Soul: Jet Lag, Shopping Malls, and the Search for Home*. New York: Vintage.
Kirby, Peadar (2006) *Vulnerability and Violence: The Impact of Globalization*. Ann Arbor: Pluto.
Pinker, Steven (2011) *Better Angels of Our Nature*. New York: Viking.
Smith, Dan (2008) *The Penguin State of the World Atlas*. New York: Penguin.
Steger, Manfred (2009) *Globalization: A Very Short Introduction*. New York: Oxford University Press.
United Nations Development Programme (annual) *Human Development Report*. New York: Oxford University Press.
World Bank (annual) *World Development Indicators*. New York: Oxford University Press.
Worldwatch Institute (annual) *State of the World*. New York: Norton.

제 1 부

분쟁과 안보 차원

Chapter 2

글로벌 안보: 과거 이슈와 새로운 현실

인간의 역사는 엄청난 성취와 폭력적인 갈등으로 기록되어 왔다. 정부들은 우주비행사들을 우주로 보냈고, 물, 바람, 태양을 재생에너지로 동력화했고, 사망에 이르게 하는 질병의 근절을 위해 국제기구를 통한 노력을 해 왔다. 그러나 동시에 역사가 기록된 이후 수십억 명의 인간들이 무력대결에 의해 희생되었다. 20세기에만 2억 명 이상이 전쟁과 전쟁 관련 이유로 사망했다 (Leitenberg 2011). 이러한 암울한 현실은 시리아, 아프가니스탄, 콩고민주공화국과 같은 국가들에서 분쟁이 그칠 징후를 보여주지 못하고 있다.

이 장은 21세기의 글로벌 안보를 탐구하기 위한 기초를 제공한다. 전쟁이 발발하는 것과 마찬가지로 분쟁을 막으려는 접근도 이루어져 왔다. 역사적으로 정부들은 전쟁이나 전쟁을 방지하려는 협의의 국가안보정책에 초점을 맞추어 왔다. 그러나 냉전이 종식되고 세계화가 진전되면서, 정책결정자들, 학자들, 비정부기구들, 심지어는 군인들도 어떻게 하면 보건과 번영에 대한 초국적 위협을 방지하는가에 안보의제를 설정하고 있다. '인간안보'로 불리는 이러한 접근은 인간들이 빈곤, 인권남용, 환경파괴 등과 같은 이슈에 의하여 얼마나 영향을 받는가의 문제를 해결하기 위한 포괄적 개념의 안보를 모색하고 있다.

이 장은 현재의 안보 이슈와 관련된 핵심 행위자들에 대한 탐구로부터 시작된다. 다음으로 안보에 대한 역사적 접근을 분석하는데, 특히 인간안보의 새로운 측면을 보다 강조하여 설명한다. 마지막으로 이 장은 초국적 테러위협, 자동화 무기(킬러 로봇: 인공지능 기술을 활용해 스스로 목표물을 추적·공격할 수 있는 공격용 전투 로봇 – 역자 주), 사이버 안보에 대해서 연구한다.

핵심 행위자들

글로벌 안보는 다면적인 개념이다. 21세기에 글로벌 안보에 대한 우리의 개념은 국가, 동맹, 지역기구, 무역블록, 그리고 국제정부간기구를 포함한 다양한 행위자들을 인정한다. 이 절은 이러한 다양한 행위자들의 등장과 더불어 세계정치에서 그들의 성장이 의미하는 바를 강조한다.

글로벌 안보는 분쟁을 줄이고 개인의 발전을 모색하는 세계 각국의 노력으로 구성된다. 글로벌 안보는 국가안보(state security)와 비교함으로써 가장 잘 이해를 할 수 있다. 각 나라의 안보에 편협하게 초점을 맞추고 있는 국가안보는 유럽의 30년전쟁(1618~1648년) 이후에 이루어진 베스트팔렌 정치질서의 수립으로 거슬러 올라간다. 이 전쟁은 유럽대륙을 황폐화시키면서 휩쓸고 지나간 종교와 정치조직들 사이의 무력분쟁이었다. 이 전쟁이 발생하게 된 이슈 중의 하나는 왕과 군주가 자신의 영토에 자신의 종교와 정치질서를 수립할 권리를 보유하는지의 여부, 또는 그들이 가톨릭교회에 추종해야 하는지의 여부였다. 국가 자율성을 위해 싸운 집단이 승리하였고, 유럽의 지도자들은 유럽의 평화와 안정을 확립하기 위한 새로운 정치질서를 수립하는 베스트팔렌조약(Treaty of Westphalia)을 체결하였다.

1648년 이후 주권이 국가안보의 토대가 되었다. 주권은 지도자들이 자기의 영토 내에서 통치, 법, 그리고 시민사회의 과정을 결정할 권리이다. 국가안보는 국민들을 규제하고 권력을 투사하기 위한 무력사용(또는 무력사용의 위협)과 동의어가 되고 있다. 국가안보 모델에서 군사능력과 경제자원이 권력의 주요 척도가 되고 있다. 지도자들은 경쟁적이고 무정부적인 국제체제에서 이러한 자원을 획득하고 축적하는 노력을 기울인다.

국가는 세계정치에서 홀로 존재하는 것은 아니다. 국가 사이의 동맹도 국가안보를 고양시킨다. 동맹은 둘 또는 그 이상 국가들의 군사관계를 공식화하고, 전형적으로 일방이 공격을 받게 되는 상황을 상정한 상호방위협정을 포함한다. 20세기 군사동맹의 사례는 북대서양조약기구(NATO: North Atlantic Treaty Organization)와 동남아조약기구(SEATO: Southeast Asian Treaty Organization)를 포함한다. NATO는 캐나다, 미국과 서유럽 동맹국들이 안보협력을 증진하기 위하여 1949년에 탄생했다. 오늘날 NATO는 다양한 우발적 사태에 대비하여 공동군사계획을 수립하고 훈련을 하기 위하여 28개국이 참여하고 있다. 또한 미국은 냉전 시대에 SEATO의 설립을 지원했는데, 여기에는 영국, 프랑스, 호주, 뉴질랜드, 태국, 파키스탄과 필리핀이 참여하였다. 1996년 중국은 상하이협력기구(SCO)의 창설을 주도하였는데, 이 기구는 NATO의 확장에 대항하여 러시아 및 구 소련의 공화국들이 체결한 동맹이다 (Pressman 2008).

이에 더하여, 국가들은 경제적 복지를 증진하고 힘을 최대화하기 위하여 무역협정을 체결한다. 무역협정의 고전적 사례로는 현대의 유럽연합을 들 수 있는데, 이는 냉전 초기에 관세동맹으로부터 시작하여 회원국과 활동 범위를 확대해 왔다. 냉전시대에 소련도 피보호국과 경제무역블록을 형성하였다. 영국과 프랑스의 식민지배 하에 있던 서아프리카 국가들은 독립 이후 서아프리카경제공동체(ECOWAS: Economic Community of West African States)를 설립하였다. 멕시코, 캐나다, 미국은 1993년에 관세 장벽을 제거하기 위하여 북미자유무역협정(NAFTA: North American Free

Trade Agreement)을 체결하였다. 2015년에 미국은 호주, 캐나다, 멕시코, 일본, 그리고 다른 환태평양 국가들과 환태평양경제동반자협정(TPP: Trans-Pacific Partnership)을 체결했다. 마지막으로 국가들은 상상 가능한 거의 모든 이슈 영역에서 협력을 증진시키기 위하여 수백 개의 국제정부간기구(IGO: International Governmental Organizations)를 설립하였다. 초기의 일부 IGO들은 기능적인 이유로 설립되었는데, 이의 사례로는 유럽 수로 항해를 용이하게 하기 위한 다뉴브강위원회(Danube River Commission, 1986년)와 전신에 의한 국제통신의 표준을 정하기 위한 국제전신연합(International Telegraph Union, 1865년)이 포함된다.

유엔은 지금까지 설립된 IGO들 중에 가장 강력한 조직이다. 유엔은 1945년에 설립되었고 세계 거의 모든 국가를 포함하는 약 200개 국가가 가입하고 있다. 유엔은 집단안보의 원칙하에 설립되었고, 위협받은 국가들에 대하여 모든 회원국들이 지원한다는 안보공약을 포함하고 있다. 즉, 주권을 침해당한 국가는 유엔의 집단안보 활동을 통한 지원을 요청할 수 있다. 또한 유엔은 안보에 대한 집단적 공감대를 증진시킨다. 유엔 회원국들은 자국의 안전뿐만 아니라 보다 광의의 안보에 대한 관심을 가져야 한다. 이러한 방식에 의하여 글로벌 이익이 국가의 이익이 된다.

유엔체제는 1945년에 채택된 헌장에 명시된 주요 원칙들에 의하여 작동된다. 유엔은 주로 '평화와 안보의 유지'에 초점을 맞추지만, 인권, 민족자결 및 경제발전과 같은 다른 원칙들도 회원국들이 준수하도록 하고 있다. 분쟁해결에 관하여, 유엔 헌장 제6장은 심각한 분쟁을 중재, 협상, 사법적 방식과 같은 비폭력적 수단에 의하여 해결하도록 요구하고 있다. 만약 분쟁이 해결되지 않으면, 유엔 총회에 상정되어 구속력 없는 권고안이 통과된다. 헌장 제7장은 안전보장이사회(안보리)에 '국제평화와 안전을 회복할' 능력을 부여하였다. 특히 42조는 유엔의 군사활동에 대하여 규정하였고, 51조는 안보리에게 "국제평화와 안전을 유지 또는 회복하기 위하여 필요하다고 인정하는 조치를 언제든지 취하도록" 책임을 부여하였다.

유엔은 다섯 개의 주요 기구를 포함하고 있으며, 그중 일부는 글로벌 안보에 있어서 보다 직접적인 역할을 하도록 하였다. 모든 국가들이 총회의 회원 자격을 가지며, 각국은 하나의 투표권을 보유하고 있다. 총회는 결의안을 통과시켜 회원국들에 윤리적인 압력을 가한다. 그러나 이 결의안들은 "구속력이 없다." 다시 말해서 총회는 회원국들에게 행동을 바꾸도록 강요할 수 없다.

이에 비하여 두 번째 주요기구인 안전보장이사회(안보리)는 강압적인 권력을 행사한다. 안보리는 러시아, 미국, 영국, 중국, 프랑스 등 5개 상임이사국과 순환하여 맡는 10개의 비상임이사국을 포함한다. 이름이 의미하듯이 안보리는 국제평화와 안전에 대한 이슈들에 초점을 맞춘다. 안보리는 군사력 사용을 허용할 수 있는 유일한 유엔조직이다. 5개의 상임이사국(P-5)들은 각기 거부권을 보유하고 있으며, 어떠한 안보리의 활동도 저지할 수 있다. 유엔 역사상 많은 안보리 활동들이 거부권 행사로 실행되지 않았지만, 거부권을 부여하는 아이디어의 이면에는 어느 한 국가 또는 국가들에 대한 군사활동을 권고하기 이전에 가장 강력한 국가들의 완전한 동의를 받아야만 한다는 의미가 담겨 있다. 이러한 거부권의 개념은 1945년 유엔이 창설될 때 만들어진 것이기 때문에, P-5의 구성은 구시대적인 것이라는 비판을 받고 있다. 예를 들어, 브라질과 인도 같은 국가들은 이러한 선택된 집단에 포함되기를 강력하게 원하고 있다. 글로벌 안보의 영역에서 안보리가 얼마나 활동적이었는가에 대해서 관심을 가지고 살펴볼 필요가 있다. 2014년에만 안보리는 아프리카와 중동에서 발생한 여러 종류의 분쟁, 이란의 핵확산, 에볼라의 발생 등의 문제에 개입했다.

비정부기구(NGO)들도 오늘날의 국제관계에서 크게 인정을 받고 있다. 글로벌 안보 이슈들을 다루고 있는 비정부기구들의 숫자는 지난 수십 년 동안 늘어났고, 점차 확대 성장하고 있다. 이 기구들은 분쟁축소, 핵 비확산, 인권문제, 환경안보 등의 글로벌 안보의 모든 측면을 다루고 있다.

일부 중요한 글로벌 안보(그리고 인간안보) 비정부기구들은 국가입법친우위원회(Friends Committee on National Legislation – 분쟁해결 및 기타 이슈들), 국경없는의사회(Doctors Without Borders – 보건), 국제사면위원회(Amnesty International – 인권), 그리고 옥스팜(Oxfam – 빈곤과 개발)을 포함한다. 세계에서 핵무기 제거를 추구하는 비교적 새로운 NGO인 글로벌 제로(Global Zero)는 전폭적인 대중의 지지와 관심을 끌고 있다. 앞서 언급한 바와 같이, 많은 비정부기구들이 글로벌 안보에서 중요한 역할을 할 수 있게 되었는데, 이는 속도증가(예를 들어, 이메일과 소셜 미디어 단체)와 기술발전(예를 들어, 웹 카메라, 위성전화, 그리고 스마트폰) 때문에 가능했다.

역사적 접근

글로벌 안보는 비극적 분쟁, 그리고 인류의 삶의 조건과 관련되는 글로벌 정치문제를 포함한다.

세계전쟁들

20세기에 발생한 여러 사건들은 글로벌 안보의 현대적 개념을 수립하는 데 기여하였다. 제1차 세계대전(1914~1918년)은 주요 제국주의 국가들의 붕괴와 세력균형의 변화를 가져온 비극적인 전쟁이었다. 독일, 오스트로-헝가리 제국과 오스만 제국은 영국, 프랑스, 러시아를 포함한 동맹국들에 대항하여 제휴하였다. 동유럽, 발칸, 지중해, 북아프리카, 북유럽 등의 지역에서 주요 전투가 전개되었다. 북유럽 평원의 참호전에서 처절한 교착상태가 이어졌고, 수백 미터에 걸친 격렬한 지상전이 전개되었다. 이 전쟁에는 화학무기(겨자가스의 대량 사용), 기관총, 잠수함, 그리고 탱크 등 현대식 무기들이 사용되었다. 제1차 세계대전 기간에 900만 명 이상의 군인들이 사망하였다.

전쟁이 끝나고 난 후 세계 지도자들은 국제협력을 위한 새로운 청사진을 디자인하기 위하여 베르사유(Versailles) 궁전에 모였다. 평화를 위한 구상들 중에는 유라시아에 걸쳐 여러 제국들의 붕괴에 따른 영토의 재조정 계획, 독일이 지불해야 할 배상, 국제연맹(League of Nations)의 설립 등이 포함되었다. 주요 초점은 전통적인 안보에 맞추어져 있었으나, 미국의 윌슨(Woodrow Wilson) 대통령은 모든 인류에게 민족자결 원칙이 적용되어야 한다는 요구를 하였다. 그러나 불행하게도 윌슨 대통령은 베르사유조약과 국제연맹 계획에 대해 미 상원 내 고립주의자들의 비준을 받는 데 실패하였다. 이를 비롯한 여러 가지 이유로 국제연맹은 제1차 세계대전 후 10년이 지나지 않아 정통성을 잃게 되었다.

첫 번째 세계대전에서 현대전이 시작되었으며, 20세기의 두 번째 주요 전쟁은 더 처참한 수준으로 상승되었다. 제2차 세계대전의 전주는 1930년대부터 시작되었는데, 당시 독일 국가사회(나치)당의 히틀러(Adolf Hitler)가 총리로 선출되었고, 그는 즉시 권위주의 통치를 시작하였다. 일본 및 이탈리아와 군사동맹을 체결한 이후 독일 '제3 제국(Third Reich)'은 영토를 확장하고 유럽, 지중해, 북아프리카에 대한 영향력을 확대하기 시작하였다. 제2차 세계대전은 공식적으로 1939년 나치 군대가 폴란드를 침공하면서 시작되었다. 이에 대응하여 영국과 프랑스가 독일에 대한 전쟁을 선포하였다. 일본이 진주만에 기습공격을 시행한 1941년 12월 미국이 참전하였고, 1945년 전쟁이 끝날 때까지 5개 대륙에서 전투가 전개되었다.

제2차 세계대전의 주요 결과는 전통적인 유럽세력의 약화였다. 예를 들어, 프랑스는 50만 명의 군인과 민간인을 잃었고, 거의 5년 동안 나치군에 점령당하였다. 이에 따라 제2차 세계대전에서 프랑스의 항복은 프랑스의 힘과 영향력의 약화를 가져와 전후 제국의 해체를 가져왔다. 영국은 40만 명의 군인과 민간인의 손실을 입었고, 고통스런 전쟁의 심리적 충격, 매일 계속된 런던에 대한 폭격, 그리고 나치 독일에 대항한 전투는 대영제국에 큰 타격을 가했다. 독일은 500만 명 이상의 군인과 민간인을 잃었다. 가장 인명 피해가 많은 국가는 소련이었는데, 거의 2,000만 명이 사망하였다.

인명피해 통계는 전쟁의 또 다른 결과를 보여줬다. 인간의 조건에 대한 관심이 증대되었다. 세계 지도자들은 민간인들의 인명피해에 관심을 집중하였다 특히 국제사회는 대학살(Holocaust)에 대한 증오심을 보였는데, 나치 독일의 유대인에 대한 말살 캠페인으로 600만 명 이상이 살해되었다. 종전 이후 정부들은 피난민들에 대한 대규모 구호활동을 조직하였고, 지도자들은 모여서 다양한 국제협약을 통과시켰는데, 그런 협약들에는 대량학살 근절(유엔의 대량학살금지협약), 인권증진(유엔의 세계인권선언), 전쟁포로와 비전투원 보호(제네바협정)가 포함되었다.

전쟁에 의하여 본국이 파괴되지 않은 유일한 강대국은 미국이었다. 실제로 전쟁은 미국의 빠른 경제발전을 위한 촉매제였다. 또한 미국은 원자탄 개발의 성공으로 인하여 제2차 세계대전 이후 초강대국이 될 수 있었다. 트루먼(Harry Truman) 대통령은 일본에 대한 두 번의 원폭투하를 지시하였는데, 첫 번째는 1945년 8월 6일 히로시마에, 두 번째는 1945년 8월 9일 나가사키에 투하하였다. 전쟁 이후 '원자탄' 보유는 힘의 상징이 되었고, 몇 개 국가들이 핵무기 개발을 시도하였다. 원자탄에 의한 희생자들과 핵공격 위협의 그림자 아래 살게 된 수백만 명의 시민들에게 있어서 핵무기는 공포의 상징이 되었고 인간조건에 대한 직접적인 도전이 되었다.

냉전시대의 안보 의무

제2차 세계대전이 종식된 이후 전시동맹은 두 개의 새로운 블록으로 분리되었다. 한편에는 미국, 영국, 그리고 서유럽의 동맹국들이 있었다 (서방에 의하여 점령된 서독 포함). 다른 한편에는 소련과 피보호국들이 있었다 (공산측에 의하여 점령된 동독 포함). 독일 수도인 베를린도 동과 서로 분단되었다. 미국과 동맹국들은 NATO를 통하여 군사동맹을 공식화하였고, 전쟁 이후 경제 재건을 시작하였다. 소련은 자국을 중심으로 한 바르샤바조약기구라는 동맹을 수립하였고, 전쟁으로 황폐화된 동유럽 지역의 경제 재건을 모색하는 동시에 이 지역에서 중앙계획경제를 채택하도록 요구하였다. 그 동안 양측은 이 지역에 수십만 명의 병력을 배치하였고, 베를린을 중심으로 하여 맞대결을 하게 되었다.

냉전 기간 (많은 사람이 적대행위가 발발할 것으로 예측했던) 유럽에서 초강대국들 사이의 직접적인 전쟁은 일어나지 않았지만, 주변부에서 몇몇 주요 전쟁이 발생하였다. 미국의 한국에 대한 공약, 그리고 유엔의 집단안보 공약은 1950년 6월 북한의 공산군이 남한을 침공하면서 시험을 받게 되었다. 미국은 침략행위와 주권침해에 대한 집단적 군사대응을 하는 데 대하여 유엔의 승인을 받았다. 미국의 맥아더(Douglas MacArthur) 장군이 침략을 격퇴하기 위한 국제연합군을 지휘하였고, 전쟁은 3년 넘게 계속되었다.

바로 이어서 또 다른 전쟁이 인도차이나에서 발발하였다. 프랑스의 식민지였던 베트남이 남과 북으로 분단되어 있었다. 북베트남은 공산군이 지배하였고, 남베트남은 미국의 동맹이었다. 남북 베트남 사이의 분쟁은 1950년대 후반에 격화되다가, 1960년대 중반에 본격적인 전쟁으로 진전되었다. 존슨(Lyndon Johnson) 대통령은 수십만 명의 미군 병력을 파견하도록 지시를 내렸다. 베트남전쟁에서 5만 8,000명 이상의 미군이 사망하였다. 전쟁은 1975년에 북베트남군이 사이공을 점령하고 통일을 하면서 끝났다.

탈냉전 시대의 안보 틀

1980년대 후반과 1990년대 초반 소비에트 블록이 해체되면서 냉전이 끝났다. 냉전종식은 1985년 3월 고르바초프(Mikhail Gorbachev)가 소련의 지도자가 되면서 시작되었다. 그의 전임자들과 달리 고르바초프는 소련 경제가 미국과의 군비경쟁을 더 이상 버텨내기 어려울 것이라는 점을 인정했다. 그는 소련이 생존하기 위해서는 경제개혁과 정치 자유화가 필요하다고 믿었다. 고르바초프가 국가의 군사적 문제보다 소련시민의 인간조건 충족이 더 중요하다는 점을 인정한 것으로 평가되고 있다. 그동안, 소련의 공산주의에 대한 혐오감을 가지고 소련을 '악의 제국'으로 규정한 미국의 레이건(Ronald Reagan) 대통령은 소련과의 관계를 개선할 기회를 가지게 되었다. 1986년 레이건과 고르바초프는 그들의 군대에서 핵무기를 완전 제거하는 아이디어에 대하여 대화를 가졌다. 1987년 그들은 중거리핵무기폐기(INF) 협정을 체결하였고, 이 협정은 일정한 급의 모든 핵미사일을 양측에서 제거하였으며 유럽에서의 세력균형을 안정화시켰다.

1980년대 후반에 소련의 붕괴와 함께 동유럽에 혁명적인 변화와 많은 국가에서 민주주의로의 전환이 이루어졌다. 미국의 부시(George H. W. Bush) 행정부는 새로운 국제질서에 영향을 미칠 수 있는 전례 없는 기회를 맞이하게 되었다. 부시는 러시아와 새로운 군비통제 협정을 체결했고 라틴 아메리카와 중동에 군사개입을 시도했다. 1990년 8월 지도자 후세인(Saddam Hussein)의 지휘 하에 이라크 군대는 쿠웨이트를 침공한 후 점령하였다. 쿠웨이트는 주요 산유국이었고 많은 서방국가들과 동맹을 맺고 있었다. 미국과 국제사회는 이라크의 침략행위를 신랄하게 비난하였다. 1990년 11월 유엔 안보리는 후세인에게 이라크 군대를 1991년 1월 15일까지 철수하도록 최후통첩을 하고, 그렇지 않으면 군사제재를 할 것이라고 경고했다. 그 시한이 지나갔고, 쿠웨이트를 해방시키기 위한 대규모 공중과 지상 공격 작전인 '사막의 폭풍(Desert Storm)' 작전이 시작되었다. '탈냉전 시대'의 첫 번째 전쟁은 1991년 2월에 종식되었다. 그러나 불행하게도 미국은 이후 수십 년 동안 이라크 문제에 지속적으로 개입하게 되었다.

20세기에 유엔은 글로벌 안보증진에 있어서 또 하나의 핵심적인 행위자였다. 유엔의 평화유지 활동은 1940년대부터 시작되었고, 이스라엘/팔레스타인, 발칸반도, 인도·파키스탄 국경지역을 포함한 많은 분쟁지역을 안정화시키는 데 기여하였다. 평화유지군은 중립적인 지위를 가지고, 옵서버 또는 평화유지자 중 한 가지 역할을 수행한다. 옵서버 역할을 위해서 유엔은 다른 국가들로부터 지원받은 비무장 옵서버들을 파견하고, 그들은 휴전 위반을 보고한다. 평화유지군은 분쟁 중인 전투원들을 분리시키고 협상에 의한 해결을 모색하도록 지역의 안보적 도전을 안정화시킨다. 평화유지군은 대체로 경무장하고, 자위를 위해서만 무기를 사용할 수 있는 권한이 부여된다. 유엔 평화유지군은 '푸른 헬멧(Blue Helmet)'으로 불리는데, 이는 유엔을 대표한다는 상징적 의미를 가진다 (그들의 헬멧과 깃발 색깔의 직접적 표현이다). 평화유지 임무는 유엔 안보리의 위임을 받아 시행하고, 당사국 정부와 다른 주요 행위자들의 동의를 받아야 한다. 2015년 현재 9만 명의 평화유지군과 군사 옵서버들이 16개의 상이한 평화유지 임무를 수행하고 있다 (UN n.d.).

시간이 흐르면서 유엔의 평화유지 활동은 보다 확대된 책임을 수행하도록 진화하고 있다. 무력분쟁 발생을 방지하는 비교적 수동적인 제3자적 임무에 더하여, 보다 새로운 **평화구축**(peace*making*) 활동은 전쟁으로 파괴된 지역에 대한 인도적 구호, 선거 감시, 전투원들의 무장해제를 지원하고, 분쟁 이후 새로운 정부제도의 재건을 돕는 임무를 포함한다. 2011년에 10개 이상의 유엔 평화유지 활동이 수행되었다.

1993년에 클린턴(Bill Clinton)이 진정한 첫 번째 탈냉전 대통령이 되었다. 클린턴은 국내정책에 우선적인 초점을 맞추기를 선호했으나, 다양한 외교정책의 도전에 직면해야 했다. 그들 중의 많은 과제는 과거보다 광범위한 안보문제에 바탕을 두고 있었다. 대립과 정치적 분열이 줄어들면서, 강대국들과 유엔은 행동을 위한 새로운 기회를 실현할 수 있게 되었다. 클린턴 행정부에 있어서 소말리아의 내전과 기아문제가 탈냉전 안보질서의 첫 번째 임무가 되었다. 1991년 소말리아 정부가 더 이상 국가를 관리할 수 없게 되면서 500명의 평화유지군으로 구성된 첫 번째 유엔 소말리아 평화유지활동(UNOSOM I: United Nations Operation in Somalia)이 시작되었다. 경무장한 평화유지군이 지역 군벌에 상대가 되지 않는다는 점이 명확해지자, 부시(George H. W. Bush) 대통령은 2만 5,000명의 미군을 파견하여 분쟁에 개입하고 식량을 안전하게 지원하도록 하였다. 1993년 클린턴은 부시가 파견한 병력의 숫자를 늘렸고 유엔의 이름으로 활동하게 하였다. UNOSOM Ⅱ가 위임받은 임무는 역사적으로 어떠한 평화유지 활동보다 광범위하였다. 인도적 구호를 지원했을 뿐만 아니라 무력을 행사하는 군벌을 색출하였다. 클린턴과 다른 세계 지도자들은 새로운 안보질서를 위한 보다 광범위한 틀을 마련하였다.

또 다른 분쟁이 구 유고슬라비아 지역에서 발생하였고, 유럽과 미국의 지도자들은 인권침해를 포함할지도 모르는 인종분쟁에 언제 개입을 하여야

하는지에 대하여 고심하였다. 1992년 안보리는 유고슬라비아 주둔 유엔보호군(UNPROFOR: United Nations Protection Force for Yugoslavia)을 만들었는데, UNOSOM Ⅱ와 마찬가지로 광범위한 임무를 부여받았다. 소수인종 보호에 덧붙여서, UNPROFOR는 "휴전을 유지하고, 군대(정규군과 비정규군)를 해체 및 비무장화 하고, 난민들을 모국으로 돌려보내도록 인도적 기관들을 지원"하는 임무를 부여받았다 (Mingst and Karns 2000: 98). 내전이 확대되면서, NATO의 공습이 구 유고슬라비아에서의 안보활동을 지원함에 따라 유엔의 개입은 더욱 심화되었다.

2001년 9월 11일 미국에 대한 테러 공격 이후 부시(George W. Bush) 대통령은 글로벌 안보에 대한 유사한 도전들에 직면하게 되었다. 이에 따라 많은 사람들은 안보에 대한 전통적인 개념으로 다시 회귀하게 되었다. 갑자기 무고한 미국시민들이 비국가행위자들이 행한 테러행위의 희생자가 될 수도 있는 상황이 전개되었다. 부시 행정부는 잠재적인 적이 세계 어디에 있든지 선제타격을 할 수 있는 보다 새롭고 공격적이며 적극적인 안보태세를 인가했다. 2001년 가을, 연합군이 아프가니스탄을 침공하여 탈레반(Taliban) 체제를 붕괴시켰다. 2003년 3월에는 미국이 이라크 침공을 주도하여 후세인(Saddam Hussein)이 이끄는 바스당 정부를 전복시켰다. 2009년에 취임한 오바마 대통령은 이 두 가지 전쟁에 대한 책임뿐만 아니라 테러와의 전쟁에 의하여 광범위화한 글로벌 안보에 대한 임무를 승계하였다.

국가안보에서 인간안보로

과거의 안보 개념은 주로 국가안보 또는 국가들이 외부 위협으로부터 스스로를 방어하는 개념에 초점을 맞추었다. 정책결정자(그리고 대개의 학술연구)들의 주된 관심사는 외부공격으로부터 국가와 군대를 보호하는 데 초점을 맞추었다. 그러나 앞으로의 논의가 보여주듯이, 안보에 대한 전통적 정의는 '인간안보'라는 보다 넓은 안보라는 관점으로 진화하고 있다.

물론 인간안보의 개념은 새로운 것이 아니다. 냉전의 종식은 인권, 환경, 그리고 보건과 같은 이슈들에 대한 관심을 고양시켰다. 이들은 안보 이슈를 구성한다고 폭넓게 간주되고 있다. 이와 같이 안보에 대한 관점이 확대된 데에는 여러 요인들이 있다. 우선, 정책결정자들, 그리고 관련된 시민들은 왜 1990년대 초반에 세계가 르완다와 구 유고슬라비아의 분쟁들을 무시하려고 노력했는지 비판적으로 재검토하기 시작하였다. 르완다에서는 1994년에 3개월 동안 80만 명 이상이 집단학살을 당하였다. 1990년대 초반 구 유고슬라비아의 인종청소에 의하여 수십만 명이 사망하였고, 수백만 명이 추방되었다. 제국의 대전과 같은 '전통적'인 분쟁은 없었으나, 대량의 인명피해를 조장하고 세계가 다방면적인 안보과제라고 인식하도록 충격을 준 내부 분쟁이 계속되었다. 이들 중 어느 것도 다른 나라로부터 공격을 받은 분쟁이 아니었고, 따라서 세계는 대체로 방관하면서 분쟁이 진행되는 것을 지켜보았다. 추가적으로 시리아, 이라크, 예멘에서 '내전'이 발생했다. 처절한 결과가 발생하면서 철저한 검토가 시작되었다. 국가가 아닌 행위자의 중요성이 제고되면서 안보에 대한 시각이 변하였다. 역사적으로 군사력의 규모와 힘이 안보를 고려하는 데 있어서 주요 변수가 되었다. 그러나 오늘날에는 비정부기구가 안보 이슈에 있어서 점증하는 역할을 수행하고 있다. 글로벌 테러리즘의 등장이 안보에 대한 국가 중심의 관점을 변화시킴에 따라 테러집단과 같은 다른 비국가행위자들이 글로벌 안보의 최우선적 관심 대상이 되었다. 알카에다(al-Qaeda), 그리고 이슬람국가(IS: Islamic State, ISIS: Islamic State of Iraq and al-Sham으로도 불림)와 같은 테러집단들이 많은 국가에 걸쳐서 확산되는 초국가적 세포조직(cell)의 전형이다.

많은 정책결정자들과 분석가들은 현대의 안보상황은 제로섬이 아니라고 주장한다. 국가들 사이의 공통된 이익과 협력의 역할을 최소화하는 전통적인 안보 프레임과 다르게, 인간안보 전문가들은 한 국가의 내전이 이웃국가의 난민문제를 야기하거나 한 국가의 질병 발생은 다른 국가(반드시 이웃국가는 아니더라도)로 확산되기 때문에 안보는 점차 상호연결되는 것으로 인식이 된다고 주장한다. 간단하게 말해서 국가들은 모두 이러한 안보에 연관된다고 한다. 이러한 관점은 유엔과 같은 국제제도를 통해서 보다 협력적인 방향으로 유도된다.

이에 더하여 세계화는 새로운 안보 프레임에 밀접하게 연결되어 있다. 세계화는 안보 행위자들로 하여금 보다 발전된 기술에 접근을 가능하게 하는데, 여기에는 커뮤니케이션의 증가와 여행의 속도가 포함된다. 세계화는 안보 이슈들에 대한 협력을 증가시킬 수 있는 잠재력을 강화해 주는 동시에 비국가행위자들이 보다 확대된 영향력을 행사할 수 있는 능력을 부여한다. 또한 본질적으로 세계화는 질병의 확산을 조장하고, 난민들과 이주자들의 이동을 보다 멀리 빠르게 하며, 세계에서 발생하는 인권침해에 대해서 보다 많은 사람들이 관심을 가지도록 한다.

안보에 대한 또 다른 사고의 중요한 변화는 보다 많은 행위자들, 학자들, 그리고 정책결정자들이 인권침해, 환경파괴(특히 기후변화), 보건이슈, 이주민 증가, 인구과잉, 빈곤 등을 포함한 안보문제에 대한 비군사적 위협의 중요성을 인정한 것이다. 여기서 '소극적 안보'와 '적극적 안보'의 개념이 국가안보와 인간안보의 차이점을 포괄한다. 소극적 안보는 전쟁 또는 외부로부터의 위협의 부재를 의미하고, 적극적 안보는 음식, 깨끗한 물, 보건 등 기본적으로 인간에 필요한 것들과 인권을 강조한다. 인간안보에 대한 이러한 새로운 틀은 유엔의 1994년 『인간개발보고서(*Human Development Report*)』에 의하여 명확해졌고, 이는 "영토적 안보에 대한 강조로부터 사람의 안보에 대한 강조로" 그리고 "무장을 통한 안보에서 지속가능한 인간개발을 통한 안보로" 변화하도록 고무하였다 (UNDP 1994: 24). 그리고 인간안보에 대한 통일된 정의에 대한 합의가 없는 상황에서 유엔 보고서는 그 성격을 정확히 규정하였다. "마지막 분석에 따르면, 인간안보는 사망하지 않는 어린이, 확산되지 않는 질병, 줄어들지 않는 일자리, 무력으로 폭발하지 않는 인종 간의 긴장, 침묵하지 않는 반체제인사가 존재하는 안보상황이다." (UNDP 1994: 22)

유엔과 기타 국제기구들은 글로벌 우선순위를 변경시키는 데 기여해 왔다. 세계보건기구(World Health Organization)와 같은 기구들은 오늘날 사망의 일부 원인들은 전쟁 때문이 아니라는 사실에 대하여 관심을 기울여 주기를 요구하였다. 빈곤국들에서는 질병이 사망의 가장 큰 원인이다. 매년 수백만 명의 사람들이 하기도 감염(lower respiratory infection) (예를 들어, 폐렴), 심장병, 설사병, 그리고 에이즈(HIV/AIDS)에 의하여 사망한다. 부유한 국가에서 사람들은 심장병, 뇌졸증, 폐암, 그리고 호흡기 감염에 의하여 사망한다 (WHO 2011c). 표 2.1은 세계적으로 사망에 이르게 하는 10대 원인을 밝히고 있다. 질병이 사망의 가장 큰 원인의 하나라는 점은 분명하다. 표 2.1의 통계를 설명하자면, 2010년에 테러에 의하여 1만 3,200명 이상이 사망했지만, 결핵에 의해서는 146만 명이 사망하였다 (CIA 2011). 따라서 만약 국가들이 진실로 자국민들의 안보를 생각한다면, 보건문제에 보다 많은 자원을 투자해야 한다.

많은 환경 이슈들도 안보에 대한 전통적 관념을 확대시키고 있다. 지구온난화는 세계 해안도시들과 남태평양의 지대가 낮은 도서국가들을 심각한 위험에 빠뜨리기에 충분할 정도로 해수면을 상승시키는 위협을 가하고 있다. 세계지도를 보면 얼마나 많은 지역들이 해수면 상승의 영향을 받고

표 2.1 글로벌 건강 위험, 2014년

	사망자 (만 명)	사망자 비율 (퍼센트)
허혈성 심장병(심장동맥병)	740	13.2
뇌졸중	670	11.9
만성 폐쇄성 폐질환	310	5.6
하기도 감염	310	5.5
기관지, 폐암	160	2.9
에이즈(HIV/AIDS)	150	2.7
설사병	150	2.7
당뇨병	150	2.7
교통사고	130	2.2
고혈압성심장질환	110	2.0

출처 : WHO (2014c).

있는지 알 수 있다. 기후변화는 수단과 방글라데시 같은 국가들의 농업에 이미 많은 영향을 미치고 있다고 알려져 있다. 보다 심각한 것은, 기후변화가 사막화, 가뭄, 홍수 같은 것들을 발생시켜 농업에 지대한 영향을 미칠 것이라는 점이다 (World Bank 2011a). 2020년에 아프리카에서만 "7,500만에서 2억 5,000만 명의 사람들이 기후변화에 따른 물 부족 현상에 점차 노출될 것이다" (Cribb 2011: 140).

자원부족도 안보와 관련된 이슈다. 많은 학자들은 소비증대와 인구폭발로 인한 자원에 대한 수요가 증가하면서 자원을 놓고 벌이는 분쟁이 증가할 것이라 예상하고 있다. 물 부족은 세계 다른 여러 지역에서도 긴장을 불러일으키고 있다. 예를 들어, 이스라엘 정착지가 서안지구(West Bank) 대수층(帶水層: 지하수가 있는 지층으로, 모래, 잔돌, 점토 등으로 이루어진다 – 역자 주) 위에 건설됨에 따라 이스라엘-팔레스타인 분쟁이 격화되었다. 이와 유사하게, 이란과 아프가니스탄은 양국이 의존하고 있는 헬만드강(Hirmand River)에 대한 분쟁을 지속하고 있다. 석유에 대한 분쟁도 자원이 어떻게 갈등을 일으키는지를 보여주는 또 다른 사례이다. 걸프전쟁(1991년)은 부분적으로 이라크가 석유자원을 확보하기 위하여 쿠웨이트를 침공함에 따라 발생하였다. 수개월 뒤 유엔의 지원을 받은 미국은 이라크 군대를 쿠웨이트로부터 추방하기 위하여 전쟁을 시작하였다. 이에 따라 쿠웨이트의 주권과 국제석유시장의 안정이 회복될 수 있었다.

식량안보는 인간안보의 자원에 대한 또 다른 측면이다. 지구 상의 전 인구가 필요로 하는 분량 이상의 식량이 존재하고 있지만, 적절한 배분이 이루어지지 않고 있다. 일부 국가들은 잉여 식량을 보유하지만, 다른 국가들은 기아에 허덕이고 있다. 전쟁과 열악한 사회기반시설이 기아 지역에 식량이 도달되는 것을 방해하는 주요 이유들이다. 식량부족으로 라틴 아메리카, 서아시아, 그리고 아프리카 전체에서 반란이 발생되고 있다. 세계적으로 영양 결핍으로 수천 명의 사람들이 사망함에 따라 식량안보는 인간안보의 중심 이슈들 중의 하나가 되고 있다.

현재 글로벌 안보의 이슈들

이 절에서는 세 가지의 현대 안보이슈들이 탐구된다. 최근 이라크와 시리아에서의 테러리스트들과 반란자들에 맞선 무력충돌은 전통적인 군사활동이 인간안보에 대한 관심으로 전환되고 있다는 점을 보여준다. 두 가지의 새로 등장하는 이슈들도 논의가 되는데, 그들은 자동무기체계 및 사이버 안보에 관련된 위협들이다. 이 이슈들은 기술발전으로 인하여 발생했고 세계화에 의해서 더욱 악화되었다. 이들은 전통적 안보와 인간안보 모두에게 잠재적인 위협이 되고 있다.

테러리즘

지난 20년 동안 미국과 다른 강대국들은 국제테러리즘의 공포에 보다 직접적으로 부딪치게 되었다. 2001년 9월 11일의 테러공격 이후 서방국들의 정부들은 테러에 대한 글로벌 전쟁을 수행하는 데 수십만 명의 군인들과 수십억 달러의 자금을 투입했다. 그들은 아프가니스탄과 이라크와 같이 테러지원국으로 분류되는 국가들에 침공을 했고, 다른 많은 국가들에서도 군사활동을 수행했다. 그럼에도 불구하고 2011년 이래 알카에다 및 이에 관련된 조직들에 의한 수백 번의 테러공격이 이루어졌고, 서방국들은 '자국에서 조직된' 테러집단들의 공격을 받기도 했다. 최근 들어서 이슬람국가와 극단주의의 적대적인 형태는 테러의 위협과 글로벌 질서의 혼란을 고조시켰다. 2014년에 작성된 미국 국무성 보고서는 테러공격의 수가 그 전해에 비해서 35퍼센트가 증가했고, 희생자는 91퍼센트가 늘어났다고 주장했다 (Mallin 2015).

현대 테러리즘은 복합적인 형태를 보이고 있다. 미 국무부는 테러리즘을 "국가하위 단체들이나 비밀 조직들이 관심을 끌고 영향력을 행사하기 위하여 비전투적 목표에 대하여 자행하는 사전에 계획되고 정치적으로 동기화된 폭력"이라고 정의한다 (USDS n.d.).

이 분야 전문가인 버건(Peter Bergen 2001)은 오늘날의 테러리즘은 폭력을 행사하는 잘 조직된 글로벌 네트워크로 성격이 규정된다고 언급한다 (Mockaitis 2007도 참고할 것). 또 다른 테러 전문가인 주어겐스마이어(Mark Juergensmeyer 2000)는 많은 현대 테러집단들의 주요 동기에는 극단적이고 급진적인 종교의 원리가 포함되어 있다고 주장한다. 인종적 민족주의와 분리주의도 테러집단의 등장에 불을 붙였지만, 호프먼(Bruce Hoffman 2006)은 민족주의와 종교적 광신의 조합이 테러리즘의 가장 심각한 동기를 제공한다고 믿고 있다. 추가적으로 새로운 테러집단들은 대량의 인명피해를 가할 수 있는 공격을 선호하는 것으로 보인다.

테러집단들은 힌두교, 기독교, 유대교, 무슬림 집단을 포함하여 세계 도처에서 발견되지만, 지난 20년 동안 알카에다가 가장 관심을 끄는 조직이다. 이 조직은 오사마 빈 라덴(Osama bin Laden)이 설립했는데, 그는 사우디아라비아 출신의 탈주자로 일련의 테러 공격을 지휘하였다. 빈 라덴은 1990년대의 미국 대사관들에 대한 공격과 연관되어 있고, 2001년 9월 11일의 공격뿐만 아니라 다른 여러 공격에 연루되어 있다. 코란의 급진적 해석으로부터 많은 영향을 받은 빈 라덴은 중동과 그 외의 지역에서 이슬람의 적들에 대항하여 공격적인 테러를 수행하기 위하여 테러조직을 설립하였다. 미국의 행위에 대한 빈 라덴의 불만은 미군의 지속적인 아라비아 반도 주둔, 이라크에서의 가혹한 제재와 군사행위, 팔레스타인과 싸우는 이스라엘 지지 등을 포함하였다. 그는 언제 어디서든 가능하면 미국인들을 살해하라고 모든 이슬람 추종자들에게 강요하였다 (Lewis 1998). 아프가니스탄과 파키스탄에서 수행된 테러와의 전쟁, 그리고 2011년 5월 빈 라덴을 사살한 미국의 특공대 기습은 알카에다에 큰 충격을 가져다 줬다.

다른 테러집단들도 글로벌 안보에 위협을 가하고 있다. 해외 테러조직에 대한 미 국무부의 공식 리스트에 헤즈볼라(Hezbollah)가 포함되어 있는데, 이 조직은 주로 레바논에 근거지를 두고 있는 급진적인 시아파 조직으로 이스라엘의 파괴를 목표로 하고 있다. 헤즈볼라 게릴라들은 이스라엘에 대한 테러 공격을 시작하였고, 특히 2006년에는 이스라엘이 테러리스트들을 근절시키기 위하여 레바논을 침공하자 이스라엘과의 전쟁을 전개하였다. 현재 헤즈볼라는 초국적 운동을 하고 있으며, 이란정부로부터 재정적 지원을 대규모로 받고 있다.

아프리카에서 활동을 하고 있는 두 테러집단들은 소말리아에 기반을 둔 급진적 무슬림 조직인 알샤바브(al-Shabaab)와 나이지리아의 보코 하람(Boko Haram)이다. 알샤바브의 지도자들은 알카에다와 제휴를 하고 있으며, 이 집단은 소말리아와 이웃국가에서 수많은 공격행위를 하고 있다. 보코 하람(이 조직의 이름은 '서양 교육 금지'라는 뜻이다)은 북동부 나이지리아에 소재하면서 이웃국가들에서도 활동을 하고 있다. 이 집단은 그들 자체의 살라피즘(Salafism, 과거의 방식과 코란에 대한 초기의 해석으로 돌아가자는 근본주의 신념)을 실천하면서 자살폭격과 대규모 납치활동을 전개하고 있다. 2009년과 2015년 사이에 보코 하람은 수만 명의 민간인을 사망에 이르게 했고, 수백 명의 소녀들을 납치했으며, 주변 지역의 수백만 명의 난민들을 발생시켰다.

이슬람국가(IS)는 초국가적 수니파 이슬람 집단이다. 2014년부터 이 집단은 폭력적인 극단주의와 잔인한 행위를 인터넷에 올리면서 국제적인 관심을 끌기 시작했다. IS는 극단주의 이슬람의 무정부주의적 변형을 따르고 있다. IS의 수장인 알바그다디(Abu Bakr al-Baghdadi)는 모든 무슬림들이 이 조직의 활동에 참여하도록 요구하고 서양과의 직접적인 대결 전망을 환영하는 태도를 보였다. 1만 명에서 2만 명에 이르는 IS의 전사들에는 강력한 온라인 캠페인을 통해서 모집된 수백 명의 서양인들이 포함되어 있다(Wood 2015).

2014년 6월 알바그다디는 IS가 점령한 시리아와 이라크 지역에 이슬람 율법(*Sharia*)에 의해서 지배를 받는 국가인 '칼리프국가'의 수립을 공식적으로 선포했다. IS는 2011년에 시작된 시리아 내전에 의한 힘의 공백상태를 틈 타 시리아의 일부분을 지배할 수 있었다. IS의 구성원들 중에는 사담 후세인에 충성하던 사람들과 이라크의 군인들이 포함되어 있다. 이 집단은 수니파 부족이 지배하고 있는 이라크의 북서부 지역을 장악할 수 있었고 미국에 의해서 훈련을 받은 이라크의 보안군을 축출했다. 2015년까지 테러 집단으로써는 역사적 사례가 없을 정도의 자원과 영토에 대한 통제권을 획득했다. IS는 이라크와 시리아의 대도시들을 점령했고, 암시장에서 석유를 팔아서 매일 수백만 달러의 수입을 올리고, 자신들의 지배하에 있는 많은 주민들에게 기본 서비스를 충족시키고 있다.

이슬람국가가 글로벌 안보에 위협이 되는 것은 분명하다. 알바그다디는 세계의 무슬림들에게 칼리프국가로 모여서 이단자들에 대항하여 봉기하도록 요구하고 있다. 이슬람국가는 이집트, 리비아, 나이지리아, 사우디아라비아, 예멘, 아프가니스탄에 지부를 세우고 조직적인 지원을 하고 있다. 이슬람국가는 2015년 11월의 파리 공격을 포함하여 다양한 공격을 미국과 유럽에서 자행했다. 미국은 2014년부터 자국에 대한 공격에 대해서 빈틈없는 경계태세를 취하기 시작했다. 또한 미국은 공습, 이슬람국가에 대항하는 게릴라들에 대한 지원, 피해를 입은 지역 주빈들에 대한 경제원조 등을 통해 이슬람국가에 대한 다국적 연합전선을 펼치고 있다.

오늘날 테러리스트들은 광범위하면서도 다각적인 위협을 가하고 있다. 테러집단들이 수행한 공격들을 보면 그들이 서방의 안보에 물리적인 위협이 되고 있음을 알 수 있다. 그러나 테러에 대한 공포의 증가도 안보에 대한 현존하는 위협이 되고 있다. 즉, 이러한 단체들의 존재 자체와 많은 사회에서 생활방식을 혼란시키고 해를 입힐 수 있는 능력은 테러리즘 자체가 중요성을 가지게 된 이유가 되고 있다. 현재 오바마 행정부의 테러와의 전쟁이 이러한 도전에 대한 응전(應戰)이라 할 수 있지만, 사회의 모든 구성원들이 오늘날의 위협을 이해하고 대응을 하는 전환기를 맞고 있다. 따라서 물리적인 위협은 21세기 안보 개념에 대한 실질적인 위협이 되고 있다.

자율살상무기(또는 킬러 로봇)

지역적, 국가적, 글로벌 차원에서 기술은 항상 안보에서 중요한 역할을 해왔다. 최근 들어서 인공지능(AI: Artificial Intelligence)과 로봇의 발달에 대한 관심이 집중되기 시작했는데, 이는 전통적인 안보와는 별 연관이 없지만 중요한 관심사항이 되고 있다. 대중문화는 많은 사람들이 이 이슈들을 접할 수 있는 기회를 제공한다. 할리우드는 〈터미네이터〉 시리즈를 우리에게 소개했는데, 그 주요 내용은 인간이 '자각능력'을 가진 컴퓨터를 상대로 대결하는 것이다. 영화 내에서 인공지능(AI) 컴퓨터 시스템인 스카이넷은 인간을 말살시키기 위해서 자율로봇(autonomous robot)을 사용하는 데, 이러한 점은 컴퓨터가 글로벌 안보에 위협이 된다는 점을 보여 주는 사례다. 이러한 공상과학을 주제로 한 영화에는 〈엑스 마키나〉, 〈로보캅〉, 〈트랜스포머〉, 그리고 이 모든 영화들의 선구적 영화인 〈2001: 스페이스 오디세이〉가 있다.

이러한 선진기술의 형태들은 영화 스크린에만 존재하는 이야기가 아니다. 오늘날 컴퓨터가 인간보다 집중력이 높고, 더 많이 기억하며, 정보를 더 빠르게 처리한다. 그 결과 과학자들은 AI를 활용하는 로봇에 더 새롭고 폭넓은 임무를 부여하는 데 대한 논의, 연구, 실행을 모색하고 있다. 그 영향력은 광범위하게 나타날 것이다. 당면한 우려사항 중의 하나는 인간의 고용문제에 영향을 준다는 점이다. 일부 전문가들은 컴퓨터들이 법률가, 예술가, 비행기 조종사, 경제전문가 등을 대체할 것이라고 주장한다. 정치도 AI의 영향을 받을 것이다. 한 전문가는 다음과 같이 주장한다. "정확한 통계, 유효한 사회과학 이론, 그리고 청중들의 반응을 실시간으로 정확하게 파악할 수 있는 능력을 가진 AI는 어떻게 가장 설득력 있고 감동적인 연설을 하는지를 학습할 수 있다" (Armstrong 2014: 14). 경제분야에서도 "인간이 획득하기 어려운 정보를 가지고 기업과 국가를 움직이게 하면서 AI는 숙련된 경제전문가와 CEO의 역할을 할 것이다. 이미 주식시장 거래의 반 이상을 상대적으로 단순한 연산으로 풀어냈는데, 인간은 그들이 어떻게 작동되는지를 거의 알지 못하고 있다" (2014: 15).

군사영역에서 발전된 기술은 전쟁의 한계를 넓히고 큰 흥분을 불러일으킨다. 예를 들어, 폭발하지 않은 지뢰를 찾아내는 로봇을 상상해 보자. 이 기술은 분쟁지역에 사는 농부들이 다리를 잃거나 사망하지 않고 안전하게 농사를 지을 수 있게 해 준다. 전투에서 무장 로봇을 활용하여 인간의 생명을 보호할 수 있는 계획도 추진되고 있다. 이와 반대로 많은 사람들은 인공지능을 군사적으로 사용하는 데 우려를 표명하는데, 여기에는 인공지능에 의하여 유도되는 무기나 로봇이 포함된다 (때로는 로봇화된 무기로 불리기도 한다). 사람들이 왜 우려를 하는지 상상하는 것은 어렵지 않다. 인간을 죽이는 데 로봇을 사용하겠다는 생각은 매우 위험한 발상이다. 그러나 중요한 것은 이미 기계화된 무기가 존재한다는 사실이다. 예를 들어, 무인항공기(UAVs: unmanned aerial vehicles)로 알려져 있는 드론은 수천 마일 거리에서도 조종이 가능하다. 과거 몇 년 전부터 먼 지역에 있는 사람들을 살해하는 데 드론이 사용되고 있다. 드론은 인간이 조종하지 않으면 작동이 되지 않기 때문에 '반자율적(semiautonomous)'무기로 불린다. 이는 인간의 통제가 거의 또는 전혀 필요 없기 때문에 '완전 자율적'이라고 불리는 무기들과 구분이 된다. 인간의 통제가 실제로 무엇을 의미하는지 명확하지는 않지만 대체로 목표대상을 선택하고 무기를 사용하는 것에 대한 통제라는 점에 의견이 모아지고 있다. 현존하는 무기들도 여기에 해당되는 것들이 있다. 아이언 돔(Iron Dome)은 이스라엘로 향하는 미사일을 자동적으로 요격하기 위하여 제작된 이스라엘의 무기방어체계이다. 이 체계는 인간의 개입 없이 날아오는 미사일을 탐지하고 목표를 향해 발사된다.

자율무기는 인간의 통제와 관련하여 세 가지 유형으로 분류되는데, 인간이 '장치 안'에 있는가, '장치 위'에 있는가, '장치 밖'에 있는가의 여부이다. 장치 안에 있는 경우 인간이 개별 목표대상 또는 특정 대상집단에 대한 결정을 한다 (Scharre and Horowitz 2015). 인간이 장치 위에 있을 경우, 인간은 무기체계가 대상을 선택하고 공격하는 것에 대해 거부하거나 중단시킬 수 있다. 장치 밖에 있는 시나리오에서 인간은 무기체계의 작동에 대해서 간섭을 할 수가 없다. 특히 이 마지막 범주에 속하는 자율무기를 규제할 수 있는 국제적인 정책이 수립되어야 한다는 요구가 많이 나오고 있다 (Scharre and Horowitz 2015).

이러한 요구를 하는 단체들 중에는 평판이 좋은 비정부기구인 휴먼라이츠워치(Human Rights Watch)가 있다. 2014년에 휴먼라이츠워치는 소위 '자율살상무기(Lethal Autonomous Weapons)' 또는 덜 공식적으로 '킬러 로봇'으로 불리는 것들을 전지구적으로 금지하는 정책을 공격적으로 추진했다. 이 점에 대해서 많은 국제공동체들이 찬성하는 태도를 보였다. 2015년 7월에 3,000명에 가까운 AI연구자들이 인공지능에 대한 국제공동회의(International Joint Conference on Artificial Intelligence)에서 "인간의 개입 없이 목표대상을 선택하고 교전하는 자율무기의 금지"를 요구하는 공개서한에 서명했다 (CSKR 2015).

물론 자율무기에 대한 미래의 금지 여부는 미국, 중국, 러시아와 같이 월등한 군사력을 갖고 있는 국가들의 의사에 의해 좌우될 것이다. 최근 들어 미국 국방부는 무기체계의 자율성 증가를 인정하는 2013년부터 2038년까지의 무인시스템통합로드맵(Unmanned Systems Integrated Roadmap for 2013~2038), 그리고 자율무기를 인간이 직접적으로 통제하는 미래에 대한 국방부지침(Department of Defense Directive)을 발간했다. 이 지침은 다음과 같이 언급하고 있다. "자율무기 그리고 반자율무기체계들은 지휘관들과 운영자들이 무기사용에 대해 적절한 수준의 인간 판단을 행사할 수 있도록 설계될 것이다" (DOD 2012). 그런데 여기서 '적절한'의 의미는 무엇인가? 만약 국방부가 자율적 로봇들이 인간보다 목표대상을 잘 선정하고 작동된다면, 인간이 무기체계의 '장치 밖'에 있게 되는 것을 합리화해 줄 수도 있는 것이다.

자율살상무기의 금지를 찬성하는 사람들은 만약 로봇들이 대부분의 전투를 수행할 수 있게 되면 지도자들이 전쟁선포의 유혹을 더 받게 될 것이라고 주장한다. 또한 그들은 기계가 전투원과 민간인을 구분하는 능력이 인간들보다 떨어질 것이라고 주장한다. 예를 들어, 로봇은 장난감 총이나 막대기를 들고 있는 어린이와 군인을 구분할 수 있는가? 자율살상무기를 금지해야 한다고 주장하는 사람들은 로봇이 비례성의 개념을 이해할 수 없을 것이라고 주장하는데, 비례성은 전쟁에서 과도하게 무력을 사용하기보다는 균형된 대응을 할 수 있는 능력이다. 오작동으로 인해 우발적 전쟁이 발생할 수 있다는 타당한 문제점도 제시되고 있다. 이에 따라 현역 군인들을 포함하여 많은 사람들이 자율무기 금지에 찬성한다는 여론조사 결과가 있다 (Wallach 2015).

금지를 반대하는 사람들은 전쟁에서 보다 많은 로봇을 사용하게 되면 인명피해를 줄일 수 있을 것이라고 주장한다. 또한 그들은 인간의 감정과 오판에서 나오는 잘못을 로봇들은 피할 수 있기 때문에 로봇이 더 효율적이라고 주장한다. 비판론자들은 또한 자율살상무기의 금지를 준수하는지 검증하는 것이 어렵다고 강조한다. 다시 말해서, 어떤 국가가 자율무기를 개발하는지 확인하는 것보다 핵무기를 개발하는지 검증하는 것이 훨씬 쉽다고 한다.

일부 전문가들은 인공지능이 스스로 향상할 수 있을 정도의 수준까지 발전할 것이라고 믿고 있다. 다시 말해서, 언젠가는 로봇이 발전하고 진화하는 데 인간을 필요로 하지 않을 수도 있다는 전망을 한다. 로봇은 자기발전을 위한 프로그램을 만들고, 자신을 디자인한 인간의 기대를 넘는 수준으로 재 디자인할 수 있을 것이다. 이러한 현상을 '기술적 특이점(technological singularity)'으로 부른다. 스티븐 호킹 같은 저명한 과학자들은 기술적 특이점이 미래에 위험하게 전개될 가능성이 있으며, 이는 인간안보에 큰 영향을 미칠 것이라고 경고한다.

사이버 안보

컴퓨터에 의한 인터넷과 디지털 통신 네트워크의 발전은 글로벌 안보에 대한 새로운 도전의 영역을 생성하고 있다. 기술이 발전함에 따라, 군사 지휘와 통제, 과학 연구, 그리고 데이터 공유의 '안전한' 연결을 제공하는 네트워크 통신은 물자 및 인간안보에 대한 공격의 포털이 되고 있다. 이와 유사하게 사이버 기술은 사이버 테러리즘과 사이버 범죄의 가능성을 고조시킨다. 이러한 기술들은 원래 불법적으로 되기 쉽기 때문에, 국제적 행동 기준과 현 시대 안보의 정치에 대한 흥미로운 질문들을 제시한다. 구체적인 문제에는 전통적인 주권적 국경을 침범하고, 안보에 대한 민간인들의 관심과 정부의 관심 사이에 괴리가 생기는 것이 포함된다.

현대 사이버 혁명은 1930년대와 1940년대에 미국 군대가 처음으로 프로그램이 가능한 컴퓨터체계를 사용하면서 시작되었다. 국방부는 냉전시대에 포 사격과 공중전투작전과 같이 복잡한 전투분야를 통제하는 데 도움이 되도록 컴퓨팅 기술을 통합하기 시작했다. 1960년대 후반 국방부는 알파넷(Arpanet)이라 불리는 실험적인 표준형 네트워크(experimental prototype network)를 개발했는데, 이는 컴퓨터들을 연결하기 위한 네트워크였다. 이의 주요 목적은 핵전쟁 동안의 통신을 위하여 대안적이고 안전한 수단을 보유한 군사지휘센터를 수립하는 것이었다. 초기의 성공을 기반으로 하여, 1970년대에 연구자들은 컴퓨터들 사이의 메시지 전송을 위한 새로운 네트워크, 규칙, 그리고 절차들에 대한 작업을 시작했는데, 이를 인터넷 프로토콜이라고 부른다. 1980년대 후반과 1990년대 초반에 과학자들, 연구자들, 그리고 일반 시민들은 전자메일을 사용하는 시스템을 통하여 통신을 하기 시작했다. 1980년대 초반에 세계에 있는 대략 2만 대의 컴퓨터들이 어떠한 형식으로든 연결되어 있었다. 오늘날에는 세계의 30억 명 이상이 친구, 가족, 그리고 비즈니스 파트너들과 통신을 하기 위해서 인터넷을 사용하고 있다. 상인들도 공급 체인 관리와 온라인 판매를 위해 인터넷에 의존하고, 소비자들은 온라인을 통하여 상품을 구입하고, 결제를 하고, 자신의 집에 도착할 때까지의 과정을 추적한다. 미미하게 시작되었지만, 인터넷은 글로벌 통상과 통신의 광범위하고 심층적인 바다가 되고 있다 (Cavelty 2008; Deibert and Rohozinski 2010).

그러나 인터넷이 확산되고 우리 일상생활의 한 부분이 된 것과 같이, 사이버 공격의 위험도 높아지게 되었다 (Arquilla and Ronfelt 1997). 대체로 미국의 군부는 사이버 기술이 서방진영으로 하여금 상대 진영에 대해서 극도로 우월한 위상을 가져다 줄 것이라는 생각에 이 기술의 발전을 받아들였다. 컴퓨터, 알파넷, 밀넷(Milnet), 위성기반지상위치시스템(satellite-based ground location systems), 그리고 수천 가지의 관련된 기술들은

1990년대 '군사의 혁명'을 시작하게 하였다. 정보전 또는 사이버전의 수행은 군사에 있어서 중요한 혁명적 변화였다. 국방부는 정보전을 "자신의 정보, 정보 기반의 과정, 정보체계, 그리고 컴퓨터에 기반한 네트워크를 보호하면서, 적의 정보, 정보 기반의 과정, 정보체계, 그리고 컴퓨터에 기반한 네트워크에 영향을 미쳐서 정보의 우위를 달성하는 행위"로 정의를 내렸다(DOD 2011).

사이버 공격은 전통적인 군사작전보다 수행하기가 쉽다. 사이버 공격은 국가, 국가가 지원하는 단체들, 또는 불량 행위자들(테러단체에서부터 무모한 10대까지)에 의하여 이루어진다. 사이버 공격은 적의 기간시설과 자원보안에 해를 입히기 위해서 계획될 수 있지만, 비전투원에 영향을 미칠 수도 있도록 부수적이고 무차별적으로 이루어질 수도 있다. 전문가인 데닝(Dorothy Denning 1999)은 현대에 사이버 안보 도전들의 여러 가지 범주를 설명하고 있다. 디도스(DDoS, 분산서비스거부) 공격은 바이러스나 악성코드에 감염된 다수의 컴퓨터를 이용해 다량의 정보를 요구함으로써 상대방의 컴퓨터가 작동하지 못하게 하는 것이다. 해킹 공격은 해커들이 목표로 하는 컴퓨터에 침투하여 주요 자료를 획득하고, 심지어는 봇넷(botnet)이라 불리는 네트워크를 통해 다른 컴퓨터와 연결을 하여 웹트래픽과 커뮤니케이션을 감시하며, 원격조종을 하여 전체 네트워크에서 비밀정보를 유출해 내는 것이다. 피싱(phishing, private data와 fishing의 합성어로 개인정보를 빼내기 위해 낚시질을 한다는 의미임 – 역자 주)은 저장된 정보에 접근하기 위해 컴퓨터에 멀웨어(malware, malicious software[악의적인 소프트웨어]의 약자이며, 악성코드로 불리기도 함 – 역자 주)를 심는 것이다. 대체로 이 도구들과 기술들은 사이버 전쟁, 사이버 범죄, 사이버 첩보활동, 사이버 테러리즘에 활용된다 (Denning 1999; Rollins and Wilson 2007).

미국, 중국, 러시아, 이스라엘 등의 정부들은 사이버 공격을 수행해 온 것으로 알려져 있다. 미국의 국가안보국장이 지휘하는 미국의 사이버 사령부는 공격과 더불어 수비 작전을 수행한다. 국제전략문제연구소(Center for Strategic and International Studies)의 보고서에 따르면, 2011년까지 수십 개의 다른 국가들도 군사기획과 조직에 사이버 전쟁을 포함하고 있다 (Lewis and Timlin 2011). 사이버 공격은 1990년대부터 시작되었고 최근 들어 급격하게 증가하고 있다. 예를 들어, 러시아 해커들이 2007년에 에스토니아, 2008년에 그루지야에 침투하여 정부 컴퓨터들과 상업용 서버들을 일시적으로 폐쇄시킨 바 있다. 2013년에 발간된 보고서에 의하면, 미국정부와 기업의 웹사이트들이 중국의 군인들과 하청업자들에 의해서 수천 번에 걸쳐서 공격을 받았다고 미국의 정보기관들이 파악하고 있었다 (Sanger et al. 2013). 요컨대 사이버 전쟁은 현대에 있어서 증가하고 있으며, 전세계 수십억 명의 사람들이 이의 영향을 받을 가능성이 있다.

비국가행위자도 사이버 테러리즘에 관여되어 있다. 실제로 인터넷은 범죄자들과 테러리스트들에게 그들의 행동에 대한 익명성과 비밀통신을 위한 수단을 제공하는 도피처가 되고 있다. 최근 들어 테러집단들과 연결된 웹사이트와 온라인 활동이 급격하게 증가하고 있다. 다크 웹이라 불리는 애리조나대학교의 연구 프로젝트는 사이버 공간에서 테러리스트와 극단주의 집단의 활동을 추적하여 약 5만 개의 웹사이트, 채팅방, 블로그, 그리고 이 집단들에 의해서 지원되는 실질적으로 상호작용적인 공간들이 있다고 추정했다 (University of Arizona 2015). 전문가인 만텔(Barbara Mantel 2015)에 따르면, 테러집단들은 적어도 다섯 가지의 상이한 목표를 위하여 인터넷을 사용한다고 하는데, 그들은 자금조달, 통신, 훈련, 미디어 접촉, 그리고 급진화와 모집이다. 서방국들의 안보분석가들과 법집행자들은 그러한 사이버 공간활동을 조심스럽게 추적하면서 극단주의자들보다 한 걸음 앞서려는 시도를 하고 있다. 그럼에도 불구하고 오늘날의 복잡한 환경에서는 결연한 국가들, 국가가 지원하는 집단들, 기업들, 독립된 집단들(어나니머스[Anonymous] 또는 룰즈섹[LulzSec]과 같은 집단들), 또는 심지어 개인들까지도 중요한 국가의 기간산업에 대한 비대칭적 전력의 형식으로 바이러스와 악성코드와 같은 사이버 무기들을 사용하고 있다.

마지막으로 사이버 안보에의 도전에 대한 국제적 대응이 혼합되어 있다는 점을 인식하는 것이 중요하다. 예를 들어, 2003년에 개최된 제1차 정보

사회세계정상회의(World Summit of the Information Society)에 참가한 대표들은 인터넷을 관리하기 위해서 국가, 컴퓨터 산업, 비정부기구 등 다원적 관련자들이 함께 활동을 해야 하는지, 또는 이러한 안보의 차원이 주권국가들로 구성된 다국적 기구의 통제에 주어져야 하는지에 대해서 토론을 했다. 인터넷 거버넌스의 다른 핵심적인 관점은 세계적으로 이 기술이 발전하도록 고무하고 디지털 분야에 있어서 저개발국가와 선진국가들 사이의 격차를 줄이는 것이다. 21세기 초기에 글로벌 공동체가 다중이해관계자 접근법(multistakeholder approach)에 합의했으나, 이러한 입장은 러시아와 중국, 그리고 10여 개의 개발도상국들의 정부에 의해서 점차 도전을 받게 되었다. 국제전기통신연합(International Telecommunication Union) 또는 유엔의 (또는 양자 모두의) 관리에 대한 국제 규제를 전환시키려는 중요한 노력이 21세기 들어서 처음 10년 동안 지속되었다. 부시행정부는 다자적 관리를 고려하는 데 반대를 한 반면, 오바마 대통령과 케리 국무장관은 인터넷을 위한 새로운 행동강령을 수립하고 국가별 능력구축을 다자적으로 제한하기 위한 폭넓은 대화를 추구했다. 세계전기통신개발회의(World Telecommunication Development Conference)와 같은 최근의 국제전기통신 관리를 위한 회의는 거버넌스를 위한 새로운 합의를 도출하는 진전을 가져왔다.

결론

이 장은 안보의 영역에 보다 더 연구해야 할 가치가 있는 두 가지 차원이 존재한다는 점을 보여주고 있다. 전형적으로 국가들과 연관된 물질적/전통적 안보가 있으며, 글로벌 정치에서 장기적인 관점에서 새로운 방식으로 접근하게 되는 인간안보가 있다. 우리는 인간안보의 개념이 현대 안보이슈에 대해서 더 풍부한 이해를 북돋아 준다고 생각한다. 안보와 관련된 전통적 관점이 보다 넓고 포괄적 개념으로 진화된 것과 같이, 주권에 대한 전통적 관점도 보다 많은 관심의 대상이 되는 시민들의 안녕과 함께 보다 심층적으로 관찰이 되고 있다. 범세계적인 테러 네트워크는 주권국가에 뿌리를 내리고 있지 않은 행위자들이 점차로 중요하게 되어 가는 사례를 보여 준다. 테러리즘을 논의해 보면, ISIS는 주권국들의 국경을 인정하지 않고, 적어도 이라크와 시리아의 경우, 선거로 선출된 지도자들이 무시당하고 있는 점이 나타난다. 사이버 안보의 사례는 기술이 새로운 형식의 안보 이슈들을 등장시킨다는 점을 강조하는데, 그 이슈들은 더 이상 단순하게 국가와 군사대립의 영역이 아니다. 또한 자율무기의 경우 군사문제라는 점에서 전통적인 인보이슈와 유사하지만, 기술이 글로벌 안보의 미래에서 행하는 역할의 사례를 보여 주고 있다.

이러한 차원의 안보는 어느 정도로 진화할지는 두고 봐야 한다. 세계화가 확대되면서 세계는 안보를 보다 글로벌한 차원에서 보며, 국가를 분리시키는 정치적 경계에 대해서는 덜 관심을 갖게 되었다. 주요 사례는 중동의 처절한 난민 위기이며, 이 위기로 비롯된 고통과 인간안보 이슈는 중동지역뿐만 아니라 유럽과 그 이외의 지역까지 확산되고 있다. 기후변화가 뉴스 헤드라인으로 계속 오르고, 만연된 경제위기가 글로벌 빈곤의 확대를 위협함에 따라, 미래에 인간안보가 보다 많은 관심을 받게 될 것이다.

토의주제

1. 인간안보의 개념은 현대 안보이슈에 대한 우리의 이해를 어떻게 증진시키는가?
2. 당신은 미래에 전쟁의 숫자가 줄어들 것이라고 생각하는가, 또는 늘어날 것이라고 생각하는가?
3. 21세기에 어떠한 인간안보의 이슈들이 글로벌 차원의 관심을 가장 많이 받을 것인가? 그 이유는 무엇인가?
4. 테러리즘의 실질적인 원인은 무엇인가? 이러한 도전에 직면하여, 당신은 정책결정자에게 창조적이고 대안적인 대응책을 권고할 수 있는가?

5. 21세기에 첨단기술에 의해 제작되는 자율무기체계에 법적이고 도덕적인 제한이 가해져야 하는가? 왜 그래야 하거나, 왜 그러지 말아야 하는가?
6. 사이버 공간의 새로운 글로벌 공유재(global commons)에 대해서 주권과 통제의 전통적인 경계가 집행되어야 하는가? 만약 그렇다면, 물질안보와 인간안보의 차원을 인정하는 이 경계들을 어떻게 정의할 것인가?

추천 문헌

Caldwell, Dan, and Robert E. Williams Jr. (2006) *Seeking Security in an Insecure World*. Lanham: Rowman and Littlefield.

Cribb, Julian (2011) *The Coming Famine: The Global Food Crisis and What We Can Do to Avoid It*. Berkeley: University of California Press.

Goldstein, Joshua S. (2011) *Winning the War on War: The Decline of Armed Conflict Worldwide*. New York: Dutton.

Green, James A. (2015) *Cyberwarfare: A Multidisciplinary Analysis*. London: Routledge.

Homer-Dixon, Thomas (2006) *The Upside of Down: Catastrophe, Creativity, and the Renewal of Civilization*. New York: Island.

Kay, Sean (2011) *Global Security in the Twenty-First Century: The Quest for Power and the Search for Peace*. 2nd ed. Lanham: Rowman and Littlefield.

Reveron, Derek S., and Kathleen A. Mahoney-Norris (2011) *Human Security in a Borderless World*. Boulder: Westview.

Wallach, Wendell (2015) *A Dangerous Master: How to Keep Technology from Slipping Beyond Our Control*. New York: Basic.

Weiman, Gabriel (2015) *Terrorism in Cyberspace: The Next Generation*. Washington, DC: Woodrow Wilson Center Press.

Chapter 3

무기 확산의 위협

무기의 확산은 오늘날의 국제안보에 있어 가장 중대한 과제 중 하나이다. 이란과 북한의 대량살상무기(WMD: Weapons of Mass Destruction) 프로그램을 둘러싼 충돌, 이라크전쟁(2003~2011년), 대량살상무기를 사용한 테러의 위협과 같은 최근의 사건들 모두는 현대의 확산 문제를 반영한다. 세계 지도자들은 다양한 정책과 행동으로 대응하고 있다. 예를 들어, 부시(George W. Bush) 대통령은 WMD 확산을 방지하는 데 일부 초점을 맞춘 테러와의 전쟁을 시작하였다. 2009년 오바마(Barack Obama) 대통령은 미 행정부의 목표를 "핵무기가 없는 평화롭고 안전한 세계를 추구하는 것"이라고 선언하였다. 유엔 안전보장이사회의 상임이사국들은 이란의 핵무기 프로그램에 대한 열망을 억지하기 위한 협상을 전개하여 2015년에 합의를 이끌어 냈다. 그러나 첨단기술의 발전과 일부 정부들과 비국가행위자들의 동기 때문에 확산의 위협은 지속되고 있다.

무기 확산은 단순히 정치인이나 군사지도자들에게만 문제가 되는 것이 아니다. 정부가 분쟁 상황에서 무기를 사용하게 되면 군인과 민간인 모두가 위험에 노출된다. 긴장이 고조된 지역에 군비증강이 시도되면, 부주의한 군사적 대립이나 우발적인 무기체계 사용의 가능성이 높아진다. 정부가 거대한 군대와 대량살상무기로 무장하기 위해 많은 예산을 투입하면, 이는 곧 교육이나 보건혜택과 같은 다른 프로그램에 사용될 수 있는 재원을 군비로 전용하는 셈이 된다. 국가 안보에 절박한 위협이 있든 없든 간에, 전세계의 시민들은 날마다 무기 확산의 영향력을 경험하게 된다.

무기 확산의 유형

무기 확산은 무기의 수와 파괴력이 빠르게 증대되는 것을 가리킨다. 도표 3.1이 보여주는 바와 같이 확산은 네 가지 차원에서 생각할 수 있다. 수직적 확산은 한 국가 내부에서의 무기 개발 및 축적이다. 수평적 확산은 국가의 경계를 뛰어넘는 무기 및 관련기술의 확산을 말한다. 재래식 무기는 총, 탱크, 각종 포탄, 비행기, 군함 등 거의 모든 종류의 무기체계를 포함한다. 대량살상무기는 적은 양이 사용되더라도 엄청난 효과를 갖는 특별한 무기이다. 핵무기, 화학무기, 그리고 생물무기는 재래식 무기보다 더욱 무차별적인 살상을 초래할 수 있다.

재래식 무기의 수직적 확산

재래식 무기의 증강은 가장 오래된 무기 확산의 형태이다. 일부 사람들은

도표 3.1 확산에 관한 매트릭스

	수직적 확산	수평적 확산
재래식 무기	유형 I	유형 II
대량살상무기	유형 III	유형 IV

가장 덜 위협적인 것으로 생각할지 모르지만, 이 유형의 확산은 다양한 방식으로 국제 안정에 위협을 가할 수 있다. 첫째, 무기 축적은 정부나 기타 단체들로 하여금 더 많은 분쟁에 개입하도록 한다. 자동소총에서부터 정밀유도병기에 이르기까지 재래식 무기는 점점 더 정밀해졌으며, 대포알에서부터 2,000파운드의 포탄에 이르기까지 점점 더 파괴적으로 변해왔다. 일부 사람들은 통제가 이루어지지 않는 국제 시장에서 재래식 무기가 수직적으로 확산되면 분쟁이 더욱 조장될 수 있다고 생각한다. 재래식 무기 축적의 두 번째 위험은 사회적 비용으로, 정부의 다른 프로그램 비용이 국방비에 투자되어야 하고, 국민들이 수용하지 못할 수준으로 정부가 사회복지비용을 줄여 나가게 된다.

무기의 증가는 분쟁의 증가를 가져온다. 정부의 재래식 무기 보유 확대 프로그램은 국가가 더 많은 분쟁에 개입하여 사용할 수 있는 무기의 양을 늘리는 것을 의미한다. 일부 전문가들은 무기 체계의 유용성과 군사 전략의 발달이 국가가 전쟁에 참여할 기회를 증가시킨다고 말한다. 그들은 재래식 무기의 발전과 공격적 군사 전략이 제1, 2차 세계대전과 베트남전쟁을 포함한 여러 분쟁을 촉발한 요인이었다고 주장한다. 이러한 맥락에서 볼 때 국제체제에서의 군비증강은 일종의 잠재적인 전쟁 원인으로 인식된다 (Sagan 1986; Sivard 1991).

예를 들어, 제1차 세계대전 이전에 독일과 영국은 가장 강력한 군함을 제조하기 위한 경쟁에 뛰어들었다. 히틀러(Adolf Hitler)는 제2차 세계대전 동안 지대지 미사일(surface-to-surface missile)과 제트기의 연구 개발을 명령했다. 냉전 시기에 레이건 대통령은 강한 항공모함과 최신형 잠수함을 포함한 600척의 해군력 강화를 지시했다. 보다 최근에는 21세기의 전투력을 향상하기 위한 스텔스기와 군함, 프레데터 드론(Predator drone)과 같은 무인항공기(UAVs), 우주에서의 위성공격용무기, 그리고 컴퓨터기술에 이목이 집중되고 있다.

최근 몇 년간 재래식 무기가 보다 첨단화되고 그 파괴력이 증가하면서 무기축적과 분쟁 가능성의 관계 또한 더욱 밀접해졌다. '스마트'탄과 정밀유도병기는 아무리 먼 목표물이라도 직접 폭파할 수 있는 파괴력을 보유하고 있다. 원거리에서 휴대폰으로 폭발시킬 수 있는 폭탄은 폭도집단들로 하여금 이라크와 아프가니스탄에서 군인들에 대한 공격을 가능하게 하였다. 2014년에 친러시아 분리주의자들이 조종하는 러시아제 부크 미사일체계가 동부 우크라이나의 분쟁지역을 비행하던 말레이시아 항공의 민간 여객기를 격추하여 탑승했던 298명의 승객이 사망하는 사건이 발생했다. 지금도 과학자들은 세계 어느 목표라도 한 시간 이내에 정밀하게 재래식 타격을 할 수 있는 장거리 극초음속 미사일을 개발하고 있다.

마지막으로, 제2차 세계대전 이후의 거의 모든 분쟁에서 재래식 무기가 지속적으로 사용되었다는 점은 매우 중요한 의미를 갖는다. 지뢰에서 전투기까지 재래식 무기는 1945년 이래 세계적으로 5,000만 명의 사상자를 냈다.

무기축적의 사회적 비용. 많은 정부들은 상당한 양의 재래식 무기를 축적하고 있다. 미국의 군사비는 지난 20년간 매년 3,500억 달러를 초과했는데, 이 중 대부분이 군대와 재래식 무기를 확보하는 데 사용되었다. 2014년 미국의 군비지출은 가장 근접한 잠재적 경쟁국(중국) 군비지출의 3배가 되었고, 러시아에 비해서는 5배 이상이 되었으며, 전세계 군비지출 전체의 34퍼센트를 차지했다 (Perlo-Freeman et al. 2015). 표 3.1은 냉전 이후 세계적, 지역적인 국방비 지출 변화를 보다 넓은 맥락에서 보여준다.

21세기의 첫 10년간 세계 국방비 지출 수준은 꾸준히 증가했지만, 증가속도는 최근 들어 주춤하고 있는 실정이다. 2014년에 국방비를 가장 많이 지출한 5대 국가들은 미국, 중국, 러시아, 사우디아라비아, 프랑스이다. 미국은 1998년부터 2008년 사이에 국방비 지출을 두 배 증가시켰는데, 거의가 테러에 대한 글로벌 전쟁에 치중되었으며, 지출 수준은 급격하게 증가하지는 않고 있다. 이 기간에 아시아, 중동, 유럽의 국가들도 국방비를 증가시켰다.

군사비 지출로 인해 발생하는 사회적 비용은 위험한 수준이라는 비난을

표 3.1 세계적·지역적 군사비 지출, 2006~2014년 (2011년 고정통화가치 미화 억 달러 기준)

	2006	2008	2010	2012	2014
남미	519	594	663	688	720
북미	6,070	6,710	7,410	6,910	5,960
아시아와 오세아니아	2,760	3,130	3,560	3,880	4,230
아프리카	262	310	346	404	465
유럽	3,750	3,960	3,940	3,920	3,910
중동	1,220	1,270	1,390	1,510	1,730
중미와 카리브해	56	63	75	85	98
합계	14,640	16,040	7,380	17,400	17,110

출처: SIPRI (2015).

주: 추정치가 있기 때문에 합계는 맞지 않을 수도 있다. 일부 국가들의 데이터는 정보 부족으로 제외되었다.

받는다. 테러에 대한 글로벌 전쟁이 시작되기 이전인 1996년에 세계군사비 지출은 군인 한 명당 3만 1,480달러인 데 반해, 정부의 교육비 지출은 학생 한 명당 899달러에 불과했다. 인구 한 명당 의료보험비 지출은 선진국에서 231달러였으며 개발도상국에서는 22달러에 불과했다 (Sivard 1996). 2010년 군사비지출 세계 1위 국가인 미국의 평균 수명은 27위(일본, 홍콩, 스위스에 뒤졌다)였고, 적절한 음식과 거처를 제공하는 수준은 세계 31위(덴마크, 싱가포르, 네덜란드 보다 낮은 순위였다)였다 (Legatum Institute 2011). 최근 들어 일부 국가에서 국방비 지출이 급격하게 증가하면서 국내총생산(GDP)에서 차지하는 비중이 높아졌으며, 이는 국가발전에 큰 장애요인으로 등장하고 있다. 개발도상국에서 군사비 지출의 증가는 경제성장률의 감소와 정부부채의 증가를 가져온다는 연구결과도 있다 (Nincic 1982). 어느 것이 옳다고 평가하기는 어렵지만, 많은 국가들이 국민들을 국내 사회적 불안정으로부터 보호하기보다는 외부 침략으로부터 국가를 방어하는 데 더 신경을 쓰고 있는 것처럼 보인다.

재래식 무기의 수평적 확산

무기 확산의 두 번째 범주는 재래식 무기 및 관련 기술의 국경을 넘는 수평적 확산이다. 재래식 무기 확산의 주된 경로는 무기매매이다. 이는 국제무기시장에서 판매자와 구입자 간의 정당한 거래일 경우도 있다. 그러나 재래식 무기 거래는 수익성이 높으며, 많은 전문가들은 기업의 욕심이 세계를 대규모 분쟁 발발 직전으로 몰아가고 있다는 우려를 하고 있다.

무기상. 재래식 무기 거래는 대규모 사업이다. 2011년에 전세계적으로 430억 달러어치의 무기거래가 이루어졌다. 미국이 세계 무기판매 1위를 차지하였고, 한참 차이나게 러시아와 프랑스가 뒤를 잇고 있다. 2004년부터 2011년까지 이 3개 국가들이 국제무기판매의 70퍼센트를 점유했다 (Grimmett and Kerr 2012). 2011년에 이루어진 거래들 중에는 미국이 사우디아라비아에 수십 기의 첨단 제트기 및 다량의 미사일과 탄약을 팔기 위한 합의, 아랍 에미레이트에 대한 고도의 미사일 방어와 레이더 체계 판매, 전투 장갑차를 공동생산하기 위한 이집트와의 합의가 포함되어 있다. 2011년에 러시아도 베네수엘라, 말레이시아, 베트남, 버마, 인도네시아에 무기판매를 위한 합의를 했다 (Grimmett and Kerr 2012). 추가적으로 보다 더 많은 국가들이 세계에 소형무기들을 생산하여 판매하는 경쟁을 벌이고 있으며, 많은 국가들이 이의 판매 또는 사용에 대한 규제를 갖고 있지 않다.

무기거래처. 이러한 무기들의 주요 거래처는 누구인가? 미 방위업체들은 대부분의 무기를 개발도상 세계의 동맹국들에게 판매한다. 최근 수십 년 동안 중동과 아시아가 무기판매의 가장 큰 시장으로 등장하였다. 예를 들어, 미국의 방위업체들은 중화기, 군사장비와 기술을 사우디아라비아, 이집트, 이스라엘, 터키, 오만, UAE 등에 판매하였다. 아시아에서 대만, 한국, 인도와 일본 등이 대규모의 재래식 무기체계를 구입하고 있다.

그러나 항상 전통적인 동맹국에게만 무기판매가 이루어지는 것은 아니다. 1980년대에 중국은 미국으로부터 무기를 구매하는 데 4억 달러 이상을 지출했으며, 이는 1989년 민주주의 시위자들이 대량학살된 천안문사태가 발생하면서 중단되었다. 이라크의 지도자 후세인(Saddam Hussein)은 1980년대 국제무기시장을 통하여 대규모의 재래식 무기를 구매했다. 그러나 1991년 걸프전쟁과 2003년 이라크전쟁 동안 우방 및 동맹국들이 이라크에 무기를 판매했다는 사실은 미국을 당황시켰다. 또 다른 아이로니컬한 측면은, 이라크 군인들이 전장에서 탈출할 때 미국이 전후 복구를 위해 이라크에 제공했던 수천 기의 신형 무기들을 이슬람국가(IS) 테러집단이 획득한 것이었다. 뿐만 아니라 재래식 무기의 판매는 '치명적인 반대급부'를 가져다 줄 수도 있다는 실질적 우려를 자아내고 있기도 하다 (Laurance 1992).

과거 10년간 합법적, 불법적인 무기 이전도 내전발발의 주요 원인이 되어 왔는데, 시리아, 시에라리온, 아프가니스탄, 알제리, 수단, 콜롬비아, 스리랑카, 체첸, 콩고민주공화국의 분쟁들이 이에 포함된다. 2014년에 중국이 리비아, 수단, 콩고민주공화국에 무기들을 비밀리에 판매했다는 의혹을 받았는데, 불행히도 이 지역의 분쟁들에서 대부분의 사상자들은 민간인이었다. 어린이들이 특히 큰 위험에 처해 있다. 유엔에 따르면 최근 수십년 동안 내전과 분쟁 때문에 수백만 명의 어린이들이 사망하였고, 또 다른 수백만 명이 심각한 부상을 당하였으며, 30만 명에 이르는 어린이들이 수십 개의 분쟁에 징집되었다. 분쟁과 인권침해 때문에 2,300만 명의 어린이들이 집을 떠나야 했고, 국내에 뿔뿔이 흩어지거나 이웃국가에 피난하고 있다. 2011년부터 지금까지 지속되고 있는 시리아 내전에서만 900만 명의 난민이 발생했고, 2015년에만 20만 7,000명이 사망한 것으로 추계되고 있다 (Gladstone and Ghannam 2015).

대량살상무기의 수직적 확산

대량살상무기(WMD)의 수직적 확산은 국제안보에 대한 또 다른 위협이다. 이 문제에는 여러 중요한 측면이 존재하는데, 여기에는 대량살상무기체계의 유형, 국가들의 핵무기 제조 동기, 그리고 WMD의 수직적 확산 형태 등이 포함된다.

대량살상무기에는 세가지 범주가 있는데, 그들은 핵무기, 화학무기, 생물무기이다. 이들은 집단적으로 언급되는 경우가 자주 있지만, 그들의 효과와 잠재적 군사적 적용에는 차이가 있다는 점은 중요하다.

핵무기. 핵무기는 핵분열과 융합에 기반하여 제조된 가공할만한 폭발력을 가진 무기이다. 제2차 세계대전 기간에 루즈벨트(Franklin D. Roosevelt) 대통령은 '맨해튼 프로젝트(Manhattan Project)'로 알려진 비밀연구계획에 5년간 20억 달러를 투자하여 사상 최초로 원자탄을 개발했다. 1945년 8월 6일 일본의 히로시마에 12.5킬로톤의 원자탄을 투하했다. 이 폭탄은 1만 2,500톤의 TNT와 같은 폭발력을 발휘하며 고압의 파동, 파편, 열기, 불, 그리고 방사성 낙진을 발생시켰으며, 약 13만 5,000명이 사망했다. 두 번째 폭탄은 1945년 8월 9일 나가사키에 투하되어 6만 5,000명의 생명을 앗아갔다. 결국 일본정부는 며칠 지나지 않아 항복했다.

제2차 세계대전을 종식하기 위한 원자탄의 사용은 미국과 소련 간의 위험한 군비경쟁을 야기했다. 소련정부는 즉시 원자력 연구개발 계획을 시작하여, 첫 번째 원자탄 폭발 시험에 성공하였다. 이에 대한 대응으로 미국은 1960년대의 암울했던 냉전기간에 3만 개의 핵폭탄과 탄두를 생산했다. 소련의 무기고는 느리게 건설되었지만, 1980년대에 2만 7,000개의 핵무기를 보유하여 절정에 달했다. 또한 양대 초강대국은 그들의 무기체계를 다양화하였다. 육지에 기반한 대륙간탄도미사일(ICBMs)이 그 핵심적 상징이다. 그러나 초강대국들은 잠수함, 장거리 폭격기, 심지어는 포탄과 지뢰내부에까지 핵무기를 장착하였다. 그리고 양국은 핵무기의 파괴력도 향상시켰다. 냉전 동안 소련은 25메가톤(TNT 2,500만 톤에 해당)의 폭발력을 가진 탄두를 보유하게 되었는데, 이는 히로시마를 폐허로 만든 원자탄보다 수천 배 강력한 무기이다 (Arbatov 2009).

화학무기와 생물무기. 화학무기는 독을 퍼뜨림으로써 신체에 대한 독성을 통해 사람을 무기력화하거나, 부상을 입히거나, 사망에 이르게 할 수 있다. 기체화된 화학물질을 작은 양이라도 흡입하거나 이것이 피부접촉을 통해 혈액에 스며들면 매우 치명적이다. 제1차 세계대전 당시 겨자가스 공격으로 1917년에만 9만 1,000명의 군인들이 사망하였고 100만 명 이상이 부상당하였다. 화학무기는 이란-이라크전쟁(1980~1988년)에서 다시 사용되어 1만 3,000명 정도의 군인들이 사망하였다 (Spires 2010). 1995년에 일본의 급진적인 종교집단이 동경 지하철에서 신경가스인 사린을 사용하여 12명이 사망하고 수천 명이 부상을 당하였다. 그리고 2013년에 시리아 군대는 인구가 밀집된 지역의 분리주의 전사들에 대해 화학탄을 사용해서 수백 명의 사망자가 발생하도록 했다.

화학무기는 다른 종류의 대량살상무기에 비해 생산하기에 복잡하지 않고 비용도 적게 소요된다. 어느 정도의 전문 지식만 있으면 일상적으로 사용되는 화학물질을 혼합해 위험한 대량살상무기를 만들어낼 수 있다. 당연히 테러집단들에게 인기 있는 무기가 되었다. 2006년 영국의 정보기관은 음료수 병에 화학물질을 넣어서 무기를 만들어 비행기를 폭파시키려던 음모를 밝혀냈다. 같은 해에 이라크의 반군들은 상대방의 사망자와 부상자를 최대화하기 위하여 염소가스로 만든 화학 폭탄을 사용하기 시작하였다.

화학무기가 위험하다고 하지만 생물인자는 이보다 더 치명적이고 파괴적이다. 생물인자는 박테리아, 바이러스, 곰팡이 균 같이 질병을 유발시키는 미생물인데, 질병을 유발시키고 공격 대상을 사망시키기 위하여 사용된다. 탄저균은 가장 일반적으로 사용되는 생물인자의 사례이다. 탄저균은 1그램으로 1,000만 명을 사망시킬 수 있는 질병유발 박테리아를 지니고 있다. 냉전 기간에 미국과 소련은 즉시 사용할 수 있는 무기화된 탄저균을 상당량 보유하고 있었다. 2001년 9월 11일 이후 미국의 우편물 시스템을 통하여 소량의 탄저균이 테러 공격에 사용되었다. 이 글을 쓰는 동안에도 생물무기 테러문제는 해결되지 않고 있다.

생물무기와 유독성 무기는 화학무기처럼 상대적으로 제조가 용이하고 치사율이 높다. 의약 제조시설이나 생물학 연구시설에의 접근이 용이한 정부나 단체는 생물무기를 개발할 수 있다. 다른 대량살상무기 체계처럼 이러한 무기체계의 제조정보는 일반 과학 잡지나 인터넷으로부터 얻을 수 있다.

왜 WMD 체계를 만드는가? 대량살상무기를 만드는 두 가지 커다란 이유로 안보와 국가위신을 들 수 있다. 첫째, 일부 정부지도자들은 대량살상무기 없이는 국가의 안보가 위험하다고 믿는다. 냉전 당시 미국과 소련은 많은 핵무기를 축적했으며, 더불어 많은 화학무기와 생물무기도 개발했다. 미국의 생물무기 개발정책은 1970년대 초반 닉슨 대통령에 의하여 최종적으로 중단되었는데, 소련의 비밀 연구개발은 그 이후에도 십 년 동안이나 계속되었다. 중동의 경우, 이스라엘은 방어목적으로 100개 이상의 핵폭발장치를 보유하고 있다는 의심을 받고 있다. 실제로 이스라엘 정부는 1991년 걸프전쟁 당시 생화학무기의 공격을 받을 경우 이라크에 핵무기를 사용하겠다며 은밀히 협박하였다.

인도와 파키스탄의 대치는 긴박한 안보 상황을 보여주는 좋은 예이다. 몇 년간의 국경충돌 이후, 인도는 자국에 이로운 방향의 지역 세력균형을 위한 원자탄을 개발하기 시작했다. 1974년 인도정부는 소위 '평화적 핵폭발'이라고 일컬어지는 핵실험을 감행하여 핵 능력을 세계에 드러내며 파키스탄의 안보를 위협하였다. 그 후 25년간 파키스탄과 인도는 지역 군비경쟁을 심화시키는 핵무기 개발을 비밀리에 진행하였다. 1998년 5월 인도 정부는 다섯 번 이상의 지하 핵폭발실험을 실시하였으며, 파키스탄 정부는 여섯 번의 핵폭발실험으로 대응하였다. 오늘날 양국은 60개 이상의 핵탄두를 보유하고 있는 것으로 추정되고 있다.

둘째, 일부 정부들은 위세, 국가적 자존심, 또는 영향력에 대한 욕구를 충족시키기 위해 대량살상무기 연구개발 프로그램을 진행하고 있다. 냉전 시기 일부 국가들의 대량살상무기체계 보유 또는 보유추구는 그들 국가 또는 지도자들을 전세계적으로 주목받게 만들었다. 1990년대 초반 핵무기를 개발하려는 북한의 노력은 미국의 주의를 집중시켰다. 장기간에 걸친 협상 끝에, 북한은 핵무기 개발 프로그램을 중단한다는 약속을 담보로 새로운 핵 원자로 건설을 약속받았다 (미국은 북한의 핵무기 제조 물질을 추출하기 쉬운 흑연감속로 원자로를 폐기하는 대신 핵무기 제조 물질 추출이 거의 어려운 경수로 원자로 2기를 건설해 주기로 약속하였다 – 역자 주). 북한이 2002년에 협정을 파기했을 때, 세계지도자들은 북한의 더 많은 핵무기 개발을 방지하기 위한 노력을 기울여야 했다. 그러나 2006년 10월 북한은 제1차 핵실험을 성공리에 마쳤다.

일부 정부들은 그들 지역에서 확고한 정치적 지배력을 장악하기 위하여 대량살상무기 개발을 추구한다. 예를 들어, 1970년대 후반 리비아의 강력한 지도자였던 카다피(Muammar Qaddafi)는 비밀리에 핵무기 개발 프로그램을 시작하여, 핵무기 제조에 필요한 고농축 우라늄, 모든 필요한 기술과 장비들을 암시장을 통하여 획득하였다. 리비아는 국가안보에 위협을 받는 상태는 아니었으나, 카다피는 핵무기가 역내에서 자국의 위상을 제고시켜 줄 것이라고 믿고 있었다. 이와 비슷한 사례는 1970년대부터 1990년대까지 이라크 정부가 대량살상무기를 비밀리에 개발한 노력을 들 수 있다. 이라크 지도자 후세인은 1970년대 말 비밀리에 대량살상무기 연구개발을 명령하고, 프랑스, 독일, 미국 등에서 핵 기술과 핵 원료를 들여오기 시작했다. 후세인은 핵무기가 중동지역에서 이라크의 위신, 권력과 영향력을 제고시켜 줄 것이라고 믿었다. 이에 대응하여, 이스라엘 정부는 1981년 이라크의 오시라크(Osiraq)에 있는 핵연구원자로에 대한 공습을 감행함으로써 이라크의 핵무기계획을 멈추기 위해 노력했다. 그러나 대량살상무기를 개발하려는 이라크의 필사적인 노력은 걸프전쟁 이후 이라크의 대량살상무기 계획을 조사하여 해체하려는 유엔특별위원회의 작업에 의해 종료되었다 (Steinberg 1994).

대량살상무기의 수평적 확산

대량살상무기의 수평적 확산은 국제평화와 안정에 대한 네 번째 차원의 도전이다. 사실 이러한 무기와 핵심기술의 국경을 넘는 전이는 모든 확산 위협

중 가장 심각한 것이다. 부시 대통령은 우리의 가장 중대한 위험은 "세계에서 가장 위험한 사람들이 가장 위험한 무기를 획득하는 것"이라고 경고했다.

핵무기 축적. 냉전시대 핵무기 축적은 단지 강대국들에만 해당되는 것은 아니었다. 실제로 소련과 미국이 그들의 무기를 축적하고 있을 동안, 다른 국가들도 핵 클럽에 가입하고 있었다. 오늘날 미국, 러시아, 프랑스, 영국, 중국, 인도, 북한, 그리고 파키스탄은 공공연하게 그들의 핵무기 축적을 시인하고 있다 (도표 3.2참조). 1952년 영국은 핵무기실험을 성공리에 마쳤고, 약 200개의 핵무기를 제조했다. 프랑스는 1960년에 공식적으로 핵 클럽에 가입했으며, 420개 정도로 추정되는 핵무기를 만들었다. 중국은 1964년도에 첫 핵폭발 실험을 했으며, 냉전 동안 약 300개의 핵무기를 제조했다 (McGwire 1994).

일부 개발도상국들은 제2차 세계대전 이후 원자폭탄의 연구개발 계획을 비밀리에 시작했다. 이미 언급한 바와 같이, 인도, 파키스탄, 그리고 이스라엘은 안보와 국가위신 등의 이유로 대량살상무기 계획을 비밀리에 추진했다. 인도정부의 1974년 핵폭발실험 감행은 강대국에 의한 핵무기체계 독점의 종말을 상징하는 것이었다. 인도는 미국이 제조하고 캐나다가 보급해 준 핵에너지 원자로에서 폭탄제조를 위한 핵물질을 만들어 냈다. 전문가들은 인도가 현재 60개에서 100개 정도의 조립되지 않은 핵무기를 보유하고 있다고 믿고 있다. 1970년대 말 파키스탄 핵연구 과학자 칸(A. Q. Khan)은 1970년대 말 유럽컨소시엄에서 비밀로 분류된 우라늄 농축기술을 훔쳐 파키스탄의 핵무기 계획을 선도하여 국가적 영웅이 되었다. 오늘날 파키스탄은 실제로 사용할 수 있도록 단기간에 조립이 가능한 무기를 다수 보유하고 있다고 알려져 있다. 이스라엘의 핵계획은 미국, 남아프리카, 그리고 아이러니하게도 소련의 연구개발 계획의 도움을 받아 실현되었다. 현재 이스라엘 정부는 인도처럼 자국이 소유한 기술로 무기를 제조할 능력을 보유하고 있다고 알려졌다 (Cirincione, Wolfstahl, and Rajkumar 2002).

카네기 국제평화재단(Carnegie Endowment for International Peace)

도표 3.2 세계 핵무기의 분포

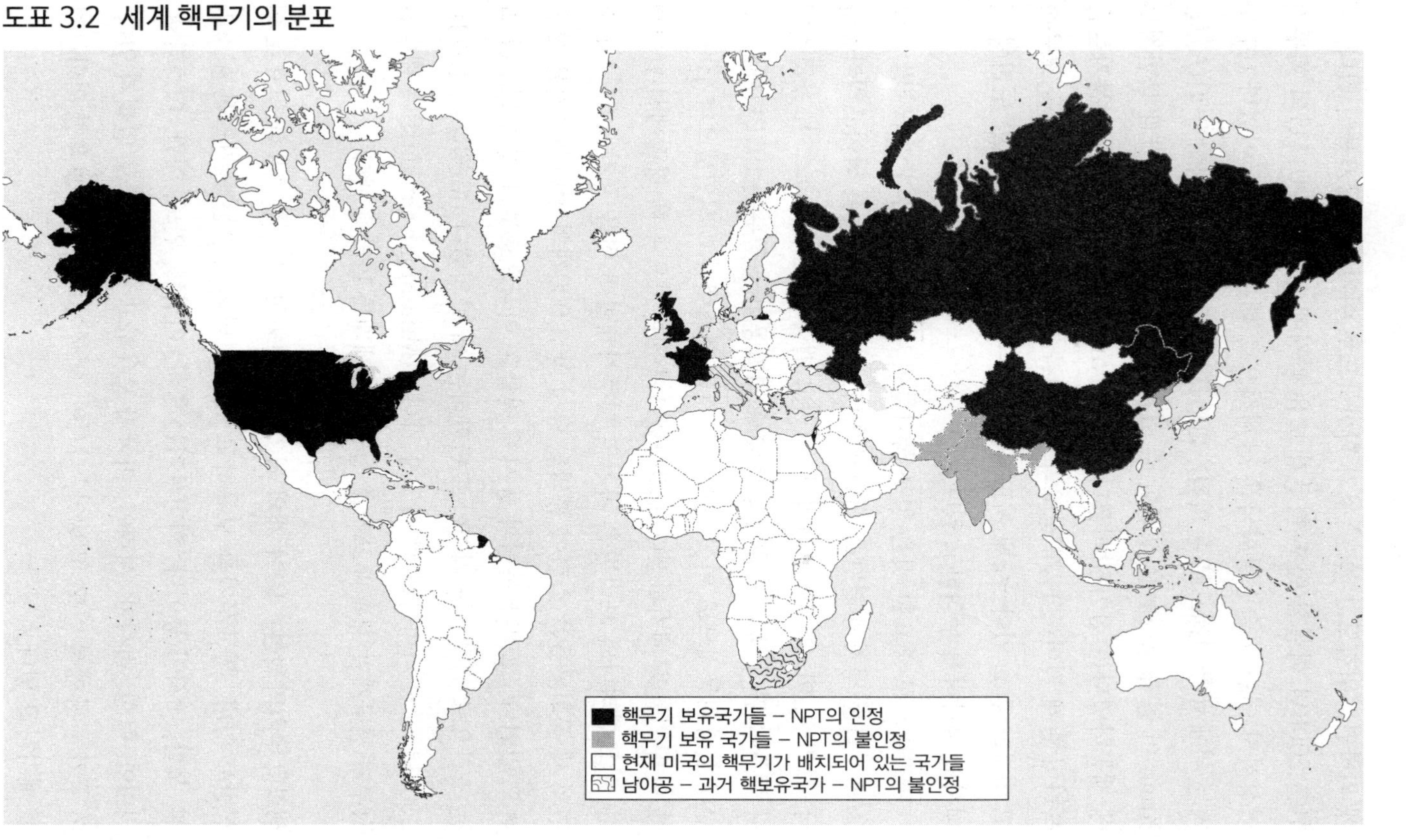

출처: ILPI (2015).

에 의하면, '위험도가 높은' 무기 확산국으로 여겨지는 국가들이 있다. 북한은 2006년 핵실험 이후 핵무기 보유 과정에 있으며, 2015년의 핵무기 협상까지 이란 이슬람공화국은 잠재적으로 핵무기 개발국이었다 (이 문제는 뒤에서 추가적으로 논의됨). 2004년에 파키스탄의 과학자 칸(A. Q. Khan)이 농축 우라늄을 생산할 수 있는 설계도와 기술을 이란과 북한정부에 제공하였다는 점이 밝혀졌다 (Rohde and Sanger 2004). 전문가들은 북한이 현재 적어도 12개 정도의 핵무기를 제조할 수 있는 물질을 보유하고 있다고 믿고 있다. 세계 지도자들은 이란 정부의 핵무기개발 노력에 대해서도 심각하게 우려하고 있다.

마지막으로 중요한 것은 일부 국가들이 대량살상무기의 연구개발 노력을 포기하는 정치적 결단을 내린 것이다. 이러한 국가들은 남아프리카공화국, 브라질, 아르헨티나, 리비아, 그리고 벨라루스, 카자흐스탄, 우크라이나 등 구소련의 세 국가들이다. 남아프리카공화국 정부는 1970년대와 80년대에 방위목적으로 여섯 개의 핵무기를 제조했다고 시인했으나 1990년에 이 무기들을 폐기하겠다고 결정했으며 자발적으로 핵 클럽에서 탈퇴했다. 아르헨티나와 브라질은 과거의 핵무기개발 노력을 포기하였다. 구소련의 세 공화국들은 소련이 붕괴될 당시 약 3,000개의 전략핵무기를 보유하고 있었다. 그러나 독립과 동시에 이들은 미국으로부터 경제 원조를 받는 조건으로 핵탄두를 러시아로 반환하는 데 합의했다 (McGwire 1994). 2003년 12월 리비아의 전 지도자 카다피(Muammar Qaddafi)는 대량살상무기 연구개발 계획의 포기를 선언하여 세계를 놀라게 했다.

생화학 무기의 확산. 10여 개의 국가들이 생화학 무기를 보유한 것으로 의심받고 있다. 생물무기를 보유하고 있다는 의혹을 받는 국가들은 이스라엘, 북한, 러시아 등이다. 화학무기는 중국, 이집트, 인도, 이란, 이스라엘, 리비아, 북한, 러시아, 시리아, 미국이 보유하고 있는 것으로 알려져 있다. 이 국가들 중에서 인도, 리비아, 러시아, 미국이 자신들이 보유한 화학무기를 폐기하고 있다.

대량살상무기에 의한 테러리즘. 대량살상무기체계의 수평적 확산은 핵무기, 화학무기, 그리고 생물무기 체계가 미래의 테러공격에 사용될지도 모른다는 우려를 고조시켰다. 실제로 2001년 미국에서의 탄저균 공격들은 많은 국가들을 혼란에 빠트렸고, 천연두 또는 페스트균을 테러무기로 사용할지도 모른다는 잠재적 위협이 대중들 사이에 우려대상으로 제기되었다. 오사마 빈 라덴(Osama bin Laden)은 서방세계에 맞서기 위한 핵무기의 획득을 알카에다(al-Qaeda)의 의무라고 주장하였다.

몬테레이 연구소(Monterey Institute)의 비확산연구센터(Center for Non-proliferation Studies)에 의해 수집된 자료에 의하면, 20세기 동안 약 100번의 생화학 공격에 의하여 103명이 사망하고, 5,554명이 부상당하였다. 이러한 사건들의 3분의 2가 미국 밖에서 발생하였다 (Tucker 2000). 전문가들은 핵무기, 핵물질, 그리고 제조 노하우의 수평적 확산이 단체나 국가로 하여금 향후 핵테러리즘 행위의 시도를 가능케 할 수 있다고 믿는다. 특히 구소련의 핵무기를 둘러싼 혼돈과 불안으로 인해 이러한 우려가 증폭되고 있으며, 이 지역에서는 실제 핵탄두의 구입이나 절도에 관한 많은 보고가 들어왔다. 마지막으로 전문가들은 테러리스트들이 '더러운 폭탄(dirty bomb)'으로 불리는 치명적인 방사능 폭탄을 제조하기 위해 방사능물질과 재래식 폭발물을 합성할 가능성에 대해 우려하고 있다. 이러한 요소들은 모두 현대에 들어서 대량살상무기를 사용하는 테러리즘의 위협이 증가하고 있다는 사실을 나타내는 것이다.

현대의 도전들 / 현대의 해결책들

확산금지 레짐

무기 확산은 국제안보가 직면한 매우 복잡한 과제이다. 세계의 지도자들은 일련의 지역적이고 세계적인 방안을 강구하여 확산의 위협에 대처해 오고 있으며, 1940년대부터 1990년대까지 꾸준하게 증가해 온 무기들을 통제하고 제한하는 시도를 하고 있다. 일부 전문가들은 이러한 노력들은 매우 성공적으로 진행되어 화학무기, 생물무기, 그리고 핵무기의 사용이 금기시되고 있다고 믿고 있다 (Tannenwald 2005; Paul 2000). 그러나 정부들은 위협에 대한 통일된 대응을 하지 못하고 있으며, 21세기의 확산금지 레짐의 효율성에 대한 의문이 제기되고 있다.

세계적인 핵확산금지운동은 1945년 원자탄을 최초로 사용하기 이전부터 시작되었다. 맨해튼 프로젝트에 참여한 과학자들은 처음부터 이러한 무기가 특별하다는 것과 다른 무기체계보다 더 위험하다는 것을 알고 있었다. 히로시마와 나가사키에 원폭투하를 명령했던 트루먼(Harry Truman) 대통령은 세계의 모든 핵물질과 핵기술을 유엔 통제하에 두자고 제의하였다. 이 계획은 광범위한 지지를 얻지는 못했으나 확산문제를 전세계적인 차원에서 고려하게끔 하는 첫 번째 계기가 되었으며, 이 문제가 좀 더 진척될 수 있게 하는 발판이 되었다. 1960년대 세계 지도자들은 부분적 핵실험금지조약(Partial Nuclear Test Ban Treaty)과 같은 새로운 구상에 합의했다. 이 협약은 대기, 우주공간, 그리고 수중에서의 핵실험을 금지하였다. 1967년의 라틴아메리카 핵무기확산 금지조약(Treaty for the Prohibition of Nuclear Weapons in Latin America)은 거대한 비핵지대를 조성하였다.

핵확산금지조약. 세계적인 확산금지레짐의 핵심인 핵확산금지조약(NPT)은 다섯 국가가 핵무기를 보유하는 이외에 핵무기의 확산을 금지하는 협약이다. 1968년 서명을 시작으로 이 조약은 수직적 및 수평적 확산 모두에 대한 야심찬 목표를 세웠다. 조약 제1조는 핵무기 보유국가(조약에 의하면 1967년 이전에 핵폭발실험을 시행한 국가)가 '직간접적으로' 핵무기, 폭발물, 또는 이러한 무기에 대한 통제를 다른 대상에게 이전하여서는 안 된다고 규정했다. 제2조는 비핵국가가 핵무기를 받아서도, 제조해서도, 제조를 위한 원조를 받아서도 안 되며, 기타 방법을 통하여 핵무기를 획득하려 하여도 안 된다고 규정했다. 또 다른 중요한 조항은 제6조인데, 모든 핵무기

보유국들이 엄격하고 효율적인 국제통제하에서 보편적인 무장해제의 추구를 의무화하였다. 많은 면에서, NPT는 냉전기간 세계적 확산금지 노력을 모색하는 훌륭한 결과를 만들어냈다.

관련 확산금지구상. 다른 주요 조약들이 NPT의 정신을 계승했다. 1972년의 생물무기금지협약(Biological Weapons Convention)은 세계의 치명적인 생물무기를 통제하기 위한 최초의 공식적 노력이었다. 140여개 국가들이 생물무기를 만들 수 있는 물질의 개발과 축적을 금지하는 데 동의하였다. 1993년에 화학무기금지협약(CWC: Chemical Weapons Convention)이 서명되었다. 이 조약은 모든 서명 국가들로 하여금 화학무기의 축적을 금지하고 모든 개발노력을 중단하게끔 하였다. 또한 이 협약은 핵확산금지조약보다 더 엄격한 검증절차를 포함하였다. 이 절차는 새로운 화학무기협약 사찰관들에게 서명국들의 의심스러운 화학무기 계획에 대한 철저한 검사 및 불시검사를 할 수 있는 권리를 부여하였다.

1972년 미국과 소련은 최초로 주요 군비통제 조약들을 협상했다. 전략무기제한협정(SALT I: Strategic Arms Limitation Treaty)은 미사일과 전략폭격기와 같은 핵 발사대의 수를 제한하고자 하였다. 탄도요격미사일제한(ABM: Anti-Ballistic Missile)조약은 방어용 지상 미사일요격체계를 제한하였다. 이 조약에 의하여, 각 당사국들은 "해상, 우주, 또는 이동식 지상발사에 의한 탄도요격미사일제한체계 또는 이의 구성요소들을 개발, 시험, 또는 배치하지 않기로" 서약하였다. 다른 양자간 협정은 전략탄두의 수를 제한하였고 (전략무기감축조약, START: Strategic Arms Reduction Treaties), 한 종류의 핵무기 전체를 제거하기도 하였다 (1987년도 중거리핵무기폐기조약, INF Treaty: Intermediate-Range Nuclear Forces Treaty).

1996년에 또 다른 확산금지 구상인 포괄적 핵실험금지조약(CTBT: Comprehensive Nuclear Test Ban Treaty)의 서명이 시작됐다. 유엔의 많은 국가들이 이 조약을 지지하고 모든 핵실험을 금지하기로 서약했다. 이 조약이 국제법으로 성립되기 위해서는 핵 원자로를 보유하고 있는 44개 국가 모두의 조인과 비준을 받아내야 했다. 그러나 인도와 파키스탄 정부는 이 조약에 조인하기를 거부했다. 인도는 핵 국가들이 핵확산금지조약의 제6조를 준수하도록 하기 위해 포괄적 핵실험금지조약을 더 강화할 것을 요구했고, 파키스탄 정부는 인도의 협조 없이는 이 조약에 조인하지 않겠다고 밝혔다. 그들의 1998년 5월 핵실험은 이러한 저항을 잘 나타내었다. 쿠바와 시리아 같은 국가들 또한 이 조약의 조인을 거부했다. 그러나 이 조약에 대한 미국의 입장도 매우 놀라운 것이었다. 보수주의자들은 이 합의가 검증이 어렵고, 불량국가(rogue state)들이 핵 프로그램을 진행하도록 허용하는 데 반하여 미국은 지나치게 제한할 것이라고 하면서 이 조약을 비판하였다. 미 상원이 1999년 10월에 이 조약의 비준을 거부하여 전세계를 놀라게 하였다.

공급차원의 무기통제

대량살상무기 기술의 전세계적인 확산에 대하여 심각한 우려감을 표명한 각국 정부는 그러한 무기를 만드는 데 필요한 핵심 물자들의 공급을 제한하려고 노력하고 있다. NPT는 WMD 프로그램을 개발하는 데 전용될 수 있는 잠재력을 가진 '평화적' 핵원자로와 다른 기술과 핵물질의 수출을 금지하지 않았다는 비판을 받고 있다. 이러한 우려에 대해서 1970년대에 주요 공급국가들은 핵공급국가그룹(Nuclear Suppliers Group)을 결성하고, 엄격한 안전장치 하에서만 판매될 수 있는 '위험 목록'을 만들었다. 1980년대에 공급 국가들은 미사일기술통제체제(MTCR: Missile Technology Control Regime)를 만들었는데, 이는 탄도미사일체제를 개발하는 데 필수적인 기술의 이전을 금지하는 것이었다.

그러나 핵확산금지조약과 같이 공급을 통제하는 노력이 성공하는 데에는 한계가 있었다. 이는 남미나 중동지역에서 진행 중인 미사일개발을 제한시킬 수는 있었지만, 약 20개국은 여전히 미사일을 개발하여 보유하고 있다. 공급통제는 이라크가 1991년 걸프전 당시 이스라엘과 사우디아라비아에 대해 사용한 스커드 B(Scud-B) 미사일(화학탄두도 운반 가능)을 제조 및 개조하는 것을 통제하지 못하였다. 한편, 파키스탄은 자체적으로 탄도미사일 하트프(Hatf)를 개발하였으며, 중국으로부터 중거리 핵미사일을 30기 구입하였다 (McNaugher 1990). 북한정부는 미국본토까지 탄두를 운반하는 잠재적 능력을 가질 수도 있는 장거리 탄도미사일을 개발하고 있으며, 탄도미사일 연구와 개발에 대하여 이란과 협력하고 있다.

마지막으로 보다 많은 정책결정자들, 국제기구들, 비정부기구들이 소총 및 대전차무기와 같은 소형무기 또는 경무기의 경우에도 무기이전은 국제안보에 근본적인 위협이 된다는 인식을 하게 되면서 재래식 무기 분야의 통제에서도 중요한 진전이 있었다. 1995년에 외교관들은 재래식무기 및 이중용도 품목과 기술의 수출통제에 관한 바세나르체제(Wassenaar Arrangement on Export Controls for Conventional Arms and Dual-Use Goods and Technologies)를 출범했고, 노벨 평화상을 수상한 코스타리카의 아리아스(Oscar Arias) 대통령의 주도로 21세기 초반의 10년 동안 재래식 무기거래에 대한 협정 체결을 추진했다. 유엔은 모든 측면에서 소형무기와 경무기의 불법거래에 대한 회의(Conference on Illicit Trade in Small Arms and Light Weapons in All Its Aspects)의 개최를 2001년에 최초로 지원했고, 무기거래협정에 관한 협상은 2006년부터 2013년까지 진행되었다. 관련자들은 재래식 무기의 거래는 윤리적이고 법적인 '공백상태'에서 발생하고, 느슨한 법이 제대로 집행이 되지도 않으며, 지도자들은 이러한 유형의 확산에 반대하는 원칙적인 입장을 취하지 않는다는 주장을 한다. 더욱이 대체로 인권문제에 대해서 좋지 않은 기록을 갖고 있는 국가들이 많은 무기를 구입한다 (FAS 2002). 2013년에 유엔은 재래식 무기의 국제거래를 규제하고 국가들 사이의 협력과 투명성을 증대시키기 위해서 무기 조약을 완성했다. 오바마 행정부는 이 조약에 서명을 했지만, 관료들은 상원이 이 조약을 비준하지 않음에 따라 국내적으로 반대가 많다는 점을 확인하게 되었다.

이란과의 핵타결을 위한 협상

이란의 핵무기 개발 시도에 대한 복잡한 사례는 현대의 확산 딜레마를 보여주고 있다. 아마디네자드(Mahmoud Ahmadinejad) 대통령과 최고지도자 카메이니(Ayatollah Ali Khameini)에 의해서 영도되는 이란정부는 핵무기 개발의 열망 때문에 국제사회와 충돌하는 과정을 겪게 되었다. 1990년대부터 비밀리에 시작된 이란의 핵개발 연구 프로젝트는 러시아와 중국의 기술지원으로 이루어졌고, 핵폭탄의 디자인과 기술은 칸(A. Q. Khan) 네트워크의 도움을 받았다 (Rohde and Sanger 2004). 2000년대 중반까지 이란정부는 핵프로그램의 많은 진전을 이루었다고 주장했지만, 이는 핵에너지의 평화적 활용에 대한 연구라는 입장을 견지했다. 2006년에 국제원자력기구(IAEA)가 이란이 NPT조약을 심각하게 위반했다고 결론을 내리자 이란의 아마디네자드 대통령은 프로그램을 중단하거나 국제사찰을 받아들이라는 국제사회의 의지를 무시했다.

이란의 도발에 대한 서방의 대응은 복합적이었다. 미국에게 있어서 수십년 전으로 거슬러 올라가서 이란의 미국인 인질사건(1979~1981년)과 이란-이라크전(1980~1988년)에서 미국이 이라크를 지원한 미묘한 관계를 연상하게 했다. 부시(George W. Bush) 대통령은 핵무기 개발 비밀 프로그램을 추진하지 말도록 이란에 경고를 하고, 이란에 대해 강력한 경제제재를 취하기 위한 강대국들의 연합을 모색했다. 또한 이란의 핵개발 의혹시설에 대한 서방의 선제적 군사공격의 가능성에 대해서 심도있는 논의를 했다 (Kroenig 2012; Kahl 2012). 그러나 2009년 오바마(Barack Obama) 대통령이 임기를 시작했을 때 그는 이란체제를 포함한 잠재적인 경쟁국들과 협상할 의지가 있다는 새로운 모습을 보였다.

2013년에 유엔 안보리 상임이사국들은 유럽연합과 함께 이란 핵문제의 평화적 해결을 위한 협상을 시작했다. 20개월에 걸친 진지한 협상 끝에, 2015년 이란의 석유산업과 금융분야에 대한 제재를 해제하는 대신 이란의 핵 능력을 10년 이상 제한하기로 합의했다. 오바마 대통령은 이 타협을 중요한 외교적 성과로 환영했다. 이 타협은 향후 15년 동안 이란이 농축하고 축적할 수 있는 핵연료의 양에 대한 제한도 포함하고 있었다. 이 타협은 또한 이란의 저농축우라늄의 저장량을 98퍼센트 줄인다는 내용도 포함하고 있었다 (대부분을 러시아로 이송). 이러한 조치들, 그리고 나탄즈(Natanz)에 소재하는 이란의 주요 농축센터의 원심분리기를 3분의 2 축소하는 조치를 취하게 되면, 이란이 이 합의를 파기하고 무기개발을 다시 시작하더라도 핵폭탄을 만드는 데에는 많은 시간이 소요될 것으로 예상되었다. 이란과의 타협은 2015년 가을에 실행단계에 접어들었다. 미국과 유럽연합은 제재를 풀기 시작했고, 이란정부는 일부 우라늄 원심분리기를 해체하고 국제사찰단에 핵시설을 공개하기 시작했다 (Sanger and Gordon 2015).

북한

이란의 타협에 대한 뉴스가 전해진 직후 북한정부는 그러한 협상에 관심이 없다고 선언했다. 1990년대 초반부터 미국과 다른 서방 열강들은 북한의 핵무기 개발에 대해서 우려를 하기 시작했다. 김정은 체제 하에서 북한은 세계에 몇 개 남지 않은 공산주의 독재국가로 유지되고 있다. 북쪽 지역의 영변에 원자로와 플루토늄 재처리 시설들이 건설되었다. 북한의 핵원자로들은 매년 1~2개의 핵무기를 만들 수 있을 정도의 플루토늄 추출이 가능하고, 이것이 국제사회가 10년 넘게 북한이 하는 행위에 대해서 의심을 가지는 부분이다. 1994년에 이 긴장상태는 절정에 달했고, 클린턴 행정부는 이러한 북한의 행위를 중단시키기 위한 군사력의 사용도 고려하게 되었다. 그러나 다행이 충돌은 피할 수 있었으며, 기본합의를 위한 협상을 하여 결실을 이룰 수 있었는데, 그 내용은 북한이 핵 프로그램을 중단하는 대신 경수로 원자로 건설, 중유지원, 식품원조를 받는 일괄타결을 하게 되었다 (북한과 미국은 1994년 10월 21일 제네바에서 기본 합의서를 조인했다 – 역자 주).

2002년 북한이 합의 조건을 준수하지 않고 있다는 점이 밝혀졌다. 칸

(A. Q. Kahn)을 통하여 북한이 핵무기 프로그램을 위한 설계와 기술을 획득하였다는 점도 밝혀졌다. 2003년 북한은 공식적으로 NPT에서 탈퇴하였다. 2005년 2월 북한이 핵무기 보유를 선언하고 역내 국가들 또는 미국과 핵 프로그램의 미래에 대한 협상을 더 이상 하지 않겠다고 선언하여 사태는 더욱 악화되었다. 2006년 10월 북한은 첫 번째 핵실험을 성공리에 마쳤다. 이후 서방국가들과 중국은 북한의 농축 프로그램과 탄도미사일 개발을 중단시키기 위하여 협상을 하고 있다. 북한의 관리들은 새로운 핵실험을 지속할 것이라고 선언하면서 국제사회의 바람을 무시하고 있다 (북한은 2017년 11월 현재까지 6차에 걸친 핵실험을 수행했다 – 역자 주).

* * *

이란과 북한의 사례들은 21세기 확산에 대한 도전을 대표한다. 낙관론자들은 국제외교에 의하여 핵무기를 개발하지 않는 조건으로 평화적 핵에너지 프로그램을 허용하는 해결방안을 강구할 수 있을 것이라고 믿고 있다. 그러나 비관론자들은 이 사례들이 단지 위협의 빙산의 일각에 불과하고 불량국가들에 대하여 양보를 하게 되면 미래에 핵무기를 개발하는 개발도상국들이 틀림없이 증가할 것이라고 경고한다.

최근의 정책적 논쟁: 핵무기 철폐(Nuclear Zero)

앞서 제시한 사례들은 세계의 핵무기 개발에 대한 장기간에 걸친 정치적이고 철학적인 논쟁의 상이한 측면들을 보여주고 있다. 미국의 대통령들은 이 문제에 대하여 각자 다른 접근을 하였다. 간단히 말해서, 미국의 핵전략에 대한 논쟁은 “핵무기는 인류에게 가장 큰 위협이다”로부터 “핵무기는 평화와 안보에 대한 가장 큰 위협이다”까지 큰 폭으로 추가 움직인다. 트루먼(Harry Truman) 대통령은 제2차 세계대전을 종식시킨 핵무기의 가치를 인정했지만, 장기적인 위협을 우려했다. 그는 모든 핵기술을 유엔의 통제 하에 전이시키는 초기 계획을 승인했다. 아이젠하워(Dwight Eisenhower) 대통령은 냉전시대 서방의 안보를 위하여 핵무기를 위한 재정을 증가시키고 의존도를 높였지만, 국제원자력기구가 핵기술의 평화적 이용을 추구하도록 요구하였다. 케네디(John F. Kennedy) 대통령은 쿠바 미사일 위기 직후 부분적 핵실험금지조약(Partial Nuclear Test Ban Treaty)의 체결을 소련과 협상하였다. 닉슨(Richard Nixon) 대통령은 소련과의 협상 끝에 최초의 주요 군비통제 조약인 SALT I과 ABM 조약을 체결하였다. 1977년 카터(Jimmy Carter) 대통령은 핵무기의 완전한 철폐가 그의 목표라고 선언했지만, 레이건(Ronald Reagan) 대통령은 1980년대 미국 대전략의 핵심으로 핵 억지를 내세웠다.

냉전의 종식은 미국 핵전략에 대한 새로운 논쟁을 불러 일으켰지만, 2001년 9월 11일 미국에 대한 테러공격 이후 일부 사람들은 핵무기가 안보에 기본적으로 필요하다는 결론을 내렸다. 부시(George W. Bush) 대통령은 군비통제 합의에 별로 신뢰를 보이지 않았고, 그 대신 미국의 핵수단을 강화하는 데 초점을 맞추었다. 또한 그의 행정부는 상호확실파괴(MAD: Mutual Assured Destruction)에 기반한 억지정책은 냉전시대의 유물이고, 선제공격을 미국 안보를 유지하는 원칙으로 재정립해야 한다고 주장했다. 부시 대통령은 '소형 핵무기' (또는 첨단무기개념구상[Advanced Weapons Concept Initiative]), '벙커버스터(bunkerbuster)' (또는 지표관통핵무기[Robust Nuclear Earth Penetrator]), 그리고 핵탄두 재활성화 프로그램에 대한 연구와 개발에 재정지원을 했다 (Broad, Sanger, and Shanker 2007).

오바마(Barack Obama) 대통령은 부임 이후 초기 2년 동안 일관된 국가안보정책을 수립하려는 노력을 기울였다. 그는 2010년의 새로운 전략무기감축(START) 조약, NPT 비준수 국가에 대한 제재, 불법무기 적재 의혹 선박 조사 프로그램, 무기용 핵분열물질의 생산금지에 관한 조약(fissile material cutoff treaty)에 대한 다자협상을 비준해 주도록 요청하였다. 그러나 오바마의 최고 구상은 2009년 4월 핵무기의 완전 제거에 대한 요구였는데, 이는 "핵무기 없는 세계의 평화와 안보의 추구"로 표현되었다 (White House 2009). '글로벌 제로(Global Zero)'로 불리는 오바마의 핵무기 철폐 요구는 그의 전임자들의 요구를 되풀이하고 새로운 정치적이고 지적인 운동을 반영하는 것이었으며, 회의론자들은 이러한 목표를 달성하기 위해서는 매우 기나긴 여정을 거쳐야 할 것이라고 우려하고 있다.

미래에 대한 전망?

무기 확산은 글로벌 안보에 대한 주요 도전이다. 글로벌 확산의 기원들 중의 하나는 냉전 기간 초강대국들 간의 군비경쟁이었다. 그러나 그 시대가 기억에서 멀어져 가면서, 많은 학자들과 정치인들은 21세기에 발생하는 확산의 동기에 대하여 새로운 시각을 가지게 되었다. 일부는 우리가 핵무기 없는 세계로 나아가고 있을지도 모른다고 믿고 있다. 그들은 확산의 반대라 할 수 있는 긴장의 완화가 1980년대 후반부터 시작되었다고 주장한다. 그러나 이에 대한 회의론자들은 더 많은 국가들이 핵무기를 개발하고 있는 세계에서 수많은 군비통제 구상들이 실패하고 있다고 하면서, 민간인들에 의한 핵 프로그램의 확산은 이 문제를 악화시킨다고 강조한다. 그들은 오바마 대통령의 평화롭고 핵무기 없는 세계가 실현될지에 대하여 진실로 의문을 제기하고 있다.

토의주제

1. 네 가지 무기 확산 유형(도표 3.1에서 제시) 중 어느 것이 국제안보에 가장 심각한 위협이라고 생각하는가?
2. 재래식 무기 확산에 대해 국제사회가 완전히 대처할 수 있다고 생각하는가? 그 이유는 무엇인가?

3. 21세기의 무기 확산이 국제체제를 더 안정되게 만들 수 있다고 생각하는가? 어떻게 가능한가?
4. 개별국가와 국제기구가 무기 확산에 대처하기 위해 어떤 노력을 해 왔는가? 무엇이 가장 효과적이었으며 그 이유는 무엇인가?
5. 국방비 지출과 사회복지에 대한 지출 간의 관계에는 어떤 함의가 존재하는가?
6. 대량살상무기를 사용한 테러공격 위협에 대응하기 위해 정부는 무엇을 할 수 있는가? 최근의 국제적 발전은 WMD의 수평적 확산을 어떻게 변화시켰는가?
7. 민간인에 의한 핵기술의 거래는 무기확산을 조장하는가? 21세기에 기술 공유는 철저하게 중단시켜야 하는가? 그 이유는?
8. 정부 지도자들은 무기의 확산 가능성을 지닌 주체가 안보를 위협하는 것을 막기 위해 군사력을 사용해야 하는가? 그 이유는?
9. 우리 시대에 '글로벌 제로'의 비전이 달성될 것이라고 생각하는가? 그 이유는?

추천 문헌

Cirincione, Joseph (2008) "Strategic Collapse: The Failure of the Bush Nuclear Doctrine." *Arms Control Today* (November).

Daalder, Ivo, and Jan Lodal (2008) "The Logic of Zero." *Foreign Affairs 87*, no. 6.

Einhorn, Robert (2015) "Debating the Iran Nuclear Deal." www.brookings.edu.

Fuhrmann, Matthew (2009) "Spreading Temptation: Proliferation and Peaceful Nuclear Cooperation Agreements." *International Security* 34, no. 1.

Joint Chiefs of Staff (2014) "Countering Weapons of Mass Destruction." www.dtic.mil.

Kroenig, Matthew (2010) *Exporting the Bomb: Technology Transfer and the Spread of Nuclear Weapons*. Ithaca: Cornell University Press.

Mueller, John (2010) *Atomic Obsession: Nuclear Alarmism from Hiroshima to al Qaeda*. London: Oxford University Press.

Perkovich, George (2006) "The End of the Nonproliferation Regime?" *Current History* (November).

Sagan, Scott D., and Kenneth N. Waltz (1995) *The Spread of Nuclear Weapons: A Debate*. New York: Norton.

Schell, Jonathan (2007) *The Seventh Decade: The New Shape of Nuclear Danger*. New York: Holt.
Stockholm International Peace Research Institute (2015) *SIPRI Yearbook: Armaments, Disarmament, and International Security*. Oxford: Oxford University Press.

Chapter **4**

민족주의와 정체성의 충돌

1986년 2월 말, 거의 100만 명에 이르는 필리핀 시민들은 한밤중에 집을 나와 마닐라 소재 헌병기지 캠프 크레임(Camp Crame) 주변에 인간바리케이드를 형성하였다. 남자, 여자, 어린아이들이 잔인한 독재자의 탱크와 그 독재자를 권좌에서 쫓아내려는 소수의 쿠데타 세력 지도자들 사이에 자리를 잡았다. 천주교 수녀, 어린학생, 부두 노동자, 변호사, 농민, 기업인, 공산주의 혁명가 이들 모두가 마르코스(Ferdinand Marcos) 대통령의 독재에 저항하기 위해 한데 뭉쳤다. 왜 그랬을까? 무엇이 그토록 서로 다른 사람들을 하나로 뭉치게 했는가? 공동의 목적의식 때문이었나? 공동의 운명 때문이었나? 대답은 "그렇다"이다. 필리핀의 피플파워혁명(People Power Revolution)에 참여한 사람들은 필리핀사람(Filipino)이라는 공통의 정체성을 공유했다. 그들은 자신이 단일 공동체에, 자기 나라의 시민 모두를 아우르는 공동체에 속해있다고 생각했다. 그들은 조국을 구하기 위해 힘을 합쳤다. 그들은 강한 **민족주의** 정서를 경험했다. 그러나 이 용어는 무엇을 의미하나?

민족주의는 자기 집단의 운명을 스스로 통제하거나 유지하려는 목적을 가진 중요한 사회적 구별에 기초한 공동의 정체성 의식이다. 민족주의의 원천은 다양하다. 동일한 종족, 언어, 종교, 문화, 역사, 지리적 인접성 등 모두가 동료애 및 어떤 특정 집단에 속해있다는 소속감을 낳는다. 결과적으로 인간은 집단이나 공동체를 구성한다. 우리는 사회적 존재이다. 공동체는 우리가 다른 사람과 어떻게 상호작용할 것인지 그리고 누구와 상호작용할 것인지를 규정한다. 그것은 우리 자신 및 다른 사람에 대한 우리의 인식에 영향을 미친다. 우리는 다른 사람을 우리 집단에 속한 사람이거나 또는 우리 집단에 속하지 않은 사람으로 구별하여 생각한다. 우리는 복수의 정체성(아들 또는 딸, 아버지 또는 어머니, 배우자, 클럽회원, 학생 등)을 가질 수 있지만, 무엇보다 우리의 국적(nationality)이 가장 중요하다.

사람들은 특정 목적을 추구하기 위해 하나의 집단으로 뭉친다. 종종 공동의 정체성 의식이 정치적 성격을 띠게 된다. 집단의 목적이 집단 자신의 운명을 스스로 결정하는 자결(self-determination)에 있는 경우 공동의 정체성 의식은 민족주의가 된다. 다시 말해, 스포츠팬 집단은 서로에 대해 일체감을 느끼지만 정치적 염원은 없으며, 따라서 민족주의가 아니다. 그러나 한 무리의 사람들이 어떤 특정 영토에 대한 정치적 통제권을 갖고자 한다면, 그것은 민족주의이다. 요컨대 민족자결이 민족주의의 주요 목적이다.

민족주의라는 공동의 정체성은 종종 '상상의 공동체(imagined community)'라고 불리는데, 왜냐하면 한 나라의 국민들 대부분은 아무리 강한 동료의식을 갖고 있더라도 결코 서로 직접 만나거나 알지 못하기 때문이다. 그러나 우리가 하나라는 일체감은 계속 유지된다. 민족주의를 제대로 이해하려면 우리는 민족과 국가의 기원뿐만 아니라 민족과 국가가 어떻게 진화했는지, 그리고 오늘날 민족주의의 다양한 모습에 대해 살펴봐야한다.

국가의 진화

국가(또는 '나라'라고도 한다)는 어떤 특정 지리적 영역에 대해 주권을 가지고 있는 정치적 단위이다. 주권은 그 나라가 자치를 실현하고 있음을 의미한다. 즉, 외부집단이나 개인은 그 나라에 대해 어떠한 권한도 갖고 있지 못함을 의미한다. 다시 말해, 주권자는 '자기 땅의 주인으로서 결정권이 있는 사람'을 의미한다. 오늘날 우리는 국가 말고 다른 대안을 상상조차 할 수 없지만, 사실 17세기 이전에는 우리가 현재 알고 있는 형태의 국가는 존재하지 않았었다. 근대국가가 등장하기 전까지 대부분의 사람들은 제국이라고 지칭되는 정치단위 아래에 살았다. 흔히 제국은 수많은 집단과 민족을 포함하는 거대한 영토를 보유했다. 유럽에서는 로마제국의 몰락과 근대국가체제 등장 사이에 대체적으로 중세 봉건제가 존재했다. 로마제국의 경우에 비해 봉건제 하에서 권력은 중앙으로 집중되어 있지 않았다. 농민 개개인은 지방의 귀족이나 왕에게 복속되어 있었으며, 제국이 이들 귀족이나 왕을 느슨하게 지배하였다. 중세유럽에서는 정치적 관할경계선과 국경선이 명확하지 않았다. 17세기에 가까워지면서 가톨릭교회의 권력은 크게 약화되었다. 종교개혁과 세속적 권력이 교황의 권위에 도전하였다. 이의 비극적인 결과가 30년전쟁(1618~1648년)으로, 신교도와 구교도가 싸웠고 유럽의 많은 부분이 파괴되었다.

1648년에 체결된 베스트팔렌조약은 이 참혹한 30년전쟁을 종식시켰고, 나중에 근대국가로 발전한 독립적이고 세속적인 정치단위를 인정하였다. 새로운 정치단위의 핵심 특징은 주권이었다. 서로의 지배영토를 인정하지도 존중하지도 않았던 이전의 제국들과 달리 새로운 국가는 서로의 주권을 인정하였다. 간단히 말해, 국가는 외부의 간섭 없이 스스로 통치할 수 있게 되었다. 그들을 통제하는 외부의 세속적인 황제, 왕, 종교지도자는 더 이상 존재하지 않았다. 결과적으로 국가들은 서로의 관계를 조정하거나 통제하기 위한 방편으로 서서히 국제법을 발전시켜 나가기 시작했다.

근대국가체제가 하루아침에 성립된 것은 아니다. 근대국가는 베스트팔렌조약의 체결보다 최소 한 세기 이전부터 유럽에서 발전하기 시작하여 서서히 전세계로 확산되었고, 이러한 과정은 오늘날까지도 계속 진행되고 있다. 실제로 오늘날 대부분의 나라 또는 국가는 비교적 오래되지 않은 신생국이라고 할 수 있다.

지도 제작 및 지리학의 역할

근대 국제체제의 발전에 영향을 미친 또 다른 핵심 요인은 15세기부터 17세기 탐험의 시대 및 식민주의 시대에 나타났다. 그것은 지도 제작이었다. 영국, 포르투갈, 스페인 및 다른 유럽국가의 통치자들은 매우 자세한 항해 지도를 개발하고 자국의 새로운 식민지의 윤곽을 정확하게 표시하기를 원했으며, 따라서 자국 식민지의 정확한 위치와 경계선을 표시하기 위한 목적으로 측량기사와 지리학자들을 식민지로 파견하였다. 우리가 평범한 활동으로 여길 수 있는 이 일이 무척 중요한 일이었다고 주장하는 것은 결코 과장하려고 하는 말이 아니다. 국경선이 명확하게 그려지기 전까지 각 국가와 국가 사이 많은 넓은 지역이 지배자나 소유자가 명확하지 않은 매우 유동적인 상태에 있었다. 국가들은 국경이 아니라 최전선을 갖고 있었다. 통치자의 힘은 수도로부터 떨어진 거리에 정비례하여 감소하였다.

이 시기 통치자의 힘은 마치 중앙의 수도를 중심으로 수도에서 멀어질수록 점점 더 커지는 일련의 동심원으로 생각하면 제일 좋다. 더 큰 원일수록 통치자의 힘이 상대적으로 덜 미치는 영역을 나타낸다. 마찬가지 방식으로 이웃한 통치자의 영토 역시 상상해보자. 제일 바깥쪽 원의 외곽에 위치하는 지역, 또는 제일 바깥쪽 원들이 중첩되는 지역이 최전선이거나 통치권을 놓고 다투는 분쟁지역이었다. 하지만 일단 식민지 관료들이 국가 사이에 명확한 경계를 정하고 시행한 후에는 이러한 최전선이 사라졌다. 이는 통치자에게 자신의 영토에 대해 구석구석 한 곳도 빠짐없이 통치권을 행사하고, 자신의 왕국의 국경 내에 사는 모든 사람들한테 충성을 강요할 수 있는 길을 열어주었다. 현대 미국에 대해 생각해보아라. 수도 워싱턴 시에서 멀어질수록 미국 국가의 힘이 약화되는가? 연방법은 버지니아보다 메인이나 알래스카에서는 효력이 약화되는가? 당연히 그렇지 않다. 국가들이 주권을 가진 독립국가가 되고자 시도할 수 있었던 것은 이처럼 명확하게 그어진 국경선 때문이었다.

민족주의의 진화

근대국가체제의 창안과 근대 지도제작을 통한 영토의 재정립이 오늘날 우리가 알고 있는 민족주의의 발달을 촉진했다. 민족주의가 확산되기 이전에 대부분의 사람들은 주로 자신이 사는 고장의 일이나 개인적인 일에만 관심이 있었다. 사람들은 자신이 힘센 왕이나 여왕, 혹은 황제에게 복속된 신민임을 자각하고 있었지만, 공동의 정체성을 발전시키려는 진지한 시도는 없었다. 지방의 통치자와 봉건영주가 개개인의 일상생활을 지배했다. 통치자와 피치자 사이에는 커다란 간극이 존재했다. 지역 주민들은 가장 기본적 수준을 제외하고는 통치에 참여할 수 없었다. 사람들은 단지 자신의 가족과 마을사람들만 알고 지냈다. 더 큰 규모의 전국적 공동체에 대한 소속감이 없었다. 서서히 이러한 상황이 바뀌기 시작했다.

18세기가 끝나기 전에 민족주의의 근원이 시작되었지만, 대부분의 학자들은 민족주의의 발전에 결정적 영향을 미친 사건으로 프랑스혁명을 거론한다. 계몽주의 철학에 영향을 받은 로크(John Locke)나 루소(Jean-Jacques Rousseau)와 같은 저술가들은 인민이 왕이나 여왕에게 통치당할 것이 아니라 인민들 스스로가 통치해야 한다고 주장했다. 따라서 왕권신수설의 개념은 점차 인민의 의사(국민주권이라고 알려진)의 개념으로 대체되었다. 미국혁명(1776년)과 프랑스혁명(1789년)은 국민들이 자국 정부에 참여할 권리를 갖고 있다는 생각을 크게 강화시켰다. 모든 통치자와 정부는 정통성을 갖고자 한다. 정부가 정통성을 갖고 있다는 것은 민중들이 자신들 국민에 대한 정부의 지배가 공정하고, 적절하며, 법에 따른 것이라고 생각한다는 것을 의미한다. 정통성은 통치자가 자신의 신민을 다스리는 것을 훨씬 수월하게 해주며, 왕권신수설이 이러한 정통성의 주된 원천이었다. 그러나 국민주권의 사상이 널리 확산되자 왕과 여왕의 지배는 정통성을 상실했으며, 그에 따라 왕과 여왕의 권력은 약화되었다.

나폴레옹과 프랑스혁명 지도자들은 프랑스왕정을 종식하고 완전히 새로운 국가를 건설하고자 했다. 그들은 프랑스 전역에 흩어져 있는 사람들이 서로 심리적 유대감을 갖도록 하는 데 국민주권과 새로운 시민의식을 활용했다. 처음으로 서로 다른 다양한 사람들이 자기 자신을 특정 길드, 종교, 마을, 지역의 일원이 아니라 **프랑스인**(*Frenchman*)으로 생각하기 시작했다. 이 새로운 정체성은 많은 변화를 야기했다. 사람들은 서로를 선생님(sir)이 아니라 시민(citizen)으로 불렀으며, 새로운 국기가 만들어졌다. 프랑스는 더 이상 돈을 주고 용병을 사거나 강제징집으로 군대를 구성하지 않아도 되었고, 그 대신 이제는 프랑스인의 군대가 조국을 위해 싸우도록 동기를 부여할 수 있었다. 민족주의로 서로 단결하고 힘을 얻은 프랑스인들은 통치자를 위해 싸우지 않고 프랑스를 위해 싸웠다. 민족주의가 불러일으킨 충성심과 투지는 프랑스 군대를 거의 천하무적으로 만들었다. 유럽의 왕과 여왕들은 이 점을 깨달았고, 프랑스혁명 직후 민족주의는 유럽 전역에 확산되었으며, 점차적으로 세계 다른 지역으로 확산되기 시작했다.

국민주권이 확산되고 단순한 용병이나 강제징집 대신에 민족주의 군대가 갖는 커다란 군사적 이점으로 인해 왕과 여왕의 정통성이 약화됨에 따라 새로운 형태의 국가가 생겨나기 시작했다. 왕국들은 서서히 공화국으로 바뀌었다. 공화국의 정통성은 혈통이나 왕권신수설에 기초하는 것이 아니라 피치자의 동의에 기초했다. 민족주의는 공화국을 하나로 결속시키는 접착제 역할을 했다. 그러나 민족주의는 나라를 갈기갈기 찢어놓을 수도 있다.

프랑스혁명 이후 민족주의는 세계적으로 긍정적인 영향과 부정적인 영향 둘 다를 보여주었다. 민족주의는 사람들을 단결시키기도 분열시키기도 한다. 민족주의는 평화를 가져오기도 하지만 전쟁을 초래하기도 한다. 부정적 형태의 민족주의가 나치 독일 사회 내에 강한 우월감을 조장하였으며, 수백만 명의 죄 없는 희생자들이 죽게 만들었다. 또한 유럽 내에 팽배했던 우월감과 국가적 자부심이 아프리카 및 오늘날 남반구(the South)나 개발도상국으로 불리는 지역의 식민지화를 촉진했다. 아프리카의 경우에는 19세기 후반부터 20세기 초반 아프리카 대륙을 강제로 점령하고 지배하였던 포르투갈, 영국, 독일, 프랑스 등과 같은 나라들이 경쟁적으로 식민지 건설에 나섰다. 아프리카 쟁탈전(Scramble for Africa)으로 알려진 이 시기에 유럽열강은 아프리카 대륙 전체를 각국의 식민지로 분할하였다. 이 새로운 정치단위는 기존의 부족 구조를 무시했다. 다시 말해, 매우 다양한 부족집단이, 심지어 서로 적대적인 부족집단조차, 강제적으로 하나의 식민지로 재편되었다. 유럽제국주의 열강은 아프리카 정복을 가능케 한 분할통치전략 하에서 아프리카에 살고 있는 다양한 집단을 이용할 수 있었다 (소말리아에서 그랬듯이 정체성을 공유하는 하나의 부족집단이 때로는 여러 개의 식민국가로 쪼개졌다).

반대로 민족주의는 종종 매우 긍정적일 수도 있다. 확실히 민족주의는 많은 사람들에게 소속감과 존재의 의미를 부여한다. 아울러 민족주의는 억압받는 사람들이 자유를 요구하게 단결시킨다. 예를 들면, 아프리카와 같은 곳에서 민족주의는 반식민주의를 추동했다. 아프리카와 아시아(중동 포함)의 식민지 주민들은 결국 분열을 극복하고 단결할 수 있었으며, 제국주의를 전복하거나 제국주의가 식민지를 떠나도록 설득할 수 있었다. 식민지 지배자들의 억압적인 식민지 운영전략은 아이러니하게도 한 식민국가 내의 다양한 식민지 주민들의 공동의 정체성 형성을 도와주어, 식민지 주민들은 성공적인 반식민지운동을 전개할 수 있었다.

반식민지 민족주의는 세계적으로 엄청난 영향을 미쳤다. 식민지 국가들은 식민지배를 거부하고 독립국가, 주권국가가 되었다. 결과적으로 20세기의 탈식민화로 인해 전세계 국가의 수가 급격하게 늘어났다. 1789년에는 단지 23개국이 있었고, 1900년에는 단지 57개국이 있었지만, 오늘날에는 약 196개의 국가가 있다. 이 새로운 국가들은 대부분 아프리카와 아시아에서 등장하였지만, 소련이나 유고슬라비아처럼 하나의 연방국가가 여러 나라로 쪼개진 경우도 있다. 이러한 신생국가들은 민족국가에 보다 매우 근접한 좀 더 작은 단위의 국가이다. 예를 들어, 다민족국가(유고슬라비아)에서 함께 살았던 크로아티아인들과 슬로베니아인들은 각각 크로아티아와 슬로베니아라는 이름의 민족적으로 좀 더 동질적인 나라를 건국했다.

민족주의의 짧은 역사 동안 많은 사람들이 민족주의의 종말이나 적어도 영향력 쇠퇴를 예상하고 주장했다는 사실은 흥미롭다. 수백만 명의 목숨을 앗아간 양차 세계대전을 겪은 후 많은 사람들은 민족주의가 지나치게 파괴적이라고 주장했다. 상당부분 국제연맹과 유엔은 국제법을 통해 이러한 민족주의의 파괴적 경향을 억제하기 위해 고안되었다. 국가 간의 경제적 상호의존성이 증가했던 1970년대 동안 일부는 전세계 사람들의 국경을 넘나드는 교류가 확대되면서 민족에 대한 충성심이 약화될 것이라고 주장했다. 이러한 생각의 핵심은 국가 간의 경제적 의존도가 증가하고 국가 간의 문화적 경계선을 넘나드는 교류가 더욱 확대되면, 자신의 나라에 대한 국민의 충성심이 약화된다는 것이었다. 그러나 두말할 나위 없이 이러한 예측은 성급한 주장이었다. 민족주의는 아직 살아있으며, 오늘날에도 여전히 그 힘을 잃지 않고 있다. 오늘날 민족주의의 중요성을 확인하기 위해서는 터키, 시리아, 이란, 이라크에 걸쳐 있는 쿠르드 공동체의 계속되고 있는 자치정부 수립을 위한 독립투쟁운동을 살펴볼 필요가 있다. 2008년 코소보 독립선언과 그에 따른 코소보지역 내의 세르비아 소수민족의 대응은 오늘날 민족주의의 힘이 여전함을 보여주는 또 하나의 최근 사례에 해당한다.

요약하면, 비록 각기 다른 현상이지만, 민족주의, 지도제작, 근대국가체제 등이 모두 결합하여 현재의 국제체제 형성에 영향을 미쳤다. 새롭게 그어진 국경을 가진 독립 국가들이 등장하기 시작하면서, 그 국경 내에 사는 사람들은 서로에 대해 일체감을 느끼기 시작하였다. 이제 사람들은 정부에 대해 이해관계가 있고, 정부는 지배에 대한 정통성을 추구했기 때문에 이러한 과정은 국민주권 개념에 의하여 더욱 강화되었다. 이의 자연스런 귀결이 민족국가라고 불리는 것이었다.

민족국가

비록 **민족국가**(*nation-state*)라는 용어는 일반적으로 느슨하게 '나라'를 의미하는 데 사용되고 있지만, 엄밀히 말해 민족국가는 단일 국가의 경계 내에 존재하는 단일 민족으로 정의된다. 그것은 앞에서 설명한 **국가, 영토, 민족**(인민) 등의 개념이 결합된 것이다. 오늘날 국가들이 실제로 민족국가인 경우는 매우 드물지만, 민족국가는 이상형으로 여겨진다. 예를 들면, 단일 국가를 이루지 못한 민족들이 존재한다. 남한과 북한으로 나뉘어 살고 있는 한민족이 바로 그런 경우에 해당한다. 또 다른 사례는 쿠르드족이다. 쿠르드족은 자신들이 단일민족이라고 생각하지만, 이라크와 터키 남부, 이란 서부 지역, 여타 다른 나라에 흩어져 살고 있다.

마찬가지로 하나의 국가에 여러 민족이 함께 살고 있는 다민족국가가 다수 존재한다. 예를 들면, 아프리카의 많은 국가의 경우에는 역사적으로 서로 적대적으로 싸워온 부족들이 20세기 후반에 하나의 주권국가로 통일된 이후로 지금은 같은 국경 내에서 함께 살고 있다. 또 다른 예는 캐나다이다. 압도적으로 영어를 사용하는 나라인 캐나다에는 불어를 사용하는 퀘벡 지역이 있다. 퀘벡 민족주의는 너무나 강하여 퀘벡 주민의 절반 가까이가 캐나다로부터 벗어나서 자신들의 나라를 세우자는 제안에 찬성표를 던졌다. 또한 캐나다 내에는 자신이 캐나다인이라고 생각하지 않는 다수의 토착민(원주민)이 존재한다. 캐나다의 이런 상황은 드문 일이 아니다. 전세계적으로 수없이 많은 원주민들이 전혀 일체감을 느끼지 않는 국가에 편입되어 살고 있다. 결과적으로 오늘날 많은 국가는 엄밀히 말해 민족국가라고 할 수 없다.

민족주의에 관한 상반된 시각

민족주의는 복잡한 주제이다. 학자들은 민족주의가 언제 처음으로 등장했는지에 대해, 그리고 민족주의가 일반적으로 좋은지 나쁜지에 대해 의견을 달리한다. 민족주의를 분류하는 방식 또한 여러 가지이다. 가장 보편적인 분류 방식 중 하나는 민족주의를 시민적 민족주의(civic nationalism)와 혈통적 민족주의(ethnic nationalism)로 구분하는 것이다.

시민적 민족주의 대 혈통적 민족주의

우리가 민족주의를 집단 스스로의 운명에 대한 통제권의 획득과 유지의 목적을 가진 중요한 사회적 구분에 기반하는 공동의 정체성 의식으로 정의한다면, 그 경우 시민적 민족주의와 혈통적 민족주의는 각기 다른 '사회적 구분'에 기반 한다. 시민적 민족주의는 서구의 역사적 경험과 관련이 있으며, 혈통적 연결보다는 시민권에 기반을 둔다. 민족국가는 시민적 민족주의의 핵심으로 간주된다. 민족국가의 주된 역할은 영토성, 시민권, 집단 구성원 모두에게 주어진 시민적 권리 및 법규 등에 의해 통합된 것이 사회라는 신조를 고양하는 것이다. 이 사회의 모든 구성원은 종족이나 인종과 관계없이 이상적으로는 평등한 시민이며 법 앞에 평등하다.

이와 대조적으로 혈통적 민족주의는 서양세계에 대한 반응으로써 동유럽과 남반구에서 출현했다. 혈통적 민족주의는 종족에 기반을 둔다. 혈통적 민족주의는 사람들 및 그 사람들의 토착 역사로부터 이념적 결속을 이끌어낸다. 혈통적 민족주의는 집단적 기억, 공통된 언어와 가치, 공유하는 종교와 신화, 상징 과 같이 어떤 한 집단의 고유한 특성으로 간주되는 요소를 필요로 한다. 혈통적 민족주의는 혈연관계, 영토적 유대, 토착 전통 등에 의존한다.

민족주의를 이해하기 위해서는 포용성과 배타성의 정도를 고려하는 것이 중요하다. 모든 민족주의는 그 의미상 배타적이다. 민족주의는 민족의 구성원이 아닌 다른 모든 사람들을 배제한다. 다시 말해, 민족은 얼마나 광범위하게 정의되는가? 어떤 한 민족을 구성하는 주요 집단은 얼마나 많은 다양한 하위집단으로 이뤄져있는가? 역사, 문화, 사회계급 구조, 정부형태 모두 중요하다. 이들 모두는 공동체가 어떻게 상상되고 민족주의가 어떻게 구성되는지에 영향을 미친다. 누구나 잠재적으로 민족의 일원이 될 수 있기에 시민적 민족주의가 혈통적 민족주의에 비해 상대적으로 좀 더 포용적이라고 할 수 있다. 예를 들어, 미국인들은 주로 시민적 민족주의를 경험하며, 반면에 쿠르드족은 기본적으로 혈통적 민족주의자들이다. 쿠르드족은 미국으로 이주하여 귀화한 미국시민, 즉 미국 민족의 일원이 될 수 있다. 반면에 이란 북쪽 지방으로 이주한 쿠르드족 출신이 아닌 미국인은 자신의 종족 정체성을 마음대로 바꿀 수는 없으며, 결코 쿠르드 민족의 일원으로 받아들여질 수 없다.

많은 학자들은 이 두 종류의 민족주의를 서로 완전히 다른 것으로 취급하고 가치판단을 내렸다. 시민적 민족주의는 전형적으로 '좋은' 형태의 민족주의로 간주된다. 예를 들어, 세계의 대부분의 민주주의 국가에서 개인은 혈통 때문이 아니라 그가/그녀가 그 나라의 이념과 상징을 믿고 국가에 대한 충성을 맹세하기 때문에 시민이다. 혈통적 민족주의는 좀 더 많은 부정적인 특성을 갖고 있는 것으로 여겨진다. 예를 들면, 사람들 간의 혈통적 관계를 강조하기 때문에 좀 더 배타적인 성격을 갖고 있다. 다시 말해, 만약 공통된 역사, 언어, 여타의 혈통적 유대관계를 공유하고 있지 못하다면, 당신은 그 민족의 일원이 아니다.

많은 학자들이 이 두 가지 유형의 민족주의를 서로 상반된 것으로 인식하고 있으나, 실제로는 항상 그렇지는 않다. 예를 들어, 이 장의 첫 문단에서 언급한 필리핀 피플파워혁명은 시민적 민족주의와 혈통적 민족주의의 두 가지 모두의 특성을 보여주었다. 신화, 인종, 종교, 시민권 등 이 모든 것들이 함께 필리핀 피플파워혁명에 참여한 사람들을 하나로 뭉치게 하고 힘을 갖게 했다. 또한 미국의 시민적 민족주의는 오랫동안 강한 혈통적 요소를 표출하였다. 소수민족집단은 동등한 권리를 가진 완전한 시민으로 인정받기 위해 오랜 세월 투쟁해왔다.

친국가 민족주의 대 반국가 민족주의

이러한 문제 때문에 일부 학자는 민족주의를 시민적 민족주의와 혈통적 민족주의로 분류하는 것 자체를 거부한다. 그 대신 이들은 민족주의의 주된 목적을 기준으로 민족주의를 분류한다. 즉, 기존 정부의 전복을 지지하거나 또는 전복을 도모하는가? 친국가 민족주의(pro-state nationalism)는 기존 국가를 지지한다. 이것은 국가의 통치자에 의해 만들어졌거나 또는 적어도 인도되는 경향이 있으며, 종종 공식적 민족주의(*official nationalism*, 관제민족주의)로 불린다. 이것은 단결된 사람들과 정통성 있는 정부 간의 연결고리 역할을 한다.

반국가 민족주의(anti-state nationalism)는 정반대의 목적을 추구한다. 이것은 정통성을 결여하고 있다고 생각되는 정부에 대해 반대하는 사람들을 하나로 뭉치게 하는 이데올로기이다. 이것은 종종 반(反)식민주의 형태를 취한다. 즉, 한 무리의 민족주의자들은 외세가 지배하는 식민지 국가를 타도하기 위해 식민지 사람들을 결집하고 조직한다. 예를 들면, 제2차 세계대전 이후 인도네시아에서는 민족주의자들이 네덜란드 동인도령의 다양한 종족집단을 단결시키고 그들이 네덜란드 식민지 정부에 맞서 혁명을 일으킬 수 있는 힘을 갖도록 하기 위해 새로운 깃발, 새로운 언어, 새로운 국가를 창출했다.

민족주의는 종종 20세기의 가장 강력한 정치적 원동력으로 여겨지고 있으며, 현재까지 상황으로는 21세기에도 그렇다. 적어도 제2차 세계대전 이후 성공한 독립전쟁과 혁명들은 민족주의에 의해 추동되고 있다. 또한 같은 기간 동안 모든 집권정부들은 국민의 지지를 얻기 위해 민족주의를 사용했다. 민족주의는 사람들을 해방시킬 수도, 억누를 수도, 힘을 갖게 할 수도 있는 강력한 정치적 도구이다.

민족주의, 종교, 폭력

민족주의는 종종 폭력을 동반한다. "뭉치면 살고 흩어지면 죽는다"라는 구호는 궁극적으로 민족주의자들에게 무장을 명한다. 목초지 방목 권한을 둘러싸고 싸우는 시골마을로부터 지정학적 분쟁과 관련하여 국가 간 동맹에 이르기까지 모든 유형과 규모의 공동체에서 '우리'와 '남'을 가르는 심리가 작동한다. 민족주의적 이유로 전쟁을 한다. 민족주의자들이 정부를 전복한다. 종종 무고한 민간인이 자칭 자유투사라고 주장하는 민족주의 단체의 표적이 된다. 마찬가지로 국가 또한 테러리스트로 지목한 사람들을 쫓는 과정에서 부수적으로 민간인들에게 피해를 입힌다. 폭력의 가능성은 흔히 민족주의적 대의(大義)와 종교적 이유가 겹치는 경우 증폭된다. 이는 현대 세계에서 사람들의 동질감 및 일체감을 조성하는 데 가장 강력하게 영향력을 미치는 것이 국적과 종교이기 때문이다. 사람들이 자기 자신이 누구인지에 대해 생각하는 경우, 대부분까지는 아니더라도 많은 사람들이 자신을 미국인, 투르크인, 태국인으로 생각하거나, 또는 기독교인, 무슬림, 불교신자로 생각한다. 또한 민족주의와 종교만이 유일하게 현대 세계에서 사회적 폭력(개인적 폭력과 대비되는 폭력)을 정당화할 수 있는 두 가지 힘이다. 조국을 위해 다른 나라 사람을 죽이는 군인은 영웅이다. 자신의 종교를 위해 죽는 사람은 순교자이다. 대부분의 사회에서 조국과 종교의 이름으로 자행되는 살인과 죽음은 정당한 것으로 인정될 뿐만 아니라 높이 칭송된다.

민족주의는 흔히 폭력을 수반하지만, 항상 그런 것은 아니다. 영국의 식민지 지배에 대항하여 싸웠던 간디(Mahatma Gandhi)의 '인도를 떠나라(Quit India)' 운동은 반국가 민족주의에 기반을 둔 놀라운 비폭력 운동이었다. 필리핀 피플파워혁명 또한 평화적 수단을 통해 목적을 달성했다. 2011년 아랍의 봄 기간 동안 튀니지, 이집트, 예멘에서의 비폭력적인 반정부 시위 또한 비폭력 민족주의의 또 다른 예이다.

종교가 종종 민족주의 정서를 강화하지만, 종교가 또한 민족주의를 반대하거나 초월하는 강력한 동기를 부여할 수 있다는 사실을 언급하지 않을 수 없다. 예를 들어, 오사마 빈 라덴의 경우를 살펴보자. 만약에 전통적인 민족주의 개념을 그에게 적용한다면, 빈 라덴이 과거 사우디아라비아 국적을 가지고 있었기 때문에 그가 애국적인 사우디아라비아 민족주의자일 것으로 예상할 수 있다. 그러나 이것은 전혀 진실이 아니다. 빈 라덴의 충성은 사우디아라비아나 예멘(그의 가족의 원래 국적)에 대한 충성이 아니라, 이슬람에 대한 충성이었다. 빈 라덴은 자신과 종교적 신념이 다른 사우디아라비아인보다는 파키스탄인, 알제리인, 요르단인, 심지어는 빈 라덴의 이슬람 해석에 동조하는 미국 내 무슬림에게 훨씬 더 큰 충성심을 가졌다.

미국의 기독교 또한 흥미로운 사례연구이다. 일부 미국 기독교인들은 미국을 하나님의 은총과 기독교 신앙에 기초하여 세워진 나라라고 생각한다. 그들에게는 예수, 미국의 애국심, 호전적인 외교정책결정이 모두 관련되어 있다. 한편, 또 다른 기독교인은 미국 군사주의를 예수와 동일선상에서 다루는 것에 대해 경악한다. 이들은 신약성서의 "너의 원수를 사랑하라"와 "다른 쪽 뺨도 내밀라"는 명령에 초점을 맞춘다. 실제로 미국 기독교계에서 갈수록 목소리가 더 커지고 있는 집단은 미국의 기독교인들이 미국사회 내의 비기독교인보다는 미국사회 밖의 기독교인(중국과 이라크의 기독교인을 포함)과 더 많은 공통점을 가지고 있을 수 있다는 이유로 미국사회의 기독교인은 이제 국가에 대한 충성심을 재고해야 한다고 주장한다. 이러한 급진적인 종교적 견해가 미국 민족주의를 당장 위협하는 것은 아니지만, 이러한 견해는 종교를 믿는 사람들에게 흥미로운 이슈를 제공했다.

* * *

요약하면, 민족주의는 엄청나게 큰 정치적 영향력을 미치고 있다. 유럽에서 처음 등장하였던 민족주의는 그 후 세계 곳곳으로 확산되었다. 민족주의는 또한 무척 광범위한 표현들을 포함하고 있는 복잡한 개념이다. 민족주의는 배타적일 수도 있고 포용적일 수도 있으며, 폭력적일 수도 있고 비폭력적일 수도 있다. 민족주의는 그것이 성장하는 환경, 민족주의를 형성하는 지도자의 의지, 관련된 모든 사람들이 그것을 상상하는 방법 등에 따라 달라진다.

이스라엘-팔레스타인 분쟁

이스라엘과 팔레스타인 분쟁은 오늘날 민족주의가 어떻게 작용하는지에 대한 훌륭한 사례연구를 제공한다. 팔레스타인은 역사적, 영토적, 반식민주의적 형태의 민족주의로 뭉쳐 있으며, 반면 이스라엘은 강한 종교적 민족주의 의식에 의해 추동되고 있다. 자결(self-determination)은 양쪽 집단 모두의 기준 원칙이다. 이 두 공동체가 각자 자기 자신을 어떻게 상상하느냐가 그 공동체가 얼마나 배타적인지 또는 포용적인지를 규정한다. 혈통적 민족주의는 팔레스타인과 이스라엘 양측 모두에게 존재한다. 이스라엘 국가의 전체인구는 800만 명을 약간 넘는다. 1950년대에 이스라엘은 '귀국법(law of return)'을 제정하였다. 이 법은 자기 자신을 유대인이라고 밝히는 사람 누구에게나 태어난 나라가 어디이든 상관없이 이스라엘에 도착 즉시 이스라엘 시민권 자격을 부여할 것을 규정하였다. 이것은 이스라엘 시민권에 필요한 유일한 조건이 유대 종교 정체성이었고, 이스라엘이 유대인 국가라는 스스로의 정의에 추가적인 지지를 제공하기 때문에 중요했다. 유대국가라는 정의는 모든 팔레스타인 아랍인 인구를 제외한다. 국제법은 사람들이 조국으로 돌아갈 수 있는 권리를 보장하고 있지만, 고향에서 쫓겨난 팔레스타인 주민들은 살던 집으로 돌아가는 것이 허용되지 않았으며, 그들의 땅은 몰수되었다. 이스라엘 시민의 약 25퍼센트는 무슬림, 기독교인, 드루즈 등 팔레스타인인이다. 팔레스타인 중앙통계청의 2014년 연구에 따르면 이스라엘 및 점령지역의 팔레스타인 사람의 수와 유대인 수는 2016년 엇비슷하게 될 것이며, 2020년에는 팔레스타인 사람의 수가 유대인의 수를 능가하게 될 것이다 (PCBS 2014). 이들 팔레스타인 사람들은 이스라엘이 건국되기 이전 그곳에 살았던 아랍인들의 후손이다. 비유대인으로서 팔레스타인 사람들은 자신을 유대인 국가로 정의하고 있는 이스라엘에 대해 일체감을 느끼기는 어렵다. 그들은 이스라엘에 살고 있으며 지난 수 세기 동안 같은 땅에서 살았지만, 그들은 이스라엘 시민으로서 완전한 권리를 누리지 못하고 있다. 또한 설상가상으로 1967년 전쟁의 결과로 이스라엘이 차지한 땅에는 이스라엘 점령 하에 살고 있는 팔레스타인 사람들도 있다 (표 4.1을 참조). 이 팔레스타인 사람들은 자결권을, 즉 세계인권선언에 따라 팔레스타인 사람들에게 주어진 권리를 주장하여왔다. 거의 지난 한 세기 내내 지속된 이 분쟁은 폭력적 수단과 비폭력적 수단 두 가지 모두로 표출되었다. 이스라엘과 팔레스타인 양측의 극단주의자들이 사용하는 테러전술은 민족주의가 잠재하고 있는 폭력성의 비극적 예이다.

역사적 배경

20세기가 시작될 무렵, 유럽 식민주의자들은 전세계 자원 및 인구의 85퍼센트 이상을 실질적으로 지배하였다. 오늘날 이스라엘-팔레스타인 분쟁의 중심에 있는 아랍민족주의는 이러한 유럽열강 및 외세의 개입에 대한 대응이다. 아랍민족주의는 아랍의 자결권과 식민 지배세력으로부터의 독립을 주장하는 노력이었다. 팔레스타인 지역에서는 아랍민족주의가 또 다른 형태의 민족주의인 시온주의에 대응하여 발전하였다. 시온주의자들은 유대인 국가의 건설을 염원했다. 주로 유럽지역 유대인들이 겪었던 역사적 경험을 통해 탄생한 시온주의는 유럽인이 유대인에게 자행했던 폭력적 박해에 대한 대응이었다. 19세기 후반 러시아의 유대인 박해로 인해 팔레스타

표 4.1 2014년 팔레스타인 인구구성

	팔레스타인 아랍인 인구수	이스라엘 유대인 인구수
웨스트뱅크 동예루살렘	2,790,331명	300,000명 동예루살렘 정착민 350,000명 웨스트뱅크 정착민
가자지구	1,760,037명	
이스라엘	1,460,000명 이스라엘 시민권을 획득한 팔레스타인 아랍인	5,336,985
총합	6,010,368명	6,036,985[a]

출처: PCBS (2014).

주: a. 1967년 이후 이스라엘이 점령한 골란고원에 살고 있는 약 19,000명의 이스라엘 유대인 정착민.

인 지역으로 유대인이 이주하는 첫 번째 물결이 일어났다.

19세기 후반 시온주의의 아버지로 간주되는 헤르츨(Theodor Herzl)은 유대인이 곤경에서 벗어날 수 있는 유일한 해결책은 유대인 국가를 건설하는 것이라고 결론지었다. 세속적이고 유럽에 동화된 유대인이었던 헤르츨은 동아프리카와 남미의 가능한 지역을 포함하여 몇 개 지역을 유대인 국가를 건설할 후보지로 거론했다. 또 다른 시온주의자는 만약 유대인 국가를 건설할 후보지로 성지인 팔레스타인 지역을 제시한다면, 좀 더 신앙심이 깊은 유대인들이 더욱 적극적으로 시온주의 프로젝트에 동참할 것이라고 주장했다. 유대인 국가를 건설하자는 아이디어는 기독교도 시온주의자로부터도 지지를 얻었다. 이들은 성경이 유대인에게 유대인 국가의 건설을 약속하였다는 믿음에 기초하여 유대인 국가의 재건에 찬성했다. 다른 한편, 팔레스타인인은 수세대에 걸쳐 팔레스타인 지역에 거주해 왔으며, 자신들이 팔레스타인 지역에 처음 정착했던 고대 가나안 사람들의 후예라고 생각했다. 팔레스타인인은 새로 몰려오는 유대인 정착민을 자신들에 대한 위협으로 인식하였다. 왜냐하면 유대인은 당시 존재하던 공동체에 동화하고자 하는 의사가 전혀 없었으며, 팔레스타인인에 맞서 팔레스타인 지역에 대한 유대인의 권리를 주장하였기 때문이다.

제1차 세계대전이 발발하자 아랍인들은 독일과 동맹을 맺은 오스만제국의 지배하에 놓였다. 오스만제국을 약화시키고 싶었던 영국은 아랍인들에게 손을 내밀었다. 팔레스타인인을 비롯한 이 지역의 아랍인들은 주로 오스만제국에 대항하는 반란을 일으켜 영국의 전쟁노력을 도와주는 조건으로 향후 독립을 약속 받았다. 이 약속은 1915년 메카의 족장 후세인 빈 알리와 영국 이집트 총독 맥마흔(Henry McMahon)이 주고받은 일련의 서신에 명시되어있다. 또한 영국은 이 지역의 전략적 중요성을 잘 인식하고 있었다. 이미 이란, 이라크 등과 같은 지역에서 석유가 발견되었으며, 인도와의 무역에 있어서 중동지역은 전략적으로 매우 중요한 통로였다. 이 지역의 전략적 중요성을 깨달은 영국은 중동지역 전체를 영국과 프랑스 두 식민지 세력의 '세력권'으로 분할한다는 비밀협정을 프랑스와 몰래 체결했다.

1916년 협상이 이루어진 이 협정은 시케스-피콧협정(Sykes-Picot Agreement)로 알려지게 되었다. 이는 후세인-맥마흔 서신에 적혀있는 영국의 앞선 약속에 정면으로 배치되는 것이었고, 그리고 또한 훗날 발표된 밸푸어 선언(Balfour Declaration)에서 영국이 유대인에게 했던 약속과도 정면으로 배치되는 것이었다.

20세기 초반 팔레스타인 지역에서 아랍인의 수는 토착 유대인과 새로 도착한 유대인을 모두 합친 유대인 수에 비해 10 대 1로 훨씬 더 많았다. 이러한 상황에도 불구하고 영국은 경제적, 정치적 이유로 팔레스타인 지역에 유대인 국가의 수립을 지지하기로 결정했다. 1917년 영국정부는 밸푸어선언을 발표했다. "영국정부는 팔레스타인 지역에 유대민족의 나라를 건설하는 것에 대해 호의적 시각으로 바라보고 있다." 그동안 이 선언의 진정한 의도를 해독하기 위해 수많은 책들이 저술되었다. 그러나 영국은 팔레스타인인들이 수 세기 동안 살아온 땅 위에 유대인 국가가 들어서는 것을 지지하는 것이 자국의 국익에 도움이 될 것이라고 생각하여 결정한 것은 분명하다.

제1차 세계대전을 종식시킨 베르사유조약은 프랑스와 영국이 이 지역을 양국이 지배하는 종속국들로 분할할 수 있는 권한을 부여했다. 위임통치기간(1919~1947년) 동안 영국은 팔레스타인 지역을 직접 통치했다. 이 조약은 유대민족기금(Jewish National Fund, 시온주의운동세력의 유대인 토지매입 기관)이 팔레스타인 지역에서 막대한 규모의 토지를 구매할 수 있는 기회를 열어주었으며, 유대인 정착민은 거주할 집을 짓기 시작했다. 밸푸어선언 및 시온주의 열망과 함께 유대인국가기금의 대규모 토지매입은 팔레스타인 농민과 토지 소유자 입장에서는 갈수록 커다란 위협으로 느껴졌다. 팔레스타인 주민들은 자신들의 토지 소유권을 빼앗길지도 모른다는 두려움을 느꼈으며, 자신들의 고향 땅에서 소수민족으로 전락하게 되는 것을 우려했다. 그 결과 팔레스타인 주민과 유대인 정착민 사이에 싸움이 일어나기 시작했다.

제2차 세계대전 기간 동안 미국을 비롯하여 모든 연합국들은 홀로코스트를 피해 도망쳐 나온 유대인 난민들에게 자국의 국경을 개방하는 것을 거부했다. 세계대전이 끝난 후에야 비로소 연합국은 홀로코스트의 공포와 엄청난 규모의 학살에 경악을 금치 못하였으며, 자책감과 함께 유대인에 대해 커다란 연민과 동정심을 갖게 되었다. 1947년 말 유엔은 팔레스타인 지역을 양분하여 그곳에 유대인 국가 하나와 아랍인 국가 하나를 각각 건설하기로 결정했다. 유엔의 분할계획은 인구의 30퍼센트를 차지하는 유대인에게 땅의 53퍼센트를 나누어주고, 그 때까지 전체 땅의 92퍼센트를 소유하고 있던 인구의 70퍼센트를 차지하는 아랍인에게 나머지 47퍼센트의 토지를 나누어주었다. 총칭해서 팔레스타인인이라고 알려진 기독교인, 무슬림, 드루즈 등으로 이루어진 팔레스타인 위임통치 지역의 아랍인들은 유럽열강이 다른 유럽인이 유대인에게 저지른 범죄행위에 대해 유럽 유대인을 보상하기 위해 역사적으로 오래된 자신들의 땅을 강제로 빼앗으려 한다고 생각하였다. 이러한 분할계획이 발표되자마자 즉각 전쟁이 시작되었다. 도표 4.1은 이 전쟁과 그 후 세 차례의 아랍-이스라엘전쟁을 간략하게 요약한 것이다.

1947~1948년 전쟁과 1967년 전쟁에서 이스라엘은 유엔이 분할해준 것

도표 4.1 아랍-이스라엘전쟁

1947~1948년 전쟁. 유엔이 분할계획을 발표하자마자 곧바로 전쟁이 터졌다. 당시 팔레스타인인의 어떤 저항운동보다 훨씬 더 잘 조직화되어 있었던 유대인 지하단체들(다수의 테러집단을 포함)은 여러 차례 전략적으로 중요한 승리를 거두었다. 팔레스타인 주변의 대다수 아랍국가의 군대들은 이 전쟁에 개입하기를 주저했다. 1948년 5월 15일 이스라엘 국가의 수립이 선포되었다. 이후 며칠에 걸쳐 다수 아랍국가의 군대가 이스라엘을 침공했다. 전쟁 결과 이스라엘은 팔레스타인 지구의 80퍼센트를 차지했다. 요르단은 나머지 팔레스타인 지역(요르단 강 서안지구 웨스트뱅크, West Bank)을 병합했으며, 이집트는 가자지구(Gaza Strip)를 통치하게

도표 4.1 계속

되었다. 백만 명에 달하는 팔레스타인인 중 80만 명에 이르는 주민들이 고향에서 쫓겨났다. 500여개의 팔레스타인 마을들이 파괴되거나 사람이 살지 않는 빈 마을이 되었다. 이러한 팔레스타인 사람들은 난민이 되어, 주변 아랍국가들로 흩어졌다.

1956년 전쟁. 1956년 이집트의 나세르(Abdel Nasser) 대통령은 수에즈 운하의 국유화를 선언했다. 이스라엘은 영국 및 프랑스와 동맹을 맺고 이집트를 침공했다. 미국은 휴전을 요구했으며, 유엔 평화유지군이 이스라엘과 이집트 사이에 완충지대로 남아있는 상태에서 휴전이 성립되었다.

1967년 전쟁(6일전쟁). 통일아랍공화국(이집트와 시리아의 연합)은 휴전선에 주둔 중인 유엔군의 철수를 요구했다. 이집트의 공격이 임박했다고 확신한 이스라엘은 선제공격을 단행했다. 이스라엘은 요르단을 침공하여 요르단 강 서안지역인 웨스트뱅크와 동예루살렘(1948년 요르단에 병합되었던 지역)을 점령하였다. 또한 이스라엘은 골란고원(당시 시리아의 영토), 시나이반도(당시 이집트의 영토), 가자지구(1948년 이후 이집트가 병합) 등을 점령했다. 전쟁 후 유엔 안전보장이사회는 유엔결의안 제242호를 통과시켰다. 이 결의안은 이스라엘이 1967년 전쟁을 통해 점령한 웨스트뱅크와 가자지구 등 모든 지역으로부터 철수할 것을 요구하였다.

1973년 전쟁(욤키퍼전쟁, Yom Kippur War). 이집트와 시리아는 이스라엘에게 빼앗긴 이집트와 시리아의 영토를 회복하기 위하여 이스라엘을 공격했다. 이집트가 전쟁 초반에 크게 승리했으나, 이스라엘이 다시 이집트 군대를 몰아냈다. 미국과 소련의 개입으로 다시 휴전이 성립되었다. 이 전쟁은 팔레스타인 지역을 해방시키고자 하는 아랍 국가들의 마지막 대대적 노력이었다. 1979년 카터(Jimmy Carter) 대통령은 이집트 사다트(Anwar Sadat) 대통령과 이스라엘 베긴(Menachem Begin) 총리 간의 평화협정을 중재했다. 평화협정으로 이집트는 시나이 반도를 되찾게 되었으며, 이집트는 이스라엘을 국가로써 인정하고 양국 간에 완전한 외교관계를 수립하기로 합의했다. 양국 간의 평화협정은 유엔안전보장이사회의 결의안 제242호에 근거하였다. 이 결의안 제242호는 1967년 이전 시기의 이스라엘 국경을 정당하다고 인정하였다.

이상으로 더 많은 영토를 획득했다 (도표 4.2 참조). 당시의 이러한 영토 확장은 현재의 영토분쟁을 이해하는 데 특히 중요하다. 1964년 팔레스타인 해방문제에 대한 당시 다른 아랍 지도자들의 무능에 환멸을 느끼고 외국으로 망명한 팔레스타인 민족주의자들은 팔레스타인해방기구(PLO)를 결성

도표 4.2 이스라엘의 영토 확장

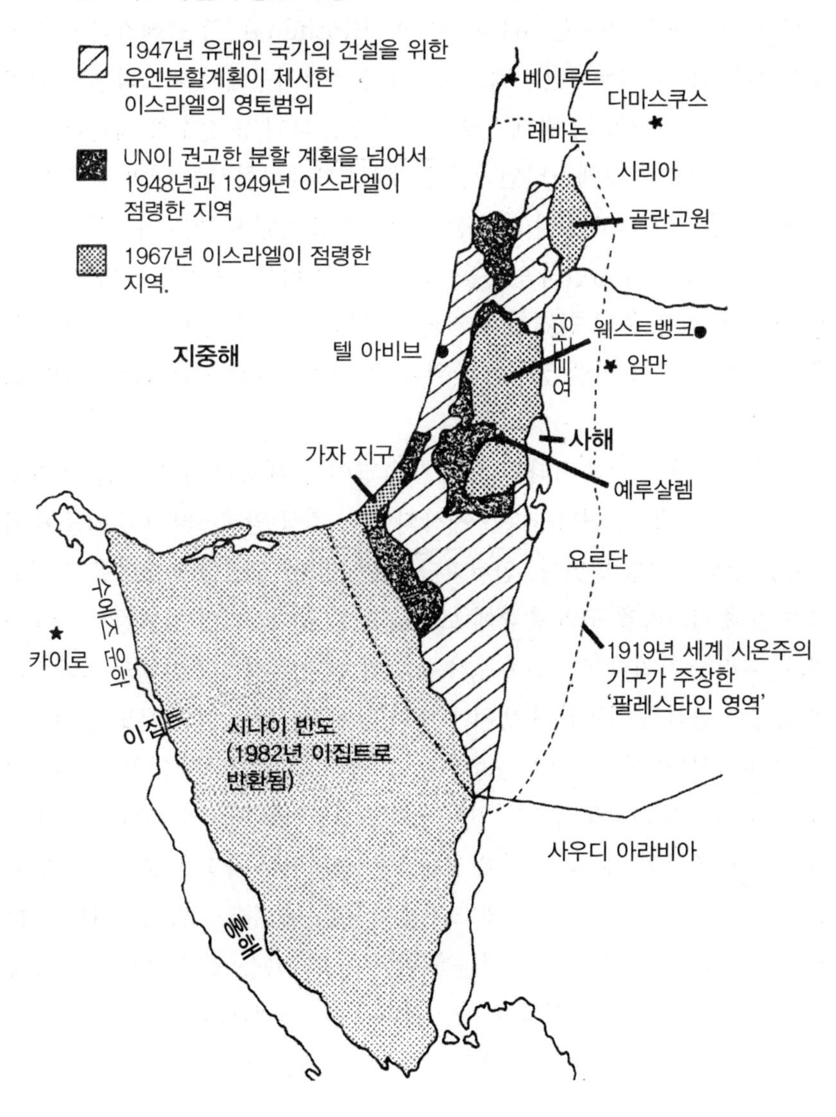

했다. 아라파트(Yasser Arafat)가 민족지도자로 부상했으며, 2004년 11월 사망할 때까지 민족지도자의 역할을 수행했다. PLO는 외국으로 망명한 팔레스타인 주민과 점령된 영토 내에 거주하는 팔레스타인 주민들을 하나로 통합시켰고, 이들의 자결권과 독립에 대한 희망을 표명했다. PLO는 팔레스타인 민족의 권리를 국제적으로 인정받기 위한 외교적 노력뿐만 아니라 동시에 무장투쟁 방식을 병행하여 사용했다.

한 가지 중요한 변화는 제1차 인티파다(intifada), 즉 팔레스타인 민족봉기였다 (1987~1993년). 웨스트뱅크와 가자지구에서 이스라엘의 점령은 불법체포, 토지몰수, 팔레스타인인의 가정 파괴 등 갈수록 심각한 인권침해를 야기했다. 팔레스타인인들은 제4차 제네바협정이 위와 같은 인권침해 책략을 금지하고 있다고 주장하였다. 이스라엘 당국은 이러한 행동의 대부분이 이스라엘 시민의 안전을 지키기 위한 비상조치라고 강변했다. 팔레스타인인들은 주택 철거와 토지몰수(합병) 등과 같은 이러한 조치들의 궁극적 목적이 이스라엘 정착촌을 위한 더 많은 토지를 획득하는 데 있다고 반발했다.

가자지구에서 팔레스타인 노동자 4명이 살해당하는 사건을 계기로 1987년 12월 제1차 인티파다가 시작되었다. 결국 팔레스타인 주민들이 거리에서 항의시위를 벌였다. 인티파다는 이스라엘 군인들에게 돌을 던지고 그로 인해 이스라엘 군의 총격에 보복을 당한 팔레스타인 청년들로 상징되었다. 이러한 자연발생적 민족봉기는 20여 년에 걸친 이스라엘의 팔레스타인 점령과 조직적 인권침해 행위에 대한 팔레스타인 주민의 분노가 폭발한 것이었다. 시위와 돌을 던지는 행위는 그 중 일부에 지나지 않았다. 인티파다는 이스라엘에 대해 대부분 평화적으로 저항하는 대규모 대중운동이 되었다. 인티파다와 이스라엘의 강경대응은 광범위한 파장을 불러일으켰다. 일례로 이스라엘이 3년간 팔레스타인 학교를 폐쇄하자 팔레스타인인 학생, 교사, 공동체 지도자는 학생들을 위한 대안교육을 조직했다. 또한 팔레스타인인들은 이스라엘 상품에 대한 불매운동을 전개하였다.

양측의 극단주의자는 영구적인 평화정착에 반대하였다. 그들에게 영구적인 평화정착은 양측 간의 타협을 의미하기 때문이었다. 1995년 텔 아비브에서 발생한 유대 극단주의자에 의한 라빈(Yitzhak Rabin) 이스라엘 총리의 암살사건은 이스라엘 측의 극단적 반대를 보여주는 비극적 사건이었다. 이스라엘 극단주의자가 평화체제 정착을 저지하기 위하여 폭력에 의존하였듯이, 팔레스타인 극단주의자 역시 오슬로협정(도표 4.3 참조)으로 알려진 이스라엘-팔레스타인 평화회담을 모두 무효화하기 위해 더욱 강력하게 폭력을 동원한 저항운동을 펼쳤다. 팔레스타인 극단주의 집단은 예루살렘과 텔아비브에서 자살폭탄 테러를 자행했다. 이스라엘은 1996년 최초의 팔레스타인 선거에서 대통령에 선출된 아라파트를 맹비난하였다. 이스라엘 사람들 일부는 이스라엘 시민에 대해서도 테러공격을 자행한 폭력적인 극단주의자를 제대로 통제하지 못하는 팔레스타인 정부(오슬로협정에 따라 웨스트뱅크와 가자지구를 관할할 목적으로 수립된 자치정부)의 무능에 대해 실망을 표했다.

2000년 9월 이스라엘 국방장관 샤론(Ariel Sharon)의 동예루살렘에 위치한 성전산(Temple Mount: 알 아크사 회교사원이 위치한 지역, 이슬람의 세 번째로 중요한 성지) 방문이 광범위한 시위를 촉발했고, 그 결과 여섯 명의 비무장 팔레스타인인이 목숨을 잃었다. 이 사건으로 인해 알 아크사 인티파다로 알려진 제2차 인티파다가 시작되었으며, 점령지역의 군사화를 증가시켰다. 제1차 인티파다가 대체적으로 이스라엘의 점령에 대한 비폭력적인 저항이었다면, 제2차 인티파다는 양측의 과도한 폭력사용으로 얼룩졌다. 웨스트뱅크와 가자지구에 대한 이스라엘군의 계속된 점령은 팔레스타인 사회 내에 극단주의자들의 부상을 부채질했다. 하마스와 같은 집단들은 이스라엘 시민에 대한 테러 공격을 더욱 더 강화하였다. 자살 폭탄 테러는 하마스의 중요한 무기가 되었다. 이스라엘은 하마스 지도자와 활동가에 대한 암살을 시도했으며, 이는 종종 여성과 아동을 비롯한 무고한 팔레스타인 민간인의 죽음을 초래했다. 이스라엘은 주택 강제 철거, 야간통행금지, 대대적인 구속 등과 같이 팔레스타인 전체사회를 집단적으로 처벌하는 수단을 계속 사용했다.

도표 4.3 이스라엘-팔레스타인 평화건설 시도

1988년. 아라파트가 1988년 유엔안보리 결의안 제242호를 받아들이면서 중요한 진전이 있었다. 결의안 제242호는 1967년 전쟁에서 점령한 영토로부터 이스라엘이 철수하는 것이 정의롭고 지속적인 중동평화건설의 기반이라고 지적하고 있다. 결의안 제242호는 평화협상을 위한 국제적인 노력의 초석이 되었다. 1988년 아라파트는 처음으로 테러리즘을 비난했으며, 이스라엘의 존재 권리를 인정했다.

1993년. 오슬로 평화협정은 이스라엘과 PLO 간의 비밀협상의 결과물이었다. 이 협정의 기본적인 원칙은 '평화를 위한 땅'이라는 것이었는데, 이것은 이스라엘이 팔레스타인에게 그 점령지를 반환하고, 팔레스타인인들은 대신 이스라엘에 대한 공격을 멈춘다는 것을 의미했다. 협정의 일부분으로 팔레스타인 자치기구가 수립되었으며 제한적인 자치권한이 주어졌다. 이스라엘과 팔레스타인 양측에 이에 대한 반대세력이 등장했으며, 예루살렘 문제, 정착민, 팔레스타인 난민의 귀국 등과 같은 주요한 쟁점들은 추후 협상에서 논의키로 하였다.

2000년. 이스라엘 총리 바락(Ehud Barak)은 미국 메릴랜드 소재 캠프 데이비드에서 아라파트를 만났으며, 클린턴 대통령이 중재자 역할을 수행했다. 그의 전임자들과 달리 바락 총리는 많은 부분의 점령지(점령지의 80퍼센트 수준)를 반환할 의사가 있으나, 다만 반환되는 영토는 반드시 여러 부분으로 쪼개져야 한다고 주장했다. 바락의 주장대로라면 팔레스타인인들은 이스라엘에 영토에 둘러싸인 서로 떨어져 있는 여러 작은 영토를 소유하게 되어 결과적으로 하나의 팔레스타인 국가의 건설이 불가능했다. 팔레스타인 난민의 귀환 권리는 또 하나의 해결하기 어려운 난제였다.

2003년. 이스라엘과 팔레스타인이 2개의 분리된 국가가 되는 것을 지지하는 미국 부시 대통령은 '평화 로드맵'을 발표했다. 로드맵은 이스라엘의 유대인 정착촌 건설 중지와 팔레스타인의 폭력행위 중지를 추진했다. 그러나 양측의 폭력사용 증가는 유대인과 팔레스타인인 양측 모두의 좌절감을 심화시켰으며, 미국의 이라크 침공으로 인해 팔레스타인 지역의

▶▶▶

평화협상에 대한 미국의 관심이 줄어들었다.

2004년. 이스라엘 총리 샤론(Ariel Sharon)은 웨스트뱅크의 일부 정착촌과 가자지구 정착촌 전부를 폐쇄하였다. 그러나 이스라엘은 웨스트뱅크와 가자지구의 영공, 영해, 육상통로에 대한 통제는 계속 유지했다. 이러한 전격적인 조치에 대해 이스라엘 여론은 지지를 보냈지만, 이스라엘 사회 내부의 대중이 분노하여 시위를 벌였다. 팔레스타인 비평가들은 대상으로 언급된 정착촌은 웨스트뱅크 이스라엘 정착촌 전체의 오직 일부분에 불과하며, 이미 웨스트뱅크의 다른 지역에 있는 새로운 정착촌이 이를 대체하고 있다고 주장하였다. 대부분의 팔레스타인 및 국제사회의 비평가들은 비록 가자지구 정착촌이 폐쇄되었지만 팔레스타인이 진정으로 주권을 갖는 것은 아니라고 주장했다.

흔히 팔레스타인 사람들은 이스라엘이 애초부터 가자지구에는 큰 관심이 없으며, 그래서 이번 조치가 오직 가자지구에서 철수하려는 것이지, 웨스트뱅크에서 철수하고자 하는 의도로 볼 수는 없다고 주장했다. 보다 최근 하마스의 가자지구 통치권 장악은 1967년 이스라엘이 점령한 지역(웨스트뱅크와 가자지구)에 생존 가능한 팔레스타인 국가를 세우고 싶었던 국제사회의 열망에 결정적으로 찬물을 끼얹었다.

2005년. 비록 여전히 이스라엘이 국경선과 영해를 통제하고 있지만, 이스라엘은 가자지구로부터 완전히 철수하겠다고 발표했다. 이스라엘 총리 샤론은 가자지구로부터 이스라엘 군대의 철수와 함께 이 지역 모든 정착촌 유대인들에게 정착촌을 떠날 것을 명령했다. 일부 학자들은 이러한 조치를 이스라엘이 보다 많은 양보를 획득하고, 웨스트뱅크와 동예루살렘을 결코 되돌릴 수 없는 상태로 되돌리고자 하는 이스라엘의 전략이라고 생각했다. 가자지구로부터의 철수를 통해 이스라엘은 최종협상에서 웨스트뱅크의 커다란 정착촌 일부를 계속 유지하는 권리를 미국으로부터 보장받았다.

2006년. 이스라엘 군대가 가자지구에서 철수한 후 치러진 첫 번째 선거에서 하마스가 승리했다. 다수의 서양 강대국들은 팔레스타인에 대한 자금지원을 취소했다. 이스라엘 군대는 하마스가 지배하는 다른 시설과 함께

도표 4.3 계속

하마스 지배 경찰서를 공격대상으로 삼았다. 궁극적으로 재개된 갈등은 2008년 이스라엘이 가자지구를 전면적으로 침공하면서 정점에 이르렀다. 이스라엘의 침공 결과 1,300명이 넘는 팔레스타인 사람(유엔에 따르면 대부분이 민간인)과 3명의 민간인을 포함한 13명의 이스라엘 사람의 사상자가 발생했다.

2014년. 이스라엘은 가자지구를 또다시 공격하였으며, 이 공격으로 인해 또 한 번 약 1,800명 이상의 많은 팔레스타인 사람들이 목숨을 잃었다. 이 전쟁에서 64명의 이스라엘 군인과 3명의 이스라엘 민간인이 죽었다. 독립적인 유엔위원회가 가자전쟁에서 전쟁범죄의 발생 여부를 조사하였는데, 이 위원회의 보고서는 이스라엘이 전쟁범죄를 저질렀음을 보여준다. 비록 이 보고서는 하마스 전투원도 일부 책임이 있다고 밝혔지만, 이스라엘에게 훨씬 더 큰 책임을 물었다. 이 위원회의 위원장인 맥거원(Mary McGowan) 판사는 가자지구에서 발생한 파괴행위를 "전례가 없는" 일로 묘사하였으며, "다음 세대에도 영향을 미칠 것"이며, "51일 동안의 군사작전 동안 1,462명의 팔레스타인 민간인이 죽었는데, 그 중 1/3은 아이들이다"라고 언급했다 (UNHRC 2015c).

2002년 이스라엘은 오슬로협정에 의거하여 철수했던 모든 팔레스타인 지역을 재점령했다. 아라파트는 하마스와 다른 극단주의 집단을 통제하지 못한 것에 대한 책임을 지고, 라말라(웨스트뱅크에 소재)에 있는 본부건물 안에 가택연금 되었다. 또한 이스라엘은 웨스트뱅크에 '치안장벽(실제로는 길이 약 649킬로미터, 높이 약 7.6미터의 콘크리트 장벽)'의 건설에 착수하였고, 이는 테러행위로부터 자국 국민들을 보호하기 위한 노력의 일환이라는 입장을 고수했다. 이 장벽은 팔레스타인 지역을 가로질러 건설되었을 뿐 아니라 추가로 팔레스타인 주민 소유 땅을 압수하려는 시도였다. 또한 비평가들은 이 장벽이 팔레스타인 공동체와 병원, 학교, 농장을 분리시킨 사례가 허다하다고 지적했다. 이 장벽이 국제법을 위반했다고 2004년 국제사법재판소가 판결했음에도 불구하고, 이스라엘은 장벽건설을 중단하지 않았다.

2004년 11월 아라파트가 사망했으며, 2005년 1월 압바스(Mahmoud Abbas)가 팔레스타인 자치정부 대통령에 당선되어 아라파트의 자리를 물려받았다. 샤름 엘-쉐이크 정상회담과 함께 압바스의 당선은 제2차 인티파드의 종결로 이어졌다. 미국 국무부의 테러집단 명단에 이름이 올라있는 하마스가 2006년 팔레스타인 의회선거에서 다수의석을 차지하였다. 다른 이들은 하마스의 승리는 일부 이스라엘 점령자의 '감방 간수'의 역할을 수행하는 것으로 여겨지는 부패한 팔레스타인 자치정부에 대한 팔레스타인 사람들의 분노를 상징할 뿐만 아니라 평화협상의 계속된 실패, 팔레스타인 사람들의 활동에 대한 제약, 팔레스타인 사람들이 고향땅에 가는 것을 가로막는 불법적인 장벽 등에 대한 팔레스타인 사람들의 환멸을 상징한다고 주장하였다.

가자지구에서 하마스는 무척 절실하게 요구되는 사회서비스를 제공할 수 있었고, 팔레스타인 사람들이 자신들의 사회경제적 지위가 악화되는 것에 항의할 수 있는 수단을 제공하였다. 팔레스타인 자치정부에 대한 주요 원조공여 국가들, 미국, 여러 유럽연합 국가들 등은 하마스의 선거승리에 대해 재정지원 중단으로 맞섰다. 미국, 유럽연합, 러시아, 이스라엘 등이 하마스에게 요구한 세 가지 조건, 즉 이스라엘의 '존재 권리' 인정, 폭력의 포기, 팔레스타인 자치정부와 이스라엘 사이에 체결된 기존 협정내용의 준수 등에 대해 하마스가 수용을 거부했다는 것이 재정지원 중단의 명분이었다. 특히 첫 번째 조건이 문제였다. 이스라엘의 '존재 권리'를 인정한다면, 이것은 1948년 80만 명의 팔레스타인인을 고향땅에서 쫓아낸 일에 대해 하마스가 스스로 정당성을 인정하는 꼴이었다. 이는 팔레스타인 사람들 모두는 아닐지라도 거의 모든 팔레스타인 사람들이 반대할 일이었다. 이스라엘은 가자지구 주민들에 대한 매우 강력한 통상금지조치를 통해 하마스의 숨통을 조였다. 하마스 정부를 굶겨 죽이려는 이러한 시도는 결과적으로 팔레스타인 전체 주민에 치명적인 결과를 야기했다. 2008년 12월 이스라엘이 가자지구에 대해 전면적인 침공을 개시하자, 분쟁이 격화되었다. 캐스트리드 작전(Operation Cast Lead)으로 명명된 침공에 대해 이스라엘 정부는 가자지구에서 발사되는 미사일 공격을 끝내기 위한 방어적 군사작전이라고 주장했다. 가자지구를 완전히 쑥대밭으로 만든 이스라엘의 이 군사작전으로 인해 1,400명 이상의 팔레스타인인과 13명의 이스라엘 군인들이 목숨을 잃었다. 이 폭격 기간 동안 학교, 대피소, 유엔 수용소 등이 폭격을 당했으며, 이러한 행위는 미국을 제외한 국제사회 전체의 비난을 가져왔다. 이것은 또한 하마스와 파타당(Fatah, 팔레스타인 자치정부를 세운 야세르 아라파트 의장 계열의 정당 – 역자 주)이 주도하는 웨스트뱅크의 팔레스타인 자치정부 사이의 갈등을 고조시켰다. 하마스는 압바스 및 팔레스타인 자치정부가 이스라엘 및 미국과 공모했다고 비난했다. 현재 팔레스타인 사람들은 이러한 팔레스타인 내부의 갈등 상황이 조속히 해결되지 않는다면 두 개의 실체로 분열될 수 있으며, 이 둘 다 단독으로는 주권국가가 되지 못할 것이라고 우려한다.

대다수 이스라엘 사람들은 만약 분쟁의 종식을 가져올 수 있다면, 웨스트뱅크와 가자지구를 팔레스타인 사람들에게 돌려주는 영토반환에 찬성한다. 그리고 팔레스타인 사람들 대다수는 웨스트뱅크와 가자지구에 대한 강제점령의 종식과 자생력을 갖춘 팔레스타인 국가의 건설을 소원한다. 그러나 이러한 목표를 달성하는 방법을 둘러싸고는 의견이 갈린다. 비록 2005년 이스라엘이 가자지구로부터 철수하였지만(그러나 여전히 가자지구로의 접근을 통제하고 있다), 이스라엘 지도자 어느 누구도 웨스트뱅크와 동예루살렘으로부터의 완전 철수(유엔 안보리 결의안 제242호에 근거)를 제안하지 않았으며, 팔레스타인 사람들은 완전 철수가 이루어지지 않는 한 자생력을 갖춘 팔레스타인 국가의 건설은 불가능하다고 주장한다.

평화를 가로막는 주요 걸림돌

아랍과 이스라엘 분쟁에 대한 영구적인 해결방안을 찾는 것은 무척 어려운 일로 밝혀졌다. 이스라엘 불법 정착촌, 팔레스타인 난민의 귀국 권리, 동예루살렘, 테러리즘 등이 그러한 주요 걸림돌 중 일부이다.

이스라엘 정착촌. 이스라엘과 팔레스타인 간의 평화협상의 주요 걸림돌은 웨스트뱅크에 건설된 이스라엘 불법 정착촌을 어떻게 처리할 것인지의 문제이다. 대략 54만 7,000명 (B'Tselem.org 2015)의 이스라엘 정착민들이 웨스트뱅크에 거주하고 있으며, 42퍼센트 이상의 지역을 차지하고 있다 (Hareuveni 2010). 웨스트뱅크 팔레스타인 자치정부가 직접 통제하고 있는 토지 면적은 10퍼센트도 채 안 된다. 팔레스타인 사람들은 제4차 제네바협정이 점령국이 점령지역에 정착촌을 건설하는 것을 금지하고 있음을 강조한다. 정착촌 문제의 해결을 둘러싸고 이스라엘 사회는 내부적으로 분열되어 있다. 일부는 정착민의 철수를 지지하고 있고, 또 다른 일부는 그러한 정착민 철수가 시온주의 정신에 위배된다고 생각한다. 정착민의 철수를 지지하는 사람들조차도 이스라엘 정부가 강제로 유대인 정착민에게 점령지역에 있는 살던 집을 버리고 철수하라고 요구하는 것이 정치적으로 매우 어려운 일임을 인정한다. 이스라엘의 정착촌은 계속해서 이스라엘 지도자들과 심지어 미국 관리들을 포함하여 이스라엘의 가까운 동맹국들 사이의 마찰의 원인이 되고 있다. 오바마 대통령은 이스라엘의 정착촌 정책에 반대의사를 표명한 대통령 중 가장 최근 인물이다. 이스라엘 지도자들은 계속해서 점점 더 많은 정착촌을 허가하고, 동시에 기존 정착촌의 확장을 허용하기 위해 계속해서 팔레스타인 사람들의 땅을 몰수하고 있다. 이것은 특히 이스라엘 당국이 더 많은 이스라엘 정착촌의 확장을 허용하기 위해 팔레스타인 사람들로부터 토지를 몰수하여 '빼도 박도 못하는 기정사실'로 만들려 하고 있는 동예루살렘에서 문제가 되고 있다. 소위 예루살렘의 유대인화라고 하는 이것은 거룩한 도시에서 팔레스타인 아랍인을 완전히 모두 쫓아내려는 것이다. 이러한 정책의 결과 예루살렘 출신 팔레스타인 사람들(폭력적인 행동에 거의 가담하지 않았던)이 이스라엘 군인과 정착민을 표적대상으로 하는 공격에 가담하게 되었다.

팔레스타인 난민의 귀국 권리. 팔레스타인인들이 자신의 고향땅으로 귀국할 수 있는 권리가 아랍과 이스라엘 사이의 분쟁의 핵심쟁점사안이다. 팔레스타인인들은 1947~1948년 전쟁 당시 강제로 고향에서 쫓겨난 팔레스타인 난민들의 귀국을 국제법이 인정하고 있음에도 불구하고 이스라엘이 계속 거부하고 있다고 주장한다. 설상가상으로 이들 팔레스타인 난민들은 종종 망명한 나라에서 아무런 권리도 누리지 못하고 있다. 레바논에서 팔레스타인 난민들은 '유엔 팔레스타인 난민 구호사업 기구(UNRWA)'를 통하지 않으면 토지를 소유할 수도 없고, 일자리를 가질 수도 없다. 이스라엘은 팔레스타인 난민들의 귀국이 유대인 국가인 이스라엘한테 인구학적 재앙을 초래할 것이라고 주장한다. 만약 팔레스타인인들이 이스라엘 내에 있는 자신들의 고향으로 귀국할 경우 팔레스타인 인구수가 이스라엘 인구수보다 더 많아지게 될 것이다. 그렇지 않아도 이미 유대인 주민의 낮은 출산율에 비해 훨씬 높은 팔레스타인 주민들의 출산율에 대해 이스라엘은 걱정하고 있다.

동예루살렘. 기독교, 이슬람, 유대교 모두 자기 종교의 창시자로 아브라함을 내세우고 있으며, 세 종교 모두 예루살렘을 성지로 여긴다. 이스라엘인과 팔레스타인인 모두 예루살렘을 자신들의 수도라고 주장한다. 종교 성지에 대한 접근문제가 예루살렘을 둘러싼 갈등의 핵심쟁점이다. 이스라엘의 점령으로 인해 여전히 웨스트뱅크 지역에 거주하는 팔레스타인인들은 이스라엘이 점령한 동예루살렘의 종교 성지에 접근하는 것이 제한되고 있다. 일관되게 이스라엘은 치안문제 때문에 종교 성지에 대한 접근을 통제할 수밖에 없다고 주장한다. 1967년에 전쟁이 있기 전까지는 팔레스타인의 영토이었으며 압도적으로 아랍인들이 다수를 차지하고 있는 동예루살렘 지역에 대한 이스라엘의 합병은 국제법에 어긋나는 행위이지만, 이스라엘 점령 동예루살렘 지역에는 약 25만 명의 이스라엘 정착민들이 거주하고 있다. 팔레스타인인은 계속적으로 아랍측 동예루살렘이 미래 팔레스타인 국가의 수도가 되어야 한다고 주장하고 있지만, 이스라엘은 예루살렘은 영원히 이스라엘 국가의 수도가 되어야 한다고 주장하면서 예루살렘 분할에 반대하고 있다. 좀 더 최근 동예루살렘의 유대인화 작업의 일환으로 갈수록 많은 팔레스타인인들이 자신이 살던 동예루살렘의 집에서 쫓겨나고 있다. 특히 기독교인 공동체가 심각한 타격을 입고 있다. 그리스정교 예루살렘 교구장인 세바스티야의 대주교 아탈라 한나(Attallah Hanna, 2009)에 따르면 예루살렘 내 기독교 신도의 수는 “이스라엘의 강제점령이 시작된 1967년의 4만 명에서 현재 1만 명으로 줄어들었다.”

테러리즘. 이스라엘 관리들은 이스라엘 국가가 극단주의 집단들로부터 견뎌야 하는 지속적인 테러 위협이 평화를 저해하는 주요 걸림돌이라고 주장한다. 이스라엘은 자살폭탄테러 등을 자행하고 있는 하마스와 같은 집단들의 테러활동을 미연에 방지하지 못한다는 이유로 팔레스타인 자치정부를 비난하고 있다. 이스라엘인은 이러한 이유를 들어 팔레스타인 자치정부가 합법적인 협상 파트너가 아니라고 주장한다. 반면 팔레스타인인은 자신들을 테러주의자로 낙인찍는 것에 반대한다. 그리고 자신들은 민족해방을 위한 무장투쟁을 벌이고 있으며, 이는 국제법적으로 정당하다고 주장한다. 팔레스타인인은 이스라엘에 의한 팔레스타인 지역의 강제점령이 테러공격을 야기한 주된 원인이며, 이스라엘이 웨스트뱅크와 가자지구의 점령지를 반환하면 팔레스타인인에 의한 테러공격 역시 사라질 것이라고 강조한다. 또한 팔레스타인인들은 이스라엘 군대가 국가 테러리즘을 자행하고 있으며, 그러한 국가 테러리즘 때문에 자신들이 폭력의 사용을 중단할 수 없다고 주장한다. 최근의 통계는 팔레스타인 무장단체에 의한 이스라엘 민간인 사망자 수가 이스라엘 군대에 의한 팔레스타인 민간인 사망자 수보다 적다는 것을 입증해준다 (B’Tselem.org, 2014).

팔레스타인 내부 분열. 특히 파타와 하마스 간의 분열을 비롯한 팔레스타인 집단 간의 분열 역시 팔레스타인과 이스라엘 간의 갈등의 평화적 해결을 어렵게 한다. 현재 하마스가 가자지구에서 권위를 갖고 있는 반면, 대체적으로 파타파벌(아라파트가 만든 파벌이며, 팔레스타인 자치정부 현직 대통령

압바스의 파벌)이 지배하고 있는 팔레스타인 자치정부는 웨스트뱅크에서 권위를 갖고 있다.

그러나 이스라엘에 대한 팔레스타인 저항운동에는 비폭력운동 또한 포함되어 있다는 사실에 주목할 필요가 있다. 앞에서 언급한 중요한 사례 하나가 1987년 시작된 제1차 인티파다이다. 또 다른 사례로 '보이콧, 투자철회, 제재 운동(BDS)'을 들 수 있다. 비폭력운동인 BDS는 1967년 점령당한 모든 아랍영토에 대한 강제점령이 종식될 때까지 이스라엘에 대해 다양한 형태의 보이콧을 벌일 것을 주장하는 팔레스타인인들에 의해 조직되었다. 이 운동은 이스라엘 국가 내의 아랍 팔레스타인 시민들에 대한 완전한 평등을 비롯하여 팔레스타인인들의 기본적 권리를 이스라엘 국가가 인정해주길 원한다. 이 운동은 또한 모든 팔레스타인 난민들이 고국으로 돌아올 수 있는 권리를 강조하고 있는 유엔 총회 결의안 194호의 시행을 요구하고 있다. 이 운동은 3가지 주요 전략을 채택하고 있다. 첫 번째는 팔레스타인인의 권리를 침해하여 수익을 얻고 있는 것으로 생각되는 이스라엘 상품 및 회사에 대한 불매운동이다. 남아프리카공화국의 아파르트헤이트 정부에 대한 저항운동과 유사하게 이 팔레스타인 운동은 이스라엘 스포츠, 문화, 학술행사 및 기관에 대한 보이콧을 주장한다. 2012년 남아공의 아프리카민족회의가 BDS운동을 승인하였다는 사실에 주목할 필요가 있다.

팔레스타인 저항운동이 채택한 두 번째 전략은 팔레스타인의 인권 침해 문제에 연루된 것으로 보이는 회사로부터 투자금을 회수하는 것이다. 이 노력은 특히 대학캠퍼스 내에서의 지지를 비롯하여 전세계적으로 엄청난 지지를 얻고 있다. 예를 들면, 미국 대학생들은 팔레스타인 지역 점령 유지를 돕는 회사들에 대한 투자를 철회하라고 학교 재단 측에 요청했다. 이의 성공사례로 스탠퍼드대학교, 프린스턴대학교, 캘리포니아대학교 전체 9개 캠퍼스 중 7개 캠퍼스 등에서 투자철회를 지지하는 결의안의 통과를 들 수 있다. 이것은 이스라엘의 해외직접투자에 큰 타격을 입혔다. 2014년 이스라엘의 해외직접투자는 2013년에 비해 46퍼센트나 감소했다 (Glantz 2014).

팔레스타인 저항운동이 사용한 세 번째 전략은 국제사회의 제재이다.

이 전략은 특히 효과적인데, 왜냐하면 이는 이스라엘을 국제법 위반 국가로 낙인찍을 수 있기 때문이다. 이 전략은 성공했으며, 의미가 있었다. 가장 최근이라고 할 수 있는 2014년 17개 유럽연합 회원국들은 이스라엘 정착촌과 경제적으로 연결된 사업에 대한 거부를 행동에 옮겼다. 팔레스타인 저항운동이 전반적으로 성공하고 있음을 보여주는 가장 중요한 징후 중 하나는 네타냐후(Benjamin Netanyahu) 총리와 같은 이스라엘 국가 공직자들이 팔레스타인 저항운동을 이스라엘 국가에 대한 주요 전략적 위협으로 규정하였다는 사실이다.

민족주의와 그 미래

역사적으로 국가체제와 민족주의는 상대적으로 짧은 역사를 갖고 있다. 그러나 둘 다 우리들 삶에 엄청난 영향을 미치고 있다. 지난 수백 년 동안 그래왔던 것처럼, 민족주의는 사람들을 하나로 묶고 동시에 공동의 정체성을 형성시키는 역할을 통해 앞으로도 국제사회에서 중요한 역할을 계속 수행할 것이다. 또한 민족주의는 자결을 추구하는 집단(예를 들어, 체첸과 프랑스어를 사용하는 퀘벡 등)과 전쟁으로 황폐화된 지역(예를 들어, 이스라엘과 팔레스타인 분쟁, 이라크 분쟁 등)에서 중요한 역할을 수행할 것이다.

민족주의와 국가주권의 영향력을 고려할 때 향후 수십 년간 민족주의와 국가주권이 세계화의 강한 물결에 대해 어떻게 대항할 것인지를 검토하는 일은 매우 흥미로운 일이 될 것이다. 국가체재 자체가 주권개념에 기반을 두고 있기 때문에, 국가들은 앞으로도 여전히 국경을 통제하려고 할 것이다. 그러나 기술적 진보로 인해 세계가 더욱 더 서로 긴밀하게 상호연결된다면, 불법 마약, 무기, 불법이민 등과 같은 외부요소들로부터 국경을 통제하는 일은 더욱 어려워질 것이다. 마찬가지로 세계화로 인해 시민들은 자국의 동료시민이 아니라 다른 나라의 집단과 더욱 더 강한 일체감(종교, 대중문화 등에 기초)을 느끼게 될지도 모른다. 국가주권과 민족주의 둘 다 점진적으로 변화할 가능성이 높다.

토의주제

1. 여러분 자신에게 있어서 가장 큰 충성심의 대상은 무엇인가? 다시 말해, 여러분은 자신의 정체성이 무엇이라고 생각하는가?
2. 지난 수십 년 동안 국가주권은 약화되었는가? 향후 국가주권은 심각하게 약화될 것으로 생각하는가?
3. 향후 민족주의의 힘은 약화될 것으로 생각하는가? 왜 그럴까 또는 왜 그렇지 않을까?
4. 민족주의를 분류하는 방식으로 어떤 방식이 더 좋다고 생각하는가? 시민적 민족주의 대 혈통적 민족주의인가 또는 친(親)국가적 민족주의 대 반(反)국가적 민족주의인가?
5. 이스라엘과 팔레스타인 간의 분쟁을 해결하기 위한 공정한 방안은 무엇이라고 생각하는가?

추천 문헌

Alatar, Mohammed (2006) *The Iron Wall*. Video. Palestinian Agricultural Relief Committees and Palestinians for Peace and Democracy.

Anderson, Benedict (1991) *Imagined Communities: Reflections on the Origins and the Spread of Nationalism*. 2nd ed. London: Verso.

Chatterjee, Partha (1993) *The Nation and Its Fragments*. Cambridge: Cambridge University Press.

Chomsky, Noam, and Ilan Pappé (2015) *On Palestine*. New York: Haymarket.

Gellner, Earnest (1983) *Nationalism*. Ithaca: Cornell University Press.

Hobsbawm, Eric (1992) *Nations and Nationalism Since 1780: Programme, Myth, Reality*. New York: Cambridge University Press.

Hutchinson, John, and Anthony D. Smith, eds. (1996) *Ethnicity*. New York: Oxford University Press.

Khalidi, Rashid, L. Anderson, R. Simon, and M. Muslih, eds. (1991) *The Origins of Arab Nationalism*. New York: Columbia University Press.

Laqueur, Walter (1972) *The History of Zionism*. New York: Schocken.
Morris, Benny (1999) *Righteous Victims*. New York: Knopf.
Palestinian Central Bureau of Statistics. www.pcbs.gov.ps.
Pappe, Ilian (1992) *The Making of the Arab-Israeli Conflict, 1947–1951*. New York: Tauris.
Shavit, Ari (2015) *My Promised Land: The Triumph and Tragedy of Israel*. New York: Spiegel and Grau.
Simons, Lewis M. (1987) *Worth Dying For*. New York: Morrow.
Smith, Anthony D. (2001) *Nationalism: Theory, Ideology*, History. Malden: Polity.
Smith, Charles D. (2010) *Palestine and the Arab-Israeli Conflict*. New York: St. Martin's.
Stein, Yael (2010) "By Hook and By Crook." www.btselem.org.
Winichakul, Thongchai (1994) *Siam Mapped: A History of the Geo-Body of a Nation*. Honolulu: University of Hawaii Press.

Chapter 5

보편적 인권의 추구

우리 모두는 인권이라는 용어를 들어보았다. 그러나 우리 중 소수만이 진정으로 인권이 무엇인지 또는 인권이 어디에서 왔는지에 대해 이해하고 있다. 우리가 보편적 인권으로 생각하는 권리를 한두 개 보다 더 많이 거론할 수 있는 사람은 더욱 거의 없다. 이 장은 이 책의 독자들에게 인권을 소개하고, 인권의 기원과 발달, 실현을 살펴본다. 이 장은 역사상 그 어느 때보다 오늘날 인권이 크게 존중되고 있는 것에 대해 얘기하고 있지만, 또한 인권의 실현과 관련한 수많은 실패에 대해서도 상세하게 설명한다. 세계는 빠르게 변하고 있다. 교통 및 통신 기술의 발전, 대규모 이주, 국제범죄 및 테러의 확산, 부와 경제적 불평등의 증가, 전세계적으로 보건 및 교육의 현저한 진전, 국제법과 국가 행동규범의 확대 등이 모두 인권에 영향을 미친다. 많은 사람들이 새로 창설된 유엔의 '1948년 세계인권선언(UDHR: Universal Declaration of Human Rights)'을 20세기 가장 중요한 사건 중 하나로 생각한다. 인류 역사상 처음으로 우리는 인류 모두가 평등하고 동일한 권리를 소유하고 있음을 인식하였다.

인권의 기원

인간문명이 존재하는 한, 권리도 존재한다. 그러나 이러한 권리는 언제나 시민, 남자, 재산소유자, 귀족, 성직자 등 특정 특권 집단에게만 국한되었다. 이들 집단 아닌 다른 사람들에게로 권리가 확대된 경우는 매우 드물다. 그러나 또한 모든 인간에게 보편적으로 존재하는 권리에 대한 생각의 토대도 존재하였다. 2500년 전 페르시아의 키루스(Cyrus)는 모든 민족들에 대한 자유와 관용, 존중을 선언했다. 고대 로마의 철학자들 및 법학자들은 인간존재가 자연스럽게 추종하였던 보편적이고 영원한 법칙을 나타내기 위해 '자연법'이라는 용어를 만들었다. 세상의 위대한 종교들은 모든 사람들에게 적용되는 신성한 행동 규칙을 선포하였다. 최근에는 계몽주의 사상에 기반 하는 핵심 문서들이 있으며, 이들 문서들은 1948년 세계인권선언(UDHR)의 토대가 되었다. 영국의 마그나카르트타 대헌장(1215년), 프랑스의 인권 및 시민권 선언(1789년), 미국의 권리장전(1791년) 등은 그러한 문서의 일부에 불과하다. 19세기 말에는 노예거래가 금지되었으며, 20세기 초에는 노예제 자체가 불법화되었다. 그 후 전쟁의 수행에 있어서 인도주의적 고려에 대한 국제적 합의가 있었으며, 노동자 및 죄수의 처우와 여성의 권리, 장애인의 권리, 아동의 권리가 국제 협정의 대상이 되었다.

보편적 인권의 확립을 진정으로 촉발한 것은 제2차 세계대전에서 일어난 5,000만 명이상의 목숨을 앗아간 공포와 홀로코스트와 같이 자행된 잔악한 행위였다. 향후 그와 같은 사건이 다시 발생하지 않도록 미연에 방지하기 위한 목적으로 유엔이 창설되었다 (도표 5.1 참조). 인류 역사상 처음으로 전세계 모든 사람에게 동등하게 적용되는 일련의 권리가 선언되었다.

도표 5.1 유엔헌장 전문

우리 국제연합 국민들은

- 우리 일생 중에 두 번이나 말할 수 없는 슬픔을 인류에 가져온 전쟁의 불행에서 다음 세대를 구하고,
- 기본적 인권, 인간의 존엄 및 가치, 남녀 및 대소 각국의 평등권에 대한 신념을 재확인하며,
- 정의와 조약 및 기타 국제법의 연원으로부터 발생하는 의무에 대한 존중이 계속 유지될 수 있는 조건을 확립하고,
- 더 많은 자유 속에서 사회적 진보와 생활수준의 향상을 촉진할 것이며,

그리고 이러한 목적을 위하여

- 관용을 실천하고 선량한 이웃으로서 상호간 평화롭게 같이 생활하며,
- 국제평화와 안전을 유지하기 위하여 우리들의 힘을 합하며,
- 공동이익을 위한 경우 이외에는 무력을 사용하지 아니한다는 것을 원칙의 수락과 방법의 설정에 의하여 보장하고,
- 모든 국민의 경제적 및 사회적 발전을 촉진하기 위하여 국제기관을 이용한다는 것을 결의하면서,

이러한 목적을 달성하기 위하여 우리의 노력을 결합하기로 결정하였다.
따라서 우리 각자의 정부는 샌프란시스코에 모인 유효하고 타당한 것으로 인정된 전권위임장을 제시한 대표를 통하여 이 국제연합헌장에 동의하고, 국제연합이라는 국제기구를 이에 설립한다.

세계인권선언

1948년 12월 10일 유엔 총회(유엔 회원국 모두가 참여하는 회의로 매년 9월 뉴욕에서 열리는 유엔기구)는 세계인권선언(UDHR: Universal Declaration of Human Rights)을 승인하였다. 48개 국가가 이 문서에 찬성하고, 반대한 국가는 없었으나 8개 국가가 기권했다. 현재 유엔 회원국 수가 거의

200여개 국가에 이른다는 사실을 주목할 필요가 있다. 이는 오늘날 유엔 회원국 중 소수의 국가만이 세계인권선언을 발의하고 승인하였음을 의미한다. 이 선언에 참여하지 않은 나라들은 세계인권선언이 승인될 당시 독립국가나 주권국가(나라)가 아니었다. 이들은 유럽열강이 강제한 식민지주의의 재앙으로 인해 고통을 겪는 지역에 있던 나라들이었다. 이들은 1960대와 1970년대에 독립하여 유엔에 참여하게 되었다. 이후 유엔은 인권을 더욱 구체화하고 확장하는 내용의 문서를 200개 이상 채택하였다 (이들은 흔히 협약, 조약, 규약 등으로 불린다). 이들 국가들이 유엔에 가입한 이후 인권문제는 엄청나게 큰 관심의 대상이 되었다.

2011년 봄 북아프리카와 중동지역에서 민중봉기가 발생하였을 때 인권문제 및 국가주권 문제가 뉴스에서 다뤄졌다. 자국 시민의 인권을 존중하지 않는 통치자가 계속 통치하도록 내버려두어야 하는가? 반기문 유엔사무총장은 말했다. "인권의 기본원칙에 관련하여서는 어떠한 조치라도 취할 용의가 있습니다" (*Christian Science Monitor* 2011). 이는 그와 같은 사건들을 인지하였을 때 흔하게 취하는 전형적인 반응이다. 우리가 앞으로 살펴보듯이 그리고 비평가들이 지적하듯이 인권협약의 승인은 상대적으로 쉽지만, 인권협약의 시행은 쉽지 않다.

어떤 권리들이 인권에 해당되는가? 이 질문에 접근하는 한 가지 방법은 1948년 세계인권선언의 내용을 세 개의 세대 또는 범주로 나누어 보는 것이다. 세 개의 세대는 각기 다른 기원을 가지고 있으며 인권을 바라보는 다양한 시각을 나타낸다. 세계인권선언이 승인된 이후 이들 권리는 확대되고 구체화되었으며, 여전히 논의의 출발점 역할을 하고 있다.

시민적·정치적 권리

세계인권선언의 전문에 바로 이어지는 내용이 흔히 시민적·정치적 권리로 불리는 제1세대 권리이다. 즉, 제1세대 인권은 세계인권선언의 제2조로부터 제21조까지에 명시되어있다 (도표 5.2 참조). 제1세대 인권은 개인의

도표 5.2 제1세대 인권, 세계인권선언 제2조~제21조

제2조. 모든 인간은 인종, 피부색, 성, 언어, 종교, 정치적 또는 그 밖의 견해, 민족적 또는 사회적 출신, 재산, 출생, 기타의 지위 등에 따른 어떠한 종류의 구별도 없이, 이 선언에 제시된 모든 권리와 자유를 누릴 자격이 있다. 나아가 개인이 속한 나라나 영역이 독립국이든 신탁통치 지역이든, 비자치지역이든 또는 그 밖의 다른 주권상의 제한을 받고 있는 지역이든, 그 나라나 영역의 정치적, 사법적, 국제적 지위를 근거로 차별이 행하여져서는 안 된다.

제3조. 모든 사람은 생명권과 신체의 자유와 안전을 누릴 권리가 있다.

제4조. 어느 누구도 노예나 예속상태에 놓이지 아니한다. 모든 형태의 노예제도 및 노예매매는 금지된다.

제5조. 어느 누구도 고문이나, 잔혹하거나, 비인도적이거나, 모욕적인 취급 또는 형벌을 받지 아니한다.

제6조. 모든 사람은 어디에서나 법 앞에 인간으로서 인정받을 권리를 가진다.

제7조. 모든 사람은 법 앞에 평등하고, 어떠한 차별도 없이 법의 평등한 보호를 받을 권리를 가진다. 모든 사람은 이 선언을 위반하는 어떠한 차별에 대하여도, 또한 어떠한 차별의 선동에 대하여도 평등한 보호를 받을 권리를 가진다.

제8조. 모든 사람은 헌법 또는 법률이 부여하는 기본권을 침해하는 행위에 대하여 담당 국가법원에 의하여 효과적인 구제를 받을 권리를 가진다.

제9조. 어느 누구도 자의적인 체포, 구금 또는 추방을 당하지 아니한다.

제10조. 모든 사람은 자신의 권리와 의무, 그리고 자신에 대한 형사상의 혐의를 결정함에 있어서, 독립적이고 편견 없는 법정에서 공정하고도 공개적인 심문을 전적으로 평등하게 받을 권리를 가진다.

제11조. (1) 형사범죄로 소추당한 모든 사람은 자신의 변호를 위하여 필요한 모든 장치를 갖춘 공개된 재판에서 법률에 따라 유죄로 입증될 때까지 무죄로 추정 받을 권리를 가진다.

(2) 어느 누구도 행위시의 국내법 또는 국제법 상으로 범죄를 구성하지 아니하는 작위 또는 부작위를 이유로 유죄판정되지 아니한다. 또한 범

▶▶▶

죄가 행하여진 때에 적용될 수 있는 형벌보다 무거운 형벌이 부과되지 아니한다.

제12조. 어느 누구도 자신의 사생활, 가정, 주거, 통신에 대하여 자의적인 간섭을 받지 않으며, 자신의 명예와 신용에 대하여 공격을 받지 아니한다. 모든 사람은 그러한 간섭과 공격에 대하여 법률의 보호를 받을 권리를 가진다.

제13조. (1) 모든 사람은 각국의 영역 내에서 이전과 거주의 자유에 관한 권리를 가진다.

(2) 모든 사람은 자국을 포함한 어떤 나라로부터도 출국할 권리가 있으며, 또한 자국으로 돌아올 권리를 가진다.

제14조. (1) 모든 사람은 박해를 피하여 타국에서 피난처를 구하고 비호를 받을 권리를 가진다.

(2) 이 권리는 비정치적인 범죄 또는 국제연합의 목적과 원칙에 반하는 행위만으로 인하여 제기된 소추의 경우에는 활용될 수 없다.

제15조. (1) 모든 사람은 국적을 가질 권리를 가진다.

(2) 어느 누구도 자의적으로 자신의 국적을 박탈당하지 않으며 국적을 바꿀 권리를 거부당하지 아니한다.

제16조. (1) 성년에 이른 남녀는 인종, 국적, 종교에 따른 어떠한 제한도 받지 않고 혼인하여 가정을 이룰 권리를 가진다. 이들은 혼인 기간 중 및 그 해소시 혼인에 관하여 동등한 권리를 가진다.

(2) 결혼은 양 당사자의 자유롭고도 완전한 합의에 의하여만 성립된다.

(3) 가정은 사회의 자연적이며 기초적인 구성 단위이며, 사회와 국가의 보호를 받을 권리를 가진다.

제17조. (1) 모든 사람은 단독으로는 물론 타인과 공동으로 자신의 재산을 소유할 권리를 가진다.

(2) 어느 누구도 자신의 재산을 자의적으로 박탈당하지 아니한다.

제18조. 모든 사람은 사상, 양심 및 종교의 자유에 대한 권리를 가진다. 이러한 권리는 자신의 종교 또는 신념을 바꿀 자유와 선교, 행사, 예배, 의식에 있어서 단독으로 또는 다른 사람과 공동으로, 공적으로 또는 사적으로 자신의 종교나 신념을 표명하는 자유를 포함한다.

도표 5.2 계속

제19조. 모든 사람은 의견과 표현의 자유에 관한 권리를 가진다. 이 권리는 간섭받지 않고 의견을 가질 자유와 모든 매체를 통하여 국경에 관계없이 정보와 사상을 추구하고, 접수하고, 전달하는 자유를 포함한다.

제20조. (1) 모든 사람은 평화적 집회와 결사의 자유에 관한 권리를 가진다.
(2) 어느 누구도 어떤 결사에 소속될 것을 강요받지 아니한다.

제21조. (1) 모든 사람은 직접 또는 자유롭게 선출된 대표를 통하여 자국의 통치에 참여할 권리를 가진다.
(2) 모든 사람은 자국의 공무에 취임할 권리를 누구나 갖는다.
(3) 국민의 의사는 정부의 권위의 기초가 된다. 이 의사는 보통 및 평등 선거권에 의거하며, 또한 비밀투표 또는 이와 동등한 자유로운 투표 절차에 따라 실시되는 정기적이고 진정한 선거를 통하여 표현된다.

권리에 초점을 맞추고 있으며, 자국 시민들의 삶에 대한 부당한 간섭을 하지 말아야 할 정부의 책임을 강조하고 있다. 이들 권리는 또한 금지적 권리 또는 부정적 권리로 알려져 있다. 다시 말해, 이들 권리는 정부의 특정 행위를 **금지** 또는 억제하며 이들 권리는 국민의 삶에 대한 정부의 간섭이 없는 상태를 토대로 하기 때문에 **부정적** 권리로 간주된다. 17세기 및 18세기 서양사상으로부터 기원한 이러한 권리들은 프랑스혁명과 영국혁명, 미국혁명에서 표현되었다.

미국은 이와 같은 정치적 성격의 권리를 시민적 권리 또는 자유라고 부른다. 가장 큰 관심을 받고 있는 권리이자 언론매체들이 전형적으로 '인간'의 권리로 묘사하고 있는 권리가 바로 이러한 제1세대 인권이다. 대량학살, 대규모 강간, 주민의 강제 이주 등과 같은 사건은 즉각적으로 뉴스의 헤드라인을 장식한다.

1966년 유엔 총회는 이러한 제1세대 인권의 개념을 보다 명확히 구체화하고 확장하는, '시민적·정치적 권리에 관한 국제규약(ICCPR: International Covenant on Civil and Political Rights)'이라고 하는 협약을 검토하였다. 절차상 이러한 협약이 통과되려면 일정 수의 유엔 회원국들이 서명해야 한다. 이 협약의 경우 35개국 이상의 서명이 요구되었는데, 1976년에 이르러서야 비로소 이 협약은 통과되었다. 또한 대부분의 국가들은 의회의 조약비준절차를 거쳐야 한다. 1970년대 말 카터(Jimmy Carter) 대통령의 강력한 지지에도 불구하고 미국 상원은 1992년까지 이 규약을 비준하지 않았다. 미국이 여러 가지 이유로 많은 대중이 지지하는 유엔 협약에 가입을 꺼려왔다는 사실에 주목할 필요가 있다. 미국의 입장에서는 자국의 주권을 포기하고 외국의 비판에 노출되는 상황을 원치 않는 것이 핵심적인 이유이다.

사회·경제적 권리

제2세대 인권 (도표 5.3 참조)은 사회·경제적 권리라고 하며, 또한 규범적 권리 또는 긍정적 권리로 알려져 있다. 세계인권선언 제22조부터 제26조에 명시되어 있는 제2세대 인권은 서구의 사회주의 전통에 연원을 두고 있다. 일정 부분 제2세대 인권은 제1세대 인권의 과도한 개인주의와 서구 자본주의 및 제국주의의 영향으로 간주되는 것에 대응하여 발전했다. 제2세대 인권은 사회적 평등과 정부의 시민들에 대한 책임에 초점을 맞추고 있다. 다시 말해, 제2세대 인권은 구체적인 정부의 활동 및 프로그램을 제시하거나 옹호한다. 제2세대 인권은 정부서비스의 적극적인 제공을 요구한다.

제1세대 인권이 하는 것처럼 시민을 정부로부터 보호하는 것이 아니라 제2세대 인권은 시민들을 대신하여 행동하는 적극적인 정부를 필요로 한다. 제2세대 인권은 모든 인간의 견딜만한 생활수준 또는 최소 수준의 평등을 제시했다. 제1세대 인권을 구체화하였던 시민적·정치적 권리에 관한 규제 규약과 마찬가지로 제2세대 인권을 확장하고 구체화하는 협정이 1955년 유엔 총회에 처음으로 소개되었다. '경제적·사회적·문화적 권리에 관한 국제규약(CESCR: International Covenant on Economic, Social, and Cultural Rights)'이 그것이다. 미국은 이 규약에 서명하지 않았으며, 사회적·경제적 권리를 보편적 권리로 인정하기를 꺼렸다. 이 두 가지 국제협약

도표 5.3 제2세대 인권, 세계인권선언 제22조~제26조

제22조. 모든 사람은 사회의 일원으로써 사회보장제도에 관한 권리를 가지며, 국가적 노력과 국제적 협력을 통하여 그리고 각국의 조직과 자원에 따라 자신의 존엄성과 인격의 자유로운 발전을 위하여 필수적인 경제적, 사회적, 문화적 권리의 실현에 관한 권리를 가진다.

제23조. (1) 모든 사람은 근로의 권리, 자유로운 직업 선택권, 공정하고 유리한 근로조건에 관한 권리 및 실업으로부터 보호받을 권리를 가진다.

(2) 모든 사람은 어떠한 차별도 받지 않고 동등한 노동에 대하여 동등한 보수를 받을 권리를 가진다.

(3) 모든 근로자는 자신과 가족에게 인간적 존엄에 합당한 생활을 보장하여 주며, 필요할 경우 다른 사회적 보호의 수단에 의하여 보완되는, 정당하고 유리한 보수를 받을 권리를 가진다.

(4) 모든 사람은 자신의 이익을 보호하기 위하여 노동조합을 결성하고, 가입할 권리를 가진다.

제24조. 모든 사람은 근로시간의 합리적 제한과 정기적인 유급휴일을 포함한 휴식과 여가에 관한 권리를 가진다.

제25조. (1) 모든 사람은 식량, 의복, 주택, 의료, 필수적인 사회역무를 포함하여 자신과 가족의 건강과 안녕에 적합한 생활수준을 누릴 권리를 가지며, 실업, 질병, 불구, 배우자와의 사별, 노령, 그 밖의 자신이 통제할 수 없는 상황에서의 다른 생계 결핍의 경우 사회보장을 누릴 권리를 가진다.

(2) 모자는 특별한 보살핌과 도움을 받을 권리를 가진다. 모든 어린이는 부모의 혼인 여부에 관계없이 동등한 사회적 보호를 향유한다.

제26조. (1) 모든 사람은 교육을 받을 권리를 가진다. 교육은 최소한 초등 기초단계에서는 무상이어야 한다. 초등교육은 의무적이어야 한다. 기술교육과 직업교육은 일반적으로 이용할 수 있어야 하며, 고등교육도 능력에 따라 모든 사람에게 평등하게 개방되어야 한다.

(2) 교육은 인격의 완전한 발전과 인권 및 기본적 자유에 대한 존중의 강화를 목표로 하여야 한다. 교육은 모든 국가들과 인종적 또는 종교적 집단간에 있어서 이해, 관용 및 친선을 증진시키고 평화를 유지하기 위

▶▶▶

> 한 국제연합의 활동을 촉진시켜야 한다.
> (3) 부모는 자녀에게 제공되는 교육의 종류를 선택함에 있어서 우선권을 가진다.

(ICCPR 및 ICESCR)과 세계인권선언은 모두 함께 통틀어서 종종 국제권리장전(International Bill of Human Rights)으로 언급된다.

연대의 권리

제3세대 인권 (도표 5.4 참조)은 이것들이 실현되기 위해서는 모든 국가들의 협력을 필요로 하기 때문에 '연대의 권리'로 불린다. 세계인권선언 제27조와 제28조에 담겨있는 제3세대 인권은 지난 두 세기 동안 서구국가를 휩쓸었던 산업화의 물결에 뒤쳐졌던 사람들을 위해 주장되었다. 이들은 지구 남반구 또는 제3세계 국가의 국민들이며, 이들은 세계인권선언이 승인될 당시 식민지배의 어두운 암흑 속에 살고 있었으며 유엔에서 자신들의 목소리를 낼 수 있는 기회조차 갖고 있지 못했다. 이들은 세계인구의 80퍼센트를 구성하고 있지만, 극히 미미한 혜택만을 차지한다. 제3세대 인권은 전지구적 차원에서 기회와 행복의 재분배라는 목표를 추구한다.

제3세대 인권은 제1세대 및 제2세대 인권과 같은 지위를 차지하지 못

도표 5.4 제3세대 인권, 세계인권선언 제27조~제28조

제27조. (1) 모든 사람은 공동체의 문화생활에 자유롭게 참여하고, 예술을 감상하며, 과학의 진보와 그 혜택을 향유할 권리를 가진다.
(2) 모든 사람은 자신이 창조한 모든 과학적, 문학적, 예술적 창작물에서 생기는 정신적, 물질적 이익을 보호 받을 권리를 가진다.

제28조. 모든 사람은 이 선언에 제시된 권리와 자유가 완전히 실현될 수 있는 사회적 및 국제적 질서에 대한 권리를 가진다.

하고 있으며, 여전히 명확한 표현 및 구현 과정에 있다. 법학자 웨스톤(Burns Weston)은 다음과 같이 언급하였다.

> (제3세대 인권은) 현재까지 여섯 개 정도의 권리를 포함하는 것으로 보인다 … 그 중 세 개는 제3세계 민족주의의 출현을 반영하고, 권력과 부와 다른 여타의 중요한 가치들의 지구적 차원에서의 재분배에 대한 제3세계 민족주의의 요구를 반영하고 있다. 즉, 정치적·경제적·사회적·문화적 자결의 권리, 경제적·사회적 발전의 권리, '인류 공동유산(공동의 지구 공간 자원, 과학·기술·정보 분야의 진보, 문화적 전통·유적·기념물)'에 참여하고 이로부터 혜택을 누릴 수 있는 권리 등이 그것이다. 평화에 대한 권리, 건강하고 균형 잡힌 환경에 대한 권리, 인도적 재난구호에 대한 권리 등 나머지 세 개의 제3세대 인권은 비판적 측면에서 민족국가의 무기력함 또는 비효율성을 암시한다 (1992: 19-20).

제3세대 연대권리를 실행에 옮긴 하나의 사례는 유엔 총회가 1986년 12월에 개발권리선언(Declaration on the Right to Develop)을 채택한 것이었다. 랭글리(Winston Langley)가 강조했듯이 "개발권리선언은 모든 사람과 민족들이 경제적, 사회적, 문화적, 정치적 발전에 참여하고, 기여하고, 향유할 수 있는 자격이 있고, 모든 인권과 기본적 자유가 완전하게 실현되기 때문에 개발권리가 양도할 수 없는 인간의 기본권리라는 국제공동체의 시각을 확인해준다" (1996: 361).

유엔의 2000년 '새천년선언'과 '새천년개발목표(MDGs)'는 최근 새롭게 채택된 2015년 '지속가능개발목표(SDGs)'와 함께 환경, 경제개발, 인권 등을 과거 그 어느 때보다 강력하게 하나로 결합하고 있다. 여러 방면에서 지속가능개발목표는 2030년까지 달성해야 할 연대의 권리를 촉진하는 의제를 제시하고 있다.

* * *

앞에서 언급했듯이 모든 사람이 인권을 이 세가지 범주로 나누는 것에 동의하지는 않는다. 일부 인권 학자들은 제2세대 인권과 제3세대 인권을 하나로 합친다. 유엔은 유엔 개발프로그램(UNDP)이 매년 발행하는 『유엔인간개발보고서(*Human Development Report*)』에서 인간개발 없이는 인권이 실현될 수 없으며, 인권 없이는 인간개발이 실현될 수 없다고 주장하면서 그렇게 하였다. 다른 학자들은 인권을 세 가지 세대로 나누는 것이 2세대, 3세대 인권보다 제1세대 인권을 더 가치 있게 만들었다고 주장한다. 인권의 목적은 모든 생명과 존엄성을 보호하고 증진하는 데 있다. 인권을 침해하는 모든 행위를 중단하는 것은 똑같이 중요한 국가의 책무이다(Shue 1980). 다른 학자들은 다른 범주의 인권을 개발했다. 예를 들어, 갈퉁(Johan Galtung 1994)은 인권은 인간의 필요를 충족시키기 위해 존재한다고 주장한다. 그러므로 권리는 보호되어야 할 필요(생존, 번영, 자유 등)에 따라 가장 잘 분류된다. 이러한 논쟁들은 인권에 관한 연구가 무척 활발하게 발전하고 있는 학문분야임을 보여준다.

제3세대 인권 다음으로 이어지는 세계인권선언의 마지막 2개 조항, 제29조와 제30조 (도표 5.5 참조)는 제1조로부터 제28조까지 명시된 권리들에 대한 보편성과 책임을 재확인하고 있다.

세계화가 세계인권선언에 미친 영향

앞에서 언급했듯이 1948년에 세계인권선언이 채택되기 전까지 영토 보전, 자결, 내정 불간섭 등을 포함하는 국가주권은 기정사실로 받아들여졌다. 나라들은 자치를 실현하고 있으며 외부의 압력은 없다고 가정되었다. 그러나 세계화는 세상을 엄청나게 바꿔 놓았으며, 많은 사람들은 세계화가 국가주권을 회복불가능 수준으로 약화시켰고, 이는 국가가 자신의 운명을 스스로 결정하는 것이 상대적으로 어려워졌음을 의미한다고 주장한다. 우리는 지금 국가중심의 세계로부터 벗어났으며, 이것이 인권에 직접적으로 영향을 미치고 있다. 물론 이러한 변동이 실제로 이뤄진 정도에 대해 모두가

도표 5.5 세계인권선언 제29조~제30조

제29조. (1) 모든 사람은 그 안에서만 자신의 인격을 자유롭고 완전하게 발전시킬 수 있는 공동체에 대하여 의무를 부담한다.

(2) 모든 사람은 자신의 권리와 자유를 행사함에 있어서, 타인의 권리와 자유에 대한 적절한 인정과 존중을 보장하고, 민주사회에서의 도덕심, 공공질서, 일반의 복지를 위하여 정당한 필요를 충족시키기 위한 목적에서만 법률에 규정된 제한을 받는다.

(3) 이러한 권리와 자유는 어떤 경우에도 국제연합의 목적과 원칙에 반하여 행사될 수 없다.

제30조. 이 선언의 그 어떠한 조항도 특정 국가, 집단 또는 개인이 이 선언에 규정된 어떠한 권리와 자유를 파괴할 목적의 활동에 종사하거나, 또는 그와 같은 행위를 행할 어떠한 권리도 가지는 것으로 해석되지 아니한다.

동의하는 것은 아니다. 하지만 이러한 주장을 뒷받침해주는 몇 가지 뚜렷한 변화가 존재한다.

첫째, 다국적기업 또는 초국가적 기업은 경제적 권리, 환경적 권리, 인권에 대한 국가의 요구를 피해 보다 쉽게 한 나라로부터 다른 나라로 이동할 수 있다. 일부 다국적기업은 많은 나라들과 경쟁할 수 있는 수준의 정치적·경제적 힘을 갖고 있다. 둘째, 글로벌 경제기구는, 특히 세계은행, 국제통화기금, 세계무역기구 등은 주권국가의 결정을 무효화 할 수 있는 권한을 부여받았다. 일반적으로 이들 기관들은 개발자금과 같은 다양한 형태의 지원을 제공하거나 중단시킬 수 있는 능력을 활용하여 그렇게 한다. 세 번째 요인은 폭력적인 비국가행위자들의 등장이다. 그 예로는 시리아와 소말리아에서 볼 수 있듯이 특정 지역을 장악하고 있는 테러집단, 군벌, 민병대와 중앙아메리카로 이동하고 있는 '멕시칸 마피아'나 북미와 중미지역에 걸쳐 활동하고 있는 M13 도시갱단 등과 같은 범죄집단을 들 수 있다. 일반적으로 이들 집단은 적절한 기회, 치안, 공공서비스 등의 제공을 위해 존재하는 국가의 실패로 인해 출현한다. 끝으로 특히 남반구의 가난한 나라에 살고 있는 사람들을 돕기 위해 전세계적으로 등장한 비정부기구(NGO)는 가난한 사람들이 당면한 많은 문제를 해결하기 위해 노력하고 있다.

이들 네 개 행위자의 힘이 커짐에 따라 자국의 영토 내에 살고 있는 국민을 지배하고 국민에게 서비스를 제공하는 국가의 힘이 약화되었다. 세계인권선언과 국제인권 레짐 혹은 구조는 행위자로서 국가의 중심적 역할을 전제로 한다. 국제법은 국가가 인권을 개발하고 보호할 책임을 져야한다고 규정하고 있다. 따라서 국가주권의 약화로 인해 세계인권선언이 구상되었던 맥락이 바뀌고 있으며, 전체 인권보호체제가 약화되고 있다. 역사적으로 주권국가가 자국 영토 내의 문제를 다루어왔지만, 세계화로 인한 국가 권력의 약화로 인해 다른 집단이 그 공백을 대신 메울 필요가 생겼다(Evans 2011).

동시에 세계화의 힘이, 특히 통신의 발달, 교육 및 문자해득력의 증가, 인권 존중 문화의 확산 등이 전세계적으로 인권 강화에 일조하고 있다. 휴대전화 및 기타 모바일 장치의 급속한 확산과 소셜미디어 플랫폼을 사용하는 수십억 명의 사람들이 표현과 단체의 자유를 가로막는 기존의 전통적인 권위주의적 장애물을 우회할 수 있는 거의 글로벌 차원의 P2P 커뮤니케이션 네트워크의 탄생을 이끌었다. 2011년 이집트의 무바라크(Hosni Mubarak)에 맞선 민중봉기(아랍의 봄의 일부)에서 휴대전화와 트위터가 결정적 역할을 했다. 미국 및 다른 나라에서는 일반인들이 경찰에 의한 폭력 및 국가의 여타 다른 인권침해 행위를 비디오로 녹화하여 즉각적으로 전세계 사람들과 공유한다. 비정부기구(NGO)는 이러한 노력을 통해 개인들과 결합한다. 예를 들어, 위트니스(Witness)는 인권 비디오를 사용하는 사람들을 교육하고 지원하는 국제 NGO이다. 그들의 슬로건은 “보아라. 찍어라. 바꿔라(See it. Film it. Change it)”이다.

인권: 보편주의 대 상대주의

분명히 인권은 결코 아무런 논란 없이 세계 정치의제로 등장하지는 않았다. 세계인권선언의 승인 이후 매 단계마다 시간적 지체와 비판이 있었다. 이러한 논란이 조만간 사라질 것이라고 생각할 만한 이유는 없다.

유엔헌장은 국가주권, 자결, 내정불간섭 등을 보장하고 있다. 유엔헌장은 또한 모든 개인은 시민권이나 지위와 관계없이 인권을 갖는다고 선언하고 있다. 그러나 이 두 원칙은 종종 서로 모순적인 것으로 보인다. 세계인권선언에서 찾아볼 수 있는 모든 사람이 인권을 갖고 있다는 사상은 **보편주의**(*universalism*)라고 불린다. 한편 일부 국가와 문화권에서는 세계인권선언과 상충되는 전통을 따르며, 자신들의 전통에 대한 예외를 주장한다. 이는 **상대주의**(*relativism*) 또는 **문화적 상대주의**(*cultural relativism*)라고 불린다. 그러한 국가나 인종집단, 그리고 일부 학자는 무엇이 시민들에게 옳은 것인지를 결정하는 최종 권한이 국민들 자신 또는 그들의 정부(국가주권)에게 주어져 있다고 주장한다. 따라서 인권에 대한 적절한 기대는 지역문화에 기반하여 판단되거나 또는 상대적으로 판단되어야 한다. 다시 말해, 누군가에게는 인권 침해 행위로 인식되는 특정 관습이 다른 사람들에게는 정당한 행위나 오랜 전통의 문화 활동, 종교행위 등으로 간주된다. 여성의 복종, 어린 아동의 결혼, 여성할례(또는 여성 성기 절제술, 여성 성기 절단) 등이 그러한 예이다.

서남아시아의 어린 소녀들은 자신들의 의지와는 전혀 상관없이 가족들에 의해 어린 나이에 약혼을 한다. 보편주의 입장을 지지하는 사람들은 일반적으로 이러한 관습이 아동의 권리를 침해한다고 생각하지만, 이는 종종 문화적(또는 상대주의) 전통이라는 이유로 옹호된다. 이러한 관습을 따르는 사람들의 입장에서는 전통이 중요한 결정요인이지, 외국인이 만든 추상적인 규칙이 중요한 결정요인이 될 수 없다.

여성할례는 아프리카 및 중동 전역에서 수백만 명의 여성들에게 행해지고 있으며, 보편적 인권 규칙의 적용대상이 되어서는 안 되는 문화적 관습으로 옹호되어왔다. 여성할례는 클리토리스를 완전히 제거하거나 외음순과 내음순 일부를 제거하는 절차를 포함하고 있다. 이러한 할례절차를 받은 여성은 1억 3,700만 명 정도로 파악되며, 대부분이 아프리카 여성이다. 이러한 관행을 문화적으로 옹호하는 사람들은 여성할례가 소녀들을 '결혼에 적당하도록' 만들며(왜냐하면 이것이 소녀의 처녀성을 지켜주므로) 또한 소녀들의 성욕을 감퇴시켜 간음하지 않게 한다고 주장한다.

유엔기구들은 이와 같은 상대주의적 입장에 동의하지 않고 여성할례 행위를 근절하기 위한 노력에 착수하였다. 이집트, 세네갈, 에리트레아, 시에라리온 등과 같은 아프리카 국가들은 이의 중단을 선언하거나 이러한 행위의 근절을 위한 노력의 일환으로 이를 금지하는 법률을 제정하였다. 그러나 이와 같은 여성할례 근절을 위한 신속한 대응에도 불구하고 이 관행은 서구국가에서도 발견된다. 영국에서는 6만 명 이상의 여성이 할례 절차를 경험했고, 추가로 2만 명의 소녀들이 할례를 당할 위험에 처해있는 것으로 추산된다. 영국정부가 여성할례를 일종의 아동학대로 선언했음에도 불구하고 가해자들이 은밀하게 시행하고 있는 관계로 막기 어렵다 (McVeigh 2010). 최근 유엔 산하의 세계보건기구는 이 관행을 인권문제가 아니라 공중보건문제로 규정함으로써 이 이슈에 대한 진전을 이루었다. 이것은 이 관행을 지지하는 상대주의 주장에 대한 대응이었다. 한 가지 진전의 신호로써 2012년 유엔 총회에서 여성 성기절제술 근절에 관한 결의안이 채택되었다 (WHO 2014b).

유엔은 여성을 차별하는 많은 문화적·전통적 행위를 줄이기 위해 더 많은 노력을 쏟아 부었다. 최근 2010년 7월 2일 유엔은 성평등과 여성의 권한 강화를 실현하기 위한 목적으로 기존의 네 개 기관을 하나로 통합하는 방안을 만장일치로 통과시켰다. "성평등과 여성의 권한 강화를 위한 새로운 유엔기구, 또는 유엔여성기구(UN Women)는 … 기존의 유엔여성발전기금(UNIFEM), 여성의 향상을 위한 분배(DAW), 여성의 발전과 성 이슈에 관한 특별 고문 사업, 여성의 발전을 위한 국제조사와 훈련 등을 하나로 합병하였다" (UN 2011).

어떠한 권리가 보편적인 권리인지를 둘러싸고 논쟁이 벌어진다면, 대부분의 경우 분명히 보편주의와 상대주의의 양 극단 사이 어디에선가 결론이 날 것이다. 그러나 동시에 대량학살(1994년 르완다의 경우처럼 국민 전체에 대한 계획적인 살인행위), 현대판 노예(인신매매), 고문, 집단처형 등과 같은 행위는 인권침해 행위라는 것에 대해서는 일반적으로 의견을 같이한다. 분명히 유엔은 이와 관련 보편주의 입장을 취해왔다.

인권의 이행

유엔

인권이 유엔 특유의 영역이라는 점을 분명히 해야 한다. 1948년 세계인권선언은 국제기구 유엔의 약속이었다. 인권 관련 협약들이 유엔에서 시작되었으며, 많은 국제 감시의 목소리가 유엔의 회의장에서 울려 퍼졌다.

오번(Barren O'Byrne 2003: 85)은 "모든 과오에도 불구하고, 유엔은 아마도 범세계적으로 인권보호와 관련하여 가장 중요한 역할을 수행하는 기구일 것"이라고 주장하였다. 파러(Tom Farer 2002)는 유엔이 네 가지 수준에서 인권지원활동을 전개하고 있음을 발견했다. 첫째, 유엔은 협약의 승인 및 선언을 통해 국제적 인권기준을 수립하고 정의한다. 둘째, 유엔은 지식의 촉진 및 대중에 대한 지원을 통해 인권을 향상시킨다. 셋째, 유엔은 인권의 보호 및 이행(implementation)을 통해 인권을 지원한다. 비록 인권을 직접적으로 강제(enforcement)하는 일은 기본적으로 개별국가의 몫이지만, 유엔은 다양한 인권 이행 수단에 관여하게 되었다. 1990년대와 2000년대 초 유엔의 강제는 새로운 의미를 지니게 되었으며 논쟁을 촉발했다. 종종 미국 및 미국의 동맹국들로부터 압박을 받아 이뤄졌던 유엔의 페르시아 만(灣), 소말리아, 르완다, 구 유고슬라비아공화국, 아프가니스탄 등에서의 노력이 그러한 예에 해당한다. 유엔의 이러한 노력은 침략국에 대한 불매운동, 군사행동, 인도적 지원물자의 전달을 위한 군사적 지원, 난민의 보호 등을 포함한다.

인권의 보호와 관련하여 특히 중요한 것이 평화유지활동이다. 유엔은 현재 4개 대륙에서 16개의 평화유지활동과 1개의 특별 정치임무를 수행하고 있다. 1948년 이래 도합 거의 100만 명의 제복을 입은 사람들이 60개 이상의 국가에서 활동하였다. 때로는 '파란헬멧'으로 불리는 이러한 제복을 입은 사람들은 100개 이상의 나라에서 온 사람들이다. 유엔의 평화유지활동은 민간인에 대한 보호뿐만 아니라 분쟁 집단들이 서로 싸우지 못하도록 하는 데 큰 성공을 거두었다. 유엔 평화유지활동이 실행에 옮겨지려면 유엔 안보리의 동의를 얻어야 하며, 5개 상임이사국(중국, 프랑스, 러시아, 영국, 미국)이 만장일치로 승인해야 한다.

유엔의 인권지원 활동의 네 번째 수준은 강제(enforcement)인데, 이는 인권문제의 구조적, 경제적 측면으로 간주되는 조치를 통하여 이뤄진다. 즉, 이는 앞서 언급한 빈곤국가의 경제개발 문제를 포함하는 제2세대 및 제3세대 인권에 대한 조치를 통해 이뤄진다. 유엔은 개발문제를 지원하고 해결하는 데 많은 자원을 동원하고 있지만, 그러한 노력은 다른 여타의 극적인 행동(예를 들어, 군사행동)에 비해 대중의 관심을 거의 끌지 못한다. 많은 가난한 나라들이 유엔이 제공하는 지원과 훈련에 크게 의존하고 있다.

유엔의 직접적인 인권의 강제와 관련한 비교적 새로운 정책을 보호의무(R2P)라고 부른다. 2005년 세계정상회담에서 만장일치로 채택된 R2P는 국가가 대량학살, 전쟁범죄, 인종청소, 반인륜적 범죄로부터 인명을 보호할 책임이 있음을 강조한다. 또한 R2P는 국가가 인명보호에 실패하는 경우 국제공동체가 이와 같은 상황에 개입할 책임이 있다고 강조한다. 오직 유엔 안전보장이사회만이 개입을 승인할 수 있다 (UN 2013). 2011년 리비아에서의 북대서양조약기구(NATO)의 군사작전과 2013년 프랑스가 주도한 중앙아프리카공화국에서의 군사작전을 승인하는 데 R2P가 사용되었다.

인권을 지원하는 유엔의 긍정적인 활동 말고는 세계의 인권이 제도적으로 강제되지 않고 있다는 비판이 존재한다. 비판가들은 일부 국가가 유엔의 인권협약에 서명했음에도 불구하고 인권협약의 실천에 실질적인 진전이 없다는 점을 지적한다. 그렇다면 국가가 인권협약을 실천할 의지가 없으면서도 유엔의 협약에 서명하는 이유는 무엇일까? 첫째, 모든 국가는 자국이 자기 시민들을 공정하게 대우하고 있는 것처럼 세상에 알려지길 원한다. 둘째, 인권기록과 무관하게 일부 국가는 자국의 고유권한을 유엔과 같은 국제기구의 관할권 아래 복속시키는 것을 주저한다. 일반적으로 좋은 인권기록을 갖고 있는 미국이 종종 이 범주에 속한다. 이러한 나라들은 자국 영토 내에서 발생한 일들은 자국이 해결할 문제이지 다른 외부의 정치기구가 간섭할 사안이 아니라는 입장을 취한다 (국가주권 원칙의 예).

셋째, 유엔은 독립적인 단체도, 세계정부도 아니기 때문이다. 유엔은 회원국들의 변덕에 휘둘리며, 회원국들에 의해 주어진 것 이상의 힘과 자원을 가지지 못한다. 예를 들면, 인권침해에 대한 유엔의 많은 결정들이 다섯 개의 상임이사국 중 누구라도 거부권을 행사할 수 있는(10개 비상임이사국은 거부권이 없다) 안전보장이사회에서 이뤄진다. 요컨대, 유엔이 어떠한 행동을 취하기 위해서는 다섯 개 상임이사국 모두의 동의가 반드시 필요하다. 이는 현실적으로 무척 실현되기 어려운 일이다.

마지막 저해요인은 유엔의 활동에 쓸 수 있는 가용자금의 문제이다. 유엔은 자체적으로, 독자적으로 수익을 창출하는 수단을 갖고 있지 못하다. 유엔은 회원국의 재정분담금에 의존하도록 설계되었다. 이는 강대국이 유엔조직을 통제하는 수단이다. 설상가상으로 유엔의 재정문제를 더욱 복잡하게 하는 것은 많은 나라들이 자국에게 부여된 정당한 몫의 분담금을 낼 만한 능력이 없거나 또는 내고자 하는 의사가 전혀 없다는 점이다. 예를 들면, 부시(George W. Bush) 행정부 시절 미국의 미납금은 100억 달러가 넘었으며, 이는 다른 어떤 나라보다 가장 큰 규모의 미납금 액수이다. 미국의 경우는 돈이 없어서가 아니라 유엔의 활동 및 정책에 반대하기 때문이다. 오바마 대통령 시절 미국의 이러한 입장에 변화가 있었다. 오바마 대통령은 미국의 밀린 유엔 분담금 및 평화유지활동 비용을 납부했다. 유엔헌장에 따르면, 회원국이 분담금을 내지 않으면 유엔 총회에서 추방될 수 있지만, 이것이 고려된 적은 거의 없으며 실행된 적도 없다. 이 책을 집필할 당시 5개 회원국이 분담금을 체납했지만, 유엔 총회는 이들 국가의 투표권을 유지시키기로 하는 결의안을 채택했다.

국제형사재판소

냉전시기(1940년대 말부터 1990년까지) 동안 두 초강대국은 대대적인 인권침해를 모르는 척 방관했다. 로버트슨(Geoffrey Robertson 2000)은 미국과 소련이 다른 나라의 지지를 얻기 위해 경쟁하면서 해당 국가의 인권기록에 대해서는 전혀 신경 쓰지 않았던 이 시기를 '수치스러운 시기(inglorious years)'라고 언급했다. 냉전시기 미국은 광범위한 인권침해에 책임이 있는 수많은 정부들을 지지했으며, 공산주의와 싸우기 위한 것으로 이를 정당화하였다. 당시 소련도 미국과 마찬가지로 행동했지만, 소련의 정당화 논리는 미국과 달랐다. 서구 제국주의 및 자본주의와 싸우기 위한 것이라는 논리이었다.

냉전이 종식되자 자국 국민들의 인권을 침해하고 있는 국가의 지도자들에게로 관심이 쏠리게 되었다. 이러한 인권침해는 그동안 두 초강대국이 지지를 얻기 위해 서로 경쟁하면서 방관하였던 것이다. 인권침해 국가의 지도자들은 인권에 관심을 가진 모든 단체들의 감시 대상이 되었다.

국가가 자국 국민에 대해 자행하는 범죄는 반인도주의 범죄로 알려져 있으며, 이는 새로운 현상이 아니다. 제2차 세계대전이 끝난 후, "정치, 인종, 종교에 근거하여 민간인들에 대한 광범위하고 체계적인 공격의 일환으로 자행된 본질적으로 매우 심각한 비인도적 행위" (Robertson 2000: 295)로 정의되는 반인도주의 범죄를 자행한 독일인과 일본인에 대해 처벌이 가해졌다. 냉전시기 동서진영 양측 모두가 아시아, 아프리카, 남미에서 정치적 동맹국을 얻기 위해 서로 경쟁했기 때문에 반인도주의 범죄가 간과되는 경향이 있었다. 그 결과 심각한 범죄자가 자유롭게 활개치고 다닐 수 있었으며 심지어 종종 자신의 범죄행위에 대해 사면을 받았다.

하지만 냉전이 끝나자마자 곧바로 상황이 바뀌었다. 예를 들면, 1991년 4월 걸프전이 종결될 무렵 안전보장이사회는 이라크정부의 허가 없이 난민 수용을 위한 잠정적인 피난처를 이라크 내에 건설하도록 하는 '결의안 제688호'를 통과시켰다. 이러한 조치의 이론적 근거는 쿠르드족(이라크에 거주하고 있는 매우 큰 인종집단)에 대해 폭력을 자행하고 있는 이라크정부의 행동이 국제평화와 국제안보를 위협한다는 것이었다. 유엔의 이러한 조치는 분명히 전통적인 의미의 주권 개념과 충돌하는 것이었다. 좀 더 최근 이러한 변화의 구체적 사례로 반인도적 범죄행위를 저지른 사람을 처벌하기 위한 국제재판소의 설치를 들 수 있다. 그러나 사건마다 별도의 국제재판소 설치는 무척 성가신 접근방식이었다. 많은 사건을 다룰 필요가 있었고, 그래서 단일의 국제형사재판소 창설에 관한 생각이 등장했다.

1993년 초와 1994년 말에 유엔 안전보장이사회는 구 유고슬라비아와 르완다에서 발생한 반인도주의 범죄를 다루기 위해 두 개의 국제재판소를 설치했다. 구 유고슬라비아에서는 '인종청소'(폭력적 수단을 통해 사회를 인종적으로 '순수하게' 만드는 것)라는 명목 하에 약 20여만 명이 학살되었으며, 르완다에서는 종족 간 폭력에 의하여 80여만 명이 학살을 당했다. 국제재판소가 설치된 시점이 특히 중요하다. 왜냐하면 분쟁이 종결되기 전에 재판소가 설치되었고, 그러므로 일종의 조기 개입이었기 때문이다. 더욱이 이러한 재판소는 적어도 원칙적으로 국가주권보다 상위에 있는 국제법에 기초하여 설립되었다. 비록 이러한 국제재판소의 설립이 최근까지도 만연하였던 반인도적 범죄에 대한 처벌 면제 관행에 일종의 쐐기를 박은 매우 중요한 진전이었지만, 이들 재판소는 특정 사건을 한시적으로만 다루기 위해 설립된 임시 재판소였다.

1998년 로마규정(Rome Statute)에 의거하여 국제형사재판소(ICC: International Criminal Court)가 설치되었다. 국제형사재판소에 따르면, "ICC는 법의 지배를 촉진하고 중대한 국제범죄는 반드시 처벌된다는 점을 확실하게 보여주기 위해 설립된 국가 간 조약에 기초하는 최초의 영구적인 기구이다. ICC는 각국의 형사재판관할권을 보완하게 될 것이다" (ICC

2004). ICC규정은 60개국의 인준절차를 거쳐 2002년 7월 1일 발효되었다. 국제형사재판소는 독립적인 국제기구로 네덜란드 헤이그에 소재하고 있다. 2015년 1월 기준으로 123개국이 로마규정의 당사국이다.

클린턴(Bill Clinton) 대통령은 서명 기한 마지막 날인 2000년 12월 30일 로마규정에 서명했지만, 미 상원은 이의 비준을 거부했다. 그 후 부시(George W. Bush) 대통령은 미국이 이 조약에 얽매이지 않겠다는 의사를 분명하게 밝힌 공식서한을 2002년 5월 6일 유엔 사무총장 코피 아난(Kofi Annan)에게 보냄으로써 미국의 서명을 '무효화'했다. 이후 미국은 ICC의 역할을 최소화 하려고 시도하였으며, 미국 시민들의 이 조약으로부터 면책을 보장하기 위해 양자협정을 체결하라고 다른 나라들을 압박하였다. 왜 그렇게 미국은 ICC에 대해 위협을 느끼는가? 한 가지 주장은 자국의 과거 행동이나 장래 행동이 국제재판소에서 재판받게 되는 상황을 미국이 원하지 않기 때문이라는 것이다. 예를 들면, ICC는 베트남전쟁 중 범죄 행위로 미국 고위관료를 기소할 수 있다. 그러나 다른 조약들과 마찬가지로 ICC규약은 국가들이 조약에 서명할 때 유보결정을 할 수 있도록 허용하고 있기 때문에 미국이 조약 비준 시 유보결정을 내리면 그와 같은 범죄로 자국 국민이 기소당하는 상황을 충분히 피할 수 있다. 미국의 강력한 반대를 감안할 때 초강대국 미국은 외국법정의 법적인 비판에 이르기까지 스스로를 개방하는 것에 반대하는 것으로 보인다.

그러나 ICC에 대한 미국의 입장이 다소 완화되고 있다는 증거가 있다. 오바마 행정부는 "지금까지 국제형사재판소에 참여하기 위해 많은 노력을 기울였다. 미국은 국제형사재판소의 운영기관에 참여하고 있으며, 미국은 국제형사재판소의 진행 중인 기소사건에 대해 지원을 제공하고 있다. 그러나 미국 정부는 ICC가 미국 시민을 기소할 가능성을 우려하기에 ICC에 가입할 의사가 전혀 없다" (GPF 2016). 2009년 처음으로 오바마 행정부는 ICC 연차총회에 '비당사국' 대표단을 파견하였으며, 이후 여러 가지 부차적 문제와 관련하여 ICC와 협력을 약속했다 (BBC 2009). 그러나 로마규정에 '다시 서명'하거나 로마규정을 비준하기 위한 움직임은 없다.

미국만이 유일하게 국제형사재판소를 비판하는 것은 아니다. ICC가 불공정하게 제소대상자로 아프리카인들을 — 특히 흑인아프리카인들을 — 표적으로 삼고 있다는 아프리카인들의 비판이 점점 늘어나고 있다. 국제형사재판소를 옹호하는 사람들은 대부분의 인도적 범죄가 현재 아프리카대륙에서 발생하고 있기 때문에 그렇다고 주장한다. 비판자들은 국제형사재판소가 중동과 아시아, 중남미에서 벌어지고 있는 인도적 범죄 행위를 모른 척하고 있다고 주장한다 (Kimenyi 2013). 현재까지 9개 사태에서 발생한 23건의 사건이 ICC에 제소되었다. 이들 모두는 아프리카에서 일어난 사건이다.

비정부기구

비정부기구(NGO)는 일반적으로 정부로부터 독립적으로 운영되는 합법적인 민간단체로 공공임무를 수행한다. 인권문제에 관심을 두고 있는 단체는 전세계적으로 수천 개가 아니라면 적어도 수백 개에 이른다. 국제사면위원회와 휴먼라이츠워치(Human Rights Watch)처럼 글로벌 차원의 문제에 집중하는 단체가 있는 반면, 문화생존(Cultural Survival, 원주민의 자신의 토지, 언어, 문화에 대한 권리에 초점을 두고 있다)과 브첼렘(B'Tselem, 이스라엘 점령지역의 인권에 관한 이스라엘 정보센터)처럼 지역적 사안에 집중하고 있는 단체도 있다. 일부는 정부로부터 재정지원을 받고 있으나, 일부는 이해관계의 충돌을 피하기 위해 정부의 지원금을 거부하고 있다.

일반적으로 제1세대 인권을 다루는 인권단체들은 정부의 자금이 자신들의 조사와 발견을 왜곡시킬 것을 우려하여 정부의 재정지원을 거부하고 있다. 예를 들면, 미국과 영국이 심문이나 고문을 위해 사람을 불법적으로 다른 나라로 납치하거나 보내는 용의자 해외 송출을 사용하고 있다는 사실이 밝혀졌다. 인권단체가 정부로부터 자금을 지원받아 이에 대해 조사한다면, 정부의 이러한 불법 행위에 대해 눈을 감아 주어야 할 것이다. 하지만 상대적으로 논란여지가 없는 제2세대 인권 및 제3세대 인권(예를 들어, 인도적 지원)을 다루는 인권단체들의 경우에는 종종 개인, 재단, 정부, 기업 등을 포함한 여러 자금원으로부터 자금을 지원받고 있다.

비정부기구의 대표단이 공식적으로 유엔 및 유엔이 지원하는 국제회의에 참여하는 것을 보장하는 법적 규정이 마련되었다. 유엔에 대해 무척 비판적인 학자인 로버트슨(Geoffrey Robertson 2000: 47)은 인권 관련 비정부기구의 전문가들이 유엔 위원회의 위원과 위원장에 선임될 수 있어야 한다고 주장한다. "가장 획기적인 최선의 방안은 비정부기구(인권과 관련된 사실 규명과 조사의 대부분을 수행하고 있다)를 실질적으로 임명절차에 참여시켜 인권을 위반한 정부를 대변하는 전문가가 아니라 진정한 의미의 인권 전문가들이 유엔기구에 참여할 수 있도록 하는 것이다." 대부분의 비정부기구는 유엔의 경제사회이사회(ECOSOC)와 협력한다. 4,300개 이상의 비정부기구가 유엔의 자문 역할을 하고 있다 (ECOSOC 2015).

유명인사

미국을 비롯하여 전세계적으로 할리우드는 무척 큰 영향력을 지니고 있다. 일부 스타는 이러한 영향력을 활용하여 대중의 인권문제에 대한 인식을 제고하고 있다. 유엔은 유명인사의 힘을 동원하는 데 유엔친선대사프로그램을 십분 활용하고 있다. 수백 명의 배우, 가수, 작가, 올림픽 대표선수, 운동선수 등이 수십 개의 유엔프로그램 및 전문기구를 대표한다.

유명스타 중 안젤리나 졸리(Angelina Jolie), 조지 클루니(George Clooney), 보노(Bono)의 인권활동이 가장 두드러진다. 졸리는 2000년 영화 〈툼 레이더(*Tomb Raider*)〉 촬영차 캄보디아를 여행한 후 오늘날 벌어지고 있는 인권문제에 대해 처음 알게 되었다. 그녀는 유엔친선대사가 되기 전에는 유엔 난민기구(UNHCR)를 통해 활동하였다. 그녀는 그후 현장임무를 수행하고 있으며, 30개국 이상에서 난민 및 국내적 실향민들을 만났다. 그녀는 자신의 여행경비를 자비로 부담하며, 유엔직원들과 똑같은 생활조건 속에서 임무를 수행한다 (Look to the Stars 2015). 이 여배우는 유엔 관련 협회로부터 2003년 세계시민상을 수상하였고, 2005년 유엔 글로벌 인도주의상을 수상하였고, 심지어 그녀의 공로에 대한 감사표시로 캄보디아 정부는 그녀에게 캄보디아 시민권을 부여했다. 그녀는 국제 난민 및 경제회의에서 연설하고, 2003년 이후 계속적으로 미국 의회에 로비 활동을 벌이고 있다. 졸리는 또한 분쟁아동교육동반자의 공동의장이며, 인권증진을 위해 활동하는 많은 단체 및 프로그램에 거액을 기부하고 있다(Look to the Stars 2015). 그녀의 영화감독 데뷔작인 영화 〈피와 꿀의 땅에서(*The Land of Blood and Honey*)〉에서 졸리는 구 유고슬라비아에서 일어났던 전쟁의 영향에 초점을 맞추었다 (Ramsdale 2013).

조지 클루니는 영화 〈오션스 일레븐(*Ocean's 11*)〉에서 공동주연을 맡았던 돈 치들(Don Cheadle), 맷 데이먼(Matt Damon), 브래드 피트(Brad Pitt), 제작자 제리 와인트라우브(Jerry Weintraub) 등과 함께 인권단체인 '낫온아워워치(Not on Our Watch)'를 설립했다. 이 단체의 목표는 수단 다르푸르 지역에서 벌어지고 있는 인종학살을 중단시키는 것이었다. 일찍이 이 지역을 방문하였을 때 클루니와 영화배우이기도 한 그의 부친 닉 클루니(Nick Clooney)는 난민수용소에 카메라를 몰래 갖고 들어가서 그곳의 상황을 세상에 알렸다 (Look to the Stars 2015). 최근에 클루니는 자비를 들여 다르푸르 상공에 위성을 띄웠다. 그는 인권운동가 프렌더개스트(John Prendergast)와 함께 '위성감시사업(Satellite Sentinel Project)'을 운영하고 있다. 이 위성의 운영에 매년 500만 달러 정도의 비용이 소요된다. 그는 네스프레소 커피 및 오메가 시계 광고캠페인을 통해 300만 달러 정도를 모금하였다. 그는 나머지 200만 달러를 매년 혼자 부담한다. 2008년 클루니는 '유엔 평화메신저'가 되었다. 오바마 대통령 정권 초기 클루니는 다르푸르 문제를 전담하는 특사 자리를 새로 신설하라고 오바마를 설득했다. 클루니가 오바마에게 자신이 면담을 끝내고 백악관을 나설 때 자신과 인터뷰하기 위해 주요 언론사의 기자와 카메라가 밖에서 대기하고 있음을 상기시키자 그 때서야 비로소 오바마는 클루니에게 구체적 답변을 주었다. 오바마는 자신의 외교정책 고문과 잠시 논의를 거친 후 클루니에게 특사 자리를 신설하겠다고 대답했다 (Bilmes 2014). 2012년 3월 클루니와 그의 부친은 수도 워싱턴 시 소재 수단대사관 주변에서 시위를 벌인 혐의로 체포되었다. 〈오션스 일레븐〉에서 클루니와 함께 공동주연을 맡았던 맷 데이먼 역시 인권을 비롯한 여러 다양한 사회적 대의의 실현을 위한 활동에 적극 앞장서고 있다. 데이먼은 오늘날 'Water.org'의 일부가 된 'H2O 아프리카(H2O Africa)'를 처음 출범시켰다. Water.org는 아프리카, 남미, 아시아 등 지역의 개발도상국가 시골마을에 물을 끌어다주는 일을 중점적으로 벌이고 있는 민간단체이다. 전통적으로는 물에 대한 접근권이 인권으로 간주되지 않았지만, 그럼에도 불구하고 물 접근 권한은 중요한 인권 중 하나이다. 왜냐하면 물의 이용은 그 마을 사람들에게 생존은 물론 그들에게 반드시 필요한 성장과 개발을 가져다주기 때문이다. 또한 데이먼은 클루니와 함께 다르푸르 모금활동을 전개하여 450만 유로를 모금하였고, '아프리카 부채청산(Ante Up for Africa)' 포커대회에 참가했다 (Look to the Star 2015).

그룹 U2의 리드보컬 보노는 주로 빈곤퇴치 활동에 주력하고 있는 또 한 명의 유명인사 활동가이다. 이 아일랜드 가수는 그러한 노력으로 인해 기사작위를 받았다. 2005년 그는 빌 게이츠 및 멜린다 게이츠와 함께 자선활동 관련하여 올해의 인물로 시사주간지 『타임』의 표지를 장식했다. 보노는 넬슨 만델라로부터 빈곤퇴치 활동에 대한 영감을 얻었다고 얘기한다. 그는 전세계적으로 빈곤과 예방가능한 질병에 대처하기 위한 노력인 원(One) 캠페인의 출범에 도움을 주었다. 좀 더 최근에는 이 캠페인 지도자들이 페이스북 및 위키피디아 지도자들과 공동으로 힘을 합쳐 2020년까지 전세계적으로 누구나 모두 인터넷 접속이 가능하도록 만든다는 목표를 세웠다 (Cohen 2015).

인터넷 및 소셜미디어 억만장자의 급속한 증가는 벤처사회공헌(venture philanthropy, 벤처기업 투자의 원칙과 기술을 이용한 자선활동 – 역자 주) 또는 때로는 해커사회공헌(hacker philanthropy)이라고 하는 또 다른 유형의 사회활동에 대한 관심의 증가를 가져왔다. 넵스터의 공동설립자 파커(Sean Parker)는 『월스트리트저널』 칼럼기사에서 이의 전략을 설명했다. 그는 기존 기관들에 대한 대규모의 안전한 금전적 선물의 제공을 공공연히 비판하고 그 대신 새로운 세대에게 그들이 사업에서 새로운 혁신의 위험을 감내하듯이 마찬가지 방식으로 새로운 사회공헌 아이디어에 크게 투자할 것을 촉구했다. 파커는 이를 확실히 하기 위해 자신의 이름을 딴 새로운 재단을 출범하였으며, 알레르기와 말라리아, 암 등과 새로운 방식으로 싸운다는 목표를 세우고 이 재단에 6억 달러를 투자했다 (Massing 2015).

빌 게이츠와 멜린다 게이츠는 10년 이상 벤처사회공헌을 수행해왔다. '빌과 멜린다 게이츠 재단'은 410억 달러의 자산을 보유하고 있다. 이 재단의 활동은 초등 및 중등교육과 공중보건에 치중하고 있으며, 여러 질병 중 소아마비, 말라리아, 결핵, 에이즈 등의 퇴치를 위한 연구들에 수백만 달러를 지원하고 있다. 지금까지 공중보건에 지원된 150억 달러덕분에 2000년 이후 아프리카에서 홍역으로 인한 사망자 수가 90퍼센트 감소하였고, 지난 25년 동안 전세계적으로 결핵으로 인한 사망률이 45퍼센트 감소하였으며, 말라리아 발병은 지난 12년 동안 30퍼센트 감소하였다 (Massing 2015).

새로운 과학기술

과학기술은 항상 변화하고 있다. 끊임없는 과학기술의 발전은 제1세대 인권 및 제2세대 인권을 위한 글로벌 차원의 인권투쟁에 있어서 많은 새로운 기법, 수단, 도구를 마련해준다. 두말할 나위 없이 무엇보다 가장 중요하고 가장 강력한 수단은 당연히 인터넷이다. 인터넷은 1990년대 처음 사용되기 시작한 이후 폭발적으로 팽창하였다. 인터넷은 과거의 역사적 인권침해는 물론 오늘날의 인권침해에 관한 자세한 정보를 제공해주는 전자도서관이다. 인터넷은 전세계적으로 어떤 한 공동체의 사람들이 인터넷이 아니라면 결코 만나지 못했을 다른 공동체의 사람들과 즉석으로 의사소통할 수 있게 해준다. 정보 확산속도의 증가는 사람들로 하여금 인권침해에 대해 좀 더 빠르게 알리고, 배우고, 행동하고, 반응할 수 있도록 해준다. 인터넷이 자국 시민들에게 부여하는 가능성 및 힘 때문에 비민주정부는 검열을 거치지 않은 정보와 역사를 제공하고 있는 인터넷에 시민들이 접속하는 것을 두려워한다.

인터넷과 함께 자연스럽게 SNS가 출현했다. 인권투쟁 당사자들 또는 외부의 인권운동가들은 인권향상을 위한 노력에 있어서 페이스북, 트위터, 유튜브 등과 같은 사이트를 갈수록 더욱 더 적극적으로 활용하고 있다. 인권투쟁 당사자들의 경우에 해당하는 사례는 이집트이다. 인구의 3분의 2가 30세 이하이며, 1,500만 명이 온라인에 접속하고 있는 나라인 이집트의 관료들은 2011년 '아랍의 봄' 혁명 기간 동안 반정부세력의 이 과학기술 수단 사용에 무척 당황했다. 예를 들면, 이집트의 가장 유명한 블로거 중 한 사람인 언론인 와엘 압바스(Wael Abbas)는 경찰의 잔학성을 보여주는 수백 편의 동영상을 트위터에 올렸다. 체포 당시 그와 그의 친구 한 명은 이집트 군인들에 의한 자신들의 체포 및 석방에 관한 정보를 실시간으로 자신들의 팔로워에게 알렸다. 이러한 행동은 수천 명 이상의 사람들에게 인권침해에 대해 알릴 수 있고, 이는 다시 당국을 당황스럽고 창피하게 만들 수 있다 (Cole and Schone 2011).

이집트의 다른 사람들은 국가의 권위에 도전하고 정부의 행동에 영향을 미치고자 인권침해를 저지른 경찰의 이름을 인터넷 웹페이지에 올렸다. 가장 눈에 띄는 사례는 인터넷 카페에서 경찰에게 끌려나와 두들겨 맞아서 사망한 칼레드 사이드(Khaled Said) 사건이다. 경찰의 잘못된 행위에 대한 정부당국의 공식적인 해명이 있은 후 운동가들은 유튜브와 페이스북을 이용하여 정부에 대항하는 비폭력 시위를 조직하였다. 2011년 초 비폭력적 혁명이 최고조에 이르면서, '우리 모두가 칼레드 사이드(We Are All Khaled Said)'라는 페이스북 사이트가 핵심적인 재결집지 역할을 하여, 무바라크 정권의 전복에 일조했다 (Afifi 2011). 이 사례 및 다른 사례가 증명하듯이 페이스북은 비슷한 목표를 추구하는 사람들을 하나로 연결시켜주는 데 사용되는 경우 강력한 수단이 될 수 있다.

페이스북은 또한 대량학살을 알리는 데 사용되었다. 예를 들면, 대학생 조직 STAND(비정부단체인 '대량학살 종식 연대(United to End Genocide)'의 대학생 주도 조직)는 미국 오대호 지역 STAND 조직 및 전국 STAND 조직과 연결되어있다. 예고 없이 즉각적으로 대학 캠퍼스에 있는 15명의 사람들이 전국의 수천 명의 다른 사람들과 연결되어 서로 시위와 운동을 조율할 수 있다. 페이스북 애플리케이션 '코즈스(Causes)'는 사람들이 자신이 공감하는 대의에 지지를 표할 수 있으며, 심지어는 자신의 대의를 새롭게 주창할 수도 있다. 코즈스가 후원하는 단체를 두 개만 언급한다면, '다르푸르 구하기(Save Darfur)'와 '글로벌 정의(Global Justice)'를 얘기할 수 있다. 이 애플리케이션은 기금모금 및 청원을 할 수 있게 되어있다. 이 애플리케이션을 통해 현재까지 2만 7,000개의 비영리단체에 대해 총 4,000만 달러 이상의 액수가 모금되었다. 어떤 청원은 3,700만 이상의 사람들로부터 서명을 받기도 했다 (Causes 2011). 또한 페이스북은 페이스북 회원들이 정보갱신, 메시지, 게시판 등을 통해 가장 최근의 진전, 사건, 제안 등을 사람들에게 알려줄 수 있도록 되어있다. 유튜브가 인권 옹호에 미친 영향을 보여주는 보다 구체적인 사례는 2009년 전국 STAND 대회에서 잘 볼 수 있다. 이 대회의 일부가 '보호 약속(Pledge2Protect)' 운동이었다. 이 운동의 지역단위는 각자의 공동체의 주요인사에게 대량학살을 예방하기 위한 법의 제정이 중요한 이유에 대한 공동체의 주요인사의 지지발언을 동영상으로 만들었다. 이렇게 녹화된 개개인의 지지발언 동영상들은 모든 사람들이 볼 수 있도록 유튜브에 올려지며, 또한 전국 단위의 관리자는 미국 전체의 개개인의 지지발언 동영상을 보고 골라내어 상원의원 및 하원의원 한 명 한 명 각자에게 맞는 지지발언 동영상을 제작할 수 있다. 이렇게 제작된 동영상은 대회 마지막 날 학생들이 의원들을 대상으로 로비활동을 할 때 의원 개개인에게 전달되었다.

의사소통 및 인권에 있어서 인터넷이 매우 중요한 역할을 하고 있으며, 새로운 과학기술은 제3세계의 무척 낙후된 농촌지역에서도 인터넷 접속이 가능케 해주었다. 예를 들면, 샌프란시스코에 본부를 둔 비영리단체인 '인베네오(Inveneo)'는 태양열 전원을 사용하는 무선 인터넷 네트워크를 개발했다. 나무에 중계국을 매달 수 있으며, 6.4킬로미터 떨어져 있는 개인 컴퓨터들을 서로 연결할 수 있다. 우간다의 나야루캄바 지역의 마을에서는 이 시스템이 800명 정도의 주민들로 하여금 인터넷 접속을 통해 농작물 정보와 시장의 가격변동에 대한 정보를 얻을 수 있게 해준다. 이것은 마을사람들이 소득을 향상시키는 데 큰 도움을 주었으며, 그 결과 마을사람들의 구매력이 증가하고, 더 나은 의료서비스가 가능케 되었고, 글자를 배울 기회를 확대해 주었다 (Marsh et al. 2006). 저개발국가에 인터넷을 도입한 또 다른 사례로는 페이스북이 주도하는 협력활동인 'Internet.org'와 구글의 프로젝트 룬(Google's Project Loon, 태양열로 움직이는 풍선을 20킬로미터 상공에 띄워 풍선 안의 안테나로 지상에 인터넷을 공급하는 사업 – 역자 주)이 있다. 인터넷 웹이 진정으로 전세계적으로 연결되도록 하는 데 이들 활동은 각각 휴대전화와 첨단기술의 기상관측용 풍선을 사용한다.

휴대전화 역시 인권분야에서 갈수록 더욱 더 많이 활용되고 있다. 전세계적으로 50억 대 이상의 휴대전화가 사용되고 있으며, 그 중 상당부분을 가난한 공동체의 사람들이 사용하고 있다. 그라민재단(Grameen Foundation)은 문자메시지를 통해 농부들에게 농작물이 썩는 것을 경고하고 가나의 예비부모들에게 성공적인 임신에 관해 조언해주는 데 휴대전화를 이용하고 있다 (Kang 2010). 한편 '빌과 멜린다 게이츠 재단'은 아프리카와 파키스탄에서 무척 가난한 농촌지역으로 제대로 된 민간은행을 유치하기 어려운 지역이더라도 농민들이 은행계좌를 개설할 수 있도록 전자은행 프로그램을 개발하는 데 자금지원을 하고 있다 (Kang 2010). 유엔 역시 이동통신 네트워크를 적극 이용하여, 난민들이 스스로 각자 등록하여 가족을 찾을 수 있도록 하는 프로그램을 우간다에서 시험적으로 시행하고 있다 (UN News Centre 2010). 캘리포니아에서 열린 2009년 버클리의 '새로운 기계의 영혼' 대회에서 이동통신 이용 경쟁부문의 1등은 휴대전화 사용자와 데이터를 감출 수 있는 익명 휴대전화기를 개발한 시민단체에게 돌아갔다. 이 전화기는 고발자의 신원이나 고발내용을 인권침해를 저지른 가해자가 찾아낼지도 모른다는 우려 없이 사람들이 세계 곳곳에서 발생하고 있는 인권침해를 고발할 수 있게 해주었다 (Net Squared n.d.).

식수에 대한 기본 권리는 과학기술의 혁신을 통해 해결되고 있는 또 하나의 영역이다. 예를 들면, 남아프리카의 연구자들은 최근에 정수 '티백'을 개발하였다. 정수티백은 나노구조섬유로 포장되어있고, 홍차 대신 활성탄으로 채워져 있다. 물을 부어 정수티백을 통과시키면, 나쁜 박테리아가 활동을 중단하고 죽어서, 마실 수 있는 안전한 식수가 된다 (Saenz 2010). 이와 유사하게, 제너럴 일렉트릭(GE)은 바닷물을 안전하게 식수 및 농작물 용수로 사용할 수 있도록 바꾸어주는 담수화 기술을 개발하였다.

또한 과학기술은 질병과의 싸움에도 도움을 준다. 시민들이 건강을 돌볼 여유가 없는 가난한 나라에서는 흔히 건강 관련 제2세대 인권이 제대로 실현되지 못하고 있다. 종종 말라리아와 같이 충분히 예방이 가능한 질병으로 인해 많은 사람들이 사망한다. 말라리아는 예방이 가능할 뿐만 아니라 치료도 가능한 질병이지만, 45초마다 약 한 명의 아프리카 어린이가 말라리아로 목숨을 잃고 있다. 그러나 노바티스제약회사가 실험중인 'NITD609'라고 명명된 치료약의 경우 단 한 알만으로도 말라리아에 걸린 생쥐를 깨끗하게 치료하는 결과를 보여주었다. 만약 인간에게도 사용가능하도록 개발되는 경우 기존의 7일 동안 하루에 4번씩 먹어야 하는 여러 가지 약을 혼합한 치료제보다 이 한 알의 치료제가 훨씬 값이 저렴하기에 보다 구입이 용이하게 될 것이다 (Novartis 2010). 에이즈는 또 다른 예이다. 에이즈의 경우에는 성관계를 통해 감염되는 이 질병의 확산을 막는 데 새로운 기술 대신에 오래된 전통적 기술인 콘돔이 새롭게 재포장되어 판매되고 있다. 아이티와 르완다에서는 각각 전체 인구의 10퍼센트와 30퍼센트가 에이즈 질병에 감염되어 있다. 그러나 콘돔 판매는 100배 이상 증가하였으며, 이는 마케팅 및 기술이 사람들로 하여금 자신의 건강을 위한 예방조치에 참여하도록 만들 수 있음을 보여준다 (Dadian 2010). 이와 같은 것들은 과학기술의 발달이 오늘날 우리가 사는 세상의 인권을 증진시키는 데 도움을 주고 있는 많은 방식 중에 일부일 뿐이다.

하지만 과학기술의 발전이 항상 긍정적인 것은 아니며, 특히 제3세계의 정보혁명과 관련하여 그렇다. 자신의 책 『제3세계 시민과 정보기술혁명』에서 살레(Nivien Saleh)는 정보기술혁명은 주변부(중진국과 후진국 사회)가 배제된 상태에서 제1세계에 의해 그리고 제1세계를 위해 구조화되었다고 주장한다. 그는 자신의 저서가 "세계은행, 유럽위원회, 미국 정부, 초국적 기업들이 어떻게 기술을 미끼로 이용하여 경제적으로 가난한 나라와의 권력관계를 재구성하였으며, 일반시민들이 자신의 정치제도를 선택할 수 있는 권리에 대한 부인을 통해 어떻게 사회적 불평등을 공고화하였는지에 대해 기록하고 있다"고 주장한다 (2010: 4). 그는 원인으로 두 가지 이유를 언급한다. 첫째, 제3세계 시민들은 힘이 없으며, 둘째로 제3세계 시민들은 "채권국가와 개발기구, 기업의 독재에 굴복할 수밖에 없다" (2010: 5-6). 살레의 주장은 세계화에 관한 책인 『글로벌 정치경제에 있어서 인권』에서 에반스(Tony Evans 2011)가 전개한 주장, 즉 부자 나라들은 점점 더 부자가 되고 있고, 가난한 나라들은 점점 더 가난해지고 있다는 주장을 뒷받침해준다. 세계화가 가져다준 이득에도 불구하고 가난한 나라들 대부분은 생활수준의 향상을 이루지 못했다. 즉, 제2세대 인권과 제3세대 인권이 실현되지 않았다.

세계인권선언의 성공과 실패에 대한 평가

세계인권선언이 성공을 거두었는지 여부를 둘러싸고는 확연하게 다른 두 가지 의견이 존재한다. 인권에 관한 주제는 대부분이 항상 유동적인 무척 다양한 분야를 포함하고 있기 때문에 글로벌 차원에서 인권문제를 평가하는 일은 사실상 불가능하다. 잘 알려진 학자 한 명은 매우 포괄적이고 긍정적인 평가를 통해, "국제기구, 국제재판소, 국제협정 등으로 이뤄진 인권체제는 느린 대응 및 궁극적인 목표달성의 반복적 실패로 인해 분통이 터졌을 수도 있다. 그러나 인권의 문제를 다루는 데 있어서 이것보다 더 나은 구조는 없다"라고 지적했다 (Hunt 2008: 12). 반면에 국제사면위원회

(Amnesty International)는 세계인권선언은 지키지 못한 약속을 모아놓은 문서에 불과하다고 언급하며, "세계 지도자들은 60년 전에 채택된 세계인권선언에 쓰여 있는 정의와 평등에 대한 약속을 지키지 못한 것에 대해 사과할 필요가 있다. 지난 60년 동안 많은 정부들은 자국 국민들의 인권을 존중하기보다는 오히려 권력의 남용 및 정치적 이익추구에 더 큰 관심을 보였다"라고 주장했다 (2008: 3).

전세계적으로 높은 명성을 얻고 있는 인권단체 중 하나인 프리덤하우스(Freedom House)는 해마다 세계 각 나라의 자유 수준을 평가하고 있다. 프리덤하우스는 매년 각 나라의 시민적 권리와 정치적 권리, 인권 등의 수준을 결정하기 위해 단계별 척도를 사용하고 있다. 2015년 보고서에서 프리덤하우스는 진지하게 언급했다. "글로벌 정치권리와 시민자유 상태에 관한 프리덤하우스의 연례 보고서인 『세계의 자유(*Freedom in the World*)』는 9년째 연속해서 전반적으로 상황이 나빠졌음을 보여주었다. 즉, 지배적인 정부형태로써 민주주의의 수용은 — 그리고 민주주의 사상에 기초한 국제체제는 — 지난 25년 그 어느 때보다 커다란 위협에 직면하고 있다" (Pudington 2015: 1). 비록 프리덤하우스는 오로지 제1세대 인권에만 초점을 맞추고 있지만, 이렇듯 자유수준의 지속적인 후퇴는 인권향상을 위해 헌신하고 있는 사람들이 불가피하게 직면하고 있는 대세적인 흐름을 얘기해준다.

하지만 경제적·사회적 권리 및 연대의 권리 등 제2세대 인권 및 제3세대 인권은 어떠한가? 1990년 유엔은 제2세대 인권의 차원 및 제3세대 인권의 차원 등을 포함한 여러 다양한 차원을 측정하는 인간개발지수(HDI: Human Development Index)를 개발하였다. 기본적으로 인간개발지수는 각 나라의 건강과 부, 교육 등의 평균수준을 측정한다. 『2014년 유엔인간개발보고서』는 그동안 이룩한 진전에 대해 긍정적 견해로 시작하고 있다. 대부분의 나라의 대부분 사람들은 점차적으로 인간개발에 있어서 향상을 이루고 있다. 기술, 교육, 소득 등의 향상은 더 오래 살고, 더 건강하고, 더 안전한 삶을 그 어느 때 보다 확실히 약속한다 (UNDP 2014a: 1). 그러나

이 보고서는 이어서 인간개발에 있어서 많은 진전이 본질적으로 구조적, 정치적, 사회적, 환경적 조건에 취약하다고 얘기한다. 저자들은 세계의 많은 취약한 사람들이 직면하고 있는 많은 위협으로부터 살아남을 수 있는 좀 더 지속가능하고, 안정적이고, 탄력적인 인간개발을 주장했다.

요컨대, 우리는 세계 인권 상황의 매우 혼재된 모습을 볼 수 있다. 유엔의 지속가능개발목표(SDGs)와 의제 2030을 통해 국제사회가 지속가능한 발전과 인권을 돕기 위해 힘을 모으고 있지만, 우리는 부활하고 있는 권위주의 정권, 테러집단, 초국가적 범죄조직에 포위된 시민의 권리, 자유, 민주주의를 발견한다. 우리는 두 발 전진하고 한 발 후퇴하고 있는 것 같다. 우리는 인류문명이 4,000년 이상의 역사를 갖고 있지만, 세계인권선언이 만들어진 것은 채 70년도 안 된다는 사실을 기억하는 것이 좋다. 장기적 관점에서 볼 때, 우리가 비교적 짧은 시간 동안 엄청난 진보를 이룩한 것은 확실한 것 같다.

토의주제

1. 몇 세대 인권이 가장 중요하다고 생각하는가?
2. 유엔이 승인한 인권이 그처럼 흔히 강제되지 못하는 이유는 무엇일까?
3. 세계화가 인권에 좀 더 긍정적 영향을 미친다고 생각하는가? 또는 좀 더 부정적 영향을 미친다고 생각하는가?
4. 국가주권과 보편적 인권 둘 중 어느 것이 더 중요한가?
5. 『세계자유와 인간개발』 보고서가 발견한 점을 고려할 때 앞으로 향후 10년 동안 전세계적으로 인권 실현에 어떤 변화가 일어날 것이라고 생각하는가?

추천 문헌

Amnesty International (annual) *Amnesty International Report*. London.

Evans, Tony (2011) *Human Rights in the Global Political Economy*. Boulder: Lynne Rienner.

Farer, Tom (2002) "The United Nations and Human Rights: More Than a Whimper, Less Than a Roar." In Richard Pierre Claude and Burns H. Weston, eds., *Human Rights in the World Community*. Philadelphia: University of Pennsylvania Press.

Hunt, Lynn (2008) *Inventing Human Rights: A History*. New York: Norton.

International Criminal Court (2004) "Historical Introduction" (December 1). www.icc-cpi.int.

Langley, Winston E. (1996) *Encyclopedia of Human Rights Issues Since 1945*. Westport: Greenwood.

O'Byrne, Darren J. (2003) *Human Rights: An Introduction*. London: Pearson Education.

Puddington, Arch (2015) *Freedom in the World 2015*. New York: Freedom House.

Robertson, Geoffrey (2000) *Crimes Against Humanity: The Struggle for Global Justice*. New York: Norton.

Saleh, Nivien (2010) *Third World Citizens and the Information Technology Revolution*. New York: Palgrave Macmillan.

Weston, Burns H. (1992) "Human Rights." In Richard Pierre Claude and Burns H. Weston, eds., *Human Rights in the World Community*. Philadelphia: University of Pennsylvania Press.

Chapter 6

자연자원을 둘러싼 갈등

경제학자들에 따르면 자연자원은 세계경제의 기초이다. 자연자원 없이는 어떤 부도 창출될 수 없다. 자연자원은 환경 — 혹은 자연 — 에서 발견된 것으로 인간에 의해 사용되는 물질로 정의될 것이다. 그래서 자연자원은 부(wealth)를 위해서 중요할 뿐 아니라 삶을 유지하기 위해서도 중요하다. 그러므로 자연자원에 대한 갈등이 일어날 수 있다는 것은 놀라운 것이 아니다. 사실 거의 모든 전쟁이 결국에는 한 가지 혹은 더 많은 자원들을 놓고 벌이는 경쟁의 요소를 포함하고 있다고 말해도 무방하다.

역사적으로 영토를 놓고 벌인 전쟁의 뿌리에는 자연자원이 있다. 적어도 1648년 근대 국가 중심의 국제체계가 형성된 이래 국가 간 전쟁의 절반은 영토 통제권을 위한 싸움이었다 (Johnson and Toft 2014). 왜 그런가? 특정한 영토에 대한 통제권을 갖는다는 것은 그 안에 속한 토지와 사람 그리고 자원에 대한 통제권을 갖는다는 것을 의미한다. 국가들은 필요하거나 혹은 필수적인 자원을 공급하는 데 있어 다른 국가들에 의존하기보다는 그들 스스로 완벽하게 안전을 보장받을 수 있는 충분한 자원을 확보하길 선호한다. 자급자족이 가능한 국가는 거의 없기 때문에, 국가들은 그들이 필요로 하는 자원을 얻기 위해 다른 국가들과 협력을 하거나 혹은 만약 협력이 불가능하다면 가능한 대안으로 폭력적인 갈등에 의지하게 된다. 그것이 국가의 정부이건 이슬람국가(ISIS: Islamic State of Iraq and Syria – 역자주)와 같은 비국가 집단이건 상관없이, 행위자 집단이 폭력적인 갈등에 돌입하게 되는 한 가지 중요한 이유는 그곳에서 발견되는 자원들이 안전과 생존을 보장하는 데 사용될 수 있기 때문에 특정 지역에 대한 영토적 통제권을 얻고자 하는 것이다.

국가 간 갈등에서 자연자원의 역할은 **지정학**이란 용어에도 반영되어 있는데, 그것은 국제정치에서 지리학적 요인의 중요성을 보여주고 있다. 또한 그것은 더 최근에 **환경안보**라 칭해지는 것의 구성요소이기도 한데, 환경안보는 '헤이그 환경안보 연구소(Institute for Environmental Security in the Hague)'에 의해 "평화와 지속가능한 개발을 위한 필수적인 조건을 지켜내기 위해 생명지원 생태계(life-supporting eco-systems)의 재생능력 유지"로 정의된다 (IES 2015). 환경안보학자들은 자원의 고갈이나 오염이 미래에 늘어나게 될 폭력적인 갈등의 원천이 될 것이라고 주장하며 폭력적 갈등이 그러한 자원의 공급을 보장해 주는 가장 합리적인 경로가 될 것처럼 보이는 조건들을 밝혀내고자 노력하고 있다.

환경안보의 이슈는 한센(James Hansen)과 그의 동료들이 만약 세계의 온실가스 방출이 "계속 증가해서 … (중략) 50~150년 사이에 수 미터에 이르는 해수면 상승을 실질적으로 피할 수 없게 되고," "그런 대규모 해수면 상승으로 인한 사회적 혼란과 경제적 결과들이 충격적인 것일 수 있고 … (중략) 강요된 이주와 경제적 붕괴로 인한 갈등이 문명의 구조(fabric of civilization)를 위협하면서 지구를 통제 불가능하게 만들지도 모른다"고 주장한 것처럼 이 용어가 의미하는 위험들에 관해 과학자들이 주는 더 강력한 경고들과 함께 표면화되었다 (Hansen et al. 2016: 3799). 과장된 것일까? 아무래도 그 이슈는 더욱 세밀한 조사를 받아 마땅하다.

자연자원을 둘러싼 갈등에 대한 설명

갈등은 당사자들(국가 혹은 다른 행위자들)이 선호하는 결과를 둘러싸고 의견을 달리하는 어떠한 상황에서도 존재한다. 예를 들면, 하나의 강을 공유하고 있는 두 나라가 강을 활용하는 방법에 대해 늘 상반된 견해를 가질 수 있다. 각 나라는 (강물에 대한 자국의 잠재적 접근능력을 극대화하도록) 다른 나라가 강물을 용수로 끌어 쓰지 않고 (강을 생태학적 '싱크대'로 사용하는 자국의 잠재적 능력을 극대화하도록) 어떤 오염물질도 강에 버리지 않기를 바랄 것이다. 따라서 공유자원을 둘러싼 갈등은 일정 부분 항상 존재할 수밖에 없다. 이러한 점은 국가들이 항상 배타적으로 접근하길 더 원하고, 그들의 행동을 규제하고 국가 간 협력을 강제할 수 있는 권위를 가진 국가 위의 존재가 없다는 점을 감안할 때, 국가 간 관계에선 특히 사실이다. 사실 국가들은 고갈 위험에 처한 자연자원의 보존과 관련하여 (감소하고 있는 태평양 연어 개체수의 복원에 대해 이해관계를 공유하고 있는 캐나다와 미국 처럼) 이해관계를 공유하더라도, 공유된 목표의 달성 방법과 그런 목표를 추구함에 따른 손익의 분배 방법에 대해서는 여전히 동의하지 않는다.

모든 불일치가 폭력이나 전쟁으로 이어지는 것은 아니다. 자원의 가용성, 자원 추출이나 획득 상의 어려움, 인간 안전과 생존에의 필요성, 재생능력과 자원 그 자체에 내재한 이해관계들의 복잡성 등을 포함하여 특정한 자원에 대한 갈등의 잠재력에 영향을 미치는 수많은 요인들이 있다. 많은 다른 집단들은 특정한 자원에 대해 그리고 다른 이유들로 인해 어떤 주장을 갖고 있을지도 모른다. 즉, 목재, 연료용 목재, 비목재 임산물, 다른 종들의 거처를 위한 산림의 가치 혹은 단순히 경작지로 전환할 수 있는 빈 땅처럼 산림과 같은 특정한 자원은 다른 자원과 갈등을 겪을지도 모를 많은 가치를 담고 있다.

갈등과 자연자원 간의 관계는 반드시 특정 자원 그 자체에 대한 갈등과 함께 시작되는 건 아니지만 그 자원과 그것이 처한 상황이 관련 행위자들에게 나타내는 그 무엇과 함께 시작된다. 그 자원이 지닌 특징은 그것에 대한 경쟁이 궁극적으로 폭력이나 심지어는 전쟁을 초래하거나 전쟁에 기여하게 될지를 판단함에 있어 중요하다.

필수성 대 대체가능성

첫째로 고려할 사항은 그 자원이 생존을 위해 필수적인 것인지 아니면 실행 가능한 대안들이 있는 것인지 하는 점이다. 하나의 자원이 즉각적인 생존을 위해 필요하다거나 대체가능한지 여부를 묻는 질문은 행위자들이 그 자원을 얻거나 침해로부터 보호하기 위해 폭력적인 갈등에 얽히도록 만드는 동기에 큰 영향을 미친다. 농산물과 같이 생존을 위해 필요한 많은 자원들은 역사적으로 풍부하거나 대체 가능할 정도로 충분히 다양한 구색을 갖추어 왔다. 예를 들어, 어느 특정한 지역에서 옥수수 공급에 문제가 발생하였을 경우 쌀이나, 감자, 밀 등으로 대체될 수 있다. 인간은 생존을 위해 영양분을 필요로 하지만, 단 한 가지의 특정한 음식만을 필요로 하는 것은 아니다 (물론 많은 다른 생명체들이 먹이의 변화에 적응력이 매우 떨어진다는 점에는 주목해야 한다). 그러므로 대부분의 경우 대체 음식물의 종류가 많으면 많을수록, 행위자들은 폭력보다는 대체음식물을 선택할 가능성이 훨씬 더 커진다.

그러나 물이나 공기의 경우에는 다르다. 공기나 물은 상당 기간 생명을 유지하는 데 즉각적으로 필요하며 대체 불가능하다. 이처럼 생존에 즉각적으로 필요한 자원이 제한될 때, 폭력에 대한 억제력은 최소화된다. 따라서 생존을 보장하기 위한 노력은 폭력을 조장할 수 있다. 생존에 필수적인 자원의 생장, 추출, 그리고 사용에 대한 통제의 부재는 말 그대로 생사에 영향을 미치며 그 결과 행위자들을 갈등으로 내몬다. 결국 죽음 이외에 다른 선택권이 없는 사람보다 더 폭력에 의지할 가능성이 높은 사람이 있을까?

세계에서 가장 긴 강인 나일강은 지중해로 흘러들어갈 때까지 11개 나라를 거친다 (Ofori-Amoah 2014). 나일강은 이집트의 유일한 수원으로 이집트와 다른 아프리카 국가 간의 지속적인 긴장의 원인이다. 이 때문에 이집트는 충분한 양의 물을 확보하기 위한 정책 속에 군사력의 사용까지도 포함하고 있음을 공공연히 밝혀왔다. 2013~2014년, 에티오피아가 나일강에 댐을 건설하고자 하는 계획을 진행함에 따라, 이집트와 에티오피아 간의 긴장은 극에 달했다. 이집트는 이미 제한적으로 이루어지고 있는 물 공급마저 불가능하게 될까 두려워 에티오피아와의 전쟁은 물론 에티오피아 반군에 대한 지원까지 고려하였다 (Hussein 2014; McGrath 2014; Pearce 2015).

어떤 자원이 최소한의 생존에 긴급한 필수품은 아니라고 할지라도, 어떤 국가나 다른 집단은 그 자원에 경제적으로 의존하는 경우도 있다. 이는 특히 단일자원경제의 경우 더 그렇다. 단일자원경제는 세입의 원천이라는 측면에서든 아니면 국내총생산(GDP)의 비율에서든 경제 복지가 특정 상품에 의해 지배당하는 구조이다. 단일자원경제는 많은 경제 부문 중 어느 한 가지 부문에 의존적일 수 있다. 이는 옥수수, 면 또는 쌀을 산출하는 농업 부문이 될 수도 있으며, 석탄, 다이아몬드 혹은 원유를 채굴하는 광산업이 될 수도 있고, 심지어는 불법 약물을 생산·판매하는 암시장이 될 수도 있다. 후자의 사례로는 코카인 거래를 하고 있는 라틴아메리카를 꼽을 수 있다. 콜롬비아나 페루에서 마약거래는 폭력, 암살, 반란을 일으키는 원인으로 비난받아 왔다. 그러나 다른 한편으로 마약거래는 콜롬비아의 무역균형 문제를 해결하고, 소비자 상품과 수입품에 대한 지출을 감소시키며, 심지어는 관련 현금의 유입이 증가함으로써 국가의 해외 부채를 감소시키기는 데 일조해왔다 (Ekonu, 2015). 경제적 생존을 위해 단일자원에 의존하는 행위자들은 판매할 자원의 생산력에 대한 변화, 전지구적 자원 공급의 변화 혹은 자원에 대한 달러 가치의 감소에 위협받을 수 있으며, 이는 이들로 하여금 경제적 생존을 확보하기 위해 갈등에 관여하는 것을 유발한다.

재생가능자원 대 재생불가능자원

다음 문제는 자원이 재생 가능한가의 여부이며, 이는 자원공급의 유용성과 관련되어 있다. 구리와 같은 재생불가능한 자원과 달리 나무, 어류, 동물 등과 같은 재생가능한 자원은 스스로 재생산되는 자원이다. 이런 구분이 항상 간단하지만은 않다. 대부분의 자원이 사실상 재생이 되지만 문제는 그 자원이 인간의 수명을 고려할 때 비교적 짧은 기간 내에 재생될 수 있는가 하는 점이다. 예를 들어, 오크나무는 경제 원숙기까지 도달하는 데 60년~90년이 소요되지만 대나무는 최대 10년 단위로 수확할 수 있는, 급속도로 대체될 수 있는 자원이다 (Bamboo Grove 2008). 또한 동식물의 잔해로부터 생성되는 화석연료인 석유는 재생가능자원이지만 재생되는 데 몇백만 년의 시간이 걸린다 (Leed 2010; Sherman 2013; Wu and Salzman 2014). 따라서 정책을 수립할 때에는 석유나 기타 화석연료를 재생불가능한 자원으로 간주하는 것이 더 정확하다. 석유를 둘러싼 경쟁은 거대한 폭력 갈등의 잠재적 원인이 될 수 있으며 실제로 1990년에 이라크는 쿠웨이트의 유전을 침공하며 전쟁을 발발시켰다.

이론적으로 재생가능자원과 재생불가능자원은 국제체계에 각기 다른 영향을 미칠지도 모른다. 재생가능자원은 재생산되기 때문에 국가들이 그 자원을 놓고 싸울 필요가 없다. 재생가능자원에 대한 자국의 수요를 충족할 수 없는 경우 국가들은 자국의 수요를 충족하기 위해 무역협정이나 경제통합 등을 통하여 서로 협력할 수 있다. 그러나 갈등의 잠재성은 재생자원의 재생되는 비율에 영향을 받는다. 재생가능자원이 지속가능하지 않을 정도로 과도하게 소비되거나 '채굴'되는 경우에는 갈등이 증폭되게 된다. 이렇듯 어업분쟁 및 고래잡이 분쟁은 자원의 과다소비로 줄어들고 있는 자원을 놓고 경쟁이 벌어지는 재생불가능자원을 둘러싼 분쟁과 별반 다르지 않다.

국가자원 대 초국경적 자원

자원은 한 국가의 국경 내에 완전하게 위치한 고정된 지리적 위치를 점하고 있는지 혹은 2개국 이상의 국가에 걸쳐져 있는지에 따라 국가자원(boundary resources)과 초국경적 자원(transboundary resources)으로 분류된다. 산림은 국가자원의 한 예이다. 대부분의 산림은 국가의 국경 내에 위치한다. 비록 남아메리카의 아마존 우림과 같은 특정 산림의 경우 8개의 국가 영역에 걸쳐 분포하고 있지만, 해당 국가들은 모두 각국의 영토 안에 놓인 아마존 우림에 대해 완전한 영향력을 지니고 있다. 국제적으로 주권에 관한 원칙이 확립되어 있기 때문에 국가자원을 놓고 갈등이 일어날 가능성은 거의 없다. 국가들은 자국 자원의 통제에 대한 주권을 갖고 있다.

대부분의 국가자원들은 고정적이며 국경의 범위를 벗어나지 않는다. 그러나 국가자원과 초국경적 자원 간의 구분은 근본적으로 명확한 자원의 소유권 및 재산권과 결부되어 있다. 대양과 같은 '공유'자원처럼 자원의 지리적 위치로는 자원의 소유권이 어느 국가에 속하는지 명확하지 않은 경우, 고정된 지리적 위치만으로는 국가자원의 혜택을 얻을 수 없다. 심지어 공유자원이 아님에도 주권국의 국경 내 자연자원이 초국경적 서비스를 제공하기도 한다. 예를 들면 열대우림이 지구에 필요한 산소를 생성하는 경우를 들 수 있다. 벌채는 해당지역의 강우량 감소를 초래하며 심지어 산림의 탄소흡수력 상실로 인한 기후불안과 같은 전지구적으로 중요한 2차 효과를 야기할지도 모른다.

과도한 벌목으로 인한 2차 효과는 자원의 기본적인 작용을 통해 제공되는 무형의 '재화'인 흔히 환경서비스 혹은 생태적 서비스라고 불리는 것을 반영한다. 환경이 주는 이런 혜택들은 자연자원의 시장가치에는 거의 반영되지 않는다. 비록 자연자원이 그 자연자원의 물리적 소유권을 확실히 보여주는 국가 영토 범위 내에 있다고 하더라도, 초국경적 환경서비스를 제공할 수도 있다. 아마존의 고유 영역에 대한 주장이 갈등과 폭력으로 번지는 경우처럼 비록 문제가 되고 있는 자원에 대한 법적 소유권의 논쟁이 물리적인 갈등을 발생시킬지라도, 2차 효과가 무엇이든 상관없이 자신들이 적절하다고 생각하는 대로 자연자원을 마음대로 이용코자 하는 물리적 소유권자(혹은 주권 국가)가 보통 이런 혜택을 주장할 권리를 갖는다 (Beokhout van Solinge 2010; Watts and Collyns 2014).

강과 같이 확실하게 초국경적인 자원은 국가자원에 비해 국가 간 분쟁을 초래할 가능성이 높다. 강은 두 나라를 구분하는 국경선인 경우도 있고, 한 나라에서 다른 나라로 흘러가는 경우도 있다. 그 어느 경우이든 간에 두 개 이상의 나라가 강을 공유한다. 다뉴브강은 나일강의 상황과 유사하게 10개의 유럽 국가를 관통하여 흐르며 슬로바키아와 헝가리 그리고 불가리아와 루마니아에서는 국경선을 형성하고 있다. 초국경적 자원을 둘러싼 분쟁이 일어날 가능성은 그 초국경적 자원을 공유하는 나라들이 서로 협력할 수 있는지 여부에 따라 달라진다.

기타 정치적 요인들

자원이 초국경적인지의 여부와 관련된 문제는 자원에 대한 권리를 주장하는 서로 다른 집단들 사이의 상반된 이익과 같은 정치적 요인이 자원을 둘러싼 폭력적 갈등의 잠재성을 판단하는 주요한 요인이라는 점을 보여준다. 대부분의 연구에서 국내 집단의 수요를 효율적으로 관리하거나 혹은 특정 자원에 대해 이웃 당사국들과 만족스러운 협력 조치를 협상해내는 국가의 능력과 같은 정치적 요인들이 자연 자원의 결핍으로 인한 폭력의 촉발 가능성을 판단하는 아주 중요한 요인이라는 견해가 입증되고 있다. 예를 들어, 자원을 놓고 경쟁하는 집단은 정치적 통제라는 개념 하에 자원이 어디에 위치하는지 즉 국경선이 어디에 있는지 그리고 자원이 위치한 국가의 힘의 속성이 어디에 있는지를 고려해야만 한다.

자원이 생존을 위해 얼마나 중요한지에 대한 결정은 정치적인 요인들 사이에서 고려될 수 있다. 만약 자원을 소유하는 것이 생존을 위해 당장 필요한 것이라면, 당사국들은 자원을 확보하기 위해서는 갈등의 위험도 기꺼이 마다하지 않을 것이다. 그러나 그 자원이 대체가능하거나 필수적인 자원이 아니라면 행위자들은 서로 타협하여 해결하거나 공동으로 다루어 나갈 확률이 훨씬 높다. 또 다른 정치적 고려는 자원을 확보하기 위한 행위자들의 능력이다. 국가가 부유하거나 강력한 군사력을 보유하고 있다면 자원의 통제를 획득하기 위해 갈등의 위험을 기꺼이 떠안거나 혹은 아주 일방적으로 행동할 수도 있다. 이는 강제적인 장치를 수반한 합의가 없는 경우 더욱 그러하다. 그러나 자신보다 힘이 강한 강대국들과 경쟁을 하고 있다면, 그 국가는 동맹이나 협정을 통해 협력방안을 모색하려 할 것이다.

또한 전쟁(유명한 프로이센 군사 이론가 클라우제비츠[Carl von Clausewitz]의 말을 인용하면 "정치의 다른 수단")은 종종 극심한 환경파괴를 초래할 수 있기 때문에, 정치와 자원의 관계는 두 개의 방향으로 간다. 보다 발달된 막강한 무기가 사용될수록 환경파괴는 그만큼 더 심각해진다. 이러한 손상을 회복하기 위해서는 몇 세대 혹은 그 이상이 걸릴 수도 있다. 이는 분쟁 이후의 노력을 경제적으로 그리고 사회적으로 심각하게 저해하며 새로운 혹은 반복되는 자원 경쟁을 초래한다. 이것이 미해결로 남겨진다면, 폭력은 다시 발생한다 (Rustad and Binningsbo 2012). 그러므로 폭력적인 갈등과 자원 사이에 갈등을 촉발시킬 수 있는 자연자원의 역할과 종전 이후 자원의 품질과 유용성에 미칠 전쟁의 영향력과 같은 이중적인 관계가 존재한다.

글로벌 경향

21세기의 자원경쟁은 최근 몇십 년 동안 범세계적으로 확인된 경향들에 의해서도 영향을 받는다. 수많은 자연자원의 공급 및 품질 악화, 글로벌 환경의 전반적인 악화와 더불어 인구폭발이 각별히 중요하다 (Ehrlich and Ehrlich 1990). 이러한 경향들은 범세계적으로 발견되지만, 이들의 영향력은 문제가 되고 있는 자원의 유형과 지역의 취약성 정도에 따라 다양하다. 따라서 이러한 경향들에 의해 일부 특정 지역에서의 폭력의 가능성이 더욱 심화될 수 있다. 예를 들어, 극도의 가뭄 상태는 미국과 같은 부유한 국가에서보다 아프리카의 가난한 국가에서 인간 생존에 더 큰 영향을 미친다. 미국은 가뭄에 대한 취약성을 감소시키기 위해 고비용의 조치를 취할 능력이 충분하기 때문이다.

사례 연구

이 장의 나머지 부분에서는 자연자원을 둘러싼 서로 다른 갈등의 세 가지의 사례를 다룬 후, 자원의 손실과 폭력적 갈등에 대한 논의를 해보도록 하겠다. 논의된 사례들은 대체가능성, 재생가능성, 지역성, 다른 정치적 요인 그리고 취약성 등에 따라 나뉜다.

어류

어류는 재생가능한 자원이다. 하지만 19~20세기 기술의 발전으로 인해 어획량이 늘어나고 가공능력이 향상되면서 어족자원이 전세계적으로 고갈되고 있다. 어족자원의 감소는 특히 어류를 주요 동물 단백질원으로 삼고 있는 세계의 수십억의 사람들에게 영향을 미치고 있다 (Marine Stewardship 2015). 또한 세계인구가 계속 증가함에 따라 어류와 같이 저렴한 식량원에 대한 수요 또한 증가하고 있는 동시에 부가 증가하는 일부 국가에서는 연어, 참치, 황새치와 같은 고급 어종에 대한 수요도 증가하고 있다.

수요가 가장 많은 어류의 대다수는 글로벌 공유재인 바다에서 서식하거나 국경을 넘나들며 살아간다. 그런 경우에 그런 어족자원의 보호는 두 개 이상 국가들의 협력 여부에 달려있다. 유엔해양법협약(United Nations Convention on the Law of the Sea)은 해안으로부터 200마일 이내의 바다, 즉 배타적 경제수역으로 불리는 지역에서 얻을 수 있는 자원에 대한 해당 국가의 권리 확립을 통해 어족자원을 둘러싼 갈등을 해결하고자 고안되었다. 배타적 경제수역이 단순히 어느 한 국가가 차지하고 있는 영토의 일부를 의미하는 것은 아니지만, 그 지역에서 얻을 수 있는 모든 해양자원을 사용하거나 사용권을 타자에게 판매할 수 있는 배타적 권리를 해당국가가 향유할 수 있게 한다. 많은 사람들은 해양법협약이 어업권에 대한 대부분의 갈등을 방지해 줄 것으로 생각했다. 왜냐하면 배타적 경제수역이 전세계적으로 받아들여지게 되면 세계의 상업적인 어족자원의 90퍼센트 이상이 해안을 끼고 있는 개별 국가의 관할권 하에 놓이게 될 것이기 때문이었다 (Alcock 2002). 그러나 불행히도, 해양법 협약은 수많은 어업분쟁을 해결하는 데 충분하지 않았으며 전세계적으로 여전히 남획이 계속되고 있다. 가장 큰 이유는 협약의 강제적 조치가 협약에 따르지 않는 국가를 처벌하기에 불충분하고 또한 가난한 국가들의 경우 자국의 해역을 효과적으로 정찰할 능력이 부족하기 때문이다.

미국-캐나다 연어분쟁. 어업권을 둘러싼 초국경적 분쟁의 대표적인 사례가 19세기 이후 계속되어온 북서태평양지역의 연어분쟁이다. 비록 때때로 '전쟁'으로 불리기도 했지만 통상적으로 연어분쟁은 폭력적인 분쟁은 아니었다. 오히려 태평양지역 연어를 둘러싼 미국과 캐나다 간의 관계는 협력의 시기와 논쟁적 협상이 번갈아 오가고 있다. 그러나 때때로 캐나다 정부나 미국 정부의 어떤 결정이나 연어조업에 관계하는 양국 당사자들의 행동이 때때로 국가 간 충돌을 촉발시킬 것이다.

기술이 연어를 둘러싼 자원분쟁을 더욱 부채질했다. 1900년대 초 통조림 산업이 발달하면서 연어는 수출이 가능한 품목이 되었고 부를 낳는 이 산업에 너도나도 앞을 다투어 뛰어들기 시작했다 (Ralston and Stacey 1997-1998). 북서태평양 주요 수계 내에서 조업이 확대되면서 장기적으로 이 지역의 연어 개체수가 줄어들게 되었다. 1980년부터 상황이 무척 심각해졌다. 이 지역에 사는 연어의 개체수가 급격하게 줄어들었는데, 특히 미국 워싱턴주와 오레곤주에서 심각했다 (Barringer 2008; NOAA 2011).

연어는 민물에 알을 낳고, 바다로 이주하여 2~4년 동안 먹고 성장한 후, 그들이 태어난 곳으로 돌아오는 소하성 어족이다. 이러한 점에서 비록 연어 조업(다운스트림)은 공해에 위치해 있다 하더라도, 국가 관할권 내에서 발생하는 연어 산란지(업스트림)를 보호하는 것을 필수적으로 만든다. 지속가능한 개체수를 유지하기 위해서는 알을 낳는 강이나 호수로 충분한 숫자의 연어가 회귀할 수 있도록 다 자란 연어의 포획을 제한하는 일 역시 필요하다. 현재는 어획쿼터제, 어획시기의 제한, 최소 크기 제한, 허가 받은 상업적 어민의 수 통제 등을 통해 어획량을 관리하고 있다 (NOAA 2015b).

태평양 연어에 대한 미국과 캐나다 간의 협력은 1930년의 '프레이저강 협약(Fraser River Convention)'으로부터 시작되었다. 이 협약으로 붉은 연어(sockeye salmon)의 서식지인 프레이저강의 복원을 위한 국제위원회가 창설되었으며, 양국이 연간 어획량을 똑같이 분배하여 나누어 갖게 되었다. 심지어 이 제한적인 협약을 체결하는 데 무려 17년이 걸렸으며, 그것도 한 가지 어종, 한 개 서식지만 다룬 협약이었다. 이 협약은 제한적인 목적을 달성하였지만, 붉은 연어의 산란지를 유지하는 비용을 캐나다와 미국이 어떤 식으로 공평하게 분담할 것인가의 문제는 제대로 다뤄지지 않았다 (Knight 2000).

「해양법 협정」은 공해에 있는 자원의 소유권에 관한 국제적 규범에 큰 변화를 가져왔다. 즉, 소유권을 포획한 어류에만 적용하였던 과거 관행에서 벗어나 어류의 '원산지'에 근거한 소유권을 인정하게 되었다. 연어의 경우 연어가 산란하는 담수하천을 보유하고 있는 나라가 그 연어에 대한 소유권을 갖고 있는 것으로 간주된다. 그러나 연어는 이동기간 동안 국경선을 넘나들기 때문에 원래 원산지를 기준으로 연어의 소유권을 구별하는 것 자체가 불가능하다. 따라서 미국과 캐나다의 어민들은 상대국의 강에서 태어난 연어를 잡는데, 이 같은 현상은 '가로채기(interception)'로 이름 붙여졌다. 이는 두 나라의 연어어업이 각국에 위치한 연어 서식지를 보존하는 데 있어서 정도의 차이는 있지만 서로 상호의존하고 있음을 의미한다 (Huppert 1995; Knight 2000; NOAA 2015b).

1985년, 「해양법 협정」 체결 직후 14년의 노력 끝에 미국과 캐나다는 '태평양연어협정(PST: Pacific Salmon Treaty)'에 서명하였다. 이 조약은 원산지 국가를 기준으로 연어의 어획량을 공평하게 할당하였다. 만약 어떤 한 나라가 정당한 몫보다 더 많은 양의 연어를 가로채어 포획한다면 상대 국가의 어민들에게 다른 어종에 대한 할당 비율을 높여주는 방식으로 이를 상계한다. 예를 들면 워싱턴주의 어부들이 프레이저강의 붉은 연어를 협정에 따라 할당된 양보다 더 많이 포획할 경우, 캐나다의 어부들은 이를 보상받기 위해 콜롬비아강(알래스카) 북태평양 연어(chinnok salmon)를 정해진 할당량보다 더 많이 잡을 수 있다 (Knight 2000). 불행히도 정치적 분쟁을 이런 식으로 해결하는 것은 연어의 포획만 늘릴 뿐 연어의 보존을 촉진하지는 못했다.

'태평양연어협정'하에서 연어 개체수 보존에 대한 의무는 전적으로 개별 국가가 책임을 지고 있으며, 미국의 경우에는 기본적으로 이런 정책의 집행권을 지방정부와 주정부, 원주민 부족들에게 부여하고 있는데, 이들은 정책의 집행을 합의를 통해 결정한다 (PSC 2014). 그 지역 곳곳에서 다수의 연어잡이 선단들이 여러 가지 목적으로 연어를 경쟁적으로 포획하고 있다. 미국 원주민 부족들은 생계, 의식, 상업, 그리고 여가의 목적으로 연어를 잡고 있다 (Knight 2000; WDFW 2015). 알래스카주, 워싱턴주, 오레곤주 등 다양한 이해당사자들 간의 합의가 필요하지만 미국의 허약한 의사결정 체제는 궁극적으로 교착상태를 초래하고 있다 (Knight 2000).

이전에는 고갈되지 않을 것처럼 보였던 연어 어족량은 1991년에 이르러서는 미국 내륙의 6퍼센트를 제외하고 심각한 상황에 놓이게 되었으며, 38퍼센트는 멸종되었다. 이는 캐나다와 알래스카의 연어 어족량은 여전히 비교적 충분했던 반면, 워싱턴주와 오레곤 주에서는 연어가 더 이상 남아있지 않음을 의미했다 (Knight 2000). 양국 간 상계 제도가 실행되고 있었기 때문에 연어 멸종에 영향을 받은 것은 미국만이 아니었다. 캐나다 어민들은 알래스카 해안으로 이동하는 캐나다 연어를 미국 어선들이 어획하는 데 대한 보상으로 워싱턴주와 오레곤 주의 어족량에 의존했다.

지역적 수준에서 '북태평양 소하성 어족자원 보호협약(Convention for the Conservation of Anadromous Stocks in the North Pacific Ocean)'

이 캐나다, 일본, 러시아연방과 미국에 의해 1992년에 비준되어 1993년부터 효력이 발생되었다 (한국은 2003년에 가입했다). 이 협약으로 '북태평양 소하성 어류 위원회(North Pacific Anadromous Fish Commission)'가 설립되었는데 그 위원회는 북태평양지역에서 소하성 어족자원의 보존을 증진, 강화하고 있다. 그러나 이것으로 그 문제에 대한 충분한 접근이 이루어진 것은 아니었다. 워싱턴주 연어 어족량의 확보 상태(health of salmon stock)가 계속 나빠지고 있어서 미국법하에서 연어 포획에 규제가 가해지게 되었는데, 그것이 캐나다 어민들이 가로채는 워싱턴주에서 태어난 연어의 수를 극적으로 줄였다.

그러나 한편 워싱턴주와 알래스카주 어민들은 여전히 캐나다산 연어를 잡을 수 있었다. 워싱턴주 어민들은 이러한 불공정성을 시정하기 위해 캐나다산 어류의 어획량을 기꺼이 줄이려고 하였다. 그러나 알래스카 어민들은 그렇지 않았다. 태평양 연어잡이 산업 전체가 심각하게 제한당하는 동안에도 알래스카 어민들의 어획량은 여전히 많았다.

캐나다는 알래스카의 캐나다산 연어 가로채기(interception)에 대한 대응으로 밴쿠버 연안에서의 연어 어획량을 증가시켰다. 캐나다가 자국 해안을 통과하는 미국 어선이 반드시 캐나다 정부의 통행허가를 받아야 하는 제도를 만든 1994년, 결국 양국 간 협력관계는 붕괴되었다. 1997년 캐나다가 알래스카의 연어 가로채기에 대해 항의하기 위해 알래스카 정기 수송선을 봉쇄하고 수일 동안 유지했을 때, 이 분쟁은 신문이 명명하였듯이 '어업전쟁'이 되었다 (Kenworthy and Pearlstein 1999; Nickerson 1997).

분명히 새로운 협정이 필요했다. 1995년에 시작된 협상은 4년 만에 합의에 도달했다. 1999년 협정은 1985년 태평양연어협정의 부속합의 내용 중 한 부분을 대체하였다. 이 조항은 캐나다와 알래스카 남동부에 있는 초국경적 하천에서 부화하는 연어를 관리하기 위한 새로운 협의체의 설치를 의무화했다. 이 협의체는 어족자원 관리의 향상 및 서식지 복원, 과학적 연구협력에 자금을 지원하는 등의 일을 하도록 되어있다.

1999년 협정은 어획량 결정에 있어 보존의 문제를 전면에 내세웠으나,

1990년대 협력 실패의 원인이었던 미국 내 모든 이해당사자들 간의 합의에 기초한 의사결정 방식의 문제점에 대해서는 언급하지 않았다. '유콘강 연어협정'이 1985년 협정의 추가협정 형태로 2002년 12월에 서명되었다. 이 협정은 캐나다의 유콘강에서 태어난 연어 개체수의 보존에 초점을 두었다 (USDS 2002). 한편 지방정부의 시행 방법은 알래스카 어선 수를 줄이는 방안을 내놓게 되었고 (Juneau Empire 2004), 연어양식의 증가를 부추겼다. 그러나 예를 들면 기생충 감염의 위협 등과 같이 부화장에서 부화된 양식연어가 야생연어에 가할 수 있는 위협은 없는지 (Jones and Beamish 2011), 또는 이들을 야생으로 방생하는 것이 가능한지, 할당 목적을 위한 연어 개체 수 산정에 포함시켜야 할지 등에 관한 논쟁은 여전히 그대로 남아있다 (Wild Salmon Center 2004–2015).

수질 오염, 서식지 감소, 과다 어획, 댐건설과 운영, 관개나 기타 목적에의 용수 이용, 다른 어종과 질병, 기생충에 의한 포식, 기후와 해류의 변화 등과 같은 요인뿐만 아니라 부화장에서 부화된 연어가 야기하는 유전적, 생태적 위협으로 인해 미국과 캐나다 양국 모두에서 야생연어의 개체수가 계속적으로 감소하고 있다. 사람들의 연어소비 증가는 이 모든 문제들을 더욱 심각하게 만든다. 태평양 야생연어의 감소세를 반전시킬 수 있고 그들의 생존을 2100년까지 보증할 수 있는 현실적인 기술적 해결방안을 아직까지 어느 누구도 생각해내지 못하고 있다 (Lackey 2008).

1985년에 체결된 태평양연어협정은 2008년에 다시 수정되었다. 협정을 이끌어낸 태평양연어위원회(Pacific Salmon Commission)에 따르면, 새로운 협정은 "캐나다와 미국 양국 간 연어자원과 관련하여 과학적 연구에 근거를 둔 보존과 지속가능한 공유 방식에 있어서 중요한 진전을 의미한다" (Gadsden 2008). 비평가들은 이 협정이 포괄적인 접근에 실패했고 또 보존에는 거의 신경을 쓰고 있지 않다고 주장한다 (Trout Unlimited 2009). 그러나 수정 조항이 만들어진 후, 미국과 캐나다는 다른 종류의 연어로까지 협력을 확대해 나갈 수 있었으며 상업적 어업이나 원주민 어업에 대한 보다 명확한 어업규정을 만들었다. 그 결과 '전지구적 어획'률은 감소하였다 (NOAA 2014; PSC 2014).

현재의 레짐이 지속적으로 유지되어 향후에 완전한 협력을 통한 연어 개체수의 회복을 이끌어 낼 수 있을까? 캐나다와 미국은 정치적 협력을 통해 태평양 연어를 둘러싼 갈등을 '감당할' 수 있을지도 모르지만, 연어 개체수를 지속가능한 수준으로까지 성공적으로 되돌릴 수 있을지의 여부는 여전히 지켜봐야할 문제이다. 국가들이 자원의 보존을 위해 협력적으로 행동해야하는 지혜를 깨닫고는 있지만, 어느 국가도 협정을 준수하는 것이 악용되어 결과적으로는 그들의 연서국들이 협정조항을 비밀리에 속이거나 파기해온 것을 알게 되는 것을 원하지 않는다. 어느 누구도 속는 역할을 좋아하지 않는다. 마찬가지로 국가는 자신의 이익을 위해서만이 아니라 국민들의 이익을 위해서도 국가 경제를 유지시켜야 한다. 단지 다른 국가와의 수익 보조를 맞추기 위해 자국 어부의 수입가능성을 제한시키는(혹은 감소시키는) 것은 어려운 일이다. 이는 끔찍한 정치적, 경제적 결과를 초래할 수도 있다. 따라서 공익의 추구와 국가 이익 보호라는 양자 사이의 미묘한 갈등을 잘 조정해야 한다.

물

일반적으로 물은 재생가능자원으로 생각되어 왔다. 그러나 사실상 다시 채워지는 데 수 세기가 걸린다는 점을 생각한다면 지하수의 4분의 3은 재생불가능자원이라고 할 수 있다. 또한 예컨대 화학물질 유출로 인해 돌이킬 수 없는 상태로 오염된 물은 재생불가능한 자원으로 간주된다. 그 외에도 담수자원은 수년간 계속되는 가뭄으로 바닥날 수도 있다. 세계의 물 상황은 UN이 2003 세계담수의 해(International Year of Freshwater)를 공표하고 '물 난민(water refugees)'이라는 표현을 사용할 정도로 심각해졌다. 물의 절대적인 부족으로 인해 사회적, 경제적 파멸상태에 있는 인구수가 전세계적으로 무려 2,500만 명에 달한다.

지구상에 중동보다 물 상황이 더 심각한 지역은 없으며 앞으로 물과 관련한 갈등 가능성이 이곳보다 더 큰 지역도 없다. 여전히 이 지역은 세계에서 가장 건조한 지역이다. 물 부족은 이스라엘과 그 이웃 나라들 사이의 계속되는 갈등의 요인 중 거의 알려지지 않은 한 가지 요인이다.

중동의 국가들은 용수공급을 위해 거의 전적으로 주변 지역의 강들에 의존하고 있는데 그 강들 중 어느 것도 한 국가의 영토 내에서만 흐르고 있진 않다. 모든 음용수 식수원의 90퍼센트가 초국경적 하천으로 여러 나라의 영토를 거쳐 흐르고 있다 (Peterson 2000). 일반적으로 강의 상류에 있는 국가들이 좀 더 우위에 있는데, 그 이유는 이 국가들은 (댐을 통해) 물의 양을 통제하고 (자국의 산업 및 농업활동을 통해) 수질에 영향을 줄 수 있기 때문이다. 중동지역의 이와 같은 불균형이 초래한 한 가지 두드러진 결과는 이스라엘의 경우에는 완벽한 물 공급 체계를 완비하고 있는 반면에, 팔레스타인 지방과 요르단 지역은 식수부족을 겪고 있는 현실이다. 상류에 위치한 국가와 하류에 위치한 국가 사이의 이러한 불균형은 이미 갈등에 휘말린 지역의 분노와 실망감을 더욱 고조시킨다. 국가는 자국의 영토 내에 존재하는 수자원에 대해 절대적인 주권을 행사해야만 하는지 (하먼 독트린 [Harman Doctrine]) 또는 반대로 수자원의 사용이 다른 나라에게 악영향을 미쳐서는 안 된다는 원칙(유엔이 촉진한 '평등한 이용'의 원칙)을 준수해야 하는지 여부를 둘러싼 법적 논쟁이 국제적으로 확산되고 있다.

요르단강 유역. 중동에서의 물 문제는 미해결의 국경문제, 엄청난 인구증가, 감소하는 농업자원 그리고 산업화의 성장과 함께 뒤섞여 있다. 많은 사람들이 좁은 지역에서 함께 살면서 유한한 자원을 가지고 경쟁하고 있기 때문에, 서로 다른 종교와 언어, 그리고 문화적 전통이 갈등을 더욱 악화시키고 있다. 요르단강의 경우, 수 차례의 전쟁 후, 식민지 시대 영국과 프랑스가 강 주변 영토를 나눈 방식에 의해 상황은 악화되었다. 물 자원과 관련한 이 지역의 식민지 유산은 아주 복잡하게 얽혀있어, 물 문제는 갈등을 초래하지 않을 수 없었다 (Wolf 2000).

요르단강 유역의 물 문제는 복잡하게 얽힌 상류지역 국가와 하류지역 국가 간의 관계를 잘 보여주는 사례이다. 요르단강은 사해로 흘러들어간다. 강줄기를 따라 시리아, 레바논, 요르단, 이스라엘, 팔레스타인 등에 의해 공유된다. 요르단강은 도표 6.1에서 볼 수 있듯이 시리아 또는 레바논에서 발원한 3개의 지류를 포함한 총 4개의 지류와 본류로 구성되어 있다. 유량과 강의 길이에서 보면 요르단강은 그다지 크지 않은 강이다. 그러나 요르단강 유역에서의 정치적 긴장이 첨예하게 고조되면서 이곳은 초미의 관심 대상 지역이 되고 있다 (Dolatyar and Gray 2000).

20세기까지 요르단강은 주변 지역의 물 수요를 충당할 수 있었다. 이 지역 인구의 급격한 증가(19세기 후반 50만 명 이하에서 21세기 초 1,000만 명 이상으로 급증)는 요르단강 유역에 긴장을 고조시켰다 (Amery and Wolf 2000; Dolatyar and Gray 2000; Yaghi 2004). 상류에 위치한 시리아와 레바논은 요르단강으로부터 자국이 사용하는 물의 5퍼센트 정도만을 얻는다. 그러나 요르단은 심각한 물 부족을 겪고 있으며, 물 수요를 충족하기 위해 요르단강과 그 지류중 하나인 야르무크(Yarmouk)강에 크게 의존하고 있다. 이스라엘은 상류로부터 자국이 사용하는 물의 약 3분의 1을 얻고 있으며 요르단강과 요르단강 서안지구 아래에 존재하는 대수층(물을 저장할 수 있는 지하에 있는 지질학적 구조)으로부터 얻을 수 있는 물을 팔레스타인들이 이용하지 못하도록 엄격하게 제한하고 있다 (Dolatyar and Gray 2000; Deconinck 2004). 팔레스타인은 세계보건기구가 제시한 최소기준인 1인당 1일 용수 공급량 100~150리터를 만족시킬 만큼 충분한 용수공급을 확보하고 있지 못하다 (Amnesty International 2009; Lendman 2014). 물 부족으로 인한 이 지역의 환경적인 압박감 때문에 사해는 연간 수심 1m씩 줄어들고 있다 (LaFond 2015).

계속되고 있는 정치적 적대감으로 인해, 독단적인 행동만이 개별 국가들이 물을 확보하기 위해 취할 수 있는 유일한 전략으로 여겨졌다. 요르단강 유역에 위치한 (강변)국가들은 다른 국가들의 수요는 아랑곳하지 않고 자국이 필요로 하는 만큼의 물을 충분히 사용하려고 하였다. 이는 종종 무력을 포함한 것이었다. 물이 중동의 분쟁을 지속시키든 혹은 다른 잠재된

도표 6.1 요르단강 유역

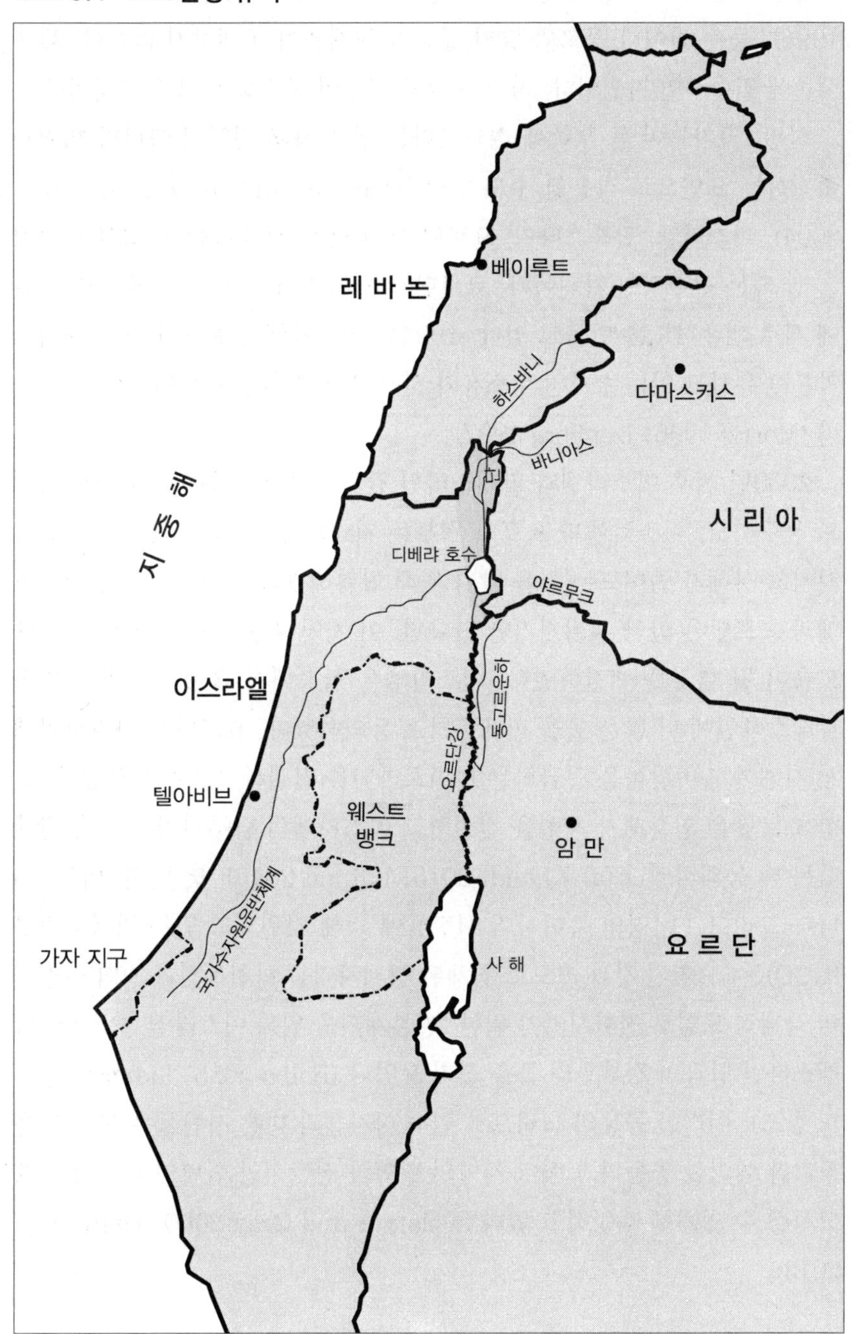
베이루트
레 바 논
하스바니
다마스커스
바니아스
단
지 중 해
시 리 아
디베랴 호수
야르무크
이스라엘
동고르운하
요르단강
텔아비브
웨스트
뱅크
암 만
국가수자원운반체계
요 르 단
가자 지구
사 해

긴장을 반영하든지 간에 정치적 상황을 악화시킨 것은 분명하다 (Morris 1996). 물은 면이나 양모와 달리 실용적 대체품이 존재하지 않는다. 물은 생존에 필수적인 자원이다. 따라서 물은 협정이 불가능한 자원인 것이다.

한편, 국가들이 물 부족에 취약하다는 점은 향후 전쟁이 아니라 협력을 촉진하는 요인으로 작용할 수도 있다 (Dolatyar and Gray 2000; Coles 2004). 이스라엘, 팔레스타인, 요르단 등의 입장에서는 요르단강은 없어서는 안 되는 필수적인 자원이다. 요르단강은 이들 세 국가가 강의 관리 때문에 서로 의존하도록 만들고 있다. 1994년 이스라엘과 요르단 간의 평화조약은 공유하고 있는 수자원의 소유와 사용에 대한 희망적인 내용을 담고 있다 (Morris 1996; Izenberg 1997).

2000년 이후 이스라엘과 팔레스타인 간의 폭력적 갈등이 증가하였음에도 불구하고, 이스라엘과 요르단 정부는 지역의 물 수요를 확실하게 충족시키고 사해가 줄어드는 것을 막기 위해 협력해왔다. 2015년 2월, 이스라엘과 요르단은 만약 지켜지기만 한다면, 이 지역의 물 위기를 완화하는 데 도움이 될 협정을 체결하였다. 이스라엘은 협정에서 요르단 북부 지역과 팔레스타인에 더 많은 물을 판매하기로 동의하였다. 요르단은 아카바만에서 사해까지 바닷물을 공급하는 파이프라인을 건설하기로 동의하였다. 또한 요르단은 염분제거 시설을 건설하고 이스라엘의 남부지역에 물을 판매하는 데 동의하였다 (al-Khalidi 2015; Lafond 2015). 몇 달 후 미국, 캐나다 그리고 114명의 북미지역 시장들에 의해 지원되고 있는 비정부기구(NGO)는 "오염된 강과 고도로 침체된 경제지역을 하천복원과 지역 안정성의 국제적 모델로 전환시키기 위한" 기본계획을 위해 이스라엘, 요르단, 팔레스타인 당국의 정부관리 들을 불러 모았다 (Balbo 2015; Lidman 2015 도 참조). 이러한 공동의 노력으로 인해 학자들과 다른 사람들은 물 자원을 둘러싼 이러한 공동의 노력이 지역의 평화와 전반적인 협력의 가능성을 제고시킬 수 있기를 희망하고 있다 (Dolatyar and Gray 2000; Hamrouqa 2013).

광물

광물은 재생불가능자원이다. 광물들이 재생되기 위해서는 지구의 맨틀과 지각에서 수많은 세월에 걸친 자연적인 지질 작용이 요구된다. 지표면 위 혹은 근처에 있는 광물들은 동식물의 성장에 필수적인 영양소와 환경을 제공한다. 따라서 광물은 역사적으로 인간사회의 발전에 핵심적 요소였다. 실제 인류의 시대는 광물자원의 사용으로 구분된다 (예를 들면 석기 시대, 청동기시대, 철기시대).

광물은 재생불가능한 자원이기 때문에, 광물 대부분의 형성과정은 인간의 노력으로 시작되거나 촉진될 수 없다. 따라서 광물은 재생자원보다 훨씬 쉽게 막대한 결핍이 발생할 수 있다. 그리고 이러한 결핍은 여러 가지 원인으로 경쟁과 갈등을 초래한다.

첫째, 광물은 기존의 자원을 보유하고 있는 국가들의 입장에서 매우 소중하게 여겨질 수 있다. 지리적으로 이런 광물들이 매장되어 있는 지역을 지배하는 나라들(혹은 가끔은 ISIS와 같은 비국가행위자들)이 얻게 되는 정치적 영향력은 지정학이라는 개념을 잘 설명해 준다. 다른 나라로부터 광물자원을 수입해야만 하는 나라들은 종종 그 광물들을 제공하는 나라나 정부의 요구를 수용하는 방향으로 정책을 조정한다. 그렇게 하기를 거부하거나 할 수 없는 곳에서는 광물자원을 확보하기 위해 많은 전쟁과 정복 행위가 발생하였다.

둘째, 경제발전과 함께 광물에 대한 수요가 증가하고 있다. 더구나 시장의 글로벌화는 그 광물들에 대한 수요가 증가함에 따라 정치적, 사회적 차원의 국제적인 결과를 가져왔는데 이는 광물자원 무역거래는 매우 높은 이윤을 가져다주며, 특히 해당 광물이 희귀한 경우 엄청난 이윤 추구의 기회를 제공한다는 점이다. 또한 지속적인 기술개발로 인해 오래된 자원들에 대한 새로운 사용방법이 발견될 수 있으며, 이는 결국 해당 자원의 가치를 급격히 높인다.

마지막으로 광물들은 재생불가능자원이기 때문에 채굴량이 증가함에 따라 매장량은 감소한다. 막대한 수요 속에 광물들의 희소성이 커지면서 종국에는 폭력사태가 유발되기도 한다.

광물자원을 둘러싼 무력충돌이 국가들 사이에서, 민간군사조직들과 국가 정부들 사이에서 그리고 국가 내부의 서로 다른 민간군사조직들 사이에서 발생하였다. 이러한 분쟁은 종종 인권 유린이나 난민이 발생하는 상황을 초래할 수 있으며, 이러한 상황은 다른 나라 혹은 초국가적 기구들이 개입하게 만든다. 그러므로 재생불가능한 자원이 명확하게 어떤 한 국가의 영토 내에 소재하는 경우조차도 그 자원은 여전히 국경 안에서 국내적으로 또는 국경을 넘어 국제적으로 폭력분쟁을 일으키는 구성요인이나 원인이 될 수 있다.

모든 희귀한 광물이 반드시 국내적으로 혹은 국제적으로 분쟁을 촉발하는 원인으로 작용하는 것은 아니라는 점에 유의해야 한다. 희귀성이 분쟁으로 분출될지의 여부를 결정하는 두 가지 핵심 요인은 서로 경쟁 상태에 있는 당사자들이 협력하거나 타협하고자 하는 의지를 갖고 있는지의 여부와 협력을 강제할 수 있는 지배적인 권한 구조이다. 예를 들어, 허약한 정부는 국가 내부에서 무장한 민간군사조직들이 생겨나는 것을 막을 수 없다. 이런 민간 군사조직들은 국제사회로부터 정통성을 갖춘 권력집단으로 거의 인정받지 못하며, 흔히 타협적 성향이 아닐 뿐 아니라 타협에 대해 흥미도 없다. 그들의 동기를 바꾸려는 노력이 없다면 협상을 통해 성공을 거둘 확률 또한 줄어들게 된다. 심지어 정통성을 갖춘 강력한 정부를 갖고 있는 나라들에서조차 지도자들은 타인과 타협할 수 없게 만드는 종교적 혹은 이념적 신념의 차이로 인해 여전히 대화 자체를 거부할 수 있다. 이러한 경향의 많은 부분은 오늘날 아프리카 콩고 지역에서 확인할 수 있다.

콩고 분쟁. 콩고강 유역은 항상 풍부한 천연자원을 가지고 있으나, 또한 결과적으로 폭력으로 얼룩진 역사를 가지고 있다. 1800년대 말 벨기에가 지금 콩고민주공화국(DRC: Democratic Republic of Congo)으로 알려진 이 지역을 식민지로 삼기 시작하면서 유럽인들의 관심은 콩고의 자원에 집중되었다. 이 지역의 광물자원을 둘러싼 갈등이 발생하기 전에, 고무는 자전거와 그 후 자동차의 바퀴 생산으로 인해 그 사용량이 증가하면서 식민통치 기간 동안 아주 값진 상품이었다. 콩고는 1885년에 벨기에의 레오폴드 왕에게 '바쳐졌는데' 그는 그 땅에서 가능한 많은 고무를 얻어내기 위해 노력하는 과정에서 23년간 1,000만 명 이상의 목숨을 빼앗았다.

고무로 인한 이 폭력은 이 지역에서 발생한 국가자원을 둘러싼 분쟁의 최초 사례라고 할 수 있다. 비록 고무는 시간이 지나면 재생이 가능한 자원이긴 하지만, 이런 상황은 어떻게 해서 심지어 재생가능한 자원조차 재생불가능한 자원처럼 여겨질 지경까지 과잉 개발될 수 있는지를 보여준다. 자연이 생성해내는 속도보다 더 빠른 속도로 고무가 채집되기 때문에 고무는 희소해지게 되고 결국에는 재생불가능자원과 유사한 방법으로 분쟁을 촉발한다.

현재 콩고에서 분쟁의 원인이 되고 있는 광물로는 주석, 텅스텐, 탄탈륨 그리고 금 등을 들 수 있다. 이러한 재료들은 일상에서 사용되는 전자제품과 기술에 사용되며, 특히 지구의 북반구에서 사용된다. 탄탈륨은 전기를 저장하므로 휴대폰과 같은 물건들을 충전할 수 있게 해준다. 텅스텐은 휴대폰에 진동기능을 제공한다. 주석은 회로기판의 납땜 재료로 쓰이며, 금은 사실상 모든 전자장치의 내부 전선의 피복제로 쓰인다. 휴대폰, 노트북 컴퓨터, 아이팟, MP3 플레이어, 게임기 등이 이를 사용한 완제품이다. 이러한 광물들의 경제적 가치로 인해 국제사회가 심각한 인권 침해와 환경약탈을 초래하는 시스템을 유지하는 데 무심코 기여하고 있는 셈이다.

1960년 콩고민주공화국(DRC)이 독립을 획득한 이래, 특히 이러한 자원들에 관심이 많았던 외국인들은 콩고 내부의 분쟁을 악용했다. 게다가 중앙아프리카공화국, 우간다, 르완다 그리고 앙골라의 분쟁은 콩고로까지 번졌으며 콩고 자체의 내전의 양상을 더 복잡하게 만들었다. 콩고가 보유한 풍부한 자원을 통제하거나 그런 자원들을 경쟁 상대들에게 넘겨주길 거부하고자 하는 다양한 당사자들의 욕망이 적어도 부분적으로는 이런 분쟁들에 영향을 미쳤다. 특히 채굴된 광물들이 과거와 현재의 분쟁에 필요한 자금을 대고 있기 때문에 이러한 경우에 갈등을 부추기는 것은 생존을 위한 광물자원의 필요성이 아니라 그들의 경제적 가치이다 (Enough Project n.d.).

무장반군들은 2008년에만 이런 불법적 광물거래를 통해 1억 8,000만 달러 정도를 벌어들였다. 이러한 돈은 종종 현재 진행 중인 폭력적 분쟁을 위한 무기를 구매하는 데 쓰이고 있다. 레오폴트왕이 고무라는 미명하에 인권 유린을 저지른 경우와 똑같이 이들 반군들은 극단적인 인권유린 범죄를 너무 자주 저지르고 있다.

'콩고의 위기'는 제2차 세계대전 이후 인류가 경험한 가장 참혹한 분쟁으로 회자되었다. 국제구호위원회(International Rescue Committee)에 따르면 1998년~2007년 사이에 콩고에서는 500만 명 이상이 사망했다 (Gettleman 2012). 정전협정에도 불구하고, 여전히 많은 콩고인들이 보건·경제·교육시스템의 붕괴로 매년 죽고 있으며 이는 무고한 시민들의 고통을 가중시키고 있다. 유엔 난민기구(UNHCR: United Nations High Commissioner for Refugees)에 따르면, 콩고 동부에서 현재까지 진행되고 있는 분쟁으로 인해 콩고 주민 중 270만 명 이상이 쫓겨났다 (UNHCR 2015b). 많은 사람들이 고문, 죽음, 부당한 감금, 강간, 노예 살이 혹은 강제 징병으로부터 벗어나기 위해 자신들의 집에서 도망쳤다. 애석하게도 두려움을 피해 인접국가로 달아난 많은 사람들도 난민 허용 국가들이 새로운 난민의 증가에 따른 즉각적인 요구를 충족시킬 만한 수용시설을 갖추고 있지 못하기 때문에 별로 나아진 것이 없다. 게다가 도망치는 사람들을 따라 폭력과 전쟁이 인접국가까지 번질 수도 있다. 2014년에 유엔은 콩고민주공화국과 접경한 9개국 즉 앙골라, 브룬디, 중앙아프리카공화국, 콩고공화국, 르완다, 남수단, 탄자니아, 우간다 그리고 잠비아에 50만 명 이상의 콩고 난민이 살고 있다고 보고하였다 (AMC 2014). 난민들의 사연, 특히 여성과 아동들의 이야기는 소름이 끼칠 정도이다.

수많은 비정부기구들이 이런 폭력을 중단시키고 희생자들을 돕기 위해 콩고 지역에서 활동하고 있지만, 폭력을 종결시킬 또 다른 접근방법은 분쟁을 부추기는 그러한 자원들을 구입하지 않는 것이다 (Mowjee 2008). 이런 '분쟁 광물 미사용(conflict-free)' 운동은 20세기말 라이베리아, 시에라리온, 앙골라, 콩고민주공화국 등에서 발생했던 유사한 폭력분쟁과 내전들을 부추겼던 다이아몬드의 구매를 중단시키기 위해 활동가와 비정부기구들이 전개했던 '피의 다이아몬드(blood diamond)' 반대운동과 유사하다 (Global Witness n.d.). 그러나 이런 접근방법이 갖는 가장 큰 난관 중 하나는 각 광물과 광석들이 원래 어디에서 생산된 것인지를 추적하기가 쉽지 않다는 점이다. 그것들은 무장군사조직에 의해 콩고 밖으로 몰래 밀수되어 우간다와 르완다 같은 인접국에 밀수출되고 있다. 그 광물들은 다시 중국, 태국, 인도, 말레이시아 등지의 제련회사로 밀수되거나 수출되는데 그곳에서 세계 여러 국가에서 생산된 유사 광물들과 섞인다. 그 다음엔 최종적으로 우리가 쓰는 전자제품의 부품이 된다 (Enough Project n.d.)

이러한 자원의 원산지를 추적하는 데 존재하는 현실적인 어려움에도 불구하고 이를 해결하기 위한 몇몇 조치들이 취해지기도 했다. 2010년 7월 미국의회는 도드 프랑크 월 스트리트 개혁 및 소비자 보호법(Dodd-Frank Wall Street Reform and Consumer Protection Act)을 통과시켰다. 이 법의 한 조항은 기업들로 하여금 자사가 사용하는 자원의 원산지를 추적해서 콩고와 같은 분쟁지역에서 생산된 자원은 반드시 공개하도록 요구하고 있다. 이 법은 광물의 공급사슬(supply chain)에 대한 독립적인 기관의 감사 결과를 미국 증권거래위원회(US Security and Exchange Commission)에 보고할 것을 요구하고 있다. 이 법은 2012년에 집행되었다. 집행비용은 대략 2014년에는 1억 4,000만 달러로 법안에 반대한 로비스트들이 추산한 40~50억 보다 훨씬 적은 금액이다 (Enough Project 2015).

자원 손실과 폭력 투쟁

자연자원을 둘러싼 분쟁이 필연적으로 폭력에까지 이르는 것은 아니다. 적어도 한 쪽이 타협보다는 폭력을 통해 더 나은 결과를 얻게 될 것으로 기대할 때 폭력으로 귀결된다. 소유권이 명확하게 규정된 국가자원은 자원의 개발 주권을 둘러싼 분쟁을 감소시킬 수 있지만, 초국경적 자연자원은 주권 주장으로 인한 다툼이 발생할 수 있다. 재생불가능자원은 고도의 이해관계에 놓여있지만, 자원의 재생 정도와 재생 비율은 분쟁의 심각성을 완화시킬 수 있다. 그러나 다양한 요인들로 인한 환경파괴와 자원감소 추세뿐 아니라 자연자원을 놓고 서로 갈등하는 분쟁 당사국들 간의 기존 관계 및 세력균형과 같이 반드시 고려해야만 하는 다른 중요한 요인들이 항상 존재한다.

역사적으로 국가 간의 분쟁들은 석유나 광물과 같은 재생불가능한 자원을 놓고 발생하였다. 재생가능자원을 둘러싸고 국가간 폭력적 분쟁이 일어난 경험적 증거들은 거의 발견되지 않았지만, 담수자원은 최근 일부 국가 간의 분쟁을 유발시키는 핵심요인이 되었다. 토마스 호머-딕슨(Thomas Homer-Dixon 1991, 1994, 1999)은 현대의 분쟁 요인으로 환경문제를 거론하고 있다. 그는 증가하는 자원부족으로 인해 빈곤이 심화되고, 대규모의 이민이 발생하며, 첨예화된 사회 분열이 일어나고 기관이 약화되는 그러한 역사적 분쟁들과는 질적으로 다른 분쟁을 말하고 있다. 이들 분쟁들은 모두 폭력과 연관된다.

더구나 환경안보학자들은 재생가능자원의 희소성이 폭력분쟁을 야기하는 간접적인 수단이 될 수 있음을 강조한다. 자원의 감소나 고갈은 대규모 인구이동을 초래할 수 있다. 생태적 이주자와 난민들이 발생하게 되면 이들은 자연적으로 기존의 집단 정체성 분쟁과 교감하게 되고, 그것은 다시 국내적으로 폭력분쟁을 불러올 수 있다. 이런 국내 분쟁들은 국가 간 분쟁으로 번져나갈 수 있다. 시리아 난민 위기는 시리아 난민 스스로가 요르단의 용수 부족을 악화시키고 있다는 점에서 다소 다르다.

유엔 환경프로그램(UNEP)은 물론 반기문 유엔 사무총장 (Ban 2007; Borger 2007)도 수단 다르푸르 지역에서 현재까지 벌어지고 있는 분쟁을 환경분쟁으로 규정하였다 (Ban 2007; Borger 2007). 유엔 환경프로그램의 경우 다르푸르 분쟁을 작물 감소 및 목초지 감소와 연결시키고 있으며 궁극적으로는 기후변화와 연결시키고 있다 (UNEP 2007). 사막화가 목초지에 사는 아랍계 수단인들로 하여금 남쪽으로 이동하게 했으며, 이들은 수단의 다르푸르지역에 살고 있던 아프리카 농민들이 경작하던 땅을 침범하였다. 이 두 인구집단 간의 분쟁은 결국 분리주위 단체인 수단인민해방군(SPLA)이 경찰서와 수단정부를 공격하는 사태로 이어졌다. 이미 다른 분쟁들에 직면하고 있던 수단 중앙정부는 무장을 선택했고 아랍 잔자위드 민간군사조직의 창설을 부추겼다. 이 잔자위드 민간군사조직들은 유목민 공동체들이 분리주의자들을 대놓고 지지한데 대한 보복의 일환으로 유목민 공동체들을 공격목표로 삼았다. 이 경우 인접국(차드와 리비아)의 활동에 따른 복잡한 상호작용, 중앙 수단에 유리한 방향으로 다르푸르 지역의 경제가 장기적으로 위축된 점, 그리고 가장 중요한 요소로써 폭력 분쟁을 조장한 수단 정부의 행동 등과 같은 부가적인 요인이 대단히 중요하다 (de Waal 2007). 그러나 토지를 놓고 다투는 인구집단 사이에 발생한 긴장관계의 원인으로 사막화가 중요하다는 사실을 반박하기는 어렵다. 자원의 희소성이 항상 폭력 분쟁을 야기한다고 말하는 것은 정확하지 않지만 희소한 자원을 놓고 벌이는 경쟁은 인구집단들 간에 발생하는 분쟁의 근본원인으로 작용할 수 있다.

만약 자원경쟁이 전쟁의 개시를 부추긴다면, 자원고갈 역시 전쟁의 결과일 수 있다. 전쟁의 대가는 종종 인명이나 경제적 기회의 손실로 측정된다. 그러나 또 다른 전쟁의 '참화'는 자연자원의 가용성과 질의 손실 혹은 축소일 수 있다. 무엇이든 전쟁행위로 간주되어 전투지역에 있는 농장과 작물들이 파괴될 수 있고 (도로, 철도, 공항 및 수상운송과 같은)자원전달체계가 피해를 입을 수도 있으며, 작물의 파종이나 수확을 빠뜨릴 수도 있고, 자원에 대한 접근이나 추출이 의도적으로 방해를 받을 수도 있다. 1991년 걸프전이 끝날 무렵에 행해진 이라크 유전 파괴가 바로 이런 사례이다.

이라크는 1990년 4월 2일 쿠웨이트를 침공했다. 그 침략은 바트당이 이끄는 이라크와 쿠웨이트 에미레이트 사이에 발생한 논쟁의 세 가지 이슈 때문이다. 쿠웨이트는 이란에 대항한 8년전쟁 후에 이라크가 쿠웨이트에게 진 엄청난 규모의 부채를 탕감해 주지 않았고, 석유수출국기구(OPEC: Organization of Petroleum Exporting Countries)가 정해 놓은 석유생산쿼터를 초과했으며, 국경을 넘는 경사천공(slant drilling)방식으로 이라크 루마일라 유전의 석유를 "훔쳤다"는 것이다 (Hayes 199). 그 전쟁의 물리적 전투는 두 달도 채 되지 않게 이어졌지만 그 전쟁은 엄청난 환경피해를 초래했다. 이라크는 쿠웨이트로부터 철군하면서 "10만 배럴 이상의 석유를 걸프만에 내버렸다" (McCarthy 2010). 이외에도 600개 이상의 석유와 천연가스 유정이 불태워졌다 (TED 2000). 그 불은 꺼질 때까지 10달 동안이나 타올랐다 (Shubber 2013). 도합 15억 배럴의 석유가 환경으로 유출되었다. 이 글을 쓰고 있는 현재를 기준으로 그것은 인류역사상 가장 큰 석유유출이다. 비극적이게도 그것은 패퇴 중에 있는 국가에 의해 자행된 의도적인 전쟁행위였다.

쿠웨이트 유전 방화의 환경적 충격은 엄청난 것이었다. 약 2만 5,000마리의 철새들이 석유나 오염된 공기에 노출되어 죽었다 (Barkham 2010; TED 2000). 어떤 경우 깊이가 1미터가 넘는 석유호수들이 쿠웨이트 영토의 50평방킬로미터를 덮어버렸는데 그 중 몇 개는 지역의 급수시설에까지 삼투해 들어갔다 (Enzler 2006). 페르시아만 해안선 400마일 이상이 석유로 뒤덮여 결국 지역의 수상 및 해양 생물의 박멸을 초래했다 (TED 2000). 페르시아만 석유 제거를 위한 국제적 협력에도 불구하고 2012년 100만 배럴 이상의 석유가 페르시아만에 (제거되지 않은 채 – 역자 주) 남아있는 것으로 추정되었다 (Gray 2012). 지역의 경제적 환경적 기반시설에 피해를 입힌 것 외에도 쿠웨이트에서 암발생률의 증가가 1991년 이라크가 자행한 유전방화 때문인 것으로 여겨져 왔다 (Chilcote 2003).

지속가능성에 대한 요구

이 장에서 제시된 사례연구로부터 배울 수 있는 몇 가지 교훈들이 있다. 생존을 위해 자원이 필요한 때 자원을 둘러싼 갈등이 일어날 수 있다. 또한 정치권력과 관련되거나 전쟁비용을 조달하는 데 사용되는 부를 생산할 수 있을 때 자원이 갈등의 원천이 될 수 있다. 또 다른 교훈은 자원의 상실이나 오염이 갈등의 원인과 관련되어 있기도 한 반면 또한 그것은 갈등에 의해 악화되기도 한다. 자원은 물리적인 전투행위와 공간적으로 관련되기 때문에 우연히 피해를 입거나 파괴될 수 있지만 또한 고의적인 태업이나 파괴로 인해 사라질 수도 있다.

극심한 경쟁을 피할 수 있을 정도로 충분한 공급이 이루어지도록 자원들이 스스로를 재생산해낼 수 있을 경우 재생자원을 둘러싼 갈등이 덜 일어난다. 자원이 국제적인 국경을 넘어서지 않을 때 소유권과 사용권에 대한 문제가 더 적기 때문에 국가자원을 둘러싼 갈등 또한 덜 일어난다. 자원의 대체불가능성, 희소성, 재생불가능성, 이해당사자들 간의 불신이나 초국경적 위치와 같은 요인들이 존재할 때 갈등, 특히 폭력적인 갈등이 더 일어나기 쉽다. 뿐만 아니라 비재생자원은 물론 재생자원에 대한 경쟁까지도 그런 자원들이 고갈될 땐 갈등으로 이어질 수 있다.

갈등을 피하기 위해서는 자연자원을 더 지속가능한 방법으로 사용해야만 할 것이다. 남반구에 있는 국가와 주민들에게 있어서 지속가능성이란 인간의 기본적 욕구를 충족시킬 수 있도록 수자원을 공유하는 새로운 방법을 개발하고 기후변화를 심화시키지 않는 개발을 수행할 수 있게 하는 에너지원을 찾는 것처럼 현재 자원을 고갈시키는 개발방식을 대체할 대안을 찾는 것을 의미한다. 북반구 국가들에게 있어 지속가능성이란 지구상의 다른 지역 사람들이 건강하고 안전한 삶을 누리는 데 필요한 최소 수준까지 소비를 늘릴 수 있도록 하기 위해 '생태적 여지(ecological space)'를 창출하고자 일반적으로 자신들의 소비를 줄이는 것이다. 전세계 인류의 기본적인 욕구를 충족시킬 수 있는 정책을 개발하기 위해서는 남반구와 북반구 모두가 함께 협력해야만 한다.

토의주제

1. 수자원 부족을 해결하는 데 시장주의적 해결방식이 적합한가?
2. 연어는 매우 중요한 자원인가?
3. 자연자원을 보전하고 이용하는 데 있어서 기술의 발전이 갖는 역할은 무엇일까?
4. 자연자원이 현재의 중동분쟁에 어떤 영향을 미치고 있는가? 이스라엘과 요르단의 협력을 위한 노력은 양국 간의 물로 인한 긴장을 완화시키기에 충분한가?
5. 전쟁의 결과로 자연자원이 피해를 입거나 파괴되게 하지 않도록 보장하기 위해서는 국제사회가 어떤 조치를 취해야만 할 것인가?
6. 국가의 안보정책에서 환경안보를 다루어야 할까?

추천 문헌

Cone, Joseph (2014) *A Common Fate: Endangered Salmon and the People of the Pacific Northwest*. New York: Holt.

Homer-Dixon, Thomas F. (2010) *Environment, Scarcity, and Violence*. Princeton: Princeton University Press.

Klare, Michael (2012) *The Race for What's Left: The Global Scramble for the World's Last Resources*. New York: Picador.

Knight, Sunny (2000) "Salmon Recovery and the Pacific Salmon Treaty." *Ecology Law Quarterly* 27, no. 3.

Mikhail, Alan (2012) *Water on Sand: Environmental Histories of the Middle East and North Africa*. New York. Oxford University Press.

Moss, Todd (2012) "The Governor's Solution: How Alaska's Oil Dividend Could Work in Iraq and Other Oil-Rich Countries." Washington, DC: Center for Global Development.

Negewo, Bekele D. (2012) *Renewable Energy Desalination: An Emerging Solution to Close the Water Gap in the Middle East*. World Bank.

Petiere, Stephen C. (2004) *America's Oil Wars*. Westport: Praeger.

Chapter 7

건강 보호

중국에서 나비의 날개 짓이 뉴잉글랜드 지방의 날씨에 영향을 미친다. 이러한 생각은 나비효과로 알려져 있다 (NECSI 2011). 글자 그대로 해석한다면, 이 개념은 말도 안 되는 억지이다. 그러나 우리는 한 나라에서 일어난 작은 사건이 어딘가 다른 나라에 큰 영향을 미칠 수 있다는 사실을 갈수록 더욱 깨닫고 있다. 이와 같은 발상은 글로벌 보건에 있어서 성장하고 있는 개념, 즉 글로벌 보건 문제에 대한 통합적인 학제간 접근법을 강조하는 틀과 일치한다. '하나의 의학, 하나의 건강' 접근방식은 세상의 모든 것이 서로 연관되어 있음을 알고 있다 (Kahn, Clouser, and Richt 2009).

최근의 사례는 이런 생각을 두드러지게 한다. 기니의 삼림 벌채는 도시 인구의 증가와 치명적인 바이러스가 숨어있는 과일박쥐 간의 상호작용을 증가시켰다. 에볼라 전염병이 출현했다 (Saéz et al. 2015). 많은 전염병은 인수공통으로 발생한다. 즉, 동물에서 나온다. 최근 연구는 소 백혈병 바이러스에의 노출과 인간의 유방암 사이에 연관성이 있을 수 있다고 주장한다

(Buehring et al. 2015). 또 다른 잘 알려진 예로 '조류' 독감이 있다. 야생 조류가 사람이 키우는 가금류(그리고 몇몇 경우에는 사람)를 감염시킨다. 지리적으로 어느 한 곳의 요인이 우리 세계 전체에 영향을 미친다. 동물 건강 문제는 인간 건강 문제와 얽혀있다. 환경변화는 우리 모두에 영향을 미친다.

2000년 미국 뉴욕 소재 유엔본부에 모인 전세계 지도자들은 2015년까지 달성해야할 8개의 목표인 '새천년개발목표(Millennium Development Goals)'를 채택했다. 각각의 8가지 목표 모두 건강·질병과 관련이 있지만, 그 중 5가지 목표는 직접적으로 글로벌 보건문제의 완전한 해결과 관련이 있다.

- 5세 이하 아동사망률을 3분의 2로 줄임
- 모성사망률을 4분의 3으로 줄임
- 후천성면역결핍증(HIV/AIDS)의 확산을 방지 또는 감소추세로 전환. 말라리아 및 여타 주요 질병의 발병을 억제 또는 감소추세로 전환
- 안전한 식수를 이용할 수 없는 사람들의 비율을 절반으로 줄이며, 최소한 1억 명의 빈민가 거주자의 생활을 크게 향상시킴 (후자는 2020년까지 달성)
- 개발을 위한 글로벌 파트너십 구축. 이의 일환으로 개도국에 필요한 기초약품을 얻을 수 있는 기회 제공 보장

2015년 새천년개발목표는 재평가되었다. 여기에 나열된 다섯 가지 목표 중 가장 크게 개선된 것은 5세 미만 아동의 아동사망률을 줄인 것이었다. 1990년 이후 사망률은 절반 이상 감소했다. 그러나 이러한 개선에도 불구하고 2/3 감축 목표는 달성되지 않았다. 이에 따라 1990년 이래로 다른 목표들도 상당 부분 개선되었지만 1990년에 수립된 원래의 목표에 미치지 못했다.

산모사망률은 전세계적으로 약 45퍼센트 감소했다. 산모사망률이 감소했을 뿐 아니라 훈련된 의료 전문가의 도움을 받은 신생아수는 12퍼센트 증

가했다. 또한 에이즈와 말라리아 전염이 현저히 감소했다. 에이즈의 확산이 멈추지 않고 있지만, 보고된 사례 수는 약 40퍼센트 감소했다. 또한 항레트로바이러스 치료제가 약 760만 명의 목숨을 구했다 (UN 2015a). 말라리아의 경우도 크게 감소했다. 말라리아의 영향을 크게 받는 나라에서 살충제 처리한 모기장의 보급이 확대되었기 때문이다. 1990년 이래 이러한 보건진료 및 의약품에 대한 접근성의 증가가 사망자의 감소에 큰 도움이 되었다.

또한 물의 가용성을 높이는 데 성공했지만, 새천년개발목표에서 원하는 수준까지는 이르지 못했다. 현재 거의 26억 명의 사람들이 안전한 식수를 이용할 수 있게 되었지만, 많은 사람들은 여전히 안전하지 못한 식수에 의존할 수밖에 없다. 필수의약품이 필요한 사람들을 위해 비용과 장벽을 낮추는 글로벌 협력의 개발도 마찬가지이다. 이러한 건강 목표를 수립한 이후로 많은 개선이 이루어졌지만 개발도상국에는 해야 할 일이 여전히 많이 남아있다 (UN 2015a).

질병의 원인은 무척 다양하며, 지리적·문화적으로 보건상태 악화의 유형과 원인은 다르다. 북반구 및 서반구 대부분 지역에서 말라리아는 사라졌다(비록 2003년 8건의 발병 사례가 미국 플로리다에서 발견되었지만). 왜냐하면 말라리아원충을 옮기는 모기가 활동하기에는 날씨가 너무 춥거나, 아니면 그런 모기가 박멸되었기 때문이다. 일본과 나이지리아에서는 대장암 발병 사례가 매우 적다. 아마도 식습관과 생활방식에서 그 이유를 찾을 수 있을 것이다 (Sung et al. 2005). 기생충 감염으로 걸리는 강변실명증(river blindness, 회선사상충증)은 주로 아프리카, 중남미, 예멘 등에서만 발병하고 있으며, 다른 지역에서는 발견되지 않는다. 다발성 경화증(multiple sclerosis)은 북반구 및 남반구의 최북단지역에서 주로 발견되는데, 유전적 환경적 요인이 발병 원인이다 (Rose, Houtchens, and Lynch n.d.).

전쟁지역의 보건상태는 특히 열악하다. 전투를 하는 군인의 보건상태보다 오히려 여성과 아동의 보건상태가 더 나쁘다. 현대전쟁에서는 여성과 청소년 및 아동이 가장 많이 죽는다. 즉, 실제 전투에서 죽는 군인의 수보다 전쟁 기간 동안 목숨을 잃는 민간인의 수가 더 많다. 분쟁기간 동안 발생한 피난민의 80퍼센트가 여성과 청소년 및 아동이다. 피난생활은 영양실조, 질병에 대한 면역력 약화, 정신질환 문제 등으로 이어진다. 시리아와 다른 중동국가에서 도망 나온 난민들은 이러한 문제를 많이 경험하였다.

의료서비스 및 치료를 받을 수 있는 기회 또한 국가마다 천차만별이다. 12개 이상의 국가들의 경우 인구 1만 명당 의사 수가 0.5명 미만이며, 카타르(77명), 모나코(71명), 쿠바(67명)는 인구 1만 명당 가장 많은 수의 의사를 갖고 있다 (WHO 2015e). 많은 개발도상국에서는 주민들이 누릴 수 있는 대부분의 의료서비스 및 치료를 간호사와 마을 보건소 직원이 제공한다. 사람들은 병원이나 보건소까지 이동하는 것이 어렵고 치료비를 감당할 능력이 없어서 치료를 포기한다. 이는 개발도상국뿐 아니라 선진국에서도 볼 수 있다. 사람들이 정기적으로 진료를 받지 못하여 병이 악화되고 나면, 그나마 치료를 통해 병을 고칠 수 있는 상태인 경우 어쩔 수 없이 극단적으로 값비싼 치료가 요구된다. 이와 같은 현실이 세계인구의 기대수명에 결정적 영향을 미치고 있다 (표 7.1 참조).

건강악화 또는 질병은 감염성 질환과 비감염성 질환 두 가지 범주로 나

표 7.1 일부 국가의 출생아 기대수명, 2015년

모나코	89.5
일본	84.7
싱가포르	84.7
미국	79.7
쿠바	78.4
중국	75.4
시리아	74.7
파키스탄	67.4
모잠비크	52.9
소말리아	52.0
아프가니스탄	50.9
차드	49.8

출처: CIA (2012).

된다. 감염성 질환은 독감처럼 사람이 다른 사람에게 옮기는 질병, 또는 광견병처럼 동물이 사람에게 옮기는 질병, 또는 파상풍처럼 환경이 사람에게 옮기는 질병을 의미한다. 비감염성 질환은 옮기지 않는 병이다. 암이나 낭창(狼瘡, 피부결핵의 일종 – 역자 주)처럼 사람의 몸에서 발생하거나 폭행과 같은 외부사건으로 인해 발생한 병이다.

이 주제가 무척 광범위하기에, 이 장은 감염성 질환 및 비감염성 질환을 포함하여 육체적·정신적 건강에 대해서만 주로 살펴볼 것이다. 이렇게 좁혀서 살펴보아도 우리는 글로벌 보건을 피상적으로만 이해할 수 있을 것이다. 지적·사회적·영적·환경적·직업적 건강 등 다른 종류의 건강은 이 장에서 다루지 않는다. 우리는 제일 먼저 영양건강, 이어서 비감염성 질환과 여러 감염성 질환, 다시 되돌아가서 현저한 비감염성 질환 순으로 살펴본다.

영양건강

세계보건기구는 "영양섭취는 건강과 개발에 대한 투입이자 건강과 개발의 토대"라고 강조한다 (WHO 2015b). 이러한 포괄적 정의는 사람들로 하여금 무엇이 '좋은' 영양섭취이며 어떤 요인이 개인이나 공동체의 영양건강 상태에 영향을 미치는지 궁금하게 만든다. 선진국과 개발도상국의 경우를 비교해보면, **영양**(*nutrition*)이라는 단어가 내포하는 의미는 무척 다르다. 잘사는 북반구에서 이 용어는 저탄수화물 식품, 영양 강화 시리얼, 트랜스지방이 함유되지 않은 음식이라는 이미지를 떠올리게 한다. 반면에 개발도상국 다수가 처한 빈곤과 질병, 극단적인 기후조건 등의 맥락에서 이 용어는 남아프리카의 영양실조에 걸린 아동의 팽창된 복부나 몸에 요오드가 부족한 남미 여성이 걸리는 갑상선 종양과 같이 완전히 다른 이미지를 떠올리게 한다.

이 장의 목적상, 좋은 영양섭취는 올바른 성장과 건강을 확보하기 위한 음식에 적절한 양의 칼로리, 단백질, 지방, 비타민, 미네랄이 함유되어 있음을 의미한다. 단 하나의 영양소 결핍조차 개인의 신체와 공동체 전체에 무척 다양한 영향을 미친다. 영양건강과 영양건강이 글로벌 공동체에 미치는 영향을 좀 더 잘 이해하기 위해서는 토지규모, 지역인구규모, 식량생산, 기후변화 등과 같이 직접적으로 영양섭취에 영향을 미치는 요인에 대해 우선적으로 살펴보아야 한다.

식량안보

식량안보(*food security*)라는 용어는 가족이나 가구의 구성원이 생존하는데 충분한 식량을 확보하는 가족이나 가구의 능력을 묘사하는 용어이며, 식량안보는 그 지역이나 국가의 농사지을 수 있는 토지의 규모와 인구수에 의해 좌우된다.

표 7.2는 다섯 개 국가의 식량안보를 비교하고 있다. 미국은 북반구 국가(부유한 선진국)를 대표한다. 중국과 인도는 급속하게 발전하고 있는 아시아의 대표적인 두 나라이다. 잠비아는 전염성 질병 및 빈곤과 싸우고 있는 아프리카 국가이다. 니카라과는 빈곤에 허덕이는 중남미 국가이다. 표 7.2에서 볼 수 있듯이, 개발도상국은 전체 국토의 상당 부분을 농업에 이용하고 있음에도 불구하고 자국 국민을 배불리 먹이지 못한다. 그로 인한 결과가 영양실조에 걸린 어린아이들과 건강이 허약한 인구이다. 전형적인 사례가 인도이다. 전체 국토의 거의 53퍼센트가 경작지(작물을 재배할 수 있는 토지)이지만, 전체인구의 15퍼센트가 영양실조이다. 이것은 기본적으로 인구가 너무 많기 때문이다. 인구규모가 경작지 규모를 훨씬 능가한다.

식량안보를 평가함에 있어서 장기간의 국제분쟁과 내전이 반드시 고려되어야 한다. 즉, 전쟁이나 분쟁 시기 토지의 이용이다. 흔히 이들 분쟁지역에서는 지역 간 이동이 위험하고 식량도 부족하다. 지난 10여 년간 폭력분쟁이 아프가니스탄, 이라크, 소말리아, 수단 등과 같은 나라에서 영양실조 문제를 야기했다.

이미 정치적으로 혼란스러운 지역의 심각한 만성적 빈곤 및 식량안보의

표 7.2 일부 국가의 식량안보, 2014년

	전체 인구(만 명)	경작지 비율	전체인구 대비 영양실조 인구 비율
니카라과	600	12.5	16.6
미국	32,140	16.8	〈5.0
인도	125,170	52.8	15.2
잠비아	1,510	4.8	47.8
중국	136,750	11.3	9.3

출처: FAO (2015d), CIA (n.d.).

불안 문제가 열악한 자연환경으로 인해 더욱 악화되고 있는 상황에서 기후와 밀접한 관련이 있는 식량안보 문제 또한 갈수록 더욱 중요해지고 있다. 예를 들면, 2015년 12월 기근조기경보체계네트워크(FEWS NET)는 에티오피아, 남수단, 예멘을 가장 위험한 지역으로 지정하였으며, 그 근거로 심각한 가뭄과 폭력분쟁을 언급하였다 (FEWS NET 2015).

영양부족 및 영양과잉

영양부족(undernutrition). 2008년 영국 의학저널 『랜셋(*The Lancet*)』은 "매년 예방가능한 350만 명에 달하는 모성사망 및 아동사망의 근본적인 원인"으로 영양부족을 지적하였으며, 또한 "5세 이하 아동들이 앓고 있는 질병의 35퍼센트가 영양부족에 원인이 있다"고 주장하였다 (Black et al. 2008). 영양부족 상태의 아이들은 흔히 성장발육 지체를 경험한다 (나이보다 키가 작다). 영양부족으로 인해 최악의 피해를 입고 있는 곳이 아프리카 지역과 아시아 지역이다. 5세 이하 아동의 약 25퍼센트가 성장발육 지체를 경험하고 있다 (WHO 2008). 이들 상당수는 사하라사막 이남과 같은 가난한 지역에 살고 있는 아동이다. 그러나 2000년에서 2013년 사이 성장발육 지체 아동 수는 전세계적으로 1억 9,900만 명에서 1억 6,100만 명으로 감소했다 (UN 2015a).

영양부족(undernutrition)은 영양불량의 한 가지 형태로 간단히 말해

'나쁜 영양상태'이며, 대부분의 개발도상국에서 발견되는 주요 문제이다(WHO 2006). 영양부족은 두 가지 대표적 유형으로 나뉜다. 즉, 단백질 및 에너지 영양실조와 미량 원소 결핍이 그것이다. 첫 번째 유형은 몸이 신체 기능을 유지하기에 충분한 양의 단백질을 공급받지 못하는 경우 발생한다. 단백질은 신체조직을 구성하며, 생명유지를 위한 수많은 생화학반응에서 효소로 작용한다. 단백질의 부족은 건강에 해롭다. 『글로벌 보건의 주요 쟁점(*Critical Issues in Global Health*)』에서는 다음과 같이 언급되고 있다. "최근의 데이터는 고혈압, 당뇨, 비만, 심장질환 등과 같은 음식섭취 관련 질환의 성인시기 발병 위험은 어린 시절 심각한 영양실조와 밀접한 연관이 있다는 가설을 입증해준다" (Koop, Pearson, and Schwartz 2002: 232).

미량 원소 결핍은 음식섭취에서 반드시 필요한 특정 비타민이나 미네랄의 공급이 부족한 것이다. 글로벌 보건에 관한 논의에서 가장 흔히 언급되는 미량원소는 요오드, 비타민A, 철분 등이다. 요오드 결핍은 뇌손상의 가장 일반적인 원인이며, 갑상선에 자라는 종양의 원인이다. 요오드 소금이 손쉬운 예방법이지만, 이것이 비교적 값싼 보충제임에도 불구하고, 수많은 나라의 사람들이 요오드결핍증에 걸려있다. 비타민A 결핍은 개발도상국에 있어서 실명의 가장 큰 원인이며, 철분결핍이 초래하는 빈혈은 선진국과 개발도상국에서 엇비슷하게 발생하고 있다.

영양부족은 무척 광범하게 영향을 미치며 흔히 치명적이다. 단백질과 미량 원소의 결핍은 개인의 건강과 면역력에 영향을 미치며, 결과적으로는 공동체의 경제적·사회적 안녕 전반에 영향을 미친다. 개인 수준에서 나쁜 영양상태는 사망률 증가로 이어진다. HIV(Human Immunodeficiency Virus, 인간면역결핍바이러스)에 대한 실험에서 영양소 결핍은 면역체계의 약화로 인해 신체가 감염에 취약하게 만들기 때문에 쉽게 에이즈(AIDS: Acquired Immunodeficiency Syndrom, 후천성면역결핍증)에 걸리게 하며, 에이즈 치료의 안전성 및 효과에 영향을 미친다. 또한 불충분한 영양은 말라리아 환자의 치사율을 높인다. 공동체 수준에서 영양부족은 사회에 기여할 수 있는 개인의 능력에 영향을 미친다. 영양부족은 정신적·육체적 능력을 제약하여 노동생산성을 감소시키며, 동시에 정부의 의료보장제도에 추가적인 재정 부담을 요구한다.

전세계적으로 영양불량 문제를 극복하려면, 보건의료의 초점을 치료가 아니라 예방에 두어야 한다. 우리 지구촌 공동체는 만성적 질환을 획기적으로 감소시키기 위해 영양부족과 영양과잉 발생 원인의 예방에 관한 연구 및 교육으로 초점을 바꿔야 한다.

영양과잉(overnutrition). 최근 영양과잉 문제는 선진국뿐만 아니라 개발도상국에서조차 만연하고 있다. '비만의 범세계적 유행'은 섬유질 및 영양소의 함유가 낮은 고지방, 고칼로리 음식에 대한 소비증가와 관련이 있다. 나쁜 식생활, 신체활동의 감소, 세계화, 도시화를 비롯한 많은 요인들이 비만 확산의 원인으로 작용하고 있다. 상대적으로 포화지방, 당분, 가공식품 등을 많이 포함하고 있는 '서구화된' 식생활의 범세계적 유행을 더욱 확산시키고 있고, 이는 경제 변화의 와중에 있는 개발도상국에 매우 큰 영향을 미치고 있다. 오늘날 이동수단의 발달과 과학기술의 광범위한 사용으로 인해 신체활동은 심각하게 감소하였다. 이는 신체가 남아도는 칼로리를 태우지 않고 지방으로 축적한다는 것을 의미한다. 산업화가 진행될수록 가공식품의 사용이 늘어나며, 사람들은 살고 있는 지역의 식재료에 바탕을 둔 균형 있는 식생활로부터 더욱 더 멀어지게 된다. 이러한 변화가 비만의 지리적 분포를 바꾸고 있다. 오늘날 가난한 나라의 비만율은 더욱 빠르게 미국의 비만율 수준에 근접하고 있다.

영양과잉이 초래하는 부정적 영향은 다양하다. 제2형 당뇨병(성인형 당뇨병으로도 알려져 있다), 심장혈관 질병, 심장마비, 암 등은 비만과 관련이 있는 만성질환의 극히 일부일 뿐이다. 한때 '풍요 병'으로 간주되었던 이들 질병은 오늘날 개발도상국의 주요 건강 문제로 등장하고 있다. 세계당뇨병재단(World Diabates Foundation)에 따르면 당뇨병은 현재 '지역적 유행병' 수준에 이르렀다 (WDF 2011). 결과적으로는 인도와 중국이 당뇨병이 가장 심각한 나라이다. 2014년 기준으로 각각 6,700만 명과 9,600만 명이 당뇨병을 앓고 있다 (IDF 2015a, 2015b). 이러한 통계수치는 70퍼센트의 당뇨병 사례가 개발도상국에서 발생하고 있음을 나타내는 국제당뇨병연맹(International Diabetes Federation)이 내놓은 정보와 일치한다 (WHO 2015b). 영양과잉이 경제적으로 미치는 부정적 영향은 당뇨병이 의료보장체계에 떠안기는 재정부담과 관련이 있다. 미국 의회예산처(CBO: Congressional Budget Office)에 따르면 2015년 미국 성인인구의 36퍼센트가 비만이며, 비만자의 보건의료 비용은 정상적인 체중의 사람들의 경우보다 일인당 4,550달러 더 높았다 (Stilwell 2015).

과체중과 비만의 범위를 규정하기 위해 체질량지수(body mass index)라고 불리는 신장 대비 체중의 비율이 사용되고 있다. 이 지수는 개인의 체중(킬로그램)에다 신장(미터)의 제곱을 나누어서 계산한 것이다. 성인의 경우 신체용적지수 25.0에서 29.9는 과체중이며, 신체용적지수 30 또는 그 이상은 비만이다. 예를 들면, 키가 180센티미터이고 몸무게가 77킬로그램에서 92킬로그램인 사람의 경우 과체중에 해당한다. 높은 체질량지수는 21012년 세계적으로 1위 사망원인인 심혈관질환(심장병 및 뇌졸중)과 같은 비전염성 질환의 주요 위험요인이다.

전염병

결핵: 인간이 만든 문제

결핵(TB)은 결핵균(Mycobacterium tuberculosis) 박테리아가 일으키는 질병이다. 이 박테리아는 기원전 5000년경에 소로부터 사람들에게 전염되었을 가능성이 있다. 18세기에 결핵으로 인해 다섯 명에 한 명 꼴로 성인이 사망했다. 현대 의학의 가장 의미 있는 성취 중 하나가 항생제 치료법의 개발이었다. 제대로만 사용하면 결핵을 치료할 수 있다. 2013년 전세계적으로 900만 명이 결핵에 걸렸고, 150만 명에 이르는 결핵 관련 사망자가 발생했다 (WHO 2015c).

사람 몸속의 결핵균은 치료하기 어렵다. 이 세균은 특정 항생제에 내성을 갖는 방향으로 진화할 수 있다. 이 질병을 치료하기 위해 항생제를 하나만 사용하는 경우 내성은 더 빨리 생긴다. 치료에 성공하려면 오랜 기간에 걸쳐 여러 종류의 항생제가 필요하다. 부실한 영양, 과잉수용, HIV/에이즈 등으로 인해 면역체계가 약화되면 잠복하고 있던 결핵균이 병을 일으킨다. 환자에 대한 치료가 적절하지 못하게 되면, 여러 항생제에 내성을 갖는 돌연변이가 살아남을 가능성이 높다. 약제내성 결핵균이 발생한 진원지는 구소련의 교도소이었을 가능성이 높다. 당시 수감자는 충분치 못한 기간 동안 부적절한 약물요법을 치료받았다. 그들이 감옥에서 풀려나게 되었을 때 그들은 결국 내성을 가진 결핵을 전세계에 퍼트렸다 (Reichman and Tanne 2002).

다약제 내성 결핵은 전세계적 보건 문제가 되고 있다. 약제 내성 균주의 진화를 야기한 환경요인은 인간에 의해 만들어진 것이다 (Davies and Davies 2010). 동일한 과정이 다른 전염병에서도 발생했다. 전세계 항생제의 오남용으로 문제가 악화되고 있다.

에볼라

가장 최근 발생한 에볼라 전염병의 '지침증례(index case 지표사례)' 또는 최초 발원지는 2013년 12월 26일에 기니의 집 밖에서 놀고 있던 어린아이로 확인되었다. 이 아이는 에볼라 바이러스의 자연숙주인 과일박쥐와 접촉하였다. 바이러스는 그 소년의 가족과 근처에 사는 다른 사람들에게로 급속도로 퍼졌다. 이 바이러스는 서아프리카의 라이베리아와 국경을 접한 곳으로부터 2마일 떨어진 기니의 구에케도우 마을에서 2014년 3월 19일에 확인되었다. 그 발병은 다른 곳에서 발병한 사례와는 달랐다. 마을 사람들한테 빠르게 퍼졌고 멀리 떨어진 곳에서 차단하거나 억제할 수 없었다 (Saéz et al. 2015).

이 유행병의 발병에 앞서 서부 아프리카의 보건의료체계는 빈곤과 내전으로 완전히 붕괴되었다. 예를 들어, 2005년에 미국은 1만 명당 24명의 의사를 보유하고 있었던 반면, 기니는 인구 1만 명당 1명에 불과했다 (WHO 2014a). 에볼라 전염병이 확산됨에 따라 수많은 의료 종사자가 에볼라에 걸려서 사망했으며, 이미 붕괴 직전이었던 보건의료체계를 완전히 무너뜨렸다. 외국의 원조기관들이 개입했으며 2014년 여름, 국경없는의사회(Mediterraneans Sans Frontières)의 리우(Joanne Liu) 대표는 세계보건기구, 유엔, 외국정부 등에 더 많은 관심을 호소했다. 도움과 지원은 신속하지 못했다. 이 사례는 주요 건강 문제에 직면했을 때 조직적인 국제사회의 대응이 중요하다는 것을 보여준다. 지도력이 부재한 경우 그 결과는 끔직할 수 있다. "2015년 8월 23일 현재 전세계적으로 2만 8,041건의 에볼라 발병사례와 1만 1,302명의 사망이 보고되었다" (*The Economist* 2015a).

천연두: 성공일화

천연두는 폐, 심장, 간, 내장, 눈, 피부를 공격한다. 이 악명 높은 질병은 환자의 외관을 손상시키고, 눈을 멀게 하며, 흔히 목숨을 빼앗는 것에 추가하여 이 질병이 일으키는 상처와 농포(고름집)로 잘 알려져 있다. 천연두의 평균 치사율은 25퍼센트이며, 20세기에만 어림잡아 5억 명이 천연두로 사망했다. 천연두는 40년 전까지만 해도 만연하였다. 해마다 거의 1,500만 명이 천연두에 걸렸고, 200만 명이 죽었다 (Koplow 2003).

18세기 효과적인 천연두백신이 개발된 이후 천연두에 대한 예방이 가능하게 되었다. 소련의 즈다노프(Victor M. Zhdanov)는 1958년 제11차 세계보건총회(World Health Assembly, 세계보건기구의 최고의결기관 – 역자 주)에서 천연두의 완전한 퇴치를 제안했으며, 그에 따라 오늘날의 '국제 천연두 퇴치 프로그램'이 탄생했다. 국제사회의 긴밀한 소통, 감염발생을 확인하고 보고하는 시스템 구축, 백신의 대량개발 등을 통해 세계는 결국 천연두의 퇴치에 성공했으며, 1979년 12월 9일 공식적으로 이를 선포하였다 (Kopolow 2003).

천연두 퇴치 운동의 성공은 공동의 적에 대항하여 세계 여러 나라들이 단결할 수 있었던 덕분이었다. 당시 이들 나라 중 많은 나라들은 내전과 인종갈등에 시달리고 있었으며, 20세기 후반기에 서로 반목하고 있던 초강대국 사이에 끼어 꼼짝달싹 못하고 있었다. 냉전체제의 지속에도 불구하고 미국과 소련은 다른 70개 국가와 함께 정치적 이해관계를 포기하고, 국경에 의해 통제되지 않는 천연두 바이러스의 확산 차단에 성공했다(Kopolow 2003).

소아마비: 근절활동의 지속

천연두 퇴치운동이 성공함에 따라 제41회 세계보건총회는 범세계적 소아마비 퇴치를 위한 그와 유사한 결의안을 채택했다. 공식적으로 소아마비(polio)로 알려진 척수성 회백질염(poliomyelitis)은 매우 전염성이 강한 질병으로 신경계를 공격하여 몇 시간 내에 환자를 마비시킬 수 있다. 이 마비 증상은 200명당 1명꼴로 평생 지속되며, 일부 경우 호흡 관련 근육을 마비시키므로 치명적이다. 소아마비 바이러스에 감염되었을 때 나타나는 증상으로는 고열, 피로, 두통, 메스꺼움, 목과 팔다리의 뻣뻣함 등이 있다. 소아마비 치료법은 없지만, 유아기 첫 해에 수차례의 백신접종은 효과적으로 아이들이 평생 면역력을 갖게 해준다. 소아마비 백신은 소아마비 퇴치전쟁에서 세계가 사용하는 주요 무기이다.

세계보건기구, 국제로터리클럽(비정부기구), 미국 질병통제예방센터, 유엔아동기금 등이 주도하는 '글로벌 소아마비 근절 운동(GPEI: Global Polio Eradication Initiative)'은 세 가지의 핵심 목적을 제시했다. 즉, 소아마비 바이러스의 확산 차단, 소아마비 근절 인증 획득, 글로벌 보건의료체계에 대한 지원 및 강화 등이 그것이다. 이 운동의 핵심전략에는 유아예방접종, 5살 이하 어린이 추가 예방접종, 15세 미만 소아마비 발병 사례 전부에 대한 감시의 강화, 소아마비 바이러스가 발견된 특정 지역에 대한 '소탕 작전' 등이 포함되었다. 이 운동은 엄청난 성과를 거두었다. 이 운동이

1988년 시작되었을 때에는 발병국가가 125개국이었고 매일 1,000명의 아이들이 소아마비에 걸렸다. 그러나 2014년 전세계적으로 보고된 발생건수는 359건에 불과하며, 단지 2개 나라에서만 발병했다 (GPEI 2015).

그러나 "모든 나라들이 전염병으로부터 안전해지기 전까지는 어느 나라도 안전하지 못하다"라는 말처럼 이 일이 완전하게 끝나려면 아직 멀었다 (Koop, Pearson, and Schwarz 2001: 232). 천연두와 마찬가지로 소아마비에는 국경이 없으며, 국제 식량 수입 때문에 소아마비가 완전히 사라졌던 나라에서조차 다시 발병할 수도 있다. 소아마비 발병국은 오직 4개뿐이지만, '자금 부족(funding gap)' 문제가 여전히 남아있다. 이 질병을 완전히 근절하기 위해서는 지속적인 자원봉사노력과 범세계적 자금지원이 요구된다 (Kelland 2010).

HIV/에이즈: 맹위를 떨치고 있는 전염병

상대적으로 소아마비가 언론의 관심을 받지 못한 반면, HIV/에이즈(후천성면역결핍증후군)는 지난 몇 년 동안 전세계적으로 주목을 끌었다. 인체면역결핍바이러스(HIV)는 인체의 T세포(감염과 싸우는 세포)를 공역하여 면역체계를 약화시키고 다른 감염질환을 유발한다. HIV 감염 환자의 경우 일반적인 감기처럼 다른 사소한 감염질환조차 무척 위험할 수 있다. 사실상 거의 모든 경우에 있어서 HIV는 에이즈로 진행된다. 선진국과 개발도상국을 불문하고 전세계적으로 HIV/에이즈는 심각한 영향을 미쳤다. 2014년 200만 건의 새로운 HIV 감염이 발생했다. 전세계적으로 HIV에 감염된 인구는 약 3,600만 명이며 미국의 HIV 감염자 수는 120만 명을 넘는다 (CDC 2015).

전염. 단순한 사람과 사람의 접촉을 통해 전염되는 천연두와 소아마비는 달리 HIV는 오로지 체액을 통해 전염된다. 3가지의 주요 전염 경로가 있다. 성행위, 혈액 및 혈액제제(예: 오염된 주사바늘, 수혈), 엄마로부터 아이(출산과정에서 및 모유 수유를 통해) 등이다. 압도적으로 성적 전염이 가장 일반적인 감염경로이다. 이것이 전세계 HIV 감염의 85퍼센트를 차지한다 (Marks, Crepaz, and Janssen 2006).

예방과 치료. '새천년개발목표'는 HIV/에이즈를 구체적으로 언급하며, 2015년까지 HIV/에이즈의 확산을 막고 추세를 감소세로 돌리고자 했다. 이러한 야심찬 목표는 세계적 합의를 통해 더욱 힘을 얻었다. 2001년 6월(새천년정상회담이 열린 이듬해)에 189개 국가의 국가정상 및 정부대표들이 모여 최초의 '유엔 에이즈 특별총회'를 열었다. 이 회의에서 '유엔 에이즈 선언문'이 채택되었다. '유엔 합동 에이즈 프로그램(UNAIDS)'은 이 무시무시한 전염병의 영향에 효과적으로 대처하기 위해 수많은 국제 정부간 기구 및 비정부기구의 노력을 통합하였다 (UNAIDS 2007).

흔히 과학적 연구의 주된 관심이 치료에 있기는 하지만, HIV/에이즈와의 전쟁에서 우리의 가장 든든한 동맹군은 예방일 것이다. 매년 에이즈로 인한 사망건수보다 HIV 감염 사례가 더 많다. 이 특수임무를 띤 유엔 연합군은 예방을 위한 틀을 마련했다. "포괄적인 HIV 예방은 보다 안전한 행동을 촉진하고, 전염에 취약한 생물학적·사회적 상황을 개선하고, 핵심 예방기술의 사용을 장려하고, 위험의 감소를 선호하는 사회적 규범을 촉진하는 등의 프로그램적 개입과 정책활동의 결합을 필요로 한다" (UNAIDS 2007). 주요 예방 방법은 성적 전염 HIV를 목표대상으로 하며, 콘돔의 배포 및 사용의 증가와 안전한 성행위, 금욕과 일부일처제의 장점, 남성할례의 장점 등에 관한 교육의 확대를 포함한다. 그 마지막 방법은 효과적인 것으로 밝혀졌다. 즉, 케냐, 우간다, 남아프리카공화국 전역에서 실시된 3개의 무작위 실험결과는 이성을 통한 남자의 HIV 감염 위험이 60퍼센트 감소한 것으로 나타났다 (WHO 2012). 미국의 최근 연구는 고위험 인구를 대상으로 효과적인 예방요법을 제시한다. 어쩌면 항레트로바이러스 치료약을 미리 사용하는 예방요법이 전통적인 위험 감소 관행을 개선시킬지도 모른다 (Krakower, achin, Mayer 2015).

1996년에 항레트로바이러스 약제가 처음 도입된 이래 HIV/에이즈 치료는 점차 비용이 싸지고 효능이 개선되었다. 이러한 비용감소와 효능개선으로 HIV 감염 진단을 받은 사람들의 기대수명이 연장되고 삶의 질이 향상되었다. 항레트로바이러스 약제는 HIV의 복제를 억제하고, 숙주세포로 들어가는 것을 차단하며, 숙주세포의 유전자 물질과 합쳐지는 데 필요한 효소의 분비를 억제함으로써 HIV의 수명주기를 방해한다. 항레트로바이러스는 혼합 '칵테일' 약제로 투여할 때 가장 효과가 좋다 (HIV 바이러스는 매우 빠르게 돌연변이를 일으키며, 단일 약제 대부분에 대해서는 빠르게 내성을 갖는다). 이러한 혼합약제는 '고강도 항레트로바이러스 치료법(highly active antiretrovoial therapy)'으로 알려져 있으며, 특히 초기에 사용하면 효과적이다 (Karim 2015; Fauci and Marston 2015).

세계적 진전. 표 7.3은 세계 여러 다른 지역에 대한 HIV/에이즈의 영향과 2001년과 2014년의 전염상황을 비교한 것이다. HIV/에이즈의 퇴치를 위한 엄청난 노력이 있었음에도 불구하고 이 전염병은 계속 유행하고 있다. 치료법의 발달과 최신 항레트로바이러스 치료에도 불구하고 이 질병은 여전히 수백만 명의 생명을 앗아가고 있으며, 현재 15세~59세 사이 사람들의 최고의 사망원인으로 꼽힌다. 이렇듯 치명적인 질병의 확산을 늦추고

표 7.3 지역별 HIV/AIDS 영향, 2001년 대 2014년

	HIV 감염자 수		에이즈 관련 사망자 수	
	2001년	2014년	2001년	2014년
사하라 이남 아프리카	20,300,000	25,800,000	1,400,000	790,000
중동 및 북아프리카	180,000	240,000	8,300	12,000
아시아 및 태평양	4,179,000	5,000,000	246,000	240,000
중남미	1,100,000	1,700,000	53,000	41,000
카리브해안	240,000	280,000	19,000	8,800
동유럽 및 중앙아시아	760,000	1,500,000	18,000	62,000
서유럽과 중부유럽, 북미	1,830,000	2,400,000	37,300	26,000
총합	28,589,000	36,920,000	1,781,600	1,179,800

출처: UNAIDS (2015a).

궁극적으로 멈추게 하려면 예방교육이 필수적이다. 슬프게도 이 질병의 감염이 가장 심각한 지역이 오히려 예방교육을 받을 가능성이 가장 떨어진다. 이 질병에 감염된 많은 사람들이 전세계 오지에 살고 있으며, 이와 같은 바이러스에 대해 인식하지 못할 뿐 아니라 콘돔의 이용에 대한 지식도 거의 또는 전혀 없는 상황은 드문 일이 아니다. 만약 국제사회가 이 소리 없는 살인자를 멈추고자 한다면, 교육과 접근가능한 치료제, 더 많은 정부의 자금 지원이 최우선적으로 고려되어야 한다.

말라리아: 열대병?

글로벌 공동체가 소아마비 질병과 싸우고, 사람들에게 HIV 전염과 에이즈 치료에 관해 교육하고 있는 동안 또 하나의 치명적인 질병이 전세계 열대지역을 휩쓸고 있다. 말라리아 감염은 학질모기에 의해 매개되는 원충에 의해 이뤄진다. 이 원충은 발병초기에는 발열, 두통, 오한, 구토 등의 증상을 일으킨다. 말라리아가 진행되면 빈혈, 호흡곤란, 다발성 장기부전, 사망으로 이어진다. 97개국에서 말라리아가 발병하고 있고, 매년 약 50만 명이 말라리아로 목숨을 잃고 있는데, 그 중 90퍼센트가 아프리카에서 일어나고 있다 (WHO 2015f).

말라리아 발병률(새로운 사례의 비율)은 2000년에서 2015년 사이 전세계적으로 37퍼센트 감소했다. 같은 기간 치사율은 60퍼센트 감소했다. 특히 살충제 처리를 한 모기장을 활용한 예방 방법 및 새로운 항생제 요법을 사용한 치료 방법에 큰 진전이 있었다 (WHO 2015f).

말라리아 치료에 가장 먼저 널리 사용되었던 치료제는 키니네(quinine)였다. 역사적 관점에서 흥미롭게도 중요한 두 개의 항말라리아 치료제는 과거 수세기 동안 의학적인 가치가 널리 알려져 있었던 식물로부터 추출된다. 즉, 17세기 남아메리카에서 사용된 기나나무(cinchona tree)의 껍질에서 추출한 키니네와 4세기에 중국에서 사용된 개똥쑥(Cinghaosu plant)의 아르테미시닌이 그것이다. 아르테미시닌을 오늘날 항말라리아 치료요법의 핵심이 되었다. 투유유(屠呦呦)는 아르테미시닌을 개발한 공로를 인정받아 2015년 노벨의학상을 수상했다 (Callaway and Cyranoski 2015).

현재의 치료요법은 자주 아르테미시닌에 기초한 혼합 요법을 포함한다. 내성의 발달을 피하기 위해 여러 약제가 동시에 투여된다. 이 방법은 완전한 성공에 이르지는 못했다. 내성은 주로 캄보디아와 태국의 균주에서 발견되었다 (Ashley et al. 2014; Bosman et al. 2014). 또한 내성은 모기장에 사용되는 살충제와도 관련이 있다. 이 장의 앞에서 논의한 다약제 내성 결핵의 진화 문제처럼 이러한 내성 패턴이 세계의 다른 지역으로 퍼질 수 있다는 우려가 있다. 그럼에도 불구하고 사망자가 15년 동안 839,000명에서 438,000명으로 감소하는 등 진전이 있었지만 (Kelland 2015), 말라리아 퇴치를 위해서는 더욱 부지런하고 전세계적으로 조율된 전략적 노력의 지속이 요구된다 (Ouattara and Laurens 2014).

아이티의 콜레라: 현대판 천벌

2010년 1월 12일 서반구에서 가장 가난한 나라인 아이티는 엄청난 지진을 겪었으며, 이로 인해 23만 명이 사망하고 수백만 명이 집을 잃었다. 이 자연재해로 살던 집을 잃은 사람들 상당수가 피난처와 구호품을 얻기 위해 아이티의 수도 포르토프랭스(Port-au-Prince)에 몰려들었으며, 수십만 명 이재민들이 임시 거처인 수십 개의 임시 '텐트 도시'에 거주하였다. 인구밀도, 부실한 하수처리, 이재민들의 거주 기간 연장 등으로 인해 쉽게 질병이 확산될 수 있는 상황이 조성되었다. 『뉴욕타임즈』는 지진이 발생한 지 한 달이 지난 2월 19일 "아이티 피난민 수용소의 형편없는 위생시설로 인해 질병의 위험이 추가되었다"라는 제목의 기사에서 이 점을 지적하였다 (Romero 2010). 이 기사는 쌓이고 있는 쓰레기가 건강문제, 특히 장티푸스, 콜레라, 다른 설사병 등의 발병을 야기할 것이라고 경고했다.

10월에 많은 땅주인들은 자신의 땅에 이재민들이 너무 오래 머물러 있는 것에 대해 짜증내기 시작했고, 14만 건 이상의 퇴거위협이 잇따라 발생했다 (Sontag 2010). 달리 갈 곳이 없었기 때문에 이재민들은 수용소에 남아있었다. 그 달 말에 질병 발생에 대한 우려가 현실로 나타났다. 10월 23일 첫 번째 콜레라 발병 사례가 확인되었다. 3일 만에 거의 300명의 이재민들이 콜레라에 걸려 사망하였으며, 그 결과 콜레라의 창궐을 통제하기 위한 다국적 의료 활동이 시작되었다. 콜레라는 수인성 설사병으로 비위생적인 상황에서 쉽게 퍼진다. 연구결과에 따르면 네팔의 유엔 대표단에 의해 콜레라 균주가 아이티에 유입되었고, 포르토프랭스 북쪽 라티보닛(Artibonite) 지역에서 처음 발병하였다 (Walton and Ivers 2011). 콜레라는 중부지방으로 빠르게 퍼져나갔고, 수도에서도 일부 산발적인 발병 사례가 있었다. 불행히도 하수처리 시설이 없고 수십만 명이 임시 화장실조차 없는 밀집된 수용소에 살고 있는 나라에서 콜레라는 매우 빠르게 퍼졌다. 첫 주 동안에만 3,000건 이상의 발병 사례가 보고되었으며, 콜레라의 전국적 창궐이 우려되었다 (Delva 2010).

콜레라는 아이티에 계속 대혼란을 초래했다. 70만 명 이상이 콜레라에 감염되었고, 2만 명 이상이 목숨을 잃었다 (O'Malley 2015). 이러한 혼란 속에서도 경이로운 사실은 콜레라에 걸리더라도 제때 올바른 치료를 받으면 쉽게 치료된다는 점이다. 유엔 아이티 담당 인도주의 조정관 피셔(Nigel Fisher)는 구호활동대원들에게는 "의사, 간호사, 정수기, 염소정제, 비누, 경구 수분보충염, 콜레라 치료센터용 텐트, 다양한 다른 물품" 등이 필요하지만, 아직까지는 그에 대한 국제사회의 반응이 "신통치 않다"고 말했다. 아이티는 전세계으로 최악의 물안보(water security, 깨끗한 식수와 적절한 하수도 이용) 국가이다. 이러한 본질적인 문제를 다루기 위해서는 단기적 개입을 장기적 계획으로 발전시킬 필요가 있다 (Walton and Ivers 2011).

* * *

전염병은 우리가 이러한 사회적, 경제적, 정치적 장애물을 극복할 때까지 계속해서 우리 세계를 괴롭힐 것이다. 21세기의 천벌을 멈추기 위해서는 이제 우리는 남반구와 북반구로 갈라진 세계가 아니라 지구촌공동체의 모습으로 우리 자신을 바라보기 시작해야 한다. 천연두 퇴치운동의 성공에서 입증되었듯이 질병의 근절을 위해 세계는 정치적 경쟁을 극복하고 경제적·사회적 차이의 벽을 허물 수 있다.

생식건강

생식건강(reproductive health, 생명샘 건강)은 세계적으로 가장 논쟁의 여지가 많은 보건의료 분야일 수 있다. 피임, 사후피임제('morning after' pill), 낙태, 줄기세포, 성폭력, 성병은 모두 생식건강의 분야에 속하며, 모두 별도의 주제이다. 세계보건기구는 다음과 같이 공표했다.

> 생식건강 … 사람들이 책임감 있고, 만족스럽고, 안전한 성생활을 누릴 수 있으며, 사람들이 생식능력과 언제 그리고 얼마나 자주 생식능력을 사용할 것인지 결정할 자유를 갖고 있음을 의미한다. 이는 남성과 여성은 안전하고, 효과적이며, 비싸지 않고, 수용할 수 있는 출산억제 방법에 대한 정보를 얻고 사용할 수 있는 권리와 여성이 안전하게 임신과 출산을 할 수 있고 부부들에게 건강한 아이를 가질 수 있는 최선의 기회를 제공하는 적절한 의료서비스를 이용할 수 있는 권리를 갖고 있음을 암시한다 (WHO 2007).

비록 생식건강의 주요 초점 대상은 여성이지만, 생식건강의 범위에는 육아 책임, 여성의 존중과 동등한 대우, 임신 및 HIV/에이즈를 포함한 성병의 예방을 위한 콘돔의 사용, 유방암과 고환암에 대한 우려 등 남성도 포함된다.

특히 「세계인권선언」 제16조와 제25조는 생식의 권리에 대해 언급하고 있다.

- 第16조: 성년에 이른 남녀는 인종, 국적, 종교를 이유로 그 어떤 제한도 받지 않고 결혼하여 가정을 이룰 권리를 갖는다. 결혼 기간 동안은 물론 이혼할 때에도 남녀는 결혼에 관하여 동등한 권리를 갖는다.
- 第25조: 산모와 아이는 특별한 보살핌과 도움을 받을 자격이 있다. 모든 어린이는 부모의 혼인여부와 관계없이 동일한 사회적 보호를 누릴 것이다.

가족계획과 피임

피임이란 단어는 세계적으로 가장 치열한 논쟁을 유발할 수 있다. 문화에서 여성의 역할은 무엇인가? 가족에서 여성의 역할은? 가족이 무엇인지 누가 규정하나? 기독교, 유대교, 이슬람, 힌두교는 출산에 관해 어떤 얘기를 하는가? 불교전통, 정령신앙전통, 다른 종교전통의 '성별 규칙(gender rule)'은 무엇인가? 국가는 피임도구의 사용을 허용하는 결정에 있어서 무슨 역할을 하는가? 가족계획의 방법으로 낙태를 허용해야 하나? 생명은 언제 시작되는가? 누구의 삶이 더 중요한가? 산모인가 아이인가? 줄기세포 연구에 인간의 태아조직을 사용해야하나?

개발도상국의 2억 2,200만 명 이상의 가임연령 여성은 필요한 만큼 충분히 피임제를 사용하지 못한다 (Guttmacher Institute 2013). 젊은 여성에게 이것은 무엇을 의미하는가? 이것은 아주 이른 나이에 결혼하는 조혼풍습이 있는 나라에서는 여성이 결혼하자마자 임신을 하게 된다는 것을 의미한다. 그녀에게는 선택의 여지가 없다. 젊은 여성일수록 임신 중 합병증에 걸리고 특히 출산과정에서 사망할 가능성이 훨씬 높음에도 불구하고, 그녀의 몸이 아이를 출산할 수 있을 만큼 충분히 발달했는지 여부는 중요치 않다.

피임과 교육은 서로 밀접하게 연결되어 있다. 국제적으로 여자아이보다는 남자아이가 상대적으로 학교에 더 많이 간다. 여자아이는 종종 어린 동생을 돌보거나 일을 하기 위해 학교에 가지 않고 집에 머문다. 많은 가족들은 "결국은 시집가서 아이를 낳을" 여자아이를 교육시키는 것은 시간과 돈의 낭비라고 생각한다. 자녀의 수가 적은 가족의 여자아이일수록 더 많이,

더 오래 학교에 다니는 경향이 있다. 왜냐하면 학교에 갈 수 있는 돈이 충분하기 때문이다. 여자아이에 대한 교육은 사회적으로나 건강상 많은 긍정적 효과를 가져온다. 그 중 가장 중요한 것은 아동건강의 향상과 유아사망율의 감소이다. 교육받은 여성은 상대적으로 늦게 결혼하며, 피임도구를 사용하고, 아이를 많이 낳지 않으며, 좀 더 건강한 아이를 낳는다. 또 다른 요인은 경제적인 것이다. 교육받은 여성은 피임과 태아건강을 비롯하여 더욱 영양상태가 좋고 건강하다. 따라서 여성은 그녀의 가정에 경제적으로 더 큰 기여를 할 수 있다.

2014년 개발도상국가의 2억 2,500만 명 이상의 여성이 임신을 피하고 싶었지만 효과적인 피임법을 사용하지 못했다. 만약 충족되지 못하고 있는 현대 피임 요구가 완전히 충족된다면, 원치 않는 임신은 해마다 7,400만 건에서 2,200만 건으로 70퍼센트 감소할 것이다. 낙태 역시 2,000만 건에서 500만 건으로 74퍼센트 감소할 것이다 (Simmons and Rodriguez 2015; Guttmacher Institute 2014).

생식건강은 종종 ‘여성의 문제’로 간주된다. 그러나 지역에서의 남자아이와 남성에 대한 생식 교육 및 개입 프로그램은 이러한 문화적 시각을 변화시키는 데 도움이 된다. 피임, 교육, 그리고 생식건강의 파트너로 남성을 포함하는 것은 어린이, 그리고 사회 전체가 보다 밝은 미래를 갖게 해주는 기반이 된다.

모성건강

동아프리카에는 “모든 임신 여성은 무덤에 한 발을 내딛고 있다”라는 말이 있다. 이는 개도국 전체의 모성사망률이 출생 10만 명당 평균 12명이지만, 사하라사막이남 아프리카의 경우에는 10만 명당 평균 546명이기 때문이다 (Alkema et al. 2015).

전세계적으로 임신과 출산은 가임연령 여성의 최대 사망원인이다. 과다출혈, 패혈증, 안전하지 않은 낙태로 인한 합병증, 장기간 노동 및 유해 노동, 부종을 비롯한 고혈압 장애, 진료결정의 지체, 의료시설로 이송할 교통 수단 부족 및 병원에서의 적절한 진료 지연 등으로 인한 사망이 그것이다 (WHO 2015g).

비정부기구 컨소시엄 '분쟁지역 생식건강 대응(Reproductive Health Response in Conflict)'은 분쟁지역의 모성사망률을 감소시키기 위해 개입 전략과 정책을 개발하였다. 계획과 준비를 통해 기존의 시설을 응급상황에 맞게 개선할 수 있다. 조사원에 대한 훈련 및 청결한 출산용품을 제공하는 것과 난민수용소에서 지역병원으로 긴급수송을 제공하는 것 등이 모성사망률을 낮추는 두 가지 방법이다 (RHRC 2011).

모성건강을 향상시키고자 하는 유엔새천년개발목표의 다섯 번째 목표는 2000년에서 2015년 사이에 국제사회가 모성사망률을 75퍼센트 감소시킬 것을 약속하였으며, 모성 건강에 대한 국제사회의 관심을 높이는 데 일조하였다. 1990년~2015년 사이 모성사망률이 44퍼센트 감소했다 (WHO 2015b). 아울러 2011년 1월 유엔은 '여성 아동 건강을 위한 정보 및 책무위원회(Commission on Information and Accountability for Women's and Children's Health)'를 설립하였는데, 이 위원회는 모성 및 아동의 보건 자원이 어떻게 사용되고 있는지 추적하고 성공적인 생명구출 프로그램을 위한 근거기반을 수립한다 (UN 2010). 비록 오늘날 모성사망률의 감소는 중요한 성취라고 할 수 있지만, 2030년까지 모성사망률을 10만 명당 70명 수준으로 줄이고자 하는 새로운 지속가능개발목표(SDG)를 달성하기 위해서는 훨씬 더 많은 노력이 필요한 것이 분명하다 (WHO 205f).

정신건강

정신건강과 정신질환의 개념정의

정신건강(mental health)은 개인의 전반적인 건강과 관련해 무엇보다 중요하지만 전세계적으로 정신 건강 문제는 "방치와 소외의 유산"으로 정의된다 (Becker and Kleinman, 2013). 유감스럽게도 정신질환에 따라다니는 보편적인 오명은 지속되고 있다. 측정기준이 잘못 정의되고 불투명하여 과학적 분석에는 문제가 많다. 임상의사의 수가 무척 부족하다. 개발도상국에서는 정신건강에 문제가 있는 사람들의 75퍼센트 이상이 치료를 받지 못한다. 이러한 부족현상은 미국의 정신보건에서도 똑같이 발견된다 (*PBS Newshour* 2014).

정신건강이란 무엇인가? 지난 10년 또는 그 이상 동안 정신건강은 정신질환자의 치료방법과 밀접한 관련이 있다. 그러나 이 점은 정신건강의 개념 및 정신건강에 대한 권리를 상당히 제한한다. 정신적으로 건강한 사람은 "뚜렷한 행복감, 자존감, 낙관주의, 우월감과 일관성, 인간관계에 대한 만족감, 역경을 극복하는 능력 또는 회복력 등과 같은 자질을 갖고 있다"고 볼 수 있다 (WHO 2007). 정신건강은 정신질환과 다르지만 동시에 정신질환과 불가분 밀접한 관계가 있음을 이해할 필요가 있다. 정신건강과 정신질환은 서로 동전의 양면과 같다.

크게 보아 정신건강 장애에는 여러 다양한 유형이 있다. 정신질환, 신경질환, 행동장애, 약물남용 등 이 그것이다. 정신질환을 정의하는 것은 몇 가지 이유로 인해 까다로운 일이다. 대부분의 경우 특정 증상이나 징후로 뚜렷이 구별되는 질병(예: 폐암 또는 홍역)과 달리 많은 정신질환은 서로 중첩된 증상으로 인해 진단이 어렵다. 사람은 우울, 불안, 과식, 약물남용 등 모든 것으로 인해 동시에 고통 받을 수 있다. 일부 증상은 행동적 증상일 수 있고, 이는 심리치료가 요구된다. 또 다른 증상은 신체 생리적 증상으로 이는 의학적 치료가 요구된다.

두 번째 어려움은 '질환'의 정의가 치료를 결정한다는 점이다. 서구의 국가들은 정신질환을 치료할 때 개인에 초점을 맞추는 경향이 있는 반면, 다른 나라와 지역에서는 집단이나 공동체에 초점을 맞추는 경향이 있다. 특히 이것은 치료방식과 관련이 있다. 어떤 경우 일대일 정신요법 접근법은 병을 치유하는 것이 아니라 오히려 악화시킬 수 있으며, 개인과 집단을 연결시키는 전통적인 치유의식이 훨씬 더 적절하고 성공적일 수 있다.

세 번째 어려움은 정신질환의 '진단'이 사회 반대세력을 억압하는 데 사용될 수 있다는 점이다. 블로흐(Sidney Bloch)와 레드다웨이(Peter Reddaway)의 『정신의학의 테러행위: 소련의 정신의학이 어떻게 반체제세력을 억압하는 데 사용되었나?(*Psychiatric Terror: How Soviet Psychiatry Is Used to Suppress Discontent*)』(1985)로부터 뉴욕법과대학원 교수 퍼린(Michael Perlin)의 최근 연설까지 그동안 이 주제에 대한 많은 논의가 있었다. 퍼린은 다음과 같이 주장하였다.

> 반체제인사를 감옥이 아니라 정신병원에 가둔 것은 3가지 점에서 편리했다. 이미 절차적 안전장치로써 한계가 드러난 형사재판조차 피할 수 있었고, 복종하도록 사람들에게 오명을 씌울 수 있었으며, 반체제인사를 무기한으로 가둬둘 수 있었다. 1989년 소련의 상황이 나아지기 시작했지만, 강제적인 정신병 치료라는 억압수단은 '불만의 범죄화'라고 불리는 것에 여전히 계속 사용되었다. 그리고 이러한 행위는 러시아에 국한된 것이 아니었다. 소련의 동맹국인 모든 공산권 국가에서 정치적 의견을 표출하는 사람들은 망상증 환자로 간주되었다 (2006).

오늘날 전세계적으로 정신장애의 최대원인은 우울증이다. 세계적으로 3억 5,000만 명이 우울증을 앓고 있으며, 해마다 85만 건의 자살이 우울증과 관련이 있다. 우울증은 적절한 치료를 통해 쉽게 치료될 수 있다. 이러한 치료법에는 약물치료 및 치료요법뿐 아니라 세례의식 및 정화의식과 같은 전통적 치유도 포함된다. 그러나 우울증을 앓고 있는 사람들 중 치료를 받는 사람은 25퍼센트 미만에 불과하다 (WHO 2015a; Becker and Kleinman 2013).

전세계적으로 약 2,100만 명이 정신분열증을 앓고 있다. 제대로 치료를 받지 못하고 있는 정신분열증 환자의 90퍼센트는 개발도상국에 살고 있다. 정신분열증은 만성질환이며 잠재적으로 무척 심각해질 수 있는 질병이다. 정신분열증을 앓고 있는 사람들은 종종 자신이 병을 앓고 있음을 인식하지 못하거나 또는 심각한 부작용과 불명예 때문에 치료약(한 달에 약 2달러 비용)의 복용을 원치 않는다. WHO 보고서(2015j)는 다음의 사항이 실현되는 경우 정신분열증을 앓고 있는 환자가 치료될 수 있다고 적시하고 있다. 즉, 일차치료 의료인력의 적절한 훈련, 필수 약품의 공급, 자택 요양 가족에 대한 지원, 정신건강 전문가 상담 지원, 불명예와 차별을 줄이기 위한 공공교육 등이 그것이다.

정신질환의 부담

다른 질환과 달리 정신질환은 두 가지의 부담을 초래한다. '정의되지 않은 부담'과 '숨겨진 부담'이 그것이다. '정의되지 않은 부담'은 자살에 의한 조기사망 뿐 아니라 생산성 감소 또는 상실로 인해 정신질환이 가족, 공동체, 나라에 미치는 경제적·사회적 영향을 포함한다.

정신질환의 '숨겨진 부담'에는 불명예와 인권과 자유의 침해 둘 다가 포함된다. 개인이 이러한 부담을 더 많이 감당해야 한다. 정신질환을 앓고 있는 사람들은 종종 친구, 가족, 사회로부터 거부당하며, 아울러 혈관질환, 당뇨, 암, 에이즈 등의 다른 질병의 고통에 시달리며, 그로 인해 수명이 줄어든다 (WHO 2001a). 또한 정신질환을 앓고 있는 사람들은 종종 기본적인 인권을 거부당한다. 표 7.4에서 볼 수 있듯이, 세계보건기구는 인권침해의 구조를 밝혀내고, 이러한 인권침해를 바로잡기 위한 입법조치를 취한 바 있다.

정신질환에 대한 전체론적 접근법

정신질환을 가진 사람을 무엇보다 먼저 사람으로 인식할 필요가 있다. 어떤 사람이 "정신분열증 환자"라고 말하는 것과 "정신분열증이 있는 사람이다"라고 말하는 것은 완전히 다르다. 첫 번째 태도는 그 사람을 그가 앓고 있는 질병과 동일시하고 있다. 두 번째 태도는 그 사람의 특성, 즉 대부분

표 7.4 정신건강과 인권

인권침해	입법적 해결책
기본적인 정신건강 관리 및 치료 기회 부족	공동체 수준에서 정신건강 서비스의 의무화 및 재정지원
정신병원에 강제 입원 및 치료. 즉, 정신병원 내에서의 폭력	모든 정신병원에서 인권이 존중될 수 있도록 감시기구를 설립하고 감시실시
주로 오명에 의한 정신질환자에 대한 차별	일, 주거, 교육을 포함하여 삶의 모든 측면에서 차별을 금지하는 법률의 제정과 시행
부적절하게 교도소에 감금	정신질환을 가진 사람을 감옥대신에 정신병원에 보내도록 의무화

출처: WHO (2001b).

누구나 갖고 있지 않는 어떤 것으로 인식한다. 이는 정신질환에 관한 보다 나은 치료와 입법조치를 가져온다.

정신질환과 정신건강은 어떤 한 사람의 삶의 중첩된 영역에 영향을 미치기 때문에 개입은 마을공동체뿐 아니라 전체 사회와 정부를 반드시 포함한다. WHO에 따르면, 정신질환 환자 개인은 물론 그 사람의 사회적, 문화적, 인종적, 종교적, 철학적 필요와 가치가 반드시 존중되어야 한다. 간호와 치료는 가능한 아무런 제약이 없는 상황에서 제공되어야 하며, 개인의 자결, 개인적 책임, 가능한 최고 수준의 건강과 안녕 등의 증진을 추구해야 한다 (WHO 2001b).

결론

국제기구에 따르면, 건강은 그저 질병이 없는 것이 아니라 행복한 상태의 유지를 의미한다. 건강은 전세계적으로 보장된 인간의 권리이지만, 아직은 선진국에서조차 보편적인 지지를 얻고 있지 못하다. 건강은 기후변화, 식량안보 및 생산, 의약품의 비용 및 가용성, 영양 등과 같은 범세계적으로 상호연결된 여러 요인들에 의해 결정된다. 따라서 보건 향상을 위해서는 반드시 포괄적이고, 국경을 초월한 해결방안을 수립하고 집행해야 한다. 이것은 정책수준에서의 노력뿐 아니라 약값을 지불할 수 있는 사람들만을 위한 것이 아니라 모든 사람들을 위한 백신과 치료약의 연구개발을 포함한다. 현실에서 이것은 양질의 의료서비스의 이용 가능성과 적당한 가격을 요구한다. 인권으로써 건강은 기후변화에 대한 즉각적인 대응을 요구한다. 기후변화가 건강문제에 미칠 영향을 측정하고 해결방안을 결정하는 미래지향적 접근법의 활용을 통해 대응할 필요가 있다.

비록 아직도 싸워야 할 전투가 많이 남아있지만, 글로벌 보건을 위해 싸우는 십자군은 많은 승리를 거두었다. 한때 무자비한 살인마였던 천연두는 근절되었다. 아이들은 홍역, 볼거리, 파상풍의 예방을 위한 백신예방주사를 맞고 있다. 말라리아 퇴치에 진전이 있었다. 하루에 한 번 먹는 에이즈 치료제가 개발되었다. 누구나 저렴하게 치료를 받을 수 있도록 복제약이 사용되고 있다. 갈수록 점점 더 글로벌 이슈가 개인의 건강에 영향을 미치고 있기 때문에 글로벌 보건은 향후 발전을 위해 여러 분야의 통합된 노력을 필요로 한다. 우리는 계속 집중할 뿐 아니라 동시에 좀 더 넓은 시각을 가져야 한다.

토의주제

1. 건강이 인권이라고 생각하는가?
2. 건강한 세계를 만드는 데 정치적·경제적 의지가 어느 정도로 중요한가?
3. 문화가 건강에 미치는 영향은 무엇인가?
4. 세계적으로 영양실조와 영양과잉을 줄이기 위해 무엇을 할 것인가?
5. 누가 글로벌 보건 리더십을 발휘해야 하는가? 그리고 이것이 중요한 이유는 무엇인가?
6. 건강과 관련하여 부유한 나라가 가난한 나라를 어느 정도까지 도와주어야 하는가?

추천 문헌

Eckstein, Gustav (1970) *The Body Has a Head*. New York: HarperCollins.

Kawachi, I., and S. Wamala, eds. (2007) *Globalization and Health*. New York: Oxford University Press.

Koop, C. E., C. E. Pearson, and M. R. Schwarz, eds. (2002) *Critical Issues in Global Health*. San Francisco: Jossey-Bass.

Koplow, D. (2003) *Smallpox: The Fight to Eradicate a Global Scourge*. Los Angeles: University of California Press.

Moon, Suerie, et al. (2015) "Will Ebola Change the Game? Ten Essential Reforms Before the Next Pandemic." *The Lancet* (November 22).

Timberg, Craig, and Daniel Halerin (2013). *Tinderbox: How the West Sparked the AIDS Epidemic and How the World Can Finally Overcome It*. New York: Penguin.

United Nations (2015) *The Millennium Development Goals Report 2015*. www.un.org.

Verghese, Abraham (2009). *Cutting for Stone*. New York: Vintage.

Chapter 8

식량안보의 확보

오늘날 농부들에게는 아주 힘든 도전이 놓여있다. 그들은 생산에 적당한 자원과 공간의 제한에 직면하여 변화무쌍한 기후 속에서 2050년까지 90억 명에 달할 것으로 예상되는 늘어나는 인구를 먹여 살리기 위하여 식량을 생산해야 한다. 이 과업은 거의 극복할 수 없을 것처럼 보인다.

이러한 도전의 일부는 자연의 힘 또는 요인에 의해 움직인다. 예를 들어, 비옥한 토지의 자연 분포(자연 빙하 퇴적물), 또는 식량생산에 영향을 미치는 기후 패턴(엘니뇨, 국지적 가뭄, 또는 허리케인) 등이다. 다른 도전들은 비자연적이거나 인위적인 것으로 인간에 의해 야기되고, 생산되거나 증폭된다. 그러한 인위적 요인들에는 경작 한계지의 토양 유실과 질 저하, 관개 목적으로 감소하는 지하수 저수지의 사용 증가, 개발도상국에서의 에너지 집약적인 육류단백질 수요 증대 등이 있다. 하나의 시스템 또는 자연적 및 인위적 요인들의 복합적 집합으로써의 영농의 본질이 그 도전들을 다루기가 매우 어려운 것처럼 보이게 한다.

미국의 식량농업기구(FAO: Food and Agriculture Organization)는 '영농시스템'을 다음과 같은 속성을 가진 것으로 분류한다.

> 물, 토지, 목초지, 삼림 등 이용 가능한 천연자원 기반; 고도가 중요 결정 요인인 기후; 경사지 등 풍경; 영농규모, 토지소유권 및 조직; 농작물, 가축, 나무, 수경 재배, 사냥 및 채집, 가공 및 농장 외부 활동 등 농장 활동 및 가정 생계의 지배적 패턴; 그리고 농작물, 가축 및 다른 활동의 생산 및 통합의 강도를 결정하는 주요 기술의 고려. (n.d.)

이러한 속성들은 시간과 공간에 걸쳐 다양하고 가변적이다. 그것들은 식량시스템을 정의하고 영향을 미치며 형성한다. 따라서 이러한 속성들은 농업에 관해 토론하고 분석하는 데 모두 함께 고려되어야 한다. 시스템이 복잡한 곳에서는 그 시스템 내부의 문제에 대한 해결책도 복잡하다. 이 장은 글로벌 관점에서 그러한 식량 및 영농시스템을 탐구한다.

자연 요소

지리와 인구

토지는 식량생산의 필수 자산이지만, 그 이용 가능성이 임계 상태에 도달하였다. 농작물(과일, 채소, 곡물)과 가축을 키우는 농부들은 농업에 적합한 토지의 이용 가능성에 의존한다. 적합성은 토양형, 지형 또는 경사, 물 이용 가능성(지하수, 지표수, 강수량), 배수량, 다량 및 미량 영양소의 가용성, 지대 크기 등 많은 토지 특성에 의해 결정될 수 있다. 확실히 어떤 토지는 생산에 적합하지 않다. 왜냐하면 그 토지가 농업에 이상적인 이러한 특성의 일부 또는 전부가 없기 때문이거나, 아니면 이미 개발되었기 때문이다. 도시의 팽창으로 증가하는 인구를 수용하기 위하여 토지의 급격한 개발이나 전용이 또한 전세계에서 발생하고 있다. 이러한 토지들은 주거 공간, 택지, 포장 고속도로와 주차장, 학교 등으로 전환되고 있으며 더 이상 농업에 적합하지 않게 된다. 식량생산 자원으로써의 토지는 점차 부족해지고 있다. 일부 연구자들은 지구가 이미 적재량에 도달했거나 식량수요량에 의해 결정되는 한 지역이 떠받칠 수 있는 최대 인구에 도달했다고 문제를 제기하고 있다 (Harris and Kennedy 1999). 토지를 농업 성장의 자산이자 제약으로써 이해하는 것은 식량시스템의 분석에서 중요하다.

지구의 인구는 현재의 70억 명에서 2050년까지는 90억 명에 달할 것으로 예상되며, 이는 점차 토지 자원에 더 압박을 가할 것이다. FAO에 따르면, 대부분의 인구 팽창은 개발도상국에서 발생할 것이며 특히 사하라사막 이남의 아프리카 인구가 가장 빨리 증가할 것으로 예상된다. 인구가 더 도시화되면서, 시골 지역의 농장 운영은 더 적은 수의 개인들이 관리하도록 남겨질 것이다. 동시에, 도시화는 개발도상국들의 경제성장을 유발함으로써 글로벌 중산층을 확장시킬 것으로 예상된다 (FAO 2009).

일반적으로, 1인당 소득이 증가하면 육류 단백질(예를 들어, 달걀, 닭고기, 돼지고기, 소고기) 등 좀 더 영양가 있는 음식에 대한 수요도 증가한다. 스탠포드우즈환경연구소(Stanford Woods Institute for the Environment) 간행 논문에 따르면, "1인당 글로벌 육류 소비의 증가와 인구 증가로 인해 2020년까지 육류 생산이 두 배가 될 것으로 예상된다. 이러한 생산 증가의 대부분은 산업화된 동물 생산시스템을 통해 나올 것이다" (SWIE n.d.). 현재, 가금류 고기 생산이 글로벌 성장 시장을 지배하고 있으며, 돼지고기와 달걀 생산이 그 뒤를 따르고 있다. 육류 생산은 대규모의 토지, 물, 폐기물 제거 용량을 필요로 하기 때문에 이러한 성장은 천연자원에 무리를 주고 아마도 훼손시킬 것이다. 최근의 한 연구는 "소고기는 칼로리당 열을 가두는 가스를 5배 이상 생산하며, 물을 오염시키는 질소를 6배 더 내놓고, 11배 이상의 관개용수가 필요하며, 28배의 토지를 사용한다"는 것을 밝혔다 (CBS News 2014). 가축·환경 및 개발 이니셔티브(Livestock, Environment, and Development Initiative)는 증가한 가축 생산에 대한 대응에서 물리적, 정치적 능력이 제한되어 있는 아시아에서 한 사례를 인용하고 있다. “이러한 경향을 고무하는 핵심 요소들은 보조금을 받는 농축 사료, 열악한 사회 기반 시설과 약한 규제다. 도로가 불충분하고 운송비가 비싼 곳에서는 산업 단지가 보통 도시 중심부 가까이 위치해 있다. 예를 들면, 아시아에서 이러한 현상이 발생하고 있는데, 그곳에서는 산업적 가축 생산이 매우 빠르게 발전하고 있으며 약한 규제 구조가 인간의 건강에 미치는 위험성을 가중시킨다” (FAO 2015a).

요컨대, 2020년과 2050년 사이의 인구 증가는 확실히 식량시스템의 생산 한계를 늘릴 것이며 가축 및 사료 생산 분야에 상당한 부담을 줄 것 같다. 그렇다면, 어느 정도의 성장이 지나친 성장인가? 어느 시점에서 농업 확대가 지속 불가능하게 되는가?

90억 명의 인구를 살아가게 하기 위해 어느 정도의 토지가 생산에 필요한가에 대해서 일치된 의견은 없지만, 연구자들은 식량생산을 70퍼센트 높일 필요가 있다고 추산한다. 현재의 비율로 개발도상국에서의 생산은 2배 증가해야 한다 (FAO 2009). 그러나 생산 증가는 앞서 논의된 바와 같이 토지 확장만으로는 달성할 수 없다. FAO에 따르면, 생산에 적합한 가용 토지는 “라틴 아메리카와 사하라 이남의 아프리카의 몇몇 국가에 집중되어 있으며 … 그 잠재적인 토지의 상당부분은 반드시 가장 수요가 높지만은 않은 단지 몇 개의 농작물을 재배하기에 적합하다” (2009: 2-3). 일부 국가, 특히 근동/북아프리카와 남아시아에 있는 일부 국가들은 이미 농작물 또는 가축 생산 목적을 위해 적합한 토지의 한계에 도달한 것 같다. 지구 표면 토지의 근 40퍼센트가 이미 생산 농업에 이용되고 있다 (Foley et al. 2005). 남반구에서는 2000년에서 2010년까지의 기간 중 1년에 520만 헥타르(128만 에이커)의 비율(대략 웨스트버지니아주의 크기)로 열대림이 농지로 개조되었다. 이는 1990년에서 2000년 사이의 기간 중 1년에 830만 헥타르(205만 에이커)의 비율에서 줄어든 것이다 (FAO 2010). 농업 목적의 삼림 벌채는 브라질, 말레이시아 등 일부 국가에서는 줄어들고 있으나, 남부 아프리카와 남부 아시아 지역에서는 높은 비율로 계속 되고 있다 (FAO 2010). 삼림의 손실은 여러 가지 방식으로 환경에 영향을 미치는데, 가장 중요한 것들로는 야생동물 서식지의 손실, 물 흡수 및 증발 능력의 손실, 지구 표면 온도의 유지를 돕는 덮개 기능의 손실, 탄소 제거 능력의 손실, 즉 삼림이 초과 오염 온실 가스를 흡수하는 능력의 손실 등이다.

대부분의 연구자들에 따르면, 지금까지 농업의 확대(가장 최근에는 삼림 벌채를 통한 확대)와 강화(작물 수확량 증가)는 현재의 글로벌 1인당 식량 수요를 충족시킬 수 있는 충분한 생산을 제공하였다 (Cassman and Wood 2005). 농업은 계속해서 "농촌 경제의 근본 원동력이며, 상당한 광물 자원이 없는 개발도상국들에서는 종종 전체 경제의 원동력"이다 (FAO 2002: 13). 생명공학의 연구개발과 투입요소(예를 들어, 비료, 제초제, 살충제, 살균제)의 사용 확대는 가축 사료에 사용되는 곡물 등 농작물 수확량의 지속적인 발전을 가능하게 하였다. 그러나 이러한 성장이 지속 가능한가? 낙관론자들은 증가하는 인구에 직면하여 지속적인 생산을 할 수 있는 답은 주로 기술적 발전을 통해서 얻을 수 있음을 시사한다. 과학기술의 발전이 지구의 적재량을 늘릴 수 있는지는 아직 불확실하다.

기후

토지는 줄어들고 인구는 증가하는 생산의 한계에 더하여, 지구의 기후는 농업에 많은 새롭고도 독특한 도전을 야기했다. 제15장에서 논의되는 것처럼, 지구의 온도는 상승하고 있다. 미국해양대기관리처(NOAA: National Oceanic and Atmospheric Administration)에 따르면, 20세기 초 이래 지구 표면 온도는 화씨 1.4도 증가하였다. 이러한 변화는 1981년 이후의 평균 온도를 조사할 때 가장 눈에 띈다. NOAA는 그 기간 동안 1895년 국가기록이 시작된 이래 가장 따뜻했던 20개 년도를 기록하였다. 실제로, 2015년 9월은 지금까지 문서로 기록된 가장 따뜻한 9월로써 그 이전의 모든 기록을 깨뜨렸다. 지구 표면 온도가 따뜻해지면서 해수 온도 역시 따뜻해지고 있는데, 이는 북극의 빙하를 녹이고 해수면을 상승시키고 있다. NOAA에 따르면, 지난 백여 년에 걸쳐 지구의 해수면은 1년에 평균 1.7밀리미터 상승하였으며, 1993년 이후에는 매년 3.5밀리미터로 증가하였다 (n.d.). 이와 같은 온도 상승은 온도 변화에 근거해서뿐 아니라 보다 중요하게는 강수 현상의 변화에 근거하여 독특한 방식으로 농업에 영향을 미친다.

전세계적으로 농장 운영의 80퍼센트 이상이 천수농업(天水農業), 즉 강우량을 주된 수원(水源)으로 의지하는 생산으로 분류된다. 이 비율은 지역마다 다르지만 개발도상국들에 집중되어 있다. 식량농업기구에 따르면, 천수농업은 사하라 이남의 아프리카에서는 경작 농지의 95퍼센트 이상을 차지하며, 라틴 아메리카에서는 90퍼센트, 근동 및 북아프리카에서는 75퍼센트, 동아시아에서는 65퍼센트, 그리고 남아시아에서는 60퍼센트를 각각 차지한다 (UNEP 2009). 이러한 천수시스템이 글로벌 식량생산의 60퍼센트를 차지한다. 강수량의 변화, 특히 여기에서 언급된 지역에서의 강수량 변화는 따라서 생산 능력에 큰 영향을 줄 수 있다. 이러한 변화는 어떤 지역에서는 강수량이 매우 부족해 가뭄이 들고 다른 지역에서는 강수량의 증가로 홍수가 발생하는 등 전세계에 걸쳐 현저한 차이를 보일 수 있다. 가뭄이나 홍수 모두 식량생산에 이상적인 상태가 아니다.

아이오와주 농촌지원 서비스(Iowa State Extension Service)가 2008년에 수행한 연구는 기후변화가 천수 생산시스템의 적합성에 미치는 가능한 영향을 조사하였다. 기후변화에 관한 정부간패널(IPCC: Intergovernmental Panel on Climate Change) 데이터를 사용하여 강수량의 증가와 감소를 추산함으로써 연구자들은 '적합성 지수'에 근거하여 생산 적합성에서 상당한 감소를 겪을 지역을 확인할 수 있었다. 적합성 지수는 강수량, 토양의 적합성 및 지형을 고려하여 계산한 것이다. 연구를 통해 밝혀진 주요 결과는 다음과 같다 (Takle 2008).

- 미국 중부에서는 약간의 강수량 감소를 겪을 가능성이 있다. 특히 대평원에서 그럴 것이다.
- 멕시코와 중앙아메리카는 강우량의 상당한 감소를 겪을 가능성이 있다. 이러한 강수량의 감소는 모든 글로벌 기후 모델들의 특징이다. 멕시코와

중앙아메리카에 미치는 이러한 영향의 크기 때문에, 미국의 정책입안자들은 향후 몇 년간 이 지역에 대한 기후변화를 추적 관찰해야 한다.

- 브라질, 우루과이, 그리고 아르헨티나는 이로울 것으로 보이는 강우량의 증가를 볼 수도 있다.
- 남부 유럽과 동부 유럽은 강수량의 상당한 감소를 보일 것 같다.
- 중앙아프리카는 강수량의 증가를 보일 것이며, 남부 아프리카는 강수량의 감소를 보일 것이다.
- 인도는 아마 강수량의 증가를 경험할 것이다.
- 중국과 동아시아는 아마 강수량의 증가를 경험할 것이다. 그러나 이 지역에서 강수량의 극심한 증가 가능성은 농업 생산에 해를 끼칠지 모른다.
- 오스트레일리아는 동부에서는 강수량의 증가를 보이고 서부에서는 감소를 보일 것으로 예상된다.

기후변화는 또한 농작물과 가축에 해충과 병원균(예를 들어, 곰팡이, 곤충, 박테리아, 바이러스)을 확산하는 충격을 주어 농업에 영향을 미친다. 식량 및 사료용으로 성장한 농작물의 거의 15퍼센트가 매년 해충과 질병의 발생으로 인해 손실되는 것으로 추정된다. 현재의 손실률은 오늘날의 인구 8.5퍼센트를 먹이기에 충분한 양에 달한다 (Bebber, Ramotowski, and Gurr 2013). 기상 패턴의 변화는 해충과 병원균의 이동과 분포를 옮기거나 완전히 변화시킬 수 있다. 엑서터대학교와 옥스퍼드대학교의 연구자들은 2013년에 작물 해충/병원균의 이동 또는 분포 추세를 찾아내기 위해 1960년 이래의 역사적 작물 해충/병원균 분포 데이터를 조사했다. 각각이 다양한 분포를 보여주는 600개 이상의 유기체를 조사하는 동안, 대부분이 매년 평균 2.7킬로미터의 속도로 적도로부터 북극과 남극으로 이동하는 것을 발견했다. 그 연구자들은 따뜻해진 지구의 기온이 해충과 병원균이 더 높은 위도에서 생존할 수 있도록 하여 겨울에도 살아남아 확산되었다고 주장하고 있다. “만약 기후변화가 작물 파괴 유기체가 퍼지는 것을 더 용이하게 만든다면, 해충과 질병의 발생을 추적 관찰하고 그것들의 이동을 통제하는 새로워진 노력이 글로벌 식량안보에 대한 이와 같은 큰 위협을 통제하는 데 있어 대단히 중요할 것이다" (Bebber, Ramotowski, and Gurr 2013: 987).

그러한 연구는 농업시스템 중에서 개발되고 시행되어야 할 적응전략에 주목하지 않을 수 없는 사례를 제공한다. 강수량의 증가, 감소, 또는 극단적인 변화와 그에 따른 새로운 해충이나 병원균 이슈에 적응하는 여부와 관련, 작물 농부들은 자신의 관행을 수정하거나 새로운 또는 변화하는 기후 조건에 더 적합한 새로운 기술이나 생명공학기술을 사용해야만 할 것이다. 그러한 기술들에는 경운기구, 관개시스템, 또는 날씨 변화를 더 잘 다룰 수 있도록 설계된 배수 장치가 있다. 생명공학기술에는 자연 도태 또는 유전자 변형을 통해 개발된 가뭄 저항성, 홍수 저항성, 또는 질병 저항성 씨앗의 다양한 품종들이 있다. 마찬가지로, 축산업자들은 각 종(種)에 따라 독특한 도전에 직면할 것이다. 식량농업기구에 따르면, "기후변화는 사료와 목초지의 가용성에 간접적으로 영향을 미칠 뿐만 아니라 가축 생산성에 직접적인 영향을 미친다. 기후변화는 서로 다른 농업생태학적 지역에 가장 잘 적응된 가축의 유형과 그에 따라 농촌을 지탱시킬 수 있는 동물을 결정한다" (2012). 곡물, 건초, 짚, 목초, 가축에게 직접 먹이는 압축 펠릿 등 사료의 생산과 목초지의 이용은 강수량이 너무 많아도 또 강수량이 너무 적어도 제약을 받을 수 있다. 예를 들면, 코스타리카 몬테베르데에서 나온 최근의 한 사례연구는 (도표 8.1 참조), 국지화된 기후의 현저한 변화에 직면해 있는 민감한 생태계에서 축산의 복잡한 과제들을 파악하고 있다.

요약하면, 인구 성장 및 팽창과 기후변화를 안고 있는 글로벌 농업시스템에 대한 위협은 지속되고 향후 수십 년 동안 더욱 심해질 것으로 예상된다. 그럼에도 불구하고 농업 역시 계속되어야만 한다. 식량은 생존에 필수적이다. 비록 연구자들이 현재 인구 및 기후변화의 예측 모델을 개발하기 위해 노력하고 있지만, 그들은 글로벌 식량안보, 즉 글로벌 필요 영양소를 충족시키기에 충분한 식량 공급 가능성에 미치는 두 변수의 직접적 또는 간접적 영향을 확실하게 추정할 수 없다. 요컨대, 인구가 불안정하며, 기후도 불안정하고, 이러한 요인들이 농업시스템의 취약성을 증가시킨다. 농부들

도표 8.1 사례 연구: 코스타리카 몬테베르데 지역의 목장 운영

몬테베르데는 해발 높이가 거의 4,500피트인 북서부 산악지대에 위치한 코스타리카의 한 지역이다. 그곳의 생태계는 운무림(雲霧林)이 특징인데, 그 운무림은 많은 종의 동식물의 성장과 지탱에 도움이 되는 끊임없이 낮은 구름이나 안개로 덮여 있다. 그 지역은 1950년대 중반에 미국의 전쟁 징집을 피해 이미 군대를 폐지한 나라로 도피하는 소수의 퀘이커 교도 집단이 정착했다. 그 퀘이커 교도들은 농업에 관한 지식을 갖고 왔으며, 일단 정착하자 그 지역 전체에 걸쳐 낙농장을 설립했다. 결국 낙농장은 우유 생산에서 치즈 생산으로 확장되었고, 치즈를 산호세의 중앙계곡으로 수송한 첫 번째의 협동 공장을 세웠다. 그 지역은 1960년에서 1990년 사이에 퀘이커 교도와 코스타리카 원주민의 농장이 모두 급증하였으며 현금 경제가 번창하게 되었다. 낙농가들은, 그들이 바람막이로 의도한 목초지 사이의 운무림의 사용과 보호에 대하여, 그리고 그 지역의 다공성 화산토에 적합하도록 일일 목초지 순환시스템을 운영한 데 대하여, 연구문헌에서 칭찬을 받았다 (Mondrus-Engle 1982).

오늘날, 몬테베르데 농부들은 주로 기후변화가 초래한 많은 도전에 직면하고 있다. 비록 그 치즈 공장이 여전히 지역의 우유 및 치즈 생산을 지원하고 있지만, 낙농가들은 가뭄 상황의 증가, 목초지 관리 문제, 그리고 소 우유의 생산 감소와 씨름하고 있다. 한때 푸른 목장이었던 동아프리카의 스타그라스(*Cynodon nmenfluensis*)와 흰 클로버(*Trifolium repens*)는 기온이 상승하고 강수량이 줄어들어 지금은 땅이 메마르고, 풀이 드물다. 1970년대 이래 운무림에서 박쥐를 연구해온 한 생물학자가 1990년부터 2000년까지 평균 최소 온도가 섭씨 3도(화씨 37.4도) 증가했다고 기록했다 (LaVal 2004). 운무림의 온도를 낮추는 작용을 하는 엷은 안개에 관한 또 하나의 연구는 1970년대 이후 엷은 안개의 존재가 상당히 감소되었음을 알아냈다 (Pounds, Fogden, and Campbell 1999). 그 지역의 미기후(微氣候)에 미친 이러한 극적인 변화는 특히 건기 동안에 목초지를 사실상 방목 가축이 살 수 없도록 만들어버렸다. 많은 농부들이 사일리지 (수분함량이 많은 목초류 등 사료작물을 사일로용기에 진공 저장하여 유산균 발효시킨 다즙질사료 – 역자 주)의 가용성 제약, 열

▶▶▶

악한 도로와 교통수단의 부족으로 인해 생산 비용이 더 들지만, 저지대 지역으로부터의 사일리지 수입에 의존하고 있다. 더욱이 사일리지의 질은 종종 불량해서 열대기후에서는 빠르게 상태가 나빠질 수 있다. 그 결과, 농부들은 그들의 소가 생산하는 우유가 생산성이 최고조였을 때보다 50퍼센트 이상 줄어들어 한때 번창했던 낙농업을 황폐화시켰다고 보고했다.

『뉴스위크』지는 몬테베르데를 사라지기 전에 가보아야 할 세계의 100곳 중 14위로 선정했다. 운무림 생태계의 섬세함 때문에 기온이나 강수의 아주 미세한 변화조차도 동식물을 부양하는 운무림의 능력에 극적인 영향을 미칠 수 있다. 그 지역이 더 따뜻해지고 건조해짐에 따라서, 구름 덮개는 소멸하기 시작하거나 고도가 더 높은 곳으로 물러나기 시작했다. 이에 따라 한때 아주 안락했던 몬테베르데의 목초지는 동식물을 부양할 수 없는 갈색의 부서지기 쉬운 지역으로 변했다. 한동안 몬테베르데 주민의 지배적 산업이면서 소득과 생계의 주된 원천이었던 낙농업은 이제는 점점 줄어들고 위기에 직면한 산업이 되었으며 가까운 장래에 구름과 함께 사라질 것 같다.

은 식량생산의 미래를 지속시키기 위해서 이러한 취약성에 적응해야만 한다. 대부분의 현대 연구는 다음과 같은 대응 가능한 또는 적응 시나리오들을 고려하고 비판적으로 분석한다.

- **해결책으로써 기술에 의존한다.** 생산성을 높여 식량안보를 향상시키기 위한 목적으로, 농작물/가축 산출량, 해충 또는 병원균 발생, 강수 극단 사상, 미량영양소 및 다량영양소 가용성에 대한 제한 등과 관련된 이슈를 해결하기 위해 새로운 기술 또는 생명공학기술에 투자한다.
- **소비 패턴에 영향을 미친다.** 소비 패턴을 자원 집약적인 농작물/가축, 또는 단위 토지구역당 더 높은 투입요소(물, 영양소, 기계용 연료)의 사용을 필요로 하는 농작물/가축으로부터 멀어지도록 한다. 이러한 접근법은 공급에 제한이 있거나 자연시스템에 스트레스를 가중시키는 추가 투입

요소에 대한 수요의 증가를 감축시키기 위한 것이다.

- 생산을 다양화한다. 지역의 자산과 자원을 활용하면서 또 특정한, 단일 재배(단일 작물/종) 시스템보다 더 탄력적이도록 설계된 좀 더 다양한 식량생산 시스템을 개발하기 위해 노력한다. 다양화는 복작(複作)으로 불리는 다수의 농작물재배 또는 가축 종을 사육하는 좀 더 탄력적인 시스템을 유지함으로써 농작물재배 또는 가축 사육의 실패와 관련된 위험(그 위험이 기후변화, 해충 또는 병원균 발생, 천연자원 제한 등 어떤 원인으로 초래된 여부와 상관없이)을 최소화할 것으로 기대된다.
- 아무 것도 하지 않는다. 이 접근법은 (자연적 과정을 통해서든 인간의 완화를 통해서든) 기후 조건의 재안정화에 의존하고, 인구 성장과 팽창에 대해 관망하는 접근법이다.

인위적 요인

현대 농사법과 생명공학

주로 보리, 밀, 완두콩과 렌틸콩과 같은 작물 식물(들판에서 자라는 식물)의 재배는 오늘날의 이라크, 쿠웨이트, 시리아, 레바논, 요르단, 이스라엘, 팔레스타인, 사이프러스, 이집트, 이란을 포함하는 티그리스 강과 유프라테스 강 주위의 비옥한 초승달 지대 내부에서 거의 1만 2,000년 전에 시작되었다. 신석기시대혁명 또는 농업혁명으로 알려진 시기 동안, 수렵-채집인들은 원시 경작 및 관개시스템을 사용하여 작물을 심고 수확하기 시작했다. 식량생산은 인구의 증가를 가능하게 하였으며, 이는 더 큰 정착지로 확대되었고 궁극적으로 도시의 발달을 가져왔다. 농업은 초기 시대와 서기 약 1,700년 사이에 거의 변하지 않았다. 그 기간 동안 식량생산의 발전은 주로 식재 및 수확 도구의 발전과 동력 원천으로써 말의 사용에서 비롯되었다. 인구의 약 90퍼센트가 식량생산에 종사하였다.

현대의 산업적 농업은 16세기에서 19세기 사이에 등장했으며 농업시스템을 상당히 개조하였다. 쟁기, 파종기 및 탈곡기의 발명이 가져온 기계화는 농업을 산업으로 재정립하였다. 영국의 농부들은 더 많은 양의 생산과 다양한 작물의 재배를 가능하게 할 농경법의 작물 순환시스템을 받아들였다. 증기 기관과 그에 이은 철도시스템의 발전은 교역 목적의 농작물 마케팅과 수송을 진전시켰다. 기계화된 농사법은 국제적으로도 교역을 할 수 있고 배나 바지선으로 옮길 수 있는 곡물의 잉여 생산을 촉진시켰다. 그와 같은 발전이 자본, 노동 및 분배의 측면에서 농장에 보다 큰 효율을 가져왔지만, 많은 사람들이 여전히 도시 지역의 덜 노동 집약적이고 더 높은 임금을 주는 일자리를 찾아 시골의 농장 생활을 버렸다. 이 기간 동안, 농부는 글로벌 노동력의 70퍼센트에서 90퍼센트 사이를 차지했다.

사실 농업의 산업화는 농업시스템의 모든 측면에서 전면적인 혁명을 나타내는데, 총체적으로 누가 무슨 생산품을 어떻게 생산하는가를 완전히 바꿔 놓았다. 그 혁명은 주로 기술의 확산과 시골 또는 농업 인구의 감소 등 오늘날에도 남아 있는 여러 가지의 추세를 가져왔다. 현재 글로벌 노동력의 35퍼센트 미만이 농업에 종사하고 있다. 대부분의 선진국에서 농업 인구는 4퍼센트 미만인데, 오스트레일리아(3.6퍼센트), 캐나다(2.0퍼센트), 독일(1.6퍼센트), 노르웨이(2.2퍼센트), 스웨덴(2.0퍼센트), 스위스(3.4퍼센트), 영국(1.3퍼센트), 그리고 미국(0.7퍼센트) 등이다 (CIA n.d.). 전지구적으로, 농장은 점점 작아지고 점점 기계화되고 있으나, 생산성은 계속 증가하고 있다. FAO에 따르면, 세계적으로 농장의 다수가 "작거나 또는 매우 작다." 세계적으로 1에이커 미만의 농장이 전체 농장의 84퍼센트이지만 전체 생산품의 단 12퍼센트를 차지할 뿐이다. 그에 반해서, 세계 모든 농장의 단 1퍼센트만이 30에이커 이상이지만 전세계 농업 생산품의 65퍼센트를 차지한다 (FAO 2014). 점점 작아지는 농장에서 더 높은 수확량을 거두기 위한 노력은 투입요소 내지는 살진균제, 제초제, 살충제, 비료, 그리고 유전자변형생물체(GMOs) 또는 씨앗 등 생산 증강 제품의 광범위한 사용을 촉발시켰다.

밀, 쌀, 옥수수 등 세 곡물은 글로벌 식량 공급의 50퍼센트 이상을 차지하며, 지구상에서 가장 풍부한 세 가지 식물이다 (Awika 2011). 다시 말해서, 이 곡물들은 전세계의 인간이 소비하는 칼로리의 절반 이상을 이룬다. 이 세 곡물이 풍부하고 식물 다양성의 결핍에 따라서 잡초와 해충이 이 농작물들에 대한 생물학적 압력을 증가시킨다. 단일 식물종을 한 시간에 한 장소에서 재배하는 농업 방식인 단일 또는 연속적 재배 방식(작부체계), 즉 단일재배는 질병, 해충, 잡초 및 날씨에 더 취약해서 대량농업시스템을 위험에 빠뜨린다. 과도한 잡초들의 압박이 소기의 작물들을 질식시킬 수 있어 수확량에 부정적인 영향을 미친다. 동시에, 작물을 잠식하는 곤충, 균 및 곰팡이가 생산성을 현저하게 감소시킬 정도로 작물의 건강을 위태롭게 할 수 있다. 이러한 일이 일리노이를 포함한 미국의 서부 지역에서 늘어나고 있는데, 일리노이에서는 일부 생산자들이 자신들의 경작지 전부는 아니지만 대부분에 매년 옥수수를 재배한다. 귀리, 건초, 밀 등 과거 한때 순환재배에 포함되었던 작물들이 옥수수와 콩으로 대체되었으며, 대체적으로 다른 곡물들보다 수확량이 더 많고 시장가격이 더 높은 옥수수가 압도적이다 (Nafziger 2009).

이러한 이유 때문에, 식물 생물학자들은 농업 성과를 개선하기 위한 목적으로 1960년대 후반 이후 식물 유전학을 강화하기 위하여 이러한 특정 작물들의 개선에 공을 들여왔다. 이전 수 세기 동안, 농부들은 이상적 형질에 못 미치는 식물보다는 이상적 형질을 가진 식물을 재배하는 자연적 선택 과정인 선발 육종법을 사용하였다. 1935년 디옥시리보핵산(DNA)의 발견과 1973년 재조합 DNA의 발견으로 이루어진 현대 생명공학은 특정한 목적에 사용될 수 있도록 유전자를 분리하는 방법을 찾아냈다. 미국에서 1980년에 첫 번째 GMO 특허권이 유출된 기름의 수거를 돕기 위해 개발된 전매 박테리아에 대해 제너럴일렉트릭사에게 발급되었다. 1982년 미국식품의약청(FDA)은 대중 시장에서 구입할 수 있는 첫 번째 GMO 제품으로 활성 박테리아의 유전자 재결합으로 개발된 인슐린인 후물린 (상표명 – 역자 주)을 승인하였다. 그 이후로 육종 기술의 발전은 좀 더 바람직한 성과를 위해 유전적으로 강화된 GMO 식물종의 개발을 가져왔다.

글로벌 시장에서 한 가지의 GMO 옥수수종만 구할 수 있지만, 밀, 쌀, 옥수수 등 세 주요 작물의 GMO 품종들이 개발되어 왔다. GMO 쌀과 GMO 밀의 시험 재배가 미국, 영국 및 중국에서 이루어졌으나. 두 품종 모두 대중소비용이 아니다. 시간이 지나 추가적인 시험재배가 이루어지면 이 품종의 생산물도 역시 대중소비가 될 것이다. 대부분의 GMO 옥수수 품종들은 다음 중 한 가지 이상의 용도로 개발되었다. 그 용도는 잡초 제거를 위해 작물에 직접 뿌리거나 그 주위에 뿌리는 제초제에 견딜 수 있고, 해충이 먹었을 때 탈이 나거나 죽는 단백질을 배출함으로써 해충을 퇴치하며, 가뭄으로 인한 스트레스를 견딜 수 있도록 하는 것이다. 잡초, 해충 및 가뭄의 스트레스를 제거함으로써 탄탄한 곡물 수확량을 거두는 농부의 능력은 따라서 GMO 품종의 사용을 통해서 증대된다. 틸먼(David Tilman)과 그의 동료들에 따르면, "품종 육종자들은 비생물적 스트레스, 병원균 및 질병에 대한 저항력을 개선하는 데 성공했으며, 또 연작 곡물시스템의 낮은 곡물 다양성에도 불구하고 수확량의 안정성을 유지하기 위하여 시공간적으로 이러한 방어물들을 효율적으로 사용하는 데 성공했다" (Tilman et al. 2002: 674). 생명공학의 활용을 지지하는 사람들은 GMO를 기후변화로 스트레스를 받는 환경과 글로벌 식량안보를 달성해야 한다는 요구의 증대 속에서 식량생산의 미래를 향한 중대한 성공으로 간주하고 있다.

GMO가 과학 영역에서는 지속되고 있는 반면에 일반 대중에게는 잘 받아들여지지 않고 있으며 종종 언론의 공격 대상이 되고 있다. 정기적으로 그 수가 변하고는 있으나 현재 약 26개 국가가 GMO를 전면 금지하거나 부분적으로 금지하고 있다. 또 60개 국가가 GMO에 제한을 가하고 있다(Bello 2013). 대중의 근원적인 우려는 주로 유전자 변형 과정, 다시 말해 GMO 생산의 현 주도자에 대한 투명성 또는 이해의 결여이다. 현재 미국에서는 시장에 나와 있는 어떤 식료품이 GMO를 포함하고 있는가를 알 수 있도록 하는 연방 식료품내용표기법(labelling law)이 없다. 버몬트와 캘리포니아 등 일부 주에서 주 또는 자치단체의 식료품내용표기법이 통과되었으나, 현재 그 법들은 여러 메이저 식품회사들에 의해 법정에서 도전을 받고 있다. 미국에서 문제의 핵심은 GMO를 포함하고 있는 식료품을 어떻게 규정하는가이다. 대중 시장에 나오는 GMO 식료품의 개발 및 승인 과정을 부분적으로 감독하는 FDA에 따르면, "법으로 식료품의 내용을 표기하도록 규정하는 것은 식료품의 구성요소에 중대한 변화를 알 수 있도록 하는 데에 제한되어 있으며, 소비자를 잘못 인도하지 못하도록 규정하고 있다" (House Hearing 1999). 요컨대, FDA는 GMO 함유 식료품과 GMO를 함유하지 않은 대응 식료품 간에 영양상의 차이가 없는 경우에는 식료품내용 표기는 필요하지 않다고 주장한다.

그럼에도 불구하고, 공적 영역에서는 GMO 제품에 대해 법으로 그 내용을 표기하도록 하는 것에 대한 상당한 지지가 존재한다. 『뉴욕타임스』가 2013년에 실시한 여론조사에서 응답자의 93퍼센트가 GMO 성분을 함유한 식품에 그 내용을 표기하는 라벨을 붙이기를 원한다고 대답했다. 같은 조사에서 응답자의 2/3 가 GMO 함유 식품의 알려지지 않거나 잠재적으로 건강에 해를 미치는 효과를 우려하는 것으로 나타났다 (Kopicki 2013). 인체 건강에 대한 신뢰와 우려 문제 이외에도, FAO는 GMO가 환경에 미치는 영향, GMO가 소규모 농부들의 생계에 미치는 영향 등 GMO에 대한 대중의 우려를 더 찾아냈다 (FAO 2001). 표 8.1은 과학 서적과 미디어에서 가장 자주 볼 수 있는 대중의 관심의 목록이다.

대부분의 위험 요소들에 걸친 주제는 과정과 잠재적 결과에 대한 지식의 결여 또는 투명성의 부족이다. 인터넷, 과학 및 기술 주제들에 관해 여론조사를 수행하는 퓨연구센터(Pew Research Center)는 2015년에 GMO의 안전성에 대한 시민의 인식과 과학자의 인식 간에 51퍼센트의 격차가 있음을 발표했는데, 이는 그 조사에서 대중과 과학자 간에 가장 큰 의견의 차이였다 (Funk and Rainie 2015). 소셜미디어가 다양한 소비자와 집단 간에 더 많은 디지털 방식의 대화를 촉진하는 반면에 그 대화는 종종 과학적 대화가 없이 이루어지고 있다. 대중매체는 종종 아무런 과학적 근거가 없는 GMO와 관련된 위험 메시지를 증폭시킴으로써 대중을 공포로 몰아넣는다.

표 8.1 GMO 위험 요인들의 개요: 실행과 결과

대중의 관심 분야	경향 또는 실행	위험 결과
환경적	저항성 GMO 식물 위와 그 주변에 살포되는 제초제 사용량의 증가	과도한 제초제의 사용은 환경에 손상을 미침; 제초제가 토양에 축적됨; 제초제가 의도하지 않은 식물 종을 죽임
환경적	일정한 기간 동안 동일한 제초제 사용량의 증가	추가적인 화학 약품으로써만 관리될 수 있는 제초제 저항성 잡초(때로는 슈퍼 잡초로 불림)의 성장을 가져올 수 있음
환경적	해충 저항성 GMO 씨앗 심기	곤충 종에게 의도하지 않은 부정적 영향을 미칠 수 있음; 내성을 형성하는 저항성 곤충의 성장
환경적	비 GMO 씨앗 근처에 GMO 씨앗 심기	비 GMO 함유 들판에서 교잡수분(交雜受粉)이 가능해짐
인간 건강	GMO 함유 식품 소비	인간 건강에 알려지지 않은 위험을 수반할 수 있음; 상품 표시가 없는 소비 선택을 통제하지 못함으로써 위험이 증폭됨
인간 건강	새로운 GMO 창조를 위해 다른 종으로부터 유전자 물질을 삽입하기	유전자 조작 과정이 투명하지 않고 따라서 식품에 알레르기 유발 화학물질 또는 독소가 삽입될 수 있음
사회적	전매 GMO 씨앗의 구매	특히 개발도상국의 소규모 농부들이 GMO 씨앗을 구매할 형편이 되지 않음; 농부들이 특허권 통제 때문에 차후 연도에 심을 씨앗을 남겨둘 수 없음

예를 들어, 대중매체는 GMO에 관한 보도를 할 때 '프랑켄식품' (유전자변형식품을 괴물 프랑켄슈타인의 이름에 빗대어 부르는 말 – 역자 주) 용어의 사용처럼 편향된 표현을 써오고 있다. 그 단어는 2012년에 온라인 『옥스퍼드 사전』에 추가되었다. 휴이(Tina Andersen Huey)는 대중, 식품 대기업과 과학자 간의 차이에 대해 다음과 같이 말하고 있다.

> 유전자변형 음식 이야기의 줄거리는 소비자들이 다국적의 무책임한 대기업에 휘둘리고 있을 뿐 아니라 이해할 수 없는 형태의 지식에 속수무책이

> 라는 것이다. (구체적이고, 현지 사정을 반영하며, 다양한) 농부의 지식이나 (자율적인) 소비자의 지식과는 대조적으로, 생명공학은 추상적이고, 동떨어지며, 기득권 보호의 방식으로 산만하게 세워졌다. 다른 선진 기술과 마찬가지로 유전공학은 이해 능력을 기반으로 내부자와 외부자 사이를 선명하게 가른다. (2015: 271)

궁극적으로, 휴이(2015)는 연구자가 소비자 및 생산자와 과학에 근거한 생산적 대화를 하도록 압력을 가하고 금융, 생산과 분배의 채널이 투명하도록 만들 것을 촉구한다. 그러나 어떤 기구나 단체가 공허한 미사여구와 여론과 과학을 통합하는 과업을 맡을 것인가? 누가 지식과 투명성에서의 간격을 극복하는 데 필요한 그 투명성을 강화할 것인가? 그러한 간격의 중요성을 인식하는 것이 출발점이다. 그러나 우리 사회는 GMO 논쟁에서 해결책을 찾기에는 갈 길이 멀다.

자원: 토양, 물, 영양소

적절한 토양과 물, 영양소가 없이는 식량을 생산할 수 없다. 이 세 가지가 생산을 제한하는 모든 요인이다. 이미 언급되었듯이, 세계의 많은 지역에서 고품질의 토양, 충분한 담수의 공급, 그리고 식물이 쉽게 흡수할 수 있는 영양소에 대한 접근이 제약되어 있으나, 식량생산의 증가를 위해서는 이러한 자원이 점점 더 많이 필요하다. 미국에서 물 소비의 80퍼센트 이상이 농업에 기인하며, 그중 절반 이상이 서부 지역의 관개시스템에 묶여 있다 (Schaible and Aillery 2012). 이 지역이 2,000개 이상의 토지 유형에서 400개 이상의 작물이 재배되는 바로 그 지역이다. 재배 작물에는 옥수수와 밀뿐 아니라 아몬드, 아티초크, 대추, 무화과, 건포도, 키위, 올리브, 복숭아, 피스타치오, 말린 자두, 석류, 찹쌀, 라디노 클로버 씨, 호두 등이 있다. 특히 캘리포니아는 미국에서 소비되는 과일, 채소 및 견과의 거의 절반과 지구에서 소비되는 아몬드의 82퍼센트를 경작하고 있다 (USDA 2013). 모든 주들과 심지어 글로벌 사회가 바로 캘리포니아와 같은 지역들에 있는 물, 토양 및 이용 가능한 영양소의 세 요소로 이루어진 비교적 소규모의 자연시스템의 생산성에 의존하고 있다. 그 시스템이 제한을 받거나 스트레스를 받을 때, 해당 주민들의 식량 확보가 불안정해진다. 2015년에 거의 1세기만에 가장 심각한 가뭄을 겪었던 캘리포니아에 관한 중요한 사례연구가 나왔다 (도표 8.2 참조).

물과 토양은 이용 가능성 측면에서뿐만 아니라 온전성의 측면에서 제한적이다. 주거, 산업 및 농업 폐기물이 땅에 버려져, 물을 타고 이동하여, 연못, 호수, 만, 심지어 바다 같은 담수 저수지에 모이면 수질은 악화된다. 농업 폐기물은 다양한 곳으로부터 나오지만, 과도 영양소나 비료, 잔여 농약(예를 들어, 제초제, 살충제, 살균제), 동물 폐기물 또는 거름을 포함할 수 있다. 이러한 폐기물 또는 독소들이 물시스템에 들어갈 때, 그것들은 여러 작은 지류로부터 조금 큰 만이나 강으로 합쳐지면서 누적되며 결국에는 규모가 큰 유역에 집중적으로 쌓이게 된다.

집중된 화학 물질이나 영양소는 수생시스템에 해로운 영향을 미칠 수 있다. 곡물 수확량을 증대하기 위해 살포된 질소와 인을 함유한 일반 비료의 경우, 작물이 흡수하지 않은 초과 영양소는 비가 오거나 빗물이 흘러넘칠 때 그 시스템을 벗어난다. 유역에 누적된 유출 영양소는 조류 (물속에 사는 하등 식물의 한 무리 - 역자 주)의 성장을 촉진할 수 있다. 이러한 과정을 부영양화(eutrophication)라고 부른다. 그 조류들이 죽어서 바닥으로 가라앉을 때 박테리아에 의해 부패되는데, 이 과정이 물의 용존산소량을 고갈시킨다. 이 과정은 종종 수생시스템을 수중 생물을 파괴할 수 있는 저산소증의 상태로 밀어 넣는다. 세계자원연구소(World Resources Institute)의 연구에 따르면, 전세계에 걸쳐 415개 지역이 부영양화를 겪는 것으로 파악되었다. 또한 “미 대륙의 평가된 해안 지역의 믿기 어려울 정도로 높은 78퍼센트와 유럽의 대서양 해안의 약 65퍼센트가 부영양화 증상을 보이고 있다” (Selman 2008: 1). 부영양화된 것으로 파악된 모든 글로벌 시스템 중에서 169개 지역이 저산소증 현상을 보이게 되었으며 보통 ‘무생물 지역(dead zone)’으로 불린다. 가장 잘 알려진 두 곳의 저산소증 지역은 멕시

도표 8.2 사례 연구: 캘리포니아에 가뭄이 들면, 모든 사람에 가뭄이 든다

2015년은 캘리포니아가 전대미문의 4년 연속 가뭄에 사로잡혀 비상사태가 기록된 해이다. 캘리포니아 중앙 계곡을 둘러싼 산악 지대에서의 관측 사상 최저 적설량, 기온 상승과 적정 강수량의 부족으로 야기되어, 물 상황이 최악의 고비에 이르렀다. 캘리포니아의 물의 많은 양은 콜로라도 강 분지로부터 온다. 콜로라도 강 분지는 또한 애리조나, 콜로라도, 네바다, 뉴멕시코, 유타, 와이오밍 등 6개의 주에도 물을 제공하는데, 4,000만 명의 사람들과 미국 전체 식량 공급의 15퍼센트를 떠받친다. 2015년 4월, 캘리포니아의 브라운(Edmund G. Brown Jr.) 주지사는 주수자원위원회(State Water Resources Control Board)의 협력으로 물 소비의 25퍼센트 감축을 목표로, 도시와 타운과 지역 전체의 농장에 사상 첫 번째의 의무적인 물 소비 감축조치를 시행하였다. 그 결과로써, 모든 새 주택들은 잔디관개용으로 잡용수를 사용하는 드립관개시스템의 사용이 의무화되었다. 골프장, 공동묘지, 대학 캠퍼스 같이 상당한 잔디관리 작업이 필요한 장소는 물뿌리기의 빈도와 지속시간을 제한하도록 요구되었다. 그리고 기존의 주택들에서 물을 절약하는 가전제품의 구입을 장려하도록 환불프로그램이 수립되었다.

그러나 가뭄과 의무적인 물 사용 제한의 가장 큰 영향은 주 전체 물 사용의 80퍼센트를 차지하는 주의 농업 분야가 받았다. 캘리포니아대학교 데이비스 캠퍼스 물과학센터(Center for Watershed Sciences)의 가뭄 영향 보고서에 따르면, 생산에서의 고용과 농경지가 2014년과 비교하여 2015년에 30퍼센트 감소하였다 (Howitt et al. 2015). 이는 10,000개 이상의 계절적 일자리의 손실에 해당하는 것으로, 캘리포니아 중앙 계곡 지대의 농촌에 높은 실업율과 경제적 불황을 초래하였다. 농부들이 농작물 관개에 필요한 물을 확보하기 위해 더 깊은 우물과 더 강력한 물 펌프에 더 의존하기 시작함에 따라서 가정의 (주거용 사용) 우물물이 사라졌다. 지하수에 대한 의존은, 지하수 사용이 지하수 저수지 또는 대수층(지하수를 품고 있는 지층 – 역자 주)의 지하수 보충을 초과하는 과다 사용을 야기하였다. 이에 따라 수질이 악화되고 미래의 물 저장을 고갈시켰다. 캘리포니아대학교 데이비스 캠퍼스의 연구는 또한 50만 에이커 이상

▶▶▶

의 땅이 완전히 식량생산으로부터 제외되는 휴한지가 될 것이며 가뭄 상황이 종료될 때까지 유기상태에 놓일 것이라고 추정하였다.

캘리포니아 물 위기 상황의 끝이 보이지 않는 것 같다. 기후학자들은 2016년에 또 하나의 가뭄의 해가 올 것이라고 추정한다. 이는 농업 노동력의 추가 감축, 줄어들고 있는 수자원에 대한 추가 압박, 휴한지로 남겨지는 땅의 추가 등이 발생할 것임을 의미한다. 또한 소비자에게는 식량 가격의 상승이 뒤따를 것이다. 미국 농무부 경제조사국(Economic Research Service)의 한 보고서는 다음과 같이 분석하였다. "높은 생산비용, 불충분한 물, 또는 그 두 원인 때문에, 생산자들은 전체 경작지 면적을 축소하기로 선택할 것이며, 이에 따라 금년만이 아니라 향후 여러 해 동안 가격이 오를 것이다. 현 시점에서 우리는 이러한 현상이 발생하는 것을 보기 시작했다" (USDA 2015). 캘리포니아의 지속적인 가뭄이 더 큰 글로벌 식량시스템에 주는 함의는 여러 해 동안 느껴지지 않을 수도 있다. 그러나 이 단 하나의 캘리포니아 주가 세계에서 아홉 번째로 큰 농업 경제를 생산한다는 사실을 두고 볼 때, 전세계적으로 미치는 반향은 극적일 것이다.

코 만과 사해로, 모두 상당한 정도의 상업적 어업을 부양하는 곳이다. 사해가 주로 비료 사용의 축소 때문에 1990년대 이후 '회복 중'에 있는 데 반해, 멕시코 만의 저산소증 지역은 2000년의 5,000평방킬로미터 수준으로부터 현재는 약 22,000평방킬로미터 수준으로 지속적으로 확대되고 있다(Selman 2008). 영양소 유출을 안정시키기 위한 노력이 미국 환경보호청(EPA: Environmental Protection Agency), 미국 농무부(Department of Agriculture), 그리고 연방, 주 및 지방 농업국 조직 같은 기구의 정책 우선순위가 되었다.

화학 물질 또는 비료 폐기물 이외에, 영농시스템으로부터 나오는 동물 배설물의 유출은 수질을 또한 악화시키는 박테리아와 기생충을 실어 나른다. 대부분의 동물 배설물 유출 문제들은 동물사육사업(AFOs: Animal feeding operations)으로 불리는 비교적 작은 공간 속에 대량의 동물을 무리지어 키우는 데에서 기인한다. EPA는 AFOs를 "동물들이 12개월에 걸쳐 최소 45일 동안 한정된 지역에 갇혀 사육된 농장 또는 사육장"이라고 정의한다" (EPA n.d.). 동물들이 집중된 곳에는 동물 배설물 또는 거름 또한 집중된다. 따라서 폐기물 관리가 AFOs 운영자들의 우선 사항이 되었다. 종종 거름이 천연 비료로 농작물 들판에 뿌려진다. 특히 개발도상국가에서 일부 농부들은 생물 침지기를 폐기물관리시스템의 일부로 포함시켰다. 생물 침지기는 슬러리로 불리는 액체 거름을 담는 용기 내지는 컨테이너이다. 무산소성의 박테리아는 용기 내부에서 작용하여 거름을 분해함으로써 바이오가스, 즉 메탄과 이산화탄소의 혼합물을 생산한다. 그러면 농부들은 주로 취사, 난방 및 동력엔진 연료로 사용하는 등 다양한 용도로 사용하기 위해 바이오가스를 거둬들인다. 소규모 사업에서는 이러한 일이 잘 이루어지는 편이다. 그러나 대규모 가축사육사업의 폐기물 관리 계획은 때때로 불충분하다. 부적절한 거름 관리 또는 저장은 환경오염을 초래할 수 있다. 안벽을 대지 않은 폐기물 저장 못 또는 울타리는 오염된 폐수가 지하수 시스템 속으로 침출되는 것을 가능하게 할 수 있다. 거름 저장 시스템의 규모와 설치 장소가 또한 유출 문제를 야기할 수 있는데, 특히 호우 또는 눈 녹은 물에 노출되거나 취약한 저장 시스템의 경우 더욱 그렇다 (EPA n.d.). 그러한 홍수위기는 폐수를 인근의 수로나 하천으로 휩쓸어 내릴 수 있어 수생시스템을 악화시킨다. 앞서 논의한 바와 같이, 소비자의 육류 단백질 수요 증대에 대처하기 위해서 가축 생산이 팽창할 것이라고 예측된다면 폐기물의 신중한 관리가 우선사항이 되어야만 한다.

세계의 많은 지역에서 토양의 안정성 또한 불확실하다. 토양의 온전성은 글로벌 영농시스템에서 대단히 중요한 요소이지만, 토양 침식으로 위태롭게 되었다. 토양 침식이란 바람, 물 또는 얼음에 의해 토양의 표층이 상실되는 것을 말한다. 토양은 모든 식물이 뿌리를 내리는 기반이자 동물과 미생물의 미묘한 균형을 떠받치기 때문에, 토양의 건강한 상태는 농부들의 일차적 관심사이다. 네이피어와 코커릴(Ted Napier and Coreen Henry Cockerill, 2014)에 의하면, 침식은 지역과 토양 유형에 따라 각기 다르지만 지구상의 모든 나라에서 발생하고 있다. 많은 자연적 요인들이 침식을 일으킨다 (예를 들어, 강바닥과 제방을 따라 토양을 제거하는 홍수, 빙하의 이동, 강풍, 중력). 그러나 농업이 여전히 전세계적으로 침식 비율의 증가를 가져오는 가장 큰 단일 요인이다 (CSA 2010). 특정한 토양 기경 방식, 즉 작물 심기를 준비하기 위해 토양을 작은 조각으로 부수는 것이 문제의 근원이다. 갈린 토양은 이상적인 모판이나, 바람이나 비에 점점 취약해진다. 블랑코-캉키와 랄(Humberto Blanco-Canqui and Rattan Lal)은 다음과 같이 설명한다. "비옥한 표토가 침식되면 나머지 토양은 같은 수준의 요소들이 투입되더라도 생산성이 떨어지기 때문에 토양 침식의 통제와 관리는 중요하다. 토양 침식을 완전하게 축소시킬 수는 없으나, 생산성의 저하를 최소화하기 위해서는 과도한 침식을 관리할 수 있는 수준으로 줄여야만 한다" (2008: 3).

가치 있고 생산적인 표토를 대체할 수는 있으나 그 과정은 종종 침식으로 표토가 제거되는 것보다 더디다. 그러나 지속가능하지 않은 속도로 토양 침식이 발생하는 한계치를 결정하는 일은 어렵다. 어떤 토양은 잘 개발되어 유기물이 가득하고 깊은 윤곽을 띠고 있는 반면에 다른 토양은 얕고 빈약하거나 경사가 져있다. 침식 평가는 그 토양의 현지 조건에 근거하여 지역적으로 이뤄져야 한다. 따라서 침식이 미래의 식량생산에 어떻게 영향을 미칠 것인가는 특정한 지역의 생산 토양의 질과 그 토양에 미치는 국지적 기후 조건의 영향에 달려 있게 될 것이다. 네이피어와 코커렐은 "일부 가장 높은 비율의 토양 유실은 자급 농업이 아주 흔한 소규모 사회의 경지와 생산성의 심각한 하락이 없이는 그러한 수준의 토양 유실을 최소한으로 지탱시킬 수 없는 토양에서 발생한다"고 주장한다 (2014: 350). 따라서 특히 농업 확대가 가능하고 또 확대될 라틴 아메리카와 사하라사막 이남의 아프리카에서 그러한 토양의 생산 한계를 늘리는 것이 과도한 토양 침식으로 손상을 받을 수 있다.

연료작물

어떤 농작물은 음식용이나 사료용이 아니라 바이오연료라고도 알려진 연료용으로 재배된다. 오늘날 글로벌 마켓에서 두 개의 특정한 바이오연료를 볼 수 있는데, 하나는 옥수수, 수수 또는 사탕수수로 만든 에탄올이고, 다른 하나는 식물성 기름 또는 동물성 지방으로 만든 바이오디젤이다. 세계적으로 두드러질 정도로 에탄올이 바이오디젤보다 더 많이 생산된다. 바이오연료는 보통 두 가지 목적 — 에너지 독립 또는 해외 석유 의존 끊기와 이산화탄소(CO_2) 및 다른 온실가스 배출의 축소 — 을 달성하기 위해 생산된다. 재래식 화석연료보다 깨끗하게 타는 연료는 더 적은 온실가스를 대기로 배출한다. CO_2는 대기에 집중되었을 때 태양에너지를 지구 표면으로 다시 방사하는 온실가스이기 때문에 지구 온도 상승의 중요 기여 인자로 주목되고 있다.

연구자들이 바이오연료가 화석연료보다 깨끗하게 타는 것을 알았지만, 그들은 바이오연료의 생산 및 사용이 화석연료의 생산 및 사용과 비교하여 전체 CO_2 배출을 축소하는지에 대한 합의를 찾는 것에 실패했다. 이는 주로 바이오연료 생산 과정의 변화 때문인데, 현재는 바이오매스(여기에서는 농작물)를 배양하여 심고 수확하는 메커니즘에서 먼저 CO_2를 필요로 한다. 다시 말하여, 농작물은 먼저 심고 수확해야 연료로 가공될 수 있다. 이는 결과적으로 작물을 심고 수확하는 과정에서 사용하는 기계, 차량 및 중장비로부터 배기가스의 방출을 초래하는 것이다. 간단히 말해서, 바이오연료로 정제될 농작물의 생산은 탄소 집약적이기 때문에, 바이오연료의 생산 및 사용이 화석연료의 추출 및 사용과 비교하여 CO_2의 누적 감소를 아직 가져오지 않을 수 있다. 이러한 의문이 식량 부족 및 식량 불안정 현상과 결부되어 미디어에서 종종 '식량 대 연료 논쟁'으로 언급되는 최근의 논쟁을 촉발시켰다. 이 논쟁은 연료용 작물의 증가가 식량생산과 직접적으로 경쟁하는가의 문제를 상정하고 있다. 만약 연료 생산이 식량생산과 충돌한다면, 특히 정부가 정부 세금 인센티브, 보조금, 저금리 융자 및 양여금을 통해 특별히 바이오연료의 생산을 장려하는 곳에는 어떠한 영향을 초래하는가? 연료 수요가 농부의 식량생산 능력을 위태롭게 할 수 있는가?

바이오연료 생산에서의 최근의 과학적 발전의 도움으로, 일부 농부들은 보통 제2세대 바이오연료로 불리는 셀룰로오스 바이오연료의 개발로 이동함으로써 식량 대 연료 논쟁을 가라앉혔다. 곡물로부터 셀룰로오스 연료를 제조하는 데에는 초과 식물 재료(예를 들어, 나뭇잎, 줄기, 옥수숫대) 또는 식량생산 후 남은 찌꺼기를 사용할 뿐이다. 따라서 생산과정에서는 여전히 탄소 집약적이지만 식량과 연료의 동시 생산이 가능하다. 풀 같은 다른 다년생 식물 재료들은 곡물보다 훨씬 더 효율적임이 판명되었다. 미국국립과학아카데미(National Academy of Sciences)가 공개한 한 연구에 따르면, '스위치풀 (미국 서부의 수수속[屬]의 건초용 풀 – 역자 주)은 비재생성 소비 에너지보다 540퍼센트 이상의 재생가능 에너지를 생산했는데' 가솔린과 비교해서 온실가스 배출이 약 94퍼센트 감소하였다 (Schmer et al. 2008: 464). 곡물 생산 들판이 아닌 전용 저수지에서 생산된 조류(藻類, 물속에 사는 하등 식물의 한 무리 – 역자 주)와 같은 바이오매스 재료의 사용에 자극을 받아 제3세대 바이오연료가 개발 중이다. 스위치풀 또는 조류 기반의 바이오연료를 대량으로 제조할 수 있는 바이오정제공장은 없지만, 정부, 연구기관 및 새로운 시장으로부터의 지속적인 지지는 이러한 연료를 더 생존 가능하도록 만들 수 있다. 이와 같은 더 청정하고 더 친환경적인 바이오연료가 얼마나 빨리 시장에 진입하는가는 또한 경제적 생존 능력에 달려 있게 될 것이다. 매장된 석탄, 석유 및 천연 가스를 바이오연료보다 값싸게 추출하고 가공할 수 있는 경우, 제조업자, 가공업자 및 소비자는 비용절약을 선호하는 입장을 보일 것이다,

음식쓰레기

충분한 물, 비옥한 토양, 그리고 필수 영양소에 대한 접근에서의 모든 문제들을 해결할 수 있고 또 식량 대 연료 논쟁의 양 측면에서의 긴장을 제거할

수 있을지라도, 우리는 여전히 이러한 성공의 많은 부분을 낭비된 음식을 통해서 경감시킬 수 있다. FAO에 따르면, 전세계 농지의 25퍼센트 이상이 낭비된 음식을 생산하는 데 사용된다. 좀 더 구체적으로 말하면, 전세계적으로 곡물의 30퍼센트, 근채류와 과일 채소류의 40~50퍼센트, 유지작물·고기 및 유제품의 20퍼센트, 그리고 생산된 물고기의 35퍼센트가 전혀 저녁 식탁에 오르지 못하고 있다 (2015c). 더욱이, FAO는 "매년, 부유한 나라의 소비자들은 거의 사하라사막 이남 아프리카의 전체 순 식량생산량(2억 3,000만 톤) 만큼의 음식(2억 2,200만 톤)을 낭비한다"고 보고하였다 (2013). 음식이 낭비되는 곳에서는 식량생산에 들어가는 자원도 낭비된다. 앞서 논의된 바와 같이, 그러한 자원(토양과 물, 화학물질 및 비료 투입, 노동)은 소중하며 종종 양적으로나 접근에서 제한이 있다. 그러므로 연구자들은 음식 낭비의 사회경제적 영향을 수량화할 때 손실된 에너지와 자원도 또한 포함시켜야 한다. 그러한 손실이 결국 소농에게는 분실 소득이 되고 가난한 소비자에게는 높은 식료품가격으로 바뀌는 것이다. 식량생산의 희생을 가져오는 환경 손실 또는 악화는 평가하기가 더 어렵다.

개발도상국에서 낭비되는 식량의 대부분은 농작물을 수확하고 저장하며 냉각시키는 데 있어서의 기술적 제약에서 기인한다. 이러한 제약들은 영농·분배시스템 내부의 모든 측면인 사회 기반 시설, 운송 및 포장에서의 문제점 개선을 통해 해결될 수 있다. 이에 반해서, 선진국에서 낭비되는 식량의 대부분은 영농 또는 분배시스템 외부의 측면인 외양이나 신선도를 강조하는 소비자의 품질 기준 평가 때문이다. 따라서 소비자 행동이 쓰레기를 영속화하는 데 중요한 역할을 한다. 이 문제를 해결하는 것은 어려운데, 태도와 행동의 변화, 그리고 어쩌면 훨씬 고치기 어려운 습관이나 문화적 관습의 변화를 수반하기 때문이다 (예를 들어, 뷔페 음식점에서 자주 발생하는 것처럼 필요하거나 먹을 양보다 많은 음식을 접시에 담기). 예를 들면, 2015년 오하이오의 한 작은 문과대학에서 음식쓰레기를 조사했을 때, 관찰자들은 학생들과 급식종업원들이 합하여 표준 주당 근무 시간에 거의 6,000 파운드의 음식을 버리는 것을 알아냈다. 많은 양의 쓰레기는 이미 접시에 담기거나 준비된 음식(예를 들어, 샐러드 바와 디저트 바)을 급식종업원들이 버린 것뿐만 아니라 학생들이 남은 음식을 쓰레기통에 버린 것에서 비롯된다 (Cockerill 2015). 이러한 것들이 음식쓰레기를 줄이기 위해서 변해야 할 필요가 있는 모든 행동들이다. FAO는 "전세계적으로 현재 손실되거나 낭비되는 음식의 단지 1/4만을 아낄 수만 있어도 그 양은 세계 8억 7,000만 명의 굶주리는 사람들을 먹여 살리기에 충분하다"고 추산하였다 (2013). 그러므로 2050년까지 90억 명 인구의 영양상의 요구를 충족시킬 수 있는 접근법을 고려할 때, 우리는 글로벌 음식쓰레기 문제를 숙고해야 한다. 세계자원연구소(World Resources Institute)는 다음과 같이 주장한다.

> 만약 현재의 음식 손실과 낭비 비율을 2050년까지 24퍼센트에서 12퍼센트까지 절반으로 줄인다면, 세계는 평상시와 다름없는 글로벌 음식 수요량 시나리오에서 필요로 하는 것보다 연간 약 1,314조 킬로칼로리(kcal)가 감소된 음식이 필요할 것이다. … 그 절약된 음식, 즉 1,314조 kcal는 오늘날 구할 수 있는 식량과 2050년에 필요한 식량 간의 연간 격차 6,000조 kcal의 약 22퍼센트이다. 따라서 음식 손실과 낭비를 줄이는 것이 지속가능한 식량의 미래를 달성하기 위해 가장 중요한 글로벌 전략의 하나가 될 수 있다. (Lipinski et al. 2013)

결론

미래의 식량시스템을 향한 가장 적절한 계획 또는 가장 가능한 경로를 알아내기 위해서는 식량생산자와 소비자가 직면해 있는 도전과 기회를 비판적으로 분석하는 것이 필요하다. 식량생산과 관련된 대부분의 관행은 맞거나 틀린 것으로, 좋거나 나쁜 것으로, 효과적이거나 효과적이지 못한 것으로 쉽게 분류할 수가 없다. 그 대신에, 생산 관행은 외부의 힘(자연적)과 내부의 결정(인위적)에 의해 영향을 받아 끊임없이 변하고 상황에 적응하기 때문에 연속선상에서 가장 잘 분석되며, 종종 지역 수준에서 가장 잘 평가된다. 만약 우리가 농업시스템의 이원성만을 분석하면, 우리는 결국 재래농업 대 유기농업, GMO 기술 대 비 GMO 기술, 산업 관행 대 지역 관행, 식량 대 연료 등등의 방식으로 서로를 대치시키게 된다. 이러한 이원성은 대중과 미디어가 어느 한 편을 드는 경향을 영속시킨다. 이는 승자와 패자가 있을 것이라는 점을 의미한다. 이와 같은 측면들을 서로 경쟁하는 범주로서가 아닌 연속선상으로 검토하면 많은 다양한 농업 관행이 동시에 관여될 수 있는 미래의 비전을 가능하게 할 것이다. 하나의 예로, 지역 수준에서는 유기농 제품을 제공하고 글로벌 수준에서는 환경적으로 적합한 GMO 곡물을 공급하는 식량시스템을 들 수 있다.

더욱이 어떤 한 시스템에서 지속 가능한 것이 다른 시스템에서는 그렇지 않을 수 있다. 90억 명의 사람들을 먹여 살리는 단 하나의 최선의 접근법은 없다. 그 대신에, 지역적 문제는 (종종 토착적이라고 부르는) 지역적 해결책으로 가장 잘 대처된다. 그 해결책은 적절한 기술 또는 바이오기술을 통합하고, 국내 자원(토양, 물 및 영양소)의 가용성과 필요조건을 고려하며, 지역의 사회정치적 또는 경제적 환경을 인정하는 것이다. 따라서 지속가능성은 모듈식의 다면적인 개념이다. 하지만 미디어에서나 일상적인 대화에서는 이러한 점이 종종 무시되며 모호하거나 제한적으로 정의된다. 지속가능성을 정의할 때, 우리는 환경적 온전성, 사회적 책임, 경제적 실행 가능성, 생산 효율성 등 여러 요인들에 근거하여 정의를 내려야 한다. 이러한 측면들은 배타적으로나 서로 상응하여 검토될 수 있다. 그러므로 예를 들어, AFOs의 사용, 영구적인 단일 작물재배 시스템, 또는 영양소 유출을 초래하는 농법 같은 구체적인 사례를 비판적으로 검토할 때, 우리는 정도와 영향을 알아내기 위해서 지속가능성의 모든 측면을 고려해야 한다. 대부분의 현대 농업 응용사례에서, 우리는 지속가능성의 하나 이상의 측면에서 결점을 발견할 것이다. 이는 그 실천 방식이 환경, 사회, 경제 또는 생산 관행에 잠재적으로 돌이킬 수 없는 손상을 주지 않고는 계속될 수 없음을 의미한다.

농업은 변하지 않는 것이 아니다. 농업은 역동적이며 따라서 기후, 소비자 수요, 기술과 바이오기술의 발전, 물과 토양 및 영양소의 가용성, 정부의 영향 등과 함께 변한다. 농업의 많은 부분이 자연의 힘에 의해 형성되지만, 우리는 글로벌 소비자로써 그 농업시스템을 이해하고 그에 영향을 미치거나 형성하는 데 역할을 한다. 우리는 모두 미래의 글로벌 식량시스템의 파트너이자 협력자이다. 왜냐하면 우리는 먹기 때문이다. 우리의 선호가 시장을 이끌 수 있으며 이끌어 갈 것이다. 유기농 식품, 농민 시장, 현지 생산 농산물과 육류, 농장에서 식탁 직송의 식사, 뒷마당 정원, 마을 공동체 지원 농업, 통조림 제조 및 보존 등의 증가는 소비자들의 구매력을 나타내는 것이다. 만약 우리가 하나 이상의 영역에서 지속가능하지 않은 식량-시스템의 기능들을 알고 있다는 것을 보여주고 그에 맞춰서 우리의 선호를 조정하면, 생산 관행이 뒤를 따를 것이고 추세가 변할 것이다. 이러한 변화는 의식과 관여의 전제조건으로부터 시작한다. 그것이 우리가 글로벌 식량안보를 달성하기 위해 즉각적이고 필요한 과제다.

토의주제

1. 해결책으로써 기술에의 의존, 소비 패턴에 영향 미치기, 생산의 다양화, 또는 아무것도 하지 않기 이외에, 인구 성장과 기후변화가 농업에 미치는 영향에 대처하기 위해서 다른 가능한 시나리오들을 생각할 수 있는가?
2. 2050년까지 글로벌 식량안보를 달성하기 위해서 글로벌 영농시스템에 영향을 미치는 어떠한 인위적 요인들이 해결해야 할 가장 중요한 요인들인가?
3. 이러한 요인들 중 어느 것이 가장 해결하기 어려울 것인가? 그 이유는 무엇인가?
4. 이러한 요인들 중 어느 것이 가장 다루기 쉬운가? 그 이유는 무엇인가?
5. 2050년까지 글로벌 식량안보를 달성하는 것이 가능하다고 생각하는가?

추천 문헌

Committee on 21st Century Systems Agriculture (2010) "Toward Sustainable Agricultural Systems in the 21st Century." Washington, DC: National Academies Press.

Food and Agriculture Organization (2001) "Genetically Modified Organisms, Consumers, Food Safety, and the Environment." Rome: Viale delle Terme di Caracalla.

Gardner, Brian (2013) *Global Food Futures: Feeding the World in 2050*. New York: Bloomsbury Academic.

Lengnick, Laura (2015) *Resilient Agriculture: Cultivating Food Systems for a Changing Climate*. Gabriola Island, Canada: New Society.

Lipinski, B., et al. (2013) "Reducing Food Loss and Waste" (June). Washington, DC: World Resources Institute.

Ronald, Pamela C., and R. W. Adamchak (2010) *Tomorrow's Table: Organic Farming, Genetics, and the Future of Food*. New York: Oxford University Press.

Saltin, Joel (2012) *Folks, This Ain't Normal: A Farmer's Advice for Happier Hens, Healthier People, and a Better World*. New York: Center Street.

Tilman, D., et al. (2002) "Agricultural Sustainability and Intensive Production Practices." Nature 418.

White, Courtney (2014) *Grass, Soil, Hope: A Journey Through Carbon Country*. Burlington: Chelsea Green.

제 2 부

글로벌 정치경제 차원

Chapter 9

글로벌 정치경제의 진화

모든 국가의 국민은 번영을 위해, 반드시 재화, 서비스, 통화 등의 형태로 된 자본(capital)을 보유하는 것이 중요하다. 경제적 생산성과 무역이 이러한 자본을 가장 자주 창출하지만, 어떤 국가들은 자본 공급을 늘리기 위해 다른 나라로부터 차관이나 원조(ODA, 공적개발원조) 또한 받아들인다. 게다가, 민간기업들도 다른 나라에 회사를 설립함으로써 직접적으로 투자(FDI, 해외직접투자)하거나, 해당 국가의 주식시장에 투자할 수 있다. 무역, 차관 및 원조, 투자 등을 통하여 국가에 유입되는 자금은 그 국가가 발전할 수 있는 능력에 중요하다. 물론 자본은 재화와 서비스를 구매하거나, 부채를 상환하기 위하여 모든 국가로부터 유출되기도 한다. 정부 관료, 기업가, 국민 등은 모두 자본의 유출보다 더 많은 자본의 유입을 원하며, 그럼으로써 성장과 개발이 촉진되기를 원한다.

그러나 오늘날 상당한 개발을 경험한 선진국과 아직도 개발 노력을 하는 저발전국간의 격차는 여전히 엄청나다. 예를 들어, 2014년도에 미국에 유입된 총 FDI는 일인당 413달러였다 (한 국가에 투자된 총금액을 그 나라의 총인구수로 나눈 금액) (World Bank 2015a). 반면, 케냐로 유입된 FDI는 일인당 21달러에 불과하였다 (World Bank 2011b). 이러한 기준으로 보면, 미국 국민은 일자리를 창출하고 궁극적으로는 문자 해득률과 보건, 그리고 높은 생활수준을 유지할 수 있는 많은 금융자본을 보유하고 있음을 알 수 있다. 2014년도 미국의 연간 일인당 국민총소득(GNI)은 5만 5,860달러였으나, 케냐의 연간 GNI는 2,940달러였다 (World Bank 2015b). GNI는 2000년도까지 조사기기관들이 사용했던 지표인 국민총생산(GNP)을 대체했으며, GNI는 GDP(국내에서 한 해에 생산된 모든 상품과 서비스)에 부채 및 이자 상환액을 뺀 모든 해외소득을 더한 금액이다.

일반적으로 말해서, 어느 한 국가로 금융자본이 더 많이 유입될수록, 그 국가는 더욱 부유해진다. 오늘날 대부분의 투자 자본은 선진국 사이에서 움직인다. 2015년도 선진경제는 모든 전지구적 FDI 유입분의 48퍼센트를 차지하였는데, 이는 2008년 글로벌 금융위기 이전의 69퍼센트에서 줄어든 수치이다. 반면, 아프리카의 개발도상국들은 2014년도 전체 FDI의 단지 4.4퍼센트만을 유치하였다 (UNCTAD 2015). 너무 많은 자본이 유출되고 충분하지 않은 자본이 유입될 경우 국가들은 지속적으로 개발에 실패한다.

제2차 세계대전 이전의 글로벌 자본의 흐름

현재의 저발전국과 선진국 사이 발전 격차는 오랜 역사를 갖고 있다. 즉, 그 역사는 제2차 세계대전 이전의 글로벌 자본의 흐름을 지배하였던 식민주의 시대로까지 거슬러 올라간다.

식민주의 경제 및 정치 구조

식민주의란 중심부 또는 지배 집단이라는 특정 집단이 주변부 또는 피지배 집단이라는 다른 집단의 정치 및 경제적 삶을 통제하는 정치·경제 체제 및 사회체제이다. 식민주의는 통상적으로 다른 집단에 대한 경제적 통제뿐 아니라 직접적인 정치적 통제를 의미한다. 식민지들은 일반적으로 중심국가에 값싼 노동력, 중심국에서는 구할 수 없는 원자재, 저렴한 물자들을 공급하며 중심국에서 생산된 재화들의 소비시장 역할을 수행한다. 전형적으로 막대한 수익이 주변국 밖으로 유출되지만 상대적으로 유입되는 투자는 거의 없다. 식민주의는 오랫동안 존재해왔다. 고대 세계에서는 그리스와 로마가 식민지를 소유하였고, 중국과 일본도 역사적으로 아시아 태평양 지역에서 많은 식민지를 소유하였다. 그러나 1500~1900년 기간 동안에는 세계인구의 많은 사람들이 주로 영국, 스페인, 프랑스, 벨기에, 독일, 네덜란드, 포르투갈 등 서구열강이 지배하는 식민지에서 살았다. 미국이 독립한 이후에도 유럽은 아메리카, 아프리카, 아시아 그리고 궁극적으로 중동에까지 경제 및 정치적 지배를 확장하였다.

1500년에서 1800년까지 중상주의 무역정책과 노예무역이 중심국과 주변국 간의 무역을 지배했다. 식민주의자의 관점에서 보자면, 핵심은 본국의 산업을 보호하고 식민지로부터 가능한 많은 이윤을 착취하는 데 있었다. 식민주의자들은 재산에 대한 토착원주민들의 전통적인 주장을 무시하고 설탕, 커피, 담배, 면화 그리고 쌀 같은 상품을 재배하는 대규모 플랜테이션을 만들었다. 이러한 농산물과 더불어 목재, 모피, 금, 은 등이 주변부로부터 중심부로 유입되었다. 게다가, 이 시기에 900만 내지 1,500만 명의 아프리카인들이 노예로 팔려서 아메리카 대륙에 강제로 끌려갔다. 이는 삼각무역으로 알려져 있다 (도표 9.1 참조). 노예무역은 믿을 수 없을 만큼 수익성이 좋았다. 노예들 덕분에 대규모 농업 플랜테이션이 가능해졌는데 왜냐하면 아메리카 원주민들은 강제로 일을 시키면 도망쳐버리는 경우가 많았기 때문이다. 게다가 원주민들은 식민주의자들이 전염시킨 천연두나 홍역 같은 전염병에 대한 면역력이 없었다. 아메리카 대륙의 식민지들은 특히 수익성이 좋았다. 이들 식민지로부터 유럽으로 유입된 자금은 산업 개발과 개인적인 사치에 사용되었으며 궁극적으로는 전쟁자금으로 쓰였다.

도표 9.1 삼각무역의 자본흐름, 1500~1800년

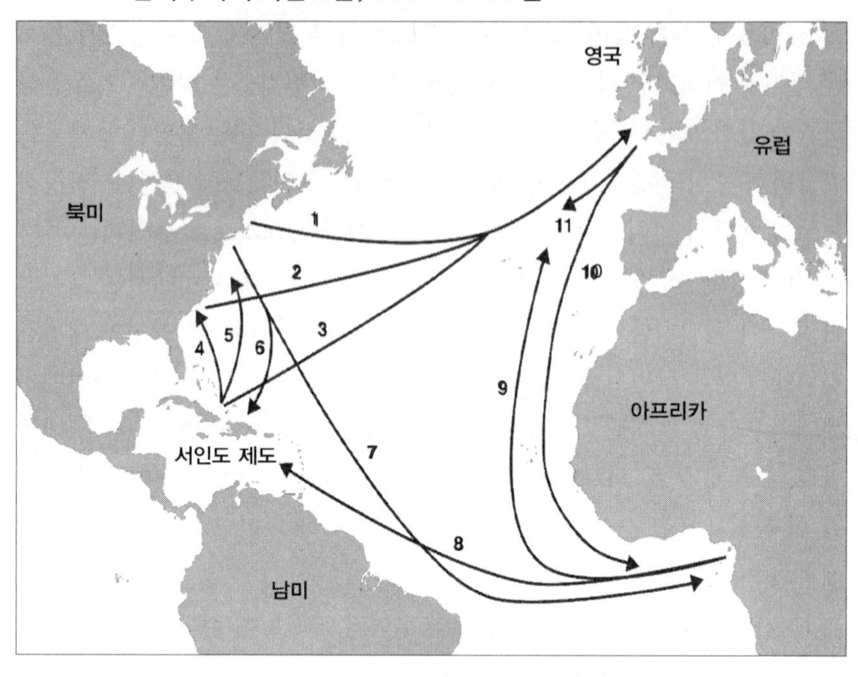

무역 경로

1	고래기름, 목재, 모피	7	럼주, 철, 화약, 의류, 공구류
2	쌀, 비단, 인디고 염료, 담배	8	노예
3	설탕, 당밀, 목재	9	금, 상아, 향료, 견목
4	노예	10	총기류, 의류, 철광석, 맥주
5	노예, 설탕, 당밀	11	공산품, 사치품
6	어류, 밀가루, 가축, 목재		

출처: National Archives (2003).

19세기 초반 많은 유럽 국가들은 노예무역을 폐지하였고 나중에는 노예제도 자체를 불법화하였다. 유럽열강들은 식민지 팽창의 시대에 새로운 자본의 원천을 찾아서 아프리카, 아시아, 중동 지역 등으로 그들의 관심을 돌렸다. 1856년에 이르러서는 인도의 대부분이 이미 영국 동인도회사의 지배하에 놓였고, 1800년대 말에는 '아프리카 쟁탈전'이 시작되었다. 영국은 이미 북부 아프리카 및 서부 아프리카의 광대한 영역에 대해 자국의 권리를 주장하고 있었다. 가장 공격적이었던 아프리카 식민주의자중 한 명이 벨기에 국왕이었는데, 그는 중앙아프리카에서 5억 6,800만 에이커의 토지를 지배하였다 (Hochschild 1999). 이는 벨기에의 75배나 되는 크기이며 미국 크기의 4분의 1 정도이다.

이미 아프리카에 진출해 있던 유럽 국가들은1884년 베를린회의(Berlin Conference)에서 당시 아프리카 대륙에 존재하던 부족이나 왕국 그리고 인종적인 차이에 대하여 그다지 신경 쓰지 않고 자기들끼리 마음대로 아프리카 대륙을 공식적으로 분할하였다. 누가 무엇을 소유할 것인가를 둘러싼 유럽 국가들 간의 분쟁을 잠정적으로 해결하기 위해서 국경이 획정되었다. 협상 테이블에 아프리카인은 없었으며 획정된 국경(예를 들어, 강 같은 자연적 국경을 이등분하는 직선들)은 원주민들의 입장에서는 말도 안 되는 엉터리 국경이었다.

식민주의의 경제적, 정치적, 사회적 결과

식민주의는 중심부 및 주변부에 복합적인 결과를 초래했다. 식민주의는 주변부(아직 국가의 형태는 아닌)에 자본 유출, 착취, 관료 부패, 민족적 그리고 종교적 갈등과 같은 유산을 남겼다. 대부분의 경우 식민지는 한 가지 특정한 자원, 혹은 환금작물을 지배국가에 공급하기 위해 개발되었다. 다각화되고 탄력적인 경제체제로 진화하는 대신, 식민지 경제는 실제로 아주 취약해졌다. 만약 주변부 주민이 주로 면화를 생산하는데, 전지구적 면화 시장이 붕괴되는 경우에는, 식민지 주민은 달리 기댈 곳 없이 더욱 비참한 결과로부터 고통받아야만 했다.

동시에 아메리카, 아프리카, 그리고 아시아의 주변국 사람들은 유럽식 정부 모델과 개인주의와 평등, 정의 같은 유럽의 사상을 접하게 되었다. 영국 시인 키플링(Rudyard Kipling)은 1899년에 식민(원주)민들에게 문명과 기독교를 전파해야 하는 "백인의 의무"에 대하여 저술하였다. 그들의 의사와는 상관없이, 때로는 극단적 강압에 의해, 전세계 식민지 주민은 선진국의 영향력에 아래 굴복했다 (Rodney 1983).

유럽인들은 자신들의 식민지로부터 인적자본, 원자재, 그리고 자금을 빼내갔다. 아프리카인에 의해 아프리카 내부의 발전을 위해 쓰였을 수도 있는 원자재 수익은 유럽 국가간 이익 경쟁으로 인해 영원히 유실되었다. 다른 한편으로, 유럽인들은 자신들의 식민지에 도로, 조선소, 철도, 그리고 도시와 같은 상당 수준의 사회간접자본을 발전시켰다. 결국에, 원자재는 수확되어, 저장되고, 그리고 운송되어야 했으며, 노동자들은 관리되고, 식민주의자들의 삶은 부양되어야 했다.

그러나 상대적으로 소수인 유럽인들이 어떻게 그토록 광대한 토지와 시장, 그리고 자본 흐름을 지배할 수 있었을까? 중심부 국가들은 주변부를 지배하는 데 직·간접적 방법 둘 다 사용했다. **직접지배**(*Direct Rule*)는 유럽인들이 살고 있는 도시지역에 강력한 중앙 집권적인 관료행정체제를 수립했다. 이러한 관료들은 일반적으로 재산권, 개인의 자유, 시민권 그리고 정의에 있어 유럽식 규범을 따랐다. 식민지 주민들은 도시지역의 식민지 관료체제에 참여하였으나 단지 하위직에 머물렀으며 승진의 기회를 거의 갖지 못했다. 직접지배는 명백히 인종차별의 원칙에 의해 세워졌으며, 진화된 산업무기에 의해 난폭하게 강요되었다. **간접지배**(*Indirect Rule*)는 지방권력을 토착 족장 및 군벌에 이양하는 형태로 이루어졌다. 그렇게 함으로써, 간접지배는 민족 집단들, 부족 그리고 마을 간 심각한 분열을 조장했다. 식민지 정부가 이러한 강력하고 잔인한 지방 권력자들을 무장시키는 한편 이들에게 거의 무제한적인 권력을 부여했기 때문이다. 지방에서는, 멀리 떨어져 있는 도시 정부에 의해 지원되고 강화된 야만성과 부패의 체계가 일상이 되었다. 직접지배와 간접지배는 대체로 함께 활용되었는데, 이는 상대적으로 소수인 집단이 그보다 훨씬 다수의 인구를 통제할 수 있도록 하였다. 공포, 부패, 인종 차별, 민족 간 갈등 등은 중심국이 주변국을 분할 정복하며 그들이 주변부에 소유하고 있던 막대한 자산을 착취하기 위한 강력한 도구가 되었다. 그동안 자본은 계속 중심부로 유입되었다 (Mamdani 1996).

식민주의의 붕괴

역설적이게도, 식민지로부터의 수익과 경쟁이 궁극적으로 당시 유럽인들 사이에 이미 들끓고 있던 정치적 긴장관계에 불을 붙였다. 1800년대 후반 내내 유럽의 지도자들은 유럽열강 사이에 존재하던 '세력균형'을 유지하기 위하여 노력하였다. 그러나 각국은 경쟁국가에 대하여 군사적 우위를 차지하기 원했기 때문에 실제로 나타난 결과는 식민지 수익으로 충당된 엄청난 군비증강이었다. 서유럽 국가 중 독일만이 아프리카와 아시아에 중요 식민지를 보유하고 있지 않았다. 식민지의 부재는 접근 시장과 원자재의 부재를 의미했다. 누군가에게 전쟁은 식민지 재편과 외국으로부터의 자본 유입을 올릴 수 있는 매력적인 기회였다.

제1차 세계대전(1914~1918년)은 당시로서는 역사상 가장 비용이 많이 들고 치명적인 전쟁이었다. 식민지로부터 유입된 자본이 넘쳐났던 유럽은 전대미문의 군대, 대포, 그리고 화력을 동원했다. 비록 미국 대통령 윌슨(Woodrow Wilson)이 1919년의 파리평화회의에서 "식민지에 대한 모든 권리 주장에 대한 자유롭고 열려 있으며 완전히 공정한 조정"을 약속하였으나 전후의 식민지 국경은 전쟁 전에 그어졌던 국경과 놀랄만큼 유사한 상태를 그대로 유지했다. 게다가, 1919년의 승전 연합국은 1884년 자신들이 아프리카에서 무모하게 행했던 방식대로 패전한 오스트리아-헝가리 제국 및 오토만 제국을 분할했다. 동유럽에서 약한 독립국들이 생겨나는 동안, 영국과 프랑스는 중동지역 대부분에 대한 통제권을 장악하고 그 곳의 석유 자원을 착취하기 시작했다.

결국 제1차 세계대전은 아무 것도 해결하지 못했다. 주변부로부터 중심부로의 자본 흐름은 전쟁 전의 양상을 회복했으며, 국가 간 불평등의 문제를 계속해서 악화시키고 전 지구 식민지의 빈곤율을 증가시켰다. 전쟁의 상처는 곪아갔으며 이는 제2차 세계대전으로 이어졌다. 아시아에서는 일본과 중국 간 식민지 쟁탈 경쟁이 심화되었다. 세계적 경제위기(미국의 대공황으로 알려진)가 1930년대에 글로벌 경제에 심각한 타격을 입혔고 유럽 국가들 사이에 긴장을 고조시켜 소위 모든 전쟁을 종식시키기 위한 전쟁이라는 제1차 세계대전이 끝난 후 불과 20년도 안 되어서 제2차 세계대전이 촉발되었다.

제2차 세계대전은 군 및 민간 부문 사망자 수 측면에서 제1차 세계대전 보다 훨씬 더 파괴적이었다. 유럽과 아시아의 경제는 광범위하게 이뤄진 혹독한 공습으로 인해 붕괴되었다. 제2차 세계대전으로 인한 붕괴 이후, 미국은 유럽과 일본의 재건을 돕기 위한 포괄적 원조 계획인 마셜플랜을 통해 경제적 우위를 점할 수 있었다. 제2차 세계대전 종식 후, 냉전의 문을 연, 소비에트사회주의공화국연방, 혹은 소련(지금은 러시아로 알려진)은 세계적 강대국이 되었다. 마침내, 식민지 지배를 지탱했던 유럽의 군대와 자본이 사라진 상황에서 주변부의 국민들은 주권회복의 기회를 포착하였다. 무력저항과 협상을 통해, 향후 25년간 많은 식민지들이 마침내 독립을 추구하여 쟁취했다.

제2차 세계대전 이후의 글로벌 자본의 흐름

선진 공업국의 재건

제2차 세계대전은 500년 동안 세계 자본 흐름에 너무나 강력한 영향을 끼친 공식적 식민지체제를 종결시켰다. 전쟁 말기에, 많은 지도자들은 유럽과 아시아의 경제를 재건하고 글로벌 자본의 흐름을 안정시키기 위해서 새로운 체제를 만드는 것이 필요하다는 사실을 명백하게 인식했다. 사상 처음으로 미국은 이러한 글로벌 협상에서 지도적 역할을 맡게 되었으며, 미국은 1944년 뉴햄프셔주의 브레튼우즈에서 연합국 간에 UN 통화 및 금융회의를 주최하였다. 이러한 모임의 결과 브레튼우즈협정(Bretton Woods Agreement)이 탄생했다.

브레튼우즈협정의 창시자들은 시장경제, 자유로운 자본의 이동, 개방된 시장 등이 보다 안전하고 평화로운 세계를 만드는 열쇠라고 믿었다. 각국이 원자재와 완성품 시장을 놓고 각축을 벌이게 하였던 비밀 동맹과 무역 블록 대신에 관세 및 보호주의가 최소화되고 모든 나라들이 시장에 동등하게 접근할 수 있을 것이라는 믿음이었다. 브레튼우즈협정 하에서는 세 가지 기본적인 과제가 있었다. 모든 나라들의 통화를 안정시키고, 각국의 통화 가치산정을 관리하기 위한 제도와 기제를 구축하고, 피폐해진 유럽 경제 재건을 위한 재원을 마련하는 것이었다. 그에 따른 대부분의 새로운 규칙들과 제도들은 미국에 유리한 것들이었다. 제2차 세계대전 말미에는 결국 미국이 가장 강력한 경제력을 보유하고 있었다. 전쟁 중 막대한 산업 생산력을 구축한 미국은 당연히 더 많은 무역을 원했고 전쟁 전의 식민지체제 및 무역 블록에 의해 인위적으로 제한되었던 시장에 대한 접근을 필요로 했다. 브레튼우즈체제가 바로 그것을 가능케 했다.

브레튼우즈협정하에서 최우선 순위는 고정환율제도를 채택함으로써 각국 통화를 안정시키는 일이었다. 고정환율제도는 각국의 현재 통화가 미래에도 안정적인 가치를 계속 유지할 것이라는 확신을 모든 국가에게 부여함으로써 무역을 촉진시킨다. 통화의 가치를 금과 같은 독립적인 재화에 연동시킴으로써 문제를 해결한다. 사실, 금본위제는 제1차 세계대전 이전에 유럽에 이미 존재했었지만, 전쟁 자금을 조달하기 위해 각국이 통화를 남발하기 시작하면서 폐기되었다. 제2차 세계대전 이후, 금 생산량이 모든 통화들을 보증할 수 있을 만큼 충분하지 않았으며 따라서 각국 통화는 대신 명목상 금 1트로이온스당 35달러로 교환 가능한 미국 달러에 고정되었다.

그러나 각국이 심각한 재정적자를 겪을 때마다 통화가치는 자연히 변동하기 마련이다. 따라서 브레튼우즈협정의 두 번째 창조물은 각국의 부채상환과 균형 재정을 돕기 위한 자금을 대여하고 정책 조언을 제공하는 국제통화기금(IMF: International Monetary Fund)이라 불리는 기구였다. IMF 설립 이전에는, 한 국가가 다른 국가에 부채를 지고 있다면 그 국가는 자국 통화의 가치를 절하(일반적으로 통화를 발행함으로써)하려는 유혹에 빠졌다. 이러한 통화 가치 절하는 채권국이 거의 가치가 없는 통화를 보유하도록 만들었다. 회원국들로부터의 기금 출연과 할당을 통해, IMF는 통화 가치 절하를 막고 부채를 감당할 수 있도록 도울 수 있는 자금에 사용될 수 있는 공동 자금을 모았다. 그렇게 되면 비록 국가들이 IMF에 채무를 지게 되더라도 국가 통화는 안정적으로 유지될 수 있었다. 채무국의 부채 상환을 돕기 위해, IMF는 또한 국가 예산으로부터 부채상환을 위한 자금을 확보하도록 채무국에 긴축재정 조치를 권고한다. IMF의 창설 멤버 10개국은 G-10(Group of Ten)으로 불리며 현재에도 정기적으로 회합을 갖고 있다 (현재는 G-12이다).

세 번째로, 유럽의 재산업화를 돕기 위해 브레튼우즈협정은 국제부흥개발은행(IBRD: International Bank for Reconstruction and Development)을 창설하였다. IBRD는 궁극적으로 단순히 세계은행 그룹 혹은 세계은행(World Bank)으로 불리는 국제기구의 일부가 되었다. 그러나 설립 초기 IBRD는 자금이 부족하였고 유럽 경제의 재도약을 위해서는 훨씬 더 큰 규모의 자본 투입이 필요하였다. 당시 미국의 국무장관 조지 마셜이 입안한 마셜플랜은 16개 서유럽 국가들에 대해 원조 형태로 수십억 달러의 추가적인 자금(1948년부터 1954년까지 170억 달러)을 지원했다. 심지어 패전국인 독일과 일본의 경제 재건을 돕기로 한 결정은 이 시기에 미국의 경제성장이 재도약하는 시장에 의존했던 정도를 보여준다. 시장 없이는, 경제는 절대로 계속 성장할 수 없다.

끝으로, 브레튼우즈협정을 국제금융 안정을 지속시키는 체제로 유지하기 위해, 연합국들은 필요시 브레튼우즈협정을 조정하기 위한 회의체를 계속 유지하기로 결의하였다. 이러한 결의는 관세 및 무역에 관한 일반 협정(GATT: General Agreement on Tariffs and Trade)으로 알려져 있다. 1947년 23개국이 최초의 GATT 조약에 서명했으며, 최종적으로 125개국이 1986년부터 1994년 사이 GATT협상 라운드에 참여했다. 이러한 협상은 궁극적으로 1995년 현존하는 모든 무역장벽의 철폐를 그 임무로 여기는 세계무역기구(WTO: World Trade Organization)의 창설로 귀결되었다.

이러한 과정과 브레튼우즈협정, 의욕적인 마셜플랜, 여타 개발원조 프로그램 등에 참여한 국가들은 전쟁으로 폐허가 된 경제를 재건하고 미국의 생산 수준을 유지하는 데 성공했다.

냉전체제의 정치와 주변부

브레튼우즈체제가 국제금융의 협력과 조정에 있어 큰 성과를 거두는 동안, 세계의 다른 주요한 지역은 이러한 국제 자본의 흐름에서 제외되어 있었다. 러시아, 중국 그리고 아프리카와 아시아의 과거 식민지 국가들은 제2차 세계대전 종전(1945년) 이후 1991년까지 국제정치를 지배했던 냉전(Cold War)으로 인해 결코 이러한 새로운 경제질서에 통합되지 못했다. 이 시기 동안 냉전은 브레튼우즈협정만큼이나 전후 국제 자본 흐름에 큰 영향을 끼쳤다.

제1차 세계대전 종전 무렵인 1917년, 레닌(Vladimir Lenin)이 제정 러시아에서 공산주의 혁명을 성공적으로 이끌었고, 궁극적으로 러시아 제국을 전체주의적 사회주의 국가인 소비에트사회주의연방공화국(USSR: Union of Soviet Socialist Republics)으로 통합하였다. 1949년에는 마오쩌둥(毛澤東)이 중국 본토에서 유사한 혁명을 일으켜 중국식 공산주의 국가를 수립하였다. USSR과 중화인민공화국(PRC: People's Republic of China) 모두 공산주의 국가였으며 세계 자본주의 체제를 전복하는 데 전념하였다. 순수한 공산주의란 시민에 의해 완전히 통제되는 경제체제를 말한다 (도표 9.2 참조).

제2차 세계대전 종전 후, 브레튼우즈협정은 소비에트 경제체제와는 정 반대되는 자본주의에 입각한 자유무역과 개방된 경쟁체제를 위한 글로벌 무대를 만들어냈다. 그 결과, 소비에트 정부는 사회주의의 경제적 및 정치적인 영향력을 보다 광범위한 '세력권'으로 더더욱 확장시키고자 단호히 움직였다. 소비에트 정부는 동유럽에 대한 경제적, 정치적 통제를 목적으로 제2차 세계대전 말미에 소련군이 해방시킨 지역을 점령했다. 처칠

도표 9.2 공산주의 대 자본주의

소비에트 연방과 중화인민공화국 모두 '공산주의'라는 표지를 달고 있지만, 사실 그들은 전체주의적 사회주의 국가이다. 순수한 사회주의는 재화와 서비스의 생산에 사용되는 모든 자본을 국가가 소유하고 통제하는 경제체제를 말한다. 거의 모든 개인은 직·간접적으로 국가에 의해 고용되며 정부가 고용, 교육, 보건 그리고 생활 조건에 우선적인 책임을 진다. 반면, 순수한 자본주의는 거의 모든 자본이 사적으로 소유되고 통제되며 사회 전체의 부를 증가 시키는 동기가 개인적 부를 증가시키고자 하는 사적 욕망과 직접적으로 연결되어 있는 경제체제를 의미한다. 정부는 주로 남용을 방지하는 감시자로써 기능하며, 고용, 교육, 보건은 대체적으로 개인의 몫이다. 두 체제 모두 과도하게 운용될 수 있고 또 과도하게 운용된다. 사회주의 사회에서는 정부가 개인의 자유를 침해하고 개인의 발전을 억누르는 전체주의적 권력을 가진다. 자본주의 사회에서는 개인적 부와 이윤을 위한 개인의 욕구가 공동체의 이익보다 우선할 수 있고 공익을 침해할 수 있다.

(Winston Churchill)이 언급한 대로, 동·서유럽 사이에 '철의 장막'이 쳐지고 말았다. 1949년 중국이 공산국가가 되고, 아시아에서의 정치적 지배와 공고화를 위한 프로그램에 착수하자, 미국은 자유무역과 개방된 세계 자본주의 시장의 새로운 옹호자로서의 역할을 떠안게 되었다. 1950년부터 1980년에 이르기까지 미국의 공식적인 정책은 일반적으로는 공산주의의 확산을 그리고 구체적으로는 소련과 중국의 영향력을 '봉쇄'하는 데 있었다. 동과 서는 새로운 전쟁인 '냉전'에 휘말렸다.

1950년대부터 1970년대를 통틀어 미국과 소련은 잠재적으로 핵전쟁으로 비화될 수 있는 직접적인 대결은 피했다. 그러나 냉전으로 인해 사실상 일련의 소규모 '열전'이 전세계 도처에서 일어났다. 미국은 새로이 설립된 CIA를 통하여 그리고 소련은 CIA와 유사한 조직인 KGB를 통하여 양국 모두 식민지배에서 독립한 주변부의 개발과정에 영향력을 행사하려고 하였다. 주변부 도처에서, 미국과 소련은 과거 식민지 시대의 부족장과 군벌들이 서로 싸우게 만들었으며 이는 이후 수십 년간 이어진 갈등과 파괴 그리고 불안정의 원인이 되었다. 동과 서의 공작원들은 선거를 방해하고, 선출된 정부 인사들을 암살하거나 암살 음모를 기획하고, 막대한 군사 무기 '원조'와 함께 진행 중인 내전에 군자금을 대주었다. 이러한 전쟁들에서 동과 서 모두 자유와 번영에 대한 기대치가 높은 탈식민지의 국민들을 통제하기 위하여 강하지만 종종 잔인한 독재자들에게 심하게 의존했다. 불행하게도, 이러한 분쟁들이 주변부에게 진정한 의미의 경제성장을 멈추게 했다. 동과 서 모두 신생국가가 자신의 세력권에 남아있는 한 그런 독재자들이 자행하는 부패와 범죄행위들을 용인했다. 신생 주권국가 중 일부가 중립을 선언하고 중립 유지를 위해 최선을 다했지만, 동서 냉전의 정치적 힘은 대체적으로 그것을 방해했다.

그러므로 미국과 소련이 직접 교전을 하지 않았다 해도, 양국은 전폭적 지지를 얻거나, 주변부의 시장과 원료 그리고 값싼 노동력을 차지하기 위해 전세계에서 서로 다투어 개입했다. 브레튼우즈체제의 진정한 성과와 함께, 냉전은 갈수록 불안정해지는 새로운 글로벌 질서를 만들어 냈다. 중심부의 국민들은 대체로 안전하고 점점 더 풍요로운 삶을 영위했다. 주변부의 국민들은 점점 더 내전과 부패 그리고 저개발로 얼룩진 삶을 살았다.

냉전 이후의 글로벌 자본의 흐름

1970년대 이후 자본흐름의 양상은 또 다시 변화하기 시작하여 20세기 말까지 진행되었다. 이러한 변화에는 몇 가지 이유들이 있다. 첫째, 냉전의 긴장이 점차 완화되기 시작했다. 1970년대 미국과 소련은 데탕트(detente) 시기에 진입하여 재화와 서비스뿐 아니라 예술과 문화 교류를 시작하였다. 전략무기제한협상(SALT)과 탄도탄요격미사일(ABM) 조약은 양국 간 군사적 대치가 완화될 수 있을 것이라는 희망을 주었다. 1989년도에 이르러서

러시아 국민은 소비에트 체제의 종말을 요구하였고, 베를린 장벽은 무너졌으며, 구소련 국가들은 세계무역체제에 통합되기를 원하였다. 1972년 닉슨(Richard Nixon)은 중국을 방문하여 세계가 중국에 대해 관심을 갖게 한 최초의 미국 대통령이 되었다. 점차 새로운 중국의 지도자들은 중국에 보다 자유시장경제체제를 도입하기 시작했다. 미국과 러시아 및 중국과의 무역도 증가했다.

둘째, 일본과 유럽의 경제가 제2차 세계대전의 피해로부터 복구되었을 뿐 아니라 미국에 대한 주요 수출국으로 변모하였다. 1971년 닉슨 대통령은 외국 은행들이 미국의 금 보유량보다 훨씬 더 많은 달러를 보유하고 있기 때문에 금본위제가 더 이상 가능하지 않다고 판단했다. 근본적으로 미국은 모든 미국 달러를 뒷받침하기에 충분한 금을 보유하고 있지 않았다. 미국과 세계경제는 하나의 귀금속에 고정되기에는 너무나 크게 성장했다. 그리고 그것은 미국과 세계경제가 거의 끝없이 팽창할 수 있다는 닉슨의 바람이었다. 미국이 금본위제를 포기함으로써, 오늘날 지속되고 있는 변동환율체제가 출범했다. 환율이 변동하게 되면 미국 달러를 포함한 전세계 통화들의 가치가 등락을 거듭하게 된다. 통화를 팔고 사고 통화 가치에 대해 투기하는 행위가 마치 밀을 사고 팔고, 밀 가격에 대해 투기하는 것처럼 일상적인 경제 행위가 됨에 따라 금융시장이 더욱더 중요한 위치를 차지하게 되었다. IMF의 업무인 글로벌 금융 안정의 확보는 변동환율 체제에서 대단히 중요한 일이 되었으며 1971년 이후 IMF는 국제금융을 규제하는 보다 더 강력한 기구가 되었다.

셋째, 어려움을 겪고 있는 주변부 국가들이 세계의 주목을 끌기 시작하였다. 식민지적 만행의 세기, 두 차례의 세계 대전, 그리고 부패와 내전의 시대 후, 주변부의 발전이 글로벌 의제가 될 필요가 있다는 점이 점점 명백해졌다. 1970년대에는 미국의 원조 아래, 세계은행과 IMF가 1950년에서 1970년까지 유럽과 일본에서 일어났던 일들을 저발전국가에서도 재현할 수 있을 것이라는 믿음을 바탕으로 컨센서스가 형성되기 시작했다. 1980년대에 이르러 이러한 접근법은 워싱턴 컨센서스(Washington

Consensus)로 널리 알려지게 되었다. 본질적으로, 워싱턴 컨센서스의 옹호자들은 규제 없는 자유무역을 향해 개발도상국의 시장을 개방하고, 재정 건전성 제고를 위한 프로그램들을 추진하는 동시에, 민영화와 외국인투자를 장려하는 것이 주변부 경제를 20세기 수준으로 끌어올리는 최선의 방책이라고 주장하였다. 중심부의 선진국들은 브레튼우즈체제가 유럽과 일본에서 수행했던 것을 자신들이 주변부의 저발전국들에게 해 줄 수 있다고 느꼈다.

그러나 워싱턴 컨센서스에는 초기부터 문제가 있었다. 유럽과 일본은 제2차 세계대전 후 세계은행으로부터 금융 원조를 받기 전부터 이미 잘 발달된 다각화된 경제구조를 가지고 있었다. 유럽과 일본의 노동자들은 교육 수준이 높은 숙련 기술자들이었으며 그들의 사법제도는 개인의 사유 재산을 보호하였고 부패를 척결하였다. 저발전국에는 이러한 여건들이 거의 갖춰져 있지 않았다. 저발전국들의 경제는 농업이나 환금작물을 위주로 하는 취약한 상태에 있었으며 노동력은 주로 농촌에 거주하는 교육을 많이 받지 못한 사람들이었으며, 사법제도는 수세기 동안의 식민주의와 냉전의 조종을 받는 동안 계속해서 부패했다.

그럼에도 불구하고, GATT 협상은 워싱턴 컨센서스의 주요 원칙들을 반영하였으며, 국가 간 상품의 자유로운 교환을 위한 제거 혹은 감소로 정의될 수 있는 저발전국에서의 무역자유화를 위한 적극적인 프로그램을 추진했다. 세계은행, 공적개발원조, IMF, 그리고 외국인직접투자 등은 이러한 과정에서 서로 연동되어 중요한 역할을 수행했다.

세계은행, 차관조건, 비교우위

세계은행은 저발전국가의 수출을 진흥하기 위해서는 대규모의 사회기반시설과 농업 투자를 위한 상당한 규모의 차관이 요구된다고 판단했다. 저발전국들은 금융자본의 도입이 절실하였으나 자금은 차관조건(*conditionality*)이라 불리는 절차를 만족시킬 경우에만 제공되었다.

모든 대출의 가장 기본적인 조건은 이자다. 1970년대 기간 동안 세계은행은 많은 저발전국의 차관을 독려했고, 저발전국들은 그 당시 매우 높았던 물가상승률이 자신들이 부담해야하는 실질금리를 깎아먹으리라고 기대하였다. 예를 들어, 만일 대출이 명목 금리 5퍼센트에 이뤄졌고 물가상승률이 6퍼센트라면, 실제로 부담해야하는 실질 금리는 마이너스 1퍼센트가 될 것이다. 즉, 그 자금 대출은 차입하였을 때보다 가치가 떨어진 금액으로 상환되는 것이다. 물가상승률이 이자율을 압도했던 1970년대에는 차입을 많이 하는 것이 좋은 방책 같았다. 그러나 1980년대에는 물가상승률이 완화되고 실질금리가 오르기 시작하면서 저발전국들은 도박에 실패했다. 또한 이율 상승의 부작용으로 선진국의 경기가 침체되고, 그로 인해 선진국의 대(對)저발전국 수입이 줄어들면서, 저발전국의 외환보유량이 감소하여 부채를 상환하기 더욱 어려워졌다. 결정적으로, 1970년대에는 석유수출국기구(OPEC: Organization of Petroleum Exporting Countries)가 석유가격을 대폭 인상하였다. 저발전국들은 자국의 석유 수요를 충당하기 위해 더 많은 자금을 차입할 수밖에 없었고 따라서 저발전국가의 부채 규모는 더욱 커져만 갔다. 여기에 중동국가의 석유수출 수익 예금으로 돈이 넘쳐났던 민간은행들이 저발전국에게 방대한 금액의 자금을 대출하면서 부채 규모를 더욱 증폭시켰다.

차관조건의 더욱 중요한 측면은 정확히 어떤 프로젝트가 재정 지원을 받을지를 결정하는 세계은행의 권한이다. 이러한 결정을 내리기 위하여 세계은행은 비교우위(*comparative advantage*)의 원칙을 채택했다. 비교우위의 원칙에 의하면, 만약 한 국가가 상대적으로 저렴한 비용으로 어떤 상품을 생산한다면 그러한 상품에 특화한 국가가 그 상품을 생산하는 것이 모든 교역 상대국에게 이득이 된다. 즉, 면화나 땅콩 등 비교우위가 있는 농산물에 특화하여 그로부터 얻는 수출이윤(외환)으로 필요한 다른 모든 상품을 구입할 것이 권장되었다. 이로서 저발전국들은 제한된 수출 품목에 의존하는 상당히 경직된 교역조건에 얽매이게 되었다. 농업은 노동집약적이며 저발전국들은 대체로 잉여 노동력을 보유하고 있기 때문에 이 같은 비교우위의 원칙은 일리가 있다. 차관의 또 다른 조건으로 세계은행은 저발전국에게 수입에 대한 대부분의 관세와 수출을 위한 대부분의 보조금을 철회할 것을, 다시 말해 자유롭고 완전한 시장 개방을 요구했다.

그러나 이러한 세계은행의 정책은 다음의 최소 다섯 가지 이유에서 저발전국에게 불이익을 가져다주었다. 첫째, 국내 식량생산을 위해 사용되었던 토지는 특화되고 기계화된 상품작물 생산으로 대체되었다. 이러한 과정에서 빈농들의 작은 토지들이 대규모 농업단지로 통합됨에 따라 많은 빈농들이 생계수단을 잃었다. 이러한 실향 농민들은 흔히 기존의 산업구조와 사회기반시설, 혹은 교육시스템과 의료시스템에 새로운 인구 유입을 받아들일 수 없는 혼잡한 도시로 이주했다. 일자리와 교육을 받지 못한 빈농들은 가난, 문맹, 질병에 시달리는 영구적 최하층계급으로 전락했다.

둘째, 산업화된 농업은 선진국으로부터 특화된 종자, 비료, 농약, 제초제, 기계 등의 구매를 요구했고 이미 급등한 부채를 증가시켰다. 셋째, 동일 농작물의 반복 생산은 손상되기 쉬운 생태계를 퇴화시켰다. 어떤 저발전국에서는 토양의 비옥도가 손실되기 시작했다. 넷째, 많은 저발전국은 국내 식량 배분의 효과적인 수단의 부재로 인해 실질적 식량 수입국이 되었다. 기근은 저발전국에서 더 많은 생명을 앗아갔고 이는 식량이 없었기 때문이 아니라 실향 소작농들이 상대적으로 비싼 수입 식품을 구매하기에 너무 가난했기 때문이었다. 모순적으로, 이 시기 식량 생산과 기근이 전지구적으로 동시에 증가했다.

다섯째, 저발전국은 결코 농산품 수출로부터 충분한 이득을 취할 수 없었는데 왜냐하면 세계은행이 저발전국에게만 관세와 보조금 철회를 요구했을 뿐, 많은 선진국은 값싼 수입품으로부터 자국의 농민을 보호하기 위해 농산품에 많은 보조금을 지속적으로 제공하면서 무역하기를 원했기 때문이다. 예를 들어, 미국은 면화 생산 농민들에게 세계에서 자국 면화품의 최저가 유지를 가능케 하는 보조금 제공을 유지했다. 대부분의 저발전국은 그들이 어떠한 상품을 얼마나 효율적으로 생산하는지와 무관하게 많은 보조금에 기반한 선진국의 상품과 경쟁할 수 없었다. 또한 저발전국은 세계은행과 국제통화기금과의 소원한 관계를 각오하지 않고는 자국의 보조금을 제정할 수 없었다. 부채상환에 충분한 외화를 무역을 통해 획득하지 못하는 상황에서 1980년대에서 1990년대 저발전국의 부채는 날로 증가했다.

이러한 이유와 더불어, 저발전국의 부패한 지도자들은 자금이 필요한 그들의 정부와 국민을 약탈했다. 식민지와 냉전 시기의 정치적 편의주의가 대부분 저발전국에서의 강력한 민주주의의 발전을 저해했다. 오히려 20세기 말까지 너무도 많은 저발전국에서 무자비한 독재자와 군벌들이 정권을 차지하고 일반적 경제 관습의 일환으로 비리에 가담했다. 이러한 독재자들은 국가 자본을 빼돌려 선진국의 은행계좌로 빼돌리는 이른바 **자본도피**(*capital flight*)를 일삼았다. 그 결과, 많은 저발전국에서 수년간 차관은 계속되고 부채는 커져만 갔다.

끝으로, 저발전국의 빈곤문제는 범죄와 사회적 불안을 야기했으며, 이 문제가 지역정부 정책의 최우선 의제가 되었다. 아프카니스탄의 양귀비나 남미의 코카나무와 같은 불법 작물이 세계 마약거래를 부채질했다. 자신의 토지를 부당하게 빼앗겼다고 생각하는 저발전국들의 일부 개인들은 공공연히 반란을 일으켰다. 일부 기근 국가들은 내전을 경험했다. 범죄와 내전 문제는 폭력을 억제하기 위한 정부의 무기 구매로 이어졌다. 그 당시, 교육, 의료, 일자리 창출이 절대적으로 필요했음에도 불구하고 많은 국가들이 폭도와 범죄자들에 맞서 무장하기 위해 귀중한 외화를 사용하고 심지어 더 많은 차관을 도입했다. 그 결과 주변부의 부채는 계속 늘어났다.

구조조정과 외국인직접투자

1991년까지 저발전국들이 세계은행과 IMF, 그리고 다른 채권자들로부터 빌린 대외부채는 거의 1조 4,000억 달러에 달했으며 저발전국들은 원금 상환은커녕 이자를 감당하기에 충분할 만큼의 경제적 성장도 경험하지 못했다. 사실상, 부채규모가 재화 및 서비스 수출 총액의 127퍼센트에 달했다. 일부 선진국의 경제학자들은 만일 저발전국들이 채무불이행 상태에 빠진다면 국제적으로 경제위기가 초래될 것이라고 우려하기 시작했다 (Hertz 2004). 이러한 우려는 2002년 930억 달러의 채무불이행을 선언한 아르헨티나에서 현실화되었다. 외국인투자는 빠져나갔으며 아르헨티나 경제는 붕괴되었다.

만일 저발전국들이 일방적으로 자국의 통화가치를 절하하는 경우 글로벌 경제위기가 확산될 것을 우려한 IMF는 더욱 엄격한 조건으로 저발전국들에게 일련의 공격적인 대출을 시행하였다. IMF에 의해 부여된 새로운 조건들은 통틀어 흔히 **구조조정 프로그램**(*structural adjustment program*)이라고 불린다. IMF가 구조조정을 통해 주권국가의 국내 예산에 직접 영향을 미칠 수 있기 때문에, 최근 이러한 프로그램은 논란의 대상이 되었다. 구체적으로, 구조조정 프로그램은 일부 국가에게 교육 및 보건의료 예산을 대폭 절감하도록 요구하였다. 일부 국가들은 교육 및 사회복지 사업 예산을 40퍼센트나 삭감하여 균형예산을 달성하고 더 많은 부채상환을 위한 재원을 마련하도록 IMF로부터 지시받았다. 이러한 예산삭감은 적게는 빈국의 최빈곤층에게 심각한 고통을 유발하였으며, 최악의 경우에는 다수의 저발전국 국가들이 이미 경험하고 있는 사회적 불안을 악화시킬 수 있다.

게다가, IMF는 저발전국가로 하여금 흔히 석유와 같은 국가의 천연자원 개발권을 민간기업에 매각하도록 권장하는 것을 의미하는 민영화정책을 채택하도록 압박하였다. 종종 그러한 민간기업은 선진국에 소재한 해외 다국적기업들이다. 교육과 보건의료 같은 공공서비스도 역시 민영화되었다. 결과적으로, 공공자원과 공공서비스의 민영화는 점점 무역자유화의 부산물이 되었다. 민영화와 자유화 모두 민간기업이 어느 국가에서나 아무런 제한 없이 그 국가의 국내 경제 내부에 접근할 수 있는 세상을 상정하고 있다.

예를 들어, 1980년대와 1990년대 동안, 아프리카와 중남미 석유생산은 엑슨모빌(미국), 로얄 더치 셸(영국, 네덜란드), 브리티쉬 페트롤리움(영국), 셰브런-텍사코(미국) 등과 같은 다국적 거대 석유회사들에 의해 지배되었다. 상대적으로 소수의 저발전국들(사우디아라비아, 베네수엘라, 이란, 멕시코)만이 국가 소유 대형 석유회사들을 운영하였다. 1990년대에는 나이지리아 석유 총생산량의 50퍼센트 이상을 차지하는 셸-나이지리아가 엄청난 부패와 환경파괴 혐의를 받는 사건에 휩쓸렸다. 불행하게도, 저발전국들은 이런 기업들에 대항할 만한 힘을 갖고 있지 못했다. 구조조정 프로그램의 일환으로 추진된 무역자유화와 더불어, 저발전국들은 다국적기업들에게 엄청나게 많을 것을 양보하도록 종용받았고, 이 과정에서 단순히 이윤뿐 아니라 환경과 사회에 대한 통제권도 양보해야 했다.

구조조정 프로그램은 보건의료, 교육, 수자원 관리 같은 공익사업 등 공공서비스도 역시 민영화할 것을 요구했다. 정부의 재정 지원이 없는 상황에서 이러한 서비스 사용료는 중산층조차 감당할 수 없는 수준으로 인상될 수 있어 국민의 복지를 위태롭게 할 수 있다.

최근까지도 세계은행과 IMF는 필요한 자본을 차관을 통해 조달하는 조건의 일부로 무역자유화를 요구했다. 저발전국들은 모두 함께 그러한 차관 대출 과정에 참여하지 않음으로써 이러한 조건들을 피할 수 있었다. 그러나 1995년 GATT의 마지막 협상에서 세계무역기구가 창설되었다. WTO의 목적은 글로벌 경제 전체 차원에서의 무역자유화 확대를 목표로 모든 글로벌 무역분쟁을 타결하는 데 있다. 이제 WTO가 전지구적 관할권을 가지며 세계적 수준에서 무역자유화를 강제할 권한을 부여받았으므로 워싱턴 컨센서스는 사실상 무역에 관한 국제법이 되었다.

해외원조

해외원조, 혹은 공적개발원조 과거에는 저발전국들의 재정 문제를 그리 잘 해결하지는 못했다. 이에 대해 일반적으로 세 가지 설명이 존재한다. 첫째, 일부는 단순하게 원조가 실질적 도움이 되기에는 충분하지 못했다고 주장한다. 삭스(Jeffrey Sachs)는 저발전국이 이상적으로 대출과 채무의 악순환을 끊고 글로벌 경제에서 제대로 경쟁할 수 있도록 사회적 기반 및 산업적 기반을 발전시키기 위해서는 통합된 자본의 거대 유입이 필요하다고 끊임없이 주장해왔다 (2005, 2008). 일찍이 1970년에 UN총회는 개별 선진국들이 1970년대 중반까지 ODA를 국민총생산의 0.7퍼센트(순지출 기준)까지 증액할 것을 촉구했다. 2000년에 공표된 유엔 새천년개발목표(MDGs: UN's Millenium Development Goals)에서도 같은 목표치가 거듭 제시되었다. 그러나 현재까지, 경제규모가 가장 큰 22개 선진국(개발원조위원회 [DAC]회원국들로 통칭되는)들의 평균 원조 규모는 국민총소득의 0.31퍼센트에 그치고 있다 (ONE 2011).

2014년 현재, 아랍에미리트가 국민총소득 대비 가장 높은 비율의 ODA(1.17퍼센트)를 유지하고 있으며, 스웨덴(1.10퍼센트), 노르웨이(0.99퍼센트), 덴마크(0.85퍼센트), 그리고 영국(0.71퍼센트)이 그 뒤를 잇고 있다. 미국은 절대금액으로는 전체 ODA 국가 중 상위(2014년 320억 달러 이상)를 유지하고 있지만 국민총소득 대비로 치면 0.19퍼센트로써 개발원조위원회 소속 국가 중 최하위에 가까운 순위를 기록하고 있다 (OECD 2015). 그러나 2008년의 글로벌 금융위기(미국에서는 대침체로 알려진)이후 미국과 다른 선진국들이 실업, 교육, 보건의료, 대외채무의 증가 등 국내 문제에 집중하기 시작하면서, 이러한 ODA 수준은 정체하거나 혹은 적어도 가까운 미래에는 감소할 수도 있다.

둘째, ODA는 너무 자주 공여국의 외교정책 혹은 경제정책의 수단으로 사용되었다. 퍼킨스(John Perkins)는 ODA는 종종 대상국인 저발전국가만큼 공여국에 직접적인 혜택을 주는 프로젝트에 결부되어 있다고 주장한다 (2005, 2009). 이러한 형태의 원조는 간혹 '유령 원조'라고도 불리며 자본이 순환 형태로 흐르는 채무탕감, 프로젝트, 기술지원과 종종 연결되어 있다. 한 선진국 국가가 어느 저발전국 국가의 전력댐을 건설하는 프로젝트를 지원하는 가상의 예를 들어보자. 공여된 자금(ODA에 의해)은 선진국으로부터 자재, 기술지도, 그리고 전문지식 등을 구입하는 데 사용된다. 그 저발전국은 해당국이 보유하고 있는 전문지식의 수준과 생산된 전력을 유용하게 사용하는 데 필요한 사회간접자본의 구비 수준에 따라 궁극적으로 혜택을 받을 수도 받지 못할 수도 있다. 그러나 선진국에 위치한 다국적기업은 저발전국에 의한 인력, 자재, 기술적 지원의 구매로부터 직접적으로 이익을 얻는다. 심지어 인도주의적 차원의 식량원조(대부분의 총 ODA에 포함되지 않는)는 저발전국보다 선진국에게 혜택을 가져다준다. 2007년 전세계 가장 큰 국제 원조 기구 중 하나인 케어(CARE)는 해외원조가 저발전국의 가난한 사람들을 돕기보다는 손해를 입힐 수 있다는 믿음 때문에 미국으로부터의 4,600만 달러에 달하는 식량원조를 거절한 바 있다 (Dugger 2007). 종종 정부의 보조를 받는 선진국의 값싼 식량은 저발전국의 지역 농부들을 파산시킬 수 있으며 이는 결국 빈민국의 식량생산 문제를 더욱 악화시킨다.

셋째, 일부는 ODA가 실질적으로는 부패, 종속, 그리고 자본유출의 환경을 조장하기 때문에 성공하지 못했다고 주장한다. 모요(Dambisa Moyo)는 제2차 세계대전 이후 선진국이 저발전국에 공여한 대략 2조 달러로 추정되는 원조가 얼마나 실질적인 개발을 가져왔는지 명확하지 않다고 주장한다 (2009). 그러나 경제협력개발기구(OECD)는 DAC 회원국의 ODA는 총체적으로 1,352억 달러에 달한다고 언급하였으며 이는 2013년 1,351억 달러의 최고치 기록과 유사하다. 이러한 증가는 다수의 정부가 해외원조 예산을 늘리면서, 하락 2년 후 반등한 결과이다 (OECD 2015). 다수의 정부가 해외원조에 대한 지출을 늘림에 따른 반등으로, 공여국들은 전체 1,348억 달러에 달하는 순 ODA를 제공했다. 만약 양자 간(두 국가 사이의) 원조까지 고려하면, 결과는 조금 달라진다. 사하라사막 이남의 아프리카에 대한 양자 간 원조는 2012년 대비 실질적으로 4퍼센트 감소한 262억 달러였다. 전체적으로, 아프리카 대륙에 대한 원조는 5.6퍼센트 감소해 289억 달러였다. 비록 부채탕감 형태를 포함하지만, 모든 저발전국에 대한 양자 간 순 ODA는 12.3퍼센트 증가하여 실질적으로 300억 달러에 달했다. 브라질, 중국, 칠레, 조지아, 인도, 멕시코, 파키스탄, 스리랑카, 그리고 우즈베키스탄 등의 중간소득 국가에 대한 ODA를 제공하는 OECD의 프로젝트는 안정적으로 유지될 것으로 예상되는 반면, 저소득국가, 특히 아프리카 국가들에 대한 ODA는 줄어들 것으로 예상된다 (OECD 2014). 이러한 수치들이 상충되는 견해를 제공하지만, 긍정적 동향도 존재한다.

현황 및 미래에 대한 전망

개발도상국에는 어떤 미래가 기다릴까? 국가는 발전 접근 방식을 결정함에 있어 어떤 역할을 할까? 정부는 경제개입을 자제해야 한다고 해야 한다고 주장하는 경제철학인 신자유주의는 국가의 운영 방식을 어떻게 바꿔 놓았을까? 이 절은 시민에게 자원을 제공하는 국가의 역할에 대해 논한다. 이러한 문제와 마찬가지로 중요한 것은 기후변화와 같은 개발 이슈들이 우리에 미래에 심각한 위협을 제시함에 따라 (제15장 참조), 발전과 환경적 고려 사이의 변화하는 관계라고 할 수 있다. 중국과 같은 국가들이 누가 발전 과정을 재정적으로 지원할지를 어떻게 결정할 것인지 그리고 또한 왜 그런지도 고려되어야 한다.

신자유주의: 국가의 역할 감소

신주유주의적 사고의 기본적 특징들은 인간의 존엄과 개인의 자유에 대한 정치적 사고를 마치 '문명의 핵심가치'처럼 중요하게 생각하는 데 있다. 그들이 추구하는 이러한 가치들은 파시즘, 독재주의, 그리고 공산주의뿐만 아니라 개인이 자유롭게 선택하는 판단을 집합적 판단으로 대체하는 모든 형태의 국가 개입에 의해서도 위협받았다 (Harvey 2005). 신자유주의자들은 시장에 대한 정부의 지시는 제한적이어야 한다고 믿는다. 브레튼우즈 협정을 통해 재건설된 글로벌 경제의 제도적 질서는 1930년대의 대공황을 야기한 치명적인 상태로의 회귀를 방지하기 위해 고안되었다. 연관된 또 다른 이슈는 공공 서비스(복지와 같은)의 민간화인데 이는 민간 기업이 공공 서비스 제공에 책임을 지는 것을 의미한다. 정부가 사회서비스 제공을 유지해야 하는가, 아니면 그러한 서비스를 필요로 하는 개인들을 위해 기업이 움직이는 것이 더 나은가? 정부 역할의 제한은 환경의 질적 저하와 파괴와 같은 다른 결과들 역시 가져온다. 앞으로 우리는 정부 역할의 잠재적 감소와 다국적기업의 증가하는 영향력을 지켜보아야한다. 잠재적 문제에는 개발도상국에게 심각한 결과를 안겨줄 수 있는 천연자원의 민간화도 포함되어 있다. 다국적기업들은 책임감 있는 태도를 보일 것이며 환경 요인을 고려할 것인가? 국가들, 특히 개발도상국들은 만약 경제성장의 추구가 환경 지속가능성을 고려하지 않는다면 천연자원이 제공하는 경제적 이득을 얻지 못할 것이다.

발전과 환경

앞서 논의했듯이, 신자유주의는 자연세계에 위험한 결과를 초래할 수 있다. 천연자원이 유한함에도 불구하고 지속적으로 개발되고 있으며, 특히 천연자원이 발전 중인 저발전국들의 필요와 연관됨에 따라 천연 자원을 보호해야 하는 필요성을 더욱 확실하게 보여준다. 특히, 기후변화를 둘러싼 환경적 고려와 발전은 유엔과 같은 국제기구가 현재 몰두하고 있는 핵심 사항이다.

핵심 사항 중 하나는 1980년대 처음 정책적 논의를 시작한 지속가능한 발전(제14장에서 세부적으로 논의 할)이다. 그것이 실질적으로 무엇인지에 대해 논쟁이 벌어지고 있지만, 대부분의 지속가능성의 지지자들은 지속가능성이란 향후 세대까지 정해진 복지수준 이상으로 인간의 삶을 뒷받침하는 데 필요한 생태학적 조건의 존속을 의미한다고 생각한다 (Lele 2013). 이러한 목적을 달성하기 위한 노력의 두 가지 예가 유엔 환경프로그램(UNEP: United Nations Environment Program)의 일부인 지속가능한 발전에 대한 집중과 유엔에 의해 추구되고 있는 새로운 환경기후 이니셔티브이다.

지속가능한 발전의 제도화는 계속 진전을 이루고 있다. UNEP는 2015년 9월 최종 확정된 15개의 유엔 지속가능개발목표(SDGs: Sustainable Development Goals)를 발표했다. 이러한 목표들은 경제발전의 문제에 환경적 고려를 통합하는 것의 중요성이 커지고 있음을 보여주는 한 예이다. 이러한 관계의 또 다른 예는 UNEP와 유엔 개발프로그램(UNDP: United

Nations Development Programme)이 주관하고 있는 기후변화적응과 발전(CC Dare) 이니셔티브이다. 이 프로그램은 기후변화 문제를 제기하고 기후변화 문제에 대한 대응에 도움이 되는 국내 입법 활동에 진척을 보이는 나라들을 돕기 위해 고안되었다. 개별 국가가 이 프로그램의 주요 참가자다. 현재, 베냉, 에티오피아, 가나, 말라위, 모잠비크, 르완다, 세네갈, 세이셸, 탄자니아, 토고, 그리고 우간다 등 11개 국가가 참여하고 있다. 이들 국가에서 채택된 이니셔티브의 예로는 빗물을 이용한 수확(세이셸), 삼림자원 보호(탄자니아), 그리고 농지의 질 향상(르완다) 등이 있다. 천연자원의 보호와 기후변화는 개발도상국에게 중요한 문제이다. CC Dare 이니셔티브와 같은 프로그램은 변화를 기대하고 있다.

정치와 발전

SDGs와 CC Dare 이니셔티브 같은 노력들은 갈수록 주요 정책입안자들이 경제발전에 관해 좀 더 광범위한 사고를 시작하고 있다는 점을 시사한다. 개발도상국들이 이러한 문제를 주도하고 있는가? 한 가지 예로 브라질, 러시아, 인도, 그리고 중국(남아프리카공화국이 최근 이 그룹에 합류하면서 브릭스[BRICS] 구성)으로 구성된 브릭(BRIC) 국가들을 들 수 있다. 위 국가들은 발전의 문제에 있어 전통적으로 신자유의적 경제정책을 지지해온 캐나다, 프랑스, 독일, 이탈리아, 일본, 러시아, 영국, 그리고 미국의 고도로 산업화된 G8 국가들의 시각에 맞서는 대안적 시각을 제시한다.

미국에 본부를 둔 씨티그룹은행이 수행한 최근의 보고서에 따르면, 남아공은 그 가치가 2조 5,000억 달러로 추정되는 세계 최대 광물 보유국이다. 남아공은 세계 최대 광물 재화를 세상 밖으로 끌어내기 위한 촉매제로서 철도, 항구, 그리고 연료 수송 파이프라인의 개선과 확장에 360억 달러를 투자하고 있다.

브릭 국가에 남아공의 참여는 전지구적 차원에서 아프리카국가를 인정한 것일 뿐만 아니라 브릭 국가들, 특히 중국이 아프리카 국가들에 대한 투자에 나서고 있고 아프리카의 경제적 정치적 전망을 새롭게 바꿀 수도 있는 무역 동반자 관계의 구축에 착수했다는 점에서도 중요하다. 또한 아시아인프라투자은행(AIIB: Asian Infrastructure Investment Bank)으로 알려진 세계은행을 대체하는 국제은행을 설립하려는 중국의 의도 역시 중요하다. 세계은행은 국제부흥개발은행(IBRD: International Bank for Reconstruction and Development), 국제개발협회(IDA: International Development Association), 국제금융공사(IFC: International Finance Corporation), 국제투자보증기구(MIGA: Multilateral Investment Guarantee Agency), 그리고 국제투자분쟁해결센터(ICSID: International Center for the Settlement of Investment Disputes) 등의 다섯 가지 산하 국제기구로 구성되어 있다. 중국과 미국의 경우처럼 국가 간 투표권 지분의 불균형(예를 들어, IBRD에서 중국은 4.82퍼센트를, 미국은 16.10퍼센트의 투표권을 가진다)이 AIIB 같은 대안기구의 설립을 더욱 중요하게 만드는데, AIIB는 글로벌 정치경제에 더욱 적극적으로 관여하고자 하는 중국의 욕망을 암시하기 때문이다. 2012년 중국은 아프리카 국가들에게 2009년 지원 규모의 두 배인 200억 달러를 지원했다. 아프리카 대륙에서의 중국의 경제적 개입의 대부분은 천연자원의 추출을 위한 기반시설 프로젝트(도로, 댐 건설과 같은)에 기초하고 있다 (Sun 2016). 아프리카 대륙 및 다른 지역에서의 경제적 발전에 대한 중국의 개입은 그것이 글로벌 경제발전에 중요한 영향을 미치기에 주시해야 할 문제이다.

진전

기후변화의 문제, 신자유주의에 의해 고무된 경제적 관행, 그리고 일반적인 글로벌 경제의 제도적 불평등에도 불구하고, 진전을 보여주는 예도 있다. CC Dare와 같은 이니셔티브를 통한 기후변화 논의와 환경적 고려와 발전 문제의 통합은 진정한 지속가능성을 달성하는 데 있어 매우 중요하다. 그 이상의 발전으로는 식자율의 향상과 민주화 수준의 향상 그리고 세계 전역에 걸친 개방을 들 수 있다. 아랍의 봄(Arab Spring)은 개발도상국 내에서 사람들이 민주적 변화를 압박하는 데 인터넷과 소셜 미디어와 같은 수단이 얼마나 중요한지를 보여준다. 이러한 변화는 경제적 발전과 연관된 문제뿐만 아니라 발전의 모든 측면에 집중하는 것이 중요함을 시사한다. 발전은 다양한 문제와 우려를 포함한다. 기후변화의 효과에 관한 논의에서부터 식자율의 상승까지, 선진국과 개발도상국 사이 불평등을 해결할 수 있는 역량은 존재한다. 밑으로부터 위로의 상향식 변화를 강조한 목표지향적 프로그램의 성장을 예로 들 수 있다. 상향식 발전은 단지 국가경제의 발전보다 더 넓은 시각에서 발전을 볼 수 있기에 필요한 대부분의 국가를 도울 수 있을 것이다. 바네르지와 뒤플로(Abhijit Banerjee and Esther Duflo) (2011)는 해당 지역 주민집단의 일상적 필요와 감성과 소통하는 한편 특정 프로그램을 다른 주민집단에 확대적용하기 전 엄밀한 평가를 거치는 목표지향적 프로그램들이 향후 빈곤 문제에 중요한 영향을 미치는 데 있어 가장 희망적인 대안이라고 주장한다.

토의주제

1. 오늘날의 세계 자본 흐름에서 잔존하는 식민주의의 영향은 무엇인가?
2. 냉전시대의 정치는 저발전국가들에 어떠한 영향을 끼쳤는가?
3. 세계은행과 국제통화기금의 현재 정책들은 저발전국가들에게 도움이 되는가 아니면 해가 되는가?
4. 선진국들은 저발전국가들을 지원해야 할 책임이 있는가? 그 이유는?
5. 다가오는 세기에 중국과 인도는 개발도상 지역에서 어떤 경제적 역할을 할 것으로 생각하는가?

추천 문헌

Banerjee, Abhijit, and Esther Duflo (2011) *Poor Economics: A Radical Rethinking of the Way to Fight Global Poverty*. New York: PublicAffairs.

Chen, Wenjie, David Dollar, and Heiwei Tang (2015) "China's Direct Investment in Africa: Reality vs Myth." Washington, DC: Brookings Institution.

Collier, Paul (2008) *The Bottom Billion: Why the Poorest Countries are Failing and What Can Be Done About It*. New York: Oxford University Press.

Dugger, Celia (2007) "CARE Turns Down Federal Funds for Food Aid." *New York Times* (August 16).

Easterly, William R. (2007) *The White Man's Burden: Why the West's Efforts to Aid the Rest Have Done So Much Ill and So Little Good*. New York: Penguin.

Harvey, David (2005) *A Brief History of Neoliberalism*. Oxford: Oxford University Press.

Friedman, Thomas (2009) *Hot, Flat, and Crowded 2.0: Why We Need a Green Revolution and How It Can Renew America*. New York: Macmillan.

Karlan, Dean, and Jacob Appel (2011) *More Than Good Intentions: How a New Economics Is Helping to Solve Global Poverty*. New York: Dutton.

Kenny, Charles (2011) *Getting Better: Why Global Development Is Succeeding and How We Can Improve the World Even More*. New York: Basic.

Lele, Sharachchandra (2013) "Rethinking Sustainable Development." *Current History* (November).

Moyo, Dambisa (2009) *Dead Aid: Why Aid Is Not Working and How There Is a Better Way for Africa*. New York: Farrar, Straus, and Giroux.

Sachs, Jeffrey (2008) *Common Wealth: Economics for a Crowded Planet*. New York: Penguin.

United Nations Conference on Trade and Development (2015) *World Investment Report 2015*. http://unctad.org.

Chapter 10

자유무역의 딜레마

국제무역은 종종 순수하게 정치로부터 분리되어야 하며 분리될 수 있는 경제적 문제로 취급된다. 하지만 이것은 잘못된 생각인데 왜냐하면 무역은 우리의 경제를 형성할 뿐만 아니라 우리가 살고 있는 세상의 성격까지도 결정하기 때문이다. 무역의 광범위한 결과는 우리 모두에게 근본적 선택을 제기한다. 따라서 국민들은 무역정책에 대해 근본적으로 논란의 소지가 많은 쟁점을 판단하기 전에 무역의 결과들을 이해해야만 한다. 더 나아가, 우리는 우리 자신의 행위가 초래하는 결과에 대하여 신중히 그 경중을 따져보지 않고서는 소비자로서의 현명한 선택조차 제대로 할 수 없다.

무역 옹호론

개인이 국제무역에 참여하는 동기는 이미 잘 알려져 있다. 소비자는 그들의 물질적 생활수준의 향상을 위해 국산제품에 비해 우수하거나 보다 저렴한 외국산 제품의 구매를 추구한다. 반면, 생산자는 자신의 이윤과 부의 증대를 위해 해외로 그들의 제품을 판매한다.

대부분의 정책수립자들은 무역이 개인 뿐 아니라 국가와 글로벌 경제에 이익을 주기 때문에 정부 역시 무역을 받아들여야 한다고 믿는다. 수출은 노동자에게는 일자리를, 기업에게는 이윤을, 그리고 수입품 구매에 사용될 수 있는 세입을 창출한다. 수입은 국민 복지를 향상시킨다. 왜냐하면 수입은 국민의 소득을 증대시키고 국내 자원으로는 불가한 상품의 획득을 가능하게 해주기 때문이다. 즉 국제무역의 결과, 강화된 경제력은 국제사회에서의 영향력과 국위를 향상시킨다. 더 나아가, 그에 따른 국가 간 상호의존과 공동번영은 국제 협력을 강화시키고 국제 평화를 유지시킨다.

상당한 역사적 증거들은 무역이 생산성, 소비, 그리고 결과적으로 물질적 삶의 질을 향상시킬 수 있다는 견해를 지지한다 (Moon 1998). 성공적인 무역은 국가 성장을 촉진시켰는데 그 중 동아시아 지역이 주목할 만하다. 글로벌 경제는 제2차 세계대전 이후와 같이 무역규모가 증가하던 시기에 가장 빠르게 성장하였으며, 1930년대의 대공황 시기를 비롯하여 무역규모가 감소했던 시기에는 위축되었다. 국제평화의 시기도 무역에 의해 촉발된 성장의 시기와 일치하며, 무역과 번영의 위축 후에는 전쟁이 뒤따랐다. 세계적으로 국내총생산(GDP, 한 해에 생산된 재화와 서비스의 총합) 대비 무역 비중은 1960년 이후 2배가 되었으며 평균 소득은 거의 2.5배로 증가하였다.

물론 제2차 세계대전 종전 이후의 경제성장과 무역의 패턴이 보여주듯이 무역이 만병통치약인 것만은 아니다. 무역이 평균적으로 국내총생산 대비 15퍼센트 이하였던 시기의 초기 35년 동안에는 글로벌 성장이 연간 5퍼센트를 넘었었다. 그러나 1980년 이후 무역이 국내총생산 대비 약 25퍼센트를 차지하는 글로벌 시대에는 성장이 3퍼센트 이하로 떨어졌다. 게다가, 이 시기에는 뒤쳐졌던 나라들이 세계에서 가장 활발한 무역국이 되었다. 1960년대 사하라사막 이남의 아프리카 국가들의 무역 수준은 글로벌 평균의 두 배가 넘었지만, 반세기 동안 아프리카의 일인당 소득은 연간 0.5 퍼센트 포인트를 밑도는 수준으로 증가하는 데 그쳤다. 이러한 추세대로라면 아프리카는 부국들이 1960년도에 달성했던 소득수준을 400년 후에도 달성하지 못할 것이다. 반면, 무역 의존도가 별로 높지 않은 부국들은 아프리카 국가들에 비해 4배 이상이나 성장하였다 (World Bank 2015d). 이러한 엇갈린 기록들은 무역이 긍정적이거나 혹은 부정적인 결과를 가져온다는 사실을 시사한다.

그러나 여전히 무역의 사적 이익은 지난 반세기 동안 개별 소비자와 생산자가 무역을 열성적으로 수용하도록 이끌었다. 그 결과, 무역은 거의 모든 국가에서 훨씬 더 많은 역할을 하고 있는 것으로 추정되는데 현재 대부분의 국가 경제에서 수출이 차지하는 비중은 3분의 1 정도이며 상당수의 국가에서는 절반에 이른다 (World Bank 2015d). 심지어 경제규모와 다양성으로 인해 세계의 그 어떤 다른 경제보다 무역의존도가 낮은 미국에서조차 현재 수출 부문은 국내총생산의 10퍼센트 정도를 차지하고 있다.

제2차 세계대전 이후 대부분의 정부는 비록 다양한 방식으로 무역을 억제하고 규제하였으나 일반적으로 무역을 장려하고 촉진해 왔다. 이제는 대부분의 국가에서 수출 부문에서 창출되는 일자리와 국내 수요를 충족시켜주는 외국산 제품에 크게 의존하고 있기에 무역을 중단한다는 것은 생각조차 할 수 없다. 국제무역을 중단하려는 시도는 막대한 경제적 손실과 대규모의 사회변혁을 야기하는 광범위한 구조조정을 요구할 수 있다. 더욱이, 대부분의 경제학자들이 옹호하는 '자유주의' 무역이론에 의하면, 정부에게는 그러한 많은 혜택을 가져다주는 사적 시장에 개입할 설득력 있는 이유가 없다. 독자들은 이 장에서 전체적으로 사용되고 있는 **자유주의**(*liberalism*)라는 용어에 주의해야 한다. 자유주의는 시장에 대한 정부의 간섭에 반대하는 자유주의 경제이론을 지칭하며 미국 정치에 애매하게 적용되는 '자유(liberal)'라는 용어와 혼동하면 안 된다. 미국 정치에서 '자유'는 종종 정반대의 뜻으로 사용된다.

스코틀랜드 출신의 정치경제학자인 아담 스미스(Adam Smith, 1723~

1790년)와 잉글랜드 출신의 경제학자 리카르도(David Ricardo, 1772~1823년)의 사상에 뿌리를 둔 자유주의적 관점은 국제무역은 정부 개입 없이 모든 국가들을 동시에 이롭게 할 수 있다는 점을 강조한다 (Smith 1910). 리카르도의 '비교우위론(*comparative advantage*)' (1981)에 의하면 무역은 글로벌 총생산을 증가시키기 때문에 어떤 한 나라의 이익을 위해 다른 나라가 손해를 볼 필요는 없다. 무역으로부터 이익을 창출하는 열쇠가 되는 것은 각국이 비교우위를 지니는 상품의 생산에 특화할 때 얻어지는 자원의 효율적인 배분이다. 예를 들어, 특별히 비옥한 농지와 좋은 기후 조건을 지닌 국가는 이러한 비교우위를 가지지 못한 국가에 비해 식량을 훨씬 저렴하게 생산할 수 있다. 만약 이 국가가 초과 식량 생산품을 의류생산을 위한 효율적인 제조설비를 지닌 국가와 거래한다면, 이러한 거래가 각국이 그들의 자원을 가장 효율적으로 사용할 수 있도록 만들기에, 양국 모두의 후생이 증가하게 된다. 자유주의자들은 이러한 무역을 위해 정부가 해야 할 일은 전혀 없다고 주장한다. 왜냐하면 이윤을 추구하는 투자자는 생산자가 비교우위를 지닌 제품에 특화하도록 이끌 것이며, 소비자는 자연스럽게 가장 우수하거나 혹은 가장 저렴한 제품을 구매할 것이기 때문이다. 그러므로 자유주의 이론은 정부 통제로부터 자유로운 민간 부문에 의한 국제무역이 글로벌 후생을 최대화시킬 것이라고 결론짓는다.

자유무역주의에 대한 도전

비록 아담 스미스 이후 두 세기 동안 무역 수준이 엄청나게 증가하긴 했으나, 어떤 정부도 자유무역에의 개입을 전면적으로 삼가라는 자유주의 경제학자들의 조언을 따르지는 않았다. 이는 부분적으로 정부가 16세기부터 19세기 중반까지 유럽 국가들, 특히 영국의 무역정책에서 비롯된 중상주의(mercantilism)로 알려진 상반되는 주장의 영향 역시 받아왔기 때문이다.

중상주의자들은 무역 자체를 반대하지는 않지만, 국익의 다양한 측면을 추구하기 위해 반드시 정부가 무역을 규제해야만 한다고 주장한다. 중상주의자들의 목표는 자유주의가 강조하는 즉각적인 소비 편익을 넘어서 장기적 성장, 국가의 자급자족 능력, 핵심 산업의 유지, 강력한 외교력 등을 포함한다. 중상주의자들은 특히 즉각적으로 이익을 가져다주긴 하지만 장기적으로는 성장을 제한하는 무역의 특정 패턴을 우려한다. 예를 들어, 느리게 성장 중인 아프리카 경제는 숙련공 혹은 첨단 기술이 필요 없는 열대농작물이나 광물의 수출에 특화되어있다. 수십 년간 그들의 생산품과 생산기술에 변화가 거의 없었기에 이러한 특화는 발전의 막다른 길에 있다. 게다가, 많은 빈국들은 위험하게도 몇 안 되는 생산 품목에 의존한다. 아프리카의 3분의 2에 해당하는 국가들의 수출 수익의 절반 이상은 오직 세 가지 혹은 그보다 적은 생산 품목에서 비롯된다. 아프리카 6개국에서는 한 가지 생산품이 수출의 85퍼센트 이상을 차지하고 있다.

이는 컴퓨터 그리고 정보 기술에 의한 디지털 혁명으로부터 파생된 새로운 생산품과 그러한 과정의 극적인 폭발과 함께 야기된 경기침체와 대조적이다. 그러한 생산품을 수출한 선진국들은 높은 이윤, 고소득 직업, 그리고 활발한 경제적 사회적 변화를 얻었다. 분명한 것은 무역의 가치가 무역의 구성요소에 달려 있다는 점이다.

대부분의 국가들이 무역이 긍정적인 결과뿐 아니라 부정적인 결과도 초래한다는 중상주의자들의 확신을 받아들이기 때문에, 각국은 자유주의 이론이 주창하는 무역의 이점을 살리면서도 자유무역에 수반되는 비용을 최소화하는 방식으로 무역을 관리하려 시도한다. 하지만 이는 아슬아슬한 줄타기를 하는 것과 같다.

중상주의자들은 스미스와 리카르도가 내세우는 자유무역에 대한 장밋빛 평가가 한 국가의 수입과 수출이 거의 균형을 이룰 것이라는 예상을 전제로 한다는 점에 특히 주목한다. 하지만, 한 국가의 수입이 수출을 초과할 때, 즉 다른 나라에 파는 것보다 그 나라로부터 사는 것이 많을 때 발생하는 '무역적자'는 쉽게 드러나지는 않을지라도 잠재적인 위험을 내포하고 있다고 중상주의자들은 경고한다. 겉보기에 무역적자는 속담에나 나오는 공짜 점심처럼 보인다. 한 나라의 수입이 수출을 초과한다는 것은 그 나라가 국내에서 생산하는 것 이상을 소비하고 있다는 의미이다. 누군가는 한 나라가 생산하는 것 이상으로 소비할 수 있는 방안이 있다면 어느 누가 이를 거부할 수 있느냐고 물을 수 있다. 이에 대한 대답은 무역적자는 현재에도 부정적인 결과를 초래할 뿐 아니라 미래에는 더욱 위험스러운 악영향을 초래한다는 사실에서 찾을 수 있다.

예를 들어, 미국은 40년 이상 수입이 수출을 약 10조 달러 이상 초과하고 금세기 이후 연간 5,000억 달러 이상의 상당한 무역적자를 경험해왔다(US Bureau of Economic Analysis 2015). 이 무역적자 덕분에 미국인들은 무역적자가 없었을 경우에 비해 1인당 1,500달러 이상으로 향상된 생활수준을 누리고 있다. 하지만 중상주의자들은 이렇게 과다한 수입은 미국 국민들이 누렸어야 할 일자리와 이윤 창출 기회를 외국에 빼앗기는 결과를 가져왔다고 주장한다. 예를 들면, 1970년대 미국의 무역적자가 불어나기 시작 했을 당시 수십 년간, 미국시장에서 일본제 자동차의 엄청난 판매는 수백만 개의 일자리를 미국 경제 밖으로 이전시켰다. 이는 디트로이트의 높은 실업률과 도쿄의 낮은 실업률로 설명된다. 2000년 중국과의 무역정상화 이후, 미국 제조업의 일자리는 3분의 1 가량 감소했으며 공산품의 무역 적자가 연간 4,500억 달러에 달했다 (Nager and Atkinson 2015; Pierce and Schott 2012). 기업 이윤과 정부 세입 역시 국내보다 해외에서 발생하고 있다.

무역적자의 장기적 효과는 더욱 큰 불안을 낳는다. 단순히 말하면 무역적자는 부채의 한 형태라고 볼 수 있다. 개인이 자신의 소득을 초과하여 과소비를 지속하면 궁극적으로는 파산에 이를 수밖에 없듯이, 무역적자로 인해 발생한 부채 역시 한 국가의 장래를 위협한다. 불행하게도, 무역 불균형의 결과는 쉽게 예측될 수 없다. 왜냐하면 적자가 발생한 수 년 후에 그 영향이 나타나는 등 무역 불균형이 복잡하고 예측 불가능한 자금의 흐름을 초래하기 때문이다.

이점을 이해하기 위해 다음의 예를 생각해보자. 미국의 무역적자는 외국인이 미국 제품을 구입하기 위해 지불한 액수보다 미국인이 외국 제품을 구입하는 데 사용한 액수가 더 크기 때문에 달러 자금이 미국에서 해외로 유출되었음을 의미한다. 결국 무역적자의 결과는 외국에 쌓여있는 초과 달러의 향방에 달려있다.

실제로, 미국에서 유출된 달러 자금의 일부는 말 그대로 외국에 쌓여 있다. 약 5,000억 달러가 현재 미국 외부에 산적해있다 (Judson 2012). 그러나 이것은 1985년 이후 수출 대비 수입이 초과한 대가로 미국이 지불한 10조 달러에 비하면 새 발의 피다. 1985년은 미국 국민이 보유한 해외자산이 외국인이 보유한 미국 자산보다 많았던 마지막 해로, 그 이후 미국은 순채권국에서 순채무국으로 전락하였다. 해외로 유출되었던 10조 달러 중 거의 대부분은 미국인에 대한 대출이나 미국 금융 자산의 구입과 같은 형태로 이미 미국 경제로 재유입 되었다. 예를 들어, 미국 재무성은 재무성 장기 채권 및 다른 국공채를 매각함으로써 외국인으로부터는 2조 달러 이상, 그리고 외국정부로부터는 4조 1,000억 달러 이상을 차입해왔다. 이 부채는 언젠가는 상환되어야 할 뿐만 아니라, 현재 외국인은 미국 연방정부로부터 연간 약 1,000억 달러 이상의 이자수입을 거둬들이고 있다. 또한 미국 기업들은 회사채 발행을 통해 별도로 3조 2,000억 달러의 빚을 외국인에게 지고 있다. 미국에서 발행된 주식의 약 15퍼센트에 해당하는 6조 4,000억 달러 정도의 주식이 외국인 소유이다 (US Treasury 2015). 미국으로 유입되는 이러한 자금흐름이 무역적자를 일시적으로 상쇄하여 무역적자가 단기적으로는 문제 되지 않을 수 있지만 이는 필수적인 생산과 소비의 균형을 지연시키는 미래의 부채를 만들어낼 뿐이다. 늘어나는 무역적자를 감당하기 위해 미국이라는 나라가 조각조각 외국인에게 팔려나가는 중이다.

경제학자들은 이러한 상황 전개가 경보를 울려야 할 만큼 심각하다는 주장에 동조하지 않는다. 결국 외국인이 기꺼이 미국에 투자하고 미국 국민에게 자금을 빌려준다는 것은 미국경제에 대한 신뢰를 분명히 나타내는 지표이기 때문이다. 보다 일반적으로는, 제9장에서 보듯이 자본 유입은 한 경제의 현재뿐 아니라 미래에도 득이 될 수 있다. 실제로 외국자본은 많은 제3세계 국가의 발전에 필수적 요소이다. 그러나 전체적으로 보았을 때 자본유입이 긍정적 혹은 부정적인 영향일지는 자본의 출처와 투자 또는 채무의 조건, 그리고 그 자본이 어떻게 사용되는지 그리고 예측하기 어려운 해외채무자나 투자자의 향후 행동에 크게 달려있다.

예를 들어, 외국인들이 현재 유통되고 있는 달러의 절반에 해당하는 5,000억 달러를 미국제품 구매에 사용하기로 결정한다면, 그 결과는 커다란 재앙일 것이다. 미국제품에 대한 수요 증가는 제품가격을 상승시켜 통제 불능의 대규모 인플레이션을 초래할 수도 있기 때문이다. 그렇지 않은 경우, 만약 외국인이 그 달러를 여타의 외국통화로 교환을 시도한다면, 외환시장에 대규모로 풀린 달러로 인해 초과공급이 발생하여 달러화의 가치가 엄청나게 폭락할 수도 있다. 만약 일본(1조 2,000억 달러)과 중국(1조 3,000억 달러)을 포함하여 미재무성 증권의 소유자들이 달러화로 표시된 증권을 팔고 그 대신 유로화나 엔화로 표시된 자산에 투자한다면 미국의 이자율은 상승할 것이며 달러화의 가치는 급락하게 될 것이다. 2007년 7월, 중국 관료들은 다른 문제에 대한 미국과의 협상에 있어 정치적 영향력을 행사하기 위해 중국이 보유하고 있는 달러화 표시 자산을 매각하겠다고 위협했다. 2011년 8월에는 중국 공산당 중앙 위원회의 공식 기관지인 『인민일보』가 사설을 통해 미국의 대만에 대한 무기 판매 계획을 강제로 포기시킬 수단으로 미국 재무성 단기증권의 구매를 중지할 것을 촉구했다.

아무리 이와 같은 시나리오 중 하나가 멕시코, 아르헨티나, 러시아, 태국, 말레이시아, 인도네시아, 한국, 그리고 최근에 그리스에서 그랬던 것처럼 갑자기 일어날 가능성은 무척 낮다고 하더라도, 시간이 지나면서 달러화의 초과공급은 달러화의 가치를 점진적으로 하락시킬 수밖에 없다. 어느 누구도 그 시점과 심각성 정도를 예측할 수 없지만, 달러화의 이러한 가치하락은 이미 오래전부터 진행되어왔다. 즉, 한때 엔/달러 환율은 달러 당 360엔에 육박한 적도 있었으나 2015년 하반기에는 120엔 정도에 거래되었다. 달러는 2000년 1.18유로에서 2015년 0.88유로로 하락했다. 달러의 구매력이 감소함에 따라 미국 국민이 외국제품과 서비스 및 해외자산을 구입하기 위해 지불해야 하는 가격은 계속 상승할 것이며, 그 결과 미국 국민의 순자산, 즉 미국의 국부는 감소할 것이다.

따라서 무역적자는 즉각적인 이득을 제공하기도 하지만 실상은 향후 세대의 생활수준 하락이라는 위험 역시 제공한다. 자신들이 생산한 것보다 훨씬 많은 소비에 익숙해진 미국인들은 결국 언젠가는 훨씬 낮은 수준의 소비를 강요받게 될 것이다. 무역적자의 결과가 이와 같이 당장은 불확실하기 때문에 무역적자를 어느 정도로 용인할 것인가는 국가 간 각기 다를 수 있지만 대부분의 국가들은 중상주의자들이 권고하는 바와 같이 무역적자를 최소화하거나 이를 없애려는 노력을 기울이고 있다.

무역정책의 옵션들

국가는 바람직한 수준의 무역수지를 달성하기 위해 종종 두 가지의 중상주의적 접근방식을 결합하여 사용한다. 각국은 이른바 **산업정책**이라 알려진 전략을 통해 수출 확대를 강조한다. 보다 일반적으로는 보통 **보호무역주의**라고 알려진 수입의 최소화를 강조한다 (Fallows 1993).

보호무역정책은 해외로부터 상품의 구매를 제한하는 많은 수입 규제 조치를 포함한다. 모든 수입규제조치들은 국내 수입 경쟁 산업이 시장점유율을 높여 그 결과 높은 이윤을 획득하고 더 높은 임금 수준에서 노동자들을 고용하도록 한다. 가장 전통적인 수입 장벽은 수입세 또는 **관세**라 불리는 수입품에 대한 세금인데 오늘날 대부분의 국가에서 관세는 더 이상 핵심적인 보호무역정책 수단은 아니다.

사실, 관세는 1930년대에 정점을 기록한 이후 하락하여, 오늘날에는 세계적으로 매우 낮은 상태에 있다. 미국의 경우 1932년 평균관세율이 '놀랍도록 무책임한 관세법'이라 불리는 스무트-할리법(Smoot-Hawley Act)하에서 현대의 최고치인 59퍼센트까지 도달했다. 이 법은 다른 국가들도 유사한 무역규제조치를 연쇄적으로 취하도록 하는 시발점이 되었으며, 글로벌 경제를 1930년대의 대공황의 나락으로 빠져들게 한 요인으로 평가되고 있다. 미국의 평균관세율은 제2차 세계대전 이후에는 25퍼센트까지 낮아졌으며, 1994년에 완결된 우루과이라운드 무역협상 이후에는 약 2퍼센트 수준으로 하락하였다. 이에 따라 대부분의 다른 국가들도 비슷한 폭으로 관세를 인하하였으며 일부 국가는 미국보다 더 낮은 수준으로 관세를 인하하기도 하였다. 그 결과 오늘날 평균관세율이 10퍼센트 이상인 국가는 찾아보기 힘들어졌다.

그러나 정부는 관세 대신, 여러 가지 형태의 비관세장벽(NTBs: Non-Tariff Barriers), 특히 수출자율규제(VERs: Voluntary Exports Restraints) 정책을 도입하는 것으로 외국과의 경쟁 위협에 직면한 자국 산업의 청원에 대응해왔다. 수출자율규제의 가장 유명한 실례로 일본 자동차 생산업체들이 1981년 미국 시장으로 수출되는 자동차 물량을 자율적으로 제한하기로 합의한 것을 들 수 있다 (일본이 수출자율규제를 거부했다면 일본 자동차 업계에 더 큰 피해를 가져올 수도 있었을 수입쿼터가 부과되었을 것이다).

무역수지 흑자는 특히 성장 가능성이 큰 상품의 수출을 촉진하는 산업정책을 통해서도 달성될 수 있다. 가장 간단한 정책수단은 **직접수출보조금**(*direct export subsidy*)인데 이는 정부가 비용우위를 지닌 외국 기업과 경쟁할 수 있도록 국내 수출 기업을 지원하는 방식이다. 인터넷 정보 기술 산업과 같이 수출 수익을 보장하는 산업의 성장을 촉진하기 위해 다른 다양한 정책이 사용될 수도 있다. 이런 정책을 도입하는 데는 적어도 다음과 같은 세 가지 동기가 작용한다. 첫째, 해당 산업의 생산을 늘려 실업률을 감소시킨다. 둘째, 국내 기업의 해외시장 점유율을 확대하여 미래에 가격(그리고 이윤)을 올릴 수 있는 더 큰 영향력을 부여한다. 셋째, 수출 증대는 무역수지를 개선하고 무역적자의 문제를 예방한다.

자유무역주의자들이 무역적자의 위험성에 대해 무관심한 것은 결코 아니지만 대부분의 중상주의적 치유법이 무역적자라는 질병 그 자체보다 더 나쁘다고 주장한다. 중상주의적 정책이 가격에 영향을 미칠 때, 자동적으로 승자와 패자가 발생하며 그 과정에서 정치적 논쟁이 일어난다. 예를 들어, 보조금을 지불하기 위해 세수를 늘리게 되면, 국내 소비자들은 더 많은 세금을 부담해야 한다. 그리고 상기한 바와 같이 보호무역주의는 수입품과 경쟁하는 국내기업에 이득을 가져다주는 반면 제품 가격을 상승시킴으로써 소비자에게는 해가 된다.

국제무역의 다양한 결과

정책 수립 시 정부는 자유무역이 시장기능을 통해 자원을 효율적으로 배분하고 그 결과 국제적 그리고 국내적 소비를 극대화한다는 자유주의자들의 주장을 인정하지 않을 수 없다. 왜냐하면 정부는 완전 고용, 장기적 성장, 경제 안정, 사회적 균형, 국력, 안보 및 우호적 대외관계 등, 아직까지는 종종 서로 양립할 수 없다고 알려진 다양한 무역의 결과들 또한 추구하기 때문이다. 자유무역이 특정 목표 달성에는 도움이 되지만 다른 목표는 약화시키기 때문에 자유주의적 충고를 받아들이지 못한 정부를 무지했다거나 부패했다고 평가할 필요는 없다. 대신 그러한 정부는 자유주의적 무역 이론에 의해 주창된 책임 뿐 아니라, 무역의 모든 결과에 대처해야 하는 정부의 책임을 인식하고 있다고 보아야 할 것이다. 예를 들어, 무역이 개별 제품가격에 영향을 미치는 동안, 글로벌 시장 역시 어떤 개인과 어떤 국가가 부와 정치적 권력을 획득할지에 영향을 미친다. 무역은 누가, 어떤 임금을 받고 고용될 것인가를 결정한다. 어떤 천연자원이 사용되고 어떤 환경 비용이 발생할지도 결정한다. 무역은 외교정책상의 기회와 제약조건을 형성하는 데 까지도 영향을 준다.

이렇듯 무역이 사회 전반적인 결과에 영향을 미치기 때문에 대체 가능한 목표와 가치를 둘러싼 논쟁은 불가피하다. 결과적으로 개인과 정부 모두 국제무역의 다각적인 결과, 국가의 다양한 정책 목표, 그리고 서로 경쟁하는 다수의 가치관과 관련한 딜레마를 마주하게 된다 (Moon 2000).

국제무역의 분배 효과: 누가 승자가 되고 누가 패자가 되는가?

이러한 딜레마의 많은 부분은 국제무역이 개인 간, 집단 간, 국가 간의 소득과 부의 분배에 큰 영향을 미치기 때문에 생겨난다. 간단히 말해, 누군가는 무역으로부터 물질적 이익을 얻지만 다른 누군가는 손해를 본다. 따라서 어떤 무역정책을 선택하고 다른 무역정책을 기각한다는 것은 동시에 어떤 특정한 형태의 소득분배체계를 택한다는 것이다. 결과적으로, 각 집단은 그들에게 이익이 될 무역정책의 수립을 위해 정부에 압박을 가하기 때문에 무역은 필연적으로 정치화된다.

가장 흔한 분배효과는 무역정책이 종종 특정 산업과 부문을 다른 산업과 부문의 비용 위에 보호하거나 발전시키기 때문에 일어난다. 예를 들어, 조지 W. 부시 대통령은 미국 철강업계의 요청으로 2002년 다양한 철강 제품 수입에 30퍼센트의 관세를 한시적으로 부과했다. 이 수입세가 수입 철강 제품의 가격을 실질적으로 30퍼센트 인상시켰기 때문에, 미국 철강 산업은 시장 점유율을 높이고, 가격을 상승시키거나 혹은 두 가지 모두의 수단을 사용하여 해외 경쟁으로부터 보호를 받고 이득을 취할 수 있었다. 또한 증대된 시장점유율과 인상된 가격은 확실히 미국 철강회사의 이익을 증가시켰고, 이는 철강회사 경영진과 주주뿐 아니라 아마도 고용과 임금을 증가시킬 수 있어서 철강노동자에게도 이익을 안겨주었을 것이다. 실제로 철강생산 업자들은 해외 경쟁으로부터의 일시적인 보호가 가동이 중단된 공장을 재가동시켜 철강 공장의 폐쇄를 막고, 결국 1만 6,000개의 일자리 창출을 이끌었다고 주장했다.

국제무역의 분배효과는 비단 산업에서뿐 아니라 종종 지역적으로도 나타난다. 철강 기업은 그들의 공급자로부터 더 많은 상품을 구매하고, 간부와 노동자들 역시 더 많은 소비를 하였으며 이러한 승수효과는 펜실베이니아, 오하이오, 웨스트버지니아 같은 철강 산업 밀집 지역 전체의 이익과 일자리 창출로 확산되었기 때문에 관세는 철강 산업 지역 전체의 경제를 활성화시켰다. 사실상, 비평가들은 (백악관 관계자들은 이를 건성으로 부인했지만) 관세 부과의 주목적이 주요 선거구인 이들 지역에서 대통령의 재선율을 높이기 위한 것이라고 주장했다.

그러나 승자와 동시에 패자가 존재하기에 이러한 이익은 분배효과의 한 측면만을 나타내는 것이다. 예를 들어, 관세는 수입 철강 제품의 가격을 상승시킴으로써 철강 제품을 더 비싼 값에 구매해야 하는 자동차 생산자에게 손해를 입혔다. 사실 미시간, 테네시와 같은 자동차 산업 주요 도시의 정치인들은 관세를 반대했다. 재무장관 폴 오닐(Paul O'Neill)이 이끄는 대통령 경제 자문위원들은 관세로 인한 손해가 이익을 압도한다는 자유주의적 이론을 바탕으로 관세를 반대했다. 미국 국제무역위원회의 한 보고서는 철강 제품을 소비하는 기업의 손해가 연간 6억 8,000만 달러에 이른다고 평가했다 (USITC 2003). 이러한 일화는 자유무역 지지자들에 의해 항상 강조되는 점으로 대부분의 무역장벽은 가격 상승으로 인해 소비자들의 이익을 해친다는 점을 실증한다.

적극적인 정부 통제를 선호하는 사람들은 무역이 다른 계급의 희생 아래 특정 계급에게 이익을 가져다준다는 점을 강조한다. 예를 들어, NAFTA 아래 미-멕시코간 무역장벽의 철폐는 미국 노동자들과 그들에 비해 훨씬 낮은 임금을 받는 멕시코 노동자간 경쟁을 초래한다. NAFTA는 미국 시장에 들어오는 수입품에 대한 관세를 철폐하기에 미국 기업들은 생산비가 낮은 멕시코로 그들의 사업을 이전하고 이러한 과정에서 미국 노동자들은 일자리를 잃게 된다. 생산 이전의 위협을 마주한 미국 노동자들은 전보다 더 낮은 수준의 임금과 복지, 작업여건을 수용하게 된다. 임금 경쟁으로 인한 손실은 생산이나 생산시설의 해외 이전이 상대적으로 손쉬운 기업에 고용된 고임금 국가의 비숙련 노동자들에게 가장 크다. 그러나 이러한 손실은 철강, 자동차 같은 산업의 숙련공에게도 영향을 미친다. 상대적으로 해외 직접 경쟁에서 자유로운 부유한 전문직 종사자들은 (의사, 변호사, 대학 교수와 같은) 자유무역이 그들의 소비하는 제품의 가격을 낮추기에 무역으로부터 이익을 얻는다. 물론 가장 큰 수혜자는 시장 확대와 임금 삭감으로 이익을 얻는 경영주들이다.

자유무역을 지지하는 사람들은 위에서 논의한 분배 효과보다 자유무역이 경제에 미치는 전반적인 효과를 보다 강조한다. 자유주의 이론에 따르면 부분적으로 자유무역은 고용을 축소시키는 것이 아니라 비효율적인 부문에서 그 국가가 비교우위를 가지는 부문으로 고용을 이전시키기 때문이다. 예를 들어, 대(對) 멕시코 수입으로부터 일자리를 잃은 미국 노동자들은 결국 대(對) 멕시코 수출 산업에서 일자리를 찾을 수 있다. 자유무역의 지지자들은 이러한 단기적 혼란과 분배 효과와 같은 '이전 비용'을 감수하는 것이 비효율적인 산업을 보호하는 것보다 훨씬 더 나은 선택임을 강조한다. 그러나 노동자들은 이와 같은 주장을 그다지 믿을 수 없을 것이다. 실제로 일자리를 잃거나 임금이 깎이는 등 전환비용을 감내해야 하는 노동자의 입장에서는 '단기적인' 영향이 매우 길게 느껴질 것이며 신변의 안녕과 안정 그리고 마음의 평화 등과 같은 요소들까지 고려한다면 미래에 대한 기대가 현재의 손실을 보상해 줄 것이라고 믿기 힘들 것이다.

이처럼 국제무역이 초래하는 분배효과는 명확한 정치적 의미를 담고 있기 때문에 국가가 경제학자에 비해 분배효과에 더 많은 관심을 보이게 된다. 이것이 왜 모든 정부가 특정 수준에서 무역을 통제하는지를 보여주는 한 가지 이유이다. 물론 정부의 무역정책에 대한 결정은 그들의 물질적 이익에 영향을 미치는 유권자들 사이 대표성의 형태에 의해 형성되기에 정부가 항상 현명하고 공정하게 무역 시장에 개입하는 것을 의미하지는 않는다. 일반적으로 무역정책이 종종 경영주들을 부유하게 만들고 노동자들의 기회를 제한하는 임금 삭감을 기반으로 무역을 증진시키기 때문에 노동자들은 소외되는 경향이 있다. 게다가 무역 적자를 둘러싼 논쟁이 지적하듯이, 무역정책에 의해 형성된 경제 활동은 현 세대와 후 세대에 매우 다른 영향을 미치는 데 후세대의 이익은 거의 대표되지 않는다.

가치 딜레마

이러한 분배효과들은 상충하는 가치들 중 도전적인 균형의 문제(trade-offs)

를 제시한다. 예를 들어, NAFTA는 소비자 가격이 어느 정도 인하되는 효과가 있지만 동시에 미국의 일부 비숙련 노동자의 실업과 임금 삭감에도 영향을 미칠 것으로 예견되었다. 그런데 대부분의 경우 각 개인은 이 문제에 대해 물질적인 이해관계에 근거하여 입장을 정립하지 않았다. NAFTA의 추정 이익은 GDP의 1퍼센트 미만이었고 1억 명에 달하는 미국의 노동자 수에 비해 NAFTA로 인한 일자리 감소는 수십만 개 정도에 그칠 것으로 예상되었기에 NAFTA의 개인적 효과를 자신 있게 예측할 수 있는 사람은 거의 없었다. 그러나 상충되는 가치 사이에서 선택은 분명했다. NAFTA는 부의 증가를 가져오지만 노동자에게는 더욱 심한 불평등과 불안정을 의미했다. 어떤 사람은 더욱 자유로워진 무역체제가 경제 전체의 후생수준을 증대시킨다는 자유주의적 경제이론의 판단에 동의하였다. 그러나 어떤 이들은 노동자가 감내해야 할 몫이 너무 크다는 단순한 이유 때문에 자유주의 이론에 회의적인 노동자들의 빈곤한 처지에 공감하였다. 이론가들은 수입경쟁 산업에서 잃어버린 일자리는 수출부문 기업의 일자리 창출로 상쇄될 것이라고 가정하기 쉽다. 그러나 한 직장에 평생을 바친 노동자들에게는 그들이 보유하고 있지 않을 수도 있는 기술을 요구하는 낯선 산업에서의 일자리를 희망하며 낯선 마을로 이사하는 것은 훨씬 더 어렵다. 궁극적으로 NAFTA는 사람들이 어떤 종류의 사회에서 살고 싶어 하는가를 묻는 일종의 국민투표가 되었다. 그 결정은 부의 증가와 동시에 더 높은 불평등과 불안정을 수반한 전형적으로 미국적인 것이었다. 가치 사이의 균형의 문제를 다르게 평가하는 다른 나라들은 아마도 무역과 국내적 불평등에 관한 다른 대안적 정책을 선택했을지도 모른다.

물론 분배효과는 다른 가치의 선택도 초래했다. NAFTA로부터 멕시코가 얻는 이득이 미국이 얻는 이득보다 많을 것으로 예상되었기에, 양심 있는 시민이라면 더 가난한 멕시코 노동자를 돕는 것이 나은지 아니면 같은 미국 노동자를 보호하는 것이 나은지를 저울질했을 것이다. 제11장의 논의가 암시하듯이, 빈곤한 사회에서 불평등의 문제는 곧 삶과 죽음의 문제로 연결될 수 있다. 결과적으로, 손익의 분배에 강력한 영향력을 행사하는 무역정책의 중요성은 무역이 경제의 10퍼센트 비중을 차지하는 미국보다 경제의 절반을 차지하는 빈곤하고 의존적인 국가에서 더욱 두드러진다.

아마도 가장 도전적인 가치 균형의 문제는 한 시기에서 다른 시기로 손실과 이득을 이전시키는 무역정책과 관련이 있다. 그러한 세대 간 효과는 다양한 무역의 문제를 발생시킨다. 예를 들어, 앞서 논의했듯이, 부채와 같은 미국의 무역 적자는 즉각적인 소비의 증가를 나타내지만, 그에 따른 비용은 연기되었음을 의미하는 것이다. 일본의 수출 장려 산업 정책은 무역수지 흑자를 촉진하였으며 이는 미국과는 반대의 효과를 가져왔다. 일본 정부가 수출기업에게 지불하였던 수출 보조금은 일본 국민들에게 더 높은 가격과 세금을 요구했다. 그러나 만일 이러한 보조금이 결과적으로 일본의 유치산업을 저렴한 제품 가격과 고용 증가의 형태로 보조금을 되갚을 수 있는 영향력 있는 기업으로 성장시킨다면 일본 현 세대의 희생은 미래 세대의 후생을 증가시킬 수 있을 것이다. 유사하게, 중국의 통화 정책은 현 중국 소비자들에게 가격을 인상시키는 반면, 수출을 증대시키고 미래 산업 역량 구축에 도움이 되고 있다. 극적인 중국 경제의 성장은 이러한 단기적 희생 없이는 불가능했을 것이다.

그런데 가치 딜레마라는 것은 분배효과에 대한 여러 관점을 비교하는 일보다 훨씬 더 많은 것을 아우르는 사안이다 (Polanyi 1944). 미국 경제계가 외국 기업과 경쟁하기 위해 생산비를 낮추려는 노력과 함께 시작된 경쟁력 논의는 무역에 대한 고려가 다른 사회적 가치의 타협을 의미할 수도 있음을 보여준다. 만일 연공서열제나 성차별금지법 등이 폐지되면 노동자의 해고가 더욱 쉬워지기 때문에 기업들은 비용을 감축할 수 있다. 그러나 이는 노동자들을 고용주의 변덕에 취약하게 만든다. 최저임금제나 작업장 안전 규제가 철폐되고, 집단 교섭이나 노동조합이 불법화되며, 연금, 의료보험, 유급휴가, 병가, 산재보상 등과 같은 제도가 모두 폐지된다면 노동비용은 줄어들 수 있다. 그러나 그러한 행동들은 사람들이 살기 원하는 사회의 형태에 관한 근본적인 가치와의 타협을 수반한다. 환경을 보호하고 평등과 사회적 균형을 촉진시키며, 정의와 안전을 달성하기 위한 정부 규제는 기업의 생산비용을 증가시킬 수 있겠지만, 경제적 이익을 달성하는 것이 다른 모든 가치들을 포기할 만큼 가치 있지는 않다. 서로 상충된 다양한 가치들의 우선순위에 대한 평가는 이성적인 사람들 간에도 서로 다를 수 있기 때문에, 한 사회가 여러 가치들 중에서 하나를 택하는 것은 항상 어려운 일이다. 그러나 가치는 완전하게 보편적이지는 않더라도 광범위하게 공유되는 경향이 있기 때문에, 사회적 합의는 일반적으로 도출될 수 있다.

불행하게도 무역은 사회적 가치선택에 따라 그 책임을 다해야 하는 기업들이 그런 가치를 공유하지 않는 국가에서 활동하는 기업들과 경쟁하도록 만든다. 이러한 상황은 소비자들에게 경제적 이익과 다른 사회적 가치 사이 균형의 문제라는 딜레마를 만들어낸다. 예를 들어, 노동자에 대한 처우가 열악하거나 심지어는 명백한 인권 유린 국가와 지속적으로 무역을 하게 되는 상황은 괴로운 도덕적 선택의 문제를 제기한다. 그러한 국가의 제품이 종종 더 저렴하기 때문에 더욱 그렇다. 2011년 한 무역협정에 대한 토론 중, 미국 노동 총연맹 산업별 조합회의(AFL-CIO: American Federation of Labor and Congress of Industrial Organization) 의장인 트럼카(Richard Trumka)는 다음과 같이 물었다. “작년 한 해에 51명의 노동조합원이 암살당한 콜롬비아와의 협정을 우리는 승인해야 하는가?”

제5장에서 지적했듯이 대부분의 외국정부들은 인권유린을 반대한다는 원칙을 천명해오고 있지만, 말을 실제 행동으로 옮겨서 인권유린 행태를 효과적으로 근절하는 경우는 많지 않다. 사실상 규범적 기준을 지키는 문제는 결국 다음과 같은 질문에 매일 부지불식간에 대답해야 하는 소비자에게 전가되고 말았다. 우리는 아동노동, 심지어 노예노동에 의해 만들어졌을지도 모르는 의류 및 섬유 같은 저렴한 외국제품을 구매해야 하는가? 물론 우리는 이 제품이 어떤 조건 하에서, 심지어 어디서 생산되었는지 거의 알지 못한다. 그렇기 때문에 우리는 정부가 우리 자신의 소비행위로는 개인적으로 지킬 수 없는 원칙을 준수하는 정책을 채택할 것을 요구하는 것이다.

물론 가치가 관련되는 경우, 우리가 만든 선택에 모든 사람들이 동의할 것으로 기대할 수는 없다. 국제무역이 많이 이루어지는 여러 산업에서 아동노동은 아직도 많은 국가들에서 비교우위의 주요한 원천으로 남아 있다. 우리는 그러한 국가들이 자국 경제의 주요한 구성 요소이며 그들 국가보다는 우리에게 더 불편한 아동노동을 쉽사리 포기할 것이라 예상할 수 없다. 불행한 것은 무역 경쟁국이 우리의 가치들을 공유하지 않는다면, 무역을 제한하거나 무역 수지 적자를 용인하거나 혹은 가장 심각한 결과를 완화시키는 국가 차원의 정책이 수립되지 않는 한 우리 자신도 그러한 가치들을 유지하기 어려워진다는 것이다. 아시아의 노동 착취 공장을 뉴욕에 설립하지 않는 한 미국의 의류제조업자가 이들 공장들과 경쟁하기는 어렵다. 이 점은 불가피하게 노동착취공장의 폐쇄가 과연 빈민층에게 진정 도움이 되는 일인지의 여부를 묻는 복잡한 논쟁을 야기한다. 이처럼 국제무역에 수반된 딜레마는 단순히 생각하는 것을 거부한다고 해서 피할 수 있는 것이 아니다.

외교정책 측면에서의 고려: 권력과 평화

가장 도전적인 가치 선택의 일부는 국가가 추구하는 외교정책상의 목표, 특히 국력, 평화 국가의 자주성 등에 미치는 무역의 효과와 관련 되어 있다. 정책결정자들은 이미 오래 전부터 무역이 국가 안보에 중대하고 서로 상충되는 두 가지 영향력을 지닌다는 점을 인지해왔다. 무역은 한편으로는 국력 신장과 안보 강화를 가져오는 경제적 번영에 기여한다. 그러나 다른 한편으로는 이와 동일한 효과가 무역상대국에게도 발생하여 그 국가가 정치적 혹은 군사적 경쟁국이 될 수 있다. 그 결과 경제적 이득을 위한 국가간 협력을 추구해야 한다는 이상과 반대로 정치적 영향력을 위한 경쟁에 무역을 이용해야 한다는 양면적 태도가 나뉜다. 미국의 군사적, 정치적 경쟁자로써의 중국의 성장은 중국과의 무역을 독려한 미국 정책의 직접적 결과라 할 수 있다.

시장의 관점에서 볼 때 한 국가에게 이웃 국가들은 잠재적인 고객임과 동시에 잠재적인 적으로도 취급된다. 결과적으로 국가는 무역의 절대적 이득을 고려해야 할 뿐만 아니라 잠재적 적에게 더 이득이 되는 무역은 피해야할지 모르는 상대적인 관점에서도 고려해봐야 한다. 그렇기 때문에 국가들은 국제무역의 분배효과에 예민하며, 특정국가와의 무역을 장려하는 반면 다른 특정 국가와의 무역은 금지하는 등 무역 상대국의 선택에 신중을 기한다.

이러한 정책들은 이해할 만하지만 종종 분쟁을 유발하곤 한다. 실제로 루즈벨트 대통령 시절 국무장관이었던 헐(Cordell Hull)은 심각한 무역 갈등이 제1차 세계대전의 핵심 원인이었으며 제2차 세계대전 발발에도 상당한 영향을 미쳤다고 주장했다. 즉, 양차 세계대전 모두 무역 상대국별로 상이한 관세와 수입쿼터를 부과하는 차별적인 무역정책에 의해 촉발되었다는 것이다. 다자간 자유무역은 국가 및 국민들 간 깊은 골을 만들기보다 가교를 만든다고 믿었던 헐은 비차별 원칙을 옹호했으며, 이 원칙에 부합하여 무역을 통제하는 국제기구의 창설을 촉구했다. 또한 1930년대의 대공황은 무역의 규범을 세우고 이 규범을 구체화시키는 국제법을 마련하기 위한 국제기구들의 설립이 필요하다는 점을 분명히 하는 계기가 되었다.

이러한 요구에 부응하여, 미국은 관세 및 무역에 관한 일반협정(GATT), 세계은행, 국제통화기금(IMF)을 중심축으로 한 브레튼우즈 무역 및 금융 체제를 후원했다. 1946년 이래, 1995년 세계무역기구(WTO)로 진화한 GATT는 국가 간 무역장벽 축소를 위한 여덟 번의 주요 협상 '라운드'를 개최했다. 이러한 협상은 대부분의 국가가 타국의 무역장벽은 낮아지길 원하면서도 자국의 무역장벽은 유지하려는 경향을 극복하기 위해서 필수적이다. 세계은행은 자국의 금융 문제를 무역 제한으로 해결하고자 하는 국가에게 자금을 대여해줌으로써 이러한 노력을 뒷받침하고 있다. IMF는 국가 간 통화교환과 무역수지 불균형의 조정을 용이하게 하는 안정적인 국제금융시스템을 제공함으로써 무역을 진작시킨다. 이러한 노력의 결과 세계무역량은 극적으로 증가해왔다.

그러나 최근 수십 년간 다자간 무역협상의 속도는 급격하게 느려졌다. 부유한 국가들이 가장 심혈을 기울여 추구하던 이슈들, 즉, 큰 희생 없이 부유한 국가들에게 가장 큰 이득을 주는 이슈들은 이미 해결되었다. 남은 문제들은 대부분의 부국에서 취약하기에 보호되는 부문인 농업을 둘러싼 민감한 문제와 같은 심각한 정치적 저항을 활성화시키는 균형의 문제를 제시한다. 농업에 크게 의존하는 빈곤국들은 가장 수익성 높은 시장에 그들의 농산품 진입을 막는 부유국의 수출 장벽 혹은 보조금을 낮추는 데 있어 진전을 보지 못했다.

WTO의 등장 이후, 오직 한 차례의 무역협상 라운드만이 개시되었는데 2001년 카타르의 도하에서 협상이 시작된 후 가망 없이 교착상태에 머물러 있었으며, 2015년 말까지도 여전히 진전이 없다. 도하 라운드는 원래 빈곤한 국가들에 혜택을 주는 개발, 특히 농업 분야의 개발 의제들을 진전시키기로 예정되어 있었으나, 그러한 우선순위는 점차 쇠퇴하여 세계은행은 현재의 협상안대로라면 빈곤한 국가의 시민들에게 돌아갈 순익은 하루에 1페니 미만이고 아프리카의 대부분의 국가에는 오히려 해를 끼칠 것이라고 평가되고 있다. 국제무역협상에서 더 이상의 진전이 난망해지자, 2015년 미국은 (후에 논의 될) 환태평양경제동반자협정(TPP)뿐만 아니라 20개 국가들과의 개별 협상을 위해 자국의 경제적 및 정치적 힘을 대신 사용해왔다.

협상 라운드 과정에서, GATT/WTO의 분쟁해결기구는 국가 간의 불가피한 소규모 무역분쟁을 군사적 영역이 아닌 법의 영역에서 해결할 수 있는 토론의 장을 제공했다. 2002년 3월, 부시 대통령에 의해 도입되어 논란거리가 되었던 철강에 대한 수입관세 이후, 유럽연합(EU: European Union)은 이를 즉시 WTO에 제소하였으며 WTO는 이를 지지했다. 이 사건은 중상주의 정책이 이를 제정한 국가 내에서 논쟁적이라면, 그러한 정책은 무역대상국으로부터 심각한 적개심을 불러일으킨다는 사실을 증명해 보였다.

국제기구들의 존재에도 불구하고, 무역분쟁은 일반적으로 원칙을 준수하는 국제기구들 못지않게 경제적 이득을 추구하는 국가의 힘에 의해 해소된다. 미국은 2002년 이후 미국 면제품에 대한 보조금은 자유무역 의무를 위반한 것이라는 WTO의 승소를 세 번이나 얻어낸 브라질과 (그리고 EU를 포함한 다른 12개 이상의 국가와) 무역분쟁의 고착 상태에 빠져 있다. 이러한 보조금은 미국을 세계 최대의 면화 수출국으로 만들었으며 세계 면화 가격을 떨어뜨려 많은 나라에서 가난한 농부들이 면화 생산을 중단하게끔 만들었다. 옥스팜(Oxfam)은 이러한 불법적인 면화 보조금을 철폐한다면 (특히 서아프리카에서) 연간 100만 명의 아이들을 먹일 수 있는 재원을 마련할 수 있을 것으로 평가했다 (Alston, Summer, and Brunke 2007). 2010년 마침내 체결된 양자협상에서, 브라질은 분쟁을 해결하기 위해 매년 현금 지급을 받는 안을 수용하였으나, 미국 의회는 2012년 『농장법(*Farm Bill*)』에서 지급을 위해 필요한 예산안을 취소하였다. 이론적으로는 자유무역이 국가들을 평화적인 상호의존 안에 구속할 수 있지만 실질적 무역 관행은 분쟁으로 가득 차 있다.

지역적 차원에서는, 평화를 보장하는 무역의 효율성에 관한 유사한 믿음이 마침내 유럽연합의 창설을 이끈 이니셔티브에 중요한 동기였다. 유럽연합과 브레튼우즈체제 모두에서, 정책결정자들은 개방되고 제도화된 무역체계가 국가 간 평화를 증진시켜 줄 수 있는 여러 가지 방안을 발견했다. 국제기구 자체가 민족주의의 위력을 약화시키고 국가 간의 분쟁을 중재할 수 있었다. 무역으로 인한 교류는 다양한 사회들 간 존재하는 민족주의적 적대감을 허물어뜨릴 수 있었다. 다자주의(비차별주의)는 국가 간 불만의 증대를 예방할 수 있었다. 상호의존은 무력충돌을 제한하고 안정을 촉진했으며, 동시에 무역에 의한 경제적 성장은 국가들을 침략의 길로 이끄는 절망적 상황을 제거할 수 있었다.

유럽의 통합은 1951년 6개국 간 경제뿐 아니라 전쟁 가능성 측면에서도 주요한 산업을 국제적인 관리 하에 두기로 한 유럽석탄철강공동체(ECSC: European Coal and Steel Community)의 설립과 함께 시작되었다. 여러 나라에 분산되어 있는 생산시설로 인해, 최종 상품에 대한 수요와 공급 용량을 맞추기 위해 각국은 다른 나라에 의존적이게 되었다. 이러한 협정은 전쟁은 곧 경제적 자살이므로 전쟁을 방지하는 상호의존이라는 자유주의 이상을 실현시켰다. 실제로, ECSC는 슈만(Robert Schuman)의 말대로 “프랑스와 독일 사이에 그 어떤 전쟁도 단순히 생각조차 할 수 없을 뿐 아니라 물질적으로도 불가능하다는 사실을 명백하게 만들기 위해" 고안된 평화 조약의 획기적인 형태였다 (Pomfret 1988: 75). 유럽의 무역을 장려하기 위한 가장 최근의 단계는 2001년 개별 국가의 통화를 대체하기 위한 지역공동통화인 유로화의 도입이었다. 가치 변동이 심한 다수 통화의 복잡성에서 해방됨으로써, 무역과 투자는 번창하였으나, (후에 논의될) 그리스 채무 위기는 결과적으로 상호의존이 번영을 확산시키는 것만큼 재정적 불안과 같은 부정적 문제들 역시 국경선 너머로 전염시킬 수 있음을 증명했다.

국제평화를 담보하는 제도적인 노력은 힘의 행사를 요구한다. 패권안정론(hegemonic stability theory)에 의하면, 패권이라는 하나의 지배국이 조직 관리 비용을 보조해야 하고, 종종 협력의 대가로 부수적 이익을 제공해야만 할 것이다. 예를 들어, 1940년대 후반 마셜플랜 하에 미국이 유럽에 제공한 막대한 규모의 해외원조의 투입이 브레튼우즈체제 창설의 핵심 유인책이었다. 이러한 지도력에 요구되는 조건을 갖추기 위한 능력을 유지하기 위해서는 상당한 비용이 수반된다. 예를 들어, 제2차 세계대전 이후 미국과 경쟁 관계에 있었던 국가들의 국방비 지출보다 몇 배나 많은 규모를 유지해 온 미국의 국방비 지출은 더 많은 수준의 세금을 필요로 함으로써, 미국 산업의 경쟁력을 약화시켰다. 국방비 지출은 경쟁력 상승을 위한 타 분야에 사용 가능한 자금을 제약했다. 그리고 미국의 과학·기술 분야 발전을 위한 자원 중 상당 부분을 상업적 분야가 아니라 군사 혁신 분야로 전환시켰다. 경쟁력과 국방 사이 균형의 문제는 각 개인에 따라 달리 평가될 수 있겠지만, 누구도 이 균형의 문제를 무시할 수는 없을 것이다.

국제협력과 국가자율성

국제기구는 무역의 촉진과 무역을 둘러싼 불가피한 갈등을 완화하기 위해 필수적일 수도 있지만, 국제기구 자체가 갈등을 유발할 수도 있다. 국제기구는 패권적 리더십을 요구하지만, 많은 비판가들은 국제기구가 미 제국주의의 확장의 수단이 될 정도로 미국이 국제기구의 운영 원칙을 좌우하는 자국의 능력으로부터 많은 이득을 취하고 있다고 비난한다. 국제기구는 국제무역체제에 있어 필수요소인 여러 국가들의 기업 간 공정한 경쟁을 추구한다. 그러나 이를 행함에 있어 근대 국가체계의 핵심 요소인 국가주권과 자율성을 침해하는 일은 없어야 한다.

무역분쟁은 이와 같은 책무들을 균형 있게 조정해야 하는 국제기구들의 역량을 시험한다. 왜냐하면 종종 한 국가가 특정 정책을 자국 주권의 올바른 행사라고 방어하는 반면에, 다른 나라는 그러한 정책이 불공정 무역장벽이라고 반박하기 때문이다. 정부는 무역에 영향을 끼치는 정책들을 제정함에 있어 다양한 설득력 있는 동기를 가지고 있기에, 가치를 둘러싼 충돌은 종종 주권의 올바른 영역에 대한 논쟁으로 나타난다. 이러한 갈등은 GATT 또는 보다 최근에는 WTO에 제소함으로써 해결할 수 있으나 WTO의 주요 후원자인 미국조차도 전통적으로 국가의 주권에 속하는 문제들에 대해서는 WTO의 지배를 인정하지 않는다.

실제로, 미행정부가 다른 국가들의 무역 위반을 방지하기 위해 1995년 WTO의 창설을 강력하게 지원했음에도 불구하고, 놀랄 만큼 다양한 미국 단체들이 WTO가 미국의 주권을 침해할 수 있다는 이유로 WTO 비준을 반대했다. 지구의 친구들(Friends of the Earth), 그린피스(Greenpeace), 시에라 클럽(Sierra Club) 등과 같은 환경단체에는 네이더(Ralph Nadar)와 같은 소비자 운동가뿐만 아니라 페롯(Ross Perot), 뷰캐넌(Pat Buchanan), 헬름스(Jesse Helms)같은 보수주의자들도 참여했다. 이들 보수주의자들은 무역과 전혀 무관한 가치를 추구하기 위해 입안된 다양한 미국정책들이 WTO에 의해 불공정 무역관행으로 판정 받게 될 가능성을 경계하였다. 예를 들면, EU의 자동차 생산기업들이 차량배기가스 기준과 연비에 관한 기준을 정한 미국 법령에 이의를 제기했는데 뷰캐넌은 "WTO는 미국 법의 변경을 요구하기 위해 비밀리에 회합하는 외국 정부 관리들의 영향력하에 미국의 무역을 처하게 만드는 것을 의미하며 … WTO는 미국의 주권과 미국 각 주의 권리를 짓밟는 것이다"고 언급했다 (Dodge 1994: 1D). WTO가 미국 법의 변경을 강제할 수는 없기 때문에, GATT 의장이었던 서덜랜드(Peter Sutherland)는 이러한 주장은 '잘못된 허튼소리(errant nonsense)'라고 주장했다 (Tumulty 1994). 그러나 WTO는 무역제재를 가하거나 또는 피해국으로 하여금 무역협정 상 약속하였던 혜택을 철회할 수 있는 권한을 피해에 대한 보상으로써 부여하기도 한다.

그러나 얼마 지나지 않아 발생한 무역분쟁에서는 공정경쟁의 원칙과 국가주권에 대한 미국의 입장이 뒤바뀌게 되는데 미국이 EU의 성장호르몬을 섭취한 쇠고기의 수입 금지 판정에 대해 GATT 제3조의 '내국민 대우(national treatment)' 원칙을 위반하였다며 WTO에 EU를 제소한 것이다. 미국의 소들은 대부분 성장호르몬을 사용하여 사육되었으나 유럽에는 거의 없기에, 미국은 EU의 원칙이 단순히 미국제품에 대한 불공정 차별로 위장된 보호무역 조치라고 주장하였다. 이에 대해 EU는 성장호르몬을 섭취한 쇠고기는 암 유발 위험이 있고 주권국가로써 국민의 건강을 보호하기 위해 국가는 그 어떠한 보건규제조치라도 선택할 수 있는 권리를 갖고 있으며 실제로 이는 국가의 의무사항이라고 반박하였다. WTO는 미국에 우호적인 판정을 내렸으며, WTO의 이런 결정은 국내의 민주적인 의사결정 과정이 비민주적인 글로벌 의사결정 과정에 의해 파기된 사례로 간주하는 사람들의 분노를 불러 일으켰다. 머지않아 콜롬비아가 미국의 마약금지법이 캐나다산 위스키에 대해서는 우호적인 반면 콜롬비아산 마리화나에 대해서는 차별적이라 이의제기를 할 날이 오지 않을까?

지역 무역협정 역시 무역 공정경쟁과 국가자율성 사이에 충돌을 피할 수는 없다. NAFTA 하에서 발생한 첫 번째 무역분쟁도 캐나다 태평양 연안의 청어와 연어 어족량의 보존을 위해 제정된 캐나다의 어업법에 따른 규제조치에 대해 미국이 이의를 제기하면서 발생하였다. 얼마 후, 캐나다 정부는 더 이상 건축 재료로 사용되지 않는 발암물질을 함유한 석면의 단계적 감축을 요구하는 미국 환경보호국의 규제조치를 문제 삼고 나섰다 (Cavanaugh et al. 1992).

비슷하게, EU에 대해 비판적인 사람들은 EU가 무역 경쟁을 위한 장을 평준화하는 것이 국가 간 문화적 그리고 정치적 차이마저 평준화하도록 위협할 수 있음을 우려한다. 일례로 덴마크는 자유무역이 이웃 국가인 독일보다 소비세를 높게 유지할 수 없게 만들었다는 점을 깨달았다. 왜냐하면 덴마크 국민들이 독일에서 물건을 구입한 후 국경 넘어 덴마크로 관세 없이 반입함으로써 소비세를 피해갈 수 있기 때문이다. 무역장벽이 낮아지면 기업들은 그러한 비용의 부담을 지지 않는 다른 국가의 기업들과 경쟁해야만 하기 때문에 경쟁력에 대한 압박 역시 국가로 하여금 기업의 비용을 높이는 정책을 채택하기 어렵게 한다. 예를 들어, 프랑스 정부가 스페인의 규제보다 더 많은 비용이 드는 근로자 복지나 더 강화된 보건 및 안전 관련 규제와 환경규제를 강제할 때마다 프랑스 기업들은 스페인 기업과 동등한 조건에서 경쟁할 수 있게 해달라고 정부를 압박한다. 사실상 자유무역과 국제기구는 국가들의 여러 정책이 조화를 이루도록 압박하지만 심각한 위험이 따를 수 있다.

무역장벽의 철회와 함께, 유로화의 도입은 확실히 유럽국가들 사이의 무역 증가를 촉진하였으나 그들을 재정적으로 지원하는 자본의 흐름 또한 가능케 하여 여러 국가들의 무역 적자의 급등을 가져왔다. 이러한 상황에 따른 채무는 2009년 수입이 수출보다 세 배 이상이나 되는 그리스를 유럽은행에 대한 채무불이행 상태로 만들었다. 유로가 그리스 화폐 드라크마(drachma)를 대체하기 전에, 그리스는 수출을 증가시키고 수입은 줄임으로써 드라크마의 가치를 하락시켜, 무역 적자 문제를 완화시킬 수 있었다. 하지만 이러한 방법이 불가능해지자, 그리스는 긴축 재정을 통해 수입을 줄이고자 했음에도 불구하고 실업률은 25퍼센트까지 증가하고 경제는 1/4 정도 축소되었다. 이와 같은 그리스의 실패는 유럽은행 체제의 안정성을 위협하면서, 이탈리아, 스페인, 포르투갈, 그리고 그 중에서도 특히 아일랜드로 퍼져 나갔다. 2015년 말, 임시방편 수단이 대륙 전역의 재난을 막았으나 여전히 근본적인 문제는 해결되지 않고 있다. 긴밀한 상호의존은 익숙한 무역 이익도 제공하지만 위기를 전염시키기도 한다.

어떤 무역장벽은 해당 국가의 경제적, 사회적, 정치적 삶의 고유한 면을 보호하기 위해 도입되는데, 특히 무역이 상징적 중요성을 지닌 문화적 문제에 영향을 미치는 경우에 그러하다. 예컨대 프랑스는 이른바 자국의 언어와 관습 보호를 명분으로 외국산 TV프로그램의 비중을 제한한다. 이러한 규제들의 명백한 표적인 미국 영화 및 청소년 음악 제작자들은 프랑스가 단순히 자국의 비효율적인 연예사업을 보호하고 있는 것이라고 주장한다. 이들은 프로그램 제작이 이러한 프로그램을 방영하는 외국산 TV와 DVD기기들이 미국에서 받는 법적 보호와 같은 수준의 법적 보호를 미국 밖에서도 마땅히 받아야 한다고 주장한다. 그러나 만약 우리가 아동노동과 열대우림의 훼손을 반대하기 때문에 무역을 제한한다면, 다른 국가들이 자신들의 가치에 반하는, 섹스와 폭력을 미화하고, 논란의 여지가 많은 이슈들을 자유롭게 표현하는 음악이나 할리우드 영화 같은 미국산 제품들의 판매를 금지 한다면, 혹은 청바지나 맥도널드 햄버거와 같이 미국의 문화적 지배를 보여주는 미국산 제품들 판매를 금지한다고 해도 우리가 어떻게 이에 반대할 수 있겠는가?

환태평양경제동반자협정

무역 확장을 위한 가장 최근의 노력은 2008년부터 2015년 사이 미국, 일본, 캐나다, 뉴질랜드, 호주, 멕시코, 페루, 칠레, 싱가포르, 말레이시아, 베트남, 그리고 브루나이를 포함한 12개국 간 협상인 환태평양경제동반자협정(TPP: Trans-Pacific Partnership)이다. 2015년 말, 12개국 사이 진행 중인 비준 절차는 이전의 다자무역협상을 둘러싼 논의와 매우 유사한 주장에 의해 지배되는, 앞서 논의한 딜레마를 반영한다.

모든 무역에서 누군가는 이익을 얻고 다른 누군가는 이익을 잃는다는 것을 의미하는 무역의 분배효과는 비준 과정이 정치화되도록 만들었다. TPP를 찬성하는 사람들은 관세 절감을 통한 무역 확장을 강조했다. 오바마 행정부는 다른 11개국에 대한 판매 증가로 이득을 볼 수 있는 상품의 국가별 보고서를 만들어, 타국의 미국 수출품에 부과되는 1만 8,000개 이상의 관세 절감을 강조했다. 따라서 해외 판매를 주로 하는 대부분의 미국 기업은 TPP를 지지했다. TPP를 반대하는 사람들, 특히 국내 시장에서의 판매를 주로 하는 작은 기업들은, TPP가 미국의 관세 절감 역시 요구하기에 미국의 수입경쟁 산업을 해칠 수 있다는 점을 강조했다.

그러나 TPP에 포함된 관세 절감은 앞서 논의된 무역협정의 관세 절감 문제에 비해 분배효과에 있어 관련이 적다. 왜냐하면, 관세는 더 이상 수출 성장의 주요 장벽이 아니며 수입에 대한 주요 보호수단도 아니기 때문이다. 예를 들어, 일본은 미국 자동차에 더 이상 관세를 부과하지 않지만, 수십 년간 미국 자동차 산업은 TPP에서 논의되지 않은 일본 시장의 많은 측면들이 미국제 자동차의 가격을 만 달러 이상 높인다고 불만을 토로해왔다. 그 증거로 미국 자동차 산업은 미국 제조업자들은 연간 1만 3,000대 정도의 자동차를 일본에서 판매하지만, 일본 기업은 하루에 그것보다 더 많은 자동차를 미국에서 판매한다고 주장했다. 자동차 부문에서만 일본에 대한 미국의 무역 적자가 연간 500억 달러를 초과한다.

TPP가 일본 소형 트럭에 대한 25퍼센트의 미국 관세를 철회하기에, 포드 모터 사와 노동자 연합 모두 TPP를 반대하고 있으나, 가장 맹렬한 비난은 TPP가 미국 시장에서 미국 제품은 비싸게 만들고 반면 외국 제품은 싸게 만드는 불공정한 환율 조작 문제에 대해서는 다루지 않고 있다는 점에 있다. TPP가 모든 12개 국가에서 수입경쟁 부문에는 해가 되는 반면, 수출지향 부문에는 득이 되기 때문에, 어떤 정부들은 취약 집단의 손해를 정치적 지지를 바탕으로 한 지출 증가로 상쇄시킬 수 있는 방안을 계획하고 있다. 일본의 아베 행정부는 농산업에 300억 달러의 원조를 약속했고, 캐나다는 관세 보호를 잃게 될 낙농가에 43억 달러의 원조를 계획하고 있다.

미국에서 분배적 결과를 둘러싼 가장 큰 논쟁은 미국 노동자들이 더욱 적은 권리와, 열악한 작업 환경, 현저하게 낮은 임금을 받는 외국 노동자와 직접적 경쟁을 강요받을 수 있는 NAFTA에 대해 반대한다는 사실이 잘 보여준다. 이것은 결국 모든 미국 노동자 연합이 TPP를 포함한 대부분의 무역협정을 반대하게 만든 하향식 경쟁으로 알려져 있다. 결과적으로, 주목할 만한 예외인 오바마 대통령을 제외하고, 대부분의 민주당원은 TPP를 반대하고, 반면 기업들과 연합한 대부분의 공화당원(트럼프 포함)은 TPP를 지지한다. 이러한 당파적 형태는 NAFTA 논쟁에서 보인 것과 매우 유사하며, 자유주의적 단체는 TPP를 우려하는 반면 보수 단체는 TPP를 지지하고 있는 캐나다, 뉴질랜드, 그리고 호주에서도 유사한 형태가 나타나고 있다. 한 노동조합원은 "TPP는 기업들에게는 꿈이지만, 노동자들에게는 악몽이다"라고 언급했다 (CWA 2015).

6,000페이지에 달하는 TPP 협정은 상충하는 가치와 국가 주권을 둘러싼 논쟁을 포함한 익숙한 딜레마를 제시한다. 특히 비판가들은 비밀스런 협정 과정에서 민주적 절차는 교묘히 회피되었으며 앞으로의 TPP 이행 과정에서도 민주적 절차가 유사하게 회피될 것을 우려한다. 6년간의 협상 과정 동안, 미국 국민의 유일한 참여는 구성적 측면에서 기업의 이익에 치우진 28개의 자문위원회의 활동이 전부였다. 『워싱턴 포스트(*Washington Post*)』는 566명의 자문위원 중, (85퍼센트에 달하는) 480명은 사기업과 그들의 무역 연합 출신이며, 오직 31명만이 노동자 연합 그리고 16명만이 비정부기구 출신이라고 보고했다. 절반 이상의 자문 위원이 기업 대표로 나머지 1/4만이 단독 비기업 대표로 구성되었다. 예를 들어, 지적재산권 자문위원회는 비기업 대표 의원 없이 제약 회사의 대표 의원들이 참석했기에 TPP가 모든 12개국에 구명약품의 가격을 올리는 저작권의 확장을 요구하는 것은 놀라운 일이 아니다.

만약 비판가들이 민주국가에서 기대되는 공개적인 정치적 과정 영역 밖에 놓여있는 TPP의 초안을 우려했다면, 그들은 국제 기구가 국내 기구를 대체하는 TPP 조항들을 더욱 걱정한다. 쟁점이 되는 것은 어떠한 상거래에서도 불가피하게 발생하는 분쟁을 해결하는 데 사용되는 장치인데, 여러 정부의 사법권이 포함되는 국제무역에서 특히 일반적인 현상이다. 기업들은 당연하게도 특히 외국 정부와의 분쟁에 있어 외국의 재판 과정에 기대는 것을 꺼린다. 그러므로 기업들은 투자자국가분쟁해결(investor-state dispute settlement)이라 불리는 체계가 최근의 모든 무역협정에 포함되도록 압력을 가한다. WTO 재판소를 본떠, TPP는 기업들이 국내 법정이 아닌 세 명의 개인 변호사로 구성된 전문가 패널을 구성하여 그들의 이익에 반하는 정부 정책에 이의를 제기하는 것을 허용한다.

비판가들은 이러한 점을 국가 주권의 위반이며 민주 절차의 침해로 간주한다. 예를 들어, 소비자 집단은 TPP가 말레이시아산 해산물과 같이 안전 기준이 의심스러운 국가로부터의 식품의 수입 증가를 가져올 것이라 주장한다. 식품 안전 기준에 대한 우려는 새로울 것이 없으며, 미국 국내법은 결과적으로 육류의 특정 부분은 원산지에 관한 정보를 포함하도록 하여 소비자 스스로 그 위험성을 판단하도록 요구한다. 그러나 2012년 전문가 패널은 이러한 미국 국내법은 WTO 규칙의 위반이라 판정했다. TPP가 위와 같은 해결책을 추구할 수 있는 기업의 수를 증가시킬 수 있기에, 비판가들은 소비자를 보호하기 위한 모든 수단이 사라질 것을 우려한다.

환경운동가들은 이러한 비판 운동에 앞장서 왔다. 국가가 합법적으로 추구하길 희망하는 다른 모든 가치의 위에 있는 기업의 이익에 대한 우려를 표하며, 지구의 친구들 대표인 파이카(Erich Pica)는 '전체적으로 TPP는 환경과 기후 안전장치에 대한 전면적인 공격'이라 언급했다. 시에라 클럽은 엑슨 모빌(ExxonMobil)과 쉐브론(Chevron)이 캐나다의 천연 가스 추출에 대한 일시적 중지, 에콰도르의 석유 오염에 대한 보상을 명령한 법원의 결정, 독일의 석탄 화력 발전소에 대한 환경적 기준과 같은 정책에 도전하기 위해 과거 협정에서 비슷한 원칙을 사용해왔다고 언급했다. 그러한 도전은 무역 재판소에 제소될 수 있으며 무역 재판소는 정부에게 만약 논쟁의 대상이 된 기후보호협정이 제정되지 않았을 경우 화석연료 사용 기업이 가설적으로 벌어들일 수 있는 이윤을 기업에게 배상하도록 명령할 수 있다.

결론적으로, TPP는 확장된 무역이라는 부정할 수 없는 이익을 가져오지만 그러한 이익이 공짜는 아니다. 이익은 주권의 제한, 대체적 가치, 분배 효과를 포함한 딜레마와의 절충이라는 비용을 발생시킨다.

결론: 국가와 개인을 위한 선택

무역은 소비자가 외국산 제품을 구입할 수 없을 때에 비해 높은 수준의 총소비를 가능케 한다는 자유주의 이론의 주장을 부인할 사람은 별로 없을 것이다. 무역의 혜택이 없는 현대적 삶은 상상하기조차 어렵다. 물론 총체적 경제 효과는 부분적 이야기에 지나지 않기에, 무역 규제가 완전히 철폐되어야 하는 것은 아니다. 중상주의자들이 우리에게 상기시키듯이 또한 무역은 중요한 사회적 및 정치적 영향을 가진다. 무역은 개인 간의 소득과 부의 분배형태를 결정하며, 국가의 권력과 국가 간의 관계에 영향을 미치고, 무역이나 경제적 평가와는 상관없는 가치들에 기초하여 설정된 목표를 달성하려는 개인과 국가 모두의 역량을 제약하거나 강화시킨다. 그러므로 무역은 국가로 하여금 다음과 같은 딜레마에 직면하게 만든다. 어떤 정책도 무역의 혜택을 일부분 희생하지 않고는 무역의 일부 부정적인 결과도 피해갈 수 없는 것이다. 이것이 대부분의 정부가 자국의 무역정책을 입안할 때 자유주의와 중상주의적 요소 모두를 포함시키려 하는 이유이다. 각각의 개인도 매일 명시적이든 암시적이든 이 장에서 규명한 딜레마에 대해 각자의 입장을 취해야 하기 때문에, 개인적 차원에서도 이러한 점은 유사하다. 결국, 무역은 개개인으로 하여금 다음의 토의주제에 포함 되는 일부 질문들, 즉 무역의 경험적인 결과에 대한 예리한 이해뿐 아니라 규범적인 가치판단까지 요구하는 질문들을 강요한다. 우리는 어떤 무역정책이 우리의 목적을 가장 잘 달성시켜 줄 것인가에 대해서만 물을 것이 아니라, 우리의 목적은 무엇이 되어야 할 것인가에 대해서도 물어야 한다는 사실을 항상 명심해야만 한다.

토의주제

1. 당신의 관점은 자유주의와 중상주의 중 어느 쪽에 더 가까운가?
2. 국산품을 구매하는 것이 애국적인 행위라고 생각하는가? 그렇다면, 혹은 그렇지 않다면 그 이유는?
3. 우리는 외국기업이나 외국노동자보다 자국기업과 자국의 노동자에 대해 더 큰 책임을 갖는가?
4. 노예노동을 통해 생산되었거나 인권이 박탈된 작업환경에서 생산되었다고 하더라도 그 제품이 저렴하다면, 그 제품을 구입해야 하는가?
5. WTO에 가입함으로써 얻게 되는 이익을 위해 국가는 주권의 일부분을 포기해야 하는가?
6. 임산물이 환경에 부정적인 영향을 초래한다면 미국 정부가 이들 임산물의 해외 판매를 금지하도록 압력을 행사해야 하는가?

추천 문헌

Alston, Julian M., Daniel A. Sumner, and Henrich Brunke (2007) *Impacts of Reductions in US Cotton Subsidies on West African Cotton Producers*. Boston: Oxfam America.

Chen, Shaohua, and Martin Ravallion (2004) "How Have the World's Poorest Fared Since the Early 1980s?" Washington, DC: World Bank.

Easterly, William (1999) "The Lost Decades: Explaining Developing Countries' Stagnation, 1980-1998." Washington, DC: World Bank.

Fallows, James (1993) "How the World Works." *Atlantic Monthly* (December).

Judson, Ruth (2012) "Crisis and Calm: Demand for U.S. Currency at Home and Abroad from the Fall of the Berlin Wall to 2011" (November). www.federalreserve.gov.

Moon, Bruce E. (1998) "Exports, Outward-Oriented Development, and Economic Growth." *Political Research Quarterly* (March).

_______ (2000) *Dilemmas of International Trade*. 2nd ed. Boulder: Westview.

Nager, Adams B., and Robert D. Atkinson (2015) "The Myth of America's Manufacturing Renaissance: The Real State of U.S. Manufacturing." www2.itif.org.

Pierce, Justin R., and Peter K. Schott (2012) "The Surprisingly Swift Decline of U.S. Manufacturing Employment" (December). www.nber.org.

Polanyi, Karl (1944) *The Great Transformation*. New York: Farrar and Reinhart.

Ricardo, David (1981) *Works and Correspondence of David Ricardo: Principles of Political Economy and Taxation*. London: Cambridge University Press.
Smith, Adam (1910) *An Inquiry into the Nature and Causes of the Wealth of Nations*. London: Dutton.
US Bureau of Economic Analysis (2015) "Table 1: U.S. International Trade in Goods and Services." www.bea.gov.
US Treasury (2015) "Foreign Portfolio Holdings of U.S. Securities." www.treasury.gov.
World Bank (annual) *World Development Indicators*. New York: Oxford University Press.

Chapter 11

빈곤의 종말과 불평등의 축소

- 빈곤이란 어머니가 자기 자식이 자주 병에 걸리거나, 몇 푼밖에 하지 않는 백신의 부족으로 죽는 모습을 지켜보는 것이다.
- 빈곤이란 캘커타에서 플라스틱 지붕 아래 북적거리며 살거나, 상파울루에서 폭풍우가 몰아치는 동안 판잣집을 뛰어넘거나, 혹은 워싱턴에서 집 없이 사는 것이다.
- 빈곤이란 당신이 읽을 수 없는 취업지원서이며, 파산한 학교의 가난한 교사이거나, 아예 학교 자체가 존재하지 않는 것이다.
- 빈곤이란 에티오피아에서 당신의 작물이 유럽과 미국의 농업 프로그램으로 인해 무가치해지는 것을 지켜보는 것이다.
- 빈곤이란 봉제 공장에 장시간 갇혀 있거나, 오직 타인의 필요에 의해 장시간 노동하는 것이다.
- 불평등이란 타인들이 당신 가족의 기본적 욕구를 충족시켜줄 수 있는 것보다 수백, 수천 배의 자원을 향유하고 있다는 것을 자각하는 것이다.

- 빈곤과 불평등이란 존엄성이나 희망 없이 무기력함을 느끼는 것이다.

빈곤의 범위

빈곤은 많은 측면을 가지고 있다. 종교적인 금욕주의자는 자신의 영적인 수양의 한 방편으로 가난을 선택하기도 한다. 막대한 부를 소유한 사람은 주변 사람들의 필요를 무시하거나 혹은 자연이나 예술의 풍요로움과 아름다움을 놓치며 영혼이 가난한 삶을 산다. 그러나 이 장에서의 빈곤은 의, 식, 주, 의료, 교육, 고용 및 정신적 발전을 위한 기회 등과 같은 기본적 필수사항들을 제공하거나 교환할 수 있는 충분한 자원의 비자발적 결핍을 의미한다.

전세계적으로, 빈민들은 불균형적으로 아프리카에 살고 있다. 최대 다수는 아시아에 살고 있다. 상당수는 중남미와 카리브 지역에 살고 있다. 사하라사막 이남의 아프리카 몇 개 국가와 아이티에 사는 국민들의 3분의 2는 빈민이다. 선택 기준에 따라, 개발도상국 국민 중 최소 4분의 1, 혹은 절반이 가난하다. 도표 11.1은 전세계 빈곤 현황을 보여주고 있다.

그러나 지구상의 그 어느 곳도 빈곤으로부터 자유롭지는 않다. 미국, 일부 유럽국가, 그리고 호주 같은 국가에도 역시 대규모의 빈민지역이 존재한다. 몇몇 예외를 제외하고, 빈곤 발생은 도시보다는 농촌에서 더 빈번하지만, 후자로 이동 중이다. 거의 모든 지역에서, 성인여성과 소녀들이 성인남성과 소년들에 비해 빈곤으로부터 더욱 고통 받고 있다. 영·유아 및 노년층이 특히 빈곤문제에 취약하다. 빈곤의 문화적, 차별적 이유도 광범위하며, 특히 소수자와 토착민 사이에서 그러하다. 오래된 습관이나 관행을 변화시키는 어려움 역시 과소평가되어서는 안 된다.

이 장에서는 우선 빈곤의 측정 방법에 대해서 고찰한다. 그리고 글로벌 경제 전체의 맥락에서 빈곤 감소의 접근법에 대해 알아보고, 특히 미국 그리고 글로벌한 차원에서 경제성장, 불평등, 그리고 빈곤 간 상관관계를 살

도표 11.1 전세계 빈민 수치와 비율, 1990~2015년

연도	1990	1993	1996	1999	2002	2005	2008	2011	2012	2015
빈민수 (백만 명)	1959	1917	1716	1751	1645	1401	1254	963	897	836

출처: World Bank (2015d).

펴본다. 마지막으로, 이 장은 빈곤 및 불평등 감소를 돕는 많은 정책적 선택들 중 몇 개의 사례를 검토하고자 한다.

빈곤과 불평등의 측정

미국에서의 빈곤은 폴란드나 짐바브웨에서의 빈곤과는 같지 않다. 빈곤은 종종 특정 정권의 지지자나 비판자들에 의해 다르게 묘사된다. 빈곤은 정확하고 보편적으로 정의할 수 없다. 누가 빈곤한가를 결정하는 것은 누가, 어디서, 그리고 왜 측정하는지에 달려 있다.

빈곤 기준

빈곤은 보통 소득수준이나 소비수준에 의해 측정된다. 세계은행은 두 가지 기준을 사용하여 빈곤을 측정한다. 2015년, 8억 명 이상이 1일 평균 약 1.90달러 이하에 상당하는 소득으로 살고 있는 것으로 추정되었다. 20억 명 이상은 1일 평균 3.10달러 이하의 소득으로 살아가고 있다 (World

Bank 2015d). 첫 번째 집단의 전부 그리고 두 번째 집단의 대다수가 일부 혹은 전체 기본 필수품이 부족하다. 나머지는 질병, 해고, 가뭄 등과 같은 위급상황이 그들을 바로 절망에 밀어 넣을 수 있는 상황의 경계선 가까이 살고 있다.

미국에서 빈곤은 미국 농무부에 의해 고안된 '근검식품계획(thrifty food plan)' 가치의 세 배 이하의 소득이라 공식적으로 정의되며, 2015년 4인 가구 기준 2만 4,250달러 정도이다 (*Federal Register* 2015). 근검식품계획은 1960년대 초에 단기적 위기상황에 대처하기 위하여 고안된 것이며, 장기적인 식품 지원 예산으로 사용하기 위해 계획된 것은 아니었다. 그것은 매년 식품 가격 변화에 따라 조정되지만, 그 계획의 기준 연도(1955년) 이후 다른 비용들, 특히 주거비용이 식품비용 보다 더 빨리 인상되었기 때문에, 빈곤 측정 기준은 생활수준의 점진적인 하락을 의미한다. 일부 비판가들은 노인의료보험제도, 식량배급표제도, 주택보조금, 아동 관련 세금 공제 등의 형태로 지원되는 연방정부의 복지혜택이 반영되어 있지 않다는 점에서 이 기준이 필요 이상으로 높이 책정된 것이라 말한다.

2011년, 미국 인구통계국은 '보완적 빈곤(supplemental poverty)' 지표를 도입하였다. 이 새로운 지표는 기존의 빈곤지표에 현금 소득, 그리고 식품지원과 세금 공제 같이 가계의 기본적 필요를 충족하는 데 가용한 연방정부의 현금 및 현물 복지 수당을 추가한다. 또한 세금과 같은 불가피한 비용이나 아동보육비 같은 업무관련비용, 그리고 본인부담 의료비 등은 차감한다. 이러한 조정의 순효과는 전반적인 빈곤 발생을 다소 증가시킨다. 지원 프로그램으로부터 더 많은 혜택을 받는 아동이 있는 가구의 빈곤 발생은 줄었으나, 의료 지출이 많은 노년층의 빈곤 발생은 늘어났다. 새로운 측정은 빈곤의 공식적 산출을 대체하지는 않을 것이나, 빈곤 관련 지원 프로그램의 효과를 측정하는 후속 연구에서는 사용될 것이다. 측정법과 상관 없이, 빈민 자신들은 궁핍하다고 느낄 것이다.

상대적 빈곤 대 절대적 빈곤

자신과 비슷한 수준의 가난한 사람들 사이에서 살고 있는 저소득층은 더 나은 사람들 사이에서 살고 있는 비슷한 소득 수준에서 사는 사람들만큼 절망감을 느끼지 않는다. 이러한 점은 빈곤을 중간 소득의 2분의 1, 또는 특정 국가 내 정의 집단과의 비교에 근거한 기준인 상대적 빈곤의 다른 측정치처럼 많은 나라의 빈곤에 대한 정의에 반영되어 있다. 예를 들어, 미국에서 새로이 도입된 보완적 빈곤 측정 기준은 가계 지출의 33번째 백분위에 속하는 가계들의 식품, 의류, 주거 및 가스·전기·수도비 지출에 기초하고 있다.

반대로 절대적 빈곤은 고정 수입 혹은 구매력에 기초하여 측정된다. 극빈에 대한 세계은행의 기준은 1일 기준 1인당 1.90달러로, 이 기준은 인플레이션을 반영하여 정기적으로 조정된다. 2015년 4인 가족 기준 2만 4,250달러의 미국 빈곤 기준은 또 다른 절대적 빈곤 측정의 예이다. 절대적 빈곤의 고정된 기준은 종종 관찰 빈곤율에 극적인 차이를 만든다. 1일 1.90달러에서 3.10달러와 같이 작은 차이처럼 보이는 것들이 세계은행의 빈곤층 총계를 두 배로 만든다.

국민총소득

1인당 국민총소득(GNI: Gross National Income per capita)은 국가 간 소득수준 비교에 가장 널리 사용되는 지표이다. GNI는 한 경제 내에서 생산된 모든 재화와 서비스의 가치에서, 해외 노동 국민으로부터의 본국 송금이나 해외 투자자 지불 이익과 같이 경제 안팎으로 흐르는 현물 이체를 가감한 것이다.

세계의 크고 작은 경제들 중, 세계은행은 2014년 기준 연간 일인당 GNI 1,045달러 이하인 31개 경제를 저소득 경제로 집계하고 있다. 그 집계에 의하면 51개의 중·저소득 경제는 1인당 1,046달러에서 4,125달러의 GNI를, 53개의 중상 경제는 4,126달러에서 1만 2,735달러의 GNI를 보유하고 있다. 68개 고소득 경제는 1만 2,736달러 이상의 GNI를 보유한다 (World Bank 2015d).

GNI는 국민의 필요를 충족시키는 전반적인 경제능력에 대한 즉각적 측정을 제공한다. GNI는 저축과 공공지출의 자금 원천을 대표적으로 보여주는 지표이기도 한다. 그러나 GNI는 국가 내 소득 분배나 생산의 질에 관해서는 아무런 정보도 제공하지 못하기 때문에 빈곤이나 복지의 척도로 쓰이기에는 심각한 문제점을 갖고 있다.

첫째, GNI는 경제활동의 여러 형태들 간 존재하는 질적 차이를 구별하지 못한다. 담배나 폭탄의 제조, 교도소의 운영 등은 모두 GNI의 증가에 기여하는 경제행위로 기록되며, 이는 자전거를 생산하거나 학생들을 가르치고 주택을 건설하며 과학적 연구를 수행하는 행위와 질적으로 동일한 것으로 간주된다. 둘째, 재화와 서비스의 생산은 종종 가격에 반영되지 않는 비용, 예를 들어, 생산 과정에서 초래되는 대기오염이나 과소비의 문제 등과 같은 비용을 발생시킨다. 셋째, 육아, 가사, 정원 손질, 그리고 요리와 같은 다양한 제조와 창조 활동은 일반적으로 판매되지 않기에 GNI에 포함되지 않는다. 기껏해야, GNI는 생산자가 소비한 식품 및 기타 재화, 무급 가사노동, 그리고 일괄적으로 비공식부문이라 묶여진 광범위한 경제적 활동에 대한 추정만 포함할 뿐이다. 마약거래나 매춘과 같은 불법적 혹은 범죄 활동들은 일부 국민들의 생계에 도움이 됨에도 불구하고 일반적으로 GNI 추정치에 포함되지 않는다.

구매력평가지수

각국의 GNI는 일반적으로 환율 기준에 의해 비교된다. 2014년 방글라데시의 1인당 GNI는 9만 580타카로 1,080달러에 해당한다. 그러나 방글라데시에서 9만 580타카는 미국에서 1,080달러가 갖는 구매력보다 큰데 그 주된 이유는 방글라데시의 임금이 미국보다 훨씬 낮기 때문이다. 이러한 격차를 극복하기 위해, 세계은행과 유엔 개발프로그램(UNDP)은 구매력평가기준(PPP: Purchasing Power Parity)을 채택하였다. 이 기준은 각 나라별로 유사한 재화들을 구입하는 데 필요한 달러금액을 추정한다. 방글라데시의 PPP는 1,080달러가 아닌 3,330달러로 추정된다 (World Bank 2012).

이 장에서 전반적으로 사용되는 PPP 추정치는 보다 정확하고 현실적인 국가 간 비교를 가능하게 하며, 특히 부국과 빈국 사이 현격한 격차를 다소 완화시켜 준다. 그렇다고 해도, 크나큰 격차가 여전히 존재한다. 5만 5,860달러에서 6만 5,970달러에 달하는 노르웨이, 스위스, 미국의 1인당 PPP는 770달러와 1,490달러에 달하는 모잠비크와 에티오피아의 1인당 PPP의 37배에서 85배에 이르는 수치다 (World Bank 2015d).

불평등

빈곤이나 복지수준의 측정은 기껏해야 조잡한 척도인 1인당 GNI 평균에 기초한다. 빈곤은 가구 단위나 개인 수준에서 경험하는 것이기 때문에, 국가 소득의 분배가 중요한 문제다.

세부적이고 상당히 정확한 정보가 빈곤퇴치를 위한 노력과 특히 정책 결정의 결과를 평가하는 데 필수적이다. 그러나 미국과 같은 포괄적인 인구통계자료는 대부분의 빈곤한 국가들에게는 너무 먼 꿈이다. 많은 빈곤국들은 출생 등록과 같은 기초적인 기록을 보유하는 것에도 어려움을 겪고 있다. 이들 국가들은 국민 상태에 대한 자세한 정보는커녕 인구수조차 오직 추측자료만 보유하고 있을지도 모른다. 당분간은 대표가구조사(representative house survey)만이 대부분의 국가에서 실행 가능한 수단이다.

가구조사가 특히 비교 목적에서 유용하기 위해서는 신중히 설계되고, 정확하게 해석되고, 다른 시간과 장소 및 환경 하의 비교할 만한 요소들을 측정하는 데 사용가능해야 한다. 민간기구들과 많은 정부들, 그리고 일부 국제기구들조차 자신들이 가장 각광받도록 가구조사를 설계하거나 조사 결과를 해석하려는 유혹을 받는다. 그러므로 가구조사 결과의 사용자들은 각각의 조사를 누가, 무슨 목적으로 시행하였는가를 예의 주시할 필요가 있다.

글로벌 불평등. 세계적으로, 우리는 총체적 소득 불평등을 인정한다. 불평등을 측정하는 데 가장 많이 사용되는 지표는 각 인구의 최상위 5분의 1, 즉 5분위의 소득 또는 소비를 최하위 5분위 소득 또는 소비와 비교하는 것이다. PPP 수치로 측정했을 때, 세계에서 가장 부유한 5분의 1인 15억 명 정도의 소비가 전세계 소비의 4분의 3 이상인 60조 달러 정도를 차지한다(도표 11.2 참조). 하위 절반인 약 36억 명 정도는 5조 달러를 소비한다. 후자 집단 중, 가장 빈곤한 5분의 1인 14억 명 정도는 1조 달러 이하의 소비를 하고 있다 (Shah 2010).

1975년 이후 거의 모든 개도국을 다룬 가계 연구의 최근 조사는 1981년부터 2005년까지 구매력 기준으로 한 비교에 뚜렷한 전반적 추세는 없다고 결론짓고 있다. 도표 11.1의 추세선을 다시 살펴보자. 1일 1.90달러(PPP 2011) 이하로 살아가는 개발도상국 국민 수는 이 기간 동안 극적으로 줄어들었다. 그러나 1일 3.10달러 이하의 수는 비록 인구 증가로 인해 그 비율은 감소했지만, 20억 명 언저리에서 변동을 거듭해왔다.

도표 11.2 세계인구와 글로벌 소득의 분포 현황, 2008년

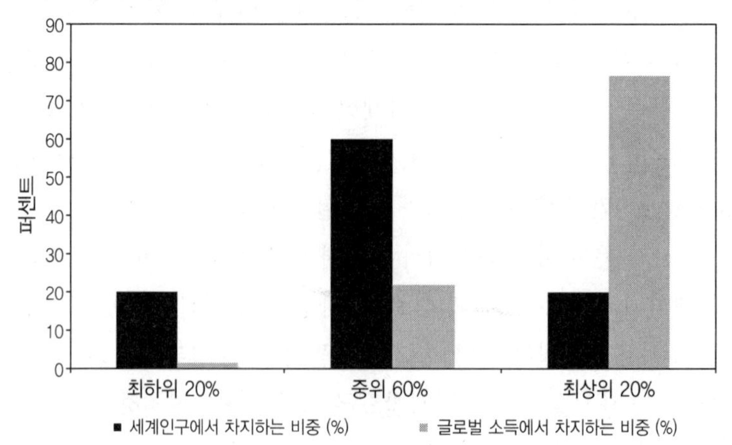

출처: Shah (2010).

두 가지 더 주의할 점들을 살펴 볼 필요가 있다. 첫째, 이 기간 초기에 이루어진 거의 모든 개선은 중국에서 일어났으며 최근 기간 동안은 중국과 인도에서 발생했다는 것이다. 중국과 인도의 개선을 제외한다면, 특히 아프리카에서 극빈층의 수는 증가해왔다. 둘째, 1일 1.90달러 이하의 수는 평균적으로 더 늘어났으며, 특히 아프리카와 다른 지역들, 심지어 중국과 인도에서도 증가했다.

한편, 거의 모든 국가의 극소수 층의 소득은 급등해왔다. 세계은행의 경제학자인 밀라노비치(Branko Milanovic)는 1988년 최상위 5퍼센트의 소득수준은 최하위 5퍼센트 소득수준의 78배였으나, 2005년에는 185배까지 상승한 것으로 추정하였다. 세계인구의 2퍼센트 이하에 해당하는, 세계에서 가장 부유한 사람들은 세계인구 하위 4분의 3 만큼의 소득을 보유하고 있다 (Milanovic 2011). 이러한 격차는 대공황 시기 부유층이 투자 수입을 상실하면서 조금 줄어들었지만, 이후 그러한 부유층이 거의 모든 소득 이익을 점유하고 있다는 데 의견이 모아지고 있다 (Stiglitz 2015).

미국 내에서의 불평등. 미국의 가장 부유한 계층과 그 외 대부분의 사람들 사이의 소득 격차는 빠르게 벌어지고 있다. 1970년대 말 이후, 최상위 1분위의 국가 소득 비율은 미국 소득 총액의 약 44퍼센트에서 최근 51퍼센트 이상으로 상승했다. 최하위 분위의 비율은 4퍼센트 이상에서 가까스로 3퍼센트 가까이 하락했다. 미국 사람 모두의 비율 역시 그 중간 즈음으로 하락했다. 1980년 최상위 분위 가계의 소득은 최하위 분위 가계의 소득의 10.5배 정도였지만, 2010년에는 16배로 증가했다. 대공황 이후, 모든 이득과 그 이상의 것이 최상위 소득 범주로 축적되었다. 인플레이션을 반영한다면, 1970년대 후반 이후 평균적인 노동자들의 소득은 전혀 나아지지 않았다 (Stiglitz 2015).

최하위 빈곤층은 더욱더 가난해지고 있는 반면 최상위 부유층은 더욱 부유해지고 있다 (이러한 추세에 관한 더욱 자세한 논의와 가능한 대응에 대해서는 도표 11.4 참조). UNDP는 계층 간 소득 격차를 비교하기 위해 가구당 소득이 아니라 1인당 소득을 사용한다. 과거 10년 간 여러 다른 시점의 조사에서 UNDP는 미국의 최상위 분위 소득과 최하위 분위 소득 사이의 비율이 산업화된 국가들 사이에서 가장 높으며, 스칸디나비아 국가들의 그것에 두 배에 해당한다는 점을 발견했다 (표 11.1의 미국의 비율과 다른 국가의 비율을 비교해보자).

개도국에서의 불평등. 소득추정치가 가능한 저소득국가의 경우, 지난 10년 간 여러 다른 시점에서의 최상위 분위와 최하위 분위 소득의 비율은 인도의 경우 5.0 대 1, 인도네시아 5.8 대 1, 브라질 16.8 대 1 그리고 콜롬비아는 17.5 대 1 이었다 (표 11.1 참조).

소득분배의 차이는 가난한 사람들에게 큰 차이를 만든다. PPP 달러 기준으로 콜롬비아의 1인당 GNI는 인도의 그것에 2.5배에 달하지만, 인도의 빈곤층은 더 많은 구매력을 지니고 있다. 이집트의 GNI는 칠레 GNI의 절반 이하에 불과하지만, 이집트의 빈곤층은 더 많은 구매력을 보유하고 있다. 태국의 1인당 GNI는 브라질의 그것보다 적지만, 태국의 빈민층은 거의 두 배의 구매력을 지닌다. 지난 25년 간, 세계에서 가장 빠르게 성장한 경제인 중국에서는 최상위 부유층 분위의 소득은 증가했으나 다른 모든 사람들의 소득은 감소했다. 5분위의 소득은 늘어난 반면 나머지의 소득은 줄어들었다. 중국 빈곤층의 구매력은 거의 변동이 없었다.

불평등의 변화 측정을 위한 기준 추정

두 세기 전까지만 해도 거의 전세계가 빈곤했다. 많은 나라에서, 소수의 부유한, 또는 매우 부유한 가문들이 있었을 뿐이다. 시간이 지남에 따라 소수의 나라에서, 이러한 부유한 가문들 혹은 집단들이 주변을 지배할 정도로 강력하게 성장하여 제국을 건설하였다. 과거 4,000년 동안 사이 고대 이집트, 페르시아, 그리스, 로마 혹은 중국을 생각해 보자. 이들이 정복한 나라들의 국민들은 말할 것도 없고, 이들 정복 국가 내에서조차 거의 모든 국민

표 11.1 소득분배가 빈곤에 미치는 효과, 2014년

	1인당 GNI (PPP $ 기준) 2014년	1인당 소득 (PPP $ 기준)		최상위 20% 대 최하위 20% 비율
		최하위 20%	최상위 20%	
노르웨이	65,970	31,006	124,024	4.0
미국	55,860	8,658	142,443	16.5
한국	34,620	13,675	64,913	4.7
말레이시아	23,850	5,366	61,414	11.4
칠레	21,570	4,853	55,004	11.3
브라질	15,900	2,703	45,474	16.8
태국	13,950	4,743	32,573	6.9
중국	13,130	3,086	30,921	10.0
콜롬비아	12,600	2,079	36,477	17.5
이집트	11,020	5,124	22,205	4.3
인도네시아	10,250	3,895	22,396	5.8
필리핀	8,300	2,449	20,626	8.4
인도	5,760	2,448	12,326	5.0
나이지리아	5,680	1,534	13,888	9.1
방글라데시	3,340	1,486	6,914	4.7

출처: World Bank (2015d).

들은 빈곤했다. 이러한 점은 16세기와 17세기 동안 세워진 유럽의 제국들의 초기 단계 전반에 걸쳐서도 사실이었다.

1820년을 초기 시대와 그 이후 몇 개 구간을 각각 측정의 기준으로 삼아, 세계은행 연구원들은 특정 국가의 모든 사람들이 인간 생존에 꼭 필요한 자원을 구비하는 데 드는 최저 생계소득을 추정했다. 뒤이어 그들은 동일시기 각국의 총 국민소득을 추정했다. 마지막으로 최저 생계를 위한 국가 예산과 최적으로 추정된 국민소득 간 비율을 계산했다. 물론 상당한 편차 및 변동성이 존재하지만, 이러한 계산을 근거로 그들은 이 오랜 기간 동안 국민소득은 대체로 최저 생계소득의 5배 정도였다고 추정했다. 이 연구에서, 그들은 최저 생존에 필요한 이상의 자원을 '잉여(surplus)'라고 규정지었다. 연구원들은 오랜 기간 동안 소수의 부유한 가문들이 평균적으로 이용 가능한 '잉여'의 4분의 3을 점유했다고 추정했다. 이것은 세계적으로 그리고 개별 국가들에게도 대부분 사실이었다. 개별 국가 그리고 세계 전체의 거의 모든 사람들이 매우 빈곤했던 것이다.

그러나 산업화가 도래하고 산업화된 경제 내에서 중산층이 출현한 이후, 빈부의 지역적 차이가 드러나기 시작하였다. 국가 간의 소득 격차가 벌어진 것이다. 부와 소득의 글로벌 증가분의 대부분은 서유럽 국가들과 미국 그리고 후에 일본을 포함한 산업 국가들에게 귀속되었다. 초기 부와 소득의 차이가 한 국가 내에서만 존재한 반면, 20세기 중·후반에 이르러서는 소득 분배의 주요한 차이가 국가 간에 나타났다. 빈국과 부국의 구분이 생겨나게 된 것이다.

세계적으로, 생존에 필요한 생산과 총생산 간 비율이 초기 5 대 1에서 21세기 초 20 대 1로 확장되었다. 그러나 전반적으로 오늘날 '잉여'의 거의 4분의 3을 아직도 부유한 사람들이 차지한다. 아주 최근까지지도, 이러한 부유한 사람들의 대부분은 산업화된 국가에 살고 있는 반면 대부분의 가난한 사람들은 가난한 나라에 살고 있다. 오늘날 거의 예외 없이, 성장하는 경제에서는 부유한 엘리트가 등장하고 있다 (Milanovic 2011). 예를 들어, 중국에서는 수십억의 사람들이 극빈층에서 저소득 그리고 중산층으로 이동했지만 극빈층과 최상위 층 간 격차는 극적으로 확장되고 있다 (Stiglitz 2015).

복지수준에 대한 직접적인 지표

복지수준을 소득이나 빈곤율 같은 지표보다 더욱 직접적으로 측정하는 지표들이 있다. 예를 들어, 영아사망률이나 5세 이하 아동사망률, 평균수명, 교육성취도, 영양섭취도 같은 지표들이다.

기아. 유엔의 식량농업기구(FAO: Food and Agriculture Organization)는

식량부족분을 추정한다. FAO는 1990년에서 1992년 사이 칼로리를 너무 적게 소비하는 개도국 국민의 절대적 수가 10억 명에 이르며, 2015년에는 그 수가 8억 명으로 줄어들었다고 추정한다. 그러나 동 기간 인구가 증가했기 때문에 개도국 기아 인구의 비율은 26퍼센트에서 14퍼센트로 줄어들었다. 기아의 더디지만 꾸준한 감소가 1990년대 중반 높은 식품 가격에 의해 중단되었는데 이는 가난한 사람들이 식품 가격 변동에 극도로 취약하다는 점을 보여준다 (FAO 2015d).

이 기간 동안 가장 극적인 기아 퇴치는 동아시아와 동남아시아에서 일어났다. 특히 중국이 주목받을 만한데 중국의 기아 인구의 비율은 30퍼센트에서 10퍼센트로 이하로 감소하였으며, 그 절대 수도 2억 8,900만 명에서 1억 3,400만 명으로 줄어들었다 (도표 11.3 참조). 두 가지 측정 기준 모두에서 덜 극적이지만 중동지역과 북아프리카 지역에서도 기아 퇴치의 성과가 기록되었다. 이 기간 동안, 남아시아와 중남미, 카리브해 지역에서는,

도표 11.3 지역별 영양부족 인구 추정 수(만 명), 2014~2016년

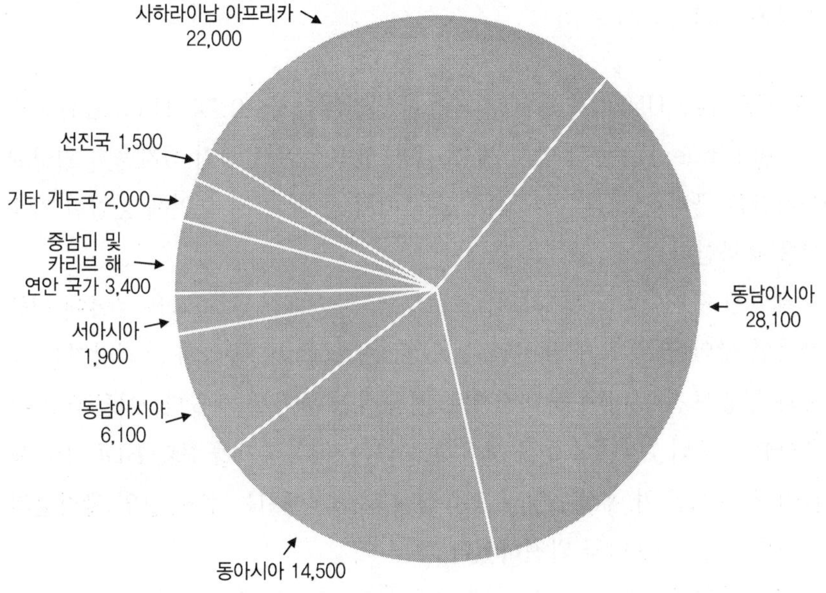

사하라이남 아프리카 22,000
선진국 1,500
기타 개도국 2,000
중남미 및 카리브 해 연안 국가 3,400
서아시아 1,900
동남아시아 6,100
동아시아 14,500
동남아시아 28,100

출처: FAO (2015).

그 비율은 감소하였으나 절대 수는 소폭 증가하였다. 아프리카의 기아 인구 비율은 소폭 감소하였으나 절대 수는 1억 820만 명에서 2억 2,000만 명으로 증가했다 (FAO 2015d).

2008년과 2009년에 걸쳐 글로벌 금융침체가 심화됨에 따라, 미국에서의 식량불안은 최근 몇 년간 급속히 증가하였다. 2006년과 2007년, 미국 가구들의 11퍼센트(1,290만)가 식량불안 상태에 있었다. 이는 모든 가구 구성원들이 활발하고 건강한 생활을 영위하기에 충분한 식량을 상시 확보할 수 없었음을 뜻한다. 2009년에는 미국 가구들의 거의 15퍼센트(1,740만)가 식량불안 상태에 빠졌으며, 이들 중 3분의 1 정도는 극도로 불안정한 상태에 있었다. 이는 충분한 식량을 구하는 데 드는 돈이나 다른 자원이 부족하여 한 명 또는 그 이상의 가구 구성원이 섭취하는 식량이 감소하거나 또는 적정한 수준을 유지하는 데 지장 받았음을 의미한다. 또한 2007년부터 2009년 사이에 식량 구호소를 이용한 가구는 44퍼센트, 즉 390만 가구에서 560만 가구로 증가하였다. 애석하게도 이러한 추세는 역전되지 않았다. 식량 구호소에 의해 측정된 바대로, 수요는 그 이후 계속해서 증가하고 있다 (BFWI 2015).

인간개발지수. UNDP가 1990년 개발한 인간개발지수(HDI: Human Development Index)는 출생 당시 예상 수명, 교육성취도(성인 식자율과 평균교육기간을 근거로 계산), 인구 1인당 구매력 등 세 가지 요인에 동일한 가중치를 부과한다.

제한된 자원이라도 영양보급 프로그램, 공중보건, 기초교육 분야에 집중한다면 삶의 질은 크게 개선될 수 있다. 예를 들어, 중국과 스리랑카는 교육과 공중보건 분야에 상대적으로 집중적인 투자를 해왔다. 이들 국가는 유사한 수준의 1인당 소득을 보유하고 있는 여타 국가들 보다 HDI 지수 등급이 훨씬 높으며 예상수명과 교육성취도 측면에서는 선진 산업 국가들과 어깨를 나란히 할 만큼 발전하였다.

다른 나라들은 1인당 GNI 등급에서 보다 HDI 등급에서 훨씬 더 낮은 순위에 올라있다. 중동 지역의 석유 부국들은 수명과 교육 성취도에서 낮은 순위에 올라 있는데, 이는 특히 이 지역에서 여성의 지위가 매우 낮은 점에서 비롯된다. 몇몇 아프리카 국가들도 다양한 이유들로 말미암아 극도로 낮은 교육성취도와 예상수명 지표들을 보이고 있다. 앙골라와 나미비아는 장기간의 독립 투쟁과 내전에 시달려왔다. 보츠와나와 가봉의 경우는 천연자원 소득으로 인하여 상대적으로 부유하긴 하지만, 교육과 공중보건 분야에 균형 잡힌 자원을 투입하지 못해왔다 (UNDP 2014d).

미국이 1인당 GNI 등급 순위보다 HDI 등급 순위가 더 낮은 국가들 중 하나라는 사실은 중요한 의미를 지닌다. 미국은 극소수의 국가들을 제외한 대부분의 국가들 보다 GNI는 더 높지만, 캐나다 및 대부분의 유럽국가들보다 공중보건, 교육성취도 및 사회 안전망의 건전성 등에서는 뒤쳐진다.

떠오르는 꿈: 빈곤과 기아 퇴치하기

빈곤과 불평등이 어떻게 측정되는가에 대한 폭넓은 탐구 후, 이제 지난 50년간의 빈곤과 불평등을 퇴치하기 위한 노력들을 검토해보자. 사람들이 극심한 빈곤과 기아 상태에서 벗어날 수 있다는 희망, 그것도 한 사회 전체 또는 전세계 사람들 모두가 그러한 상태에서 벗어날 수 있다는 희망은 19세기의 산업혁명을 비롯해 보다 최근의 발전에 힘입어 비로소 가능해진 개념이다. 상대적으로 최근에 생겨난 개념인 것이다. 1900년대 중반에서야 이러한 희망은 실현 가능한 세계적 목표가 되었다. 불평등에 대한 관심이 고조되고 기본적 욕구가 충족되면서 이러한 희망은 더욱 강화되었다.

1945년 제2차 세계대전 종전 즈음, 세계 지도자들(부유한 국가의)은 전쟁복구와 함께 전쟁의 재발 및 심각한 글로벌 경기침체 방지 방안을 마련하는 데 몰두하였다. 이를 위해 몇 가지 조치들이 취해졌다. 제1차 세계대전 후에 시도되었던 국제연맹 같은 기구보다 훨씬 더 실행 가능한 국제연합이 창설되었고, 국제금융 부문에서 국가 간에 상호의존도가 증가하고 있다는 인식은 세계은행과 국제통화기금의 창설로 이어졌다. 국제무역 기구 역시 시도되었는데(궁극적으로 WTO가 된), 실제로 출범하게 된 건 또 다른 40년이 지나서였다. 동시에 시작되어 그 후로 20여 년에 걸쳐, 전세계에서 수십 개의 과거 유럽 식민지들이 독립을 선포하였다.

새로운 금융기구들의 초기 목적은 유럽과 일본의 심각한 전쟁 피해를 복구하는 것이었다. 복구는 많은 사람들이 기대했던 것 이상으로 빠르게 이루어졌으며, 1960년대에는 저개발국 또는 개발도상국이라 통칭되는 과거의 식민지, 또는 식민지 경험이 없거나 이미 독립을 쟁취한 다른 빈곤 국가들로 관심이 전환되기 시작하였다.

상대적인 번영에 고무되어, 국제사회는 지구 상의 모두가 생존에 필수적인 최소한의 기본적 욕구는 충족시킬 수 있어야 한다는 개념을 고려하기 시작하였다. 국제금융기구들은 이러한 방향으로 그들 관심의 초점을 돌렸다. 1970년대 초 세계적인 경기침체와 세계적으로 만연한 심각한 기아를 경험한 이후에조차 미국의 키신저(Henry Kissinger) 국무장관이 1976년 로마에서 개최된 제1회 세계식량회의에서 선포한 '10년 내 세계 기아 근절'이라는 목표는 많은 이들의 생각을 대변한 것이었다. 그러나 그 진전은 지역적으로 균등하지 않고 종종 실망스럽다.

빈곤 및 불평등 퇴치의 배경

지난 60년간의 빈곤 및 불평등을 해소하려는 노력은 그 기간의 대부분을 차지했던 냉전과 냉전 쇠퇴 후 전개된 몇 가지 상황의 맥락에서 고찰되어야 한다.

- 세계화 — 화폐와 재화 및 서비스를 생산하고 교환하는 세계적인 단일 네트워크로의 진화
- 자원 기반 경제에서 지식 기반경제로의 전환

- 초기에 10억 명 이하였던 글로벌 노동인구가 2050년이 되면 40억 명에 이를 것이라는 예상과 함께, 오늘날 30억 명으로 급증하였으며, 거의 대부분 개발도상국에서 발생하고 있는 급격한 글로벌 노동력의 증가
- 증가한 노동인구에 대한 교육 및 기능 훈련의 지체
- 1990년대의 국제금융 및 개발문제를 해결하기 위해 시장의 역할을 강조하는 자유주의 정치경제학이 사회적 통념으로 득세
- 대략 2000년을 기점으로, 개발에 대한 강조의 주안점이 구조적 접근에서 목표 지향적 접근으로 전환

세계화와 지식 기반 경제로의 전환은 서로 불가분의 관계로 연결되어 있다. 새로운 정보·통신기술 그리고 운송기술은 많은 기존의 경영행태들을 극적으로 변화시켰다 (예를 들어, 실시간 시장 정보에의 원격 접근, 글로벌 차원의 제조업 부품 적기 조달, 디지털 음성 재생, 국제 콜센터, 자동 주문 및 결제 시스템 등). 이런 새로운 기술은 완전히 새로운 산업을 탄생시키기도 하였다 (원격교육, 의료 컨설팅, 온라인 시장 등). 신기술이 갖는 방대한 정보처리능력은 새로운 과학적 발전들을 가능하게 했다 (인간 유전자 지도 해독, 의료부문 및 우주분야에서의 연구, 이종간 생명공학 등). 이와 같은 노력에는 자원적인 요소보다는 지식 요소가 더 핵심적인 역할을 수행하는 경우가 점점 더 많아지고 있다.

세계화와 빈곤

세계화는 고용과 빈곤, 그리고 소득분배에 복합적인 영향력을 행사한다. 표준화된 제조업과 정보통신 관련 산업이 아시아로, 그리고 최근에는 아프리카로 이동하면서 수십만 개의 새로운 일자리가 빈곤국에서 창출되었다. 대부분의 선진국과 인권 보호론자들의 기준에 의하면 이러한 일자리의 상당수는 노동의 질 측면에서 그다지 바람직하지 않다. 그럼에도 불구하고 이런 일자리들은 다른 어떤 대안보다 개도국 노동자 대부분의 상황을 개선

시킨다. 반면, 미국과 여타 부유한 나라들에서는 이에 맞먹는 정도의 일자리가 사라졌으며 많은 부문에서 임금이 정체되거나 하락하였다.

저임금 일자리는 그 자체만으로는 번영하는 경제를 건설하는 데 충분하지 않다 (Stiglitz 2015). 빈곤 국가들이 수출용 뿐 아니라 내수용으로 점차 세련된 제품들과 서비스를 만들어 내면서 한 세대 이전의 한국과 대만을 모방할 수 있을 것인가? 빈곤한 나라들에서, 보다 숙련이 필요한 일자리를 위해 새로운 노동 인력을 교육하고 훈련시킬 자원은 도대체 어디로부터 조달할 것인가? 세계화로부터 비롯된 이익 혹은 부의 축적이 있다면, 그 이익이 한 국가 내에서 또 세계적으로 어떻게 분배될 것인가?

개발에 대한 구조적 접근

1960년대와 1970년대에 걸쳐 개발도상국들은 당시 유행하였던 두 가지 구조적인 접근 방법 중 하나를 모방하는 방식으로 경제발전을 꾀하였다. 만일 올바른 '체제'가 채택된다면 당연히 좋은 결과가 뒤따를 것이라는 기대에서였다. 많은 나라들은 일종의 중앙계획 또는 국가 주도 경제 (공산주의 혹은 사회주의) 체제를 택하였다. 반대로 다른 국가들은 일종의 자유민주주의와 시장경제 체제를 택하였다. 이러한 경제체제는 종종 막대한 규모의 국제 차관을 수반하였는데 이는 잘못 관리되거나 부패한 관료들에 의해 유용되기 십상이었다. 이와 같은 체제경쟁의 상당 부분은 냉전의 일환으로 이념적으로 추진되었다. 경제체제와는 상관없이, 결과는 국민 소득 증대라는 기준에 의해 판정되었고 분배의 측면은 거의 고려되지 않았다.

1970년대 중앙 계획 경제의 수가 절정에 이르렀을 때, 그들은 세계인구의 약 40퍼센트를 포함했다. 21세기로 접어들 무렵, 몇몇 사소한 예외들을 제외하고, 이러한 국가들 모두 시장 지향적인 개혁을 도입하기에 이른다. 중국 같은 일부 국가들은 이러한 개혁을 점진적으로 도입하였으나 소련 같은 다른 국가들은 경제가 붕괴될 때까지 기존 체제를 고수하였고, 그러고 나서야 극적인 체제 전환을 단행하였다. 그 과정에서 소득과 복지는 종종 급격히 악화되었다.

시장의 역할에 기반을 둔 경제사상이 득세한 것은 부분적으로 경쟁하던 사회주의 체제가 몰락한 결과이지만, 많은 사람들은 그것이 시장에 기반을 둔 민주주의 경제의 승리라고 믿고 있다. 1989년, 정치경제학자 후쿠야마(Francis Fukuyama)는 그의 저명한 논문 "역사의 종언(*The End of History?*)"에서 다음과 같이 논평하였다. "우리는 인류의 이념적 진화와 인간이 만든 정부의 궁극적 형태로써 서양의 자유 민주주의가 보편화되는 종국점에 다다른 것인지도 모른다" (1989: 4).

미국에 의해 주도된 이러한 경제적 자유주의는 '워싱턴 컨센서스'의 지침 아래 국제금융기구들을 지배하였다. 경제적 자유주의 원리는 개발도상국들이 금융지원을 받기 위해 채택해야 하는 다음과 같은 일련의 조건들로 나타났다. 부채 상환, 사회복지 및 사회 안전망 프로그램들의 엄격한 집행, 외국 자본에 의한 투자 개방 및 더 자유로운 무역, 그리고 시장에 기반을 둔 경제에 대한 의존 등이다.

그러나 대부분의 빈곤 국가들은 이런 종류의 치료법으로는 번영을 달성하지 못했다. 소수의 주목할 만한 예외를 제외하고는, 대부분의 빈곤 국가들은 성장하지 못했다. 새로 생겨난 일자리는 너무 적었다. 중남미의 예에서 보듯이, 경제성장 혹은 희소자원의 판매로부터 생겨난 이익은 주로 부유한 엘리트의 차지가 되었다. 대부분의 사람들은 여전히 빈곤하고, 굶주렸으며 절망적이었다.

일부 국가들은 적절한 정책이 도입될 경우, 경제성장과 불평등의 감소를 동시에 이룰 수 있음을 보여주었다. 예를 들어, 한국에서는 1960년대와 1970년대에 1인당 소득이 급증하였는데, 오늘날 전체 인구 상위 5분의 1에 해당하는 부유층이 향유하는 소득은 하위 5분의 1의 빈곤층 소득의 5배 정도이다. 이 비율은 과거 40년 간 다소 줄어들었으며 이는 빈곤층이 고속성장에 참여했다는 것을 반영한다. 비록 부유층의 소득이 절대액 기준으로는 빈곤층에 비해 더 많이 증가하였지만 증가율 기준으로 보면 빈곤층의 소득도 평균 이상으로 증가하였던 것이다 (Stiglitz 2015).

화려한 수사에도 불구하고, 완전한 자유시장경제를 시도하였거나 현재 시도하고 있는 나라는 없다. 정치경제에 관한 논쟁은 대개 시장에 맡겨야 하는 기능과 시장에 맡길 수 없는 기능을 결정하는 문제, 혹은 시장기능이 작동함에 있어 준수해야 할 원칙이나 규칙을 확립하는 문제에 관한 것이다. 핵심적인 문제는 시장 지향적인 정치경제체제가 빈곤 또는 불평등을 퇴치하는데, 특히 최빈국에서, 어떻게 하면 더욱 공헌할 수 있는지의 여부이다.

경제개발을 위한 주안점의 변화

비록 워싱턴 컨센서스가 1970년대부터 1990년대까지 개발에 대한 국제금융을 지배하였으나, 그것이 결코 완벽하게 수용된 것은 아니다. 1960년대 초반 일부 아시아 경제들(한국, 대만, 인도네시아)은 시장 기반의 경제 모델을 채택하기 시작하였으나 정부가 선호하는 산업에 자본을 우선적으로 배정하는 데 주도적 역할을 하였다. 이러한 형태의 경제체제를 종종 국가자본주의라 칭한다. 이러한 국가들은 교육을 강조하고 상당히 평등한 소득분배를 보장하기 위해 이 장에서 대략적으로 서술한 방향의 조치들을 취하였다. 이들의 성공과 번영은 다른 개발도상국들이 유사한 정책들을 채택하도록 장려하였다.

1979년부터 중국은 명의만 바꾸지 않았을 뿐, 사실상으로는 중앙계획경제노선으로부터 이탈하기 시작하였다. 국가가 경제를 완전히 지배하는 체제를 포함하는 30년에 걸친 공산주의 지배 후의 일이다. 그러나 중국에서 시장 기반의 개혁을 용인하는 것은 점진적으로 그리고 엄격한 통제 하에 이루어졌다. 첫째, 지방정부 및 중앙정부에 필요한 사용료를 납부하기만 하면, 농부들이 협동 단체를 결성하여 공개 시장에서 그들의 생산품을 판매할 수 있도록 허용하였다. 1980년대 초에는 외국기업들이 국가 소유 제조기업들과 수출품 생산을 위한 합작회사를 설립하도록 장려하였다. 이러한 개방으로 인해 수출재화 시장 그리고 해외 합작사 선정 등 두 분야에서 경쟁이 유발되었다. 수출용 재화는 국제적 품질 기준을 충족해야 하므로 경쟁에 노출되며, 해외기업은 상대적으로 생산성이 낮은 많은 국가 소유 중국기업들에 비해 운영 효율의 개선을 도울 수 있기에 국내기업들이 해외기업과 합작하기 위해 경쟁하게 된다. 일부 합작기업들은 주로 기술혁신을 획득하기 위해 설립된 것으로 보인다.

점진적으로, 그 다음 20년 간, 중국에서 점점 더 많은 사기업들이 용인되었다. 일부는 농산품, 재화를 판매하거나 또는 서비스를 제공하는 아주 작은 가게 수준이었다. 주로 제조업의 다른 기업들, 특히 수출 기업들은 무서운 속도로 성장하였다. 일부 국가 소유 기업들은 노동자들 혹은 민간 기업인들에게 매각되기도 하였다.

그러나 이러한 변화들의 대부분은, 특히 대규모 자본이 투자되는 경우, 그것이 중국의 국영 은행들에 의한 것이든 외국에 의한 것이든 관계없이, 국가의 통제 하에 있었다. 자본에 대한 그러한 엄격한 통제는 자본이 국내에서뿐 아니라 국가 간에도 자유롭게 이동해야 한다는 당시의 주류 의견이었던 워싱턴 컨센서스에 반하는 것이다.

국가로써의 중국은 이러한 체제 하에서 번영을 구가하였다. 중국의 경제는 급속히 성장하여 세계 2위의 경제대국이 되었다. 4억 명의 사람들이 빈곤선 이상으로 올라섰다. 이는 인간역사를 통틀어 전례가 없는 성취이다.

워싱턴 컨센서스에 대한 다른 도전들은, 특히 1997년 아시아에서 시작되어 전세계로 번진 금융위기 이후 대두되었다. 되돌아보면, 이 위기 극복에 대한 지원의 대가로 가혹한 조건을 제시한 IMF의 요구는 그렇지 않았다면 보다 쉬웠을 복구를 더 어렵게 한 것으로 평가된다. 그 후, 개발도상 전체 지역을 통하여, 국가들은 외환보유고를 늘려왔고 외국 자본의 출입에 보다 많은 통제를 가하게 되었다.

다른 측면에서도, 개발도상국들은 예전보다 더 나은 결과를 낳을 것으로 예상되는 다른 접근방식들을 21세기의 초반 10년간 시도하였다. 점점 더 많은 개발도상국들이 국가의 자원을 배분함에 있어 시장의 힘에 의존하기보다는 필요가 있다고 인식된 분야에 선택적으로 자원을 투입하고 있다. 이러한 접근은 어떤 경우에는 국가 소유 은행을 통하여 정부가 직접 투자하는 형태를 띠기도 하며 정부가 직·간접적인 보조금을 지급하거나 특정 산업 분야에 필요한 사회간접자본을 구축하는 방식을 취하기도 한다.

지난 10년 간, 멕시코와 브라질은 빈곤한 가구들을 대상으로 소득이전 제도를 운영하였다. 이 제도는 자녀들을 학교에 다니게 하거나 또는 다른 어떤 조건들을 충족하는 것을 조건으로 소득을 지원한다. 그 결과 이들 국가에서 불평등이 감소하기 시작하였다. 중국도 점증하는 소득 불평등 문제를 해소하는 데 보다 많은 관심을 기울여 왔고, 특히 노동자 감소와 은퇴자 증가라는 문제를 포함한 인구 고령화에 대처하기 위해 은퇴 연금 체계를 개발하는 데 관심을 가져왔다. 이와 같이 정부와 시민 사이의 '사회적 계약'의 여러 측면들이 이전에 비해 더욱 주목 받고 있다. 그러나 아직 그 추세는 변하지 않고 있다. 부유층의 소득은 다른 어떤 집단보다 빠르게 증가하고 있다 (Stiglitz 2015).

아프리카에서도 희망적인 변화들이 일어나고 있다. 라들레(Steven Radelet)는 그의 저서 『떠오르는 아프리카: 17개국은 어떻게 선도하고 있는가? (*Emerging Africa: How 17 Countries Are Leading the Way*)』(2010)에서 빈곤과 불평등을 감소시키는 동시에 소득을 증대시킬 수 있도록 아프리카의 선도적인 국가들을 변화시켰던 5가지 방식들을 논하고 있다.

1. 민주화, 특히 과거에 지배적이었던 '거물'위주의 정부와 비교되는 선출된 정부의 강화된 책임정치: 1989년 이후 25개의 아프리카 국가들이 민주적으로 선출된 정부 형태로 이행하였다.
2. 보다 합리적인 경제정책으로의 전환: 신중한 예산 편성과 목표가 분명한 공공지출, 군사비 절감, 외국자본 유입과 국제채무에 대한 주의.
3. 부채 위기의 종결 및 교육과 공중보건을 촉진하기 위한 자원의 투입: 이와 같은 노력은 종종 외국의 공공 및 민간 부문의 지원과 협력에 의해 이루어졌다.
4. 신기술의 확산: 특히 휴대전화 및 인터넷의 확산은 농산물 및 기타 상품의 판매, 원격 교육과 공중보건에 필수적이었다.

5. 정치, 경제 및 사회 분야에 신세대 지도층(소위 '치타 세대')의 등장: 이들 중 많은 사람들이 외국에서 교육 받았다.

불행하게도, 미국의 정치적 분위기가 워싱턴 컨센서스의 철회를 방해했다. 아래의 도표 11.4를 보자.

도표 11.4 미국의 빈곤 및 불평등 동향

2014년 그의 책, 『자본(*Capital*)』에서, 프랑스 경제학자 피케티(Thomas Piketty)는 소유권, 상속, 그리고 재산에 대한 세금 혜택, 그리고 다른 자본 투자들이 불평등의 증가에 기여함을 입증하고 있다. 그는 300년 전으로 거슬러 올라가, 특히 프랑스, 영국, 그리고 미국 등 20개 국가의 모든 가용 자료를 살펴본다. 21세기 중반을 제외하고, 자본으로부터의 수입은 거의 항상 임금으로부터의 그것을 초과하며, 계속되는 높은 불평등의 주요 원인이 되어 왔다.

1940년대부터 1970년대 중반까지 미국에서 빈곤이 감소한 것은 주로 루즈벨트(Franklin D. Roosevelt) 대통령의 뉴딜에 따른 정책 변화의 결과이다. 변화는 사회보장제도, 제2차 세계대전 참전용사들을 위한 정부 교육보조금, 강력한 노조를 위한 지원, 의료보험, 식품 및 주거 지원 프로그램, 시민권의 보장, 누진 소득세 및 부동산세, 최저 임금 및 초과 근로 수당, 보험으로 보호되나 규제를 받는 금융기관 등과 같은 정책들을 포함한다. 노동자들은 생산성 향상으로부터의 이익을 공유하였다.

이 기간 동안, 미국의 불평등은 극적으로 감소하였다. 1928년, 미국 가구 수의 상위 1퍼센트가 국가 전체 소득의 23퍼센트를 차지하였다. 1970년대 중반에는 나머지 계층의 소득 비중이 증가함에 따라 상위 1퍼센트의 소득 비중은 단지 9퍼센트에 불과하였다.

1970년대 중반부터, 적어도 부분적으로는, 점차 심화되는 세계적 경쟁에 대응하기 위해 기업들이 미국의 정치경제체계의 개조를 목적으로 조직화하기 시작하였다. 워싱턴 DC에 등록된 로비스트가 대변하는 기업의 수는 1971년 145개였으나 1982년에는 2,445개에 달하였다. 그들은 기

도표 11.4 계속

업들과 부유한 개인들에 대한 세금, 특히 자본 소득세를 낮추도록 의회를 설득하였다. 그들은 기업에 대한 규제를 완화시켰고, 그 결과 더 위험성이 높은 금융활동이 활성화되었다. 그들은 또한 노동조합 설립을 방해하기 쉽도록 하였다. 동시에 정치적 도의도 줄어들었고 선거구의 게리맨더링은 현직자를 보호했다 (Packer 2011).

다음 세대에 걸쳐, 기업들과 기업소유주들은 생산성 향상에 기인하는 이익의 거의 모두를 차지했다. 노동자들에 대한 보상은 매우 더디게 상승한 반면 고위 경영자들에 대한 보상은 기하급수적으로 늘어났다. 노동자들의 중위 소득 대비 CEO들의 중위소득 비율은 1970년대 중반의 35 대 1에서 2010년 이후 295 대 1로 증가했다. 상위 1퍼센트에게 귀속되는 국민소득의 비중은 1928년도의 정점으로 회귀했다 (Stiglitz 2015).

1980년대 이후, 각각의 경기침체는 거듭될수록 더 긴 회복기를 요구하였다. 2008년도의 대침체(Great Recession) 이후, 많은 사람들은 고용이 결코 침체 전의 수준을 회복하지 못할 것이라고 우려하였다. 부유층에 대한 세금 인하가 경제 회복과 성장을 이끌 것이라는 주장은 지난 10년간의 기록에 의해 지지받지 못한다 (Stiglitz 2015).

1980년 무렵부터 2007년까지, 국민소득의 이러한 편향 현상의 피할 수 없는 결과는 맞벌이 가정의 증가, 노동시간 연장, 그리고 신용카드와 부풀려진 주택 가치로 인한 반복적 대출을 통한 부채의 증가라는 세 가지 대응 기제를 통해 소비와 수요를 유지해 온 중산층 가계에 의해 지연되었다. 2007년에서 2008년 사이 주택가격의 거품이 붕괴되었을 때, 뒤따라 발생한 경기침체는 비극적이었다. 수백만 가정이 실업상태에 빠졌고 많은 가정들이 집을 잃었다. 금융기관들이 부실한 주택 담보 대출을 한데 묶어 만든 파생금융상품을 전세계에 판매하는 도박성 거래를 했기 때문에 위기는 더욱 악화되었다. 대부분의 대형 금융기관들은 그들의 어리석은 판단이 야기한 위기로부터 구제 받았으나, 대부분의 가정들은 구제 받지 못하였다.

다른 요인들도 불평등 증가에 기여해왔다. 학업 성취도가 하락했다. 미국은 고등학교 학업 성취도와 읽기, 그리고 수학 시험에서 선진국 중 거

▶▶▶

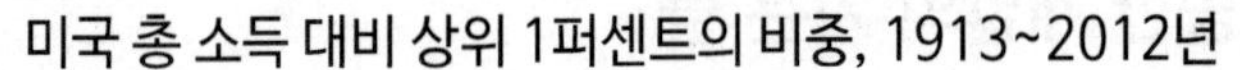

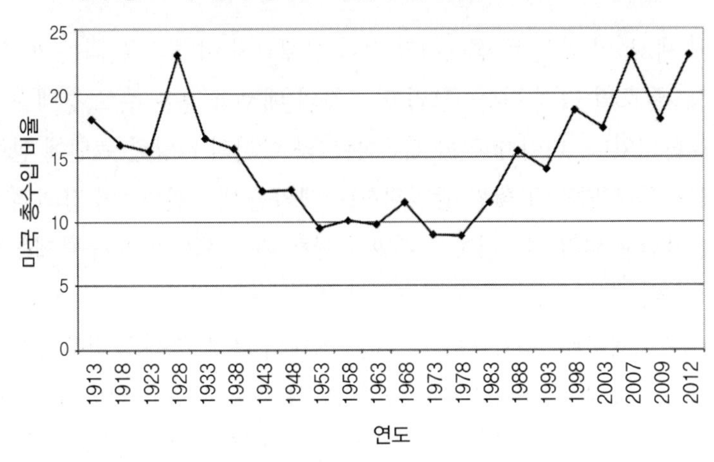

출처: Saez (2013).

의 하위에 있다. 대학 입학률이 증가하고 있지만 미졸업률 역시 증가하고 있다. 적정한 임금을 제공하는 좋은 직장을 얻을 수 있는 기회도 감소했다. 많은 가계들의 안정성 역시 감소했다. 많은 사람들은 종종 의료 응급 상황이나 교육의 기회와 관련하여 과도한 부채의 부담을 떠안고 있다. 저명한 사회학자 푸트남(Robert Putnam)은 『우리의 아이들: 아메리칸 드림의 위기(*Our Kinds: The American Dream in Crisis*)』(2015)에서 중·저소득층 가계의 감소한 기회에 대해 자세히 다루고 있다. 그들의 시작이 어떻든 관계없이 누구든 열심히 일해서 성공을 거둘 수 있을 것이라는 희망이 사라지고 있다.

위기가 발생하기 전까지 소득이 부유층에 급속하게 편중되어가는 현상이 경제를 매우 취약하게 만들 것이라고 인지하는 사람은 많지 않았다. 부유한 가정들은 소비성향상 소득의 큰 비중을 시장과 고용을 창출하는 데 도움이 되는 방식으로 쓰지 않는다. 그러나 그들은 필요한 개혁을 보다 어렵게 만드는 자신들의 정치적 영향력을 유지할 수 있었다. 쪼들리는 중산층이 그들의 정치적 영향력을 회복하고 예전처럼 다시 경제적 수익을 공유할 수 있도록 게임의 규칙을 변화시킬 수 있는지의 여부는 지켜봐야 할 문제다.

지속가능한 개발의 기본 틀

이 책의 제2부의 앞선 두 장에서와 같이 현재까지 이 장의 논의는 개별국가의 성장, 글로벌 경제 활동, 그리고 그것의 배분과 같은 주로 경제적 방식으로 표현되었다. 기아에 관한 짧은 논의와 발전의 다양한 측면에 관한 다양한 연구들은 발전이 훨씬 광범위한 주제임을 암시한다. 이 장의 후반부에서는 앞선 논의와 지속가능한 개발에 관해 떠오르는 몇 가지 주제들을 연결시켜보자.

1970년대 인간의 경제 활동이 다음 세대의 욕구 충족 능력을 위태롭게 하지 않는 지구의 수용력을 받아들여야만 한다는 우려가 만연했다. 2000년 경, 지속가능한 발전의 공식화 역시 그러한 '사회적 발전' 혹은 '사회적 포용' 등의 문구를 포함하기 시작했다.

경제성장, 환경적 지속, 그리고 사회적 포용이라는 지속가능한 발전의 3대 정의는 2015년 달성 목표로 2000년 유엔에서 채택된 8가지 새천년개발목표(MDGs: millennium development goals)에서 구현되었다.

1. 극심한 빈곤 퇴치
2. 초등 교육의 완전 보급
3. 성 평등 촉진과 여권 신장
4. 유아 사망률 감소
5. 모성 보건 증진
6. 후천성 면역 결핍 증후군(HIV/AIDS), 말라리아 등 질병과의 전쟁
7. 환경 지속가능성 보장
8. 발전을 위한 글로벌 동반 관계 구축

이러한 목표들은 대략 61개의 세부 지표로 구성된 21개의 세부적이고 정량화된 목표로 개선되었다. "1990년에서 2015년 사이 1일 1달러 이하의 수입을 가진 사람들의 비율을 반으로 줄이는 것" (후에 1.25달러, 계속해서 1.90달러로 개선됨) 이라는 오직 1개의 MDG 목표만이 온전히 성취되었다.

MDG의 의미 있는 진전에 고무되어, 2015년 유엔은 2030년 달성을 목표로 좀 더 대담하고 폭 넓은 지속가능개발목표(SDGs: sustainable development goals)를 채택했고 이는 제14장에서 더욱 자세히 논의되고 있다 (UN 2015c).

선택 정책 문제

17개의 새로운 SDG 중 몇몇의 실체는 본 책의 여러 장에서 다루고 있다. 그러나 새로이 언급된 목표 중 일부는 특히 본 논의에 적절한 듯하다.

목표 1과 2: 빈곤의 부재와 기아의 종결

1990년 이후 극빈층의 수는 절반 이상 줄었으나, 여전히 8억 명 이상의 사람들이 1일 1.90달러 이하로 살고 있다. 대략 비슷한 수치의 사람들(반드시 같은 사람은 아니지만)은 여전히 굶주리고 있다. 이러한 사실을 포함하여, 개도국의 거의 절반에 해당하는 사람들은 1일 3.10달러 혹은 그 이하로 살아가고 있다. 글로벌 실업 인구는 2억 명 가까이에 이른다. 빈곤과 기아로부터의 해방은 대부분 최소한 가계에서 몇 사람이라도 더 나은 교육과 제대로 된 일자리에 접근할 수 있을 때 가능해진다.

목표 4: 양질의 교육

기초 교육에 대한 투자는 보건과 영양 개선에 대한 투자를 보완하고, 개도국과 선진국 모두의 보상에 기여한다. 청소년, 특히 여학생에 대한 더 나은 교육은 평생에 걸쳐 가족에게 필요한 건강에 대한 인식과 실천을 향상시킨다. 기초 교육에 대한 보편적인 접근의 완성과 더불어, 중등 교육과 평생 학습 기회를 확장하기 위한 더 나은 노력과 글로벌 지원이 필요하다. 향상된 인지적 기술과 기타 기술들은 생산력을 증가시키고, 자원의 더 나은 경영을 가능케 하며, 새로운 기술의 접근을 허용하고, 결국 더 높은 수입으로 이어진다. 상승효과로 인해, 더 높은 수입은 가계가 그들의 (일반적으로 더 적은) 아이들을 위해 더 나은 교육과 보건과 같은 인적 자원에 더 많은 투자를 가능케 한다.

이러한 투자는 또한 민주주의의 참여를 향상시킨다. 비록 이것은 뿌리 깊은 이해관계에 직면하여 때로는 문제가 될 수 있지만, 오랜 기간 광범위한 정치적, 경제적 활동에 대한 참여는 잘못된 정책 입안의 가능성을 줄이고 좀 더 빠른 수정을 가능케 한다 (Birdsall, Pinckney, and Sabot 1996).

목표 8 : 제대로 된 직장, 경제성장, 그리고 기반 시설

유엔은 환경적 제약에 직면했음에도 불구하고, 현재의 실업 노동자와 2016년부터 2030년 사이 노동 시장에 유입될 새로운 노동자들을 위해 거의 5억 개의 추가적인 일자리가 필요하다고 추정한다. 앞서 언급한 대로, 교육, 보건, 그리고 식량 생산 증가와 같은 모든 것들이 더 많은 양질의 일자리를 필요로 한다. 더욱 적당한 기반 시설(운송, 통신, 재정, 그리고 신용, 특히 소규모 사업자를 위한)과 함께, 재활용 가능한 에너지 그리고 이산화탄소 배출을 줄이기 위한 다른 수단의 개발은 현재 그리고 앞으로 수백만의 구직자를 고용할 수 있다. 저소득 가계에 주어진 더욱 안정적인 소득은 거의 항상 지역 경제에 승수 효과를 지니는데 왜냐하면 이러한 가계는 보통 그들의 수입 거의 모두를 소비하기 때문이다.

목표 10: 불평등의 감소

'불평등 감소'라는 SDG는 비록 사회적 포용에 대한 과정에서 유추될 수 있긴 하지만, MDG에는 정확하게 그것에 대응할 만한 조항이 없다. 비록 극도의 빈곤은 많이 줄어들었지만, 개도국 가계의 약 75퍼센트는 소득이

1990년에 비해 더욱 불공평하게 분배되어 있는 국가에서 살고 있다 (UN 2015c). 이 기간 이러한 국가에서는 경제성장으로부터 얻은 이득의 매우 높은 비율이 소수의 부유층에 축적되었다. 그러한 소득은 미국과 같은 더욱 부유한 국가의 수준과 비슷했다. 증가된 생산성으로 인한 이득은 경영주 특히 관리자에 의해 점유되었다. 이 시기에 생겨난 수백만 개의 새로운 일자리는 너무 보수를 적게 지급해서 심지어 전업 노동자들조차 빈곤의 폐해에서 벗어날 수 없을 정도였다. 과도한 정치적 힘이 일반적으로 상위 20퍼센트 심지어 많은 경우에 최상위 5퍼센트보다 적은 소수만이 이익을 얻을 수 있도록 개별 국가 경제와 글로벌 경제의 규칙을 만들었다.

빈곤과 불평등을 줄이기 위한 경제정책들이 부국과 빈국의 일부 국가에서 알려져 활용되고 있다. 이러한 정책 중 몇몇은 금융기업에서부터 시작해 공평성과 투명성에 바탕을 두어 시장과 투자에 관한 규칙을 세운다. 영세, 신생 사업을 지원하는 신용 기반시설과 더불어, 은행과 다른 금융기업들의 과도한 위험감수를 위한 정부의 구제정책도 억제되어야 한다. 글로벌 경제에서, 공정무역 규칙은 개도국과 환경 모두에 매우 중요하다 (Stiglitz 2015).

강요된 누진세와 결부된 다른 경제 정책들은 특히 보건, 교육과 같이 사람에 대한 사회적 투자를 증진시켜야 한다. 이러한 경제 정책은 또한 아이, 노인, 장애인, 그리고 종종 차별받는 사람들에게 집중된 사회적 보호 연결망을 뒷받침해야 한다.

목표 16: 평화적·포괄적 사회, 정의, 그리고 책임감 있는 제도들

경제발전, 사회적 포용, 그리고 환경적 지속성 같이 초기 설정된 지속가능한 개발의 틀은 좋은 거버넌스라는 네 번째 영역을 포함하지 않고는 실현될 수 없다. 시장에서 몇몇의 행위자가 그들의 경제적 권력으로 이익을 얻을 수 있는 것과 마찬가지로 시장의 행위자와 다른 강력한 정치적 행위자들은 그들 자신만의 이익에 따라 정책을 지배한다. 이러한 현상은 지역적, 국가적, 혹은 국제적 차원에 상관없이 일어난다. 한편, 그들의 복지가 특정 정책이 효과적인지에 대한 강력한 증거인 빈곤층은 종종 정치적 접근과 영향력이 없다.

삭스(Jeffrey Sachs, 2015)는 SDG의 발전에 있어 주요 특징을 좋은 거버넌스의 4가지 요소라 명명한다.

1. **의무**: 경제적 혹은 정치적 기구와 상관없이, 정부와 기업은 그들의 행동에 책임을 질 줄 알아야 한다.

2. **투명**: 몇 가지 예외를 제외하고, 공직자 혹은 민간 부문에 의해 수립된 결정과 정책은 책임 여부를 확실히 하기 위해 공개적이어야 한다.

3. **참여**: 제도에 상관없이, 시민과 이해 당사자는 책임성을 가지고, 정부와 기업을 조직하고 통제하는 과정에 참여할 수 있는 권한이 필요하다.

4. **책임**: 개인, 기업, 그리고 정부는 오염을 포함하여 다른 것들에게 해를 가해서는 안 되는 책임이 있다. 이것은 '무해(do no harm)'나 '오염자 부담(polluter pays)'의 원칙으로 표현될 수 있다.

관료의 청렴도와 능력

빈곤과 불평등을 극복하고자 하는 문제의 중심이 구조주의적 접근법에서 더욱 집중된 목표를 향한 발전으로 이동함에 따라, 공무원의 역할이 더욱 중요해지고 있다. 행정적 능력과 기본적인 청렴도의 중요성은 증가하고 있다. 충분한 정보를 갖춘 시민들의 지지를 바탕으로 한 정치적 용기는 새로운 정책과 프로그램을 수행하거나, 혹은 기존의 정책과 프로그램을 종결할 때, 특히 그러한 변화가 뿌리박힌 이해관계에 대한 도전일 경우, 필수적이다.

결론

최근 수십 년간의 상당한 성장에도 불구하고, 기초생필품을 확보할 수 있는 소득과 자원의 부족을 의미하는 극도의 빈곤과 매우 낮은 소득은 전세계인구의, 대체적으로 빈국의, 3분의 1에 해당하는 문제이다. 상대적 빈곤은 여전히 미국과 다른 선진국에서 너무 많은 사람들에게 영향을 미치고 있다.

가난한 국가들은 빈곤을 극복하기 위해 경제적 성장이 필요하지만, 다른 조건들 역시 어디서나 중요하다. 가구 간 혹은 가구 내에서 상대적으로 평등한 국민 소득의 분배 역시 매우 중요한 문제이다. 이러한 개선은 또한 지속적이어야 한다. 정책결정은 광범위하게 공유되어야 한다. 교육을 받고 충분한 정보를 갖춘 시민들의 지지를 받는 공무원의 청렴도와 능력 역시 중요하다.

좋은 일자리와 사업기회를 창출하는 것은 현 세대가 해결해야 할 가장 큰 과제이다. 상대적으로 평등한 성장을 달성하기 위해 필요한 경제적 혹은 정책적 수단들의 일부는 최근 수년간 특히 동아시아 및 동남아시아 지역에서 성공적으로 제시되어 왔다. 아주 최근의 일부 아프리카 국가들의 발전도 희망적이다. 한편 빈곤이 초래하는 가장 부정적인 효과들은 공공부문과 민간부문의 개입에 의해 상당 부분 상쇄되어 왔으며, 앞으로도 계속되어야 한다. 계속되는 빈곤 하에서도, 유아사망률과 전체적 기아가 감소하였으며, 식자율과 수명이 증가했다.

이러한 정책적 수단과 프로그램들을 특정한 상황에 적용하는 문제야말로 우리 모두가 가져야 할 가장 중요한 관심사이다. 갈수록 통합되어 가는 글로벌 경제 속에서, 개인, 사회 및 국가의 복지와 안전은 불가피하게 서로 모두 연결되어 있기 때문이다. 세계의 모든 국가들이 야심찬 새천년개발목표를 채택하였다. 이러한 목표의 달성에는 가장 공급이 부족해 보이는 한 가지 요소가 아주 많이 필요하다. 목표를 달성하려는 정치적 의지가 바로 그것이다.

토의주제

1. 당신은 빈곤을 측정하기 위한 기준으로 절대소득, 소득분배 아니면 새천년개발목표 같은 보다 세부적인 목적을 달성하는 능력 중 어느 것을 선호하는가?
2. 경제 내에서 최상위 소득계층과 최하위 소득계층 사이의 비율은 어느 정도가 바람직하다고 생각하는가? 한 기업 내에서의 비율은 어느 정도가 될 수 있다고 생각하는가? 당신이 생각하는 비율에 이르기 위해서 어떤 정책이 필요한가?
3. 정부정책은 어느 정도까지 소득 재분배를 시행 혹은 장려해야 하는가? 어떤 정책수단을 사용해야 하는가?
4. 어떤 빈곤 퇴치 혹은 불평등 감소 정책들이 가장 우선적으로 고려되어야 하는가? 당신은 이러한 정책들을 유지하거나 혹은 변경하는 데 어떤 역할을 할 수 있는가?
5. 미국은 어째서 학업 성취도 및 공공의료 분야에서 캐나다, 일본 및 많은 유럽국가들보다 뒤지는가?
6. 당신의 가족은 경제대공황으로부터 어떠한 영향을 받았는가? 당신은 그러한 영향으로부터 지금은 극복했는가?
7. 당신은 빈곤 및 불평등은 감소 및 극복 가능하다는 주장에 대하여 필자처럼 낙관적인가? 개인 모두의 복지가 '불가피하게 연결'되어 있다는 데 대하여, 그리고 기아를 극복하는 데 있어서 가장 부족한 요소는 '정치적 의지'라는 저자의 주장에 동의하는가?

추천 문헌

Bread for the World Institute (2015) *Annual Report on the State of World Hunger*. Washington, DC.

Congressional Budget Office (2011) *Trends in the Distribution of Household Income Between 1979 and 2007*. Washington, DC. www.cbo.gov.

Food and Agriculture Organization (2015) *The State of Food Insecurity in the World*. www.fao.org.

Milanovic, Branko (2006) "Global Income Inequality: What It Is and Why It Mat-

ters?" DESA Working Paper no. 26. Washington, DC: World Bank.
Picketty, Thomas (2014) *Capital in the Twenty-First Century*. Cambridge: Harvard University Press.
Putnam, Robert D. (2015) *Our Kids: The American Dream in Crisis*. New York: Simon and Schuster.
Radelet, Steven (2010) *Emerging Africa: How 17 Countries Are Leading the Way*. Washington, DC: Center for Global Development.
Reich, Robert B. (2010) *Aftershock: The Next Economy and America's Future*. New York: Knopf.
Sachs, Jeffrey (2015) *The Age of Sustainable Development*. New York: Columbia University Press.
Stiglitz, Joseph E. (2012) *The Price of Inequality: How Today's Divided Society Endangers Our Future*. New York: Norton.
_______ (2015) *The Great Divide: Unequal Societies and What We Can Do About Them*. New York: Norton.
United Nations (2015) *The Millennium Development Goals Report*. New York www.unmillenniumproject.org.
_______ (2015) *2015 Time for Global Action, for People and Planet*. New York www.un.org.
United Nations Development Programme (2014) *Human Development Report*. www.undp.org.
World Bank (annual) *World Development Report*. Washington, DC.
_______ (2015) *World Development Indicators 2015*. Washington, DC. http://data.worldbank.org.

Chapter 12

인구증가와 이주의 문제

현재의 인구동향이 미래에 미칠 영향에 대한 이해는 글로벌 연구에 있어서 무척 중요한 측면이다. 이에 대해 이해하는 과정은 쉽지 않을 것이며 편치도 않을 것이다. 왜냐하면 상당한 수준의 인구증가는 21세기 처음 50년 동안 우리 세계가 직면하게 될 피할 수 없는 현실이기 때문이다. 글로벌 이슈에 관심 있는 학생들은 인구증가의 원인과 인구변화가 사회와 환경에 미치는 영향 둘 다 모두 이해해야 한다. 그에 대한 이해는 전세계적, 지역적, 지방적 수준에서 나타나고 있는 인구관련 문제에 대한 적절하고 효과적인 대응방안을 개발하는 데 도움이 될 것이다.

이 장은 전세계 개발도상국 및 선진국 모두에서의 인구변화와 환경문제, 정치·경제·사회변화 사이의 상호연관성 대해 논의한다. 인구증가에는 금방 바뀔 수 없는 '모멘텀'이 존재하기 때문에 인구분석 또는 인구학적 분석의 기본원칙에 대해 고려하는 것부터 시작한 후 이어서 최근 글로벌 및 지역 인구동향을 역사적 관점에서 파악하는 것이 중요하다. 인구, 사회, 환경

간의 관계에 대한 다양한 철학적·과학적 관점이 과거와 현재의 인구증가 패턴을 설명하는 데 사용되었고, 미래 비전에도 영향을 미쳤다. 현재 인구증가가 초래할 결과에 대한 토론은 인구정책의 추진방향에 대한 논의에도 영향을 미친다.

원칙과 동향

인구학의 개념과 분석

인구학(demography)은 인구변화와 특성에 대해 연구한다. 인구는 출산, 사망, 이동이라는 세 가지 인구학적 과정의 상호작용으로 인해 크기와 구성이 변할 수 있다. 이러한 변화의 구성요소들은 두 시점 간 인구변화(P)에 대한 다음과 같은 방정식으로 정리된다.

P = (+) 출생 (−) 사망 (+) 전입 이주 (−) 전출 이주

글로벌 수준에서 세계인구는 사망과 출생 간의 상대적 불균형으로 인해 증가하며, 이를 흔히 자연증가(natural increase)라고 한다. 미국의 인구는 현재 매년 0.7퍼센트씩 증가하고 있다. 미국의 상대적으로 낮은 수준의 인구증가 중 자연증가가 3분의 2를 차지하고, 순국제이주가 3분의 1을 차지한다.

지속가능한 발전의 길을 추구하는 사람들 다수는 종종 인구제로성장(Zero Population Growth)이라고 하는 인구증가가 멈춘 상태를 선호한다. 단기적인 관점에서 본다면 인구제로성장은 단순히 인구방정식의 구성요소들이 서로 균형을 이루어 일정 기간 동안 인구변화가 전혀 없는 상태를 의미한다. 그러나 장기적인 관점에서 인구학자들은 일반적으로 인구증가 제로의 특정 형태, 즉 정지인구(stationary population)를 조사하여 인구증가율을 제로로 본다. 즉, 정지인구에서는 일정한 출산 패턴이 일정한

사망률 및 이주와 상호작용하여 인구변화가 전혀 일어나지 않는다. 이러한 경우 다음 세대가 그저 부모 세대를 대체하기 때문에 '대체'출산율을 출산율로 계산한다. 사망률이 낮은 국가의 경우 대체출산율은 합계출산율에 의해 측정될 수 있으며, 장기적으로 정지인구를 달성하기 위한 합계출산율은 여성 1명이 가임기간 동안 약 2.1명의 아이를 낳는 것이다.

인구가 일 년 단위로 증가하는 것을 멈추게 하려면 아마도 대체출산율에 도달하고 난 후 3세대 정도의 비교적 긴 시간이 필요하다. 과거 출산율이 높았던 시기에 태어난 현재의 대규모 가임연령대 인구로 인해 대체수준 출산율을 유지하는 상태에서도 많은 수의 아이가 태어난다. 따라서 이러한 인구의 '연령구조(age structure)' 효과가 사라질 때까지 사망 대비 출생이 더 많은 현상은 계속 일어난다. 이것은 인구증가의 '모멘텀'으로 알려져 있다. 장래 인구증가에 대한 중위 수준 출산율 가정을 사용하여 유엔 인구국(UNPD)은 2030년까지 세계인구 수준이 85억 명까지 늘어날 것으로 추산하였으며, 부분적으로 개발도상국 지역의 인구증가 모멘텀에 기인하는 증가로 인해 2050년에는 세계인구가 93억 명을 돌파할 것으로 예측하였다(UNPD 2015).

인구의 중요한 사회 인구학적 특성 중 하나가 연령구조이다. 노동연령인구가 매우 어린 세대 및 매우 나이 많은 세대를 부양해야 한다. 전체 인구에서 각 연령집단이 차지하는 인구비율은 **인구피라미드**(*population pyramid*)로 묘사된다. 도표 12.1은 2015년 유엔 인구국에서 추산한 네덜란드와 니제르의 인구피라미드를 보여준다. 니제르의 인구피라미드는 젊은 연령구조를 보여준다. 전체인구의 3분의 1 이상이 10세 이하 아동이다 (37.3퍼센트). 이는 높은 출산율에 기인한다. 저출산 국가인 네덜란드는 전체 인구에서 10세 미만이 차지하는 비율이 11퍼센트에 불과하다. 연령 스펙트럼의 또 다른 극단, 즉 노인연령층을 보면 니제르는 불과 전체 인구의 2.6퍼센트만이 65세 이상이며, 네덜란드의 18.2퍼센트와 대비된다(UNPD 2015). 네덜란드 인구구성 및 연령구조에서 이주가 중요한 역할을 한다. 2013년 유엔의 추산에 의거하면 네덜란드 전체인구의 11.7퍼센

도표 12.1 네덜란드 및 니제르의 인구피라미드, 2014년

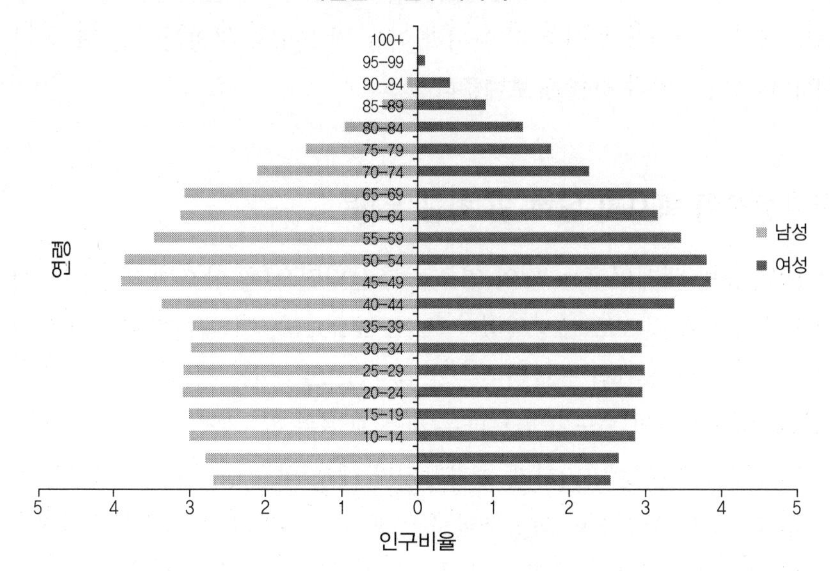

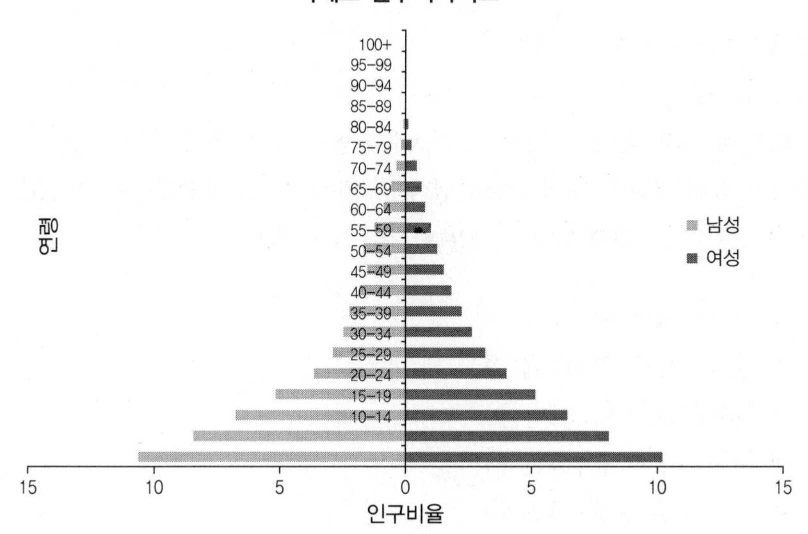

출처: UNPD (2015).

트가 외국에서 태어났으며, 이는 같은 해 니제르의 0.7퍼센트와 대비된다 (UNPD 2013a). 이 두 개의 연령피라미드는 출산 및 인구이동의 과거 수준의 역사적 사실을 보여줄 뿐 아니라 아동 및 노인을 부양하기 위해 각 사회에 요구되는 바가 다름을 보여준다.

인구성장의 역사적 변화 및 최근 동향

2015년 중반 세계인구는 73억 명으로 추산되었으며, 향후 연간 약 1.2퍼센트씩 증가할 것으로 예상되었다 (UNPD 2015). 이 데이터는 인구특성에 대한 횡단면적 관점을 보여주는 스냅사진으로, 이는 전세계적으로나 지역별로 인구변화의 속도가 다르다는 것을 보여주지는 못한다. 대부분의 인류 역사에서 인구는 미미하게 증가하거나 매우 낮은 증가율을 보였다. 이는 질병, 전쟁, 불안정한 식량조달로 인해 국내인구의 증가가 억제되었기 때문이다. 16세기에서 18세기 사이 공중위생의 개선, 안정적인 식량공급, 개인위생 및 의복의 개선, 정치적 안정 등 사회·경제적 환경의 변화로 인해 세계인구는 꾸준히 증가했다.

세계인구는 아마도 1800년 직후까지 10억 명을 넘지 못했던 것 같다. 그러나 19세기 동안 인구증가가 가속화되면서 10억 명이 추가로 늘어나는 데까지 걸린 시간은 크게 단축되었다. 유엔에 따르면 (UNDESIPA 1995; UNPD 2015) 세계의 인구는 다음과 같이 늘어났다.

- 1804년 10억 명
- 1927년 20억 명 (123년 후)
- 1960년 30억 명 (33년 후)
- 1974년 40억 명 (14년 후)
- 1987년 50억 명 (13년 후)
- 1999년 60억 명 (12년 후)
- 2010년 69억 명 (11년 후)

• 2015년 73억 명 (5년 후)

20세기 후반부 전세계적으로 인구가 급속하게 증가했다. 도표 12.2는 1955년 이후 여러 해 동안의 인구통계자료를 보여준다. 1955년에서 2015년 사이 세계인구는 두 배 이상 증가하여, 27억 6,000만 명에서 73억 5,000천만 명으로 늘어났다. 도표에서 막대의 길이 차이는 인구증가의 모멘텀을 보여준다. 이 모멘텀으로 인해, 비록 뒤로 갈수록 증가 폭은 둔화되었지만, 세계인구수는 계속 늘어났다. 1985년에서 1990년 사이에 매년 약 9,100만 명씩 늘어났다. 2010년에서 2015년 사이에는 매년 약 8,400만 명씩 늘어난 것으로 추산된다 (UNPD 2015). 즉, 25년 전에 비해 매년 700만 명이 줄어든 수치이다.

그러나 세계인구가 이렇듯 빠르게 늘어나고 있음에도 불구하고 인구증가율이 감소하고 있다는 사실에 주목할 필요가 있다. 세계인구의 연평균 증가율은 1962년에서 1964년 사이에 역대 최고수준인 2.2퍼센트를 기록했다. 그 이후로 인구증가 속도는 둔화되어, 현재는 연간 약 1.2퍼센트 수준이다 (UNPD 2015).

선진국 지역의 인구증가 패턴과 개발도상국 지역의 인구증가 패턴은 무

도표 12.2 국가발전 수준별 세계인구, 1955~2015년

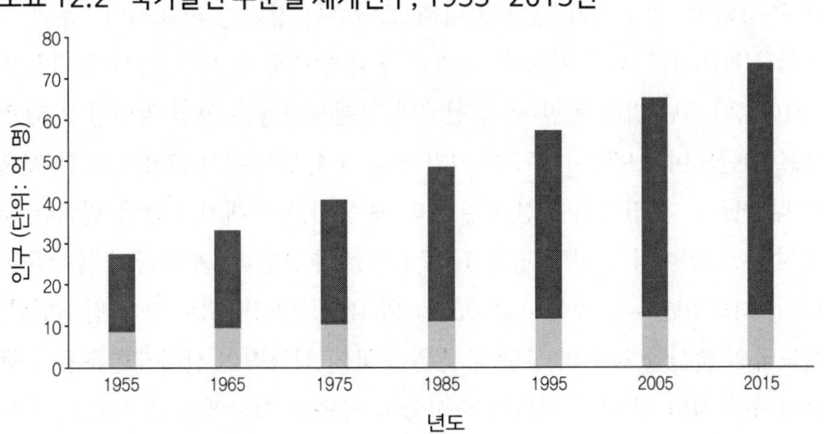

출처: UNPD (2015).

척 다르다. 표 12.1은 1955년 이후 일부 년도에 있어서 세계 주요 지역의 인구크기와 인구분포를 보다 자세하게 보여준다. 지난 50년 동안 세계인구의 지리적 분포에 급격한 변화가 일어났으며, 이러한 변화는 앞으로도 계속될 것으로 예측된다. 1955년 세계인구의 3분의 2 이상은 개발도상국에 집중적으로 몰려있었다. 이 비율은 2015년 83퍼센트로 전체 세계인구의 5분의 4 이상으로 증가했다. 아시아 국가들은 세계인구의 거의 60퍼센트를 차지한다. 지구촌 전체 인구의 거의 5분의 1에 달하는 13억 7,600만 명 또는 18.7퍼센트가 중국에 살고 있고, 13억 1,100만 명 또는 17.8퍼센트는 인도에 살고 있다 (표 12.1에 나와 있지 않은 데이터). 전체 세계인구에서 아프리카가 차지하는 비율은 1955년의 9.2퍼센트에서 현재 16퍼센트 이상으로 증가했다. 유럽인구는 현재 전체 세계인구의 10퍼센트를 차지하며, 이는 1955년 21퍼센트에서 감소한 수치이다. 북미, 중남미 및 카리브해안 등 서반구 지역은 2015년 현재 세계인구의 14퍼센트를 차지한다.

인구증가는 출산률, 사망률, 순이주(net migration)의 수준에 달려있다. 제2차 세계대전 이후 급격한 인구증가는 주로 공중보건의 발전과 선진국에서 개발도상국으로 의료기술의 전파로 인해 사망률이 급감하였기 때문이다.

합계출산율(total fertility rate)은 가임기 여성 한 명당 평균 출산 수로 측정되며, 인구증가 전반에 대해 보여주는 강력한 지표이다. 유엔 인구국(UNPD)이 조사 가능한 국가만을 대상으로 실시한 분석에 따르면 2010~2015년 기간 동안 세계 전체의 합계출산율은 여성 일인당 2.51명으로 추산되며, 1970~1975년 기간 동안의 4.48명에서 크게 감소한 것으로 나타났다. 선진국의 출산율은 여러 해 동안 인구대체 수준을 밑도는 낮은 수준으로 여성 일인당 평균 1.67명으로 추산된다. 개도국의 출산율은 1970~1975년 5.42명에서 2005년~2010년 2.65명으로 크게 감소했다. 개도국의 출산율 감소의 상당 부분은 중국의 적극적인 산아제한운동과 동남아시아 지역 및 남미 지역의 출산율의 급속한 저하에서 그 이유를 찾을 수 있다. 인도의 합계출산율 역시 1970~1975년 5.26명으로부터 2010년~

표 12.1 세계 및 지리적 지역과 비교한 선진국과 개발도상국의 인구, 1955~2015년

	1955	1965	1975	1985	1995	2005	2015
인구 (단위: 억 명)							
세계	27.58	33.22	40.61	48.53	57.35	65.20	73.49
선진국	8.63	9.66	10.47	11.14	11.70	12.09	12.51
후진국	18.95	23.57	30.14	37.39	45.65	53.11	60.98
북미	1.87	2.19	2.42	2.67	2.96	3.29	3.58
아시아	15.34	18.75	23.78	28.97	34.75	39.45	43.93
아프리카	2.54	3.22	4.16	5.50	7.20	9.20	11.86
오세아니아	0.14	0.18	0.21	0.25	0.29	0.33	0.39
유럽	5.77	6.35	6.77	7.08	7.28	7.29	7.38
중남미와 카리브해	1.93	2.54	3.26	4.06	4.87	5.64	6.34
세계인구 대비 비율 (%)							
세계	100.0	100.0	100.0	100.0	100.0	100.0	100.0
선진국	31.3	29.1	25.8	22.9	20.4	18.5	17.0
후진국	68.7	70.9	74.2	77.1	79.6	81.5	83.0
북미	6.8	6.6	6.0	5.5	5.2	5.0	4.9
아시아	55.6	56.4	58.6	59.7	60.6	60.5	59.8
아프리카	9.2	9.7	10.3	11.3	12.6	14.1	16.1
오세아니아	0.5	0.5	0.5	0.5	0.5	0.5	0.5
유럽	20.9	19.1	16.7	14.6	12.7	11.2	10.0
중남미와 카리브해	7.0	7.6	8.0	8.4	8.5	8.6	8.6

출처: UNPD (2015).

주: 각 지역의 수치는 반올림되었다.

2015년 2.65명으로 감소하였다. 사하라사막 이남 아프리카의 많은 국가를 포함하여 최빈국의 출산율은 지난 수십 년 동안 감소했지만 여성 일인당 4.27명으로 여전히 높은 수준을 유지하고 있으며, 이는 인구 대체수준보다 훨씬 높은 수준이다 (UNPD 2015). 도표 12.3은 2010~2015년 유엔이 추산한 전세계 국가의 출산율을 시각적으로 보여준다.

인구증가에 관한 시각

많은 문화권의 고대역사에서 인구와 사회의 관계에 대한 고찰을 찾아볼 수 있다. 고대 그리스의 플라톤은 도시의 크기와 자원기반 간 균형이 필요하다고 서술했고, 중국의 공자는 대가족이 갖는 사회·경제적 이점을 강조했다. 인구증가가 사회발전에 미치는 영향에 대한 우려가 19세기 사회이론의 핵심주제였고, 오늘날에도 현재 인구증가 수준이 세계 전체에 미치는 영향에 관한 논쟁은 지속되고 있다.

인구증가 분야에서 가장 영향력 있는 사상가 중 한 명이 맬더스(Thomas Malthus)이다. 그는 1798년 인구의 원리에 관한 논문을 출판했고, 수차례에 걸쳐 개정증보판을 내놓았다 (Malthus 1826). 맬더스는 18세기 유럽 사상계를 장악하고 있었던 경제성장과 번영을 위한 인구증가의 중요성을 강조한 중상주의 철학에 반기를 들었다. 그 대신 맬더스는 기근, 전쟁, 전염병과 같은 '긍정적 억제'에 의해 인구증가가 억제되지 않는다면, 불가피한 인간의 번식욕구로 인해 기아, 빈곤, 궁핍이 초래될 것이라고 주장했다. 오늘날의 신맬더스주의자들과 달리 신학자였던 맬더스는 가족의 수를 제한하는 수단으로 피임의 사용에 반대하고, 그 대신 만혼이나 금욕을 주장하였다.

맬더스의 이론은 수십 년에 걸쳐 인구논쟁에 스며들었고, **신맬더스주의** 관점과 **코르누코피안**(*Cornucopian*, 풍요론자. 코르누코피아는 고대 그리스 신화의 음식이 무한대로 나오는 황금 뿔을 의미한다. - 역자 주) 관점이 전통적으로 이 분야를 지배해온 두 개의 학파이다. 신맬더스주의 관점은 크

도표 12.3 국가별 합계출산율, 2010~2015년

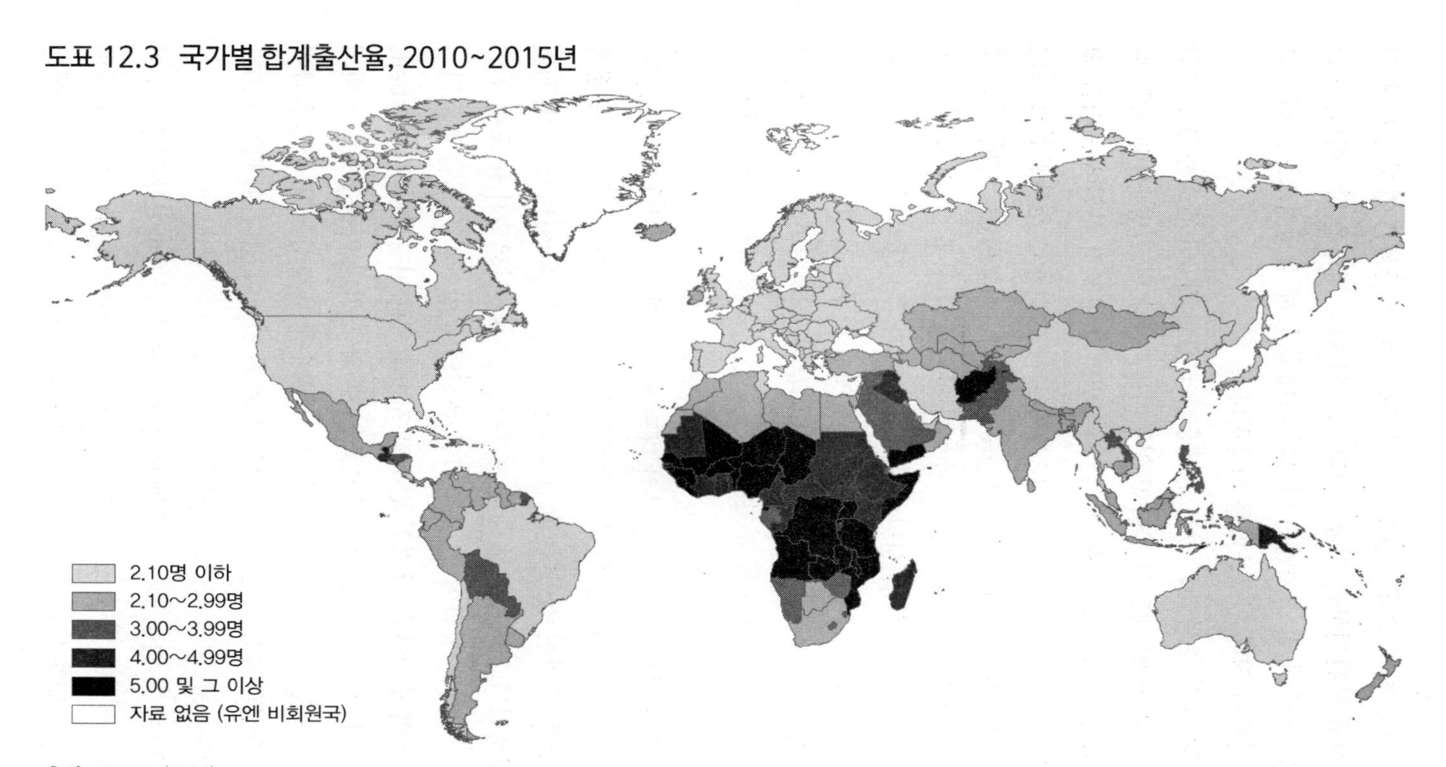

출처: UNPD (2015).

게 바뀌지 않고 거의 그대로인 반면, 코르누코피안 관점은 경제를 통해 천연자원의 사용을 관리하는 기술혁신과 시장의 힘의 역할을 강조한다. 이는 경제생산성의 증대 및 경제발전 역량의 확대를 통해 실질적으로는 글로벌 문제를 해결하기 위해 인구증가를 허용한다.

갈수록 점점 더 주목받고 있는 인구증가에 관한 제3의 관점은 광범위한 사회 구조적 과정 및 제도의 산물인 인구이동, 건강 및 질병, 식량안보, 환경문제와 같은 여러 과정을 포함하는 사회변화의 구조적 차원에 초점을 맞출 것을 강조한다. 요컨대 인구증가, 특히 높은 출산율은 경제발전의 지연 및 사회적·경제적 기회의 부족을 가져온 원인이라기보다는 그것들이 초래한 결과이다. 아울러 국가차원 및 글로벌 차원에서 정부, 리더십 및 권위구조, 인구학적 과정(출생, 사망, 이주 등 – 역자 주) 간의 관계에 대한 관심이 증대되고 있다. 또한 이 책의 여러 장에서 다루어진 세계화의 과정에도 불구하고, 또는 어쩌면 세계화의 과정 때문에, 민족국가는 국제이주, 무역 및 고용, 참정권, 인권 등 분야에서 계속 권한을 행사하고 있다 (Bailey 2005).

이 관점들은 얼핏 보면 서로 무척 다르게 보일지 모르지만, 이 모든 관점들을 서로 연결시켜주는 일련의 공통된 주제가 존재한다. 주로 인구팽창 문제의 해결책에 관한 것이다. 요컨대 빈곤퇴치, 여성의 삶의 선택 및 지위향상, 식량생산의 지속가능성 증가, 수질개선, 여타 사회복지 등 모두가 인구증가를 억제하는 방안이다. 효과적인 출산억제 방안의 도입을 가로막는 장벽을 없애면 출산율의 급격한 감소가 지속적으로 나타난다 (Campbell, Prata, and Potts 2009). 마찬가지로 세계 및 지역의 인구증가가 둔화되고 궁극적으로 멈추게 되면, 궁극적으로 생활수준이 향상되고, 식량공급이 안정되고, 환경파괴가 중단될 것이라는 새로운 인식이 있다 (UNPD 2001; National Research Council 1986).

이러한 관점 및 인구증가 이론과 더불어 역사에 근거하여 인구증가추이를 예측하는 모델이 있다. **인구변천모델**(*demographic transition* model)은 선진국과 개발도상국 간의 차이에 크게 의존한다. 이 모델은 처음에는

19세기 및 20세기 초 유럽 및 북미의 인구증가 패턴을 설명하기 위해 개발되었다. 이 모델은 규범과 가치가 대가족주의에서 소가족주의로 바뀌기 전까지 인구증가가 계속되고 있는 상황에서 사회가 산업화 및 도시화를 겪게 되면, 사망률이 감소할 것이며 시차를 두고 출산율도 떨어질 것이라고 예측한다. 이민은 종교, 문화, 인종뿐 아니라 교육수준과 직업이 각기 다른 사람들이 한데 어울리게 하여 사회의 다양성 증가에 기여한다. 이러한 변천단계는 인구변천을 일찍 시작한 선진국들에서 이미 뚜렷하게 나타나고 있다.

인구변천모델은, 특히 이 모델이 유럽과 북미국가의 경험을 그대로 답습하거나 수렴하는 경향을 보이는 비서구권 국가의 경험에 의존한다는 사실 때문에 널리 비판받았고, 그에 따라 수정이 이뤄졌다. 수정을 통해 문화적 신념과 성별, 특히 소녀와 젊은 여성의 교육기회가 가족의 규모에 영향을 미치는 방식을 보다 명확하게 이해할 수 있게 되었다. 레생(Ron Lesthaeghe 2010)은 **제2 인구변천**으로 알려진 또 다른 인구모델을 주장한다. 어떤 한 나라가 제1 인구변천에서 낮은 수준의 출산율과 사망률에 도달하면, 흔히 세속화, 평등주의, 개성 등을 특징으로 하는 가치 변화를 포함하는 제2 인구변천에 도달할 수 있다. 이러한 변화로 인해 결혼과 출산이 늦어지며, 이는 출산율의 전반적인 감소에 영향을 미치고 인구증가율 감소에 기여한다. 그러나 사회경제적 지위와 출산율 수준에 영향을 미치는 특정 국가 및 특정 문화 내에서의 차이에 주목해야 하며, 그러므로 전세계 모든 나라에 보편적으로 적용가능한 단일한 인구변천모델은 존재하지 않을 수 있다.

장래 인구증가에 대한 예측

인구변화이론은 일반적으로 장래인구추계(population projections)의 형식으로 미래의 인구증가를 분석한다. 대부분의 인구학자들은 장래인구추계가 예측치가 아니라 오히려 일련의 가정과 변수에 기초하여 미래의 인구규모를 계산하여 나온 수치라고 주저 없이 말한다. 도표 12.4는 유엔 인구국(UNPD)이 가장 최근에 발표한 1950년에서 2050년까지의 인구 추산 및 추계를 보여준다 (UNPD 2015). 세계 총계는 유엔의 회원국을 대상으로 개별적으로 수행된 각국의 장래인구추계를 합한 수치이다. 도표에서 인구 수치가 '부챗살'처럼 갈라진 것은 2010~2050년 기간의 각기 다른 4가지 장래인구추계 시나리오를 각각 나타내기 때문이다. 4가지 시나리오 각각은 출산율의 변화 속도와 패턴뿐 아니라 에이즈 질병의 심각성과 지리적 확산 범위에 대한 서로 다른 가정을 적용하고 있다.

장래 인구증가를 모델링하기 위한 유엔의 접근방식은 출산율이 높은 국가의 출산율 감소 추이 및 출산율이 매우 낮은 국가에서의 출산율 증가 패턴에서 발견되는 불확실성을 서술하기 위해 바뀌었다. 2015년 개정판 유엔 인구국의 중위 가정 장래인구추계는 과거 추세에 근거한 확률모델의 출

도표 12.4 유엔 시나리오별 세계 인구추계, 1955~2050년

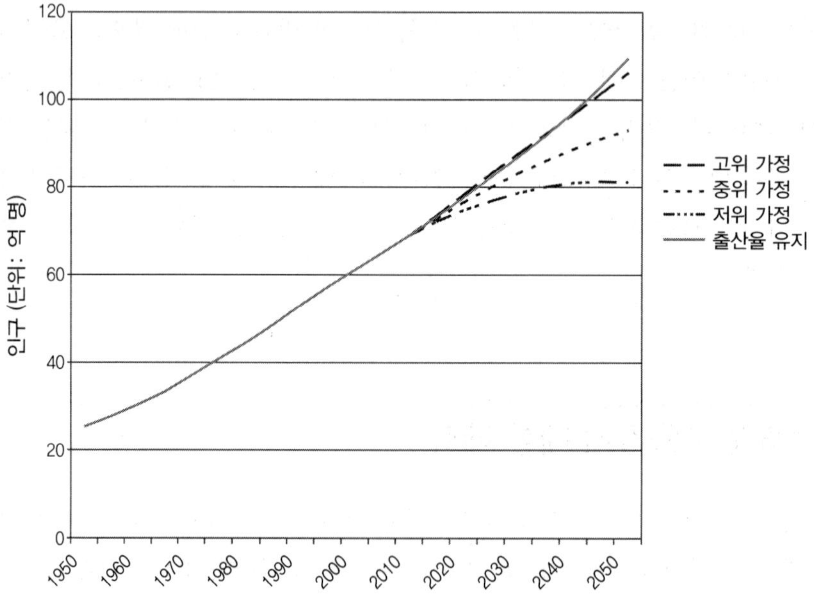

출처: UNPD (2015).

산율 저하를 보여준다. 장기적(2100년까지)으로 범세계 출산율은 인구대체 수준 밑으로 떨어질 것이며, 사망률 감소를 전제로 합계출산율은 2.0명이 될 것이다. 고위 가정 장래인구추계에서의 출산율은 중위 가정 시나리오에서의 각 국가별로 예측된 장래인구추계보다 0.5명 정도 높게 추계한 것이며, 저위 가정 장래인구추계에서의 출산율은 중위 가정 장래인구추계보다 0.5명 낮게 추계한 것이다. 출산율 유지 가정 장래인구추계는 2000~2015년의 출산율 수준이 인구추계기간 내내 일정하게 지속될 것이라는 가정 하에 현상유지를 보여준다. 이 두 시나리오는 극단적인 출산율의 가능성(또는 비현실성)을 묘사하는 데 유용한 비교기준을 제시한다. 이미 사망률이 낮은 국가의 경우에는 사망률 감소가 상대적으로 좀 더 느리게 진행되겠지만, 위에서 제시한 4개의 장래인구추계 시나리오 모두에서 사망률은 감소한다. HIV/에이즈 질병이 심각한 나라의 경우에는 사망률 감소가 좀 더 느리게 진행될 것으로 가정된다. 일련의 장래인구추계 시나리오들은 전체적으로 출생률과 사망률 측면에서 국가들이 서로 정확하게 수렴할 것을 요구하지는 않지만, 그 결과들은 인구변천모델의 이론적 맥락 하에서 고려될 수 있다. 그러나 국가별로 인구변화의 양상과 속도에 있어서 좀 더 큰 편차를 보이고 있는 것이 가장 최근 유엔의 장래인구추계의 특징이며, 중요하게는 2095~2100년 출산율이 인구대체출산율(2.0명) 수준을 약간 밑도는 수준에 머물고 있음에 주목해야 한다 (UNPD 2015).

고위 가정 장래인구추계는 2010년부터 2050년까지 기간 동안 세계인구가 36억 명 또는 거의 50퍼센트 이상 증가하여 73억 명에서 108억 명으로 늘어날 것으로 본다. 저위 가정 장래인구추계는 2010년 세계인구 대비 대략 20퍼센트 또는 10억 명 이상이 증가하여 2050년이 되면 세계인구가 87억 명으로 늘어날 것으로 예측한다. 즉, 출산율이 떨어지고 있는 추세에도 불구하고 21세기 중반기 내내 세계인구는 인구성장의 모멘텀으로 인해 지속적으로 증가할 것이다. 중위 가정 장래인구추계에 의하면 현재 세계인구 대비 34퍼센트 증가 또는 약 25억 명 증가로 2050년 세계인구는 97억 명에 이르게 될 것이다 (UNPD 2015).

또한 장래인구추계는 에이즈 질병이 향후 인구증가에 미치는 영향에 대해서도 많은 점을 시사한다. 유엔의 『세계인구전망』 2012년 수정판은 39개 나라를 가장 심각하게 에이즈 피해를 겪고 있는 나라, 즉 최근 몇 년 사이 에이즈 유병율이 1퍼센트 이상인 나라로 분류하였다 (UNPD 2013b). 이 숫자는 2010년 유엔 장래인구추계에서의 48개국보다 감소한 숫자라는 것에 주목할 필요가 있다. 가장 심각하게 에이즈의 피해를 겪고 있는 나라들 중 32개 나라는 아프리카 국가이고, 1개 나라는 아시아 국가, 6개 나라는 중남미 국가이다 (UNPD 2013b). 아프리카 남부지역의 에이즈가 심각한 나라들의 인구구조에 에이즈가 미친 영향은 출생 시 기대수명의 전반적인 감소이었다. 즉, 1995년부터 2005년 사이 기대수명이 62세에서 대략 52세로 줄어들었다. 그러나 이러한 양상이 최근 10년간 반대 방향으로 바뀌고 있는 것 같다. 2015년 기대수명이 57세로 늘어났다. 중요하게도 항레트로바이러스 치료제의 보급 확대와 에이즈의 추가 확산을 막기 위한 노력 덕분에 에이즈의 유행이 최근 몇 년간 수그러들기 시작했다 (UNPD 2015).

표 12.2에서 볼 수 있듯이 4가지 장래인구추계 시나리오 모두 공통적으로 세계인구 지역별 분포에 있어서 뚜렷한 변화를 보여준다. 중위 가정을 기준으로 사하라사막 이남 지역의 아프리카 국가들의 인구가 세계인구 전체에서 차지하는 비율은 2015년 16.1퍼센트에서 2050년 거의 25.5퍼센트로 높아질 것이며, 유럽의 인구가 세계인구 전체에서 차지하는 비율은 정확하게 10퍼센트에서 7.3퍼센트로 줄어들 것이다. 북미, 중미, 남미 국가들(모두 합쳐)이 세계인구 전체에서 차지하는 비율은 약 1퍼센트 포인트 줄어들 것이다. 아시아 국가들의 경우에는 2010년 60퍼센트를 상회하는 수준에서 2050년 약 54퍼센트 수준으로 감소할 것이지만, 그래도 아시아가 계속해서 세계인구에서 가장 큰 비율을 차지할 것이다. 특히 아시아의 두 국가, 중국과 인도에 대해 주목할 필요가 있다. 이 국가들의 인구정책에 대해서는 이 장의 뒷부분에서 자세히 논의한다. 중국의 인구는 2030년 14억 2,000만 명으로 정점을 찍고 나서 2050년 13억 5,000만 명으로 감소할 것으로 추정된다. 반면에 인도의 인구는 계속 늘어나서 2050년 17억 1,000

표 12.2 경제발전 수준별 및 지역별 장래 세계인구추계, 2015년과 2050년 비교

	2015년	저위 수준 출산율 2050년	중위 수준 출산율 2050년	고위 수준 출산율 2050년	출산율 유지 2050년	인구보충 출산율 2050년
인구 (단위: 억 명)						
세계	73.49	87.10	97.25	108.01	108.72	92.79
선진국	12.51	11.62	12.86	14.16	12.60	13.82
후진국	60.98	75.48	84.39	93.85	96.12	78.98
북미	3.58	3.91	4.33	4.77	4.30	4.52
아시아	43.93	46.98	52.67	58.73	56.76	54.44
아프리카	11.86	22.36	24.78	27.31	31.70	17.32
오세아니아	0.39	0.51	0.57	0.62	0.61	0.56
유럽	7.38	6.38	7.07	7.79	6.87	7.69
중남미와 카리브해	6.34	6.96	7.84	8.79	8.48	8.27
세계인구 대비 비율 (%)						
세계	100.0	100.0	100.0	100.0	100.0	100.0
선진국	17.0	13.3	13.2	13.1	11.6	14.9
후진국	83.0	86.7	86.8	86.9	88.4	85.1
북미	4.9	4.5	4.5	4.4	4.0	4.1
아시아	59.8	53.9	54.2	54.4	52.2	51.0
아프리카	16.1	25.7	25.5	25.3	29.2	18.7
오세아니아	0.5	0.6	0.6	0.6	0.6	0.5
유럽	10.0	7.3	7.3	7.2	6.3	8.1
중남미와 카리브해	8.6	8.0	8.1	8.1	7.8	7.4

출처: UNPD (2015).

주: 각 지역의 수치는 반올림되었다.

만 명에 이를 것으로 추정되며, 그 결과 중국을 제치고 세계에서 가장 인구가 많은 국가로 부상하게 될 것이며, 다른 인구증가 추세를 보일 것이다(표 12.2에 제시되지 않은 데이터). 요컨대 우리는 이와 같은 장래인구추계에 근거하여 세계인구의 지역별 분포가 크게 바뀔 것임을 예상할 수 있다(UNPD 2015).

지리적 이동의 사회적·환경적 차원

사람들의 국내외 이동은 인구변화에 영향을 미칠 뿐 아니라, 사회적·경제적·정치적·환경적 요소의 원인이자 결과이다. 지리적 이동이란 모든 유형의 인간이동을 포괄하는 일반 개념이다. 이주(migration)는 일반적으로 항구적이거나 장기적으로 이동하는 것을 의미한다. 또한 한 나라 안에서 이뤄지는 국내이주는 국제이주와 구별된다. 외국에서 국내로 들어오는 국제이주를 이입(immigration)이라고 하며, 반면에 국내에서 외국으로 나가는 국제이주를 이출(emigration)이라 한다. 노동이주(labor migration), 난민이주(refugee migration), 계절성 이주(seasonal migration) 등처럼 종종 이주개념에 이동한 이유가 포함되어 있다. 글로벌 경제발전의 지리적·사회적 차원을 통해 국내 및 국제 인구이동 과정은 갈수록 점점 더 서로 긴밀하게 연결되고 있다.

국내이주와 도시화

인구변천모델의 한 가지 필연적 귀결은 도시의 성장뿐 아니라 도시 및 대도시 주변 거주 인구 비율의 증가, 즉 도시화(urbanization)이다. 유엔은 2014년 현재 세계인구의 54퍼센트가 도시지역에 살고 있다고 추산한다. 선진국과 개발도상국의 도시 거주 비율은 각각 78퍼센트와 48퍼센트로 무척 큰 차이가 난다 (UNPD 2014b). 물론 이들 개도국의 일부 도시는 세계에서 가장 큰 인구규모를 가지고 있다. 즉, 델리는 2,500만 명, 상하이는 2,300만 명, 상파울루, 뭄바이, 멕시코시티 등은 2,000만 명이다 (UNPD 2014b). 그러나 현재 인도 인구의 절반 이상이 농촌지역에 살고 있다. 최근 경향은 이러한 '거대도시'의 인구증가률이 천천히 감소하고 있고, 미래 도시인구 증가의 대부분을 중간 크기 도시가 흡수할 것임을 시사한다 (Aggarwal 2014).

인구학자들은 매우 가까운 미래에 도시와 농촌의 인구비율이 바뀔 것으로 예상한다. 인구증가와 범세계적으로 발생하고 있는 이촌향도(離村向都) 현상, 즉 농촌에서 도시로의 이주로 인해 도시는 더욱 커질 수밖에 없다. 예를 들어, 2050년에 이르면 선진국의 도시화 수준은 85퍼센트로 치솟을 것이 예상되고, 마찬가지로 후진국의 도시화 수준도 더욱 가파르게 올라 63퍼센트에 도달할 것이며, 그 결과 주거 및 경제활동 패턴에 엄청난 변화가 일어날 것이다 (UNPD 2014b). 미국의 인구조사는 연령별 이주율을 산출한다. 20세부터 24세의 젊은 전문직 종사자들은 주거 및 취업 관련 이유로 미국 내 도시지역으로 이동하며, 연령에 따른 도시지역으로의 이주 이유에 대한 함의를 제공한다. 가족에게 아이가 생기면 흔히 주거 및 생활방식에 맞춰 교외로 이사한다. 또한 소득이 늘어나면 도시지역 거주자는 보다 편리하고 넓은 주거공간을 원하게 된다. 요컨대, 세계적으로 도시들은 사회적 이동, 가족의 변화, 이주 등에 따른 일정한 인구변화 패턴을 보이고 있다. 그러나 도시환경을 구성하는 요소에 대한 보편적인 정의는 없다는 점에 대해 유의할 필요가 있다. 도시지역을 분류하는 기준은 나라마다 다른 데, 도시환경을 식별하기 위해 인구밀도, 기반시설의 존재여부, 교육 및 보건서비스의 존재 등과 같은 도시지역의 다양한 특성을 결합한다 (UNPD 2014b).

도시 성장의 원인은 지역별로 다르고, 역사적 시기별로 다르다. 서구사회에서 도시화는 농업과 산업분야 모두의 기술적 변화에 크게 추동되었고, 농촌마을의 배출과 새로 떠오른 산업 중심지의 흡인이 동시에 일어났다 (Harper 1995). 개도국 사회의 경우 농촌지역에서 도시지역으로의 이주는 여러 요인에 의해 발생하였다. 예를 들면, 농촌지역의 높은 인구밀도(높은 출산율로 인해 발생), 과도한 방목과 같은 관행에 기인하는 환경파괴, 도시의 고소득 직장에 대한 기대 등이 그러한 요인이다. 많은 선진국에서는 새로운 일자리와 고임금이라는 흡인요인이 너무 강력하여 사람들이 도시로 몰려들기 때문에 서구사회의 도시지역 실업률은 무척 높은 편이다. 일자리 부족현상의 증거를 수많은 사람들에게서 찾아볼 수 있다. 예를 들면, 길거리 행상, 거리의 악사, 신문팔이 소년소녀 등 소위 비공식 경제권에서 일을 하여서 생계를 유지하는 수많은 아동들이 존재한다. 도시의 슬럼화는 급속하게 도시화가 진행되고 있는 지역이 갖는 공통적인 문제이다. 열악한 도시 기반시설 및 주거환경으로 인해 영양실조와 가난, 질병 등과 같은 문제들이 발생한다. 그러나 도시에서 일자리를 얻을 가능성이 이 지역의 열악한 생활환경조건보다 훨씬 더 중요하게 고려된다 (Kumar and Sinha 2009; Mudege 2009).

환경파괴 역시 농촌지역으로부터 도시로의 이주의 원인으로 작용한다. 특히 중국의 서부지역은 심각한 환경문제에 직면하고 있으며, 이곳 주민들은 농업과 목축으로는 더 이상 삶을 영위하기 어려운 상황에 처해있다. 2000년에서 2005년 사이 중국 서부지역의 황폐한 환경을 떠나 다른 지역으로 이주한 사람들의 수가 약 1,200만 명에 달한다 (Tan and Guo 2009). 2013년 태풍 하이엔은 필리핀에서 400만 명 이상의 사람들로 하여금 살던 곳을 떠날 수밖에 없게 만들었다. 이는 같은 해 아프리카, 유럽, 아메리카대륙, 오세아니아 지역에서 발생한 국내적 실향민 수를 모두 합친 것보다 100만 명이나 더 많은 숫자이다 (Yonetani 2014). 기후변화로 인해 해마다 자연재해가 더욱 빈번하게 발생하고 있으며, 더욱 많은 사람들이 집을 잃고 안전하지 못한 삶으로 내몰리고 있으며, 환경으로 인한 이주의 증가를 가져온다.

국제인구이동

세계화의 가장 가시적인 징후 중 하나는 세계의 모든 지역에서 국제인구이동 규모가 커지고 있다는 점이다. 남반구에서 북반구로의 이주가 국제이주의 주된 흐름이지만, 남반구에서 북반구 이주와 남반구에서 남반구로의 이주가 거의 비슷한 규모 정도로 커졌다 (de Lombaerde, Guo, and Povoa Neto 2014 참조). 캐슬즈(Stephen Castles), 하스(Hein de Haas), 밀러(Mark Miller) 등에 따르면, "국제이주는 세계 곳곳에서 사회와 정치를 재편하고 있는 초국가적 이동의 일부이다. 이민자 유입국과 이민자 송출국의 이분법이 유용했는지 확실치 않지만, 이 오래된 이분법은 그 의미가 약화되었다. 대부분의 국가는 이민자의 유입과 송출 두 가지 모두를 경험하였다. 오늘날 새로운 형태의 이주가 등장하고 있다" (2013: 13-14). 해외로 이민자를 떠나보내는 국가 및 공동체와 해외로부터 이민자를 받아들이는 국가 및 공동체 양측 모두에게 있어서 국제이동이 초래하는 결과는 새롭게 등장하고 있는 글로벌 이슈에 큰 영향을 미칠 것이다.

서유럽과 동유럽의 국가들은 유럽지역뿐 아니라 동아프리카, 동남아시아 등 지리적으로 멀리 떨어진 지역으로부터 떠나와서 정치적 망명을 모색하는 수많은 사람들에 직면하고 있다. 중동지역의 분쟁으로 인한 이주는 제2차 세계대전 이후 가장 높은 수준으로 늘어났으며, 더욱 가속화되고 있는 것으로 보인다. 서남아시아와 동남아시아로부터 중동지역의 석유생산국이나 아시아태평양 전역으로 이동하는 대규모 노동이주가 등장했다. 미국은 현재 멕시코 및 다른 국가로부터 유입되고 있는 대규모 불법이민자 문제로 고심하고 있다. 난민 및 국내적 실향민의 이동은 아프리카 전역에서 발생하고 있는 정치적·경제적·환경적 변화의 공간적 특성이다.

캐슬즈와 하스, 밀러(Castles, Haas, and Miler 2013)는 국제이동의 다섯 가지 '일반적 경향'을 정리하였으며, 이것이 21세기에도 계속 유효할 것으로 예상한다. 첫째, 국제 인구이동의 당사국. 즉 이민자 송출국과 이민자 유입국의 수가 갈수록 늘어날 것이며, 그 결과 이주의 세계화(globalization of migration)를 가져올 것이다. 둘째, 유럽이 주요 이민자 유입 지역이 되는 등 국제이주의 방향이 계속 바뀔 것으로 예상된다. 셋째, 예를 들어, 계절성 이주자와 영구적인 재정착 희망 이주자 등과 같이 더욱 다양한 종류의 이주자가 등장하기 때문에 국제이주는 그 모습이 계속해서 변할 것이다. 넷째, 역사적으로 이민 송출국에서 이민 유입국으로 입장이 바뀐 나라가 수적으로 늘어날 것이며, 따라서 이주 전환의 지리적 범위가 확대될 것이다. 다섯째, 전세계적으로 여성의 국제노동시장 참여가 늘어남에 따라 향후 국제이주에서 여성이 차지하는 비율이 더욱 커질 것이다. 여성은 국제이주에서 특별한 상황에 처해 있다. 여성은 노동시장 및 사회적 맥락에서 특정 역할을 수행하고 있으며 남자와 다른 조건 하에서 이주한다. 여성은 종종 차별을 경험하며 쉬는 시간 없이 장시간 일을 하고 있다. 여성의 국제이주 상황은 특히 나쁘다. 여섯째, 의심할 여지없이 국제이주는 국제무대 및 개별국가의 정치과정에서 더욱 중요한 정치문제가 될 것이다.

세계 인구문제에서 난민 이주 및 국내 실향민의 규모가 갖는 중요성은 결코 말로 다 표현할 수 없을 정도이다. 국제사회의 난민에 대한 정의는 이렇다. "인종, 종교, 국적, 특정 사회집단의 구성원 또는 정치적 견해로 인해 박해를 당할 두려움 때문에 조국을 떠났으며, 그런 두려움 때문에 조국의 보호를 받을 수 없거나 조국의 보호를 받으려 하지 않는" 사람이다 (UNHCR 2012). 난민은 전쟁 및 탄압을 피해 안전을 찾아 다른 나라로 가지만, 이들은 인접 국경지역과 망명국가의 정치·경제적 불안요인으로 작용할 수 있다. 예를 들면, 2001년 9·11 테러에 대해 미국이 군사적 대응을 시작한 이후 아프가니스탄 난민들은 인접국가인 파키스탄으로의 입국을 거부당했다.

2010년 말 유엔 난민기구(UNHCR, 또는 유엔 난민고등판무관실 – 역자 주)는 난민, 망명자, 국내 실향민 등 유엔 난민기구의 관심대상자가 전세계적으로 거의 5,500만 명에 이르는 것으로 파악하였다. 강제 인구이동 수준은 불과 5년 전에 비해 51퍼센트나 더 증가했다. 이렇듯 엄청나게 많은 사람 중 1,400만 명은 다른 나라 피난처에서 망명생활을 하고 있는 난민이고, 나머지는 정치·경제·환경적 이유로 인해 자국 내에서 국내적 실향민 상태에 있거나 또는 다른 나라에서 난민과 비슷한 생활을 하고 있는 사람들이다. 표 12.3은 난민 및 여타 유엔 난민기구 관심 대상자를 지역별, 출신국가별로 보여준다. 여러 해 동안 수많은 난민 정착촌 및 난민수용소

표 12.3 출신 지역별 난민 및 기타 국제난민기구 관심 대상자, 2014년 말

	총계	난민	망명요청자	재송환된 난민	국내적 실향민	국내적으로 송환되는 사람	기타 관심 대상자
인구 (단위: 만 명)							
세계	5,494.5	1,438.0	179.6	12.7	3,227.5	182.3	454.5
북미	62.1	41.6	20.5	–	–	–	–
아시아	2,594.0	794.2	25.8	2.9	1,518.0	28.1	225.1
아프리카	1,775.6	412.7	69.9	9.7	992.0	154.1	137.2
오세아니아	7.0	4.7	2.3	–	–	–	–
유럽	667.0	35.3	3.3	0	604.4	–	24.1
중남미와 카리브해	388.9	149.5	58.0	0.1	113.1	0	68.2
세계인구 대비 비율 (%)							
세계	100.0	100.0	100.0	100.0	100.0	100.0	100.0
북미	1.1	2.9	11.4	–	–	–	–
아시아	47.2	55.2	14.4	23.1	47.0	15.4	49.5
아프리카	32.3	28.7	38.9	76.4	30.7	84.6	30.2
오세아니아	0.1	0.3	1.3	–	–	–	–
유럽	12.1	2.5	1.8	0.0	18.7	–	5.3
중남미와 카리브해	7.1	10.4	32.3	0.5	3.5	0.0	15.0

출처: UNHCR (2015a).

주: 각 지역의 수치는 반올림되었다.

가 건설되었다. 일부 난민들은 본국으로 재송환되기도 하였다. 예를 들면, 멕시코로 피난했던 과테말라인들과 미얀마(과거 버마)를 탈출했던 무슬림의 경우가 그랬다. 1970년대 및 1980년대 베트남인을 비롯한 또 다른 사람들은 캐나다, 호주, 미국 등 타국에 영구적으로 재정착하는 데 성공했다. 수적으로 가장 많은 난민에게 영구정착을 허용한 나라는 미국이다. 전세계적으로 대다수 난민이 여성이거나 아동이지만, 난민에 대한 지원 및 정착 프로그램을 둘러싼 논의에서 이들 여성과 아동의 요구는 종종 무시되고 있다 (UNHCR 2014). 최근 중동과 북아프리카 국가들의 혼란으로 인해 인구이동 및 유럽연합으로의 강제이주가 크게 급증하였다. 2014년 중반 무렵 유엔 난민기구는 가까운 미래에도 계속될 것으로 예상되는 폭력과 불안을 피해 피난처를 찾는 거의 100만 명의 사람들을 정착시킬 필요가 생길 것으로 예상했다 (UNHCR 2014).

인구정책

인구정책이란 정부가 인구변화에 직·간접적으로 영향을 미치려는 목적으로 계획적으로 수립하거나 수정한 제도적 장치 또는 특정 프로그램으로 정의할 수 있다 (Demency and McNicoll 2003). 2013년 정부 정책에 관한 유엔의 조사에 따르면, 62개의 개발도상국은 인구증가를 억제하기 위한 정책이나 프로그램을 시행하고 있다. 반면 24개의 선진국은 인구를 증가시키려는 목표를 갖고 있다. 인구증가를 목표로 정하고 있지는 않지만, 출산율, 사망률, 이주 등에 확실히 영향을 미치는 간접적인 인구정책을 수립한 국가도 많다 (UNPD 2014a). 예를 들어, 미국은 아직까지도 전국적 차원에서 공식적으로 인구증가 목표를 채택하고 있지 않지만, 이민자와 난민의 재정착과 관련한 오래된 정책을 갖고 있는데 이는 국제이주로 인한 인구의 순증가를 가져온다.

인구문제 해결을 위한 국제적 노력

정부 및 비정부기구(NGO) 대표자들은 여러 차례의 국제인구회의에 모여서 인구 관련 목표를 논의하고, 그 목표를 달성하기 위한 전략을 마련하였다 (Kraly 2011 참조). 가장 최근의 회의는 1994년 카이로에서 열렸다. 각 회의에서는 비록 보편적 합의는 아니지만, 일반적으로 다음과 같은 내용에 대해 인식을 공유했다. 즉, 높은 출산율에 의해 추동되고 있는 인구증가가 개발도상국의 경제발전을 어렵게 하고, 인구증가에 미치는 영향과 무관하게 사망률을 감소시켜야 하며, 국제이주에 대한 국가의 정책적 개입 및 통제는 당연하다 (Weeks 2005). 그러나 지난 30년 동안 인구증가에 관한 생각에 중요한 변화가 있었고, 이 변화는 개별국가의 인구정책 및 프로그램에 영향을 미치고 있다.

1974년 부쿠레슈티에서 열렸던 세계인구회의(World Population Conference)는 글로벌 인구정책에 대해 처음으로 공식 입장을 밝혔다. 하지만 세계인구행동계획(World Population Plan of Action)은 개도국의 인구증가를 억제하는 방법에 관한 무척 다양한 시각을 담고 있다. 대표적으로 미국을 비롯하여 일부 국가들은 인구증가 목표를 달성하기 위한 방법의 일환으로 특히 가족계획을 비롯한 산아제한을 주장하였다. 주로 개도국들을 중심으로 다른 나라들은 출산율 감소를 가져오는 개발의 역할을 강조하였다 (즉 '최고의 피임도구로 개발'). 1984년 멕시코시티에서 열린 세계인구회의에서 미국은 종래의 가족계획에 대한 지지입장을 철회하였고(이는 결국 낙태에 관한 레이건 정부의 입장과 연관되어 있었다), 인구증가가 경제발전 및 사회발전을 저해하는 정도가 크지 않다는 입장으로 선회하였다. 그러나 당시 많은 개도국들은 이미 삶과 교육수준 개선 및 사망률 감소에 부정적 영향을 미치는 급격한 인구증가를 미연에 방지하기 위한 노력의 일환으로 가족계획 프로그램을 시행하고 있는 상황이었다 (Weeks 2012).

1994년 국제인구개발회의(International Conference on Population and Development)는 글로벌 차원에서의 인구변화에 대해 인식하였다. 이

회의가 채택한 행동계획에서 이 회의는 인구변화, 사회·경제적 발전, 인권 및 기회, 환경 등이 서로 연결되어 있음을 인식하고, 오로지 인구성장에 대한 목표로부터 탈피하여 지속가능한 개발과 빈곤감소, 환경보호에 관한 목표로 관심을 돌렸다. 이 회의의 최종보고서는 지속가능한 개발을 달성하기 위한 목표 및 프로그램에서 여성이 해야 할 역할을 강조하였다. “이런 새로운 접근법에 있어서 중요한 과제는 여성에게 권한을 부여하는 것과 교육·의료·기술개발·일자리 등에 있어서 여성들에 대한 문호의 확대와 정책결정과정의 모든 단계에 있어서 여성의 완전한 참여를 통해 여성에게 더 많은 선택의 기회를 주는 것이다” (UNDESIPA 1995:1). 20년 후 유엔 총회는 행동계획의 이행여부를 검토하기 위해 소집되었고, 존엄과 인권, 건강, 거주와 이동, 거버넌스와 책임, 지속가능성 등 5개의 기둥에 기초하는 2014년을 넘어 새로운 체제를 창안하였다 (Yonetani 2014).

21세기 들어 세계정부의 소집을 포함하는 국제인구회의가 한 번도 열리지는 않았지만, 유엔은 2000년에 새천년선언(Millennium Declaration)을 발표하고, 복지·개발·환경분야에서의 새천년개발목표(Millennium Development Goals)를 승인했는데, 아동사망률 감소와 모성 건강 증진, 보편적 초등 교육 실현 등과 같은 인구 관련 문제를 이에 포함시켰다. 유엔 개발프로그램(UNDP: United Nations Development Programme)은 8개 목표 및 21개의 구체적 목표를 달성할 때까지의 진행과정에 대한 구체적 계획을 제시하였다 (UNPD 2015a). 또한, 국제인구과학연구회(International Scientific Study for Population)는 인구 관련 주제의 발전을 논의하기 위해 4년에 한 번씩 회의를 개최하고 있다. 가장 최근의 회의는 2013년 한국의 부산에서 열렸으며, 인기 있는 정책주제는 가족계획 및 생식보건, 건강접근에 있어서 성차별, 인구고령화 해결 전략을 통해 출산율 감소(특히 중국)를 조정하는 것에 관한 것이었다.

지난 수십 년간 미국정부는 인구, 개발, 복지 관련 프로그램을 해외 다른 나라에서 시행했다. 앞에서 언급하였듯이, 국제적 차원에서의 가족계획 프로그램에 대한 미국의 지원은 미국 대통령 개인의 정치적 입장에 따라 부침을 겪었다. 레이건 대통령 시절, 미국은 낙태를 법적으로 허용하는 나라들에 대해서는 산아제한 프로그램을 위한 미국의 대외원조를 중단하였다 (속칭 멕시코시티 정책). 미국의 대외원조에 관한 이와 같은 금지규정은 클린턴 행정부 초기에 풀렸다가 부시 대통령 시절 부활하였고, 2009년 오바마 대통령은 다시 금지를 풀었다.

국제적 차원에서 인구문제를 여성지위와 연결시키는 것에 대한 강조는 인간생활의 질 및 지역적·국가적·지구적 차원에서 사회와 환경 간의 균형에 대한 보다 광범위한 논의에 인구분석을 포함시키는 중대한 진일보가 있었음을 의미한다.

여태까지 논의한 인구변화 추이 및 양상을 감안할 때, 가까운 미래에는 추가적으로 다음 3가지의 인구현안이 정책적 주요 관심사로 등장할 가능성이 높다. 즉, 인구고령화, 에이즈로 인한 높은 사망률, 지금도 이미 지나치게 큰 거대도시 지역의 급격한 인구증가 등이 그것이다.

인구고령화는 선진국에게 어려운 문제를 제기하고 있으며, 급격한 출산저하를 경험한 개발도상국들에서도 인구 문제로 등장하고 있다. 새롭게 노동인구에 편입되는 젊은 세대의 규모가 줄어들기 때문에 나이든 노인세대의 부양이 제한된다. 고령인구는 노인층을 지원하는 사회정책을 필요로 한다. 인구고령화로 인해 노인층을 위한 의료서비스의 비용 및 지역별 분포가 정책적 주요 관심사항이 되고 있다. 부모를 부양할 형제자매의 수가 적은 세대들 간의 관계에 관한 문제는 해결방법이 없다. 경제성장, 생산성, 경쟁을 통한 혁신, 정치와 정치참여의 문제 등이 그런 문제이다.

비록 오늘날 인구문제는 저개발국가의 급격한 인구증가가 초래하는 문제의 해결에 초점이 맞추어져 있지만, 세계의 특정 지역에서는 인구감소 또한 골칫거리이다. 낮은 출산율 또는 대규모 해외이민으로 인한 인구감소는 노동, 인구고령화, 정치·경제·사회복지 등에 장기적으로 영향을 미친다. 이 문제는 정부, 공동체, 가정 등의 특별한 적응을 요구한다. 일부 학자들은 인구감소가 환경과 지속가능성을 위해서는 축복이라고 주장한다. 왜냐하면 자원소비가 줄어들 것이며 주거공간에 대한 압박이 줄어들 것이기 때문이다. 또 다른 학자들은 경제발전과 생활수준의 향상을 위해서는 낮은 수준의 인구증가가 유리하다고 주장한다.

국가별 인구정책

공식적인 인구정책을 수립한 국가들 대부분은 출산억제 정책을 통해 인구를 줄이려 하고 있다. 1950년대부터 많은 개도국에서는 가족계획프로그램을 통해 피임법을 보급하였다. 이런 프로그램은 초반에는 선진국, 비정부기구(NGO), 기타 재단으로부터 상당한 협조를 받아서 시행되다가 이후 수십 년간은 유엔 인구활동기금(UNFPA: UN Fund for Population Activities) 등과 같은 국제기구의 협조를 얻게 되었다. 출산율 감소를 목표로 했던 정책은 인구동태에 관한 좀 더 넓은 관점을 점차적으로 받아들였으며, 건강증진, 교육 및 고용기회의 개선, 대출받을 기회의 확대 등을 통해 여성의 지위를 향상시킨다는 목표를 포함하게 되었다.

가족계획프로그램의 시행결과는 개도국 사이에서도 크게 달랐다. 인도가 1952년부터 지속적으로 추진한 가족계획프로그램은 국내 지역별로 또한 도시지역 및 농업지역별로 상당히 다른 출산율 추이를 보여주었다. 1973년 멕시코는 인구증가를 억제하기 위한 정책을 전국적으로 실시하였는데, 모성 건강과 아동 건강 프로그램, 가족계획 서비스, 성교육, 인구 정보 프로그램을 통한 출산의 감소에 중점을 두었다.

중국의 산아제한 정책은 만혼(晩, *Wan*), 출산과 출산사이의 긴 터울(稀, *Xi*), 아이 덜 낳기(少, *Shao*) 등을 골자로 하는 일련의 정책목표(晩稀少, *Wan Xi Shao*)가 수립되었던 1971년에 시작되었으며, 이후 1979년에는 1자녀 정책이 도입되었다. 1970년대 내내 중국의 신생아 출생률은 눈에 띄게 감소했다. 이는 피임약 및 피임도구의 보급과 함께 출산율을 줄이도록 사회·경제적 인센티브 제도를 도입한 덕분이었다. 산아제한 정책도 출산율 저하에 일조하였는데, 그 효과가 1960년대 초반부터 나타나기 시작했다. 그러나 중국의 출산정책은 강압적이라는 이유와 선별적 낙태나 아동 유기 및 여아의 영아 살해를 조장한다는 이유로 강력한 비난의 대상이 되었다. 2010~2015년 중국의 출산율은 여성 1명당 평균 1.55명으로 추산된다.

중국의 급격한 출산율 감소가 중국의 인구에 어떤 영향을 미칠 것인지를 장래인구추계를 통해 예측할 수 있다. 중위 가정 장래인구추계를 적용하면, 중국의 인구는 2015년 13억 7,600만 명에서 2028년 14억 1,600만 명으로 늘어났다가, 2050년 13억 4,800만 명으로 감소할 것이 예상된다. 인구규모의 변화와 함께 중국인구의 연령구조에도 커다란 변화가 있을 것으로 예상된다. 2015년 중국 인구의 9.6퍼센트가 65세 이상이었다. 2050년이 되면 이 수치는 3배 이상 증가하여, 27.6퍼센트에 이를 것으로 예상된다. 대조적으로 유엔이 추산한 통계에 따르면 2010년 미국 인구의 14.8퍼센트가 65세 이상이고, 2050년에는 22.2퍼센트로 증가할 것으로 예상된다 (UNPD 2015). 인구고령화 현상이 전세계로 퍼지면서 중국사회는 노인세대를 보살피고 부양하는 데 있어 점점 더 많은 어려움에 직면하게 될 것이다.

국제이주와 난민정책

유엔의 세계인권선언(Universal Declaration of Human Rights)은 인간이 모국을 떠날 수 있는 기본적 권리를 인정하고 있다. 그러나 반대로 다른 나라로 이민 갈 권리는 인정되지 않는다. 즉, 민족국가는 자국의 시민이 아닌 사람이 자국의 국경 안으로 들어오는 것을 통제할 수 있는 권한인 주권을 갖고 있다. 사실상 거의 모든 국가들이 국제이주 및 여행과 관련하여 나름대로 명확한 방침을 갖고 있다. 미국, 캐나다, 호주, 뉴질랜드 등과 같이 영구적인 정착을 목적으로 하는 국제이주를 여전히 허용하고 있는 소수의 몇 안 되는 국가들은 흔히 전통적 이민 수용국으로 간주된다. 이보다 훨씬 더 많은 수의 국가들이 난민에게 인도주의적 원조를 제공하고 있다. 이는 영구적인 정착을 위한 입국 허용, 정치적 망명 요청의 수용, 난민수용소 설치, 난민의 처지를 개선하기 위해 활동하는 국제기구에 대한 재정 및 기타 자원 공여 등 다양한 형태로 이루어진다.

향후 10년 동안 국제이주, 일시적 노동이주, 난민의 정착, 일시적 망명 등에 대한 요구가 계속 늘어날 것이다. 그리고 압도적으로 개발도상국으로부터 선진국으로의 인구이동이 주를 이룰 것으로 예상된다. 새롭게 등장했거나 늘 끊임없이 존재해온 불법이민의 일정한 패턴은 개도국과 선진국을 막론하고 사람들이 더 좋은 기회를 갖고자 하는 동기를 갖고 있음을 보여주는 징후이다. 그러나 이러한 수요에 반해, 개별 국가들은 갈수록 이민자들에 대해 문호를 폐쇄하고 있다. 전통적으로 이민 수용 국가인 나라에서는 이민자가 사회, 경제, 정치, 안보에 미치는 영향에 관한 우려가 국가 및 지방정부 차원에서 주요 정치현안으로 급부상하고 있다. 따라서 항상 그런 것은 아니지만 종종 국제이민에 대한 규제를 강화하고, 국제이민의 규모를 억제하고, 이민자가 중앙정부 및 지방정부가 제공하는 사회보장제도의 혜택을 누리는 것을 제한하려는 움직임이 나타나고 있다.

전세계적으로 미국은 영구적인 정착을 위한 이민자를 가장 많이 받아들이고 있다. 2006년 이후 미국 이민자의 수는 해마다 평균 110만 명에 이른다. 2010년 회계연도에는 멕시코, 인도, 중국, 필리핀, 도미니카공화국 출신 이민자가 전체 미국 공식 이민자의 가장 큰 부분을 차지한다 (USDHS 2014). 미국으로 오는 이민자 중 고급기술을 보유한 이민자는 대부분이 인도 출신의 남성이다 (Jasso 2009).

미국의 이민정책은 몇 가지 원칙에 근거하여 수립된다. 첫째, 미국의 이민정책은 제일 먼저 미국 시민권자의 가까운 가족, 그 다음으로는 미국에 살고 있는 이민자의 가족을 우대한다. 둘째, 미국의 이민정책은 미국 경제에 유용한 직업, 전문 기술, 자본 등을 가진 사람을 우대한다. 이러한 미국의 이민정책이 개발도상국 입장에서는 고도로 숙련되고 전문적으로 훈련을 받은 인력의 손실('두뇌 유출')로 이어질 수 있다. 그러나 오늘날 많은 학자들은 두뇌유출이 전적으로 나쁜 것만은 아니라고 주장한다. 왜냐하면 해외에서 소중한 교육과 기술, 경험을 획득한 후 고국으로 되돌아오는 이민자도 있기 때문이다. 셋째, 미국으로 오는 이민자들은 개인의 특성(예를 들어, 건강하고, 범죄전과가 없고, 재산이 충분한지 여부 등)에 관한 긴 항목의 충족여부에 근거하여 입국이 허용되어야 한다. 넷째, 미국 이민 주요 유형별로 매년 받아들이는 이민자의 수가 정해져 있다.

난민의 경우에는 앞에서 언급한 국제적으로 정의된 난민의 기준을 충족하는 경우 미국에 정착할 수 있다. 입국이 허용되는 난민의 수는 미 의회와 협의하여 미 국무부가 자체 파악한 국제적 요구를 감안하여 정한다. 1990년대 중반, 해마다 평균 8만 명의 난민에게 입국이 허용되었는데, 대부분 보스니아-헤르체고비나, 구 소련연방공화국, 베트남 등 출신 난민이었다 (USDHA 2003). 2001년 9·11 테러사건 이후 미국으로 들어오는 난민의 수가 현저하게 줄었다. 2004년 이후 미국으로 들어오는 난민의 수가 점차적으로 늘어나고 있으며, 해마다 거의 6만 명이 미국으로 들어오고 있다. 이들은 주로 미얀마, 부탄, 이라크 출신이다 (USDHS 2014).

미국은 또한 관광·사업·대학교육·컨설팅·임시고용 등과 같은 특정 목적으로 미국을 방문하는 사람들한테 매년 수십만 건의 비이민(nonimmigrant) 비자를 발급한다. 9·11 테러사건의 영향으로 난민신청을 포함하여 영구비자신청은 물론 임시 비자신청까지 모든 비자 신청 건에 대한 심사가 강화되었다. 국제이주와 국내안보 간의 관계가 미국사회의 이민논쟁의 중요한 부분이 되었다.

의심할 여지없이 세계인구의 증가가 기후변화에 영향을 미치고 있다. 지구 위에 사는 사람들의 수가 늘어나면, 화석연료 및 자연자원의 소비도 늘어난다. 특히 전세계적으로 가뭄이 심해지고 있는 상황에서 세계인구가 계속 늘어나면 물에 대한 수요 및 접근이 중요하게 될 것이다. 비록 미국이 세계 주요 이산화탄소 배출국이지만, 세계 이산화탄소 배출가스의 상당 부분을 신흥공업국이 배출한다고 전문가들은 말한다. 중국이나 인도와 같은 나라들은 앞으로 수십 년 동안 계속 늘어날 큰 규모의 인구를 갖고 있다. 모든 나라가 기후변화에 책임이 있지만, 급격한 인구증가가 주요 요인이다. 2050년에는 90억 명을 넘어설 것으로 예상되는 세계인구는 글로벌 환경 및 지역 환경에 영향을 미칠 것이 분명하다. 기후변화로부터 고통을 당하지 않는 사람들이 있을 뿐 아니라 어떤 사회는 기후변화에 적응할 수 있는 자원을 보유하고 있기 때문에 기후변화는 지역, 국가, 국제 등 모든 수준에서 가난한 사회에 살고 있는 사람들한테 더 많은 영향을 미친다. 기후변화 문제를 해결하기 위한 일반적 해결책은 인구증가를 줄이는 것이지만, 이는 출산에 대한 선택의 자유에 관한 문제를 불러일으킨다. 인구변화, 기후변화, 환경변화 간의 관계에서 특히 중요한 것은 정착, 이주, 도시화의 지리적 패턴이다.

과도기적 인구구조

현재의 인구통계 동향은 글로벌 차원에서 사회적 규범 및 패턴의 독특한 변화를 가져왔다. 출산율의 급속한 감소가 곧 뒤따르는 급격한 인구증가의 시기는 사회구조의 비정상적인 변화를 초래했으며 앞으로도 지속적으로 전환기를 맞이하게 될 것이다. 위크스(John Weeks)가 지적했듯이,

> 과거에는 대부분이 농촌지역이었다면 현재는 대부분이 도시지역이다. … 과거에는 걸어 다니는 행인이 대세였다면, 현재는 자동차에 크게 의존한다. … 과거에는 젊었다면, 현재는 나이가 많다. … 과거에는 오늘날 보다 식구 수가 더 많은 가정에 살았다. … 그리고 오늘날에 비해 각 가정의 보통사람들은 교육수준이 상당이 낮았다. 오늘날 80퍼센트의 사람들이 고등학교 교육을 받는 것과 대조적으로 1900년에는 오직 10퍼센트의 사람들만이 고등학교 교육을 받았다 (2012: 4).

간단히 말해 세계는 빠르게 변화하고 있다. 세계 변화는 인구변화에 영향을 받고 동시에 인구변화에 영향을 미친다.

나라 및 지역 내 인구 추세와 패턴은 이 책에서 다루고 있는 모든 글로벌 이슈에 근본적이며 피할 수 없는 영향을 미치고 있다. 세계인구 연평균 증가율이 최근 몇 십년 동안 계속 감소하고 있지만, 특히 개도국을 중심으로

인구수의 급격한 증가는 가까운 미래에도 계속 지속될 것이다. 인구변화의 원인을 이해하는 것은, 특히 출산율 저하와 이주 패턴을 이해하는 것은, 지속가능한 개발을 달성하고, 빈곤을 줄이고, 지구환경을 보호하기 위한 노력에 있어서 중요한 부분을 차지한다. 인구학자들은 HIV/에이즈 및 여타 전염병의 공포뿐만 아니라 개발도상국의 많은 지역에서 진행 중인 급속한 도시화에 세상의 이목을 집중시키고 있다.

현재의 출산, 사망, 이주 추세가 향후 세계 인구증가 추이에 결정적으로 영향을 미칠 것이다. 오늘날 지역적, 국가적, 국제적 차원에서 선택되는 인구정책이 세계 인구증가 추이에 영향을 미칠 것이며 궁극적으로는 세계인구의 규모와 분포에 영향을 미칠 것이다.

토의주제

1. 인구증가가 중요한 글로벌 문제인가?
2. 인구증가와 관련하여 코르누코피안 학파(풍요론자)와 신멜더스 학파(인구재앙론자) 중 어느 학파의 의견에 동의하는가?
3. 급격한 도시화로 인해 발생하는 인구문제는 무엇인가?
4. 국가들은 정치적 박해를 피해 도망 나온 난민과 더 나은 경제적 기회를 찾아 몰려오는 다른 나라 사람들에게 국경을 개방해야 하는가?
5. 중국 정부의 한 자녀 정책은 정당했는가? 정부가 인구통제에 나서야 하는가?
6. 미국정부는 세계 인구증가를 억제하기 위해 다른 나라한테 원조를 제공해야 하는가? 그러한 원조는 조건부로 주어져야 하는가?
7. 국가가 선호하는 이민자는 누구인가?
8. 인구정책의 수립에 있어서 인권은 어떤 식으로 고려되는가?

추천 문헌

Aggarwal, S. (2014) "Emerging Global Urban Order and Challenges to Harmonious Urban Development." *Transactions of the Institute of Indian Geographers* 36, no. 1.

Castles, Stephen, Hein de Haas, and Mark J. Miller (2013) *The Age of Migration: International Population in the Modern World*. 5th ed. New York: Guilford.

Commoner, Barry (1992) *Making Peace with the Planet*. New York: New Press.

de Lombaerde, Philippe, Gei Guo, and Helion Povoa Neto (2014) "Introduction to the Special Collection: South-South Migrations: What Is (Still) on the Research Agenda?" *International Migration Review* 48.

Harper, Charles L. (1995) "Environment and Society: Human Perspectives on Environmental Issues." Upper Saddle River, NJ: Prentice Hall.

Internal Displacement Monitoring Centre (2015) "Global Estimates 2014: People Displaced by Disasters." www.internaldisplacement.org.

Kraly, Ellen Percy (2011) ""Population Policy: Issues and Geography." In Joseph Stoltman, ed., *21st Century Geography: A Reference Handbook*. Thousand Oaks, CA: Sage.

Lesthaeghe, R. (2010) "The Unfolding Story of the Second Demographic Transition." *Population and Development Review* 36, no. 2.

United Nations Development Programme (2014) "Frameworks of Action for the Follow-Up to the Programme of Action of the International Conference of Population and Development Beyond 2014." http://icpdbeyond2014.org.

United Nations High Commissioner for Refugees (2014) "UNHCR Global Resettlement Needs: 2015." Geneva.

_______ (2014) "UNHCR Global Trends 2013." Geneva.

United Nations Population Division (2013) "International Migration Stock: The 2013 Revision." www.un.org.

_______ (2013) "World Population Prospects: The 2012 Revision — Highlights." http://esa.un.org.

_______ (2014) "World Population Policies Database." http://esa.un.org.

_______ (2014) "World Urbanization Prospects." http://esa.un.org.

_______ (2015) "World Population Prospects: The 2015 Revision — Highlights and Data Files." http://esa.un.org.

US Department of Homeland Security (2013) *Yearbook of Immigration Statistics: Refugees and Asylees*. www.dhs.gov.

Yonetani, M. (2014) "Global Estimates 2014: People Displaced by Disasters." www.internal-displacement.org.

Chapter 13

개발에서 여성의 역할에 대한 인식

우리가 수행한 연구에서, 우리 저자들은 여성들이 개발에서 배제되거나 또는 미래 개발을 설계하기 위해 투쟁하는 두드러진 사례들을 발견했다. 로라는 언젠가 인도의 시골지역 마하라슈트라에서 세 명의 여자가 척박하고 건조한 환경에 남아있던 나무 한 그루를 베어 넘기는 것을 보았었다. 경제적으로 절망의 상태에서 저질러진 이 행위는 여성을 자연보호자로 생각해왔던 그녀의 선입견에 문제를 제기했다. 인도의 다른 여성들은 1970년대 치프코 운동 (치프코란 인도말로 '껴안기'를 뜻하는데, '치프코 운동'은 1973년 벌목꾼들에 맞서 가르왈의 여성들이 숲을 보호하기 위해 나무를 껴안은 데서 유래했다 – 역자 주) 당시에 나무들을 몸으로 껴안음으로써 벌목에 저항한 원조 '환경 보호운동가들'이었다. 이와 같은 대조적인 사례를 보면서 로라는 여성과 자연 모두에게 유익한 개발이 어떤 것인지에 대해 생각하게 되었다. 탄자니아와 에티오피아에서의 대규모 토지 취득에 관한 제니퍼의 연구는 그녀로 하여금 식민지 재산권의 잔존 영향과 현대 농업 기업과 정치지도자가 벌이고 있는 담합에 대해 눈을 뜨게 해주었다. 엄청난 규모의 토지를 외국 투자자에게 팔거나 임대하는 정부는 농업노동자의 상당부분을 차지하는 여성들을 농업정책 의사결정에서 배제했다.

이러한 도전에도 불구하고 여성들은 정치적, 경제적, 사회적 발전 등 개발을 달성하기 위한 가장 혁신적인 정책 변화를 계속해서 요구하고 있다. 흔히 국가발전은 경제성장을 강조하는 구조적 변화를 의미하며, 이는 종종 더 큰 부와 권력을 갖게 해줄 것으로 가정된다. 그러나 이 장이 입증하는 바와 같이 이러한 개념의 개발은 실제로는 모두에게 더 큰 부나 권력 또는 성장을 가져다주지 않는다. 인구의 절반을 차지하는 여성은 종종 개발 논의에서 배제되고 있다. 이 장에서는 이 문제와 몇 가지 해결책에 대해 검토한다. 마지막으로 이 장은 개발과 여성에 관한 대안적 서술 및 관점을 촉진하는 분석도구를 독자들에게 제공하는 것을 목표로 한다.

개발이란?

여러 가지 측면에서 개발(development)의 개념은 미국과 유럽에서 사람들이 개발의 반대 상황을 설명하면서 등장했는데, 그들은 개발의 반대 상황을 저개발이라고 불렀다. 식민통치의 종식, 식민제국의 해체, 제2차 세계대전 후 재건의 시기를 거치면서 등장한 개발 또는 저개발의 아이디어는 1949년 미국의 트루먼 대통령의 취임연설을 통해 확고해졌다. 트루먼 대통령은 취임연설에서 과학 발달과 산업 발전의 혜택이 저개발 지역으로 전파되어야 한다고 언급했다. 그에 덧붙여 “우리가 마음속에 그리는 것은 민주적인 공정한 거래의 개념들에 입각한 개발 프로그램이다”라고 말했다 (Esteva 2010: 1-2; 또한 Rai 2011; Woolcock, Szreter, and Rao 2009도 참조). 이 연설은 개발의 핵심요소로 산업화, 과학의 발전, 민주화를 강조한다. 또한 이 연설은 서방국가들에서 기원한 이분법적 관점인 개발된 서양세계와 저개발된 비서양세계라는 커지고 있는 관점의 한 예다. 다른 나라들도 개발에 관한 논의에 영향을 미치고 있지만, 여전히 영향력 있는 정부들과 가장 강력한 국가들이 지배하는 국제기구들이 개발 논의를 주도하고 있다.

유엔 개발프로그램(UNDP: United Nations Development Programme)은 개발이란 용어를 사회의 모든 구성원들이 인간으로서 교육을 받고, 직업을 얻고, 시민사회에 참여하며, 사회·문화적 성취를 이룰 수 있는 기회를 가질 수 있게 해주는 사회적, 경제적, 정치적 구조와 과정이라고 정의한다(UNDP 1996; 또한 Soubbotina with Sheram 2000 참조). 많은 사람들이 개발을 경제성장으로 이해하며 그러한 개발이 또한 빈곤을 퇴치할 것이라고 추정한다. 예를 들어, UNDP (1996)는 경제성장을 인간개발의 '최종' 목적을 달성하기 위한 '수단'으로 본다.

그러나 많은 개발 프로젝트들이 가난한 사람들에게 부정적 영향을 미치며 실제로는 빈곤을 증대시키기도 하는데, 어떤 경우에는 프로젝트가 시작되기 전에는 가난하지 않았으나 실시 후에 가난하게 된다. 이러한 현상은 정책이나 프로젝트에 직접적으로 영향을 받는 사람들과의 민주적인 협의 없이 근대화, 발전(progress), 경제성장이라는 이름으로 개발을 진행할 때 발생할 가능성이 크다. 근대화, 발전, 경제성장은 정당한 목표이다. 그러나 여성들 및 여러 다른 소외된 집단과 협의 없이 정책이 설계되고 이행되면 부정적이거나 왜곡된 결과를 가져오기 쉽다.

개발의 관념에 대한 의문 제기

개발에 관한 관념의 기원은 개발을 이론적으로 개념화하고 개발 정책 또는 프로젝트를 실행하기 위한 기본 틀을 제공했다. 그러나 이러한 틀과 정책들은 더욱 더 많은 의문을 유발했다. 예를 들면, 저개발을 초래하는 글로벌 및 지역적 원인들은 무엇이며 그에 대한 대처방안은 무엇인가? 이상화한 서구 모델로의 진화를 의미하는 개발은 유용한 개념인가? 어떤 개발목표들과 정책들이 선택되는가? 이러한 목표들과 정책들의 추구를 누가 결정하는가? 그 목표들과 정책들은 어떻게 수행되고 이행되는가? 그것들은 의도한 효과를 얻었는가? 누가 그 정책들로부터 영향을 받는가? 그 결과는 긍정적인가? 요컨대, 어떻게 개발이 추구되고 이의가 제기되는가? 제3세계의 많은 비평가들은 이와 같은 질문들을 제기함으로써 개발 아이디어 및 실천에 의문을 품어왔다. 그들의 접근법은 포스트모더니즘으로부터 포스트식민주의, 종속이론, 세계체제이론, 페미니즘에 이르기까지 다양하다. 우리는 페미니즘에 초점을 맞출 것이다.

한 가지 중요한 페미니스트적 비판은 상정하고 있는 개발의 보편성과 젠더 중립성이 잘못되었음을 밝히고 있다. 개발은 전혀 보편적이지도 젠더 중립적이지도 않다. 개념적 차원에서 또 실제적으로 개발은 매우 성별을 반영한 현실로 표현된다. 현실 세계에서 젠더 관계는 사회의 사회적, 경제적, 문화적 구조와 과정의 전역에 견고하게 자리 잡고 있다. 다시 말하여, 사회 내의 각기 다른 제도, 구조, 과정은 젠더 중립적이지 않다. 그것들은 사회의 중립적이거나 객관적인 구성 요소로써, 또는 잘못된 것을 바로잡거나 갈등을 조정하는 구성 요소로써 움직이기보다는 위계적이며 젠더 관계를 강화한다. 이러한 현상이 개발에 영향을 미친다. 즉 개발은 이와 같은 성별을 반영한 구조와 과정의 한도 내에서 다루어지고 실천되며 수행되고 있다. 예를 들면, 여성들이 세계의 식품 생산자의 다수를 차지하지만, 종종 융자와 도구 같은 농업 지원의 수혜자는 남성들이다. 젠더 관계가 여전히 사회적 차별의 원인으로 작용하고 세계의 많은 지역에서 토지와 여타 자원에 대한 접근에 영향을 미친다 (Behrman, Meinzen-Dick, and Quisumbing 2011; Boserup 1970, 2011; Cotula 2013; Wanyeki 2003). 개발에 관한 결정에서 여성의 목소리가 너무 자주 소외되기 때문에 여성에 초점을 맞추는 것이 중요하다. 왜냐하면 젠더 관계는 개발 정책과 결과에 영향을 미치며, 개발이 젠더 관계에 영향을 미칠 수 있기 때문이다.

대안과 분석 도구

페미니스트 학자들은 개발 및 개발의 젠더에 관한 무지를 비판하는 데 선봉에 서왔다. 이들의 비판은 개발의 의미, 우선순위, 분석 등 개발 연구에 중요하게 기여했다. 역량 접근법(capabilities approach)은 개발의 재개념화에 의미 있는 기여를 했다. 센(Amartya Sen)과 너스바움(Martha Nussbaum)이 주창한 이 접근법은 '자신이 소중하게 생각하며 소중하게 생각할 이유가 있는 결과를 성취하기 위해' 선택할 수 있는 개인의 역량을 강조한다. 따라서 예를 들면, 빈곤은 역량 박탈로 이해된다 (Sen 1999: 291). 역량 접근법을 사용하는 사람은 경제거래 관여 능력 또는 정치활동 참여 능력 같은 개인의 역량에 초점을 맞춤으로써 개발을 미시적 수준에서 검토한다. 요컨대, 역량 접근법은 그러한 능력을 억제하거나 또는 촉진하는 문화적, 개인적, 외부적 관련 요인들을 염두에 두고 개인의 능력과 기회를 검토한다.

역량 접근법은 현재 광범위하게 수용되고 있는 개발 패러다임이며, 여성개발을 포함하여 개발을 측정하는 몇몇 역량 기반 지표들을 창출하였다. 너스바움은 인간의 역량은 '사람들이 실제로 할 수 있고 될 수 있는 것'이라고 말했다 (Nussbaum 2000: 5). 그녀는 생명, 건강, 신체적 온전성, 감각, 상상력, 사고, 감정, 실천 이성, 다른 민족 및 종족과의 제휴, 놀이, 자신의 환경에 대한 정치적 및 물질적 통제 등 중요한 기능적인 인간의 역량들을 열거하였다. 그녀는 세상의 여성들이 남성들만큼 할 수 있고 될 수 있는 것을 가로막는 많은 수단들을 논의하였다 (Nussbaum 2000). 국제개발 연구에서 역량에 초점을 맞춤으로써 우리의 관심은 국가경제지표로부터 남성 및 여성이 품위 있게 살아가는 능력으로 이동한다.

역량 접근법과 페미니스트 학문에 기반하여 여성과 개발 관련 이슈들을 검토하는 경우 구조(structure), 에이전시(agency), 교차성(intersectionality) 등 세 가지 분석 도구가 특히 중요하고 유용하다. 이 세 가지 분석 도구들은 과정으로써 뿐만 아니라 논쟁의 장으로써 개발에 대한 의미 있는 검토를 가능케 해주며 여성 및 여타 소외 집단의 영향과 역할을 강조한다.

구조(Structure). 구조는 사람들이 이용 가능한 선택, 기회, 권리에 영향을 미치거나 제약하는 사회 과정, 법, 문화 규범 등을 포함하여 사회가 어떻게 조직되어 있는지를 의미한다. 근본적으로 구조는 개인의 행동과 선택에 주어져 있는 기회와 제약의 상황을 말한다. 구조적 분석은 한 체계 속에 내재한 위계와 억압을 강조한다. 구조는 가부장제 체제 — 남성이 정치적, 사회적, 경제적으로 주요 권력과 특권을 갖고 있는 체제 — 에 토대한 제도와 위계를 포함한다.

구조는 평소에는 분명하게 드러나지 않을 수 있다. 그러나 여성이 직면하는 구조적 제약 또는 기회를 검토할 수 있도록 해주기 때문에 중요한 분석 개념이다 (Everett and Charlton 2014). 설명하자면, 많은 나라에서 토지와 토지 이용 관련 법률은 구조적으로 여성을 제약한다. 남부 우간다에서는 관습법 아래 여성은 가족을 먹이거나 팔 수 있는 재화를 생산하라고 시댁에서 그녀에게 할당해 준 토지를 경작할 수 있다. 그러나 그 여성은 시댁의 허가 없이는 그 토지를 팔거나 빌려줄 수 없다. 이러한 구조적 제약은 중요하다. 왜냐하면 이것이 궁극적으로 가족과 지역사회의 개발에 영향을 미치는 여성의 경제적 자율권(empowerment)을 방해하기 때문이다 (Veit 2011).

에이전시(Agency). 여기에서 에이전시는 독자적으로 행동하고 자신의 가치와 선호에 맞추어 선택하는 능력으로 대략적으로 정의된다. 또는 에버렛과 찰튼(Jana Everett and Sue Ellen M. Charlton)이 잘 설명하였듯이 에이전시는 '지배적인 구조에 적응하거나, 영향을 미치거나, 저항하거나, 변화시키거나 하는 사람들의 개인적 및 집단적 능력'을 의미한다 (2014: 7). 간단히 말해, 에이전시는 개인들이 자신이 처한 구조적 상황 속에서 성공할 수 있고 성공하는 것을 의미한다. 에이전시는 역량, 즉 사람들이 될 수 있고 할 수 있는 것과 관련이 있다. 여성들의 경우 에이전시는 종종 사회적, 경제적, 정치적 구조에 의해 제한된다.

예를 들면, 옥스팜(Oxfam)은 세계의 거의 절반의 나라들에서는 여전히 초등 및 중등 교육에서 남녀 차별을 하고 있고, 산모사망률이 미미하게만 개선되었으며, 여성들의 가사노동은 소득과 국내총생산(GDP) 같은 국가

경제통계에서 종종 제외되고 있다고 보고했다 (Oxfam 2014). 물심부름, 장작 운반, 가축 돌보기, 어린이·환자·노인 돌보기 같은 활동은 종종 무급이며 따라서 공식 경제 속에 계상되지 않기 때문에 여성들의 노동, 특히 가사노동은 국가경제통계에서 종종 제외된다. 이는 GDP 같은 국가경제통계가 무급 노동 및 서비스나 실제 돈을 지불하지 않는 여타 활동을 고려하지 않기 때문이다. 결과적으로 국가경제통계(그리고 그에 토대한 정책)는 많은 여성 활동과 일을 설명하지 않는다. 반면에 자신의 에이전시를 행사하는 사람들은 구조에도 영향을 미친다. 센(Amartya Sen)은 다음과 같이 언급하였다.

> 무엇을 사람들이 긍정적으로 달성할 수 있는가는 경제적 기회, 정치적 자유, 사회적 힘, 그리고 양호한 건강·기초 교육·이니셔티브의 장려 및 육성 등의 권능부여 조건들에 의해 영향을 받는다. 이러한 기회들을 위한 제도적 준비 또한 사회적 선택에 참여하고 이러한 기회들의 발전을 촉발하는 공공결정에 참여하는 자유를 통해서 사람들이 자유를 실천하는 것에 의해 영향을 받는다. (1999: 5)

교차성(intersectionality). 이미 우리는 에이전시와 구조 같은 여러 요인들이 상호연결되어 있으며 이러한 상호작용들이 개발과 여성을 이해하는 데 필수적임을 알 수 있다. 교차성은 또한 상호연결성(interconnectivity)에 관한 것이다. 이 페미니스트적 개념은 모든 개인들이 사회적 관계, 역사, 구조의 토대 위에서 복합적이며 다층적인 정체성을 가지고 있으며 이러한 복수의 정체성과 관련 제도 간의 상호연결성이 동시에 고려되어야 한다는 전제로부터 출발한다. 모든 여성들은 어떤 점에서는 차별을 받고 있다. 그러나 여러 다른 정체성 중 성적 지향(sexual orientation), 성별(sexuality), 피부색, 인종, 민족, 나이, 종교, 혈통, 능력, 계급, 문화, 이주민·난민·원주민 신분 등과 같은 다른 요소들이 결합하여 한 개인의 사회적 입지와 지위를 결정한다.

교차성은 여성과 개발을 고찰할 때 중요한 개념이다. 왜냐하면 그 개념이 어떻게 이와 같은 교차가 독특한 억압과 특권의 경험을 창출하는가를 이해하고 보여주는 데 유용한 분석 도구를 제공하기 때문이다. 그렇게 함으로써 교차성은 의미 있는 실질적인 차이점과 유사점을 파악하는 데 도움을 주고, 어떻게 개발문제, 정책, 프로그램, 서비스 등이 다양한 개인들에게 각기 다르게 영향을 미치는가를 보여 준다 (AWID 2004; Crenshaw 1989, 2004). 따라서 교차성은 모든 개인들이 자신의 정체성에 근거하여 다른 에이전시와 구조를 경험한다는 것을 인정하는 것이다. 예를 들면, 짙은 검은 피부색을 가진 에티오피아의 한 토착집단 출신의 여성은 자신 고유의 에이전시에 대한 매우 다른 경험을 갖고 있으며 에티오피아 고원지대 출신의 여성과는 다른 구조적 제약과 기회에 직면한다. 이러한 차이에 대한 인식은 개발 과정과 프로그램이 좀 더 성공적이고 의미 있게 되도록 하는 데 도움을 줄 수 있다.

* * *

이 세 가지 개념들, 즉 구조, 에이전시, 교차성은 연구자들이 여성 및 여타 소외 집단을 포함하는 방식으로 개발에 접근하도록 도와준다. 이제 우리는 개발에 있어서 젠더, 젠더 관계, 성별화된 체제 및 구조 등의 역할을 검토하기 위해 세 가지 주요 개발 이슈 분야에 이들 개념의 적용을 통해 이 개념들을 활용할 것이다. 첫 번째 이슈 분야는 대표성(representation)과 여성의 정치적 에이전시다. 여기에서는 대체적으로 여성에게 유리한 구조적 접근법인 입법부 의석할당제의 글로벌 확산과 르완다에 관한 논의가 포함될 것이다. 다음으로는 건강과 생계와 관련된 여성의 에이전시가 '식량주권'의 개념과 남미지역의 라 비아 캄페시나(La Via Campesina) 운동(소규모 식량생산자들의 집단 연대활동 – 역자 주)과 함께 논의될 것이다. 마지막으로, 우리는 청소년기 여성과 여성의 교육 문제, 많은 사람들이 직면하는 구조적 장애, 많은 어려움을 돌파한 파키스탄의 학생 활동가 유사프자이(Malala Yousafzai)의 놀라운 에이전시 등에 대해 다룰 것이다.

주요 이슈와 관련 행동주의: 정치적 대표성, 식량주권, 교육

여성의 정치적 대표성

제3세계의 많은 나라에서 여성들이 최상위의 정치적 공직에 올랐다. 많은 동남아 국가와 몇몇 남아메리카 및 아프리카 국가에서 여성 총리 또는 대통령이 나라를 이끌고 있다. 이 지역의 많은 나라의 의회에서 여성 의원의 비중이 미국의 상·하원보다 높다. 미 의회에서 여성의 비중은 미국 사회에서 여성이 차지하고 있는 비중에 근접한 적이 없다. 입법부의 여성 의원 비율을 기준으로 미국은 세계 71위이다. 르완다가 1위이며, 볼리비아가 2위이다. 이 두 나라의 하원에서는 여성이 다수를 차지하고 있다 (표 13.1 참조).

여성들을 공직에 선출하거나 여성들 스스로 성공적으로 공직에 출마하는 것은 여성들의 역량을 신장시킨다. 너스바움(Nussbaum)에 따르면, 인간의 핵심 기능 역량에는 '자신의 삶을 지배하는 정치적 선택에 효과적으로 참여할 수 있고 정치참여와 언론 및 결사의 자유를 보호하는 권리를 갖는 것'이 포함된다 (2000: 80). 여성 선출직 공직자 수의 증가는 여성의 정치적 에이전시를 증대시킴으로써 개발에 기여한다. 다시 말하여, 여성 유권자는 자신의 이익을 대표할 가능성이 더 많은 후보자를 선출할 수 있다.

표 13.1 세계 지역별 국가 의회의 여성 대표성, 2001~2015년 (퍼센트)

	2001	2005	2008	2011	2015
세계 평균	14.0	16.2	17.8	19.2	22.6
미주	15.3	19.7	21.4	22.6	27.2
유럽	15.9	18.4	20.3	21.4	25.5
사하라사막 이남 아프리카	12.1	16.5	17.8	19.3	23.2
아시아	15.5	15.9	16.7	18.0	18.4
태평양	13.6	13.9	15.0	14.8	15.7
아랍국가	3.6	6.8	9.0	11.7	17.9

출처: IPU (2015).

때때로 여성 후보자 및 공직자는 물, 식량, 교육 등에 대한 접근을 우선시하는 독특한 개발 우선순위를 제시하는데, 이에 대해서는 뒤에서 자세하게 논의할 것이다. 여성은 다른 유형의 개발 정책이 여성과 청소년기 여성에게 미치는 영향에 대해 좀 더 잘 인식할 수 있다. 따라서 여성의 대표성 신장은 선출된 정부의 일원이 된 여성의 에이전시를 증대시킬 뿐 아니라 남성 정치인이 등한시하는 관심사에 대해 목소리를 냄으로써 그들이 대표하는 여성의 에이전시를 증대시킨다.

일부 국가에서 여성의 대표성이 서서히 늘어나고 있고 일부 국가에서는 커다란 진전이 이뤄지고 있음에도 불구하고, 여전히 여성들은 세계 각국의 입법, 사법, 행정 기관에서 극히 소수에 불과한 실정이다. 이와 같은 여성의 대표성 부족 현상은 소위 여성은 정치 관여를 '본능적'으로 삼간다는 고정관념으로 설명할 수 없다. 정당 전략, 현직 의원의 여성에 대한 조직적 반대, 선거제도 등에 관한 연구는 여성의 개인적 선호보다는 이러한 요인과 여타 구조적 요인이 여성의 낮은 정치적 대표성을 설명함을 보여준다 (Hawkesworth 2005). 예를 들면, 정당에 관한 연구는 남성 '게이트키퍼'가 종종 '여성이 공석이거나 안전하거나 승리할 수 있는 선거구에 공천되지 못하도록 후보 선출 과정을 조직한다는 것'을 보여준다. 또 만약 여성이 정당에서 공식 직위를 차지하는 경우 남성 현직자는 의사결정을 공식메커니즘에서 비공식메커니즘으로 바꾸는 경향이 있음을 보여준다 (Hawkesworth 2005: 150). 그러한 구조적 요인이 여성들을 세계 각지에서 선출직 공직과 지도자 역할에서 계속 배제시킨다. 그에 반해서 여성의 정치적 대표성을 증가시킴으로써 여성의 에이전시를 증대시킬 수 있는 한 가지 구조적 조치가 입법부의 여성의원 할당제이다.

입법부의 여성의원 할당제는 여러 다른 방식으로 작동되지만 어떤 방식이든 모두 후보자의 일정 비율을 여성으로 하거나 의석의 일정 비율을 여성이 차지하도록 규정한다. 그렇지만 그 의석은 여전히 경쟁의 대상으로 서로 다른 정당의 복수 후보자들이 경쟁하며 따라서 투표자들에게 선택할 수 있는 기회를 준다. 젠더 할당제는 선거제도를 통해 이미 발생하고 있는 다른 형태의 다양성에 더하여 여성 의석의 보장을 통해 의회가 일정한 수준의 교차적 다양성을 갖도록 한다. 예를 들어, 선거는 경쟁적 정당 제도를 통한 이데올로기적 다양성과 선거구를 통한 지리적 다양성을 촉진할 수 있다. 젠더 할당제를 추가하면 다양한 정당과 선거구의 여성 후보자가 입법 과정에 동참할 수 있게 되어 결과적으로 사회 각 부문이 공직에 더 많이 대표될 수 있게 될 것이다 (도표 13.1 참조).

반면에 젠더 할당제를 반대하는 사람 또한 이러한 정책을 비판하는 데

도표 13.1 베이징+20: 젠더 할당제의 글로벌 확산

1995년 베이징에서 열린 유엔 세계여성회의(World Conference on Women) 이후 젠더 할당제가 전세계적으로 확산되었다. 그 회의에서 힐러리 클린턴(Hillary Rodham Clinton)은 “인권은 여성의 권리이고 여성의 권리는 인권이다.”라는 유명한 말을 남겼다. 세계 각지의 정부 관리들과 활동가들이 여성의 권리와 개발에 관한 다양한 문제와 정책을 논의하기 위해 베이징에 모였다. 그중 일부는 아르헨티나 같은 나라들에서 성공한 입법부의 여성 할당제의 가능성에 대해 토론하고 배웠다. 많은 국가의 정부가 1995 베이징 행동강령(Beijing Platform for Action in 1995)에 서명했다. 그 이후에 젠더 할당제가 “권력구조 및 의사결정에 여성의 동등한 접근 및 완전한 참여를 보장하기 위한 조치를 취한다”는 그들의 약속을 행동에 옮기는 대중적 기제가 되었다 (UN 1995).

지역 및 글로벌 수준의 여러 기구, 활동가 및 학자들의 압력과 독려에 더하여, 베이징 유엔세계여성회의는 젠더 할당제가 전세계로 확산되는 파급효과를 가져왔다 (Krook 2010). 베이징회의 이후 20년이 지난 2015년 현재, 128개국이 ‘헌법, 선거, 정당 차원의 (여성) 할당제’를 운영하고 있다 (Quota Project 2015). 다시 말하면, 이 수치는 헌법으로 의무화한 할당제, 선거규칙에 의한 할당제, (대체적으로 자율적인) 정당 할당제 등을 포함하고 있다. 1995년 이래 전세계적으로 입법부의 여성 비율은 10퍼센트에서 20퍼센트로 두 배 증가하였다 (Staudt 2014). 그러나 대부분의 국가에서 정치권의 젠더 균형이 실현되기 위해서는 여전히 갈 길이 멀다.

교차성 개념을 사용할 수 있다. 인도에서 일부 비판가들은 제안된 의회의 여성 할당제는 수적으로나 사회경제적으로 지배적인 사회집단에 의해 채워질 것이라고 — 즉 상층 계급, 상층 카스트 힌두 여성이 여성의석을 지배할 것이라고 — 주장한다. 부분적으로는 그러한 주장 때문에 인도 정부는 현재 지방정부 의회에서 사용하고 있는 여성 할당제를 중앙정부 의회로 확대하지 않았다 (Jenkins 1999). 그러나 인도의 지방정부 수준에서는 이러한 교차적 비판이 교차 할당제를 고무시켰다. 여성 할당제 이외에도 하층 카스트 할당제와 여성 할당제 내에서 일정한 의석은 정부가 공식적으로 '지정 카스트' (인도에서 불가촉천민이란 호칭 대신에 쓰는 공식적 호칭 – 역자 주)로 부르는 최하층 카스트의 여성들에게 할당하는 규칙이 있다. 비록 사회의 모든 교차적 요소를 포괄하는 복잡한 할당제의 완성은 실현 가능하지 않지만, 이러한 유형의 정책은 교차성 개념을 행동으로 옮기려고 노력하는 혁신적인 방법이다.

어떻게 르완다는 여성의 대표성에서 세계 최고 수준인가?

르완다는 여성의 대표성이 세계에서 가장 앞서 있다. 르완다의 가장 최근 선거에서 여성들이 하원 의석의 64퍼센트를 차지하고(2013년) 상원 의석의 39퍼센트를 차지했다 (2011년). 이에 반해 미국의 가장 최근 선거(2014년)에서 여성들은 하원 의석의 19퍼센트, 상원 의석의 20퍼센트를 차지했다 (IPU 2015). 르완다에서의 성공 비결은 여성 할당제이다. 1994년 대량학살이 발생한 이후, 르완다는 젠더 변혁 등 정치적 변혁을 겪었다. 르완다의 대량학살은 약 100일 동안에 걸쳐 50만 명에서 100만 명이 사망한 매우 극심한 폭력이었다. 정치 및 경제 제도 또한 심하게 훼손시킨 이러한 폭력의 여파로 르완다 여성들이 국가 재건에서 점차 중요한 역할을 떠맡게 되었다. 대량학살 이후 애초 범민족의회(Transitional National Assembly)의 17퍼센트를 차지했던 여러 정당의 여성들은 르완다여성의원포럼(Forum of Rwandan Women Parliamentarians)으로 연합하였는데, 이는 '급격하고 위험할 정도로 분열된 나라에서 당 노선을 뛰어넘는 첫 번째 초당적 집단'이었다 (Wilber 2011). 그러한 협력이 폭력으로 지친 르완다 국민들을 여성 정치인이 더 많을수록 더 나은 갈등 해결을 가져올 것이라고 안심시켰다.

르완다의 2003년 헌법은 여성이 의사결정기구 의석의 30퍼센트를 차지하도록 보장하였다. 2008년 의회 선거에서 여성이 하원 의석의 56퍼센트를 차지하였는데, 이는 여성에게 할당된 의석을 초과하면서 "르완다가 세계 최초로 여성이 국가의회의 과반수를 차지한 국가가 되도록 하였다" (Debusscher and Ansoms 2013: 1117). 새로운 헌법을 통한 정치제도의 재구성은 할당제를 도입하는 기회를 제공했다. 정치와 젠더 관계에서의 극적인 변화는 또한 전쟁 기간 동안에 발생한 전통적인 젠더 관계의 붕괴와 그에 이은 전후 시기 르완다 여성운동의 적극적인 역할과 여성의 권리에 헌신한 정치지도자들 덕분이다 (Debusscher and Ansoms 2013).

여성의 정치 대표성과 정치참여로 무엇이 달라지나? 울브레흐트와 캠벨 (Christina Wolbrecht and David Campbell, 2007)은 정치적 롤 모델로서 여성에 관한 연구에서 의회에 여성 의원들이 더 많은 나라의 경우 여성과 청소년기 여성이 정치에 관해 더 토론하고 참여할 개연성이 있다는 것을 발견했다. 샤토패디아이와 더플로(Raghabendra Chattopadhyay and Esther Duflo)는 인도 연구에서 지방의회에서의 여성 할당제는, 물을 모으는 일이 기본적으로 여성의 책임인 상황에서 식수에 대한 접근 같은 여성의 개발 우선순위에 더 많은 투자를 가져온다는 사실을 보여주었다. 그들은 "정치적 에이전시의 불균형을 시정하면 다른 분야에서의 불균형도 시정된다"고 결론을 내렸다 (2004: 985).

그렇지만 할당제가 모든 여성들의 문제를 해결하지는 못한다. 드부시어와 앤섬스(Debusscher and Ansoms)는 르완다에서의 인터뷰를 통하여 '르완다의 젠더 평등정책의 혁신적 잠재력'을 고찰했다 (2013: 1113). 다시 말하여, 여성은 개발 정책 또는 과정을 변형시키는가 아니면 단순히 기존 구조에 통합되는가? 그들은 공식 정치와 공식 경제에 참여하는 여성은 정부에 발언권이 있는 반면에 그 정부는 자급농업노동자와 간병인 같은 비공식 경제에 참여하는 여성들은 계속 등한시한다는 것을 알아냈다. 여성을 옹호하는 시민사회 조직은 비엘리트 르완다 여성의 관심사에 목소리를 내거나 개발 우선순위를 정할 기회가 거의 없다. 간단히 말해, 그들은 교차성의 관점에서 우리가 진정으로 '르완다의 젠더 평등을 이해하기 위해서는' '계급, 장소, 민족성'에 주의를 기울여야만 한다고 결론지었다 (2013: 1131).

여성의 정치적 대표성이 부분적으로는 의원 할당제 때문에 세계의 많은 곳에서 향상되었다. 실제로 제3세계의 여러 나라들은 선진국을 앞질렀으며 현재 선출직 공직에 진출한 여성의 비율이 높다. 많은 나라의 여성들이 이러한 할당제 도입 추세로부터 무관한 상황에 있지만, 할당제 정책이 존재하는 나라들에서는 여성 후보자에 대한 투표나 선출직에 복무하는 것이 수백만 명의 여성들에게 새로운 정치적 에이전시를 부여했다. 이러한 여성의 에이전시는 개발 우선순위를 완전히 뒤바꿔 놓지는 못했지만 재조정하도록 이끌었다.

식량주권

식량과 농업은 전세계 여성들의 생계, 건강, 영양 등 개발의 여러 측면과 관련되어 있다. 농부, 노동자, 기업가로서 여성들은 개발도상국가의 농촌 경제에 크게 기여한다. 사실 여성들은 개발도상국의 농업 노동자의 약 43퍼센트를 차지하고 있다 (FAO 2015b). 그러나 여성은 남성에 비해 상대적으로 농업 자산, 투입, 서비스 및 여타 농촌 고용 기회에 접근하기가 더 어렵다. 이러한 남녀 간의 차이에는 여러 차원이 존재한다. 여성은 보다 작은 농장을 운영하며, 가축으로부터 얻는 소득이 더 적고, (물·땔감심부름 같은) 저생산성 활동 등 전반적 작업량이 더 많으며, 교육을 덜 받고 농업 정보가 더 적으며, 여신 사용이 더 적고, 비료·씨앗·기계장비 같은 농업 투입요소의 구매가능성이 더 적으며, 동일한 작업에서 더 낮은 임금을 받는다 (FAO 2011).

작은 규모의 농업 영역 이외에는 기업식 농업의 팽창에 따라 여성들은 하찮은 존재로 전락한다. 역사가 보여주듯이 산업화는 농업 노동인구를 감소시킨다. 서유럽과 북아메리카에서 농업에 종사하는 인구 비율은 10퍼센트에 훨씬 못 미치나 아프리카, 남아시아 및 중앙아시아의 많은 나라에서는 노동인구의 50퍼센트 이상이 농업에 종사한다 (Everett and Charlton 2014). 산업화, 세계화, 국제 시장은 종자 공학에서부터 가축 사육과 대규모 토지 소유에까지 이르는 다양한 범위의 대형 기업식 농업이나 영리 목적의 농업 '개발'을 발전시켰다. 여성들이 이러한 유형의 농업에 참여할 수 있는 잠재적 기회가 있지만, 지금까지 "이러한 시장에 대한 여성의 동등한 접근은 여전히 제한된다" (World Bank 2009: 1).

따라서 소규모 농업에서와 마찬가지로 산업화한 대규모 농업에서도 여성들은 많은 구조적 힘 때문에 불평등과 에이전시 발휘가 제한되는 상황에 직면한다. 소규모 농업 또는 주로 생계형 농업에서 여성은 농업 정보에 대한 접근, 신용에 대한 접근, 비료·씨앗 및 기계장비 같은 농업 투입요소에 대한 접근의 측면에서 불평등한 상태에 처해 있다. 대규모 농업 또는 대체적으로 기계화 내지는 비생계 농업에 여성은 참여조차 하지 못한다. 여성들의 농업에 대한 큰 기여와 그들이 이용 가능한 농업 서비스, 투입, 기회 간의 불균형한 차이는 세계 식량 체제, 대규모 기업식 농업의 대두, 젠더 역할·평등·에이전시를 결정하는 사회·문화·경제적 힘 등을 포함한 많은 구조적 힘 때문에 발생한다. 궁극적으로, 현재의 식량 체제에서의 권력과 통제와 또한 이 체제에 도전하는 운동에 대한 이해는 젠더, 식량, 농업 간의 연계를 명확하게 보여줄 것이다.

농업과 식량 체제에 대한 지배적인 접근법은 식량안보 접근법으로 주로 기아로부터의 자유를 다룬다. 식량안보는 다음과 같이 정의될 수 있다. 즉, 모든 사람이 언제나 '활동적이고 건강한 생활을 할 수 있도록 그들이 필요한 영양소와 식품 선호를 충족시키는 충분하고, 안전하고, 영양가 있는 음식'에 대해 적절한 물리적 및 경제적 접근을 보장하는 것이다 (FAO 2003). 이와 같은 정의는 식량안보에 사회적, 정치적 차원이 있음을 보여주지만, 농업과 식량체제에 관한 이러한 접근법을 비판하는 사람들은 그 정의가 농업 및 식량 체제의 정치적 성격과 지방적, 지역적, 국가적 맥락을 무시한다고 말한다. 그 대신에 식량안보는 생산 증대와 성장에 초점을 맞춘 모델을 강조하는 경향이 있다. 그 결과, 분석틀로써 식량안보는 권력과 에이전시, 구조적 제약, 농업 및 식량체제 내에서의 교차적 분석 등의 문제를 경시한다. 이와 같은 약점이 대안의 분석틀, 즉 식량주권의 분석틀의 탄생으로 이어졌다.

개념으로써 식량안보는 국가와 국민이 시장, 생산양식, 음식문화, 환경 등 그들 자신의 식량체제에 대해 통제권을 갖는 것을 의미하며, 따라서 식량체제 및 농업체제에 내재된 정치적 및 경제적 차원이 있음을 인정한다 (Wittman, Desmarais, and Wiebe 2010). 라 비아 캄페시나 운동(La Via Campesina movement)과 (도표 13.2 참조) 같은 식량주권 옹호자는 식량, 농업, 젠더 간의 연계를 밝히고 재구성한다. 이러한 작업은 부분적으로는 여성의 에이전시와 농업 및 식량 체제 내에서 여성이 갖는 구조적 제약에 대한 비판적인 검토와 분석을 통해 이루어졌다. 또한 교차성의 인정 — 모든 여성들이 그들의 사회 내에서 자신의 정체성에 근거하여 똑같은 제약과 기회에 직면하지 않았다는 것 — 을 통해 이루어졌다. 농업정책에 의해 가장 영향을 받은 사람들의 경험과 비판적 분석으로부터 기업 농업과 소규모 농업에서 모두 불평등 문제를 해결하는 방법으로써 식량주권 개념과 운동이 1990년대에 등장하였다.

식량주권은 농업과 식량체제에 대한 대안적 분석틀과 접근법을 제공한다. 포기당 또는 마리당 생산성 증가나 에이커당 수확량을 강조하는 대신, 식량주권은 농업생태적 농업 — 농업생산이 수행되는 방식을 결정하기 위해 생태, 문화, 경제, 사회를 결합하는 전통적 지식과 지방 식량체제 경험에 근거하는 전체론적 접근 — 에 초점을 맞춘다. 또한 식량주권은 천연자원에 대한 인간의 접근과 통제를 강조한다. 근본적으로, 식량주권은 인간과 공동체의 식량권과 식량생산에 대한 통제가 글로벌 시장, 무역균형, 방대한 수확량과 생산보다 더 중요함을 의미한다. 따라서 식량주권은 농업 및 식량체제 내부의 에이전시, 구조, 교차성 등의 역할을 강조한다.

도표 13.2 라 비아 캄페시나와 여성

라 비아 캄페시나(La Via Campesina)는 오늘날 농업과 식량 체제의 불평등을 다루기 위한 초국가적 농민운동으로 1993년 창설되었으며 오늘날 세계에서 정치적으로 가장 중요한 농민운동 중 하나이다 (Desmarais 2011; Borras and Franco 2010). 1980년대 무역정책의 변화는 수출지향 농업을 촉진하였으며, 구조조정 프로그램은 민영화를 증대시켰고 정부 서비스와 사회적 안전망 정책을 축소시켰다. 이러한 정책은 많은 개발도상국에서 대부분이 여성이었던 소규모 시골 농민에게 부정적 영향을 미쳤다. 라 비아 캄페시나는 특별히 농업에서의 젠더 불평등을 해결하려는 목적으로 창설되지는 않았으나, 점차 젠더 불평등 문제의 해결이 농업개발이 모든 사람에게 좀 더 공평하게 되도록 만드는 핵심요소라는 점을 인식하게 되었다.

라 비아 캄페시나는 창설 때부터 젠더 평등을 인식하였으나 1996년 제2차 국제회의 이후에야 비로소 젠더 문제를 체계적으로 다루기 시작했고 모든 수준의 운동에서 여성의 동등한 참여와 대표성을 보장하기 위한 전략과 메카니즘의 개발을 위하여 특별위원회, 즉 국제여성위원회(International Women's Commission)를 만들었다 (Desmarais 2011). 국제여성위원회의 설립은 여성들에게는 하나의 전환점이 되었다. 즉, 농업 및 식량 생산의 지방, 국가, 국제 수준에 있어서 가부장적 체제를 다루기 위해 여성 스스로 계획한 국제적 정치 공간을 만들었다.

국제여성위원회가 설립된 이래 여성들은 라 비아 캄페시나 내부에서 상당한 공간과 영향력을 갖게 되었다. 이는 동 위원회가 여성들이 자신의 경험과 통찰을 공유하고 농업과 식량에 관한 정책에 관여하는 방법을 배우는 워크숍, 교류, 모임 등의 네트워크를 창설함으로써 달성되었다. 국제여성위원회는 '식량주권' 개념의 주창으로부터 마케팅 전략과 대안적 생산 양식 같은 실제적 적용에 이르기까지 정보 공유를 통해 그 운동과 관련하여 여성과 남성의 이해 및 지식 기반을 확대하였다.

방갈로르에서 열린 2000년 회의까지 국제여성위원회의 활동은 농업의 구조조정과 세계화에 있어서 젠더의 역할에 관한 조직 전체 차원의 비판적 분석인 『젠더 포지션보고서(*Gender Position Paper*)』의 생산으로

▶▶▶

도표 13.2 계속

이어졌다. 라 비아 캄페시나의 젠더 평등에 대한 인식은 거기에서 끝나지 않았다. 최근에 다루어진 이슈 중에는 여성에 대한 폭력을 비롯하여 지배적인 농업 체제 내에서의 폭력문제가 포함되어 있으며, 다시 한 번 젠더 평등과 여성을 농업과 식량체제의 중심에 위치시켰다 (Desmarais 2011; Wittman, Desmarais, and Wiebe 2010).

이처럼 불평등에 초점을 두면 젠더의 역할과 권리의 우선화가 드러나게 된다. 여성의 재산권을 예로 들어보자. 토지와 다른 자원에 대한 접근은 특히 농업 및 식량과 관련하여 여성의 평등을 실현하는 데 반드시 요구되는 필수요소이다. 여성의 재산권 획득에 초점을 맞추는 것은 중요하지만, 재산권 획득으로는 충분하지 않다. 파텔(Raj Patel)은 “모든 사람이 재산에 대해 평등한 권리를 갖고 있는 나라에서 일부가 다른 사람보다 좀 더 많은 자원을 갖고 따라서 다른 사람보다 더 많은 재산을 지배할 수 있다는 사실은 재산을 (소유하고 파는) 능력을 비교적 사소한 권리로 만드는 근원적이고 지속적인 권력의 불평등이 존재함을 나타낸다”고 말한다 (2010: 194). 본질적으로, 만약 구조적인 권력 불평등이 존재한다면 재산권 또는 여타 권리의 획득만으로는 충분하지 않다. 식량안보의 개념은 이러한 권력 불평등을 다루려고 한다. 식량안보 개념은 농업과 식량체제에 있어서 불평등을 야기하는 구조적 힘의 작용을 인정한다. 또 농업과 식량 생산에 종사하며 그에 의해 가장 직접적으로 영향을 받는 사람들의 수중으로 권력, 통제, 에이전시를 되돌려주려고 한다.

라 비아 캄페시나 같은 초국가적 기구의 활동은 식량주권 같이 개발의 재개념화를 고무하고 대중화하였다. 이런 움직임은 평등주의, 구조적 불평등 해결, 식량 및 농업 생산과 가장 밀접한 사람들의 에이전시 증대 등을 강조한다. 그와 같은 행동주의는 글로벌 식량 및 농업체제에 있어서 젠더 불평등을 인식하고 바로 잡는 방향으로 의미 있는 진전을 가져온다. 여성과 식량주권에 대한 주목은 여성이 농업에서 상당한 역할을 수행해왔으며, 어떤 형태의 농업 '개발'은 여성의 살림에 해를 끼쳤고, 젠더 불평등이 지방, 국가, 국제 농업 및 식량체제에 퍼져있음을 인정하는 의미를 갖는다.

청소년기 여성과 여성의 교육

청소년기 여성과 여성을 위한 교육은 그 자체로 개발목표일뿐 아니라 다른 형태의 사회적, 경제적, 정치적 개발을 가능하게 하고 심지어 추동하는 성과이기도 하다. 예를 들어, 청소년기 여성 및 여성에 대한 교육은 어린이의 수명을 늘리고, 지방 경제에 기여하며, 여성을 좀 더 지식을 갖고 참여하는 시민으로 만들 수 있다.

청소년기 여성에 대한 교육이 어떤 식으로 그들의 삶과 그들의 공동체에 긍정적인 영향을 미치는가? 교육은 청소년기 여성과 여성에게 더 많은 에이전시, 즉 경제적, 사회문화적 요인 또는 다른 구조적 요인에 의해 완전히 억압되지 않으면서 결정하고 행동하는 자유와 능력을 준다. 그들이 학교에 다님으로써 획득하는 에이전시는 많은 다른 긍정적인 개발목표와 정(正)의 상관관계에 있다 (Sen 1999: 189-203). 예를 들면, 교육 받은 여성은 출산을 늦추고 아이를 많이 낳지 않는 경향이 있는데, 이는 보다 건강한 가정과 경제를 가져올 수 있다. 왜 여성 교육은 출산율 감소로 이어지는가? 몇 가지 가능한 설명이 있다. 가족 구성원들은 교육 받은 여성이 어머니로서의 역할 이외에도 그 가족에게 소중함을 인정하고 조기 출산을 주장하지 않기 때문일지 모른다. 교육 받은 여성은 자신의 가족 내에서 결혼이나 출산 연령을 늦추자고 큰 소리를 낼 수도 있다. 청소년기 여성은 학교에서 생식과 가족계획에 관해 배우고, 더 많은 교육을 받음으로써 결혼생활에서 피임을 선택할 수 있는 지위와 그 대가를 치를 충분한 경제적 자원을 얻을 수도 있다.

만약 청소년기 여성을 위한 교육이 그 자체로써 중요하며 지역사회를 위해서도 좋다면, 많은 개발도상국에서 여성의 식자율과 교육 수준이 남성에 비해 계속 뒤떨어지는 이유는 무엇인가? 이 질문에 대답하기 위해서는 구조/에이전시와 교차성 등의 분석도구에 의지하는 것이 도움이 될 것이다.

구조적 관점에서 볼 때, 청소년기 여성의 교육을 가로막는 경제적, 문화적 장애물은 무엇인가? 때때로 경제적 요인이 여자 청소년으로 하여금 그의 남자 형제보다 일찍이 학교를 중퇴하게 만든다. 가정의 수준에서 보면, 자원이 매우 한정된 부모는 모든 자식들을 교육시키기를 원하지만 그러나 돈이 부족하고 아들이 가정의 불확실한 경제적 미래에 더 좋은 투자가 될 것으로 기대하기 때문에 우선적으로 아들을 교육시키기로 선택한다. 심지어 '(수업료가) 무료인' 공립학교도 종종 수업료, 소모품, 교복, 찢어지게 가난한 가정이 감당할 수 없는 비용을 요구한다 (Henderson and Jeydel 2010).

지역사회 수준에서 볼 때, 가난한 지역은 학교, 교사, 필요한 교육 자재가 부족할 수 있다. 학교가 있는 경우에도 학생들을 위한 개인적이고 위생적인 화장실을 공급할 자원이 부족할 수 있다. 이는 여자 청소년이 월경을 시작하게 되면 학교를 그만둘 가능성이 더 커짐을 의미한다. 사춘기 이후 학교에 다니는 청소년기 여성 비율이 떨어지는 것을 바라보는 외부인은 이러한 감소를 순전히 문화적 보수주의 탓으로 돌리겠지만, 어떤 경우에는 그 문제(위생시설 불비/사생활 침해)가 문화적 배경과는 상관없이 학생들이 학교에 계속 다닐 수 없게 만든다. 더 많은 개인적이고 위생적인 화장실 공급이 모든 청소년기 여성의 교육 문제를 해결하는 것은 물론 아니지만, 그러한 실질적 변화는 더 많은 청소년기 여성들이 사생활 침해나 질병을 우려하여 집에 있기보다는 계속 학교에 다니도록 하는 데 도움이 될 수 있다.

다른 경우를 보면, 가부장적 관행이나 세계관 등 문화적 요인이 여학생의 교육에 대한 접근을 제약한다. 가부장제는 세계 도처에 존재하며, 특정 지역이나 종교와 동일시되어서는 안 되고 개별적으로 검토되어야 한다. 이슬람교는 여자 청소년의 교육을 제한한다는 견해가 서방에 널리 퍼져 있는데, 이는 부분적으로는 일부 운동이나 정권이 이슬람교의 이름으로 그렇게 하기 때문이다. 이에 반해, 여성 교육을 주창하는 이슬람교도는 유능한 여성 기업가였던 무함마드의 부인 카디자(Khadijah)나 코란의 관련 구절을 지적함으로써 자신들의 주장을 뒷받침할 수 있다. 더욱이 사우디아라비아에서는 대학생의 다수가 여성이다.

그러나 파키스탄의 경우는 그렇지 않으며 몇몇 지역사회는 여자 청소년의 교육을 극심하게 제한한다. 여자 청소년의 교육을 비판하는 파키스탄인은 이슬람교의 이름으로 이러한 제한을 정당화하려 하지만 좀 더 정확하게는 지역 관습으로 설명될 수 있다. 일부 파키스탄인은 지역의 "문화적 규범, 가치 또는 관행에 어긋난다는 것과 이슬람교와 모순된다는 것을 혼동한다" (Guneratne and Weiss 2014: 197). 세계의 이슬람교도가 다수를 차지하는 각기 다른 지역사회마다 여성 식자율 및 교육률이 매우 다르다는 것은 우리가 면밀하게 조사해야 하는 문화적 구조가 이슬람교와 연관된 일반적 관념이라기보다는 특정한 지역 가부장제라는 것을 시사한다 (도표 13.3 참조).

다양한 경제적 또는 문화적 구조가 청소년기 여성이 학교에 다니지 못하게 하거나 학교에 남지 못하도록 함으로써 그의 에이전시를 방해할 수 있다. 반면에 여성의 식자율이 낮은 나라에서조차도 일부 청소년기 여성과 여성이 고등교육을 받을 수 있다. 이와 같은 동태를 이해하기 위해서는 교차성에 눈을 돌려야 한다. 교차성 분석은 '중복된 종속 체제'를 밝혀준다 (MacKinnon 2013: 1020). 교차성은 처음에 미국의 흑인 여성들이 경험한 중첩된 차별(인종차별주의와 성차별주의)의 영향과 이러한 중복 차별을 적절히 해결할 법 체제의 실패를 알아보기 위해 사용되었는데, 미국 이외의 맥락에 관한 분석에서도 새로운 것을 알게 하는 개념으로 사용할 수 있다.

예를 들어, 파키스탄에서 청소년기 여성은 그녀의 거주지(도시인가, 시골인가? 어느 지역인가?), 그녀의 민족성(거주 지역의 가부장제 관행과 관련 있는가?), 그녀의 사회 계층(부유한가, 가난한가?)에 따라서 교육을 더 받을 수도 있고 덜 받을 수도 있다. 이러한 요인들은 교차적으로 영향을 미치게 된다. 가부장적 지도자나 반도단체가 지배하는 지역의 단 한 개 학교만 있는 농촌마을의 청소년기 여성은, 특히 가정이 가난하거나 위협에 처해 있거나 여러 아이의 수업료를 내야할 필요가 있는 경우 학교에 전혀 다

도표 13.3 말랄라 유사프자이

말랄라 유사프자이(Malala Yousafzai)는 파키스탄의 청소년기 여성 교육권을 위해 투쟁한 활동가로서의 업적을 인정받아 2014년 노벨평화상을 수상했다. 그녀는 인도의 아동 인권 활동가 카일라시 사티아르티(Kailash Satyarthi)와 노벨 평화상을 공동수상했다. 아동노동은 어린이를 학교에 다니지 못하도록 만드는 또 다른 권리문제이다. 노벨위원회는 '그들이 아이들과 젊은이들에 대한 억압에 저항해 투쟁하고 모든 어린이들의 교육권을 위해 투쟁한 업적을 기려' 상을 수여했다.

말랄라는 2012년에 15살 먹은 여학생이었다. 당시 파키스탄 북서지역 탈레반 조직원이 학교에서 집으로 버스를 타고 가던 그녀를 총으로 쐈다. 탈레반은 아프가니스탄과 파키스탄에서 활동하는 조직들의 무리다. 탈레반이 아프가니스탄을 지배했을 때, 탈레반은 청소년기 여성의 학교 다닐 권리를 거부했고 교육과정을 통제하려 했다. 파키스탄의 스왓 계곡(Swat Valley)에서 탈레반은 말랄라의 아버지가 설립하고 그녀가 다니던 학교 등 여학교의 문을 닫으려고 했다. 말랄라는 자신의 자서전, 『나는 말랄라(*I am Malala*)』에서 다음과 같이 회상한다. "나는 어머니께서 내가 혼자 걸어 다니는 것을 두려워하셨기 때문에 버스를 타기 시작했다. 우리는 일 년 내내 위협을 받았다." 이는 그녀의 가족이 탈레반에 반대하고 평화와 학교에 다닐 권리를 옹호하는 목소리를 냈기 때문이다 (Yousafzai 2013: 4).

말랄라는 "우리 사회에서 청소년기 여성은 열심히 애를 써도 교사나 의사가 되기 어렵다. 나는 달랐다. 나는 의사가 되고 싶다가 발명가나 정치인이 되고 싶은 것으로 변했을 때 나의 욕망을 결코 감추지 않았다. 모니바(Moniba, 말랄라의 가장 친한 친구)는 무언가 잘못되었다는 것을 언제나 알았다. 나는 모니바에게 '걱정하지마, 탈레반은 결코 작은 소녀를 취하러 오지는 않아'라고 말했다"고 썼다 (2013: 4). 그러나 이러한 대화가 있은 지 얼마 안 돼서, 총을 가진 탈레반 조직원이 그들이 탄 버스에 올라 말랄라와 그녀의 반 친구 2명에게 총을 쐈다. 부상에서 회복한 말랄라는 세계적으로 교육을 촉진하기 위해 감동적인 공개 석상에서 계속해서 청소년기 여성을 위해 발언을 했다. 그녀의 〈데일리 쇼(*Daily Show*)〉 및 여타 인터뷰는 유튜브(YouTube)에서 볼 수 있다. 그녀는 지금까지 최연소 노벨평화상 수상자다.

니지 못하거나 오랫동안 다니지 못한다. 참으로 파키스탄의 식자율, 특히 청소년기 여성의 식자율은 놀랄 만큼 낮다. 2015년 파키스탄의 식자율 추정치(15세 이상 주민의 읽기와 쓰기 기준)는 58퍼센트로, 217개국 중 201위를 차지해 세계에서 거의 꼴찌 수준이다. 성별로 나누어보면 남성의 식자율은 70퍼센트이고 여성의 식자율은 46퍼센트이다 (CIA 2015). 파키스탄 내에서 여성과 청소년기 여성은 시골 지역이나 도시의 비공식 정착지(슬럼) 거주민, 빈민, 소수 민족, 난민 또는 유랑민, 장애인이 그렇듯이 문맹일 가능성이 더 높다 (Choudhry 2005: 5–7). 이러한 범주의 둘 이상에 속하면 읽기나 쓰기를 배우지 못할 가능성이 더 높아진다.

동시에, 대학교육을 받은 부유한 도시거주자의 딸은 파키스탄이나 해외의 엘리트 사립학교에 다닐 수 있으며 부토(Benazir Bhutto)의 경우처럼 파키스탄의 총리도 될 수 있다. 파키스탄의 초·중등 및 고등교육에서 남성의 수가 여성보다 더 많다. 그러나 특히 고등교육에서는 남성과 여성의 수가 거의 대등해지고 있다. 10퍼센트 미만의 파키스탄 엘리트층은 (17~21세 그룹에서) 고등교육을 추구할 기회가 있으며, 이 작은 그룹에서는 교육에서의 젠더 불균형이 초·중등학교에서보다 훨씬 작다 (UNESCO 2015). 파키스탄의 여성교육에 대한 교차 분석은 최소한 청소년기 여성이 교육 받을 수 있는 기회와 관련된 주요 요소인 사회계급과 종교에 초점을 두어야 한다 (Haq 2015; Choudhry 2005).

파키스탄의 여성과는 대조적으로, 사우디아라비아의 여성은 미국의 여성처럼 대학생의 다수를 점한다. 그러나 많은 여성들이 여전히 장애와 도전에 직면하고 있다. 사우디아라비아는 식자율에서 파키스탄에 앞서 있고(217개국 중 147위) 국가 전체의 식자율이 훨씬 높지만(95퍼센트), 여성의 식자율(91퍼센트)은 여전히 남성의 식자율(97퍼센트)에 뒤떨어져 있다. 교차성 분석은 젠더, 계급, 거주지가 교육 기회에 미치는 복합적 영향을 밝혀줄 수 있다. 사우디아라비아의 어떤 지역에서는 청소년기 여성의 중퇴율이 더 높으며, 서로 다른 지역사회의 사회경제적 수준과 전통이 결혼 연령에 영향을 미치는데 이는 결국 여성의 교육 수준과 관련이 있다 (Hamdan

2005). 그에 반해서, 라자 알사니아(Rajaa Alsanea)의 소설 『리아드의 소녀들(*Girls of Riyadh*)』은 사우디아라비아의 대학을 다니는 상층 계급, 도시 여성들의 특권을 환기시켜주는 모습을 잘 담고 있다.

> 사딤(Sadeem)은 학교를 중퇴했다. 그녀는 학업성적이 우수한 것으로 알려져 있었기 때문에 모두를 크게 놀라게 만들었다. 사딤이 중퇴한 후 그녀의 아버지는 딸에게 즐거운 시간을 갖기 위해 함께 런던 여행을 하자고 제안했다. 그러나 사딤은 그녀 혼자 가서 남부 켄싱턴에 있는 그들의 아파트에 머물게 해달라고 아버지에게 부탁했다. 그녀의 아버지는 약간 망설이다가 허락했다. … 그는 딸에게 자유 시간을 이용해서 컴퓨터나 경제학 강좌를 수강함으로써 리야드의 대학으로 돌아올 때 학교에서 멀어져 있던 시간이 도움이 될 수 있도록 하라고 충고했다. (2007: 61)

이와 같은 특권에도 불구하고, 사딤과 그 소설 속 고등교육을 받은 다른 세 여성은 젠더, 사회적 유동성, 결혼에 관한 기대 때문에 그들의 개인적, 교육적, 직업적 삶에 미치는 가부장제의 피해를 경험한다. 교차적 장점은 어떤 영역에서는 도움을 주지만 모든 젠더 형평 문제를 해결하지는 못한다.

청소년기 여성과 여성을 교육시키는 것은 그들 자신의 역량을 개발하는 데 결정적일 뿐만 아니라 그들의 가족, 지역사회 및 세계에 긍정적인 파급효과를 가져온다. 그럼에도 불구하고, 부족한 자원이나 가부장적 관행 같은 구조적 장애물이 청소년기 여성의 교육에 대한 접근을 제한하고 비록 교육을 받았더라도 그들의 기회를 제한한다. 기회가 한정된 사회에서 일부 여성과 청소년기 여성이 때때로 그들의 사회적 계급이나 지리적 거주지 덕분에 용케 교육을 받는다. 파키스탄 북서지역에서처럼 청소년기 여성 교육이 가부장적 정치 운동에 의해 가장 심하게 공격을 받는 지역에서조차도 노벨상 수상자 말랄라 유사프자이를 비롯하여 교육 장벽을 뚫은 소수의 여성이 있다 (도표 13.3 참조). 어려운 상황에서도 교육을 포기하지 않은 말랄라와 다른 여성들은 여성 및 청소년기 여성의 에이전시 증대가 그들 자신에게 좋을 뿐 아니라 그들의 가족과 지역사회에도 이롭다는 것을 증명해준다.

결론

개발에 관한 생각이 여성처럼 소외되고 과소 대표되는 집단에게 항상 도움이 되는 것은 아니다. 반다나 쉬바(Vandana Shiva)가 말했듯이 "개발이라는 이름으로 벌어지는 일은 전세계적으로 여성과 자연에 대한 폭력의 근원인 저개발 과정이다" (2010: 65). 그러나 현재의 개발에 관한 개념의 단점을 강조하고, 궁극적으로 이러한 저개발을 다루는 정책의 재정비를 통해 약간의 진전이 이루어졌다.

대표성과 정치적 에이전시, 농업과 식량주권, 교육 등 세 가지 영역으로 나뉘어 설명된 바와 같이 구조, 에이전시, 교차성 등의 개념 도구는 개발 접근법이 여성과 여타 소외 집단을 좀 더 적극적으로 포함하도록 도움을 주었다. 여성의 대표성과 정치적 에이전시의 경우, 이러한 개념 도구는 의원할당제를 포함한 정책들에 대한 재평가를 초래했다. 이는 선진국과 제3세계에서 모두 선출직에 여성의 비율이 높아지도록 하였으며, 이러한 증대된 여성의 에이전시는 개발의 우선순위와 정책에 있어서 변화를 초래하였다. 농업 분야가 현재 발전하고 있는 분야이다. 여성들이 시골의 소규모 농업에서 식량생산자의 다수를 차지하고 있으며, 대체적으로 대규모 농업에서는 빠져 있다. 그러나 라 비아 캄페시나 같은 운동은 특히 여성을 위해 농업과 식량체제를 좀 더 포괄적이며 평등하도록 만들었다. 마지막으로, 청소년기 여성과 여성의 교육은 개발에 있어서 매우 중요하며 그들의 가족, 지역사회 및 세계에 긍정적인 파급효과를 가져왔다.

이 모든 사례에서 구조, 에이전시, 교차성에 기반한 비판은 여성이 직면한 불평등을 강조한다. 이러한 불평등을 해소하고 개발에 관한 대화에 여성을 포함시키려는 노력은 전세계 여성의 에이전시와 역량의 증대를 가져온다. 궁극적으로, 구조, 에이전시, 교차성에 대한 분석을 포함하기 위해, 그리고 저개발 및 그 근본 원인을 탐구하기 위해 개발에 비판적으로 접근하는 것은 청소년기 여성, 여성, 전세계를 위한 포용과 향상을 가져올 것이다.

토의주제

1. 페미니스트가 '개발'을 재개념화한 방법에는 무엇이 있는가? 여성이 개발 정책 논의에 끌어들인 새로운 이슈나 강조점, 정의를 논의하시오.
2. 이 장에서 논의된 '역량들' 중에서 무엇을 우선시 할 것인가? 그 이유는?
3. 이 책 또는 시사문제에서 개발과 관련된 정책을 생각하시오. 만약 '교차성'을 고려할 경우, 당신은 어떻게 그 정책에 도전하거나 그 정책을 변경시키겠는가?
4. 왜 여성의 에이전시는 여성의 삶과 개발의 다른 측면에 중요한가?

추천 문헌

Basu, Amrita, ed. (2010) *Women's Movements in the Global Era: The Power of Local Feminisms*. Boulder: Westview.

Enloe, Cynthia (2014) *Bananas Beaches and Bases*. Berkeley: University of California Press.

Everett, Jana, and Sue Ellen M. Charlton (2014) *Women Navigating Globalization: Feminist Approaches to Development*. Lanham: Rowman and Littlefield.

Mertus, Julie A., and Nancy Flowers (2008) *Local Action Global Chance: A Handbook on Women's Human Rights*. Boulder, CO: Paradigm.

Nussbaum, M. (2004) "Promoting Women's Capabilities." In L. Benería and S. Bisnath, eds., *Global Tensions: Challenges and Opportunities in the World Economy*. New York: Routledge.

Patel, R. (2012) "Food Sovereignty: Power, Gender, and the Right to Food." *Public Library of Science (PLoS) Medicine* 9, no. 6.

Runyan, Anne Sisson, and V. Spike Peterson (2013) *Global Gender Issues in the New Millennium*. Boulder: Westview.

Visvanathan, Nalini, Lynn Duggan, Nan Wiegersma, and Laurie Nisonoff, eds. (2011) *The Women, Gender, and Development Reader*. London: Zed.

Chapter 14

지속가능한 개발의 달성

나날이 심해지던 경제적 번영과 생태적 건강 사이의 긴장관계가 21세기 초 개발전략의 방향을 결정하였다. 지배적인 경제체제인 자본주의는 끊임없는 팽창에 의존한다. 이러한 팽창과정은 석유, 석탄, 목재, 그리고 물과 같은 자원을 끝없이 탐하는 산업화 과정을 필요로 하며 지속시킨다. 그리고 그것은 폐기물의 개수대 역할을 하는 토지, 바다, 대기의 사용 증가에 의존한다. 분명히 경제체제의 끝없는 수요와 지구생태계의 점차 줄어들고 있는 한정적인 공급 사이에는 갈등이 존재한다.

탐욕스러운 경제활동이 자연환경을 파괴하고 완전히 고갈시켜버릴 것이라는 우려가 있음에도 불구하고, 일부 학자와 정책입안자들은 이러한 재앙을 피할 수 있다고 주장한다. 그들은 지속가능한 개발을 통해 환경을 보호하면서 동시에 경제성장을 이룰 수 있다고 주장하는 것이다 (WCED 1987: UN 1992). 지속가능한 개발(sustainable development)은 수많은 범지구적 활동과 관련이 있는데, 개념의 개발을 위한 활동으로부터 행동계획에 대한 협상, 감시, 자금지원 활동까지 포함된다. 수많은 국제기구들이 이런 활동에 참여하고 있다. 유엔과 유엔 회원국들은 30년 넘게 지속가능한 개발을 위한 프로그램을 전세계적으로 실행에 옮기고자 노력해 왔지만 부분적인 성공에 그쳤다 (Rogers, Jalal, and Boyd 2006). 그러나 2015년에 국제사회는 지속가능한 개발 개념을 유엔의 새로운 개발의제와 새로운 지속가능개발목표의 도입이라는 새로운 수준으로 끌어 올렸다. 이 장에서는 '지속가능한 개발'이라는 개념의 발전과정과 그동안 유엔이 개최해온 국제회의들이 경제적, 사회적, 환경적으로 건전한 개발을 이해하고 실천하는 데 기여해 온 바를 살펴보기로 한다.

'지속가능한 개발'이란 무엇인가?

경제개발과 환경보전을 둘러싸고 대립하고 있는 다양한 시각들이 서로 합의에 이를 수 있는 가능성에 대한 희망을 주기 때문에 '지속가능성' 또는 '지속가능한 개발'의 개념은 많은 사람들의 흥미를 끌고 있다. 지속가능한 개발의 핵심적 목표가 생태환경과 경제 사이의 긴장을 조정하는 것이라는 견해가 있지만, 지속가능한 개발이 실제로 무엇을 의미하는가에 대해서는 합의된 바가 거의 없다. 따라서 지속가능한 개발이라는 개념은 다양하게 정의된다. 일반적으로 이 개념은 경제적, 사회적 발전을 희생하지 않으면서 건전한 환경이라는 성과를 동시에 달성하는 것이 가능함을 의미한다 (Redclift 1987). 지속가능성(*sustainability*)에 무게중심을 두는 정의에서는 생물 또는 무생물 자원의 보호 및 보존에 초점을 둔다. 개발(*development*)에 무게중심을 두는 정의에서는 성장과 발전을 추구하는 수단으로써의 기술변화에 목표를 둔다. 하지만 현재 이뤄지고 있는 개발 자체는 본질적으로 지속가능하지 않기 때문에 지속가능한 개발이라는 용어 자체가 모순이라고 주장하는 이들도 여전히 존재한다.

브룬트란트위원회(Brundtland Commission)는 지속가능한 개발을 '미래 세대의 필요를 만족시키는 능력의 손실 없이, 현세대의 필요를 만족시키는' 개발이라 주장하며 미래세대에 대한 고려를 강조하였다 (WCED 1987: 8). 공식 명칭은 세계환경개발위원회(World Commission on Environment and Development)이지만 일반적으로 노르웨이 출신 위원장인 브룬트란트(Gro Harlem Brundtland)의 이름으로 알려진 이 위원회는 환경과 개발에 관한 행동강령을 포함한 장기적 아젠다를 설정하기 위해 유엔이 소집한 회의였다.

지속가능한 개발에 대한 정의는 자연의 웰빙(well-being)에는 관심을 거의 기울이지 않은 채 인간의 웰빙에만 중점을 두는 경향이 있다. 그러나 국제자연보호연맹(IUCN: International Union for Conservation of Nature and Natural Resources), 유엔 환경프로그램(UNEP: United Nations Environment Program), 세계야생생물기금(WWF: World Wildlife Fund) 등은 자연을 포함하고 생물권(biosphere)의 제약을 강조하는 개념을 제안하였다. 즉, 지속가능한 개발을 '생태계를 지탱하는 수용력이 허용하는 범위 내에서 생활을 영위하면서 인간 생활의 질을 개선하는 것'으로 정의하고 있다 (IUCN, UNEP, and WWF 1991:10). 비록 이러한 정의가 인간을 자연계의 최상위에 위치시키는 전통적인 위계 관념에 바탕을 둔 것이기는 하지만, 생물계에 대한 인간의 의존성을 강조하는 정의이기도 하다.

시간이 흐르면서 지속가능한 개발의 개념은 진화를 거듭해왔다. 진정으로 지속가능한 방식의 삶을 실현하기 위해서는 경제성장, 자연자원 및 환경의 보존, 사회개발 등 세 가지 중요 영역에서의 활동을 통합하는 노력이 반드시 필요하다는 사실 또한 널리 인식되어 왔다. 로저스(Peter Rogers), 잘랄(Kazi Jalal), 보이드(John Boyd) 등에 따르면 근본적으로 환경적, 사회적 제약조건들을 충족시키지 않고서는 경제적 기준이 극대화될 수 없고, 경제적, 사회적 제약조건들을 충족시키지 않고서는 환경적 혜택이 극대화될 수 없으며, 경제적, 환경적 제약조건들을 충족시키지 않고서는 사회적 혜택이 극대화될 수 없다 (2006:46).

지속가능한 개발에 관한 모든 정의들은 우리가 세계를 공간을 연결하는 하나의 시스템과 시간을 연결하는 하나의 시스템으로 볼 것을 요구한다. 우리가 세계를 공간을 가로지르는 하나의 시스템으로 생각할 때 우리는 북미대륙에서 배출된 대기오염이 아시아의 대기질(air quality)에 영향을 미칠 것이고 아르헨티나에서 뿌려진 살충제가 호주 해안의 어족자원에 해를 끼질 수도 있을 것이라는 사실을 이해하기 시작한다. 그리고 우리가 세계를 시간을 가로지르는 하나의 시스템으로 이해하게 될 때, 우리는 토지의 경작 방법에 대한 우리 할아버지의 결정들이 오늘날 농경방식에도 계속해서 영향을 미칠 것이고 오늘날 우리가 승인한 경제정책들이 우리 아이들이 성인이 되었을 때의 도시 빈곤에 영향을 미칠 것임을 깨닫게 된다 (IISD 2013).

또한 우리는 삶의 질 또한 시스템의 일부임을 이해해야만 한다 (IISD 2013). 육체적으로 건강한 것이 좋긴 하지만 여러분이 가난하고 교육에 접근할 기회를 갖지 못한다면 무슨 소용이란 말인가? 여러분이 확실한 수입을 가질런지는 모르겠지만 당신이 살고 있는 세계 일부의 공기가 오염되었다면 무슨 소용이란 말인가? 그리고 종교적 표현의 자유를 갖는 것이 좋긴 하겠지만 여러분이 여러분의 가족을 먹여살릴 수 없다면 다 무슨 소용이란 말인가?

우리가 하고 있는 모든 활동들은 더 큰 시스템, 즉 우리가 살고 있는 지구의 작은 일부일 뿐이다. 우리 인간계를 더 큰 생태계 내에서 작동하는 것으로 보는 것은 환경과의 지속가능한 관계를 형성하고 이 지구에서 우리 자신의 종의 지속적인 생존을 보장받는 데 있어 중요하다 (Floke et al. 1994: 4).

따라서 만약 개발이 정말로 지속가능하다면, 정책입안자들은 자신들의 전략과 가정을 근본적으로 수정해야 할 것이다. 그러나 전세계의 많은 사람들이 지속가능한 개발이란 개념에 애착을 갖게 되리라는 희망을 품기 어렵게 만드는 난관들이 갈수록 점점 더 확연히 드러나고 있다. 부분적으로 이러한 난관들은 재정 자원, 공정성(정의 또는 공평), 그리고 정책결정자들의 관심을 끄는 테러리즘, 전쟁, 대량살상무기와 같은 이슈들에 기반한 정치적 문제들을 반영하고 있다. 부분적으로 볼 때 이러한 난관들은, 개발되고 유지되어야 할 것이 무엇인지 또 얼마의 기간이 필요한지 등에 대한 견해 차이가 존재한다는 데서 찾아볼 수 있다.

지속가능한 개발의 진화

협조적 생태계(supportive ecosystem)야말로 공기와 신선한 물, 식량, 의식주와 난방에 필요한 물질적 재료 등 생명유지에 필수적인 요소들을 제공하는 유일한 원천이다. 아울러 결정적으로 중요한 생명유지과정이 생태계 안에서 발생한다는 점 또한 마찬가지로 중요하다. 이런 생명유지과정에는 토양의 재생작용, 식물의 수분작용, 탄소와 산소 및 기타 생명유지에 반드시 필요한 요소들 간의 지구 내에서 순환작용 등이 포함된다 (Munro 1995). 세계인의 대다수는 자신들이 살고 있는 곳으로부터 멀리 떨어져 있는 생태계에 의존하고 있다. 오늘날 무역과 기술의 발달로 인해 바다와 육지의 산물을 세계 모든 곳의 상점에서 찾아볼 수 있다. 예를 들어, 이집트 땅에서 나일강의 물로 재배한 면화는 미국과 유럽의 상점에서 속옷 제품으로 팔려나간다. 따라서 어떤 의미에서는 이집트의 생태계가 미국 소비자들을 부양하고 있다. 생태계를 파괴하는 현상 역시 마찬가지로 넓은 범위에 걸쳐 영향을 미친다. 오존층 파괴, 산성비, 기후변화는 사람들이 어디에 살고 있던 관계없이, 또 그들이 방출하고 있는 프레온가스, 황, 이산화탄소가 그런 환경문제의 발생에 일조하였는지의 여부와 관계없이 지구에 살고 있는 모든 사람들에게 영향을 미친다.

동시에 지속가능한 개발 개념의 진화는 산업화된 국가와 개발도상국의 서로 다른 관점과 관련이 있다. 개발도상국들은 산업화된 국가들이 역사적으로 화석연료의 연소와 유독성 화학물질과 유해폐기물의 생산을 압도해왔기 때문에 환경문제에 책임을 져야 하고 어떤 방식으로든 해결방안을 내놓을 책임이 있다고 주장한다. 더 일반적으로 그들은 산업화된 국가들에서의 높은 소비수준을 글로벌 환경 퇴행의 주요한 요인으로 규정한다. 예컨대 유엔 개발프로그램에 따르면 오늘날 미국의 자동차 운전 인구는 1000명당 900대 이상, 유럽은 600대 이상의 자동차를 갖고 있지만 인도에서는 10대도 채 되지 않는다. 미국의 가구들은 2대 이상의 텔레비전을 갖고 있다. 라이베리아와 우간다에서는 10가구 중 한 가구 이하가 한 대의 텔레비전을 갖고 있을 뿐이다. 부유한 국가들에서는 일인당 국내 물 소비량이 최빈국들에서의 하루 평균 67리터의 6배가 넘는 하루 평균 425리터에 달한다 (UNDP 2011a: 27). 미국과 같은 산업화된 국가들에서는 평균적으로 국민 한 사람이 중국이나 인도 국민 한 사람이 방출하는 이산화탄소의 거의 4배 이상, 케냐 국민 한사람이 방출하는 이산화탄소량의 거의 30배에 달하는 양을 방출한다. 평균적인 영국 국민 한사람은 최저개발국 국민 한 사람이 일 년에 방출하는 기후변화를 가져오는 온실가스를 단 두 달 만에 방출한다 (UNDP 2011a: 24). 그러므로 많은 개발도상국들은 북반구에 있는 산업화된 국가들이 남반구가 그들의 전례를 따르기 전에 더 지속가능한 소비와 생산 패턴을 받아들여야 하고 천연자원과 화석연료의 사용을 획기적으로 줄여야 한다고 주장한다.

국제사회가 환경 상태와 그것의 경제개발과의 관계에 대해 더욱 관심을 갖게 됨에 따라, 이러한 위기 의식은 1972년, 1992년, 2002년, 그리고 2012년에 개최된 일련의 유엔회의에 반영되기에 이르렀다.

1972년 스톡홀름회의

1972년에 개최된 스톡홀름회의(공식적으로 유엔인간환경회의로 알려졌다)는 과학적 이슈들을 넘어 정치적, 사회적, 경제적 이슈까지도 살펴보는 최초의 대규모 환경회의였다. 이 회의를 통하여 환경은 공식적으로 국제적 아젠다가 되었다.

스톡홀름회의는 국제포럼에서 국가간 공평성의 문제가 중요하게 부각되기 시작한 시기에 개최되었다. 선진국과 개발도상국은 글로벌 경제관계와 환경 정치 부문에서 이견을 보였다. 회의 개최 이전에 선진국들은 환경오염, 인구의 폭발적 증가, 자연자원의 보존, 성장의 한계 등과 같은 특정 문제들을 규정했다. 그러나 개발도상국들은 아젠다를 확대하여 주택, 식량, 식수 등과 같은 문제들을 포함시키기를 원했다. 그들은 UN총회에서 다수를 차지하는 자신들의 투표권을 이용하여 선진국들이 좀 더 포괄적인 아젠다를 수용하도록 압박할 수 있었다 (McCormick 1989).

스톡홀름회의의 가장 중요한 제도적 성과 중 하나는 유엔 환경프로그램(UNEP)의 창설이었다. 스톡홀름회의 이후 수십 년 동안 UNEP는 환경정책 아젠다를 구상하고 UN체계 내에서 환경정책을 조정하는 등의 중요한 역할을 담당하고 있다. 원칙에 관한 여러 선언들(declarations of principles)과 행동 강령을 위한 여러 권고사항들(recommendations for action)과 함께 인간환경선언(Declaration on the Human Environment)이 UNEP가 거둔 성과에 해당한다.

스톡홀름회의는 환경문제가 국제정치적 아젠다가 되도록 하는 데 결정적인 역할을 했고, 이에 따라 환경문제에 대한 심도 있는 다자간 협력과 조약 체결의 계기가 마련되었다. 스톡홀름회의는 환경문제가 본래 정치적 속성을 가지고 있으므로 환경문제 해결에 있어서 정치적 협상과 의사결정이 필요함을 역설함으로써, 환경문제를 과학자나 기타 전문가의 영역에 국한시켰던 이전의 관점을 거부했다. 또한 이 회의는 경제개발과 환경관리가 동시에 달성 가능하다는 논제를 제시하였으며, 이 새로운 논제는 이후 국제환경담론의 핵심 논제가 되었다.

브룬트란트위원회

스톡홀름회의는 국제사회가 환경문제의 심각성에 대해 관심을 갖도록 하는 데에는 성공한 반면, 환경보호를 사회적 개발 및 경제적 개발과 연결할 경우 발생하는 내재적 긴장관계는 해소하지 못했다. 스톡홀름회의에서 논의되었던 환경과 개발에 관한 주요문제에 대한 관심을 환기시키기 위하여,

1983년 UN총회는 장기적 행동 아젠다를 작성하는 임무를 띤 독립위원회를 구성하였다. 그 후 3년 동안 새롭게 구성된 브룬트란트위원회는 공청회를 열고 그 문제에 대해 연구했다. 브룬트란트위원회가 제출한 1987년 “우리의 공동 미래(*Our Common Future*)”라는 제목의 보고서는 폐기물을 재생하고 수용할 수 있는 생태계의 능력에 한계가 있다는 인식에 기초한 개발전략이 모든 국가에 필요하다는 것을 강조하였다. 브룬트란트위원회는 ‘국가들 사이의 생태적 상호의존성이 가속화되고 있음’을 인식하고, 경제개발과 환경문제 간의 연관성을 강조하였고, 환경적으로 지속가능한 개발을 위한 기본적이고도 필수적인 요건으로 빈곤퇴치를 제시하였다. 브룬트란트위원회는 개발과 환경에 관한 논쟁에 기여하였을 뿐 아니라 지속가능한 개발이란 용어를 보편화시켰고 이를 “자원의 이용, 투자의 방향, 기술 개발 방침, 제도 변화가 조화를 이루는 동시에 인간의 필요와 열망을 충족시키기 위해 현재와 미래 잠재력을 향상시키는 변화의 과정”으로 서술하였다(WCED 1987: 46).

1992년 지구정상회의

스톡홀름회의가 개최된 지 20주년 되던 해에, 각국 정부는 브라질의 리우데자네이루에서 지속가능한 개발 아젠다의 추진을 위해 다시 모였다. 널리 알려진 바대로 ‘지구정상회의(공식적으로는 유엔환경개발회의, 약칭으로 UNCED라고 한다)’는 공식적, 비공식적으로 스톡홀름회의보다 더 많은 관심을 끌었다. 170개국 이상의 대표단을 파견했으며, 그 중 108개국에서는 직접 국가수반이 대표자로 참석했다. 또한 수천여 명의 NGO 대표자들과 1만여 명의 언론인들이 참석하였다 (UNDPI 1997).

지구정상회의와 이전에 진행된 사전 작업에서 선진국과 개발도상국 간에 여전히 극명한 차이가 있음이 드러났다. 선진국과 개발도상국은 아젠다 설정 과정에서부터 서로 다른 생각을 가지고 있었다. 선진국들은 오존파괴, 지구온난화, 산성비, 산림파괴 등에 집중하기를 원한 반면, 개발도상국들은 선진국의 경제정책과 개발도상국의 부진한 경제성장 간의 관계에 대해 조사하기를 원했다. 이들은 "현저한 불평등을 안고 있는 세계에서 환경적으로 건강한 지구는 불가능하다"며 우려를 표명하였다 (Miller 1995: 9).

UNCED의 주요한 결과물은 (21세기를 나타내는) '아젠다 21'이라는 비강제적 협약으로, 이는 지속가능한 개발을 위한 범지구적 차원의 행동계획을 제시하고 있다. '아젠다 21'은 294페이지에 걸쳐 115개의 세부 주제를 다루는 40개의 장으로 구성되었는데, 국내 사회정책 및 경제정책, 국제 경제관계, 범지구적 공동 관심사안에 대한 협력 등 인류사회의 장기적인 지속가능성에 영향을 미치는 문제들에 대해 국제적 합의가 도출될 수 있음을 보여주었다 (도표 14.1 참조).

또한 그 정상회의는 규범과 기대되는 조치들을 이끌어 내는 데 도움을 주었던 두 가지의 비강제적 원칙, 즉 '환경과 개발에 관한 리우선언'과 '산림원칙성명(Statement of Forest Principles)'을 이끌어 내었다 . 각각 별도의 트랙에서 UNCED 과정과는 독립적으로 협의가 이루어졌던 이 두 가지 구속적인 협약, 즉 유엔기후변화기본협약(United Nations Framework Convention on Climate Change)과 생물다양성협약(Convention on Biological Diversity)은 지구정상회의에서 서명되었으며, 종종 1994년 유엔사막화방지협약(1994 United Nations Convention to Combat Desertification)과 함께, '아젠다 21'로 불렸던 '리우협약(Rio Convention)'으로 언급되기도 한다.

UNCED는 지속가능한 개발 개념을 진전시키는 분수령이 되기도 했다. UNCED 준비위원회의 의장이었던 싱가포르의 외교관 코(Tommy Koh)는 다음과 같이 말했다.

> 개발도상국에서는 경제개발이 우선되어야 하며, 만약 필요하다면 고도경제성장을 위해 환경이 희생되어야 한다는 생각이 팽배하였다. 이러한 발상의 취지는 먼저 부자가 되고 나중에 환경을 정화하자는 것이었다. … 오늘날 개발도상국은 자국의 개발전략과 환경을 통합해야함을 잘 인식하고

도표 14.1 UNCED의 『아젠다 21』

제1항: 사회·경제 영역

- 개발도상국에서 지속가능한 개발을 촉진시키기 위한 국제 협력
- 빈곤퇴치
- 소비패턴 변화
- 인구동태와 지속가능성
- 인류 보건상태의 보호와 증진
- 지속가능한 인간정주개발의 촉진
- 의사결정과정에서의 환경과 개발의 통합

제2항: 발전을 위한 자원의 보존과 관리

- 대기 환경 보호
- 토지계획과 관리에 대한 통합적인 접근방법
- 산림파괴 억제
- 파괴되기 쉬운 생태계 관리: 사막화와 가뭄 대비
- 민감한 생태계 관리: 지속가능한 산림개발
- 지속가능한 농업과 농촌개발 촉진
- 생물다양성 보존
- 환경적으로 건전한 생명공학의 관리
- 해양·연안·호수 보호 및 그곳에 서식하는 자원의 보존과 합리적 이용
- 담수자원의 수질과 수량 보전
- 환경적으로 무해한 독성화학물질 관리
- 환경적으로 무해한 유해 폐기물 관리
- 환경적으로 무해한 고형폐기물 및 하수관련 문제 관리
- 방사성 폐기물에 대한 안전하고 환경적으로 무해한 관리

제3항: 주요 집단의 역할 강화

- 여성
- 아동과 청소년
- 토착원주민
- 비정부기구

- 지방자치단체
- 노동자와 노동조합
- 경제계와 산업계
- 과학 및 기술 커뮤니티
- 농민

제4항: 이행수단

- 재정 자원과 메커니즘
- 환경적으로 건전한 기술 이전: 협력 및 역량개발
- 지속가능한 개발을 위한 과학
- 교육, 공공 인식, 훈련의 촉진
- 개발도상국의 역량개발을 위한 국가 메커니즘과 국제협력
- 국제적인 제도적 조치
- 국제적인 법률적 수단과 메커니즘
- 의사결정을 위한 정보

있다. 동시에 선진국은 그들의 사치스러운 소비유형을 변화시켜야 함을 잘 인식하고 있다. 새로운 교훈은 경제성장을 원하지만 또한 자연과의 조화 속에서 살기를 원한다는 것이다 (1997: 242).

새천년개발목표들

새천년이 다가옴에 따라 시장, 제도, 그리고 문화의 급속한 성장과 통합을 의미하는 세계화에 대한 관심과 HIV/AIDS 유행과 같은 다른 떠오르는 이슈들은 지속가능한 발전에 관한 논쟁에 새로운 영역을 추가했다. 세계가 '의제 21'과 다른 어딘가에서 정해진 더 지속가능한 사회를 위한 대부분의 목표들을 달성하기가 어려울 것이라는 인식이 점점 커져가고 있었다. 1992년과 2000년 사이 HIV/AIDS를 갖고 사는 사람 수가 3,000만 명에 육박하면서 몇몇 국가들에서는 HIV/AIDS가 기대수명을 1980년 이전 수

준으로 다시 돌려놓은 동안 산업화된 국가들로부터의 공식개발원조는 급격히 감소했다. 세계인구는 1992년 55억 명에서 2000년 61억 명으로 단 8년 만에 엄청나게 늘어났다. 빈곤상태에 사는 인구수는 1억 3,000만 명에서 1억 2,000만 명으로 약간 떨어지긴 했지만 대부분 동남아시아에서 얻은 성과이고 정작 인구의 거의 절반이 빈곤상태에 있는 사하라사막 이남 아프리카 지역에서는 어떤 개선도 없었다. 최소한 1억 1,000만 명이 안전한 식수를 얻을 수 없는 상태에 그리고 2억 4,000만 명이 적절한 위생이 결여된 상태에 처해 있다 (UNDPI 2002).

이런 도전과제들에 대한 유엔의 대응 준비를 돕기 위해 2000년 9월 총회는 새천년선언(Millenium Declaration)을 채택했는데 거기에서 세계의 지도자들은 새로운 세기에 글로벌 개발목표들을 지원하도록 하는 장기 계획에 합의했다 (UN 2000). 세계의 지도자들은 모두를 위해 평화롭고 안전한 세계와 지속가능한 개발과 빈곤 퇴치가 최우선의 과제가 되는 세계를 향해 일해 나갈 그들의 책무를 재확인하였다. 새천년개발목표(MDGs)는 새천년선언으로부터 진화되어 나왔다. 그것들은 유엔 회원국들이 2015년까지 달성하기로 합의했던 8개의 국제적 개발목표들이다. 첫 7가지 목표들은 극빈과 기아를 절반으로 줄이고, 보편적인 초등교육을 달성하며, 성평등을 증진하고, 5세 이하 아동의 사망률을 2/3까지 줄이고, HIV/ADS의 확산 추세를 역전시키고, 안전한 식수를 얻을 수 없는 인구의 비율을 절반으로 낮추고, 환경의 지속가능성을 보장하는 등의 다양한 형식으로 빈곤을 퇴치하는 쪽으로 방향이 잡혀있다. 개발을 위한 글로벌 파트너십을 구축한다는 최종목표는 누군가에겐 1992년 리우에서 처음 예견되었던 남·북반구 협약의 일종을 발전시킨 것으로 보이기도 한다.

이런 목표들과 그것들을 달성하기 위한 국가들의 책무는 2001년에 효력을 발휘했던 세계무역기구(WTO: World Trade Organization)하의 국제무역협상인 도하개발라운드의 시작에 의해 확인되었는데, 2002년 개발회의를 위한 유엔 기금모금으로부터 나왔던 몬트레이 합의와 2002년 9월의 지속가능개발을 위한 세계정상회의가 그것이다.

2002년 지속가능개발 세계정상회의

리우회의 10년 후 유엔은 '의제 21'을 실천에 옮기기 위한 세부적인 행동절차를 작성하기 위해 남아프리카공화국의 요하네스버그에서 지속가능개발에 관한 세계정상회의를 개최하였다. 그 정상회의는 지속가능개발을 달성하는 데 있어서의 장애들을 극복하고자 하였으며, 환경을 보호하는 동시에 삶을 개선시키고 또 결과물을 가져올 선제적인 조치들을 이끌어내려 했다.

지속가능개발에 관한 세계정상회의는 2002년 8월 26일 시작되었는데 100명의 세계지도자들을 포함하여 190여 개국으로부터 파견된 정부대표들이 모였다. 3만 7,000명이 정상회의나 주요행사에 따라 개최된 많은 다른 모임들 중 하나에 참석한 것으로 추정된다 (UN 2002). 스톡홀름과 리우에서처럼 식수와 위생에서부터 사막화, 기후변화, 생물다양성, 해양, 보건, 교육, 과학기술, 무역과 금융에 이르기까지 다양한 이슈들을 어떻게 다룰지에 대해 정부 간 다양한 의견들이 존재했다. 북반구는 남반국에서의 발전이 환경적으로 건전할 필요가 있다고 주장했던 반면 남반구는 개발이 우선되어야 하며 이런 점에서 남반구를 돕는 것이야말로 북구의 책임이라는 주장을 굽히지 않았다. 결국 북반구는 환경파괴를 통해 부자가 되었으면서도 이제는 남반구에 똑같은 짓을 하지 못하도록 요구하고 있었던 것이다. 어떤 사람들에게 이것은 남반구의 빈곤에 대해 비난하는 것처럼 보이기도 했다. 간단히 말해, 리우에서의 생각은 북반구가 먼저 행동을 보여야 하고 조정부담의 대부분을 떠안아야 하며, 환경기술에 대한 접근을 제공해야 하고, 결국 일종의 재정적 재분배에 개입해야 한다는 것이었는데, 그렇게 해야 남반구가 동참해서 결국 책무를 나눠 맡게 된다는 것이었다. 10년 후 요하네스버그에서, 남반구는 북반구가 협상에서 그들이 약속한 것을 이행하지 않았고 따라서 개발도상국들도 환경적으로 건전한 개발에 대한 그들의 책무를 다할 필요가 없었다고 주장했다.

요하네스버그 정상회의는 세 가지 중요한 성과를 얻었다. 그 첫 번째 성과는 세계의 지도자들이 지속가능한 개발목표를 충실히 이행할 것을 선언한 요하네스버그 선언이었다. 두 번째 성과는 지속가능한 개발을 위한 포괄적인 행동계획을 규정하고 정량화 가능한 목표와 정해진 데드라인을 가진 대상을 포함한 실행계획이었다. 결국, 그 정상회의는 300개의 자발적인 파트너십과 지속가능한 개발을 지원하는 다른 선제적 조치들을 만들어 내었다. 요하네스버그 선언과 그 실행계획과는 달리 이 주요한 성과는 전 국가공동체가 관여한 다자 협상의 결과물이 아니었다. 대신 그것은 그들 스스로 매우 광범한 프로젝트와 행동들을 실천하기로 되어 있었던 정부는 물론 민간영역과 시민사회 그룹들로 이루어진 수많은 더 작은 규모의 파트너십과 연관되어 있었다.

요하네스버그에서 합의된 많은 책무와 파트너십들은 새천년개발목표들에 화답했다. 예컨대, 여러 나라들이 2015년까지 깨끗한 물과 적절한 위생시설의 혜택을 받지 못하는 인구 비율을 반까지 줄이겠다는 점에 합의했다. 에너지 분야와 관련해 여러 나라들이 현대적인 에너지 서비스에 접근할 수 없는 20억 명의 인구들에게까지 접근 기회를 확대하겠다고 다짐했다. 그 뿐만 아니라 많은 업저버들이 그 정상회의의 가장 중요한 단점으로 지목했던 재생에너지 단계로의 이동이라는 목표(예컨대, 2010년까지 재생에너지에 의한 글로벌 에너지 공급을 15퍼센트 늘리겠다는 목표)에 국가들이 합의하지 않았던 반면, 그들은 청정에너지와 지속가능한 개발에 부합하지 않는 유형의 에너지에 대한 보조금의 단계적 폐지를 약속했다.

보건 이슈와 관련하여 HIV/AIDS와 싸우고 수인성 전염병을 줄이며, 공해에 의한 건강상의 위험들을 밝혀내는 행동 이외에, 나라들은 2020년까지 인간의 건강과 환경을 해치는 화학물질의 생산과 사용을 단계적으로 없애나가는 데 합의했다. 2010년까지 생물다양성의 상실을 줄이고, 2015년까지 최대 지속가능한 수확량까지 어종을 회복시키며, 2012년까지 해양보호구역의 대표적인 네트워크를 구축하고, 2010년까지 오존층을 파괴하는 화학물질에 대해 환경적으로 건전한 대안에 대한 개발도상국들의 접근 가능성을 개선하는 등, 생물다양성을 보호하고 생태계의 관리를 개선하기 위해 만들어진 많은 책무들도 있었다.

여전히 요하네스버그에서 합의했던 그 모든 목표와, 일정표, 책무, 그리고 파트너십 중에서 가난과 계속해서 피폐해지는 자연환경에 맞선 싸움에 대한 어떤 묘책(silver-bullet)이 있는 것은 아니었다. 사실, 실행에 방점을 둔 정상회의로써 요하네스버그회의는 특별히 극적인 성과를 이끌어 낸 것은 아니었다. 새로운 조약으로 이끄는 협정도 없었고 합의된 목표들 중 많은 수가 이미 새천년 정상회의를 포함한 다른 회의들에서 이미 합의된 것들이었다. 당시 유엔 사무총장이었던 코피 아난(Kofi Annan)은 지속가능한 개발에 관한 세계정상회의의 마지막 날 언론에 다음과 같이 말했다. "나는 이러한 회의들이 기적을 낳을 것이라고 기대하지 않도록 조심할 필요가 있다고 생각한다. 그러나 우리는 이런 회의들이 그 목표들을 얻기 위한 정치적 책무와 모멘텀, 그리고 에너지를 만들어 낼 것으로 기대한다" (UNDESA 2002).

리우로의 회귀

스톡홀름회의 이후 40년, 리우회의 이후 20년, 요하네스버그회의 이후 10년 동안 세계의 시선은 또 다른 국제 행사가 열렸던 2012년 6월의 리우로 또 다시 향했다. 지속가능한 개발에 관한 유엔 회의(또한 '리우+20'으로도 불리는)는 과거에 열렸던 국제행사를 바탕으로 하되, 국제사회가 현재의 접근방법이 갖고 있는 결점이 발견된 부분에 대해서는 다른 방향으로 방향을 바꾸려고 노력하였다. 유엔체제를 통한 지속가능개발 개념의 진화는 북반구와 남반구의 서로 다른 우선순위를 반영해왔던 지속가능개발의 서로 다른 해석을 담은 이야기를 들려준다. '리우+20'의 목적은 지속가능한 개발을 위해 새롭게 제시된 정치적 약속을 확고히 하고, 지금까지의 진전사항과 지속가능한 개발에 관한 주요 정상회의들에서 산출된 결과의 집행에 있어서 여전히 남아있는 결함을 분석하며, 새롭게 떠오르는 도전과제들을 처리하는 데 있었다. 그 회의는 두 개의 주제에 초점을 맞추었는데 한 가지 주제는 지속가능한 개발과 빈곤퇴치의 맥락에서 바라본 녹색경제이고, 다른 한 가지 주제는 지속가능한 개발에 필요한 제도적 틀이었다. 이 두 가지 주제는 공히 지속가능한 개발의 세 가지 차원, 즉 환경적, 경제적, 사회적 지속가능성을 함께 다루고자 하는 중단 없는 노력을 보여주고 있다.

어떤 의미에서 이 회의는 "지속가능한 개발이란 측면에서 2050년에는 세계가 어떤 상태에 있게 될까?"라는 물음을 던졌다. 세계경제체제는 끝없는 성장에 의존하고 있는데 많은 사람들은 분명히 그런 성장은 지속가능하지 못할 것이라고 확신한다. 현재의 부(pie)를 더 공평하게 나누는 대신에 성장하는 경제가 창출하는 더 큰 부의 일부를 가지고 사회의 덜 부유한 구성원들을 달랠 수 있기 때문에 산업화된 국가의 정부는 끝없는 성장을 추구하는 경제체제를 지지한다. 개발도상국의 정부 또한 자국경제를 성장시키기를 원하며, 따라서 그런 목적에서 많은 정부들이 서구식 개발모형을 채택했다. 그러나 지구는 그런 자원의존적인 생활양식 하에서는 모든 사람을 먹여 살릴 수 없다. 따라서 녹색경제로의 전환을 위한 논의와 행동이 요구된다.

UNEP에 따르면 녹색경제는 환경적 위험과 생태적 희소성을 현저히 줄이면서도 인간의 안녕과 사회적 형평성을 개선시킬 수 있는 경제모형이다. 가장 간단한 형태로 표현하면, 녹색경제는 저탄소이고, 자원효율이 높으며, 사회적으로 포용적인 경제모형으로 생각될 수 있다. 녹색경제는 탄소배출 및 오염을 줄이고, 에너지 및 자원의 효율성을 높이며, 생물다양성의 약화 및 생태계의 서비스 능력의 상실을 방지하는 공공투자와 민간투자가 그 경제의 소득과 고용 측면에서 성장을 추동하는 경제모형으로 볼 수 있다. 이런 투자들은 선별적인 공공지출, 정책 개혁, 규제 변화 등에 의해 촉진되고 뒷받침될 필요가 있다. 이런 개발의 경로는 중요한 경제적 자산이자 공익의 원천인 자연자원을 유지·증대·재건해야만 한다. 이는 특히 삶과 안전을 자연에 크게 의존하는 가난한 사람들을 위해 필요하다 (UNEP 2011).

우리는 녹색경제를 빈곤의 맥락 안에서 논의해야만 한다. 젊은이들의 고용 기회 결여, 성의 불평등, 무계획적으로 급속히 전개되는 도시화, 산림의 황폐, 물 부족의 심화, 높은 HIV 유병률 등은 널리 퍼져 있는 장애물들이다. 더욱이 분쟁 중에 있거나 분쟁이 지나간 국가들에서 나타나는 불안정한 상황은 장기적인 지속가능한 성장을 엄청나게 어렵게 만들고 있다.

지속가능개발을 위한 제도적 프레임워크와 관련하여 다른 선제적 조치들 중에서 (UN 2012를 보라) '리우+20'은 다가올 수년 동안 지속가능개발의 정의에 영향을 미칠 수도 있을 발걸음을 내디뎠는데, '각 국가의 우선순위의 맥락과 일치하도록 지속적인 사회경제적 성장을 천연자원의 지속가능한 활용 및 생태계 서비스의 보존과 균형을 맞추려는 노력에 있어서의 정체와 진전을 모두 측정하기 위한 수단을 전달해 주는 확고한 접근방법'을 제공토록 도와주는 일련의 지속가능개발목표들(SDGs)을 정의해 달라는 요구인 것이다 (Ministry of Foreign Affairs 2012). 많은 사람들이 새천년개발목표(MDG) 경험이 집합적 목표를 향한 국제사회의 노력으로 이끌 목표가 있을 때 정부나 기관들이 그런 목표들에 이르도록 다함께 노력하는 것이 더 쉬워진다.

지지자들은 지속가능개발목표(SDG)를 설정하는 접근방법이 일련의 부가적 혜택을 더 가져다 줄 것으로 믿는다. 국제적으로 합의된 목표들은 결국 새천년개발목표(MDGs) 사례에서처럼 국가적 수준에서 현실과 우선순위를 반영하고 공공정책을 이끌어내는 데 유익한 역할을 수행했던 목표들에 의해 지지된다. 결국, '우리가 원하는 미래'라는 제하의 '리우 +20'의 성과를 보여주는 문서는 '나라마다 다른 현실과 능력, 그리고 발전 수준을 고려하고 국가 정책과 우선순위를 존중하면서도 행동지향적이고 의사소통하기에 간결하고 쉬우며, 그 수가 제한되어 있고, 근본적으로 야심차면서도 세계적이며, 보편적으로 모든 국가들에 적용할 수 있어야만 하는 지속가능개발목표들을' 개발하는 데 합의했다 (UN 2012: 46-47).

새천년개발목표(MDGs)에서 지속가능개발목표(SDGs)로: 지속가능개발의 운용?

역사가들이 2015년을 돌아봤을 때, 그들은 그 해야말로 지속가능개발의 분기점이 된 해로 기록하기 쉬울 것이다. 새천년개발목표가 끝나고 지속가능개발목표 혹은 알려진 바대로 지속가능개발을 위한 세계적 목표로 대체됨에 따라 수십 년간 그 개념을 정의할 방법을 찾아 헤맨 끝에 국제사회는 지속가능개발을 실질적으로 운용하기 위한 새로운 여정에 올랐다. 새천년개발목표(MDGs)가 NGO에게 정부와 유엔체제가 책임감을 가질 수 있도록 만드는 집결지를 제공했을 뿐만 아니라 빈곤을 줄이고 가난한 사람들의 삶을 개선하기 위한 정책들과 공식개발원조(해외 원조)에 의존하는 정부들을 위한 한 가지 중요한 시사점을 제공했다는 점에 대해 폭 넓은 합의가 있다. "2015년 새천년개발계획 보고서(*2015 Millennium Development Goals Report*)" (UN 2015a: 4-7)은 다음과 같이 지적하고 있다.

- 극심한 빈곤은 크게 감소해 왔다. 1990년에 개발도상국 인구의 거의 절반이 하루 1.25달러보다 적은 돈으로 생활했지만 2015년에 그 비율은 14퍼센트로 떨어졌다.
- 세계적으로 극심한 빈곤 속에 살아가는 인구의 수는 1990년 19억 명에서 2015년 8억 3,600만 명으로, 절반 이상 감소하였다.
- 개발도상지역에서 영양결핍인구의 비율은 1999년에서 1992년 사이 23.3퍼센트에서 2014년에서 2016년 사이 12.9퍼센트로 1990년 이래 거의 절반 수준으로 떨어졌다.
- 개발도상지역에서 초등학교 등록률은 2000년 83퍼센트에서 증가하여 2015년 91퍼센트에 달하게 되었다.
- 남아시아에서, 1990년 남아 100명당 여아 74명만이 초등학교에 등록했다. 2015년에는 남아 100명 당 103명의 여아가 등록했다.
- 2015년에 비농업부문 임금노동자의 41퍼센트가 여성이었는데 이는 1990년 35퍼센트에서 증가한 것이다.
- 5세 이하 사망 아동 수는 1990년 1,200만 명에서 2015년 전세계적으로 600만 명을 상회하는 수준으로 감소했다.
- 1990년 이래 산모사망률은 세계적으로 45퍼센트 줄었는데 남아시아에

서 64퍼센트가 줄었고 사하라사막 이남 아프리카에서는 49퍼센트나 준 것이다.

- 새로운 HIV 감염은 추산컨대 350만 건에서 210만 건으로 2000년과 2013년 사이 약 40퍼센트나 줄었다.
- 2000년과 2015년 사이, 특히 사하라사막 이남 아프리카의 5세 미만 아동을 비롯한 620만 명 이상이 말라리아로 인한 사망을 예방했다.
- 2000년과 2013년 사이 결핵의 예방, 진단과 치료 개입으로 추산컨대 3,700만 명의 목숨을 구했다. 결핵으로 인한 사망률은 45퍼센트로 떨어졌다.
- 1990년 이래 26억 명이 개선된 식수를 이용하게 되었고 21억 명이 개선된 하수시설을 이용하게 되었다. 전세계적으로 147개국이 식수 목표를 달성했고 95개국이 위생 목표를 달성했으며, 77개국이 두 가지 목표를 모두 달성했다.
- 개발도상지역에서 빈민가에 사는 도시인구의 비율이 2000년 39.4퍼센트에서 2014년 29.7퍼센트로 떨어졌다.

그럼에도 불구하고 새천년개발목표는 너무도 협애하다고 비난 받아왔다. 8개의 새천년개발목표들은 빈곤과 성적 불평등의 근원, 강조되고 있는 환경 이슈들의 많은 부분, 개발의 전체적인 본질을 고려하지 못했다. 그 목표들은 인권에 대해 어떤 것도 언급하지 않았고 경제개발에 대해서도 특별히 언급한 바가 없다. 새천년개발목표는 개발도상국들이 산업화된 국가들의 재정적 도움을 받아 달성하는 것으로 간주되었다 (Ford 2015).

게다가 많은 새천년개발목표의 대상들에 대한 중요한 성취가 이루어지긴 했지만 진전은 상당한 격차를 남기며 지역과 국가별로 고르지 못했다. 수백만의 사람들, 특히 극빈층과 약자층이 그들의 성, 연령, 장애, 민족, 인종이나 지리학적 위치로 인해 버려졌다. 2015년 현재, 약 8억 명이 여전히 극심한 빈곤 속에 살고 있고 기아에 고통을 겪고 있다. 1억 6,000만 명 이상의 5세 미만 아동들이 영양실조로 인해 발육부진(나이에 비해 부적절한 신장을 갖고 있는)을 겪고 있다. 5,700만 명의 취학 연령대 아동들이 학교에 다니질 못한다. 매일 약 1만 6,000명의 아동들이 대부분 예방 가능한 원인으로 인해 5번째 생일을 축하받기 전에 사망한다. 개발도상국의 산모 사망률은 선진국과 비교하여 14배나 더 높다. 여전히 드러내 놓고 배변을 하는 9억 4,600만 명을 포함하여, 3명 중 한 명(24억 명) 꼴로 여전히 불충분한 하수시설을 이용하고 있다. 세계 도시들에서 8억 8,000만 명 이상이 빈민가와 유사한 환경에서 살고 있는 것으로 추산된다 (UN 2015a:8).

분명히 행해져야 할 더 많은 일들이 있다. 그리고 지속가능개발목표(SDGs)가 만들어진 것도 이런 입장 때문이다.

지속가능개발목표

유엔 사무총장의 지도 아래 유엔 전문가 그룹이 만들었던 새천년개발목표(MDGs)와 달리 지속가능개발목표(SDGs)는 유엔 포스트 2015 개발 의제의 토대를 만들기 위해 2013년 3월과 2014년 7월 사이에 13차례나 만났던 지속가능개발목표 공개 워킹그룹(Open Working Group on Sustainability Goals)에 참여한 정부들에 의해 협의가 이뤄졌다. 정부들 간에 새천년개발목표만큼이나 명료한 일련의 목표들에 대한 협상이 이루어지가 원래부터 어려운 반면, 정부들은 훨씬 더 큰 의제들도 갖고 있었다. 달리 말해 공유된 국가적, 세계적 도전과제들을 인식하고 과거의 시대에 뒤떨어진 세계적 개발 가설들로부터 더 요구되는 패러다임 변화를 제공하는 의제란 점에서, 새로운 목표들은 보편적이다. 또한 새로운 목표들은 처음부터 끝까지 빈곤과 기아를 종식시키고, 포괄적인 경제성장의 증진과 환경보호, 그리고 사회적 포용의 증진을 통해 그 세 가지 차원에서의 지속가능한 발전을 달성하기로 되어 있었다.

또한 그 목표들은 인권, 성평등, 여성과 소녀들의 권리강화와 평화적이고 포용적인 사회를 망라한다. 협상과정 내내 반복된 바와 같이 새천년개발목표와 달리 지속가능개발목표는 어떤 국가나 개인도 뒤에 남겨져선 안 된다는 점을 확고히 하는 것으로 되어 있었다. 새천년개발목표는 개발도상국에서의 경제, 사회적 이슈들에 초점을 맞추고 불평등, 오염과 자원부족을 포함한 빈곤과 지속가능개발의 구조적 원인들에 대해서는 제한적인 관심만 가졌었기 때문에 이런 도전과제들을 다룰 필요까진 없었다. 이런 과정이 가져온 결과는 17개의 목표와 169개의 표적들이었다 (도표 14.2와 UN 2014 참조). 어떤 정부들과 비정부조직들은 그런 많은 수의 목표들이 너무도 다루기 어려워서 실행에 옮기거나 대중들을 납득시킬 수 없다고 불평했다. 그러나 여성의 권한강화, 환경, 좋은 거버넌스, 평화와 안전보장에 대한 더 많은 목표들을 갖는 것이 이런 이슈들을 언급하지 않는 더 적은 목표들을 갖는 것보다는 더 나을 것이라는 데에 일반적으로 합의된 견해가 있다.

지속가능개발목표는 2015년 뉴욕 유엔본부에서 개최된 국가 및 정부 수반들의 정상회의였던 '세계의 변화: 지속가능개발을 위한 2030년 의제(*2030 Agenda for Sustainable Development*)'로 명명된 유엔의 새로운 지속가능개발을 위한 의제의 초석으로 채택되었다. 새천년개발목표를 대체하면서 지속가능개발목표와 지속가능한 개발을 위한 의제는 이후 15년 동안 개발을 선도할 것이다. 이미 여러 정부들과 유엔 기관, 그리고 국제적 비정부 조직들이 새천년개발목표에 맞춰 그들의 프로그램과 계획들을 조정하고 있는 중이다.

'세계의 변화'의 서문은 다음과 같이 쓰고 있다. "우리는 인류를 빈곤의 압제로부터 해방시키고 우리의 행성을 치료하고 안전하게 만들기로 결의한 것이다." 서문에는 계속해서 "우리는 세계를 지속가능하고 튼튼한 경로로 방향을 바꿔 나아가게 하는 데 긴급히 필요한 담대하고 변화를 가져올 수 있는 걸음을 내딛기로 결정한다. 우리가 이런 집합적인 여정에 정초하고 있는 한 우리는 어느 누구도 뒤처지지 않을 것이라고 맹세한다" (UN 2015b).

그러나 새천년개발목표와 이전의 지속가능개발을 위한 행동계획 및 프로그램들처럼 지속가능개발목표도 비판을 받아 왔다. 어떤 비판가들은 이런 수없이 많은 임무가 담긴 목록은 실패를 부르는 비법, 즉 비록 대대적으로 축하를 받으며 채택되었지만 빠르게 잊혀지고야 말 일련의 목표들이라

도표 14.2 지속가능개발목표

1. 어디서든 어떤 형태로든 모든 종류의 빈곤을 종식시킴
2. 기아를 종식시키고, 식량안보와 영양의 개선을 달성하며, 지속가능한 농업을 증진함.
3. 건강한 삶을 보장하고 모든 연령을 불문하고 웰빙을 증진함.
4. 포괄적이고 공정한 질의 교육을 보장하고 모두에게 평생교육의 기회를 장려함.
5. 성평등을 달성하고 모든 여성과 소녀들의 권한을 강화함.
6. 모두 사람에게 물과 위생의 이용가능성 및 지속가능한 관리를 보장함.
7. 모두에게 지불가능하고 믿을 수 있으며, 지속가능하고 현대적인 에너지를 보장함.
8. 지속적이고 포괄적이며 지속가능한 경제성장, 완전하고도 생산적인 고용과 적절한 일자리를 장려함.
9. 튼튼한 기반시설을 건설하고 포용적이고 지속가능한 산업화를 장려하고 혁신을 도모함.
10. 국가 내부는 물론 국가 간의 불평등을 줄임.
11. 도시와 인간거주지들을 포용적이고 안전하며 튼튼하고 지속가능하게 만듦.
12. 지속가능한 소비와 생산의 패턴을 보장함.
13. 기후변화와 그 영향들(유엔기후변화협약[UN Framework Convention on Climate Change] 포럼에 의해 만들어진 협정들에 주목)에 맞서는 긴급 행동을 취함.
14. 지속가능개발을 위해 대양, 해양, 그리고 해양자원들을 보전하거나 지속가능한 방법으로 사용함.
15. 지구생태계의 지속가능한 사용을 보호, 회복, 증진하며 산림을 지속가능하게 관리하고, 사막화와 싸우며, 토양오염을 중지, 역전시키고 생물다양성의 상실을 중지시킴.
16. 지속가능한 개발을 위해 평화롭고 포용적인 사회를 장려하고 누구나

▶▶▶

공정한 재판을 받을 수 있게 하며, 모든 수준에서의 효과적이고 책임감 있으며 포용적인 제도들을 갖춤.
17. 집행 수단을 강화하고 지속가능한 개발을 위한 글로벌 파트너십을 되살림.

고 주장한다.

이미 언급했던 바와 마찬가지로 어떤 사람들은 목표의 수에 관심을 갖는다. 영국 총리인 데이비드 캐머런(David Cameron)은 12개 이하의 목표, 아마도 10개의 목표를 요구한 바 있다. "나는 공개워킹그룹이 어떤 일을 하는지 또 경쟁하는 요구들을 다루는 것이 얼마나 어려운 일인지 잘 안다. 그러나 솔직히 … (중략) 나는 그들이 17개에서 끝낼 것이라고 믿지 않는다. 너무 많아서 효율적인 의사소통을 할 수 없다"고 그는 말했다. "그 목표들이 먼지나 모으며 책장 위에서 끝나버리고 말 실질적인 위험이 있다" (Ford 2014). 이런 주장들에 부응해 이코노미스트지는 다음과 같은 주장을 펼쳤다. "지속가능개발목표의 수는 … (중략) 관료주의적 과정이 통제를 벗어날 때 어떤 일이 일어나는지를 보여준다. 목표의 조직자들은 가능한 폭 넓은 협의를 추구하겠지만 결과만 놓고 보면 각 국가와 원조 로비스트는 그것의 특정한 문제를 하나의 목표로 삼았을 뿐이다. 누구에게나 요구되는 어떤 것이 어떤 한 사람에겐 너무도 많은 것을 만들어내고 말았던 것이다. 설상가상으로 어떤 개발도상국들은 각각의 추가적인 목표들이 한 무더기의 돈과 함께 올 것으로 여기기에 목표가 많아질수록 더 많은 원조가 주어질 것으로 생각한다" (2015b).

반면 다른 사람들은 새천년개발목표는 오늘날의 사회적, 경제적, 환경적 도전 과제들의 복잡성과 상호연결성을 반영하고 있기에 많은 수의 목표가 필요하다고 주장해왔다. 지속가능개발을 달성하기 위해 이런 도전과제들은 통합적인 방법으로 다루어져야만 한다. 마찬가지로 새천년개발목표와 달리 지속가능개발목표는 더 많은 하위(grassroots) 과정의 산물인

데 그 과정은 이전보다 더 넓은 범위의 옹호 집단, 일반 시민, 그리고 정부들로부터의 (요구의 – 역자 주) 투입과 함께 시작된다. 반기문 유엔 사무총장의 포스트-2015 개발계획 특별 보좌관이었던 아미나 모하메드(Amina Mohammed)는 "우리가 지속가능개발목표를 통해 견지하려 했던 것은 우리가 의제를 설정하는 방법에 있어서의 획기적인 변화였다"고 말했다 (LaFranchi 2015).

미국 국무성의 포스트-2015 개발 의제를 위한 특별 코디네이터였던 앤서니 피파(Anthony Pipa)는 "이 과정의 정치적 포용성과 함께 결정된 목표의 방대함은 정부 혼자선 이것을 달성할 수 없는 것이기에 관계된 모든 사람들이 손을 거들 것을 요구한다는 사실을 말해준다. 이것은 정치적인 기획으로서의 개발인 것이다." 그는 "그것은 국가 리더십의 정치적 책무 (뿐만 아니라) 기업과 시민사회의 참여도 요구한다"고 덧붙인다 (LaFranchi 2015). 그와 유사하게 아일랜드 대사인 데이비드 도너휴(David Donoghue)는 가능한 많은 나라들로부터 정치적인 개입을 이끌어 내는 것이 중요하다고 말했다. "만약 당신이 어떤 식으로든 그 17개 목표들에 관여해야 한다면 너무도 많은 국가들이 전체가 파탄날지도 모른다는 사실을 두려워하게 될 것이다" (Carswell 2015). 이것은 또한 개발목표들이 갖고 있는 통합적 본질에 대한 수긍을 나타내는 것이기도 하다. 달리 말해 번영을 구가함에 있어 환경과 좋은 거버넌스가 하는 역할을 무시하면서 극심한 빈곤을 줄이고자 노력하는 것은 말이 안 된다는 것이다 (LaFranchi 2015).

런던정경대(London School of Economics)의 힉켈(Jason Hickel)과 같은 다른 비판가들은 지속가능개발목표는 그 자체로 모순적이라고 믿는다. 힉켈(2015)은 새로운 지속가능개발 의제는 '자연과의 조화'와 '생산과 소비의 지속가능한 패턴'을 달성할 필요성을 지적한다고 주장한다. 그는 계속해서 지속가능개발목표는 생물다양성의 상실을 종식시키고 남획, 벌목, 사막화를 끝내자고 요구한다고 주장한다. "이 모든 것들은 우리의 경제 시스템에 관한 어떤 것이 심하게 왜곡되어 버렸다는 것, 즉 끝없는 물질적 성장이 우리의 살아있는 지구를 갉아서 구멍을 내면서도 급격한 속도로 빈곤을 생산해 내고 있다는 사실에 대한 자각을 반영하고 있다." 그러나 그는 지속가능개발목표가 국내총생산의 끝없는 성장과 더 높은 경제적인 전반적 생산성 (도표 14.2의 지속가능개발목표 8 참조)이라는 오래된 모형에 의존하고 있기 때문에 지속가능개발목표를 비판한다. 따라서 그는 "지속가능개발목표가 더 적거나 더 많은 것을 동시에 요구하고 있고" 그 목표들이 어떻게 "그처럼 뿌리 깊은 모순관계에 빠져 있음에도 성공을 기대할 수 있는지"에 대해 묻고 있다고 주장한다. 그는 계속해서 "지속가능개발목표는 세계 1퍼센트의 부와 권력은 여전히 손대지 않은 채 가난한 사람들을 단계적으로 고양시킴으로써 불평등을 줄이길 원하고 있다. 그 목표들은 두 세계의 최상만을 원한다. 그 목표들은 대중적 빈곤(그리고 생태적 위기)이 극단적인 부의 축적 및 과잉소비의 산물이란 점을 받아들이길 거부한다"고 주장한다.

지속가능개발목표와 '2030 의제'에 관한 다른 질문들이 남아 있다. 한 가지 예로 지속가능개발목표는 보편적인 것이기에 모든 국가들에 적용되는 반면, 이것이 실천적으로는 무슨 의미가 있는 것인지에 대해 논쟁이 지속되고 있다. 개발도상국들은 끊임없이 지속가능개발목표의 틀이 보편적으로 모든 국가들에 적절한 반면, 그 목표들을 실행하는 과정에서 역할과 책임은 국가 정책과 우선 순위만큼이나 국가마다 다른 현실, 능력, 그리고 발전수준에 따라 구별되어야 함을 강조한다 (Muchahala 2014). 재원조달, 공공 및 민간 영역의 재정 원천 간의 관계와 개발도상국들이 비용의 대부분을 감내할 지에 대한 의문도 있다.

또 다른 비판은 지속가능개발목표 중 많은 것들이 지속가능성의 세 가지 차원들이 지닌 요소들을 갖고 있는 반면 통합의 수준은 과학적 견지에서 정당화된 것보다 훨씬 낮고 준비과정에서 논의된 것보다 훨씬 떨어진다는 것이다 (ICSU and ISSC 2015). 국제사회과학협의회(International Social Science Council)과 파트너십 관계에 있는 국제과학협의회(International Council for Science)의 보고서는 그 목표들이 '사일로 접근법(silo approach)'을 활용해 설명되고 있다고 말하는데, 즉 그 목표들이 분리된 요소들로, 대부분 서로 고립된 채 설명되고 있다는 것이다. 그러나 이런 목표 영역들은 겹치고, 많은 대상들이 몇 가지 목표들에 기여하기도 하고, 어떤 목표들은 충돌하기도 한다. 지속가능개발목표의 틀은 상호연계 관계를 반영하지 않고 개발이 세계적 혹은 지역적 수준에서의 자원활용의 지속가능한 수준 내에서 일어날 것임을 확신할 수 없기 때문에 전체로써 그 틀이 내부적으로 일관되진 않을 것이며 그 결과 지속가능하지도 않을 가능성이 있다 (ICSU and ISSC 2015).

지속가능개발을 향한 새로운 길

보편적인 지속가능개발목표가 2030년까지 달성될 수 있을까? 지금 지구는 지속가능한 개발로 나아가고 있는 것인가, 아니면 파멸로 나아가고 있는 것인가? 지구정상회의가 지속가능개발의 비전을 제시하고 그것을 달성하기 위한 목표와 원칙을 설정했던 데 반해 목표를 행동으로 옮기는 것은 훨씬 더 도전적인 것이다. 스토홀름과 '리우+20' 사이의 40년 기간은 환경문제와 인간과 지구와의 관계에 대한 과학적 이해에 있어서의 성장으로 특징지워진 반면, 변하지 않은 채 오늘날에도 여전히 남아 있는 많은 문제들이 있다. 불신과 의심은 여전히 북반구 국가와 남반구 국가 간의 관계를 지배하고 있고 정부들은 여전히 고집스럽게 국가주권에 대한 전통적 입장을 견지하고 있으며, 생태적으로 건전한 계획을 세우는 데 필요한 장기적 비전과 경제성장과 정치적 안정을 위한 단기적 관심 간의 긴장은 여전히 대부분의 정부들을 압도하고 있다 (Conca and Dabelko 2010). 재화와 용역의 세계적 소비가 늘긴 했지만 최근 몇 년간 이어진 중국의 놀랄만한 경제성장에도 불구하고 여전히 언제나 그랬던 것처럼 불평등한 상태이다. 이런 구분들은 지속가능개발 이슈 자체가 그랬던 것처럼 남겨진 정치적 도전들을 부각시킨다.

경제적 건강성, 사회적 건강성, 생태적 건강성 사이에 분명히 긴장이 존재함에도 불구하고, 장기적으로는 경제적 건강성이 사회적, 생태적 건강성에 의존하고 있다. 세계경제는 우리 생물권(biospheric envelope)의 완전한 파괴에 직면해서 살아남기 어려울 뿐만 아니라 빈곤과 질병의 증가에 직면해서도 살아남기 어렵다. 만약 우리가 이런 사실을 받아들이게 된다면 이 긴장을 해소할 수 있는 방법은 오직 두 가지뿐이다. 우리는 이 세상의 완전함(integrity)과 생태계, 그리고 경제가 무너져 마치 오래된 고무 밴드처럼 우리를 휘감을 때까지 그런 긴장이 지속되도록 내버려 둘 수 있다. 또는 우리는 공동체·국가·지구적 차원에서 지속가능한 개발을 뒷받침하는 데 필요한 경제적, 사회적, 문화적 변화들을 만들어낼 수도 있다.

지속가능개발목표들은 인류, 지구, 번영, 평화와 파트너십이 공존하는 세계를 실현하기 위한 중요한 움직임을 보여준다. 지속가능개발목표의 보편적 특성은 모든 국가들이 자국의 국경 내에서뿐만 아니라 더 넓은 국제적 노력의 지원 하에서 행동을 취하도록 요구한다. 개별 국가의 책무이행은 모든 사람들 특히 극심한 빈곤 속에 살아가는 사람들을 돕는 세계적인 차원의 결과를 가져오게 되며 건강한 환경을 보장하게 될 것이란 바람이 있다. 처음으로 유엔 개발프로그램은 생태계 서비스, 빈곤퇴치, 경제발전과 인류 웰빙의 지속가능성 간에 상호연계를 깨닫고 있다. 그러나 지속가능한 개발로의 전환이 필요하다는 사실에 동의하는 것은 비교적 쉬운 일이다. 문제는 정부가 이러한 전환을 만들기 위한 정치적 의지를 모으는 것과 세계 인류가 변화를 요구하는 것에 있다.

토의주제

1. 지속가능한 개발을 둘러싼 북반구 국가와 남반구 국가 간 논쟁의 핵심 요소들은 무엇인가? 그런 이슈들은 왜 타협을 이루기 어려운가?
2. 지속가능한 개발 개념은 1980년대 이후 어떻게 발전되었는가?
3. 지속가능한 개발의 세 가지 기둥 간에 존재하는 긴장은 무엇인가?

4. 새천년개발목표와 지속가능개발목표 간의 가장 중요한 차이는 무엇인가?
5. 지속가능한 개발이 가능하다고 생각하는가? 그것이 우선적으로 고려되어야만 하는가? 왜 그런가? 또는 왜 그렇지 않은가?

추천 문헌

Chasek, Pamela S., David L. Downie, and Janet Welsh Brown (2010) *Global Environmental Politics*. 5th ed. Boulder: Westview.

Conca, Ken, and Geoffrey D. Dabelko (2014) *Green Planet Blues: Critical Perspectives on Global Environmental Politics*. 5th ed. Boulder: Westview.

Dodds, Felix, et al., eds. (2015) *Governance for Sustainable Development: Ideas for the Post 2015 Agenda*. www.article19.org.

Kjellen, Bo (2008) *A New Diplomacy for Sustainable Development: The Challenge of Global Change*. New York: Routledge.

Najam, Adil, David Runnalls, and Mark Halle (2007) *Environment and Globalization: The Five Propositions*. Winnipeg: IISD.

Rogers, Peter P., Kazi F. Jalal, and John A. Boyd (2006) *An Introduction to Sustainable Development*. Cambridge: Harvard University Press.

Sachs, Jeffrey D. (2015) *The Age of Sustainable Development*. New York: Columbia University Press.

Chapter 15

기후변화에 대한 대응

지구온난화가 진행되고 있고 지구 대기권 이산화탄소 수준이 증가하고 있다는 것은 의심의 여지가 없다. 기록상 가장 더웠던 10개 연도는 모두 1998년 이후의 시기에 속했는데 그 중 2014년이 가장 더웠던 해로 기록된다. 역사상 2015년 7월은 가장 더웠던 달이었다 (NOAA 2015a). 지구 대기권 이산화탄소 농도는 산업화 이전 280ppm에서 현재는 400ppm 이상에 달하게 되었다. 우리의 대기권이라는 공유재는 전세계 산업화를 통해 경제성장을 추구하는 나라들이 이산화탄소를 마구 버리는 쓰레기장으로 전락하고 말았다.

하딘(Garret Hardin)은 1968년에 발표한 자신의 논문 "공유재의 비극(The Tragedy of the Commons)" (1968)에서 인간의 탐욕과 착취가 공유재를 황폐화 시킬 것이라고 주장했다. 하딘은 (특정 개인이 소유하지 않는) 공공 방목장의 목동이라는 가설적인 예를 활용했다. 만약 이윤을 최대화하기 위한 목적으로 지속가능하지 못할 정도로 많은 소가 방목된다면 이 방목장은 황폐화되고 말 것이라고 주장하였다. 문제는 목동들이 각자 이윤을 극대화하기 위해 더 많은 소를 방목하는 경우, 이것은 집단 전체로 볼 때 다른 목동들의 이윤극대화 노력에는 결국 해가 된다는 점이다. 방목하는 소의 수를 늘리지 않는 목동은 잠재적인 이윤을 잃는 반면 소의 수를 늘리는 목동은 이익을 얻게 될 것이기 때문에, 적어도 단기적으로 볼 때 목동들이 스스로 구태여 소의 수를 제한하기 위해 노력할 리 만무하다는 것이다. 최종적인 결과는 '공유재의 비극'이다. 이러한 예야말로 기후변화를 가져오는 온실가스를 줄이고자 하는 국제적 정책의 실현을 법제화하기 어렵게 하는 것이 무엇인지 보여준다.

이윤극대화의 논리에 의한 공유지의 황폐화를 설명하는 두 가지 주요한 접근방법으로는 완전한 사유화 방법 또는 정부규제 방법이 있다. 전자의 경우 방목장은 민간 소유자에 의해 통제된다. 예를 들어, 공유지였던 방목장이 이를 영원히 소유하고 싶어하는 어느 목동 가족의 사유재산으로 전환될 경우, 이 가족은 그 토지에서 지속적으로 방목을 할 수 있기를 원할 것이다. 따라서 이론적으로 소유자는 자신의 소유가 된 방목장을 지속가능하게 이용할 것이다. 반대로 만약 과거 지역사회가 관리하였던 방목장을 정부가 관리하고 규제하게 된다면, 그 방목장의 사용을 규제하고 지속가능한 개발을 보장하는 법률의 제정이 필요하다.

그러나 하딘의 공유재 개념은 실제로 지역사회에 의해 규제되는 공공용지를 누구나 자유롭게 사용할 수 있다는 의미의 '공동이용 체제(open access regimes)'와 혼동하였다는 이유로 신랄한 비판을 받았다 (Athanasiou and Baer 2002: 145). 역사적으로 지역사회에 의해 규제되는 공유지는 '생태계와 사람과의 관계를 안정화시키는' 토지에 대한 정신적 귀속감과 문화적 관행에 따르는 생계기반 경제학(subsistence-based economics)에 의해 유지되어 왔다 (Cronon 1983: 12). 많은 사람들은 대기라는 공유재를 보존하는 유일한 방법이 "대기를 모든 사람이 접근할 수 있는 자원으로부터 공유재, 즉 각자에게 동등한 방법으로 할당되고 사회적으로 규제되는 지구적 공유재로 전환하는 것"이라고 생각한다 (Athanasiou and Baer 2002:

145). 지구상 모든 생명체에게 필수 요소인 대기의 질과 안정을 유지하는 것은 사회적으로 규제되는 공유재의 일례이며, 이는 생물권과 우리 자신 간의 관계를 확인해 준다. 이와는 반대로 어떤 사람들은 대기를 공유재에서 사유재로 전환하는 것에 찬성한다. 공적 차원에서 질 좋은 대기를 보급하는 문화적 관행보다는 오히려 대기를 사유재로 보고 시장을 통해 공급하는 것이 더 나은 방법이라는 것이다. 이러한 사유화 방법의 예는 이산화탄소 배출량 거래제도(이 장의 뒷부분에서 논의된다)에서도 찾아볼 수 있다.

이장은 우리가 알고 있는 바와 같이 기후변화와 그것이 인류문명에 가져오게 될 결과들에 대해 살펴본다. 지구온난화의 위협, 원인, 기여자들, 희생자들, 기후변화정책의 역사, 생물공학의 전망 등에 대해 살펴볼 것이다.

지구온난화의 위협

이산화탄소에 관한 과학적 연구는 150년 넘게 이어져 왔다. 19세기 중반 존 틴달(John Tyndall)은 이산화탄소를 대기권에 열을 가두는 온실가스로 인식했다 (Oreskes and Conway 2010). 20세기 초 스웨덴의 지리화학자인 스반테 아르헤니우스(Svante Arrhenius)는 화석연료의 사용이 사실상 기후변화를 초래할 수 있음을 자각했고, 영국의 공학자 가이 캘린다(Guy Callendar)는 "'온실가스 효과'가 이미 감지되는 것일 수 있는 최초의 경험적 증거를 수집했다" (Oreskes and Conway 2010: 170). 1960년대 미국 과학자들은 린든 존슨(Lyndon Johnson) 대통령과 다른 정치지도자들에게 이산화탄소 수준의 증가가 기후에 영향을 미칠 수 있음을 경고했다 (Oreskes and Conway 2010).

1958년에 레벨르(Roger Revelle)는 증가하는 이산화탄소 수준을 측정하기 위해 남극과 하와이에 실험실을 설치한 자신의 동료 킬링(Charles Keeling)의 연구비를 조달해주었다 (Oreskes and Conway 2010). 킬링은 오늘날 '킬링 곡선'으로 알려진 것을 발견한 공로로 국가과학상을 수상했다.

킬링 곡선은 1958년 이후 대기권의 이산화탄소의 꾸준한 증가 추세를 보여준다. 1960년부터 2010년까지 대기권 이산화탄소의 농도는 320ppm에서 400ppm 이상으로 증가했다. 대부분의 과학자들은 지구가 약 390ppm 수준에서 유지 가능하다는 데 동의한다, 북극의 빙하코어(ice core)에 갇혀있는 공기방울 샘플을 기초로 측정한 80만 년에서 1,500만 년 사이 이산화탄소 수준은 이처럼 높지 않았다 (Freedman 2013). 절대 다수의 기후학자들 사이에 온실가스 증가가 지구온난화로 알려진 지구 온도의 상승을 초래할 것이라는 우려가 널리 퍼져있다. 바꾸어 말해, 지구의 온난화가 기후변화로 언급되는 변화를 초래한다는 것이다.

과학계는 인간이 발생시킨 온실가스가 지구의 온난화를 초래하고 있음을 보여주는 매우 강력한 사례 한 가지를 들먹인다. "기후학자의 97퍼센트가 지난 세기의 기후 온난화 경향들이 인간의 활동에서 비롯되었을 가능성이 높으며, 세계적으로 지도적인 위치에 있는 과학단체들이 이런 입장을 지지하는 성명서를 내놓기도 했다" (NASA 2015b).

세계기상기구는 20세기의 기온 상승이 지난 1,000년 간 각 세기마다 일어났던 기온 상승 가운데 그 폭이 가장 크다고 발표했다 (WMO 2003). 1900년 이래 지구의 평균기온은 화씨로 1.6도 정도 올랐고 "온실가스의 배출이 꺾일지 또 언제 꺾일지 여부에 따라 이 세기가 끝날 때까진 화씨 3도에서 9도 정도가 더 올라갈 수도 있을 것이다" (Thompson 2015a).

증가하는 온실가스 때문에 기후에 변화가 일어난다는 사실을 기록으로 보여주는 연구가 점점 늘어가고 있음에도 불구하고 아주 적은 수의 회의론자들이 여전히 존재한다. 이런 회의론자들 중 일부는 우리가 자연의 순환과 지구 기후의 변동을 충분히 이해할 만한 지질학적 시간척도(geological timescale)에 관한 데이터를 충분히 갖고 있지 못하다고 주장한다. 이런 주장은 나름대로 약간의 장점을 갖고 있긴 하지만 우리가 갖고 있는 80만 년간의 데이터로 볼 때 기후변화를 가져오는 이산화탄소의 높은 수준과 기온 상승 간에는 일정한 관계가 존재한다. 다른 회의론자들 (Ray and Guzzo 1992; Michaels 1992; Lindzen 1993; Bellamy 2004; Robinson and

Robinson 2012)은 실질적으로 발생한 온난화 규모와 컴퓨터 모형들이 내놓는 기본적인 예측에 대해 의문을 제기한다. 또 다른 사람들은 지구의 자연적인 대기과정(atmospheric process, 예를 들어, 해양, 산림 그리고 황산염 에어로졸)이 온실가스 효과를 감소시킬 수 있을 것이라고 주장한다. 그러나 대기 중 증가하고 있는 이산화탄소 농도가 보여주고 있는 바와 같이 인간들이 대기 중에 내뿜는 과잉 탄소를 지구가 더 이상 흡수할 수 없음을 보여주는 증거가 드러나고 있다. 우리의 생물권(biosphere)이 변하고 있음을 명백히 보여주는 지구에서 일어나고 있는 경험적으로 관찰 가능한 변화들이 존재한다. 아래는 지구의 급격한 변화를 보여주는 중요한 지표들을 요약 정리한 것이다 (NASA 2015a).

- 지구 해수면이 지난 세기에 약 17센티미터(6.7인치) 상승했다. 그러나 지난 10년간 상승률은 지난 세기 상승률의 거의 두 배이다.
- 세 가지의 주요한 지표면 온도 재구성(global surface temperature reconstructions)은 1880년 이래 지구온난화가 진행되고 있음을 보여준다. 이런 온난화의 대부분은 1970년대 이후 1981년부터 발생했던 가장 따뜻했던 20년과 지난 12년간 있었던 가장 따뜻했던 10년의 모든 세월과 함께 나타난 것이었다. 비록 20세기의 첫 10년이 2007년과 2009년 사이에 평소와는 다른 깊은 태양 극소기(solar minimum)를 초래한 태양광(solar output) 감소를 목격하긴 했지만 그래도 지표면 온도는 계속해서 상승했다.
- 해양이 이런 증가된 열의 상당 부분을 흡수해 왔는데, 1969년 이래로 해양의 최정상 700미터(약 2,300피트) 지점에서 화씨 0.302도의 온도상승을 보여주었다.
- 북극해 얼음의 면적과 두께가 지난 수십 년간 급속히 줄어들었다.
- 알라스카와 아프리카는 물론 알프스, 히말라야, 안데스, 록키 산맥 등 세계 어디에서나 빙하가 줄어들고 있다.
- 미국에서 1950년 이래 최저 기온을 기록한 사례의 수는 줄어든 반면 최고 기온을 기록한 사례의 수는 계속해서 늘어왔다. 미국은 폭우 기록 횟

수의 증가 또한 목도하고 있다.

- 산업혁명의 초기부터 줄곧 지표면 해수의 산성도가 약 30퍼센트 가까이 늘었다. 이런 증가는 인간이 이산화탄소를 대기중으로 더 많이 내뿜고 따라서 그것이 더 많이 해양에 흡수된 결과이다. 해양의 상층부에 의해 흡수된 이산화탄소의 양은 매년 20억 톤씩 늘어나고 있다.
- 위성관측은 북반구에서 봄눈 덮힌 지역의 규모가 지난 50년간 줄어들었으며, 그 눈이 계절보다 앞서 녹고 있음을 보여준다.

또 다른 회의론자들은 온난화 경향에 대해선 반론을 제기하지 않지만, 우리가 경험하고 있는 지구온난화가 자연현상이지 인간이 초래한 일은 아니라고 믿는다. 이것은 굉장히 중요한 구분이다. 만약 기후변화가 자연적으로 일어나는 현상이라면, 인간이 그들이 사는 방식을 바꾸는 건은 무의미한 일이 된다. 그러나 만약 인간이 지구온난화 문제를 일으키고 있다면, 우리가 사는 방식을 바꾸는 것이 기후변화의 영향을 완화시켜줄지도 모를 일이다.

이런 회의론자들 중 일부는 우리가 더 강한 태양 활동 때문에 자연적인 온난화 시기에 있다고 주장하는데, 우리가 태양활동의 감퇴기(a period of solar decline)에 있는 동안에도 지구의 온도가 올라가고 있음을 보여주는 데이터에 따르면 그러한 주장은 사실이 아니다 (NASA 2015a). 지구온난화를 인정하는 또 다른 회의론자들은 기온 상승이 단순히 지구 온도의 자연적 변동에 불과할 뿐이라고 주장한다. 그러나 과학자들은 지구 전체의 이산화탄소 수준과 평균적인 지구 온도 간의 밀접한 관계와 지난 200년간 대기 중 탄소의 증가가 우선적으로 화석연료를 태운 결과라는 사실에 기초해 이런 설명에 반대한다.

데이터가 인간들이 화석연료의 배출을 통해 기후를 변화시키고 있음을 보여준다고 믿는 절대 다수의 기후학자들이 이런 회의론자들을 수적으로 압도한다는 점이 강조되어야만 한다. 따라서 기후변화는 궁극적으로 정치적인 이슈인 것이다.

지구온난화의 원인과 결과

태양 복사 에너지가 끊임없이 지구에 도달하고 있으며, 이들 중 일부는 흡수되고 일부는 반사되어 우주로 되돌아간다. 이러한 과정은 온실효과로 알려져 있다. 자연적인 탄소순환이 화석연료 연소(자동차, 발전소, 산업, 난방이 가장 일반적인 화석연료 연소 활동이다)에 의해 바뀌면, 대기 중에 대량의 이산화탄소가 배출된다. 그 결과 더 많은 태양 복사 에너지가 지구의 대기권에 갇히게 되고, 반사되는 양은 줄어들며, 결국 지구가 더워지기 시작한다. 이산화탄소, 염화불화탄소화합물(CFCs, 프레온가스라 부르기도 한다 – 역자 주), 메탄, 대류권 오존, 질소 산화물과 같은 기체들은 태양 복사 에너지를 가둬 대기온도를 높이는 요인이 된다. 이산화탄소가 전체 온실가스의 50퍼센트를 차지하고, CFCs는 20퍼센트, 메탄은 16퍼센트, 대류권 오존은 8퍼센트, 질소 산화물은 6퍼센트를 차지한다 (McKinney and Schoch 1996; NASA 2015a). 대기온도가 올라감에 따라 대기는 증발로 인한 수증기를 더 많이 보유하게 된다. 수증기 역시 태양 복사 에너지의 장파를 가두기 때문에 강력한 온실가스 효과를 갖게 된다. 이러한 현상은 최근에 지구복사수지실험(Earth Radiation Budget Experiments)의 위성 측정에 의해 증명되었는데, 이 측정은 해양과 지표면의 온도가 올라감에 따라 더 많은 적외선이 대기 중에 갇힌다는 사실을 보여 주었다 (Leggett 1990).

기온 상승으로 인해 지구온난화의 문제를 가속화하는 다양한 양성 피드백이 시작된다. 지구의 기온이 상승한다는 것은 태양 복사 에너지를 반사하여 우주로 되돌려 보내는 산악지형과 극지방의 빙하와 눈이 줄어들었다는 것을 의미한다. 게다가 지구 기온이 상승함에 따라 빙하, 툰드라, 대륙붕의 진흙으로부터 다량의 메탄가스가 배출된다. 메탄의 양이 많아졌다는 것은 지구 복사 에너지를 가둘 수 있는 온실가스가 더 많아졌음을 의미하며, 이는 결국 대기온도의 상승을 초래한다. 대기온도의 상승은 해빙의 증가를 의미하는데, 이는 또한 대기 내 메탄가스의 증가를 의미한다. 결국 온난화의 악순환이 초래되는 것이다.

지구온난화와 그에 따른 기후변화로 인해 어떤 지역에서는 강수량이 늘어났고, 또 어떤 지역에서는 가뭄이 증가했다. 이는 열과 바뀐 대기흐름의 패턴으로 인해 수증기가 증가했기 때문이다. "호주에서는 가뭄이 계속되는 상황이 10년 이상 계속되고 있으며, 중국 일부지역, 포르투갈, 멕시코, 남미 고산지역 국가들 모두 50년 이상 최악의 가뭄을 겪었다" (Murlow 2010: 47). 2012년 내내 '미국 가뭄 감시 기구(US Drought Monitor)'는 미국 대륙의 2/3가 중간 수준 혹은 매우 심한 가뭄 상태에 있으며, 세계의 그 밖의 지역에 있어서는 러시아, 남동유럽, 발칸반도의 국가들, 중국 윈난성의 일부와 쓰촨성의 남서부 지역, 브라질 등이 극심한 가뭄을 겪었다고 지적했다. 브라질은 50년 만에 최악의 가뭄을 겪었다 (WMO 2012). 2015년 현재, 나무의 나이테를 통해 과거 기후를 추정하는 연구에 따르면 캘리포니아는 1,200년 내 최고로 가문 3년 시기를 견뎌내야 하는 심각한 가뭄 상태에 처해 있다 (Stevens 2014). 캘리포니아 역사상 처음으로 물 배급과 규제가 이루어졌다. 여름이 점점 더 길어지고 무더워지고 있으며, 폭풍우가 더욱 빈번하고 심하게 발생하고 있고, 세계인구의 40퍼센트가 살고 있는 80여 개국이 만성적인 물 부족 문제를 겪고 있다는 연구결과가 발표되어 왔다 (Athanasiou and Baer 2002; Groisman and Knight 2008; Paskal 2010; Parenti 2011; Guzman 2013). 2010년 파키스탄은 2천만 명의 이재민을 발생시킨 홍수를 경험했고 러시아는 결국 수천 명의 목숨을 앗아간 역사상 가장 지독했던 장기간의 혹서기를 경험했다. 세계보건기구(World Health Organization)의 추정에 따르면 매년 15만여 명이 현재 기후변화로 인해 죽어가고 있다 (WHO 2015d).

『기상, 기후 그리고 물의 극단적 이상에 따른 사망과 경제적 손실의 지도, 1970-2012 (*Atlas of Mortality and Economic Losses from Weather, Climate, and Water Extremes, 1970-2012*)』라는 제하의 WMO가 발행한 종합보고서에 따르면 온난화가 가속화되면서 더 극단적인 기상 현상이 늘어나고 있다. 이 보고서는 전세계적으로 나타나는 극심한 폭염, 가뭄, 홍수, 폭설과 강추위, 국지성 폭우를 기록하고 있다 (WMO 2014). 이 보고서는 세계를 다양한 지역으로 나누어 기록하는데 각 지역별 데이터는 기상, 기후, 물과 관련한 재난들이 증가하고 있음을 보여주고 있다. 저자인 자라드(Michel Jarrard)와 사피르(Dearati Guha Sapir)는 기후와 관련된 재난들이 "전세계적인 차원에서 증가하고 있다"고 서술하고 있다. 산업화된 국가와 산업화되지 않은 국가들 모두 반복적인 홍수, 가뭄, 기온 이상, 폭우의 부담을 안고 있다. 재난이 점점 충격을 더해 가는 것은 그것의 늘어나는 빈도와 강도뿐만 아니라 인간사회, 특히 개발의 언저리에서 생존해 가고 있는 사람들의 취약성이 증가하기 때문이다 (WMO 2014).

기후변화의 다른 결과로는 서식지의 급격한 변화를 들 수 있는데, 이는 심각하게 농사를 방해하고 생태계를 훼손하며 생물종의 멸종을 초래한다 (Knight 2010). 과학자들은 기후변화로 인해 6개 종 중 한 종 꼴로 동식물이 멸종될 것으로 추정하지만 다른 연구자들은 그 숫자가 2배 내지 3배 더 높아질 수 있다고 추정한다. 많은 종들이 이미 이주를 하거나 더 적당한 서식지로 그들의 활동범위를 바꾸어 가고 있는데 연구자들은 1,700종의 동식물종들이 지구의 양극을 향해 매 10년에 3.8마일씩 서식지를 옮겨가고 있음을 발견하였다 (Zimmer 2015). 1970년대 이후 척추동물종의 수는 이미 30퍼센트 이상 줄었고 2000년 현재 수십 종의 가축종들이 멸종되었다 (Knight 2010). 우리가 6번째 대멸종 시대에 접어들고 있다고 주장하는 연구들이 등장하고 있다 (Wake and Vredenburg 2008). 또한 특히 인구증가를 고려할 때, 폭우와 가뭄의 발생에 따른 손실이 식량부족으로 이어질지도 모를 일이다 (Cribb 2011).

전세계적으로 기후에 의해 초래된 재난으로 인해 사람들이 살던 집에서 쫓겨나고 있다. 높아지는 해수면과 극심한 홍수가 사람들의 집과 농장을 집어삼키고 있다. 극심한 가뭄은 소농들로 하여금 물을 찾아 그들의 농토를 떠나게 하고 있다. 유엔(2009)에 인용된 몇몇 추정치에 따르자면 해수면 상승, 사막화, 대홍수, 물 부족과 같은 형태의 기후파괴(climate disruption)로 인해 떠돌아다니는 인구 수가 2050년 경에는 5,000만 명에서 3억 5,000만 명 사이에 이를지도 모른다. 그런 미래의 추정치에 대해서는 많은 논쟁의 여지가 있다. 하지만 2008년에 유엔은 2,000만 명의 사람들이 기후 관련 재난으로 인해 거주지를 옮겼을 것으로 추정했다 (Barnes 2013). 특히 높아지는 해수면과 더 극심해지는 기상현상으로 인해 거주지를 옮길 수밖에 없는 수백만 명의 사람들에 대해 우리가 이야기를 나누고 있다고 상정하는 것이 무난할 것이다.

현재 기후와 관련된 상황으로 인해 자신의 조국을 떠나야 하는 사람들을 위한 국제적으로 알려진 정책들은 없다. 전쟁으로 파괴된 지역으로부터 도망쳐 나온 난민들은 국제법에 의해 인정을 받지만, 기후로 인해 발생한 난민들을 위한 그와 같은 보호 장치는 없다. 환경 난민들의 개념이 처음 등장한 것은 1985년 엘-힌나위(Essam el-Hinnawi)가 썼던 유엔 환경개발프로그램 보고서였다 (Durkova et al. 2012). '기후 난민'이란 용어의 등장은 점점 커져가고 있는 기후 관련 재난에 의해 그들의 집을 잃은 사람들의 주거 이동의 문제가 긴급함을 깨닫게 해준다.

미국 대륙의 그 어느 곳보다 알래스카는 더 빨리 점점 더 따뜻해지고 있다. 영구동토층(permafrost)이 녹고 있는데, 이는 땅이 부드러워지고 있고, 겨울 폭풍의 빈도와 강도가 증가하면서 광범위한 해안침식으로 인해 해안지대와 작은 도서지역에 자리잡고 있는 원주민 공동체들이 거주지를 옮기는 일이 시작되었음을 의미한다 (Argos 2010; Banerjee 2012). 그 바다가 시쉬마레프 이누피아크(Shishmaref Inupiaq, 베링해협 북쪽의 Chukchi Sea에 있는 샤리체프(Sarichef) 섬에 위치한 Nome Census Area에 있는 도시에 살고 있는 알래스카 원주민 – 역자 주)족의 집들을 집어 삼키고 있고 알라스카 전역의 모든 마을들은 높아지는 조류와 해수면 때문에 거처를 옮겨야만 한다. 시쉬마레프 사람들은 이제 그들의 공동체를 옮기는 결정에 봉착하게 되었는데 그 비용이 1억 달러 이상 들 것으로 예상된다 (Argos 2010). 이런 마을들은 가난한 공동체들이다. 높아가는 해수면은 또한 투발루, 몰디브, 할리겐 등과 같은 전세계 작은 도서국가들과 방글라데시와 같은 저지대 국가를 침수시키고 있다.

높아가는 해수면이 기후난민을 발생시키는 유일한 원인은 아니다. 육지로 둘러싸인 아프리카 국가들에 사는 사람들 역시 기후변화로 인해 어려움에 직면하고 있다. 예를 들어, 차드는 계속된 가뭄으로 인해 발생한 급속한 사막화를 경험하고 있다 (Argos 2010). 아시아에서 약 30억 명에게 물을 공급해주고 있는 히말라야 유역은 빙하의 해빙과 변화하는 강수 패턴이라는 두 가지 위협에 직면해 있다 (Paskal 2010). 그 지역, 특히 22퍼센트의 사람이 '절대적인 물 부족'문제에 직면해 있는 인도지역에는 이미 문제가 드러나고 있다 (Paskal 2010: 142). 중국 또한 2억 5,000만 명 이상이 빙하의 해빙(glacial melt)에 심각하게 의존하고 있다 (Paskal 2010).

기후가 계속해서 변하면서 이 장에서 살펴본 바의 문제들을 야기하고 있기 때문에 기후변화의 문제가 매우 정치적이란 점이 명백해진다. 깨끗한 물의 부족, 또는 홍수 같은 기본적인 자원 이슈들은 잠재적으로 엄청난 규모의 기후난민을 낳게 되므로 전지구적인 정치적 불안정 상황을 초래한다. 기후의 불안정으로 인해 폭력의 새로운 지형이 만들어질 잠재적 가능성은 매우 현실적인 위협이 되고 있다 (Parenti 2011).

지구온난화의 주범

산업혁명 이후 과학자들은 대기 중 이산화탄소가 꾸준히 증가하는 걸 측정해왔다. 산업혁명 이전의 이산화탄소 수준은 280ppm 근처를 맴돌았고 앞에서도 언급했던 바와 같이 지구 대기는 이제 400ppm을 넘어버렸다. 지난 10년간 이산화탄소 수준은 평균 2ppm씩 늘어왔다. 메탄이나 아산화질소(nitrous oxide)와 같은 다른 온실가스 역시 심각하게 증가해왔다 (IEA 2014). 2012년 전지구적인 이산화탄소 배출량은 31.7기가톤(metric gigaton)에 달했다. 국제에너지기구(International Energy Agency)에 따르면 "이것은 배출량이 매년 1.2퍼센트씩 늘어나고 있음을 보여준다." 전지구적으로 1990년에서 2012년까지 이산화탄소 수준은 51퍼센트까지 증가했다 (IEA 2014: 8, 12).

이산화탄소 총배출량은 나라마다 매우 다양하다. 어떤 나라들은 다른 나라들보다 더 많은 탄소를 배출하는데, 그것이 온실가스 배출을 규제하기 위한 구속력 있는 전략의 구상과 관련하여 국제사회에서 문제를 야기해 왔다. 표 15.1은 탄소 배출 규모가 가장 큰 국가들을 보여주고 있는데 그 중 중국과 미국이 다른 나라들을 압도하고 있다. 이산화탄소 배출을 보여주는 또 다른 방법은 특정 국가에서 1인당 생산되는 이산화탄소의 양을 보여주는 방법이다. 표 15.1 또한 이산화탄소 배출에 있어서 선진국(미국, 러시아, 일본, 독일, 캐나다, 영국) 대 개발도상국(중국, 인도, 한국, 이란) 간의 극명한 차이를 보여준다. 중국은 13억 명이 넘는 인구 때문에 최대 탄소배출국이지만 그래도 1인당 이산화탄소 배출량은 6.52톤에 불과하다. 반면 미국은 1인당 평균 17.62톤을 배출하고 있다. 이런 수치들을 1인당 1.45톤만 배출하고 있는 인도인의 경우와 비교된다.

선진국의 더 높은 이산화탄소 배출 수준은 더 많은 전기, 더 큰 집, 과도한 차량운송에의 의존, 과도한 보조금으로 인하된 연료비 등 명백히 더 높은 생활수준 때문이다. 남반구가 부유한 북반구를 모방하게 되면, 남반구는 더 많은 온실가스를 배출하기 시작한다. 국제에너지기구는 북미지역의 이산화탄소 배출이 전체적으로 3.7퍼센트 떨어졌고 유럽에서는 0.5퍼센트 떨어진데 반해 아프리카 5.6퍼센트, 중국을 포함한 아시아 4.9퍼센트, 중동 4.5퍼센트, 그리고 남미에선 4.1퍼센트로 (이산화탄소 – 역자 주)배출이 증가했다는 관찰결과를 밝혔다.

대부분의 이산화탄소 배출의 두 가지 주요 원천은 전기와 열 생산이다. 운송분야가 23퍼센트를 차지하는 데 반해 이 두 가지 분야는 합치면 전체 이산화탄소 배출의 42퍼센트를 차지한다. 이는 발생되는 모든 이산화탄소 배출의 2/3가 전기, 난방, 수송을 위한 것임을 의미한다. 산업분야가 또 다른 20퍼센트를 차지하고, 가정이 6퍼센트, 그리고 상업/공공 서비스, 농업/임업, 어업 에너지 산업과 같은 기타 분야가 9퍼센트를 차지한다 (IEA 2014: 10). IEA에 따르면 "전기와 열 생산을 위한 이산화탄소 배출은 1990년과

표 15.1 에너지 소비에 따른 이산화탄소 배출, 2014년

	전체 에너지 소비에 따른 이산화탄소 배출 (단위: 억 톤)	1인당 에너지 소비에 따른 이산화탄소 배출 (단위: 톤/명)
중국	87.15	6.5
미국	54.91	17.6
러시아	17.88	12.6
인도	17.26	1.5
일본	11.81	9.3
독일	7.48	9.2
이란	6.25	8.0
한국	6.11	12.5
캐나다	5.53	16.2
사우디아라비아	5.14	19.7
영국	4.97	7.9
브라질	4.75	2.4
멕시코	4.62	4.1
남아프리카공화국	4.62	9.4
인도네시아	4.27	1.7
이탈리아	4.01	6.6
호주	3.93	18.0
프랑스	3.74	5.7
스페인	3.19	6.8
폴란드	3.08	8.0

출처: UCSUSA (2014).

2012년 사이에 거의 두 배로 증가했는데 그 중 대부분이 석탄 사용의 증가에 따른 것이다" (2014: 10). 전세계적으로 전기와 열을 얻기 위해 석탄이 사용되었는데 이는 풍부한 공급, 특히 중국, 인도, 남아프리카, 폴란드와 같은 국가들에서의 공급이 있기 때문이다. 불행히도 석탄은 가장 탄소집약적인(carbon-intensive) 화석연료이다 (IEA 2014:10). 2011년부터 2012년까지 "전기와 열 생산을 위한 이산화탄소 배출은 1.8퍼센트 증가했고 … (중략) 전기와 열 생산을 위한 이산화탄소 배출에서 석유가 차지하는 비율은

1990년 이래 꾸준히 줄어든 반면, 가스의 비율은 약간 늘었고 석탄의 비율은 1990년 65퍼센트에서 2012년 72퍼센트로 두드러지게 증가했다” (2014: 11). 운송과 관련해서는 자동차와 트럭에 의한 이산화탄소 배출은 1990년 이래 64퍼센트 증가했는데, 이는 2012년 수송 분야 배출의 3/4을 차지한다. 해상운송 및 항공 운송에 의한 배출 또한 증가했는데 해상운송에 의한 이산화탄소 배출이 1990년 수준에 비해 66퍼센트나 증가했고 항공 운송에 의한 배출은 1990년 수준에 비해 80퍼센트 증가했다 (IEA 2014: 11).

기후통제 정책의 약사

1972년에 유엔인간환경회의(United Nations Conference on the Human Environment), 일명 스톡홀름회의가 열렸다. 이 회의에는 114개국 정부와 많은 비정부기구(NGOs)가 참여하였다. 환경 파괴와 관련한 문제에 대해 세계 여러 국가들이 함께 모여 논의한 것은 이 회의가 처음이었다 (Switzer 1994; Valente and Valente 1995). 스톡홀름회의는 구속력 있는 의무사항을 만들어내는 데 실패했지만, 지구의 환경문제에 대해 국제적 담론을 형성하는 촉진제로서의 역할을 하였다.

지구온난화와 다른 관련 기후 이슈들을 논의하기 위해 첫 번째 세계기후회의가 1979년 2월 제네바에서 개최되었다 (Gupta 2010). 1985년 오스트리아 빌라크(Villach), 1987년 독일 함부르크, 1988년 캐나다 토론토 등, 다른 정치적, 과학적 학술회의들이 잇달았다. 기후변화는 이제 큰 관심을 끌게 되었고 전지구적인 환경과 개발문제로 다루어졌다 (Gupta 2010). 기후변화에 관한 정부간패널(IPCC: Intergovernmental Panel on Climate Change)이 1988년 설립되었고, 첫 번째 IPCC 보고서가 1990년에 발간되었다. 1989년에 네덜란드는 기후변화에 대해 심의하겠다는 단 한 가지 목적으로 국가수반들이 모인 고위급 정치회담을 개최했으며, 작은 도서국가들은 상승하는 해수면의 영향을 제일 먼저 받게 될 것이라는 사실 때문에 기후변화의 이슈를 다룰 최초의 회합을 가졌다. 1990년경 기후변화가 과학자들과 국가들의 마음 속에 하나의 이슈가 되었다는 사실은 분명했다 (Gupta 2010). IPCC 보고서는 기후변화에 관한 모든 집합적 과학을 간추려 담고 있었는데 당시 이산화탄소 수준이 1990년 수준에서 안정될 필요가 있음을 제안했다. 이는 모든 온실가스 배출을 1990년 수준을 유지하기 위해 심각하게 계속해서 줄여나가는 걸 의미하는 것일지도 모른다.

리우정상회의 또는 지구정상회담으로 알려져 있는 1992년 유엔환경개발회의(United Nations Conference on the Environment and Development)에서 이산화탄소 배출을 줄이는 문제를 다루려는 전지구적인 진지한 노력이 시작되었다. 리우회의에는 178개국의 대표자가 참여하였고 110여 명의 국가정상이 참석하였다 (Switzer 1994). 회의에서 결의된 5개의 주요문서 중 하나는 기후변화협약(Framework Convention on Climate Change)이다. 이 협약의 목적은 "기후체계에 해로운 인위적인 간섭을 방지하는 수준까지 대기 온실가스의 농도를 안정화"시키는 것이었다 (Flavin 1996: 36).

당시 부시행정부가 이끌고 있었던 미국은 리우정상회의의 주요 참가국이었음에도 불구하고 이산화탄소 배출량을 1990년도 수준으로 감소시키기 위한 구속력 있는 목표에 합의하지 않았다. 미국은 이산화탄소 감축 목표에 동의하기를 꺼렸으나, 많은 선진 유럽 국가들은 "이산화탄소 배출량을 1990년 수준으로 줄이겠다는 공약을 재확인하는 개별 선언서에 서명하였다" (Gore 1992: xiv). 독일과 일본은 다른 선진국들이 이산화탄소 목표 감축량을 약속토록 하는 데 리더십을 발휘하였다. 1993년 클린턴(Bill Clinton) 대통령은 미국이 2000년까지 이산화탄소 배출량을 1990년 수준으로 줄이겠다고 발표함으로써 부시행정부의 입장을 번복하였다. 그러나 1992년 미국 의회에 의해서 법률로 제정된 에너지 소비효율 등급 적용의 상당수(예를 들면 가전이나 조명)가 1994년과 1995년 약화되었을 뿐 아니라 심각한 자금부족 상태를 겪게 되었다 (Flavin 1996).

선진국들이 진지하게 이산화탄소 배출량 감축에 대한 그들의 책무를 다하도록 설득하는 일은 군소도서국가연합(AOSIS: Alliance of Small Island States)과 전세계 보험회사들의 주요한 관심사가 되었다. 보험회사들도 기후변화 이슈에 있어서 마찬가지로 중요한 행위자가 되어버렸다. 세계에서 가장 큰 보험회사들, 특히 자산과 재난을 취급하는 회사들은 지구온난화로 인해 발생할지도 모를 손실들에 확실하게 이해관계가 얽혀있다. 해수면과 기온이 상승함에 따라 보험회사들은 큰 손실을 입게 될 것으로 내다본다. 앞에서도 언급했듯이 AOSIS는 해수면 상승에 의해 극심한 위협을 받고 있는 도서국들의 소규모 연합이다. 해수면이 1미터만 상승해도 이들 국가들의 토지는 물에 잠기게 되고 그들의 경제가 파괴될 수 있다. 베를린에서 열린 당사국회의(COP: Conference of the Parties)의에서 AOSIS는 선진국들이 이산화탄소 배출량을 20퍼센트 절감할 것을 제안하였다. 베를린회의에 참석한 비(非) AOSIS 77개국이 이 제안에 찬성하였지만, 쿠웨이트와 사우디아라비아와 같은 주요 산유국들과 미국이나 호주 같은 탄소 다량 배출 국가들이 이에 반대하였다 (Brown 1996; Flavin 1996).

베를린회의의 주요 목적은 전세계의 탄소 배출량을 줄이는 방법을 계획하고 국가 간에 대안적인 저탄소 집약 기술을 교환하는 데 목적을 둔 일련의 시범사업들을 만들어 내는 데 있었다 (Flavin 1996; Gupta 2010). 베를린회의는 법적 구속력을 갖는 탄소 감축 목표를 마련하는 데 실패했음에도, 기후변화를 완화하기 위한 범지구적 정책의 수립에 대한 새로운 희망을 주었다. 베를린 위임사항(Berlin Mandate)으로 알려진 베를린에서 도출한 합의는 각국 정부들에게 "1997년 교토에서 열릴 제3차 당사국총회(COP-3)에서 채택 예정인 2005, 2010, 2020년처럼 시간적 기한을 정한 법적 구속력을 갖춘 감축의무를 홍보할 것을" 당부하고 있다 (Gupta 2010: 639).

두 번째 IPCC 보고서는 1996년에 발간되었다. 그 보고서는 "남은 증거가 지구환경에 대한 확연한 인간의 영향을 보여주고 있다"고 언급하고 있다 (Gupta 2010: 639). 교토의정서는 1997년 12월 11일에 채택되었고 1998년 3월 16일부터 서명작업에 착수했다. 의정서는 주요 온실가스, 특히 이산화탄소, 메탄, 아산화질소에 대한 법적 구속력을 지닌 배출량 감축 목표를 담고 있다. 교토의정서는 최소한 55개국의 비준이 필요하다. 55개국에는 비준국가의 전체 이산화탄소 배출량의 55퍼센트를 차지하는 선진국들이 반드시 포함되어야 한다. UN에 의하면 "교토에서 선진국이 채택한 일반 공약은 그들 국가의 온실가스 배출량을 2008~2012년 공약기간 동안 5.2퍼센트 감소시켜 1990년 수준 이하로 유지한다는 것"이었다. 5.2퍼센트라는 수치는 그다지 중요해 보이지 않지만 의정서가 없었을 경우 해당 국가들이 배출시켰을 양보다 무려 29퍼센트 낮은 수치이다 (UN 1998).

교토의정서가 가지고 있던 문제 중 하나는 협상자들이 (사회적으로 규제되는 공유재의 대안인) 배출권 거래를 통해 국가들이 감축을 달성할 수 있는 방법에 대해 입장을 명료하게 밝히지 않고 있다는 점이었다. 할당된 수준보다 적게 배출하는 국가들은 사용하지 않은 자국의 배출권을 탄소배출량을 낮추는 데 성공하지 못한 나라들과 '거래'할 수 있다. 또한 각 국가들이 지구온난화를 줄이기 위해 탄소를 흡수할 수 있는 경작지, 산림, 방목장과 같은 탄소흡수원을 지구온난화 정책에 어느 정도까지 반영시켜야 하는지도 분명하게 언급하지 않았다. 미국이 교토의정서에 앞서 1997년 버드-헤이글 결의안(Byrd-Hagel Resolution, 동 결의안은 미국이 교토의정서의 비준국이 되어야 한다는 사실은 미국상원의 뜻이 아님을 명시하고 있다 – 역자 주)을 통과시켰던 점을 여기에서 언급하는 것 또한 중요하다. 그 결의안은 미국이 "특히 미국을 위해 행동조치를 취하는 것과 관련하여 비용이 증가할 것이기 때문에 주요 개발도상국들도 유의미하게 참여할 때까지 그리고 참여하지 않는 경우 어떤 미래의 의무적인(binding) 정량적 목표"를 수용하지 않도록 금지하고 있다 (Gupta 2010: 643).

3차 IPCC 평가 보고서는 2000년에 발간되었다. 그 보고서는 이전의 기후변화 과학을 확인하고 "새로운 증거와 남겨진 불확실성을 고려한다는 측면에서 지난 50년간 관측된 온난화의 대부분이 (온실가스) 집적의 증가에 기인했을 가능성이 크다 (66~90퍼센트)"고 상정했다 (Gupta 2010: 643). 2000년 헤이그회의인 COP-6에서는 탄소배출 감축량을 어떻게 산정할지에 대한 문제가 여전히 중요한 장애물로 남았다. 미국, 캐나다, 일본, 호주는 탄소흡수원과 시장에 기반한 메커니즘(예를 들면, 배출권의 거래)과 같은 유연하고 창의적인 접근방법의 이용을 선호했다. 그러나 유럽의 다른 국가들은 미국이 유연한 접근 방법을 옹호하는 것을 차량, 공장, 발전소의 배출량 감축을 어떻게든 피해보고자 하는 시도로 해석하였다. 많은 유럽 국가들은 비화석연료 기술의 개발을 통해 온실가스 배출에서의 실질적인 감축을 원했다. 그러나 유럽 5개국에 관한 한 연구에 따르면, 단지 영국과 독일만이 교토의정서의 배출량 감축 목표를 실현할 수 있다. 미국이 교토의정서의 배출량 목표에 도달할 수 있을 것 같지는 않다. 왜냐하면 한 연구에 따르면 미국은 배출량을 30퍼센트까지 감축해야하기 때문이다 (Kerr 2000). 유럽과 대조적으로, 미국은 온실가스의 감축 없이 교토의정서의 목표를 달성하기를 원한다. 온실가스의 감축을 위한 조치는 석탄과 석유가격의 상승을 수반할 것이기 때문이다. 헤이그회의에서의 협상은 어떻게 배출량 감소를 측정할 것인가에 대해 합의를 이루지 못한 채 교착상태로 끝이 났다.

2001년 11월, 160여 개국의 대표자들이 COP-7을 위해 모로코의 마라케쉬(Marrakesh)에 모여, 교토의정서의 세부사항에 대해 합의했다. 협상의 결과 체결된 협정에서 미국을 제외한 선진국들은 2012년 말까지 1990년 수준 이하로 평균 5.2퍼센트까지 이산화탄소를 줄이는 데 합의했다. 부시 대통령 집권 당시 미국은 표면상 자국의 '최선의 경제적 이익'을 보호하기 위해 협상에서 철수하였다 (Athanasiou and Baer 2002: 117). 2004년 말까지 미국을 제외한 협상국들은 전체 이산화탄소 배출량의 55퍼센트를 차지하는 국가들로부터 필요한 서명동의를 얻을 수 없었다. 그러나 그동안 서명하기를 망설여왔던 러시아가 2004년 말 교토의정서에 대한 지지를 천명하고 이를 비준하였다. 의정서는 2005년 초에 공식적인 효력을 발휘하게 되었다.

조약에는 배출량 삭감뿐만 아니라 배출권거래와 탄소흡수원에 대한 내용이 포함되어 있었다. 비판가들은 개발도상국들이 그들의 경제적 상황과 현재의 이산화탄소배출량이 상대적으로 적다는 이유로 이 조약에서 제외되었다는 점에 대해 문제를 제기했다. 그들은 또한 미국이 참여하지 않는 상태에서의 조약의 실효성에 대해서도 의문을 제기했다.

지구온난화에 관한 세계 유일의 협정인 교토의정서는 2012년 말에 효력을 다하도록 설계되었다. 2007년 독일에서 개최된 G8 정상회의의 주요 목표는 가장 부유한 국가들에게 지구의 기온이 섭씨 2도(화씨 3.6도) 이상 상승하는 것을 막겠다는 약속을 받아내는 것이었다. 교토의정서의 2단계는 의무적인 탄소배출 목표치를 설정하기 위해 2007년 발리(COP-13)에서 개최되었다. 그러나 G8 정상회의 일주일 전에 부시 대통령은 미국이 온실가스 배출을 줄이기 위한 전략을 수립하기 위해 2007년 가을에 일련의 회의를 소집할 계획임을 밝혔다. 부시 대통령의 계획은 10개국에서 15개국에 이르는 최대의 온실가스 배출국들이 어떤 의무적이거나 구속력 있는 배출량 목표를 설정하지 않고 기술적 해결방법에만 집중하게 하면서 각국이 자율적으로 목표와 감축대상을 설정하게 하는 포스트 교토합의를 이끌어 낼 것을 요청했다.

비평가들은 부시 대통령이 의무적인 배출량 감축을 지키기 위한 유엔과 유럽연합의 지금까지의 노력을 망가뜨리려 한다고 비판했다. 그런 비판은 '걱정하는 과학자 연맹(Union of Concerned Scientists)'이 실시한 2006년 설문조사에서 더 강하게 드러났는데, 미국 연방정부 기관에서 일하는 279명 과학자의 58퍼센트가 '기후변화'와 '지구온난화'와 같은 용어를 그들의 보고서에서 빼라는 요구를 받아왔던 것으로 드러났다. 그 설문조사는 또한 과학적인 보고서들이 그들이 지닌 본연의 의미가 달라지도록 편집되었고 과학적 발견들이 의도적으로 부정확하게 전달되었다는 사실을 보여주었다. 5년간 그 설문조사는 435건의 정치적 간섭 사례를 보고했다(Monbiot 2007). 사실 G8 정상회의에서 나온 유일한 합의사항은 온실가스 배출량을 '실질적으로 감축'하겠다는 것이었다.

회의에 참석한 대표들이 2년간 미래에 포스트 교토합의에 이를 수 있도록 노력하자는 데 합의함으로써 2007년 COP-13 발리회의에서도 약간의 진전이 이루어지긴 했었다. 또한 참가국들은 기후변화의 영향을 줄이기 위해 "세계의 온실가스 배출량을 획기적으로 감축할 필요가 있다"는 원칙에는 합의를 이루었다. 그러나 중요한 장애물들이 여전히 남아 있었다. 미국은 의무적인 감축을 원하는 유럽연합의 제안을 수용할 것을 거부했으며 중국, 인도와 같은 주요 개발도상국들도 선진국과 마찬가지로 취급하길 원했다. 또한 2007년에 IPCC는 4차 평가 보고서를 내놓았는데 이번엔 거기에 20세기 중반 이래 관측된 기온상승은 인간이 만들어낸 온실가스의 결과였음이 90퍼센트 확실하다고 썼다 (Guzman 2013).

2009년 12월의 COP-15 코펜하겐회의는 2007년 발리 실행 계획 이래 계속 이어져 온 협상에 기반을 두고 있었다. 새로운 녹색에너지 기반을 조성하겠다는 선거공약을 내세운 오바마 대통령이 미국의 기후변화정책에 변화를 가져올지도 모른다는 기대에 부풀었다. 회의 마지막 날 오바마 대통령은 몇몇 주요 개발도상국 지도자와 코펜하겐합의(Copenhagen Accord)를 중재하고 나섰다. 코펜하겐합의의 취약점 때문에 그 합의에 반대했던 몇몇 정부가 있었다. 코펜하겐합의에 포함된 몇 가지 합의사항은 지구의 기온상승폭을 평균 섭씨 2도로 제한하고, 참가국들이 특별한 감축 계획을 세우도록 하는 과정을 수립하며, 배출량 감축을 보고하고 인증하는 기준을 설정하고, 2010~2012년 사이에 선진국들이 후진국의 배출량 감축, 산림 보호, 기후변화 적응을 돕기 위해 300억 달러의 추가적인 재원을 마련할 것을 약속하며, 2020년까지 개발도상국들의 기후변화에 따른 수요에 부응하기 위한 1,000억 달러의 기금 조성 목표를 수립하는 것이었다 (PCGCC 2009). 당사국들은 2010년 말 멕시코에서 보다 확실한 합의를 도출하기 위한 협상을 계속하기 위해 유엔기후변화협약과 교토의정서에 의거하여 조직된 여러 개의 임시적인 작업 그룹들로 확대되었다 (PCGCC 2009).

코펜하겐합의를 비판하는 사람들은 그 합의가 법적인 구속력이 없고 구속력 있는 배출량 목표도 없으며 개발도상국들을 도울 목적으로 조성된 기금규모 역시 형편없이 적다고 주장한다. 그러나 중국과 인도가 국제적인 배출 인증 시스템에 보고하는데 합의를 했다는 사실은 고무적이다. 법적으로 구속력을 갖춘 목표치를 두기보다 자발적인 선언을 통해 배출량을 감축하자는 미국의 강조사항에 대해서도 몇 가지 비판이 가해졌다. 그 협상들에서 찾아볼 수 있는 한 가지 매우 긍정적인 측면은 지구의 기온상승 폭에 대해 산업혁명 이전의 수준을 상회하는 섭씨 2도를 허용할 만큼 세계가 여유롭지 못하다는 사실을 인정했다는 점이다 (Vaughan and Adam 2009).

멕시코 칸쿤에서 개최된 2010 COP-16 회의는 (구속력 없는) 국가적 차원의 경감 선언, 더 높아진 투명성, 개발도상국을 위한 기후기금의 설립 등에 관한 결정을 승인함에 있어 코펜하겐합의에 근거를 두었다. 또한 참가국들의 데이터 보고를 검증하는 컨설턴트들로 구성된 시스템에 대해 합의하였다. 칸쿤에서는 모든 주요 경제대국들이 자국의 배출량을 줄일 것에 합의했는데 이는 코펜하겐회의에서 드러났던 증오로 가득 찼던 분위기와는 너무 달랐다. 칸쿤회의는 2011년 남아프리카 더반에서 개최되었던 COP-17 회의에서 몇 가지 구속력 있는 배출량 감축 목표가 수립될 수 있도록 하는 초석을 다졌다.

더반회의는 몇 가지 매우 온건하고 모호한 합의만 이루어진 채 폐막되었다. 그 합의는 기본적으로 교토의정서를 갱신한 것이긴 했지만 (남반구를 포함하지 않았던 교토와는 달리) 남반구와 북반구를 동일선상에서 다루는 새로운 틀을 정립하는 방향으로 움직이기 시작했다. 게다가 개발도상국을 위한 녹색기후기금(Green Climate Fund for Developing Nations)도 창설되었는데, 2020년에 시작해서 매년 1,000억 달러의 기금을 조성하기로 되어 있다. 그 기금은 남부 국가들이 녹색기술을 개발하고 열대우림을 보존토록 도와주는 데 쓰일 것이다 (Broder 2011). 당연히 비평가들은 더반에서 이룬 합의를 양측에서 공격하고 나섰다. 그 스펙트럼의 한쪽 끝에는 그 합의가 그리 충분히 진전된 것은 아니라고 주장하는 과학자들과 환경운동가들이 있었다. 반대로 화석연료 사용을 지지하고 기후온난화를 거부하는 사람들은 (몇몇 미국 의원들을 포함해서) 지속적인 온난화에 대한 압도적인 증거에도 불구하고 인류가 기후온난화의 주범이라는 바로 그 가정 자체를 비판하고 나섰다.

2012년 12월 카타르의 도하에서 개최된 COP-18 기후협상회의들은 도하수정안(Doha Amendment)에 합의했는데, 그것은 선진국들이 온실가스의 감축과정을 계속해서 주도해 나가는 현재의 법률적이고 회계적인 모델들을 유지한다는 점에서 교토의정서 하의 새로운 의무이행의 시대를 여는 것이었다. 대표들은 온실가스를 더 줄여나가기 위한 불특정한 조치들을 취해나갈 의무이행에 합의했다. 그들은 모든 당사국들이 법적 구속력을 갖춘 조치들을 수용토록 하는 보편적인 기후에 관한 합의를 채택하는 일정표를 만들었는데, 그것은 2020년에 효력을 갖게 될 것으로 보인다. 대표들은 개발도상국에서 청정에너지 투자와 지속가능한 성장을 위한 재정적, 기술적 지원책을 수립하는 데 대한 어떤 진전을 이루긴 했지만 세부사항은 모호하기만 했다.

도하협상에 대한 환경주의적 비판자들은 당사국들의 야심과 기후변화와 싸우기 위해 정말 필요한 그 무엇 간에는 커다란 괴리가 존재한다고 주장한다. 군소도서국가연합(Alliance of Small Island States) 의장인 키렌 케케(Kieren Keke)는 협상들이 "심히 부족했다"고 언급했다. 다른 주요 비판은 당사국들에 의해 합의된 재정적, 기술적 지원을 취약한 국가들에게 관리해주는 구체적인 메커니즘을 갖고 있지 않다는 점이었다 (Broder 2012).

폴란드 바르샤바에서 개최된 2013 COP-19 기후변화회의는 약간의 성공을 거두긴 했지만 이 회의 또한 실망스런 점이 많았다. 회의에 참가한 정부들은 '보편적 기후협정(Universal Climate Agreement)'을 이끌어내기 위해 파리에서 개최되는 2015년 회의에 앞서 그들이 저마다 기여할 부분에 관해 논의하자는 데 합의했다. 산림파괴와 개간으로 인한 온실가스를 줄이는 데 있어 획기적인 성과가 결정되었고, 기후변화에 의해 가난한 국가들이 겪게 될 '손실과 위험(loss and damage)'을 보여주기 위한 한 가지 메커니즘이 만들어졌다. 개발도상국가들의 기후변화에 대한 적응을 돕기 위한 기금 모금의 통로를 확보하기 위해 설계된 녹색기후기금(Green Climate

Fund)의 재원 조성을 매듭짓는 데 있어 진전이 있었다. 선진국들의 녹색기후기금에 대한 기금 갹출(contribute)의 일정표와 관련한 세부사항이 부족한 데 대부분 비판의 초점이 모아졌고 누가 기후상황에 대한 책임의 주된 부분을 떠안아야 할지에 대해 개발도상국과 선진국 사이에 논쟁이 격화되었다.

IPCC는 2014년 제15차 보고서를 내놓았는데, "기후시스템에 대한 인간의 영향은 명백하며 최근 온실가스의 인류발생론적(anthropogenic) 배출이 역사상 가장 최고조에 이르렀다. … (중략) … 대기와 해양은 더워지고 있고, 눈과 얼음의 양이 줄어들어 왔으며 해수면이 상승해 왔다"고 간결하게 결론지은 바 있다 (IPCC 2014:2). 기후변화에 대한 증거가 분명해짐에 따라 보편적인 기후협정 체결에 대한 국제적인 절박한 요구(international urgency)가 커지고 있다.

2014년 페루의 리마에서 개최된 COP-20 기후회의는 20년 간의 국제적 협상을 통해 완성해 보려 노력해 왔던 것의 획기적인 진전일 수도 있다. '리마 합의(Lima Accord)'는 선진국과 개발도상국 모두가 화석연료의 연소에 따른 온실가스 배출을 줄이는 데 합의하게 하는 위업을 달성하였다. 그 합의는 모든 나라들에게 각 국가별로 2020년 이후 (온실가스 – 역자 주)배출을 어떻게 줄여나갈지를 상세히 밝힌 계획을 제출할 것을 요구한다. 그 계획들은 각 국가가 약속한 감축비율에 근거한 배출량 삭감을 목표로 하는 국내 정책과 법률을 대략적으로 보여주는 세부적인 전략을 요구한다. 예를 들어, 오바마 행정부는 미국이 2025년까지 28퍼센트 정도 배출을 줄이겠다고 약속했다. 미국이 이 목표를 달성하게 될 우선적인 메커니즘은 환경보호국(EPA: Environmental Protection Agency)이 규제하는 운송과 발전소에 의한 배출을 줄이는 것이다. 리마합의는 모든 국가들이 유엔에 그들 나름의 계획을 제출토록 요구하고 있으며, 이는 그 계획서가 대중에게 공개되도록 할 것이다.

리마합의는 국가들을 강제할 수 있는 구속력 있는 목표와 법적인 제재조치들을 갖고 있진 않다. 간단히 말해 그 합의는 하향식(top-down)의 의무가 아니라 모든 국가들이 세계 온실 가스 배출의 전체적인 감축량을 정하는 계획을 제출하도록 독려하는 동료압력(peer pressure, 비슷한 의무와 지위를 지닌 국가 간에 이루어지는 수평적 압력 – 역자 주)을 사용토록 설계되었다. 계획 제출에 실패한 데 대한 어떤 법적인 제재도 없다. 그 합의는 우리가 섭씨 2도의 임계치를 넘지 않도록 보장하기 위해 각 국가가 얼마나 많은 온실가스를 감축할 필요가 있는지에 대한 과학적 분석에 기반을 둔 것은 아니다. 그것은 정치적 합의인 것이지 과학적인 합의는 아닌 것이다.

2015년 12월 파리회의(COP-21)는 미국과 중국 두 나라가 미래에 탄소 배출을 줄일 것을 약속했던 2014년 합의에 바로 뒤 이은 것이었다. 미국은 2025년 까지 2005년 대비 26퍼센트에서 28퍼센트까지 탄소배출 수준을 줄일 것에 합의했다. 그에 반해 중국은 선도해야 하는 국가(sooner)가 아니라면 2030년까지 전체 배출량을 줄이기 시작하겠다고 약속했다. 그런 모멘텀에 바탕을 두어 195개 국가들이 파리에서 자발적이고 의무적인 행동을 적절히 혼합해 그들의 미래 온실가스 배출을 줄일 것을 약속했다. 그 합의가 '섭씨 2도 목표(2 degree Celsius goal)'에 눈높이를 맞춰 이뤄진 것이지만 그 수준을 달성하기 위해서는 미래에 감축량의 증가가 이루어질 필요가 있을 것이다. 북반구가 남반구의 배출량 감축을 재정적으로 지원하기로 합의했지만 남반구가 원했던 매년 1,000억 달러 수준에서 지원하기로 한 약속은 법적 구속력이 없었다. 다른 긍정적인 조치들은 더 높은 투명성을 비롯하여 각 국가별로 속이는 것을 방지하기 위한 새로운 보호수단들(safeguards)과 온실가스 감축에 있어서의 더 엄격한 감축을 추구하기 위해 매 5년마다 회합을 갖기로 한 합의였다. 물론 모든 국가들이 그런 결과에 만족했던 것은 아니었다. 해수면이 낮은 국가들은 더 많은 감축을 추구했고 개발도상국들은 부유한 국가들이 더 높은 수준의 의무를 이행해 주길 바랐다. 다른 국가들은 의무적인 배출량 감축 조치가 없는 점을 한탄했다. 그러나 전체적으로 대표단과 업저버들은 COP-21 정상회의를 올바른 방향의 움직임으로 간주했다.

미국과 관련해서 오바마 대통령의 기후변화정책은 혼란스럽고 일관되질 않았다. 한편에서 오바마는 석유와 천연가스 시추를 위해 광대한 규모의 공유지를 개방해 왔으며 해양 석유시추를 위해 몇몇 해안지역과 북극지역을 개방했다. 오바마는 이런 정책들이 에너지 독립을 성취하기 위한 것이라고 주장했다. 다른 한편으로 오바마는 2015년 한 해양경비학교(Coast Guard Academy) 졸업식사에서 "기후변화, 특히 해수면 상승은 우리의 국토 안전, 즉 우리의 경제적 기반시설과 미국 국민의 안전과 건강에 대한 위협"이라고 주장했다. 오바마는 "저는 기후변화가 글로벌 안보에 대한 심각한 위협, 즉 우리 국가 안보에 즉각적인 위험이 되고 있으며 틀림없이 우리 군대가 우리나라를 어떻게 지켜나갈 지에 영향을 미치게 될 것이라는 점을 말씀 드리고자 오늘 여기에 왔다"고 말했다 (Davis 2015). 또한 오바마는 기후조건을 바꾸는 것이 환경변화에 따른 난민의 수를 급격히 증가시키게 될 것임을 인정했다. 그런 문제들을 다루고자 했던 오바마의 계획은 석탄발전소와 자동차들에 의해 배출되는 탄소를 줄여 2005년 수준 대비 28퍼센트까지 이산화탄소 배출을 줄이겠다는 EPA가 발표한 새로운 규칙에 근거한 것이다. 공화당과 석탄산업체들은 재빨리 그 계획을 비판했는데, 그들은 그 계획이 경제적 일자리를 희생시킬지도 모를 엄청난 행정부의 무리수(executive overreach)라고 주장했다.

화석연료를 대체하는 대안에너지

국제적으로 구속력 있는 협정이 없음에도 불구하고, 많은 국가들은 화석연료에 의존한 전력 생산을 대안에너지로 대체함으로써 그들의 이산화탄소 배출을 줄여나가고 있다. 현재 세계 전력의 대부분인 68퍼센트가 화석연료에 의해 생산되고 있고 11퍼센트는 원자력 핵분열에 의해 생산되고 있다. 대안에너지 생산은 전세계 전력 생산 전체의 20퍼센트이상을 차지하고 있다 (Energie-Renouvelables 2013). 전세계 전력생산의 20퍼센트를 차지하는 전력생산을 위해 가장 많이 사용된 대안에너지는 수력발전이 78

퍼센트, 풍력이 11.4퍼센트, 바이오매스(biomass)가 6.9퍼센트, 태양광이 2.2퍼센트, 지열이 1.5퍼센트, 해양에너지가 0.01퍼센트이다 (Energie-Renouvelables 2013).

어떤 국가들은 재생에너지 개발을 주도하고 있다. 2015년의 첫 75일 동안 코스타리카는 소비자를 위해 에너지 가격이 떨어질 것을 기대하여 국가 전체를 재생에너지에 의존해 운영했다. 코스타리카는 전력의 대부분을 수력, 지열, 약간의 바람과 태양광을 이용해 생산해 내고 있고, 화석연료는 단지 비상용으로만 사용하고 있다. 코스타리카는 2021년까지 탄소중립적인 국가가 되는 목표를 세웠다 (Siegel 2015).

덴마크, 영국, 독일, 스코틀랜드, 아일랜드는 모두 2014년 재생에너지 생산이 최고치를 기록했는데 대부분 풍력과 약간의 태양광에 의존했다. 덴마크는 현재 전력의 39퍼센트를 재생에너지원에서 얻고 있고 2020년까지 재생에너지로부터 모든 전력의 50퍼센트를 생산할 것으로 기대하고 있다. 풍력 또한 덴마크에서 가장 값싸게 전력을 생산하는 방법이다. 영국은 이제 풍력에서 발전량의 9.3퍼센트를 얻고 있고 청정에너지에서 나온 전력으로 670만 가구에 전력을 공급할 수 있다. 독일 역시 마찬가지로 청정에너지 사용에 있어 발전을 이뤘는데 태양광과 풍력을 섞어 사용하고 있다. 유럽에서 가장 큰 나라인 독일은 현재 청정에너지원으로부터 전기의 26퍼센트를 생산하고 있다. 2014년에 풍력은 그해의 여섯 달 이상 동안 스코틀랜드 가정용 전기의 100퍼센트를 공급했고 6월과 7월에는 햇빛이 애버딘, 에딘버러, 글라스고우, 인버네스 지역 도시들의 전력 수요의 100퍼센트를 공급했다. 스코틀랜드 전력 공급(electric power grid)은 2030년까지 완전히 재생에너지를 통해 이루어질지 모른다. 아일랜드 또한 2014년에 청정에너지로 130만 가구에 전력을 공급함으로써 풍력발전 기록을 세웠다 (Smith 2015).

미국 또한 전체 전력수요의 14퍼센트를 바이오매스, 지열, 수력, 태양광, 풍력과 같은 재생에너지원으로부터 생산함으로써 청정에너지 생산능력을 증대했는데 수력이 7퍼센트를 차지했고 다른 재생에너지들이 나머지를 차지했다. 풍력은 2013년과 2014년 사이 9퍼센트나 늘었는데 전체 국가 전력 생산의 5퍼센트에 이르렀다. 태양열발전(solar power) 또한 2014년의 전반 6개월에 116퍼센트까지 증가했는데 그것은 전년도의 두배 이상에 달한 수치였다, 미국에너지정보국(US Energy Information Administration)은 얼마 전에 2040년 까지 미국에서 재생에너지원으로부터의 전력 생산이 14퍼센트에 못 미칠지도 모른다고 예측한 바 있다 (Bossong 2014).

이 장에서 제공된 사례들이 보여주듯이 재생에너지가 비용 면에서 효율적(cost-effective)인 것으로 보인다면 우리는 화석연료를 사용한 전력생산에서 재생에너지를 사용하는 전력발전으로 전환해야 할 경제적 동기를 가질 것이다. 미국은 중국 다음으로 재생에너지 투자를 세계에서 두 번째로 많이 하는 국가이다 (Smith 2015). 그 기술은 세계 대부분의 지역에서 100퍼센트 재생에너지를 생산하기 위해 존재한다. 문제는 세계가 지구온난화와 그에 동반하는 기후변화를 막을 필요가 있다는 현명한 인식 아래 이런 임무를 수행할 의지를 갖고 있는가 하는 점이다. 충분한 정도로 빠르게 행동하지 않는다면 우리가 훨씬 더 많이 위험스럽고 잠재적으로 비극적인 지구공학(geoengineering, 혹은 기후공학 – 역자 주)의 경로로 나아가게 될지도 모를 일이다.

지구공학적 옵션

텍사스와 오클라호마는 최근 천재지변과 엄청난 재산 손실을 가져온 역사상 최악의 홍수를 겪었으며, 인도는 화씨 122도에 이르는 기온으로 1,000명 이상이 죽는 열파 현상을 겪고 있다. 정부의 대처가 충분치 않고 기후가 갈수록 계속 불안정해진다면 그땐 많은 과학자들과 공학자들, 정치인들이 우리가 지구공학으로 실험을 시작하는 것을 옹호할지도 모른다. 지구공학은 지구 구름층의 조절, 해양이 더 많은 탄소를 흡수할 수 있도록 해양의 화학적 구성 변경, 햇빛을 반사하는 대기층 조성, 이산화탄소를 포획해서 안전하게 저장하는 방법 발견 등의 활동에 관여함으로써 지구의 기후를 계획적으로 조절하는 것이다 (Hamilton 2013). 지구공학적 전략들은 두 개의 범주로 나뉘는데, 이산화탄소의 제거와 태양복사(열)의 관리이다. 이산화탄소를 제거는 대기로부터 탄소를 추출해내어 그것을 식물, 해양, 지하와 같은 다른 장소에 저장하는 과정이다. 태양복사(열) 관리는 구름층을 늘리거나 반사를 통해 지구를 덥히는 햇빛의 양을 제한하는 활동을 수반한다 (Hamilton 2013).

대기에서 탄소를 제거하기 위한 전략 중 어떤 것들은 석회로 바다를 중화시키는 것이다. "강화된 풍화작용(enhanced weathering)을 활용한 기후공학은 자연과정을 촉진하는 데 목표를 둔다. 바위들은 잘게 부서지거나 화학적으로 변형되어서 공기 중에 이산화탄소 가스가 알칼리성 중탄산염(alkaline bicarbonate) 용액의 형태로 쌓이게 되는데, 그런 다음에 해수 속에 섞여 들어가게 된다" (Clive Hamilton 2013: 41). 이것이 더 많은 이산화탄소를 흡수하는 해양의 능력을 증대시킬지도 모른다. 또 다른 전략은 더 많은 식물을 재배하고, 해조류를 키우며, 더 많은 이산화탄소를 흡수하도록 토양을 강화하는 것이다. 목표는 더 많은 탄소를 격리해 내는 것이다. 산업적 처리 과정들을 통해 공기를 정화하는 것은 "탄산염 고체를 만들어 내기 위해 물과 수산화나트륨(caustic soda, 가성소다)과 같은 화학물질들을 사용하는 것과 관련이 있다. 그 때 보통 천연가스를 이용한 가열로 인해 이산화탄소가 추출된다" (Hamilton 2013: 47). 간단히 말해 이러한 전략들은 모두가 더 많은 이산화탄소를 흡수하는 지구의 능력을 증대시키는 데 목표를 두고 있는 것이다. 우리가 지금 태우고 있는 탄소를 지구가 안전하게 저장하는 데는 수백만 년이 걸린다. 더 많은 식물을 재배하는 경우와 같은 예외가 있긴 하지만 이런 전략들은 각각이 산업적 규모의 생산에 맞서 싸우기 위해서는 대규모 산업기반시설을 요구하게 된다. 나무를 심고 식물 생산을 위해 대규모 녹지 공간을 만들어내는 일은 항상 좋은 아이디어이긴 하지만 그건 항상 화재와 인간의 토지개발과 같은 자연적 원인들로 인한 이산화탄소 배출을 동반한다. 해밀턴(Clive Hamilton 2013)이 정확히 지적한 바와 같이 우리의 대규모 산업 기반시설의 영향에 맞서 싸우기 위해 대규모 산업기반시설을 만들어내는 것보다 화석연료에 대한 우리의 의존을 줄이는 것이 더 합리적이다.

태양복사(열) 관리와 관련하여 과학자들이 내세우는 해결방안으로는 구름을 밝게 하고, 새털구름을 변형하며, 황을 살포하고 태양광선의 여과를 임의로 통제하는 활동 등이 있다. 이런 전략들은 구름을 바꾸거나 화산분화가 일어날 때 나타나는 현상과 흡사하게 상층부의 대기권에 황산염 분자들을 살포하여 태양광을 지구로부터 우주로 반사해버리는 방법과 관련이 있다. 과거에 일어난 화산분화가 보여준 바와 같이 식량생산에 영향을 미치는 기후변동, 몬순 패턴의 변화와 더 심한 오존층 파괴를 포함한 황산염 에어로졸의 분사와 관련된 많은 문제들이 있지만 그래도 그것들은 우리가 개선해 나가고 있는 문제들이다. 특히 우리가 지구의 기후를 통제하기 위해 무한정 그것에 기댈 수밖에 없는 경우, 태양복사(열) 관리 기술이 답을 찾지 못한 문제들이 있다 (Hamilton 2013).

우리가 지금 목도하고 있는 기후 상황으로 우리를 내몬 것은 산업혁명에 의해 박차가 가해졌던 기술이다. 진화하는 데 수십억 년이 걸린 우리의 복잡한 기후를 바로잡기 위해 기술적인 반복과정으로 돌아가는 것은 기껏해야 오만하면서도 아주 위험한 것이고 최악의 시나리오로 보면 잠재적으로는 비극적인 것이다. 지구공학에 관여하는 것은 거울을 통과하는 것인데, 그런 식이라면 결과가 무엇이든 되돌아가는 일은 없을 것이다. 명심해야 할 큰 질문은 무엇이 잘못될 수 있을까 하는 점이다.

결론

기상에 관한 보도가 종종 오늘날 저녁뉴스의 머릿기사를 장식한다. 우리의 기후는 변하고 있고, 그 결과는 인간과 비인간 생명체의 손실, 대규모 자산 파괴, 기후난민처럼 인간이 그들의 집으로부터 영구히 떠나는 것이다. 물론 역사상 기상관련 재난들은 항상 있어 왔지만 데이터가 보여주듯 그 빈도와 강도가 늘어나고 있다. 기후변화는 우리 인간들이 우리가 남긴 탄소발자국을 줄여주는 지구의 자연과정을 넘어서서 산업가, 소비자, 자본가로서의 과도한 생활방식을 위해 엄청난 양의 화석연료를 사용하게 되면서 만들어진 것이다. 우리의 생활방식은 더 이상 지속가능하지 않다. 특히 늘어나는 인구와 절제를 모르는 소비자중심의 생활방식을 추구하는 성향의 증가를 고려한다면, 이는 우리가 무한정 지금처럼은 살수 없음을 의미한다. 과학계의 절대 다수가 제공한 증거는 인간이 우리가 현재 겪고 있는 기후 문제의 원인이라는 사실을 명확하게 보여준다.

모든 국가가 세계의 탄소 발자국을 줄이는 데 각자 역할이 있다는 점을 깨닫게 되면서, 국가들은 최초의 보편적 기후협정 체결을 위해 협력하고 있다. 큰 의문은 그런 노력들이 충분하냐는 것이다. 30년 전세계가 줄어들고 있는 오존층의 위협에 직면했을 때, 국가들은 차후에 나타날 분열을 방지하고 오존층의 궁극적인 복구를 증진하는 데 책임이 있는 국제적인 환경합의를 이끌어 내기 위해 협력했다. 인류는 우리가 우리의 환경을 사용하는 방법에 한계가 있다는 점을 깨닫는 지혜를 보여주었다. 이제는 활용 가능한 최상의 과학을 고려하고, 우리 모두가 의존하고 있는 서식지를 파괴하지 않도록 방지하는 국제적인 합의를 추구할 시점이다.

화석연료에 대한 우리의 의존을 제한하는 진지한 조치들을 취하길 거부한다면 우리의 기후는 향후 더 불안정하게 될 것이고 지구공학적인 옵션을 고려할 필요성이 생길 것이다. 우리는 이미 가뭄, 기근, 깨끗한 물에 대한 접근, 해수면 상승으로 인해 세계적으로 갈등이 고조되고 있음을 깨닫기 시작했다. CIA와 미군 모두 우리가 우리의 전지구적 탄소발자국을 바꾸기 위한 진지한 행동을 개시하지 않는다면 기후 관련 이슈들이 전지구적 갈등의 원천이 될 것임을 공공연히 인정했다.

토의주제

1. 온실가스의 가장 큰 기여 국가들이 배출을 줄일 수 있는 방법에는 무엇이 있는가?
2. 당신의 탄소발자국을 줄이기 위해 당신은 어떤 개인적 조치들을 취할 수 있는가?
3. 기후변화에 관한 국제회의는 온실가스 배출에 있어 중요한 감축을 이끌어 낼 수 있을 것인가?
4. 북반구는 남반구가 환경적으로 좀 더 안전한 방법으로 발전하는 것을 도울 의무를 갖는가? 북반구는 남반구를 돕는 데 관심을 갖고 있는가?
5. 국가들이 지구공학에 대해 얼마나 심각하게 생각해 보아야 하는가?

추천 문헌

Climate Central (2012) *Global Weirdness: Severe Storms, Deadly Heat Waves, Relentless Drought, Rising Seas, and the Weather of the Future*. New York: Vintage.

______ (2015) "10 Warmest Years on Record Globally." www.climatecentral.org.

Darling, Seth B., and Douglas L. Sisterson (2014) *How to Change Minds About Our Changing Climate*. New York: The Experiment.

Hamilton, Clive (2013) *Earth Masters: The Dawn of the Age of Climate Engineering*. New Haven: Yale University Press.

Intergovernmental Panel on Climate Change (2015) "Climate Change 2014: Synthesis Report." www.ipcc.ch.

McKibben, Bill (2010) *Earth: Making a Life on a Tough New Planet*. New York: Times Books.

National Aeronautics and Space Administration (2015) "Global Climate Change: Vital Signs of the Planet." http://climate.nasa.gov.

National Oceanic and Atmospheric Administration (2015) "Global Analysis: March 2015" (April). www.ncdc.noaa.gov.

제 3 부
결론

Chapter 16

미래전망

미래는 어떻게 전개될 것인가? 상황이 더 나아질 것인가, 악화될 것인가? 인류는 글로벌 이슈들을 해결하기 위하여 보다 효율적인 방식으로 자신들을 조직화할 것인가? 세계는 지속가능한 발전을 도모하기 위해 함께 협력할 것인가, 아니면 빈곤, 성차별, 기후변화, 인권침해가 보다 긴밀한 협력을 하는 데 장애요인이 될 것인가? 수십 년 후의 미래 세계에 대한 네 가지 시나리오가 있는데, 그들은 세계정부, 지역주의, 분권화, 현상유지이다.

세계정부

일부 학자들은 강력한 권위를 가진 중앙 행위자로 구성되어 있는 세계정부를 수립하는 것이 미래에 우리들 스스로를 조직화하는 방식이라고 주장한다. 세계무역기구의 경제 이슈에 대한 합의 수준 확대, 그리고 다양한 자유무역협정들의 등장이 일종의 약한 세계정부의 수립이 불가능하지만은 않다는 논거로 거론되곤 한다. 이와 마찬가지로, 세계가 단일 글로벌 문화로 나아가고 있다고 주장하는 사람들의 입장에서는 세계정부는 실현 불가능한 대상이 아니다. 물론 이러한 가능성이 곧 이루어지기는 어려울 것이다.

이론적으로, 권력은 중앙으로 집중되는 성향이 있기 때문에, 분출되는 글로벌 이슈들을 해결하는 데 세계정부가 효과적일 수 있다. 국제사회의 주권국가들이 자발적으로 주권을 포기하지 않을 것이라는 점에서 세계정부 시나리오는 분명한 문제점을 갖고 있으며, 이는 세계정부가 가까운 장래에 실현되기 어려운 이유이기도 하다. 더욱이 세계정부는 누가 법을 집행하는 책임을 질 것인가 등의 몇 가지 실질적인 문제에 직면하게 될 것이다. 세계정부는 강력한 군대를 가질 것인가? 만약 그렇다면 폭정의 결과가 초래될 것이다. 그렇지 않다면, 집행능력이 의문시될 것이다.

진정한 의미의 세계정부와 더불어 다른 형태의 가능성들도 존재한다. 연방정부가 주정부와 권력을 분점하는 미국의 모델과 유사하게 연방의 방식은 비교적 약한 세계정부를 설립할 것이다. 더 약한 사례는 연합일 것이며, 여기서는 연합에 참여한 정부가 지배적인 권한을 행사하고 세계정부에게는 일부 사법권을 할애해 줄 것이다. 연방과 연합체제는 현재 유엔이 보유하고 있는 것보다 많은 권력을 세계정부에 제공할 것이다.

지역주의

지역주의 시나리오에 따르면 국가들은 지역적 근접성에 따라 집단을 조직하는데, 이들은 북미자유무역협정(NAFTA), 유럽연합(EU), 아시아태평양경제협력체(APEC) 포럼과 같은 경제단체의 형태로 구성되고 있다. 세계정부의 경우와 마찬가지로, 국가들은 주권을 완전히 포기하지 않을 것이지만, 주권은 상당히 약화될 것이다. 현재 유럽연합은 경제와 정치협력의 대표적인 사례이다. EU는 경제통합과 사람들의 이동에 방해되는 장애물들을 성공적으로 제거하였는가 하면, 단일화폐를 도입하였으며 공동외교안보정책도 꾸준히 추진하고 있다. 비록 NAFTA와 APEC은 EU와 비교해서 역사는 길지 않지만, 이들의 형성은 지역협력의 인기를 반영하고 있다.

물론, 지역주의 시나리오는 국가들의 주권포기에 대한 저항, 너무 많은 권한을 중앙정부에 집중시키는 데 대한 우려, 그리고 다른 국가들이 무책임하게 행동한다고 생각하는 일부 국가들의 인식 등과 함께 다루어져야 한다. 그리스가 경제위기에 적절하게 대처하지 못한 데 대한 EU 회원국들의 불만이 그 사례이다. 그러나 이러한 이슈들은 세계정부 차원보다는 국가들의 소규모 집단에서 해결하기 쉬울 수도 있다.

긍정적인 측면에서 지역주의는 환경, 인권, 무역과 같은 글로벌 이슈에 대한 역내 정책결정의 협력을 촉진할 것이다. 그러나 각 지역 내에서 정책을 조정하는 국가들의 능력 강화는 반드시 지역 간의 협력으로 귀결되지는 않을 것이다. 지역주의는 당면한 글로벌 문제들을 풀지 못한 채 국가들이 경쟁하는 세계를 지역들이 경쟁하는 세계로 전환시킬 뿐이다.

분권화와 자립

자유무역협정과 환경협정들이 발효되어 중앙 권위체가 만들어진 동시에 분권화의 명확한 움직임도 나타났다. 캐나다에서의 강력한 분리주의 운동(프랑스어를 사용하는 퀘벡 주), 구 소련과 구 유고슬라비아 분열에 의하여 야기된 역사적 운동들은 주요 사례들이다. 보다 최근에 동티모르, 몬테네그로, 남수단은 각기 인도네시아, 세르비아와 몬테네그로, 수단으로부터 독립을 획득했다. 비록 분리주의 운동들은 다양한 동기들을 가지고 있지만, 그들 중 많은 수는 공통적으로 민족자결을 갈망하고 있다. 즉, 지배문화를 탈피하여 스스로 통치하기를 원하고 있는 것이다. 1940년대에 세계에는 50여 개의 국가들이 있었지만, 지금은 200개의 국가가 존재하고 있다는 사실을 주목할 필요가 있다. 분산된 테러집단들의 확산도 보다 많은 지역 통제가 필요한 움직임으로 나타나고 있다.

이 추세는 '하나의 세계' 또는 몇 개의 지역으로 구성될 미래에 대한 의구심을 제기하고 있다. 새로운 국가들은 현재의 국가들보다 작은 규모이고 문화적 동질성을 가질 것이며, 이들은 제4장에서 논의된 민족 간의 긴장을 완화시키는 데 기여할 것이다. 그러나 이들은 환경, 인권, 핵 확산과 같은 이슈들에 대한 국제적 합의를 도출하는 데 장애요인이 될 것이다.

지역적인 성향을 가지는 운동의 또 다른 형태는 **시민사회**인데, 이는 최근에 들어 와서 관심을 끌기 시작했다. 실제로, 미래의 실질적인 개선을 도모하도록 하는 새로운 희망적인 전망들에는 시민사회 운동들이 포함된다. 시민사회는 사회봉사자들, 사회사업재단들, 이웃감독(neighborhood watch)단체들과 종교에 뿌리를 둔 조직들 같은 비정부적, 비영리적 단체들로 구성되어 있다. 최근 그린에너지를 위해 20억 달러 기부를 약속한 빌과 멜린다 게이츠 재단(Bill and Melinda Gates foundation)과 더불어 라비아 캄페시나(La Via Campesina, 제13장)와 인베네오(Inveneo, 제5장) 등이 시민사회의 대표적인 사례들이다. 최근 수십 년 동안 보다 많은 사람들이 자신들의 문제를 해결하는 데 정부보다는 시민사회를 활용하였다. 이 책을 읽는 동안 독자들은 많은 수의 글로벌 비정부기구(NGOs)가 언급되는 것을 봤을 것이다. NGO의 숫자는 1900년대 초반 200개에서 현재 5,000개로 급격히 증가하였다. 주요 기구들은 국제사면위원회, 그린피스, CARE (세계적인 빈곤, 특히 여성의 빈곤을 퇴치하기 위한 인도적인 국제기구이다 – 역자 주), 메노니트(Mennonite) 중앙위원회 (빈곤, 분쟁, 학대와 자연재해로부터 인류를 구원하기 위하여 설립된 기독교 메노[Menno]파의 종교단체이다 – 역자 주), 그리고 세계자연보호기금 등이다. 한 나라 이상의 시민들이 참여하여 환경, 빈곤, 인권, 평화와 같은 글로벌 이슈에 초점을 맞춘다.

정부가 지구의 문제들을 제대로 해결하지 못하는 데 대하여 실망하는 사람들은 중앙집중화된 정부들이 이 문제들을 가장 효과적으로 다루는 방안은 아니라고 주장한다. 그들은 정부들이 지역공동체로부터 너무 멀리 떨어져 있기 때문에 특정 문제에 대하여 완전히 이해하는 데 실패하고 효과적인 해결방안을 제시하지 못한다고 한다. 시민사회 옹호론자들은 NGO의 급격한 증가에 큰 의미를 둔다. 그러나 비판가들은 지역의 풀뿌리 운동은 핵 확산, 테러리즘, 기후변화와 같은 글로벌 문제들을 해결하기에 불충분하다고 주장한다. 정부만이 충분한 자원을 활용하여 이러한 대규모 이슈들에 효과적으로 대처할 수 있다는 논리이다.

일부 시민사회운동들은 개인들에게 외부 행위자들에 대한 의존을 줄이는 방법을 가르쳐 준다. 영국과 미국 같은 지역에서 그러한 인식을 갖게 하는 운동은 많은 공동체들이 '토산품 구입' 또는 지역음식을 먹자는 움직임, 즉 음식과 관련하여 지역에 의존하는 것이다. 이 운동은 사람들이 자기 주위에 대해서 보다 많은 의존을 하고, 따라서 지역경제를 위해서 돈을 쓰도록 하는 것을 가르쳐 주고 있다. 소비자들이 자신들의 공동체 밖의 상품을 구입하거나, 공동체 밖의 영화관이나 식당에 갈 경우 그들의 돈은 즉시 외부로 흘러 나가게 된다. 그러나 지역 내 상점에서 물건을 구입할 경우 많은 돈이 지역 공동체로 유입된다. 지역 음식을 먹을 경우도 마찬가지이다. 지역음식의 인기가 높아지면 농민시장과 공동체가 지원하는 농사의 발전이 이루어진다 (제8장에서 설명했음). 후자의 경우, 공동체 내의 소비자들은 수확기간에 신선한 과일과 야채를 구입하기 위하여 사전에 대금을 지불한다. 이러한 특별한 조치는 소비자들이 농민들의 위험을 공유하는 것이다. 흉작이 되더라도 농민들은 재정적으로 안전하게 되지만, 소비자들은 사전 지불금을 잃게 된다. 농민시장과 공동체 지원 농사는 소비자에게 다양한 이득을 안겨준다. 지역 공동체에 더 많은 자금이 유지되게 할뿐더러, 소비자들이 그 음식을 만든 사람들을 알기 때문에 공동체를 더욱 강화하는 방안으로 손님을 끌 수 있다. 이를 지지하는 사람들은 운반시간이 적게 들기 때문에 지방음식이 더 맛있고, 부패된 음식이 생산될 수도 있는 큰 공장에서 만들어진 것이 아니기 때문에 더 안전하다고 주장한다.

비록 이와 같이 지방에 초점을 맞춘 움직임은 세계화를 거부하지는 않지만, 사람들이 세계경제의 영향을 받는 데 대해서는 우려가 존재한다. 지방이 음식공급과 경제를 더욱 많이 통제하게 된다면, 이는 세계경제에 의한 충격을 완충해 주는 역할을 할 것이다.

현상유지

아마도 가장 가능성이 높은 시나리오는 향후 수십 년간 급격한 변화가 일어나지 않을 것이라는 전망이다. 이는 아무런 변화가 일어나지 않는다는 것이 아니라, 세계화를 향한 현재의 추세가 점진적으로 계속된다는 것이다. 그 분야는 경제통합, 국가간 정보의 흐름, 비정부 행위자의 중요성(다국적 기업 포함), 환경 등의 이슈에 대한 국가들의 협력 등이다. 시민들은 경제블록이 아닌 국가에 대해 지속적으로 충성을 맹세할 것이다. 시민단체들이 아니라 국가들이 지배적인 정치 행위자로 남을 것이다. 그리고 단기적인 국내이익은 국가들로 하여금 주권을 포기하지 않게 할 것이다.

불행하게도 현상유지는 다양한 글로벌 이슈를 극복하는데 상당한 진전을 이룩하고 있으나, 기후변화, 평화창출, 빈곤 등의 문제에 대해서는 별 진전을 하지 못하고 있다.

미래: 그 복합성

글로벌 이슈들에 대한 많은 장들을 읽고 독자들은 우리가 복잡한 글로벌 이슈들로 가득찬 세계에 살고 있다는 점을 틀림없이 인식할 것이다. 이러한 광범위한 이슈들에 직면하게 되면서 많은 분야에서 긍정적인 발전도 이루었다는 점을 기억하는 것도 중요하다. 천연두가 사라졌다. 지속적인 발전을 위한 글로벌 차원의 노력이 진행되고 있다. 여성들은 효과적인 풀뿌리 운동을 조직하여 자신들의 목소리를 반영하는 데 성공적인 진전을 보이고 있다. 전쟁이 줄어들어서 전쟁으로 사망하는 사람들의 수도 감소하고 있다. 영아 사망률도 감소하고 있다. 영양 결핍 인구가 줄어드는 것과 마찬가지로, 하루에 1달러 이내로 살아가는 사람들도 줄어들었다.

이 이슈들은 상호연결되어 있다는 점을 기억할 가치가 있다. 예를 들어, 빈곤이 확산되는 어려운 이슈들을 생각해 보자. 제7장과 11장은 건강이 빈곤과 직접적으로 연관되어 있다고 지적하였다. 당신이 가난해질수록 질병이나 영양실조로 고통받을 확률이 높아진다. 제11장은 빈곤이 완화되면서 여성이 낳는 아이의 수가 줄어든다는 점에 대해서 토의하고, 제13장은 교육이 여성들로 하여금 빈곤을 극복하기 위한 시도를 하는 자기의 삶을 보다 효율적으로 관리할 수 있는 기회를 제공한다는 점을 제시했다. 제 14장과 15장은 절망적으로 가난한 사람들에게 당장의 생존 문제가 환경에 대한 관심보다 우선하는 것은 당연하다는 점을 보여 주었다. 제3장은 건강과 교육 같은 사회 프로그램을 희생해가며 군비지출에 사용되는 많은 예산에 대하여 다루었으며, 이러한 예산의 삭감은 어린이의 보건과 교육을 제공해야 할 책임이 큰 여성들에게 부담을 더 안겨 준다는 점을 보여주고 있다.

빈곤문제의 핵심은 점점 더 악화되는 부의 불평등한 분배이다. 제11장은 이 문제를 다루었다. 동시에 '북부'에 사는 사람들이 알고 있는 바와 같이, 빈곤은 단순히 '북부-남부'관계의 문제가 아니다. 부유한 국가 내에도 수많은 빈곤한 지역이 있으며, 국가 내에서 빈부격차가 점차 심해지고 있다는 점이 입증되고 있다.

그러면 범세계적인 빈곤을 어떻게 극복할 것인가? 단순하게 말해서 이는 복합적이다. 여기서 논의한 바와 같이 이 문제는 많은 다른 문제들과 연결이 되어 있고, 그 해결책은 복합적이다. 역사적으로 국내적 차원에서 국가는 소득을 재분배하기에 앞서 경제성장을 이루어야 하지만, 경제성장은 더 나은 소득분배를 보장하지 않는다. 제11장은 세금, 교육, 건강보호 등과 같은 이슈들에 초점을 맞추게 되면 보다 적절한 부의 분배를 이룰 수 있다는 점을 설명하였다. 그러나 그러한 접근은 보통 자신의 부가 양도되는 사람들로부터는 지지를 거의 받지 못한다. 글로벌한 차원에서 부의 분배를 논하게 되면 이 이슈는 더욱 복잡해진다. 가난한 국가의 사회 프로그램을 위하여 부유국으로부터 세금을 징수한다면 부유한 북부 지역의 부유층뿐만 아니라 중산층과 저소득층의 반발이 거세어질 것이다. 역사적으로 북부의 남부에 대한 자발적인 원조는 일부 기여를 했지만, 빈부 격차를 해소하는 데에는 여전히 불충분한 상황이다. 제10장에서 제시하는 바와 같이 자유무역이 빈부격차를 악화시키는 경우가 가끔 있다.

보다 더 문제를 복잡하게 만드는 것은 기술의 발전이 향후 전망을 바꾸고 있다는 점이다. 제2장은 사이버 전쟁과 자동화 무기에 대한 사례연구에 있어서 기술발전의 역할을 강조했다. 그러나 기술은 옳게 사용되면 긍정적인 해답들을 제공할 수 있다. 과거 10년 동안 세계가 필요로 하는 긍정적인 변화를 가져 오는 데 기여할 수 있도록 희망적인 혁신이 이루어져 왔다. 예를 들어, 케냐에서는 휴대폰 사용으로부터 수집된 익명의 위치정보가 말라리아 확산을 추적하는 데 사용되고 있다. 인간이 가장 많이 여행하는 지역에 대한 높은 수준의 추적은 의료전문가들로 하여금 질병의 전이를 파악할 수 있도록 해 준다. 다른 분야에서 태양에너지와 풍력기술은 화석연료를 대체할 수 있는 청정에너지를 제공하고 있으며, 기후변화를 대처하는 데 있어서 희망을 주고 있다.

복합성의 다른 측면은 일부 기술발전에 의한 잠재적 이득에 대한 젠더의 효과를 고려할 때 발현된다. 최근의 통계에 따르면, 개도국에서 여성의 휴대폰 보유 비율은 남성의 보유 비율보다 낮은 것으로 나타나고 있다. 여성들이 부가적인 경제수입이 생겼을 경우 그들은 휴대폰 구입 같은 데 쓰지 않는 경향이 있다. 그들의 수입은 대체로 가족들의 건강과 교육에 사용되는 경우가 많다. 기본적인 필요가 가장 우선적인 것이지만, 휴대폰은 건강케어, 농업, 금융신용, 교육 등에 대한 정보에 접근하는 데 활용될 수 있다 (Dobush 2015). 개도국에서 휴대폰은 책을 구입하기 어려운 여성들의 문맹률을 줄여주기도 한다는 연구결과가 있다 (Rayman 2014). 그리고 휴대폰과 말라리아 사이의 연관성을 논할 때 여성들로의 말라리아 확산 여부를 추적하기가 어려워진다. 이러한 점 때문에 이 이슈들과 장래의 전망은 복합적으로 된다.

이 절은 독자들을 실망시키기 위한 것이 아니라, 오히려 보다 바람직한 접근을 하기 위한 필요성을 강조하기 위한 것이다. 예를 들어, 빈곤을 줄이기 위해서 여성들에게 권한을 주어야 하고, 건강케어가 확대되어야 하며, 조악한 농사 기술이 개선되는 등의 일들이 필요하다. 이를 위해서 학제간 연구가 수행되어야 하고, 정부는 이러한 이슈들을 다루기 위한 정치적 의지를 보유해야 한다. 정부 이외에도 비정부 행위자들에 의한 보다 많은 활동이 필요하다.

나는 무엇을 할 수 있는가?

여기서 강조하는 좋은 뉴스는 정부, NGO, 그리고 개인들이 함께 문제를 해결하고 고통을 줄이려는 노력의 결실이 있다는 점이다. 미래는 아직 쓰여지지 않았고, 오늘날 취해진 다양한 행위들이 이 책에서 다루어진 이슈들에 대하여 중대한 영향을 미칠지도 모른다는 점을 인정해야 한다. 이 이슈들은 진지한 주목을 받을 필요가 있다는 데 대하여 독자들이 동의한다는 가정 하에, 자기이익의 차원에서건, 애국심의 감정에서건, 종교적 관점에서건, 인도주의적 감정에서건 (이 관점들의 설명에 대하여는 제1장 참조), 현실적인 의문점을 남긴다. 긍정적인 영향을 미치기 위하여 나는 무엇을 할 수 있는가?

일반적인 제안에는 정부대표에게 서신을 보내는 것, 투표를 하는 것, 재활용품을 구입하는 것 등이 있다. 다른 선택으로는 이 책 전반에서 언급된 NGO를 조직하고, 참여하고, 지지하는 것이다. 예를 들어, 이퀄 익스체인지(Equal Exchange), 정의를 위한 교육(Educating for Justice), 국제사회책임(Social Accountability International), 국가입법친우위원회(Friends Committee on National Legislation) 등이 있는데, 이 네 단체는 모두 소수의 사람들에 의하여 설립되어 많은 이들의 고통을 덜어주기 위한 노력을 하고 있다. 이들 모두는 빈곤, 인권, 불평등 등과 같은 평화와 사회정의 이슈들에 관심을 보이고 있다. 특히 이들은 평화와 정의 이슈들에 초점을 맞추고 있다. 이제부터 이 네 가지 비정부기구에 대해서 간략하게 살펴 보겠다.

NGO 사례 연구: 이퀄 익스체인지(Equal Exchange)

전세계 수백만 명이 커피의 재배, 수확, 생산에 관련된 일에 종사하고 있다. 대체로 커피를 재배하는 사람들은 소규모 재배지를 소유한 사람들이고, 그들은 커피를 북부 선진국가로 수출하는 중간상들에게 판매한다. 2000년 3월 커피 가격의 폭락으로 인하여, 커피 농장에 지불된 가격은 2001년 10월 파운드당 4센트로 하락하였는데, 이는 한 세기 동안 가장 낮은 가격이었다. 그 결과 많은 커피 재배자들은 그 사업을 포기해야만 했다. 비록 가격은 파운드당 1달러 수준으로 회복하였지만 커피 재배자들에게 돌아가는 이윤은 여전히 불충분하다.

'이퀄 익스체인지'는 전세계 커피 농작인들의 생활조건을 향상시키기 위하여 활동하는 여러 단체들 중의 하나이다. 1991년 이래 그들은 '공정거래(Fair Trade)' 커피로 명명된 시장을 설립하여 소규모 커피 농장을 돕고 있다. 미국에서 공정거래 식품과 음료는 '투명거래 USA(TransFair USA)'기구에 의하여 입증되고 그 기구의 로고를 사용할 수 있다. '투명거래'의 임무는 무엇보다도 농부들이 자신들의 커피에 대하여 공정한 가격을 받을 수 있도록 하는 것이다. 최근 들어 공정거래 커피로 농민들에게 지급되는 최저 가격은 파운드 당 1.40달러이다. 이는 농부들이 그 어떤 다른 방법으로 받는 것보다 훨씬 유리한 가격이다.

참여하는 농민들은 일반적으로 협동조합의 형태(농민 자신들의 단체)로 조직되어야 하고 민주적인 의사결정을 해야 한다. 더불어, 협동조합들은 지속가능한 개발을 추구해야 하고, 이익의 상당 부분을 그들 공동체의 생활조건을 개선하는 데 재투자하여야 한다 (예를 들어, 보건, 주거, 교육). 커피농장들은 이러한 원칙들이 지켜지는지의 여부를 확인하기 위하여 외부 단체들에 의한 감시를 받는다. 공정거래에 참여한 기업들은 작은 금액의 이익을 수용하는 사업모델을 택함으로써, 농민들에게 보다 높은 커피가격을 지불할 수 있는 재원을 마련할 수 있다.

소비자의 이익을 위하여 스타벅스나 던킨 도넛에서 구입하는 커피의 일부는 공정하게 거래된다. 과거 수년 동안 공정거래 커피가 급속도로 늘어나고, 스타벅스와 같은 대기업의 참여가 늘어나고 있지만, 공정거래 커피는 미국 내 커피 판매량의 5퍼센트에 불과하다 (Rohrlich 2015). 이러한 시장개혁이 계속 유지되게 하기 위하여 소비자들은 공정거래되는 커피를 구매하는 의식적인 결정을 해야 하고, 이는 초콜릿, 차, 바나나의 영역까지 확대되어야 할 것이다. 이에 대한 보다 더 많은 정보는 '이퀄 익스체인지'의 웹 사이트 www.equalexchange.com을 참조하기 바란다.

NGO 사례연구: 정의를 위한 교육(Educating for Justice)

이 사례도 공정한 임금, 그리고 저개발 지역의 노동자들과 연대하려는 선진 지역의 사람들에 대하여 다룬다. '정의를 위한 교육'의 '팀 스웻(Team Sweat)' 캠페인은 세인트 존즈 대학교(Saint John's University)에서 신학 석사과정을 하면서 축구팀 부코치를 맡고 있던 키디(Jim Keady)로부터 시작된다. 1998년 나이키(Nike)사의 노동현실에 대한 논문을 준비하면서 키디는 나이키가 몇 가지 카톨릭 교회의 사회적 가르침을 어겼다는 사실을 발견하였다. 세인트 존즈 대학이 가톨릭 대학이라는 점에서, 키디는 나이키와 수백만 달러의 보증계약을 체결하기 위한 대학의 협상과정에 심각한 모순점이 존재한다는 문제를 알게 되었다. 수개월 동안 학교 행정체계를 통하여 변경시키려 노력하였다. 양심상 그는 나이키를 입으라는 상사의 명령을 따를 수 없었기 때문에 그는 현직에서 사임하도록 압력을 받았다. 그는 나이키의 '걸어 다니는 광고판'이 되도록 강요받았기 때문에 (나이키 로고가 없는 유니폼을 입을 수 있는 선택의 기회가 주어지지 않았기 때문에), 자신의 언론 자유가 침해 받았다고 소송을 제기하였다.

그의 소송은 성공하지 못하였고, 키디는 동남아시아의 나이키 노동자들에게 지불되는 착취적인 임금에 대하여 관심을 확대시켰다. 나이키 측은 어느 누구도 동남아 노동자들에게 공장에서 일을 하라고 강요한 적이 없고, 인도네시아의 다른 직업과 비교하여 나이키가 실질적으로 더 나은 합리적인 임금을 지불하고 있다고 대응하였다. 나이키의 주장에 대하여 키디는 나이키의 임금이 공정한지를 판단하기 위하여 나이키 운동화를 만드는 공장에서 직접 일을 하여 보겠다고 제의하였다. 이를 거절당하자, 2000년에 키디와 크렛추(Leslie Kretzu, '정의를 위한 교육'의 공동 설립자)는 인도네시아에 가서 인도네시아 운동화 공장 노동자들의 하루 평균 임금인 1.25달러로 생활하는 체험을 하였다. 4주일 동안 인도네시아 노동자들과 생활을 하고 난 후, 두 번에 걸쳐 연구차 방문하였다. 이후 크렛추는 그 일을 그만 두었으나, 키디는 이 문제를 계속 파헤치고 있다. 그는 지금도 정기적으로 인도네시아를 방문하여 노동자들에게 교육을 시키고 자신의 연구를 진행하면서, 미국 여러지역을 다니면서 나이키의 인도네시아 노동자 착취에 대하여 강연을 계속하고 있다.

키디가 나이키를 목표로 삼은 이유는 나이키의 지명도가 높았고 선도적인 기업이었기 때문이었다. 그들은 나이키의 나이트(Phil Knight) 회장이 131억 달러 이상의 순이익을 내고 있으며 세계 60번째 갑부이지만, 제3세계 노동자들에게 생활 가능한 임금지급을 거부하고 있다고 비난한다. 다른 활동가들은 나이키가 노동조합이 있던 미국 내 공장을 폐쇄하고 일자리를 다른 나라로 옮겨 보냈다고 비판한다.

정의를 위한 교육의 공공 교육과 권리옹호 프로그램은 '팀 스웻(Team Sweat)'이라는 이름으로 캠페인이 진행되고 있다. 팀 스웻은 나이키를 공정거래 회사로 만들기 위하여 투쟁하는 국제적인 연합이고, 이를 통해 나이키의 노동자들이 최저생활임금을 받고 3자(노동자, 공장, 나이키)가 협동 계약을 맺는 것을 목적으로 하고 있다. 팀 스웻은 원하는 결과를 달성하기 위하여 다양한 접근 방식을 사용하고 있다. 그 행동들은 직접 행동, 온라인 탄원, 주주활동, 풀뿌리 교육, 그리고 나이키 경영진과 이사진과의 접촉 등을 포함한다.

정의를 위한 교육/팀 스웻은 아시아 노동자들이 보다 나은 환경에서 일할 수 있도록 하는 운동에서 일부 진전을 이루고 있다. 2012년과 2013년에 키디와 그의 노동조합 동지들은 인도네시아의 나이키 노동자들을 위해서 수백만 달러의 임금협약을 체결하는 성과를 거두었다. 또한 최근에 나이키는 일부 실수를 인정하고 일부 정책을 수정하였으나, 최저생활임금과 3자 협동 계약은 아직 논의가 진행중이다. 이에 대하여 보다 많은 지식을 구하려면 정의를 위한 교육의 팀 스웻 웹사이트 www.facebook.com/teamsweat and www.teamsweat.org을 참조하라.

NGO 사례연구: 국제사회책임

여러 이해당사자들의 행동기구인 국제사회책임(Social Accountability International)은 1997년에 설립되었다. 이 조직은 아동노동, 강제노동, 보건과 안전, 결사의 자유, 차별대우, 훈련, 근무시간 등과 관련하여 국제적으로 수용된 인권문제가 세계적으로 모든 작업장에 확장되어야 한다는 목표를 추구하고 있다.

국제사회 책임의 작업장 기준은 SA8000(기업의 사회적 의무에 관한 규약 – 역자 주)을 따라야 한다. 그러한 인증을 받은 작업장은 소비자들과 다른 기업에게 인간의 기본권을 보호하는 작업장으로 인정을 받는다. SA-8000 인증을 받은 기업들로는 갭(Gap), 에이본 프로덕트(Avon Products), 치보(Tchibo), 오토(Otto), 코업 이탈리아(Co-op Italia), 에일린 피셔(Eileen Fisher), 그리고 치키타 브랜즈 인터내셔널(Chiquita Brands International)이 포함된다. 많은 수출국 정부의 프로그램들은 SA8000의 인증이 되는 제품의 생산을 선호하거나 지원하고 있다.

국제사회책임은 미국, 프랑스, 인도, 독일, 중국, 온두라스, 브라질, 이탈리아와 파키스탄을 포함한 세계 여러 나라에서 SA8000인증을 촉진하기 위하여 훈련과 작업을 진행하고 있다. 남북미, 유럽, 아프리카, 아시아 지역의 60개 이상 국가의 수십만 명의 사람들이 SA8000인증의 기준에 맞는 작업장에서 일을 하고 있다.

이러한 자발적인 프로그램의 성공을 위해서 소비자들이 중요한 역할을 하고 있다. 개인이 인증 받은 회사의 물품을 구입할 경우 그는 노동자의 권리를 보호하는 데 도움을 주는 것이다. 다른 기업들과 경쟁을 하기 위해서는 그들 역시 노동자의 권리를 존중해야 한다는 메시지를 준다.

국제사회책임은 기업에 대한 활동뿐만 아니라 인권보호를 위한 국제사면위원회(Amnesty International)와 같은 다른 NGO의 네트워크, 그리고 노동기구 및 정부기관들과 협력하여 활동한다. 추가 정보를 위해서는 국제사회책임의 웹사이트 www.sa-intl.org.을 참조하기 바란다.

NGO 사례연구: 국가입법친우위원회

국가입법친우위원회(FCNL: Friends Committee on National Legislation)는 퀘이커(Quaker)의 비영리적이고 공공이익을 위한 로비단체이다. 때때로 많은 로비단체들은 편협적이고 이기적인 의제를 제시하기 때문에 부정적인 면만 보이고 불신을 받게 된다. 이에 비해서 FCNL은 이사회 또는 주식 소유주들이 아니라 국가 전체에서 약 200명의 퀘이커들을 포함하는 일반 위원회에 의해서 운영이 된다.

FCNL은 퀘이커들이나 다른 특정 단체들의 이익만이 아니라 모든 시민들의 안녕을 증진시키는 공공정책들에 영향을 미치기 위한 평화, 평등, 그리고 사회정의의 퀘이커 가치를 추구한다. 단순하게 말해서 이 조직의 구성원들은 공동선을 위한 최선이라고 느끼는 것들을 추구한다. FCNL의 임무에 대한 선언 내용을 보면, 로비단체는 "전쟁이 없고 전쟁의 위협이 없는 세계, … 평등과 정의가 유지되는 사회, … 모든 개인의 잠재력이 충만한 공동체, … 그리고 부활된 지구를 추구한다" (FCNL 2013).

이것을 어떻게 할 수 있을까? FCNL은 미 의회에 등록된 가장 큰 평화 관련 로비단체이다. 이 로비단체는 기후변화, 미국 경찰의 비무장화,

대량투옥 금지 등의 이슈들에 관심의 초점을 맞추고 있다. FCNL이 특히 관심을 가지는 것은 미국 예산의 우선권 문제이다. 사회안전, 의료지원(Medicaid), 의료보호(Medicare)를 포함하지 않는 미국의 재량권 예산의 50퍼센트 이상이 국방예산에 사용된다 (NPP 2015). FCNL 공동체는 펜타곤으로 가는 국방예산을 줄이고 기후변화에 대응하고, 보편적 인권을 옹호하며, 물론 전쟁을 반대하는 캠페인에 더 많은 예산이 배분되는 것을 지지하고 있다. FCNL은 지속되는 분쟁과 불평등을 해결하고, 미래의 폭력적인 분쟁을 예방하고 평화를 확산시켜 시민들을 보호해야 하는 정책을 새롭게 추진해야 한다고 강조하고 있다.

미국의 국방비를 줄이기 위한 시도는 전쟁과는 차원이 다른 미래의 처절한 분쟁들을 방지하는 데 초점을 맞추고 있다. 글로벌 평화지수(Global Peace Index)는 세계의 평화에 대한 투자가 9조 달러에 달하게 될 것이라고 예상했다. FCNL의 프로그램은 "지역 지도자들의 분쟁해결 능력을 강화하고, 지속적인 갈등해결을 촉진하며, 사회적이고 경제적인 프로그램들에 기반하여 인내와 비폭력을 내세워서 신뢰를 증진시키는 것을" 목적으로 한다 (FCNL 2015).

이 작업의 일환으로 FCLN은 이 메시지를 명심하고 평화를 일으켜 세우며 자신들의 공동체를 적극적으로 옹호하는 세계의 개인들을 주시하기도 한다. 중앙아프리카공화국에서 응타카루티마나(Florence Ntakarutimana)는 가톨릭구호서비스(Catholic Relief Services)의 트라우마 힐링 프로그램을 위한 일을 하고 있다. 그녀는 케냐, 르완다, 짐바브웨, 미국, 캐나다 등에서 트라우마와 관련된 일을 거의 10년 동안 하고 있다. 이와 유사하게 칼리드(Hussein Khalid)는 인권문제 및 젊은이들에 대한 권력부여와 관련하여 하키아프리카(Haki Africa)에서 일을 하고 있다. 그는 오바마 대통령이 주도하는 '폭력적 극단주의를 배격하는 정상회의(Summit on Countering Violent Extremism)'에의 참여자였고, 폭력적 극단주의에 대한 군사적 대응을 비판하는 사람으로 잘 알려져 있다. 이 세상에는 자신의 공동체에 비폭력과 평화가 이룩되도록 노력하는 사람들이 있다는 점을 인식하는 것이 중요하다.

FCNL공동체는 미국정부가 이러한 이슈들에 대해서 의회 로비스트들과 같은 활동을 하는 시민들을 전국에서 동원하도록 고무하고 있다. 더 많은 정보는 www.fcnl.org를 참조하기 바란다.

* * *

국가와 지방(또는 지역)정부들은 중요한 역할을 지속적으로 수행하겠지만, 우리는 이 책에서 논의된 모든 이슈들을 해결하기 위하여 단순히 그들에게만 의존할 수는 없다. 그가 또는 그녀가 선호하는 세계를 창조하는 일은 개인들에게 달려 있다. 따라서 이러한 NGO들의 활동을 지지하거나, 사회정의의 정신을 가지고 생산된 물품을 구입하는 것은 이에 관심을 가진 개인들이 취할 수 있는 중요한 행동이다. 세계를 보다 나은 장소로 만들려는 활동을 하는 수천 개의 단체들, 대체로 NGO들이 존재하고 있다. 실제로 이 책에서 언급한 이슈들을 다루기 위해 수백 개는 아니더라도 수십 개의 NGO들이 조직되었다. 예를 들어, 공정거래(Fair Trade) 커피는 푸라비다커피(Pura Vida Coffee), 저스트커피(Just Coffee), 그린마운틴커피(Green Mountain Coffee)를 포함한 여러 단체에서 판매되고 있다. 공정거래는 커피의 범주를 벗어나 음식과 의복으로도 확대되고 있다. 이와 유사하게, 세상의 모든 노동자들이 보다 나은 조건에서 일을 할 수 있도록 노력을 하는 정의를 위한 교육, 국제사회책임과 같은 수많은 NGO들이 있다.

그가 또는 그녀가 선호하는 세계를 창조하는 일은 개인들에게 달려 있다. 우리는 항상 여러 기업들 중의 어느 한 기업의 물품을 구입하고 그 기업의 가치를 위해 투표를 한다. 우리는 걷는 것을 선택하거나(자동차를 운전하는 대신) 같은 행동을 반복하는 선택을 할 때마다 유사한 영향을 받게 된다. 따라서 우리는 매일 우리가 살고 있는 세계에 대해서 많은 작은 결정을 하고, 우리는 이러한 선택들을 계획적으로 해야 한다. 이러한 행동을 다른 사람들과 조화롭게 한다면 글로벌 수준에서 극적인 결과가 실현될 것이다.

만약 "시민들이 이 일을 '전문가들에게 맡긴다면', 그들은 단순히 전문가들의 가치와 이익이 정책이 된다는 점만 확인할 수 있을 것이다" (Thompson 2003:2).

대처하기 어려워 보이는 장벽을 극복했다는 점을 기억하는 것은 중요하다. 천연두의 재앙, 남아프리카공화국의 인종차별(apartheid), 지뢰 적법성 여부와 사용의 확산은 사라지지 않을 것이라고 많은 사람들이 생각했다. 그러나 개인 집단들이 보다 나은 세계를 목표로 하여 사회운동을 조직하여 이 문제들을 극복하였다. 우리는 독자들이 이 책에서 글로벌 이슈들에 대하여 보다 많은 것들을 배우고, 다른 사람들을 가르치고, 자신들의 공동체와 세계를 긍정적으로 변화시키는 적극적인 활동가가 되기를 희망한다.

토의주제

1. 이 장에서 논의된 4가지 세계의 미래 시나리오 중 어느 것이 등장할 가능성이 가장 높다고 생각하는가? 어떤 것이 가장 바람직하다고 생각하는가?
2. 다른 가능한 세계 시나리오를 생각할 수 있는가?
3. UN을 강화하는 것이 바람직한가? 왜 그렇고, 그렇지 않은가?
4. 인류의 문제에 가장 심각하게 도전하는 것은 무엇이라고 생각하는가?
5. 세계를 보다 나은 곳으로 만들기 위하여 당신은 개인적으로 무엇을 할 수 있는가?
6. 당신의 이웃이나 도시에 농민시장이나 공동체 지원 농업이 존재하는가? 당신은 거기서 무엇이든 구입한 적이 있는가?
7. '이퀄 익스체인지', '정의를 위한 교육', '국제사회 책임'의 노력에 대하여 당신은 어떻게 생각하는가?

추천 문헌

Clawson, Julie (2009) *Everyday Justice: The Global Impact of Our Daily Choices*. Downers Grove, IL: InterVarsity Press.

Frederking, Brian, and Paul F. Diehl (eds.) (2015) *The Politics of Global Governance: International Organizations in an Interdependent World*. Boulder: Lynne Rienner.

Karns, Margaret P., Karen A. Mingst, and Kendall W. Stiles (2015) *International Organizations: The Politics and Processes of Global Governance*. Boulder: Lynne Rienner.

Norberg-Hodge, Helena, Todd Merrifield, and Steven Gorelick (2002) *Bringing the Food Economy Home*. Sterling: Kumarian.

United Nations Development Programme (annual) *Human Development Report*. New York: Oxford University Press.

Worldwatch Institute (annual) *State of the World*. New York: Norton.

_______ (annual) *Vital Signs*. New York: Norton.

약어

ABM Treaty (Anti-Ballistic Missile Treaty) 탄도요격미사일제한조약

AFL-CIO (American Federation of Labor and Congress of Industrial Organizations) 미국 노동 총연맹 산업별 조합회의

AFO (animal feeding operation) 동물사육사업

AI (artificial intelligence) 인공지능

AIDS (acquired immunodeficiency syndrome) 후천성면역결핍증

AIIB (Asian Infrastructure Investment Bank) 아시아인프라투자은행

AOSIS (Alliance of Small Island States) 군소도서국가연합

APEC(Asia Pacific Economic Cooperation) 아시아태평양경제협력체

BDS (Boycotts, Divestment, and Sanctions movement) 보이콧, 투자철회, 제재 운동

BRIC (Brazil, Russia, India, and China) 브라질, 러시아, 인도, 중국

BRICS (Brazil, Russia, India, China, and South Africa) 브라질, 러시아, 인도, 중국, 남아공

CC Dare (Climate Change Adaptation and Development) 기후변화적응과 발전

CFC (chlorofluorocarbon) 염화불화탄소화합물

COP (Conference of the Parties) 당사국회의

CTBT (Comprehensive Nuclear Test Ban Treaty) 포괄적 핵실험금지조약

CWC (Chemical Weapons Convention) 화학무기금지협약

DAC (Development Assistance Committee) 개발원조위원회

DDoS (distributed denial of service) 디도스, 분산서비스거부

DRC (Democratic Republic of Congo) 콩고민주공화국

ECOSOC (Economic and Social Council [United Nations]) 경제사회이사회(유엔)

ECOWAS (Economic Community of West African States) 서아프리카경제공동체

ECSC (European Coal and Steel Community) 유럽석탄철강공동체

EPA (Environmental Protection Agency) 환경보호청

EU (European Union) 유럽연합

FAO (Food and Agriculture Organization) 식량농업기구

FCNL (Friends Committee on National Legislation) 국가입법친우위원회

FDA (Food and Drug Administration) 식품의약청

FDI (foreign direct investment) 해외직접투자 / 외국인직접투자

FPI (foreign portfolio investment) 해외포트폴리오투자

G8 (Group of Eight) 8개국 그룹

G-10 (Group of Ten) 10개국 그룹

GATT (General Agreement on Tariffs and Trade) 관세 및 무역에 관한 일반 협정

GDP (gross domestic product) 국내총생산

GMO (genetically modified organisms) 유전자변형생물체

GNI (gross national income) 국민총소득

GNP (gross national product) 국민총생산

HDI (Human Development Index) 인간개발지수

HIV (human immunodeficiency virus) 인체면역결핍바이러스

IAEA (International Atomic Energy Association) 국제원자력기구

IBRD (International Bank for Reconstruction and Development) 국제부흥개발은행

ICBM (intercontinental ballistic missile) 대륙간탄도미사일

ICC (International Criminal Court) 국제형사재판소

ICCPR (International Covenant on Civil and Political Rights) 시민적·정치적 권리에 관한 국제규약

ICESCR (International Covenant on Economic, Social, and Cultural Rights) 경제적·사회적·문화적 권리에 대한 국제규약

IGO (international governmental organization) 국제정부간기구

IMF (International Monetary Fund) 국제통화기금

INGO (international nongovernmental organization) 국제비정부기구

IPCC (Intergovernmental Panel on Climate Change) 기후변화에 관한 정부간패널
IS (Islamic State) 이슬람국가
ISIS (Islamic State of Iraq and al-Sham) 이라크-샴 이슬람국가
LDC (less-developed country) 저개발국
MAD (mutual assured destruction) 상호확실파괴
MCC (Millennium Challenge Corporation) 밀레니엄 첼린지 코포레이션
MDC (more-developed country) 선진국
MDGs (Millennium Development Goals[United Nations]) 새천년개발목표(유엔)
MNC (multinational corporation) 초국가적 기업
NAFTA (North American Free Trade Agreement) 북미자유무역협정
NATO (North Atlantic Treaty Organization) 북대서양조약기구
NGO (nongovernmental organization) 비정부기구
NOAA (National Oceanic and Atmospheric Administration) 해양대기관리처
NPT (Nonproliferation Treaty) 핵확산금지조약
ODA (official development assistance) 공적개발원조
OECD (Organization for Economic Cooperation and Development) 경제개발협력기구
OPEC (Organization of Petroleum Exporting Countries) 석유수출국기구
P-5 (permanent five[United Nations Security Council]) P-5(5개 상임이사국, 유엔 안전보장이사회)
PLO (Palestine Liberation Organization) 팔레스타인해방기구
PPP (Purchase Power Parity) 구매력평가지수
PRC (People' Republic of China) 중화인민공화국
R2P (responsibility to protect) 보호를 위한 책임
SALT (Strategic Arms Limitations Treaty) 전략무기제한협정
SDGs (Sustainable Development Goals) 지속가능개발목표
SEATO (Southeast Asian Treaty Organization) 동남아시아조약기구
SPLA (Sudanese People's Liberation Army) 수단인민해방군

START (Strategic Arms Reduction Treaty) 전략무기감축조약

TB (tuberculosis) 결핵

TNC (transnational corporation) 초국가적 협력

TPP (Trans-Pacific Partnership) 환태평양경제동반자협정

UAV (unmanned aerial vehicle) 무인항공기

UDHR (Universal Declaration of Human Rights) 세계인권선언

UN (United Nations) 유엔

UNAIDS (Joint UN Programmes on HIV/AIDS) 유엔 HIV/AIDS 프로그램

UNCED (UN Conference on the Environment and Development) 유엔환경개발회의

UNDP (UN Development Programme) 유엔 개발프로그램

UNEP (UN Environmental Programme) 유엔 환경프로그램

UNFPA (UN Fund for Population Activities) 유엔 인구활동을 위한 기금

UNHCR (UN High Commissioner for Refugees) 유엔난민고등판무관

UNICEF (UN Children's Fund) 유엔 아동기금

UNOSOM (UN Operation in Somalia) 유엔 소말리아평화유지활동

UNPD (UN Population Division) 유엔 인구국

UNPROFOR (UN Protection Force for Yugoslavia) 유고슬라비아 주둔 유엔보호군

UNRWA (UN Relief and Works Agency for Palestine Refugees in the Near East) 유엔 팔레스타인 난민 구호사업기구

USSR (Union of Soviet Socialist Republics) 소비에트 사회주의 연방 공화국

WHO (World Health Organization) 세계보건기구

WMD (weapons of mass destruction) 대량살상무기

WTO (World Trade Organization) 세계무역기구

참고문헌

Afify, Heba (2011) "Officers Get 7 Years for Killing That Helped Inspire Egypt's Revolt." *New York Times* (October 26).

Aggarwal, S. (2014) "Emerging Global Urban Order and Challenges to Harmonious Urban Development." *Transactions of the Institute of Indian Geographers* 36, no. 1.

AIC (American Immigration Council) (2014) "Refugees: A Fact Sheet." *Immigration Policy Center: American Immigration Council* (October 1). www.immigration policy.org.

al-Khalidi, Suleiman (2015) "Jordan, Israel Agree $900 Million Red Sea-Dead Sea Project." *Reuters* (February 26).

Alcock, Frank (2002) "Bargaining, Uncertainty, and Property Rights in Fisheries." *World Politics* 54, no. 3.

Alexander, Caroline (2015) "World Hasn't Had So Many Refugees Since 1945, Report Says" (June 17). www.bloomberg.com.

Alkema, Leontine, et al. (2015) "Global, Regional, and National Levels and Trends in Maternal Mortality Between 1990 and 2015, with Scenario-Based Projections to 2030: A Systematic Analysis by the UN Maternal Mortality Estimation Inter-Agency Group." *The Lancet* (November 12).

Alsanea, Rajaa (2007) *Girls of Riyadh*. New York: Penguin.

Alston, Julian M., Daniel A. Sumner, and Henrich Brunke (2007) *Impacts of Reductions in US Cotton Subsidies on West African Cotton Producers*. Boston: Oxfam America.

Altman, L. (1982) "A New Insulin Given Approval for Use in the U.S." *New York Times* (October 30).

Amery, Hussein A., and Aaron T. Wolf (2000) *Water in the Middle East: A Geography of Peace*. Austin: University of Texas Press.

Amnesty International (2008) *Amnesty International Report 2008: Foreward* (May 28). https://www.amnesty.org.

Amnesty International (2009) "Troubled Waters—Palestinians Denied Fair Access to Water: Israel-Occupied Palestinian Territories" (September 26). www.amnesty usa.org.

Angell, Norman (1909) *Europe's Optical Illusion*. London: Simpkin, Marshall, Hamilton, and Kent.
Arbatov, Alexei (2009) "Nuclear Disarmament and Non-Proliferation" (September). Speech transcript for the International Institute for Strategic Studies Review Conference.
Argos, Collectif (2010) "Climate Refugees." Boston: Massachusetts Institute of Technology Press.
Armstrong, Stuart (2014). *Smarter Than Us: The Rise of Intelligent Machines*. Berkeley: MIRI.
Arquilla, John, and David Ronfeldt, eds. (1997) *In Athena's Camp: Preparing for Conflict in the Information Age*. Santa Monica: RAND.
Ashley, Elizabeth, et al. (2014) "Spread of Artemisinin Resistance in *Plasmodium Falciparum* Malaria." *New England Journal of Medicine* (July 31). www.nejm.org.
Athanasiou, Tom, and Paul Baer (2002) *Dead Heat: Global Justice and Global Warming*. New York: Seven Stories.
AWID (Association for Women in Development) (2004) "Intersectionality: A Tool for Gender and Economic Justice." *Women's Rights and Economic Change*, 9. www.awid.org.
Awika, J. (2011) "Major Cereal Grains Production and Use Around the World." *Advances in Cereal Science: Implications to Food Processing and Health Promotion*. ACS Symposium Series. Washington, DC: American Chemical Society.
Bailey, Adrian (2005) *Making Population Geography*. New York: Oxford University Press.
Baker, Aryn (2015) "How Climate Change Is Behind the Surge of Migrants to Europe" (September 7). http://time.com.
Balbo, Laurie (2015) "Canada and USA Sign On to Rehabilitate the Jordan River." *Green Prophet: Sustainable News for the Middle East* (May 10). www.greenprophet.com.
Bamboo Grove (2008) "The Top Ten Reasons Why Bamboo Can Save the Planet." www.bamboogrove.com.
Ban Ki-moon (2007) "A Climate Culprit in Darfur." *Washington Post* (June 16).
Banco, Erin (2011) "Is Your Cell Phone Fueling Civil War in Congo?" (July 11). www.theatlantic.com.
Banerjee, Abhijit, and Esther Duflo (2011) *Poor Economics: A Radical Rethinking of the Way to Fight Global Poverty*. New York: PublicAffairs.
Banerjee, Subhankar, ed. (2012) *Artic Voices: Resistance at the Tipping Point*. New York: Seven Stories.
Barber, Benjamin R. (1992) "Jihad vs. McWorld." *Atlantic Monthly* (March).
Barkham, Patrick (2010) "The Real World of Oil Spills." www.oilspillsolutions.org.
Barnes, Hannah (2013) "How Many Climate Migrants Will There Be." *BBC News* (September 2).
Barringer, Felicity (2008) "Collapse of Salmon Stocks Endangers Pacific Fishery." *New York Times* (March 13).
BBC (British Broadcasting Corporation) (2009) "US to Resume Engagement with ICC."
Bebber, D. P., M. A. T. Ramotowski, and S. J. Gurr (2013) "Crop Pests and Pathogens Move Polewards in a Warming World." *Nature Climate Change* 3.
Becker, Anne E. and Arthur Kleinman (2013) "Mental Health and the Global Agenda." *The New England Journal of Medicine* (July 4).
Behrman, J., R. Meinzen-Dick, and A. Quisumbing (2011) "The Gender Implications of Large-Scale Land Deals" (January). www.ifpri.org.
Bellamy, David (2004) "Global Warming? What a Load of Poppycock!" *Daily Mail* (July 9). www.junkscience.com.

Bello, W. (2013) "Twenty-Six Countries Ban GMOs—Why Won't the US?" *The Nation* (October 29).
Bergen, Peter L. (2001) *Holy War, Inc.: Inside the Secret World of Osama bin Laden* New York: Free Press.
BFWI (Bread for the World Institute) (2015) *Annual Report on the State of World Hunger.* Washington, DC.
Bilmes, Alex (2014) "George Clooney: The Full Interview." *Esquire* (January 3).
Birdsall, Nancy, Thomas Pinckney, and Richard Sabot (1996) "Why Low Inequality Spurs Growth: Savings and Investment by the Poor." Working Paper no. 327. Washington, DC: Inter-American Development Bank.
Black, R. E., L. H. Allen, Z. A. Bhutta, L. E. Caulfield, et al. (2008) "Maternal and Child Undernutrition: Global and Regional Exposures and Health Consequences." *The Lancet* 371: 243–260.
Blanco-Canqui, H., and R. Lal (2008) "Principles of Soil Conservation and Management." New York: Springer.
Bloch, Sidney, and Peter Reddaway (1985) *Psychiatric Terror: How Soviet Psychiatry Is Used to Suppress Discontent.* http://www.law.virginia.edu/html/news/2006_spr/perlin.htm.
Boekhout van Solinge, Tim (2010) "Deforestation Crimes and Conflicts in the Amazon." *Critical Criminology* 18, no. 4 (December). http://link.springer.com.
Borger, Julian (2007) "Darfur Conflict Heralds Era of Wars Triggered by Climate Change, UN Report Warns." *The Guardian* (June 23).
Borras, S., Jr., and J. Franco (2010) "Food Sovereignty and Redistributive Land Policies: Exploring Linkages, Identifying Challenges." In H. Wittman, A. Desmarais, and N. Wiebe, *Food Sovereignty: Reconnecting Food, Nature, and Community.* Oakland: Food First.
Boserup, Ester (1970) *Women's Role in Economic Development.* New York: St. Martin's.
——— (2011) *Woman's Role in Economic Development.* New York: Earthscan.
Bosman, Philippe, et al. (2014) "*Plasmodium* Prevalence and Artiemisini-Resistant Falciparum Malaria in Preah Vihear Province, Combodia: A Cross-Sectional Population-Based Study." *Malaria Journal* (October 6).
Bossong, Kenneth (2014) "US Renewable Electrical Generation Hits 14.3 Percent" (August 27). http://ecowatch.com.
Broad, William J., David E. Sanger, and Thom Shanker (2007) "US Selecting Hybrid Design for Warheads." *New York Times* (January 7).
Broder, John M. (2011) "Climate Talks in Durban Yield Limited Agreement." *New York Times* (December 11).
——— (2012) "Climate Talks Yield Commitment to Ambitious, but Unclear, Action." *New York Times* (December 8).
Brown, Lester R. (1996) "The Acceleration of History." In Lester R. Brown, ed., *State of the World.* New York: Norton.
B'Tselem.org (2014) "Statistics: Fatalities." B'Tselem: The Israeli Information Center for Human Rights in the Occupied Territories.
——— (2015) "Settlements: Statistics on Settlements and Settler Population" (May 11). B'Tselem: The Israeli Information Center for Human Rights in the Occupied Territories.
Buehring, Gertrude, et al. (2015) "Virus in Cattle Linked to Human Breast Cancer." *Science Daily* (September 15).
Cakaj, Ledio (2011) "Too Far from Home: Demobilizing the Lord's Resistance Army" (February). www.enoughproject.org.
Calamur, Krishnadev (2015) "European Refugee Crisis: A 'Systematic' Violation of Human Rights." *The Atlantic* (October 22).

Callaway, Ewen, and David Cyranoski (2015) "Anti-Parasite Drug Sweep Nobel Prize in Medicine 2015." *Nature* (October 5).
Campbell, Martha M., Ndol Prata, and Malcolm Potts (2009) "The Impact of Freedom on Fertility Transition: Revisiting the Theoretical Framework" (September 27–October 2). Paper presented at the twenty-sixth International Population Conference, Marrakech, Morocco.
Carswell, Simon (2015) "Development Goals: The Tough Task of Drafting World's Wish-List." *Irish Times* (July 9).
Cassman, K. G., and S. Wood (2005) "Cultivated Systems." In R. Hassan et al., eds., *Ecosystems and Human Well-Being: Current State and Trends*, vol. 1. Washington, DC: Island.
Castles, Stephen, Hein de Haas, and Mark J. Miller (2013) *The Age of Migration: International Population in the Modern World*. 5th ed. New York: Guilford.
Causes (2011) "We'll Help You Change the World." www.causes.com.
Cavanaugh, John, et al., eds. (1992) *Trading Freedom: How Free Trade Affects Our Lives, Work, and Environment*. San Francisco: Institute for Food and Development Policy.
Cavelty, Myriam (2008) *Cyber-Security and Threat Politics: US Efforts to Secure the Information Age*. London: Routledge.
CBS News (2014) "The Most Polluting Protein? Environmental Impact of Beef, Pork, Poultry" (July 21).
CDC (Centers for Disease Control and Prevention) (2015) "HIV/ AIDS Basic Statistics." www.cdc.gov.
CGG (Commission on Global Governance) (1995) *Our Global Neighborhood*. New York: Oxford University Press.
CGS (Citizens for Global Solutions) (2004) "US Policy on the ICC" (December 3). www.globalsolutions.org.
Chang, Lulu (2015) "Anonymous Hacks ISIS Site, Replaces It with Viagra Ad" (November 27). http://finance.yahoo.com.
Chattopadhyay, Raghabendra, and Esther Duflo (2004) "Impact of Reservation in Panchayati Raj: Evidence from a Nationwide Randomised Experiment." *Economic and Political Weekly* 39, no. 9.
Chilcote, Ryan (2003) "Kuwait Still Recovering from Gulf War Fires" (January 3). www.cnn.com.
Choudhry, Muni Ahmed (2005) "Pakistan: Where and Who Are The World's Illiterates?" Paper commissioned for the 2006 UNESCO Education for All Global Monitoring Report *Literacy for Life*. http://datatopics.worldbank.org.
Christian Science Monitor (2011) "Ban Ki-moon: I Am Willing to Take Any Measures for Human Rights" (March 23).
CIA (Central Intelligence Agency) (2011) "The State Department Releases." *Country Reports on Terrorism 2010*. www.state.gov.
——— (2012) *The World Factbook*. www.cia.gov.
——— (2015) "Pakistan." In *The World Factbook*. www.cia.gov.
——— (n.d.) "Labor Force by Occupation." In *The World Factbook*. www.cia.gov.
Cirincione, Joseph, Jon B. Wolfstahl, and Miriam Rajkumar (2002) *Deadly Arsenals: Tracking Weapons of Mass Destruction*. Washington, DC: Carnegie Endowment for International Peace.
CNN (Cable News Network) (2010) "U.N. Blasts Global Response to Haiti Cholera Outbreak As Inadequate" (November 21). http://edition.cnn.com.
Cockerill, C. H. (2015) "STOP food waste at the TOP." Presentation at the sixth annual Food Symposium (April 8), Wilmington College, OH.

Cohen, Benyamin (2015) "Why Bono Should Win the Nobel Peace Prize." www.fromthegrapevine.com.
Cole, Matthew, and Mark Schone (2011) "Egyptian Blogger Who Posted Videos of Police Torture Is Arrested." *ABC News* (February 4).
Coles, Clifton (2004) "Water Without War." *The Futurist* 38, no. 2.
Conca, Ken, and Geoffrey D. Dabelko (2010) *Green Planet Blues: Environmental Politics from Stockholm to Johannesburg*. 4th ed. Boulder: Westview.
Cotula, L. (2013) *The Great African Land Grab? Agricultural Investments and the Global Food System*. New York: Zed.
Crenshaw, K. (1989) "Demarginalizing the Intersection of Race and Sex: A Black Feminist Critique of Antidiscrimination Doctrine, Feminist Theory, and Antiracist Politics." Chicago: University of Chicago Legal Forum.
——— (2004) "Intersectionality: The Double Bind of Race and Gender." *Perspectives Magazine* 12, no. 4.
Cribb, Julian (2011) *The Coming Famine: The Global Food Crisis and What We Can Do to Avoid It*. Berkeley: University of California Press.
Cronon, William (1983) *Changes in the Land: Indians, Colonists, and the Ecology of New England*. New York: Hill and Wang.
CSA (Committee on 21st Century Systems Agriculture) (2010) "Toward Sustainable Agricultural Systems in the 21st Century." Washington, DC: National Academies Press.
CSKR (Campaign to Stop Killer Robots) (2015) "Artificial Intelligence Experts Call for Ban" (July 28). www.stopkillerrobots.org.
CWA (Communications Workers of America) (2015) "CWA Statement on the Trans-Pacific Partnership Agreement Reached in Atlanta." *CWA News* (October 5). www.cwa-union.org.
Dadian, Margaret (2010) "Condom Sales Boom As Rwanda and Haiti Struggle to Rebuild." www.fhi.org.
Davies, Julian, and Dorothy Davies (2010) "Origins and Evolution of Antibiotic Resistance." *US National Library of Medicine National Institute of Health* (September). www.ncbi.nlm.nih.gov.
Davis, Julie (2015) "Obama Recasts Climate Change as a More Far-Reaching Peril." *New York Times* (May 20).
de Lombaerde, Philippe, Gei Guo, and Helion Povoa Neto (2014) "Introduction to the Special Collection: South-South Migrations: What Is (Still) on the Research Agenda?" *International Migration Review* 48.
de Waal, Alex (2007) "Is Climate Change the Culprit for Darfur?" www.ssrc.org.
Debusscher, Petra, and An Ansoms (2013) "Gender Equity Policies in Rwanda: Public Relations or Real Transformations?" *Development and Change* 44, no. 5.
Deconinck, Stefan (2004) "Israeli Water Policy in a Regional Context of Conflict: Prospects for Sustainable Development for Israelis and Palestinians?" http://waternet.ugent.be.
Deibert, Ronald, and Rafal Rohozinski (2010) "Risking Security: Policies and Paradoxes of Cyberspace Security." *International Political Sociology* 4, no. 1.
Delva, Joseph Guvler (2010) "Haiti Cholera Deaths Slow, but Spread Still Feared." *Reuters* (October 25).
Demeny, Paul, and Geoffrey McNicoll (2003) *Encyclopedia of Population*. Vols. 1–2. New York: Macmillan Reference.
Denning, Dorothy E. (1999) *Information Warfare and Security*. New York: ACM.

Desmarais, A. A. (2011) "The International Women's Commission of La Via Campesina." In N. Visvanathan, L. Duggan, N. Wiegersma, and L. Nisonoff, eds., *The Women, Gender, & Development Reader*, 2nd ed. New York: Zed.
Dey, Madan M., Manik Lal Bose, and Md Ferdous Alam (2008) "Country Case Study: Development and Status of Freshwater Aquaculture in Bangladesh." *WorldFish* 1.
Dobush, Grace (2015) "How Mobile Phones Are Changing the Developing World." Consumer Technology Association (July 27). www.cta.tech.
DOD (Department of Defense) (2011) "Strategy for Operating in Cyberspace." www.defense.gov.
——— (2012) "Department of Defense Directive: Autonomy in Weapon Systems" (November 21). www.dtic.mil.
——— (2013) "Unmanned Systems Integrated Roadmap." www.defense.gov.
Dodge, Robert (1994) "Grappling with GATT." *Dallas Morning News* (August 8).
Dolatyar, Mostafa, and Tim S. Gray (2000) "The Politics of Water Security in the Middle East." *Environmental Politics* 9, no. 3.
Dugger, Celia W. (2007) "CARE Turns Down Federal Funds for Food Aid." *New York Times* (August 16).
Durkova, Petra, et al. (2012) "Climate Refugees in the 21st Century." Regional Academy of the United Nations (December). https://fusiondotnet.files.wordpress.com.
D'Urso, Joseph (2015) "Child Death Rates Cut by Half, but U.N. Target Missed" (September 8). www.trust.org.
The Economist (2015a) "Ebola in Graphics: The Toll of a Tragedy" (August 27).
——— (2015b) "Unsustainable Goals" (March 25).
ECOSOC (2015) "Consultative Status with ECOSOC and Other Accreditations." NGO Branch. https://esango.un.org.
Ehrlich, P. R., and A. H. Ehrlich (1990) *The Population Explosion*. New York: Simon and Schuster.
Ekonu (2015) "Single Resource Economies & Conflict" (September 26). https://ekonuorg.wordpress.com.
Energies-Renouvelables (2013) "Worldwide Electricity Production from Renewable Energy Sources." www.energies-renouvelables.org.
Enough Project (2015) "Progress and Challenges on Conflict Minerals: Facts on Dodd-Frank 1502." http://enoughproject.org.
——— (n.d.) "Conflict Minerals 101." www.enoughproject.org.
Enzler, S. M. (2006) "Environmental Effects of Warfare." www.lenntech.com.
EPA (Environmental Protection Agency) (n.d.) "Animal Waste: What's the Problem?" www3.epa.gov.
Esteva, G. (2010) "Development." In W. Sachs, *Development Dictionary: A Guide to Knowledge as Power*, 2nd ed. New York: Zed.
Evans, Tony (2011) *Human Rights in the Global Political Economy*. Boulder: Lynne Rienner.
Everett, J., and S. E. M. Charlton (2014) *Women Navigating Globalization: Feminist Approaches to Development*. Lanham: Rowman and Littlefield.
Fallows, James (1993) "How the World Works." *Atlantic Monthly* (December).
FAO (Food and Agriculture Organization) (2001) "Genetically Modified Organisms, Consumers, Food Safety, and the Environment." Rome: Viale delle Terme di Caracalla.
Food and Agriculture Organization (2002) "Reducing Poverty and Hunger: The Critical Role of Financing for Development. Paper presented at the Interna-

tional Conference on Financing for Development, Monterrey, Mexico, March 18–22 March.
——— (2003) *Trade Reforms and Food Security: Conceptualising the Linkages.* Rome: Commodity Policy and Projections Service, Commodities and Trade Division. http://faostat.fao.org.
——— (2009) "High Level Expert Forum: How to Feed the World in 2050." Rome: Viale delle Terme di Caracalla.
——— (2010) "Global Forest Resource Assessment 2010." Rome: Viale delle Terme di Caracalla.
——— (2011) *The State of Food and Agriculture, 2010–11: Women in Agriculture.* www.fao.org.
——— (2012) "Climate Change: Livestock." www.fao.org.
——— (2013) "Food Waste Facts." www.unep.org/wed/2013/quickfacts/.
——— (2014) "The State of Food and Agriculture in 2014: In Brief." www.fao.org.
——— (2015a) "Livestock, Environment, and Development: Leading Livestock Development Toward Responsible Use of Natural Resources." www.fao.org.
——— (2015b) *Men and Women in Agriculture: Closing the Gap.* www.fao.org.
——— (2015c) "Save Food: Global Initiative on Food Loss and Waste Reduction." www.fao.org.
——— (2015d) *The State of Food Insecurity in the World.* www.fao.org.
——— (n.d.) "Farming Systems and Poverty." www.fao.org.
Farer, Tom (2002) "The United Nations and Human Rights: More Than a Whimper, Less Than a Roar." In Richard Pierre Claude and Burns H. Weston, eds., *Human Rights in the World Community.* Philadelphia: University of Pennsylvania Press.
FAS (Federation of American Scientists) (2002) "Military Aid Post September 11th." *Arms Sales Monitor Report* no. 48.
Fauci, Anthony, and Hilary Marston (2015) "Ending the HIV-AIDS Pandemic: Follow the Science." *New England Journal of Medicine* 373, no. 23 (December 3).
FCNL (Friends Committee on National Legislation) (2013) "The World We Seek: FCNL Legislative Policy Statement." http://fcnl.org.
——— (2015) "Peacebuilding Successes in Central African Republic." http://fcnl.org.
Federal Register (2015) "Annual Update of the HHS Poverty Guidelines." https://www.federalregister.gov.
FEWS NET (2015) "Drought in Ethiopia and Conflict in South Sudan and Yemen Sustain Food Security Emergencies." www.fews.net.
Flavin, Christopher (1996) "Facing Up to the Risks of Climate Change." In Lester R. Brown, ed., *State of the World 1996.* New York: Norton.
Foley, J. A., et al. (2005) "Global Consequences of Land Use." *Science* 309.
Folke, Carl, Monica Hammer, Robert Costanza, and AnnMari Jansson. (1994) "Investing in Natural Capital: Why, What, and How?" In AnnMari Jansson, Monica Hammer, Carl Folke, and Robert Costanza, *Investing in Natural Capital: The Ecological Economics Approach to Sustainability.* Washington, DC: Island.
Ford, Liz (2014) "UN Begins Talks on SDGs, 'Carrying the Hopes of Millions and Millions.'" *The Guardian* (September 24).
——— (2015) "Sustainable Development Goals: All You Need to Know." *The Guardian* (July 19).
Freedman, Andrew (2013) "The Last Time CO_2 Was This High, Humans Didn't Exist" (May 3). www.climatecenteral.org.
Friedman, Thomas L. (2005) *The World Is Flat: A Brief History of the Twenty-First Century.* New York: Farrar, Straus, and Giroux.

Fukuyama, Francis (1989) "The End of History?" *National Interest* (September–October).

Funk, C., and L. Rainie (2015) "Public and Scientists' Views on Science and Society" (January 29). www.pewinternet.org.

Gadsden, Chris (2008) "New Pacific Salmon Treaty." *Pacific Salmon Commission* (May 22). www.fishingwithrod.com.

Galtun, Johan (1994) *Human Rights in Another Key*. Cambridge: Polity.

Gettleman, Geffrey (2012) "The World's Worst War." *New York Times* (December 15).

Gladstone, Rick (2015a) "Dirty Water and Open Defecation Threaten Gains in Child Health." *New York Times* (June 30).

——— (2015b) "U.N. Reports About 200 Million Fewer Hungry People Than in 1990." *New York Times* (May 27).

Gladstone, Rick, and Mohammad Ghannam (2015) "Syria Deaths Hit New High in 2014, Observer Group Says." *New York Times* (January 1).

Glantz, Moshe (2014) "Foreign Investment in Israel Cut by Half in 2014." www.ynetnews.com.

Global Witness (n.d.). "Conflict Diamonds." www.globalwitness.org.

Goldstein, Joshua S. (2011) *Winning the War on War: The Decline of Armed Conflict Worldwide*. New York: Dutton.

Gore, Al (1992) *Earth in the Balance: Ecology and the Human Spirit*. Boston: Houghton Mifflin.

GPEI (Global Polio Eradication Initiative) (2015) "Polio the Week As of 9 December 2015." www.polioeradication.org.

GPF (Global Policy Forum) (2016) "US Opposition to International Criminal Court." www.globalpolicy.org.

Gray, Ellen (2012) "Landsat Top Ten: Kuwait Oil Fires." www.nasa.gov.

Grimmett, Richard F., and Paul K. Kerr (2012) "Conventional Arms Transfers to Developing Nations, 2004–2011." CRS Report for Congress no. R42678 (August 24). Washington, DC: Congressional Research Service.

Groisman, Pavel Ya, and Richard W. Knight (2008) "Prolonged Dry Episodes over the Conterminous United States: New Tendencies Emerging During the Last 40 Years." *Journal of Climate* 21, no. 9.

Guneratne, Arjun, and Anita M. Weiss (2014) *Pathways to Power: The Domestic Politics of South Asia*. Lanham: Rowman and Littlefield.

Gupta, Joyeeta (2010) "A History of International Climate Change Policy." *Wiley Interdisciplinary Reviews* 1, no. 5.

Guttmacher Institute (2013) "Unmet Need for Contraceptives in Developing World Has Declined, but Remains High in Some Countries." *International Perspectives on Sexual and Reproduction Health* 39, no. 3 (September).

——— (2014) "Adding It Up: Investing in Sexual and Reproductive Health" (December). https://www.guttmacher.org.

Guzman, Andrew (2013) *Overheated*. New York: Oxford University Press.

Hamdan, Amani (2005) "Women and Education in Saudi Arabia: Education and Achievements." *International Education Journal* 6, no. 1.

Hamilton, Clive (2013) *Earth Masters: The Dawn of the Age of Climate Engineering*. New Haven: Yale University Press.

Hamrouqa, Hana (2013) "Countries Engaged in Water Cooperation Do Not Go to War." *Jordan Times* (November 28).

Hanna, Attallah (2009) "Christian Population of Jerusalem Decreasing Under Israeli Scheme." *English Islam Times* (February 7).

Hansen, James M., et al. (2016) "Ice Melt, Sea Level Rise, and Superstorms: Evidence from Paleoclimate Data, Climate Modeling, and Modern Observations That 2º C Global Warming Is Highly Dangerous." *Atmospheric Chemistry and Physics Discussions* 16: 3761–3812.
Haq, Riazul (2015) "Education Woes: Pakistan Misses UN Target with 58% Literacy Rate." *Express Tribune* (June 5).
Hardin, Garrett (1968) "The Tragedy of the Commons." *Science* 162 (December 13).
Hareuveni, Eyal (2010) "By Hook or by Crook: Israeli Settlement Policy in the West Bank" (July). www.btselem.org.
Harper, Charles L. (1995) *Environment and Society: Human Perspectives on Environmental Issues*. Upper Saddle River, NJ: Prentice Hall.
Harris, J. M., and S. Kennedy (1999) "Carrying Capacity in Agriculture: Global and Regional Issues." *Ecological Economics* 29, no. 3.
Harvey, David (2005) *A Brief History of Neoliberalism*. Oxford: Oxford University Press.
Hawkesworth, Mary E. (2005) "Engendering Political Science: An Immodest Proposal." *Politics and Gender* 1, no. 1.
Hayes, Thomas C. (1990) "Confrontation in the Gulf: The Oilfield Lying Below the Iraq-Kuwait Dispute." *New York Times* (September 3).
Henderson, Sarah L., and Alana S. Jeydel (2010) *Women and Politics in a Global World*. New York: Oxford University Press.
Hertz, Noreena (2004) *The Debt Threat: How Debt Is Destroying the Developing World . . . and Threatening Us All*. New York: HarperCollins.
Hickel, Jason (2015) "The SDGs Fail to Offer the New Economy We So Desperately Need." *Eldis* (August 26).
Hochschild, Adam (1999) *King Leopold's Ghost: A Story of Greed, Terrorism, and Heroism in Colonial Africa*. New York: Houghton Mifflin.
Hoffman, Bruce (2006) *Inside Terrorism*. New York: Columbia University Press.
Hogendoorn, E. J. (1997) "A Chemical Weapons Atlas." *Bulletin of Atomic Scientists* (September–October).
Holm, Hans-Henrik, and Georg Sørensen, eds. (1995) *Whose World Order? Uneven Globalization and the End of the Cold War*. Boulder: Westview.
Homer-Dixon, T. F. (1991) "On the Threshold: Environmental Changes as Causes of Acute Conflict." *International Security* 16, no. 2 (Fall).
——— (1994) "Environmental Scarcities and Violent Conflict: Evidence from Cases." *International Security* 19, no. 1 (Summer).
——— (1999) "Environment, Scarcity, and Violence." Princeton: Princeton University Press.
House Hearing Before the Subcommittee on Basic Research (1999) "Genetically Engineered Foods." Testimony of James H. Maryanski, 106th Congress.
Howitt, R., D. MacEwan, J. Medellin-Azuara, J. Lund, and D. Sumner (2015) "Economic Analysis of the 2015 Drought for California Agriculture." Davis: Center for Watershed Sciences, University of California–Davis.
Huey, T. A. (2015) "Global and Local Food Systems in the GM Labeling Campaign." In D. E. Sahn, ed., *The Fight Against Hunger and Malnutrition: The Role of Food, Agriculture, and Targeted Policies*. Oxford: Oxford University Press.
Hunt, Lynn (2008) *Inventing Human Rights: A History*. New York: Norton.
Huntington, Samuel P. (1996) "The West: Unique, Not Universal." *Foreign Affairs* 75, no. 6.

——— (1998) *The Clash of Civilizations and the Remaking of World Order.* New York: Simon and Schuster.
Huppert, Daniel D. (1995) "Why the Pacific Salmon Treaty Has Not Brought Peace." Seattle: University of Washington, School of Marine Affairs. www.wsg.washington.edu/salmon/huppertreport.html.
Hussein, Hassen (2014) "Egypt and Ethiopia Spar over the Nile." *Aljazeera America* (February 6).
ICC (International Criminal Court) (2004) "Historical Introduction" (December 1). www.haguejusticeportal.net.
ICSU (International Council for Science) and ISSC (International Social Science Council) (2015) "Review of the Sustainable Development Goals: The Science Perspective." www.icsu.org.
IDF (International Diabetes Federation) (2015a) "China." www.idf.org.
——— (2015b) "India" www.idf.org.
IEA (International Energy Agency) (2014) "CO_2 Emissions from Fuel Combustion: Highlights." https://www.iea.org.
IES (Institute for Environmental Security) (2015) "IES Mission." www.envirosecurity.org.
IISD (International Institute for Sustainable Development) (2013) "What Is Sustainable Development?" https://www.iisd.org.
ILPI (International Law and Policy Institute) (2015) "The Status of Nuclear Weapons." http://nwp.ilpi.org.
IPCC (Intergovernmental Panel on Climate Change) (2014) "Climate Change 2014 Synthesis Report Summary for Policymakers." www.ipcc.ch.
IPU (Inter-Parliamentary Union) (2015) "Women in National Parliaments" (November 1). www.ipu.org.
IRC (International Rescue Committee) (n.d.) "Congo Crisis." www.rescue.org.
IUCN (International Union for Conservation of Nature), UNEP (United Nations Environment Programme), and WWF (World Wide Fund for Nature) (1991) *Caring for the Earth.* Gland, Switzerland: IUCN.
IWS (Internet World Stats) (2015) "Internet Usage Statistics the Internet Big Picture: World Internet Users and 2015 Population Stats." www.internetworldstats.com.
Izenberg, Dan (1997) "An Insider's View of the Jordan Rift." *Jerusalem Post* (May 9).
Jasso, Guillermina (2009) "Ethnicity and the Immigration of Highly-Skilled Workers to the United States" (September 27–October 2). Paper presented at the twenty-sixth International Population Conference, Marrakech, Morocco.
Jenkins, Laura Dudley (1999) "Competing Equalities: The Struggle over Reserved Legislative Seats for Women in India." *International Review of Social History* 44, no. 7.
Johnson, Dominic D. P., and Monica Duffy Toft (2014) "Grounds for War: The Evolution of Territorial Conflict." *International Security* 38, no. 3.
Jones, Simon, and Richard Beamish (2011) "Salmon Lice: An Integrated Approach to Understanding Parasite Abundance and Distribution." Chichester: Wiley.
Judson, Ruth (2012) "Crisis and Calm: Demand for U.S. Currency at Home and Abroad from the Fall of the Berlin Wall to 2011" (November). www.federalreserve.gov.
Juergensmeyer, Mark (2000) *Terror in the Mind of God: The Global Rise of Religious Violence.* Berkeley: University of California Press.
Juneau Empire (2004) "Report Recommends Cutting Fishing Fleet" (October 29). www.juneauempire.com.

Kahl, Colin H. (2012) "Not Time to Attack Iran." *Foreign Affairs* 91, no. 2. (March–April).
Kahn, R. E., D. F. Clouser, and J. A. Richt (2009) "Emerging Infections: A Tribute to the One Medicine, One Health Concept." *Zoonoses and Public Health* 56: 407–428.
Kang, Cecilia (2010) "Grameen, Gates Foundation Eye Mobile Technology for Development" (September 3). http://voices.washingtonpost.com.
Karim, Salim S. A. (2015) "Overcoming Impediments to Global Implementation of Early Antiretroviral Therapy." *New England Journal of Medicine* (August 27).
Kelland, Kate (2015) "Malaria Deaths Drop Below Half a Million, Africa Makes Progress." *Reuters* (December 9).
Kenworthy, Tom, and Steven Pearlstein (1999) "U.S., Canada Sign Accord on Salmon/Decades-Long Dispute over Fishing Rights, Limits." www.sfgate.com.
Kerr, Richard A. (2000) "Can the Kyoto Climate Treaty Be Saved from Itself?" *Science* (November).
Kimenyi, Mwangi (2013) "Can the International Criminal Court Play Fair in Africa?" www.brookings.edu.
Kirby, Peadar (2006) *Vulnerability and Violence: The Impact of Globalization*. Ann Arbor: Pluto.
Knight, Matthew (2010) "U.N. Report: Eco-Systems at 'Tipping Point'" (May 10). http://edition.cnn.com.
Knight, Sunny (2000) "Salmon Recovery and the Pacific Salmon Treaty." *Ecology Law Quarterly* 27, no. 3.
Koh, Tommy B. B. (1997) "Five Years After Rio and Fifteen Years After Montego Bay: Some Personal Reflections." *Environmental Policy and Law* 27, no. 4.
Koop, C. E., C. E. Pearson, and M. R. Schwarz, eds. (2002) *Critical Issues in Global Health*. San Francisco: Jossey-Bass.
Kopicki, A. (2013) "Strong Support for Labeling Modified Foods." *New York Times* (July 27).
Koplow, D. (2003) *Smallpox: The Fight to Eradicate a Global Scourge*. Berkeley: University of California Press.
Krakower, Douglas S., Jain Sachin, and Kenneth H. Mayer (2015) "Antiretrovirals for Primary HIV Prevention: The Current Status of Pre- and Post-Exposure Prophylaxis." *Science of Prevention* 12 (January 20).
Kraly, Ellen Percy (2011) "Population Policy: Issues and Geography." In Joseph Stoltman, ed., *21st Century Geography: A Reference Handbook*. Thousand Oaks, CA: Sage.
Kroenig, Matthew (2012) "Time to Attack Iran." *Foreign Affairs* 91, no. 1 (January–February).
Krook, Mona Lena (2010) *Quotas for Women in Politics: Gender and Candidate Selection Reform Worldwide*. New York: Oxford University Press.
Kumar, Kaushlendra, and R. K. Sinha (2009) "Understanding Women's Nutritional Status in Urban India: A Comparative Study of Slum Versus Non Slum Dwellers" (September 27–October 2). Paper presented at the twenty-sixth International Population Conference, Marrakech, Morocco.
Lackey, R. T. (2008) "Saving West Coast Salmon." Oregon: Stream Systems Technology Center.
LaFond, Kaye (2015) "Israel and Jordan Agree to Share Water, but Fall Short of Saving Dead Sea" (February 27). www.circleofblue.org.
LaFranchi, Howard (2015) "In New UN Goals, an Evolving Vision of How to Change the World." *Christian Science Monitor* (1 September).

Langley, Winston E. (1996) *Encyclopedia of Human Rights Issues Since 1945*. Westport: Greenwood.

Laurance, Edward J. (1992) *The International Trade in Arms*. New York: Lexington Books.

LaVal, R. K. (2004) "Impact of Global Warming and Locally Changing Climate on Tropical Cloud Forest Bats." *Journal of Mammalogy* 85, no. 2.

LEEDuser.com (2010) "NC-v2.2 MRc6: Rapidly Renewable Materials." www.leeduser.com.

Legatum Institute (2011) "The 2011 Legatum Prosperity Index." www.prosperity.com.

Leggett, Jeremy (1990) "The Nature of the Greenhouse Threat." In Jeremy Leggett, ed., *Global Warming: The Greenpeace Report*. New York: Oxford University Press.

Leitenberg, Milton (2011) "Deaths in Wars and Conflicts in the 20th Century." Cornell University Peace Studies Program, Occasional Paper no. 29. www.clingendael.nl.

Lele, Sharachchandra (2013) "Rethinking Sustainable Development." *Current History* (November).

Lendman, Stephen. (2014) "Israel Steals Palestinian Resources. Gaza Without Water and Electricity." *Global Research* (September 26).

Lesthaeghe, R. (2010) "The Unfolding Story of the Second Demographic Transition." *Population and Development Review* 36, no. 2.

Lewis, Bernard (1998) "License to Kill: Osama bin Ladin's Declaration of Jihad." *Foreign Affairs* (November–December).

Lewis, James, and Katrina Timlin (2011) *Cybersecurity and Cyberwarfare: Preliminary Assessment of National Doctrine and Organization*. Washington, DC: Center for Strategic and International Studies. www.unidir.org.

Lidman, Melanie (2015) "To Heal Defiled Jordan River, Activists Wade into Murky Regional Politics." *Times of Israel* (June 11).

Lindzen, R. (1993) "Absence of Scientific Basis." *Research and Exploration* (Spring).

Lipinski, B., et al. (2013) "Reducing Food Loss and Waste" (June). Washington, DC: World Resources Institute.

Look to the Stars (2015) "Angelina Jolie Charity Work, Events and Causes." https://www.looktothestars.org.

MacKinnon, Catherine A. (2013) "Intersectionality as Method: A Note." *Signs: Journal of Women in Culture and Society* 38, no. 4.

Mallin, Alexander (2015) "State Terror Report: Fatalities in Attacks Spiked by 81 Percent in 2014." *ABC News* (June 19).

Malthus, Thomas R. (1826) *An Essay on the Principle of Population*. 6th ed. London: Murray.

Mamdani, Mahmood (1996) *Citizen and Subject: Contemporary Africa and the Legacy of Late Colonialism*. Princeton: Princeton University Press.

Mantel, Barbara (2015) "Terrorism and the Internet." http://library.cqpress.com.

Marine Stewardship Council (2015) *Fish as Food*. https://www.msc.org.

Marks, G., N. Crepaz, and R. S. Janssen (2006) "Estimating Sexual Transmission of HIV from Persons Aware and Unaware That They Are Infected with the Virus in the USA." *AIDS* 20, no. 10 (June 26).

Marsh, Bob, et al. (2006) "Villagewide Wi-Fi: Wireless Internet in Africa" (May 22). www.time.com.

Massing, Michael (2015) "How the Gates Foundation Reflects the Good and the Bad of 'Hacker Philanthropy.'" *The Intercept* (November 25).

McCarthy, Michael (2010) "Oil Spill Could Be Among Worst Ever." *The Independent* (May 16).

McCormick, John (1989) *Reclaiming Paradise: The Global Environmental Movement.* Bloomington: Indiana University Press.
McGrath, Cam (2014) "Nile River Dam Threatens War Between Egypt and Ethiopia" March 22. www.commondreams.org.
McGwire, Michael (1994) "Is There a Future for Nuclear Weapons?" *International Affairs* 70, no. 2.
McKinney, M. L., and R. M. Schoch (1996) *Environmental Science: Systems and Solutions.* Minneapolis: West.
McNaugher, Thomas L. (1990) "Ballistic Missiles and Chemical Weapons." *International Security* 15, no. 2.
McVeigh, Tracy (2010) "Female Circumcision Growing in Britain Despite Being Illegal." *The Observer* (July 24).
McWilliams, Wane, and Harry Piotrowski (2014) *The World Since 1945: A History of International Relations.* 8th ed. Boulder: Lynne Rienner.
Michaels, P. (1992) *Sound and Fury: Science and Politics of Global Warming.* Washington, DC: Cato Institute.
Milanovic, Branko (2006) "Global Income Inequality: What It Is and Why It Matters?" DESA Working Paper no. 26. Washington, DC: World Bank.
——— (2011) *The Haves and Have-Nots: A Brief and Idiosyncratic History of Global Inequality.* New York: Basic.
Miller, Marian A. L. (1995) *The Third World in Global Environmental Politics.* Boulder: Lynne Rienner.
Mingst, Karen, and Margaret Karns (2000) *The United Nations in the Post–Cold War Era.* Boulder: Westview.
Ministry of Foreign Affairs, Republic of Colombia (2012) "Rio+20: Sustainable Development Goals (SDGs): A Proposal from the Governments of Colombia and Guatemala." www.uncsd2012.org.
Mockaitis, Thomas R. (2007) *The New Terrorism: Myths and Realities.* Westport: Praeger Security International.
Monbiot, George (2007) "There Is Climate Change Censorship and It's the Deniers Who Dish It Out." *The Guardian* (April 10).
Mondrus-Engle, M. (1982) "Two Unique Cattle Farming Programs in Costa Rica." *Rangelands* 4, no. 1.
Moon, Bruce E. (1998) "Exports, Outward-Oriented Development, and Economic Growth." *Political Research Quarterly* (March).
——— (2000) *Dilemmas of International Trade.* 2nd ed. Boulder: Westview.
Mooney, Chris (2015) "In the Last 25 Years, the World Lost a Forested Area the Size of South Africa." *Washington Post* (September 8).
Morris, Mary E. (1996) "Water and Conflict in the Middle East: Threats and Opportunities." *Studies in Conflict & Terrorism* 20, nos. 1–13.
Mowlana, Hamid (1995) "The Communications Paradox." *Bulletin of Atomic Scientists* 51, no. 4.
Moyo, Dambisa (2009) *Dead Aid: Why Aid Is Not Working and How There Is a Better Way for Africa.* New York: Farrar, Straus, and Giroux.
Muchhala, Bhumika (2014) "North-South Debate in the UN Within Context of Sustainable Development Goals" (March 14). www.twn.my.
Mudege, Netsayi (2009) "Forced to Stay: Migration and Satisfaction Among Urban Slum Migrants in Nairobi" (September 27–October 2). Paper presented at the twenty-sixth International Population Conference, Marrakech, Morocco.
Mulrow, John (2010) "Climate Change Proceeds Down Worrisome Path." In *Vital Signs.* Washington, DC: Worldwatch Institute.

Munro, David A. (1995) "Sustainability: Rhetoric or Reality?" In T. C. Trzyna, ed., *A Sustainable World*. London: Earthscan.

Nafziger, E. (2009) "Cropping Systems." In *Illinois Agronomy Handbook*, 24th ed. Urbana: University of Illinois Press.

Nager, Adams B., and Robert D. Atkinson (2015) "The Myth of America's Manufacturing Renaissance: The Real State of U.S. Manufacturing." www2.itif.org.

Napier, T. L., and C. H. Cockerill (2014) "Factors Affecting Adoption of Soil and Water Conservation Production Systems in Lesser-Scale Societies." In R. Lal and B. A. Stewart, eds., *Soil Management of Smallholder Agriculture*. Boca Raton, FL: Taylor and Francis.

NASA (National Aeronautics and Space Administration) (2015a) "Climate Change: How Do We Know?" http://climate.nasa.gov.

——— (2015b) "Global Climate Change: Vital Signs of the Planet." http://climate.nasa.gov.

National Archives (2003) "Britain and the Trade." www.nationalarchives.gov.uk.

National Research Council (1986) *Population Growth and Economic Development: Policy Questions*. Washington, DC: National Academy Press.

NECSI (New England Complex Systems Institute) (2011) "Concepts: Butterfly Effect." http://necsi.edu.

Net Squared (n.d.) "UC Berkeley Human Rights Center Mobile Challenge Winners." www.netsquared.org.

Neuhauser, Alan (2015) "75 Percent of Animal Specials to Be Wiped Out in 'Sixth Mass Extinction.'" *U.S. News & World Report* (June 19).

Newsweek (2014) "Special Issue: 100 Places To Explore Before They Disappear" (May 5)

NIAID (National Institute of Allergy and Infectious Disease) (2007) "Treatment of HIV Infection" (November). www.niaid.nih.gov.

Nickerson, Colin (1997) "Canadian 'Fish War' Catches US Tourists on an Alaskan Ferry." *Boston Globe* (July 22).

Nincic, Miroslav (1982) *The Arms Race: The Political Economy of Military Growth*. New York: Praeger.

NOAA (National Oceanic and Atmospheric Administration) (2011) "Five-Year Review of Endangered Species Act-Listed Salmon & Steelhead" (August 15). www.nwr.noaa.gov.

——— (2014) *Treaty Between the Government of the United States of America and the Government of Canada Concerning Pacific Salmon Basic Instrument for the Pacific Salmon Commission*. www.nmfs.noaa.gov.

——— (2015a) "Climate Monitoring: Global Analysis." www.ncdc.noaa.gov.

——— (2015b) "Fishwatch U.S. Seafood Facts: Managing Fisheries." www.fishwatch.gov.

——— (n.d.) "How Do We Know the Earth's Climate Is Warming?" www.noaa.gov.

Nordland (2015) "A Mass Migration Crisis, and It May Yet Get Worse." *New York Times* (October 31).

Norton, Ben (2015) "We've Sold Out the Environment and Our Jobs: The Ugly Truth About the 'Toxic' TPP." *Salon* (October 7).

Novartis (2010) "Novartis and Collaborators Discover Novel Antimalarial Drug Candidate" (September 3). www.novartis.com.

NPP (National Priorities Project) (2015) "Federal Spending: Where Does the Money Go." https://www.nationalpriorities.org.

Nussbaum, Martha (2000) *Women and Human Development*. New York: Cambridge University Press.

O'Byrne, Darren J. (2003) *Human Rights: An Introduction*. London: Pearson Education.

OECD (Organization for Economic Cooperation and Development) (2014) *Aid to Developing Countries Rebounds in 2013 to Reach an All-Time High*. www.oecd.org.

——— (2015) *Development Aid Stable in 2014 but Flows to Poorest Countries Still Failing*. www.oecd.org.

Ofori-Amoah, Abigail (2014) "Water Wars and International Conflict." http://academic.evergreen.edu.

O'Malley, Martin (2015) "U.N. Should Take Responsibility for Haiti's Deadly Cholera Epidemic" (August 17). www.cnn.com.

ONE (2011) "The Data Report 2011." www.one.org.

Oreskes, Naomi, and Erik M. Conway (2010) *Merchants of Doubt: How a Handful of Scientists Obscured the Truth on Issues from Tobacco Smoke to Global Warming*. New York: Bloomsbury.

Ouattara, Amed, and Matthew B. Laurens (2014) "Vaccines Against Malaria." *Clinical Infectious Diseases*. Vol. 60, Issue 6 (pp. 930–936). (December 1). http://cid.oxfordjournals.org/content/60/6/930.full.

Oxfam (2014) "Even It Up: Time to End Extreme Inequality." https://www.oxfam.org.

Packer, George (2011) "The Broken Contract." *Foreign Affairs* 90, no. 6.

Parenti, Christian (2011) *Tropic of Chaos: Climate Change and the New Geography of Violence*. New York: Nation.

Parker, Richard (2002) "From Conquistadors to Corporations." *Sojourners Magazine* (May–June).

Paskal, Cleo (2010) *Global Warring: How Environmental, Economic, and Political Crises Will Redraw the World Map*. New York: Palgrave Macmillan.

Patel, R. (2010) "What Does Food Sovereignty Look Like?" In H. Wittman, A. Desmarais, and N. Wiebe, *Food Sovereignty: Reconnecting Food, Nature, and Community*. Oakland: Food First.

Paul, T. V. (2000) *Power Versus Prudence: Why Nations Forgo Nuclear Weapons*. Montreal: McGill-Queen's University Press.

PBS Newshour (2014) "New Series Reveals 'The Cost of Not Caring' for Americans with Mental Illness" (May 23). www.pbs.org.

PCBS (Palestinian Central Bureau of Statistics) (2014) "The Palestinians at the End of 2014" (December 12). www.pcbs.gov.ps.

PCGCC (Pew Center on Global Climate Change) (2009) "Copenhagen Climate Conference: COP 15" (December). www.pewclimate.org.

Pearce, Fred (2015) "On the River Nile, a Move to Avert a Conflict over Water." *Yale Environment 360* (March 12).

Perkins, John (2005) *Confessions of an Economic Hit Man*. New York: Plume.

——— (2009) *Hoodwinked: An Economic Hit Man Reveals Why the World Financial Markets Imploded—and What We Need to Do to Remake Them*. New York: Crown Business.

Perlin, Michael (2006) "Human Rights Abuses in Mental Institutions Common Worldwide." *Virginia Law* (February 27).

Perlo-Freeman, Sam, et al. (2015) "Trends in World Military Expenditure, 2014." SIPRI Fact Sheet (April). http://books.sipri.org.

Peterson, Scott (2000) "Turkey's Plan for Mideast Peace." *Christian Science Monitor* (April 18).

Pierce, Justin R., and Peter K. Schott (2012) "The Surprisingly Swift Decline of U.S. Manufacturing Employment" (December). www.nber.org.

Piketty, Thomas (2014) *Capital in the Twenty-First Century*. Cambridge, MA: Belknap Press.

Pinker, Steven, and Andrew Mack (2014) "The World Is Not Falling Apart." www.slate.com.

Polanyi, Karl (1944) *The Great Transformation*. New York: Farrar and Reinhart.

Pomfret, Richard (1988) *Unequal Trade*. Oxford: Basil Blackwell.

Pounds, A., M. P. L. Fogden, and J. H. Campbell (1999) "Biological Response to Climate Change on a Tropical Mountain." *Nature* 398.

Pressman, Jeremy (2008) *Warring Friends: Alliance Restraint in International Politics*. Ithaca: Cornell University Press.

PSC (Pacific Salmon Commission) (2014) "About the Commission: The Pacific Salmon Treaty, 1985." www.psc.org.

Puddington, Arch (2015) *Freedom in the World 2015*. New York: Freedom House.

Putnam, Robert D. (2015) *Our Kids: The American Dream in Crisis*. New York: Simon and Schuster.

Quota Project (2015) "Global Database of Quotas for Women." www.quotaproject.org.

Radelet, Steven (2010) *Emerging Africa: How 17 Countries Are Leading the Way*. Washington, DC: Center for Global Development.

Rai, S. M. (2011) "The History of International Development: Concepts and Contexts." In N. Visvanathan, L. Duggan, N. Wiegersma, and L. Nisonoff, eds., *The Women, Gender, & Development Reader*. 2nd ed. New York: Zed.

Ralston, Keith, and Duncan A. Stacey (1997–1998) "Salmon Wars and the Crises of the Nineties." *Beaver* 77, no. 6 (December–January).

Ramsdale, Suzannah (2013) "Angelina Jolie: How She's Become an Inspiration to Us All." www.marieclaire.co.uk.

Ray, D. L., and L. Guzzo (1992) *Trashing the Planet*. New York: Harper Perennial.

Rayman, Noah (2014) "Cell Phones Could Help Millions in Developing Countries to Read." *Time* (April 23).

Redclift, Michael (1987) *Sustainable Development: Exploring the Contradictions*. New York: Methuen.

Reichman, Lee, and Janice Tanne (2002) "Timebomb: The Global Epidemic of Multi-Drug Resistant Tuberculosis." *New England Journal of Medicine* (April 18).

RHRC (Reproductive Health Response in Conflict) (2011) "Minimum Initial Service Package (MISP)." www.rhrc.org.

Ricardo, David (1981) *Works and Correspondence of David Ricardo: Principles of Political Economy and Taxation*. London: Cambridge University Press.

Robertson, Geoffrey (2000) *Crimes Against Humanity: The Struggle for Global Justice*. New York: Norton.

Robinson, G. Dedrick., and Gene D. Robinson III (2012) *Global Warming Alarmist, Skeptics, and Deniers: A Geoscientist Looks at the Science of Climate Change*. Abbeville, SC: Moonshine Cove.

Rodney, Walter (1983) *How Europe Underdeveloped Africa*. Washington, DC: Howard University Press.

Rogers, Peter P., Kazi F. Jalal, and John A. Boyd (2006) *An Introduction to Sustainable Development*. Cambridge: Harvard University Press.

Rohde, David, and David E. Sanger (2004) "Key Pakistani Is Said to Admit Atom Transfers." *New York Times* (February 4).

Rohrlich, Justin (2015) "Fair Trade, Free Markets, and the Bitter Fight Behind Your Morning Cup of Coffee." *VICE News* (May 8).

Rollins, John, and Clay Wilson (2007) "Terrorist Capabilities for Cyberattack: Overview and Policy Issues" (January 22). www.fas.org.
Romero, Simon (2010) "Poor Sanitation in Haiti's Camps Adds Disease Risk." *New York Times* (February 19).
Rose, John W., Maria Houtchens, and Sharon G. Lynch (n.d.) "Multiple Sclerosis." http://library.med.utah.edu.
Rueters (2010) "China May Not Issue New 2011 Rare Earths Export Quota Report." *Reuters* (December 30).
Rustad, Siri Asas, and Helga Malmin Binningsbo (2012) "A Price Worth Fighting For? Natural Resources and Conflict Recurrence." *Journal of Peace Research* 49, no. 4.
Sachs, Jeffrey (2005) *The End of Poverty: Economic Possibilities for Our Time*. New York: Penguin.
——— (2008) *Common Wealth: Economics for a Crowded Planet*. New York: Penguin.
——— (2015) *The Age of Sustainable Development*. New York: Columbia University Press.
Saenz, Aaron (2010) "South African Nanotech 'Tea Bag' to Filter Water for Pennies" (September 15). http://singularityhub.com.
Saéz, Almudena, et al. (2015) "Investigating the Zoonotic Origin of the West African Ebola Epidemic." *EMBO Molecular Medicine* 7, no. 1 (January).
Saez, Emmanuel (2013) "Striking it Richer: The Evolution of Top Incomes in the United States." *Pathways Magazine* (Winter 2008).
Sagan, Scott D. (1986) "1914 Revisited: Allies, Offense, and Instability." *International Security* 11, no. 2.
Saleh, Nivien (2010) *Third World Citizens and the Information Technology Revolution*. New York: Palgrave Macmillan.
Sanger, David E., and Michael R. Gordon (2015) "Deal Reached on Iran Nuclear Program; Limits on Fuel Would Lessen With Time." *New York Times* (July 14).
Sanger, David E., et al. (2013) "Chinese Army Unit Is Seen As Tied to Hacking Against U.S." *New York Times* (February 18).
Schaible, G., and M. Aillery (2012) "Water Conservation in Irrigated Agriculture: Trends and Challenges in the Face of Emerging Demands." *USDA Economic Information Bulletin* 99.
Scharre, Paul, and Michael Horowitz (2015) "An Introduction to Autonomy in Weapon Systems" (February). www.cnas.org.
Schmer, M. R., et al. (2007) "Net Energy Cellulosic Ethanol from Switchgrass." *Proceedings from the National Academy of Sciences of the United States of America* 105, no. 2.
Selman, Mindy, et al. (2008) "Eutrophication and Hypoxia in Coastal Areas: A Global Assessment of the State of Knowledge." http://pdf.wri.org.
Sen, Amartya. (1999) *Development as Freedom*. New York: Anchor.
Shah, Anup (2010) "Percent of People in the World at Different Poverty Levels." www.globalissues.org.
Sherman, Richard (2013) "Woodland Owners' Guide to Oak Management." www.extension.umn.edu.
Shiva, Vandana (2010) "Women in Nature." In Nalini Visvanathan, Lynn Duggan, Laurie Nisonoff, and Nan Wiegersma, eds., *The Women, Gender, & Development Reader*. London: Zed.
Shubber, Kadhim (2013) "Gallery: Humanity's Terrible Environmental Impact." *Wired* (April 22).

Shue, Henry (1980) *Basic Rights: Subsistence, Affluence, and U.S. Foreign Policy*. Princeton: Princeton University Press.
Siegel, R. P. (2015) "Costa Rica Went 100% Renewable—Then Saw Energy Prices Fall" (April 3). www.greenbiz.com.
Simmons, K. B., and M. I. Rodriguez (2015) "Reducing Unintended Pregnancy Through Provider Training." *The Lancet* (June 16).
SIPRI (Stockholm International Peace Research Institute) (2015) "SIPRI Military Expenditure Database." www.sipri.org.
Sivard, Ruth Leger (1991) *World Military and Social Expenditures 1991*. Washington, DC: World Priorities.
——— (1996) *World Military and Social Expenditures 1996*. Washington, DC: World Priorities.
Smith, Adam (1910) *An Inquiry into the Nature and Causes of the Wealth of Nations*. London: Dutton.
Smith, Tierney (2015) "5 Countries Leading the Way Toward 100% Renewable Energy" (January 9). http://ecowatch.com.
Sontag, Deborah (2010) "In Haiti, Rising Call for Displaced to Go Away." *New York Times* (October 4).
Soubbotina, T. P., with K. A. Sheram (2000) *Beyond Economic Growth: Meeting the Challenges of Global Development*. Washington, DC: World Bank. www.worldbank.org.
Spiers, Edward M. (2010) *A History of Chemical and Biological Weapons*. London: Reaktion.
Staudt, Kathleen (2014) "Women and Gender." In Peter Burnell, Lise Rakner, and Vicky Randall, eds., *Politics in the Developing World*. Oxford: Oxford University Press.
Steinberg, Gerald M. (1994) "US Non-Proliferation Policy: Global Regimes and Regional Realities." *Contemporary Security Policy* 15, no. 3.
Stevens, Matt (2014) "California Drought Most Severe in 1,200 Years, Study Says." *Los Angeles Times* (December 5).
Stiglitz, Joseph E. (2015) *The Great Divide: Unequal Societies and What We Can Do About Them*. New York: Norton.
Stilwell, Victoria (2015) "Obesity Is Hurting the U.S. Economy in Surprising Ways" (March 5). www.bloomberg.com.
Sullivan, Kathy (2015) "Water from a Stone: Jordanians Stretch Meager Resources to Sustain Syrian Refugees." *Frontlines* (July–August). https://www.usaid.gov.
Sun, Yun (2015) "The Sixth Forum on China-Africa Cooperation: New Agenda and New Approach." www.brookings.edu.
Sung, J. J., et al. (2005) "Increasing Incidence of Colorectal Cancer in Asia: Implications for Screening." www.ncbi.nlm.nih.gov.
SWIE (Stanford Woods Institute for the Environment) (n.d.) "Consequences of Increased Global Meat Consumption on the Global Environment: Trade in Virtual Water, Energy, and Nutrients." https://woods.stanford.edu.
Switzer, Jacqueline Vaughn (1994) *Environmental Politics: Domestic and Global Dimensions*. New York: St. Martin's.
Takle, E. (2008) "Global Warming: Impact of Climate Change on Global Agriculture." *AgDM Newsletter*. Ames: Iowa State University Extension and Outreach.
Tan, Yan, and Fei Guo (2009) "Environmentally Induced Migration in West China" (September 27–October 2). Paper presented at the twenty-sixth International Population Conference, Marrakech, Morocco.
Tannenwald, Nina (2005) "Stigmatizing the Bomb: Origins of the Nuclear Taboo." *International Security* 29, no. 4 (Spring).

TED (Trade and Environmental Database) (2000) "The Economic and Environmental Impact of the Gulf War on Kuwait and the Persian Gulf." www1.american.edu/ted/kuwait.htm.

Thompson, Andrea (2015a) "May CO_2 Peak Shows Trend Is Up, Up, Up" (May 15). www.climatecenteral.org.

——— (2015b) "2015 May Just Be Hottest Year on Record." *Scientific American* (August 20).

Thompson, J. Milburn (2003) *Justice and Peace: A Christian Primer.* 2nd ed. Maryknoll, NY: Orbis.

Tilman, D., et al. (2002) "Agricultural Sustainability and Intensive Production Practices." *Nature* 418.

Trout Unlimited (2009) "Mixed Reviews for Pacific Salmon Treaty." www.tu.org.

Tucker, Jonathan B. (2000) "Chemical and Biological Terrorism: How Real a Threat?" *Current History* (April).

Tumulty, Brian (1994) "US Industry Confronts Cost of Implementing GATT." *Gannett News Service* (July 18).

UCSUSA (Union of Concerned Scientists USA) (2014) "Each Country's Share of CO_2 Emissions." www.ucsusa.org.

UN (United Nations) (1992) *Agenda 21: Programme of Action for Sustainable Development.* New York.

——— (1995) *The United Nations Fourth World Conference on Women: Platform for Action.* www.un.org.

——— (1998) "United Nations Press Briefing on Kyoto Protocol" (March 16). www.unfccc.int.

——— (2000) *United Nations Millennium Declaration.* www.un.org.

——— (2002) *Report of the World Summit on Sustainable Development.* www.johannesburgsummit.org.

——— (2009) *World Population Prospects: The 2008 Revision—Highlights.* New York.

——— (2010) "UN Establishes High-Level Commission to Track Results and Resources for Women's and Children's Health" (December 16). www.un.org.

——— (2011) "Global Issues: Women." www.un.org.

——— (2012) *Report of the United Nations Conference on Sustainable Development.* www.uncsd2012.org.

——— (2013) *Responsibility to Protect: State Responsibility and Prevention.* Report of the Secretary-General. New York.

——— (2014) *Open Working Group Proposal for Sustainable Development Goals.* New York. https://sustainabledevelopment.un.org.

——— (2015a) *The Millennium Development Goals Report 2015.* www.un.org.

——— (2015b) *Transforming Our World: The 2030 Agenda for Sustainable Development.* https://sustainabledevelopment.un.org.

——— (2015c) *2015 Time for Global Action, for People and Planet.* www.un.org.

——— (n.d.) *Current Peacekeeping Operations.* www.un.org.

UN News Centre (2010) "UN and Partners Use New Mobile Phone Application to Enable Refugees to Trace Families" (September 9). www.un.org.

UNAIDS (Joint United Nations Programme on HIV/AIDS) (2007) "UNAIDS Policy and Practice." www.unaids.org.

——— (2015a) "Fact Sheet 2014: Global Statistics." www.unaids.org.

——— (2015b) "How AIDS Changed Everything: Fact Sheet." www.unaids.org.

UNCTAD (United Nations Conference on Trade and Development) (2015) *World Investment Report 2015.* http://unctad.org.

UNDESA (United Nations Department of Economic and Social Affairs) (2002) "The Johannesburg Summit Test: What Will Change" (25 September). www.un.org.

UNDESIPA (United Nations Department for Economic and Social Information and Policy Analysis) (1995) *Global Population Policy Data Base*. New York.

UNDP (United Nations Development Programme) (1994) *Human Development Report 1994*. New York.

——— (1996) *Human Development Report 1996*. New York.

——— (2001) *Human Development Report 2001*. New York.

——— (2011a) *Human Development Report 2011: Sustainability and Equity—A Better Future for All*. New York: Palgrave Macmillan.

——— (2011b) *The Millennium Development Goals Report 2011*. New York.

——— (2014a) *Human Development Report: Sustaining Human Progress—Reducing Vulnerabilities and Building Resilience*. New York.

——— (2014b) *Human Development Report 2014*. New York.

UNDPI (United Nations Department for Public Information) (1997) "Earth Summit Review Ends with Few Commitments" (July). New York.

——— (2002) "Press Summary of the Secretary-General's Report on Implementing Agenda 21" (January). New York.

UNEP (United Nations Environment Programme) (2007) "Environmental Degradation Triggering Tensions and Conflict in Sudan" (June 22). www.unep.org.

——— (2009) "Rainwater Harvesting: A Lifeline for Human Well-Being." www.unwater.org.

——— (2011) "What Is the Green Economy?" www.unep.org.

UNESCO (United Nations Education, Scientific, and Cultural Organization) (2015) "Country Profiles: Pakistan, Education." www.uis.unesco.org.

UNGA (United Nations General Assembly) (2015) "Countries in Arrears in the Payment of Their Financial Contributions Under the Term of Article 19 of the UN Charter." www.un.org.

UNHCR (United Nations High Commissioner for Refugees) (2012) "Refugees." www.unhcr.org.

——— (2014) *UNHCR Global Resettlement Needs: 2015*. Geneva.

——— (2015a) "Global Trends: Forced Displacement in 2014." www.unhcr.org.

——— (2015b) "2015 UNHCR Country Operations Profile: Democratic Republic of the Congo." www.unhcr.org.

UNHCR (2015c) "UN Gaza Inquiry Finds Credible Allegations of War Crimes Committed in 2014 by both Israel and Palestinian Armed Groups." http://www.ohchr.org/en/NewsEvents/Pages/DisplayNews.aspx?NewsID=16119&LangID=E.

University of Arizona (2015) Dark Web and Geopolitical Web Project. https://ai.arizona.edu/research/dark-web-geo-web.

UNPD (United Nations Population Division) (2013a) *International Migration Stock*. www.un.org.

——— (2013b) *World Population Prospects*. http://esa.un.org.

——— (2014a) *World Population Policies Database*. http://esa.un.org.

——— (2014b) *World Urbanization Prospects*. http://esa.un.org.

——— (2015) *World Population Prospects*. http://esa.un.org.

US Bureau of Economic Analysis (2015) "U.S. International Trade in Goods and Services." www.bea.gov.

USDA (US Department of Agriculture) (2013) "National Agricultural Statistics Service: California Agricultural Statistics—2012 Crop Year." Sacramento, CA.

——— (2015) "Economic Research Service: California Drought: Food Prices and Consumers." www.ers.usda.gov.

USDHS (US Department of Homeland Security) (2003) *2002 Yearbook of Immigration Statistics*. Washington, DC: US Government Printing Office.

——— (2014) *Yearbook of Immigration Statistics: Refugees and Asylees.* www.dhs.gov.
USDS (US Department of State) (2002) "US-Canada Yukon River Salmon Agreement Signed" (December 4). Washington, DC.
——— (n.d.) "Glossary." www.state.gov.
USITC (2003) "Steel-Consuming Industries: Competitive Conditions With Respect To Steel Safeguard Measures." (September). https://www.usitc.gov/3632.htm.
US Treasury (2015) "Foreign Portfolio Holdings of U.S. Securities." www.treasury.gov.
Valente, C. M., and W. D. Valente (1995) *Introduction to Environmental Law and Policy: Protecting the Environment Through Law.* Minneapolis: West.
Vaughan, David, and David Adam (2009) "Copenhagen Climate Deal: Spectacular Failure—or a Few Important Steps?" *The Guardian* (December 24).
Veit, P. (2011) "Women and Customary Land Rights in Uganda" (April). www.focusonland.com.
Wake, David B., and Vance T. Vredenburg (2008) "Are We in the Midst of the Sixth Mass Extinction? A View from the World of Amphibians." *Proceedings of the National Academy of Sciences* 105 (August 11).
Wallach, Wendell (2015) *A Dangerous Master: How to Keep Technology from Slipping Beyond Our Control.* New York: Basic.
Walton, David, and Louise Ivers (2011) "Responding to Cholera in Post-Earthquake Haiti." *New England Journal of Medicine* (January).
Wanyeki, L. M., ed. (2003) *Women and Land in Africa: Culture, Religion, and Realizing Women's Rights.* New York: Zed.
Watts, Jonathan, and Dan Collyns (2014) "Ecuador Indigenous Leader Found Dead Days Before Planned Lima Protest." *The Guardian* (December 6).
WCED (World Commission on Environment and Development) (1987) *Our Common Future.* Oxford: Oxford University Press.
WDF (World Diabetes Foundation) (2011) "Diabetes Facts" (June 5). www.worlddiabetesfoundation.org.
WDFW (Washington Department of Fish and Wildlife) (2015) "WDFW Help: Why Do Native Americans Have Their Own Separate Hunting and Fishing Seasons?" http://wdfw.wa.gov.
Weeks, John R. (2005) *Population: Introduction to Concepts and Issues.* 9th ed. Belmont, CA: Wadsworth.
——— (2012) *Population: An Introduction to Concepts and Issues.* 11th ed. Belmont, CA: Wadsworth.
Welch, Ashley (2015) "Amid Crisis, Refugees Face Numerous Health Risks." *CBS News* (September 25).
Weston, Burns H. (1992) "Human Rights." In Richard Pierre Claude and Burns H. Weston, eds., *Human Rights in the World Community.* Philadelphia: University of Pennsylvania Press.
White House (2009) "Remarks by President Obama in Prague" (April 5). www.whitehouse.gov.
WHO (World Health Organization) (2001a) "Fact Sheet 218." www.who.int.
——— (2001b) "Mental Health, Human Rights, and Legislation: WHO's Framework." www.who.int.
——— (2006) "Nutrition." www.who.int.
——— (2007) "Re-Defining 'Health.'" www.who.int.
——— (2012) "Voluntary Medical Male Circumcision for HIV Prevention" (July). www.who.int.
——— (2014a) "Fact Sheet on the World Malaria Report 2014" (December). www.who.int.

——— (2014b) "Female Genital Mutilation." Fact Sheet no. 241. www.who.int.
——— (2014c) "The Top 10 Causes of Death." Fact Sheet no. 310. www.who.int.
——— (2015a) "Depression." Fact Sheet no. 369. www.who.int.
——— (2015b) "Diabetes." Fact Sheet no. 312. www.who.int.
——— (2015c) *Global Tuberculosis Report*. 20th ed. www.who.int.
——— (2015d) "The Health and Environment Linkages Initiative (HELI)." www.who.int.
——— (2015e) "Health Workforce: Density of Physicians." http://gamapserver.who.int.
——— (2015f) "Malaria." Fact Sheet no. 94. www.who.int.
——— (2015g) "Maternal Mortality." Fact Sheet no. 348. www.who.int.
——— (2015h) "Nutrition for Health and Development." www.who.int.
——— (2015i) "Obesity and Overweight." Fact Sheet no. 311. www.who.int.
——— (2015j) "Schizophrenia." Fact Sheet no. 397. www.who.int.
——— (2015k) "Under-Five Mortality." www.who.int.
Wilber, R. (2011) "Lessons from Rwanda: How Women Transform Governance." *Solutions: For a Sustainable and Desirable Future* 2, no. 2.
Wild Salmon Center (2004–2015) "Factsheet: Hatchery Salmon Interactions with Wild Salmon Populations." www.wildsalmoncenter.org.
Wittman, H., A. Desmarais, and N. Wiebe (2010) "The Origins and Potential of Food Sovereignty." In H. Wittman, A. Desmarais, and N. Wiebe, *Food Sovereignty: Reconnecting Food, Nature, and Community*. Oakland: Food First.
WMO (World Meteorological Organization) (2003) "Extreme Weather Events Might Increase" (July 2). www.wmo.ch.
——— (2012) "Record Arctic Sea Ice Melt, Multiple Extremes, and High Temperatures." Press Release no. 966. www.wmo.int.
——— (2014) "Atlas of Mortality and Economic Losses from Weather, Climate, and Water Extremes: Better Disaster Data Enables Better Decisions." Press Release no. 998. www.wmo.int.
Wolbrecht, Christina, and David E. Campbell (2007) "Leading by Example: Female Members of Parliament as Political Role Models." *American Journal of Political Science* 51, no. 4.
Wolf, Aaron T. (2000) "'Hydrostrategic' Territory in the Jordan Basin: Water, War, and Arab-Israeli Peace Negotiations." In Hussein A. Amery and Aaron T. Wolf, eds., *Water in the Middle East: A Geography of Peace*. Austin: University of Texas Press.
Wood, Graeme (2015) "What ISIS Really Wants." *The Atlantic* (March).
Woolcock, M., S. Szreter, and V. Rao (2009) "How and Why Does History Matter for Development Policy?" Working Paper no. 68. Manchester: Brooks World Poverty Institute, University of Manchester.
World Bank (2009) *Gender and Agriculture Sourcebook*. Washington DC.
——— (2011a) "Advancing Food Security in a Changing Climate." http://web.worldbank.org.
——— (2011b) "Data by Country: Kenya." http://data.worldbank.org.
——— (2015a) "Data: Indicators, Foreign Direct Investment, Net (BoP, Current US$)." http://data.worldbank.org.
——— (2015b) "Gross National Income per Capita, 2014, Atlas Method and PPP" (September 18). http://databank.worldbank.org.
——— (2015c) "World Bank Forecasts Global Poverty to Fall Below 10% for the First Time; Major Hurdles Remain in Goal to End Poverty by 2030" (October 4). www.worldbank.org.
——— (2015d) *World Development Indicators 2015*. http://data.worldbank.org.

Wu, Mark, and James Salzman (2014) "The Next Generation of Trade and Environment Conflcits: The Rise of Green Industrial Policy." *Northwestern University* 108, no. 2.
Yaghi, Abdulfattah (2004) "Water Public Policy: A Study on the Near East Countries." Unpublished paper.
Yonetani, M. (2014) "Global Estimates 2014: People Displaced by Disasters." www.internal-displacement.org.
Yousafzai, Malala, with Christina Lamb (2013) *I am Malala: The Girl Who Stood Up for Education and Was Shot by the Taliban*. London: Orion.
Zimmer, Carl (2015) "Study Finds Climate Change As Threat to 1 in 6 Species." *New York Times* (April 30).

이 책의 저자 및 역자 안내

1. 세계화와 글로벌 이슈의 탐구
   Michael T. Snarr 지음 / 김계동 옮김

제1부 분쟁과 안보 차원

2. 글로벌 안보: 과거 이슈와 새로운 현실
   Jeffrey S. Lantis and Michael T. Snarr 지음/ 김계동 옮김
3. 무기 확산의 위협
   Jeffrey S. Lantis 지음 / 김계동 옮김
4. 민족주의와 정체성의 충돌
   Lina M. Kassem, Anthony N. Talbott, and Michael T. Snarr 지음 / 민병오 옮김
5. 보편적 인권의 추구
   Anthony N. Talbott, D. Neil Snarr, and Audrey Ingram 지음 / 민병오 옮김
6. 자연자원을 둘러싼 갈등
   Deborah S. Davenport and Melissa M. C. Beaudoin, with Audrey Ingram 지음 / 차재권 옮김
7. 건강 보호
   Michael D. Newman and Christina L. Veite 지음 / 민병오 옮김
8. 식량안보의 확보
   Coreen H. Cockerill 지음 / 박영호 옮김

제2부 글로벌 정치경제 차원

9. 글로벌 정치경제의 진화
Mary Ellen Batiuk and Joe Lehnert 지음 / 최영미 옮김

10. 자유무역의 딜레마
Bruce E. Moon 지음 / 최영미 옮김

11. 빈곤의 종말과 불평등의 축소
Don Reeves 지음 / 최영미 옮김

12. 인구증가와 이주의 문제
Ellen Percy Kraly, Caroline Anderson, Fiona Mulligan, and Kristen Weymouth 지음 / 민병오 옮김

13. 개발에서 여성의 역할에 대한 인식
Jennifer Dye and Laura Dudley Jenkins 지음 / 박영호 옮김

14. 지속가능한 개발의 달성
Pamela S. Chasek 지음 / 차재권 옮김

15. 기후변화에 대한 대응
Mark Seis 지음 / 차재권 옮김

제3부 결론

16. 미래전망
Michael T. Snarr and Megan L. Canfield 지음 / 김계동 옮김

저자 소개

마이클 스나르(Michael Snarr)는 오하이오 윌밍턴대학의 정치학 교수로 재직하고 있다. (1장 집필 / 2장, 4장, 16장 공동집필)

D. 닐 스나르(D. Neil Snarr)는 오하이오 윌밍턴대학의 사회학 및 정치학 명예교수이다. (5장 공동집필)

마이클 D. 뉴먼(Michael D. Newman)은 국경없는의사회에서 라이베리아, 나이지리아, 스리랑카, 시리아, 남수단 등 분쟁 지역에 외과치료를 제공하는 활동 다수에 참여한 바 있다. (7장 공동집필)

제니퍼 다이(Jennifer Dye)는 신시내티대학 국제관계학과에서 강의하고 있다. (13장 공동집필)

데보라 S. 데븐포트(Deborah S. Davenport)는 조지아 주립대학, 미시시피 주립대학, 영국에서 글로벌 이슈를 강의한 바 있다. (6장 공동집필)

제프리 S. 랜티스(Jeffrey S. Lantis)는 우스터대학 정치학과의 교수로 재직하고 있다. (2장 공동집필 / 3장 집필)

조 레너트(Joe Lehnert)는 캘리포니아대학 산타크루스 캠퍼스에서 국제관계와 정치이론 전공으로 박사과정 중에 있다. (9장 공동집필)

돈 리브스(Don Reeves)는 미국 퀘이커 봉사위원회(American Friends Service Committee) 사무총장, 세계를 위한 빵(Bread for the World) 경제정책 분석관, '국가 법률 제정에 관한 퀘이커 위원회(Friends Committee on National Legislation)'의 법률 비서로 재직한 바 있다. (11장 집필)

브루스 E. 문(Bruce E. Moon) 교수는 리하이대학의 국제관계학과 명예교수이다. (10장 집필)

피오나 멀리건(Fiona Mulligan)은 현재 워싱턴 D.C.의 환경 조사기관에서 활동하고 있다. (12장 공동집필)

메리 엘렌 바티욱(Mary Ellen Batiuk)은 오하이오 윌밍턴대학의 사회학 및 정치학 명예교수이다. (9장 공동집필)

크리스티나 L. 베이트(Christina L. Veite)는 오하이오대학교 물리치료대학에서 의학을 공부하고 있다. (7장 공동집필)

멜리사 M. C. 보두앙(Melissa M. C. Beaudoin)은 노던 버지니아 커뮤니티 칼리지 머내서스 캠퍼스에서 정치학을 가르치고 있다. (6장 공동집필)

마크 세이즈(Mark Seis)는 포트루이스대학 사회학과 부교수로 재직하고 있다. (15장 집필)

캐롤라인 앤더슨(Caroline Anderson)은 최근 존스홉킨스 블룸버그 공중보건대학에서 공중위생학 석사과정을 마쳤다. (12장 공동집필)

크리스틴 웨이머스(Kristen Weymouth)는 콜게이트대학에서 국제관계와 지리학을 공부하고 있다. (12장 공동집필)

오드리 인그램(Audrey Ingram)은 오하이오주 매디슨 카운티를 기반으로 활동하는 언론인이다. (5장, 6장 공동집필)

로라 더들리 젠킨스(Laura Dudley Jenkins)는 신시내티대학 정치학과 부교수이다. (13장 공동집필)

파멜라 S. 채이섹(Pamela S. Chasek)은 맨해튼대학의 정부학 및 정치학과 교수이자 학과장으로 재직하고 있다. 그녀는 지속가능한 개발을 위한 국제연구소(International Institute for Sustainable Development)의 유엔 환경 및 개발관련 협상들에 대한 정보 서비스인 '지구협상게시판(Earth Negotiations Bulletin)'의 공동 창립자이자 편집인이다. (14장 집필)

메건 L. 캔필드(Megan Canfield)는 윌밍턴대학 학생이다. (16장 공동집필)

리나 M. 케이슴(Lina M. Kassem)은 카타르대학 국제관계학과 조교수이다. (4장 공동집필)

코린 H. 코커릴(Coreen H. Cockerill)은 윌밍턴대학의 커뮤니케이션 예술 및 농업 커뮤니케이션학 부교수이다. (8장 집필)

엘렌 퍼시 크레일리(Ellen Percy Kraly)는 콜게이트대학 지리학과의 William R. Kenan Jr. 교수로 재직하고 있다. (12장 공동집필)

앤서니 N. 탤벗(Anthony N. Talbott)은 데이튼대학의 정치학, 인권학 강사이자 동 대학 인권연구 프로그램(Human Rights Studies Program) 임시 책임자로 있다. (4장, 5장 공동집필)

역자 소개

김계동 _ kipoxon@hanmail.net (제1, 2, 3, 16장 번역)

연세대학교 정치외교학과 졸업
영국 옥스퍼드대학교 정치학 박사

현 건국대학교 안보·재난관리학과 초빙교수/국립외교원 명예교수

연세대학교 국가관리연구원 교수
국가정보대학원 교수(교수실장)
한국국방연구원 연구위원
한국전쟁학회 회장/한국정치학회 부회장/국가정보학회 부회장/
국제정치학회 이사
국가안보회의(NSC)/민주평통 자문회의/국군기무사 자문위원
연세대, 고려대, 경희대, 성신여대, 국민대, 숭실대, 숙명여대, 동국대,
통일교육원 강사 역임

주요논저

Foreign Intervention in Korea (Dartmouth Publishing Company)
『한국전쟁: 불가피한 선택이였나』 (명인문화사)
『북한의 외교정책과 대외관계: 협상과 도전의 전략적 선택』 (명인문화사)
『남북한 체제통합론: 이론·역사·정책·경험』 (명인문화사)
『한반도 분단, 누구의 책임인가?』 (명인문화사)
『현대유럽정치론: 정치의 통합과 통합의 정치』 (서울대 출판부)
『국제관계와 세계정치』 (역서, 명인문화사)
『동북아정치: 변화와 지속』 (역서, 명인문화사)
『국가정보: 비밀에서 정책까지』 (역서, 명인문화사)
『현대 유럽의 이해』 (역서, 명인문화사) 외 다수

민병오 _ mbo1996@hanmail.net (제4, 5, 7, 12장 번역)

연세대학교 사회과학대 정치외교학과 졸업
미국 켄터키대학교 정치학과 정치학 석사
영국 글라스고대학교 정치학과 정치학 박사

현 건국대학교 글로컬캠퍼스 초빙교수

민주당 민주정책연구원 상근부원장 / 국회정책연구위원 / 민주당 정책위원회 정책실장
연세대 국가관리연구원 연구교수 / 연세대 통일연구원 전문연구원
켄터키대 정치학과, 연세대, 숙명여대 정외과, 인하대 아태물류학부 강사 역임

주요논저
『국제안보』 (역서, 명인문화사)
『현대 미국의 이해』 (역서, 명인문화사)
『국제정치경제』 (공역, 명인문화사)
『국제기구의 이해: 글로벌 거버넌스의 정치와 과정, 제3판』 (공역, 명인문화사)
『비교정부와 정치, 10판』 (공역, 명인문화사) 외 다수

박영호 _ kinupark@hanmail.net (제8, 13장 번역)

한국외국어대학교 정치외교학과 졸업
한국외국어대학교 정치학 석사
미국 신시내티대학교 정치학 박사

현 강원대학교 정치외교학과 초빙교수

한국세계지역학회 회장/ 비교민주주의학회 회장
한국정치학회 부회장/ 한국국제정치학회 부회장
통일연구원 선임연구위원/ 통일정책연구센터 소장
국가안보회의(NSC)/민주평통자문회의/통일부/국방부/교육부 자문위원
서울대, 고려대, 한국외대, 경희대, 국민대, 단국대, 세종대, 성신여대 등 강사 역임

주요 논저

『한반도 통일과 동북아 외교』(공저, 세종연구소)
『평화통일을 위한 통일외교전략』(공저, 통일연구원)
『한반도 평화프로세스』(공저, 건국대 출판부)
『21세기 동북아 정세와 북한 인권』(공저, 백산자료원)
Perspectives on Migration Flows in Asia and Europe (공저, UNISCI/ASEF)
“한반도 비핵평화체제 실현을 위한 새로운 접근” (비교민주주의연구)
“남북관계에 대한 남북한의 정책과 신뢰구축의 방향” (국제지역연구) 외 다수

차재권 _ jkcha@pknu.ac.kr (제6, 14, 15장 번역)

연세대학교 정치외교학과 졸업
연세대학교 정치학 석사
미국 캔자스대학 정치학 박사

현 부경대학교 정치외교학과 교수
한국지방정치학회 회장 / 국회의장 자문위원회 위원
KNN 시청자 위원회 위원 / 한국정치학회 연구이사
부산광역시 주민감사청구심의위원

주요 논저

『지구와 환경: 녹색혁명의 도전과 거버넌스』(역서, 명인문화사)
『지방정치학으로의 산책』(공저, 한울아카데미)
『지방정치의 이해』(공저, 박영사)
“Government Credible Commitment in Korea’s Information and Telecommunications Sector Development” (Korea Observer)
“Protest-State Interaction: A VAR Analysis of the French Labor Movement.” (The Korean Journal of International Relations) 외 다수

최영미 _ ymchoi@jnu.ac.kr (제9, 10, 11장 번역)

인하대학교 정치외교학과 졸업
인하대학교 정치학 석사
위스콘신 밀워키대학교 정치학 박사

현 전남대학교 정치외교학과 조교수

한국조지메이슨대 국제학과 조교수
서울대 행정대학원 전임연구원 역임

주요 논저

"Constituency, Ideology, and Economic Interests in U.S. Congressional Voting: The Case of the U.S.-Korea Free Trade Agreement" (Political Research Quarterly)
"한중일 삼국의 독자적 국제관계 이론화 성과에 대한 고찰" (국제정치논총)
"The Optimal Path of a China-Japan-Korea FTA: Multilateral Path or Sequential Path?" (Pacific Focus)

찾아보기

ㄴ

ㄷ

ㄹ

ㅁ

ㅂ

ㅅ

ㅇ

ㅈ

명인문화사 정치학 관련 서적

정치학 분야

정치학의 이해 Roskin 외 지음 / 김계동 옮김

정치학개론: 권력과 선택, 15판 Shively 지음 / 김계동, 민병오, 윤진표, 이유진, 최동주 옮김

비교정부와 정치, 제10판 Hague, Harrop, McCormick 지음 / 김계동, 김 욱, 민병오, 윤진표, 이유진 옮김

정치학방법론 Burnham 외 지음 / 김계동 외 옮김

정치이론 Heywood 지음 / 권만학 옮김

정치 이데올로기: 이론과 실제 Baradat 지음 / 권만학 옮김

민주주의국가이론 Dryzek, Dunleavy 지음/ 김욱 옮김

신자유주의 Cahill, Konings 지음 / 최영미 옮김

정치사회학 Clemens 지음 / 박기덕 옮김

복지국가: 이론, 사례, 정책 정진화 지음

시민사회, 3판 Edwards 지음 / 서유경 옮김

포커스그룹: 응용조사 실행방법 Krueger, Casey 지음 / 민병오, 조대현 옮김

문화로 읽는 세계 Gannon, Pillai 지음 / 남경희, 변하나 옮김

거버넌스의 정치학: 한국정치의 새로운 패러다임 모색 김의영 지음

한국현대사의 재조명 한국전쟁학회 편

성공하는 리더십의 조건 Keohane지음 / 심양섭, 이면우 옮김

여성, 권력과 정치 Stevens 지음 / 김영신 옮김

국제관계 분야

국제관계와 세계정치 Heywood 지음 / 김계동 옮김

국제정치경제 Balaam, Dillman 지음 / 민병오 외 옮김

국제개발: 사회경제이론, 유산, 전략 Lanoszka 지음 / 김태균, 문경연, 송영훈 외 옮김

국제관계이론 Daddow 지음 / 이상현 옮김

국제기구의 이해: 글로벌 거버넌스의 정치와 과정, 제3판 Karns, Mingst, Stiles 지음 / 김계동, 김현욱, 민병오, 이상현, 이유진, 황규득 옮김

현대외교정책론, 제3판 김계동, 김태효, 유진석 외 지음

외교: 원리와 실제 Berridge 지음 / 심양섭 옮김

세계화와 글로벌 이슈, 제6판 Snarr 외 지음 / 김계동, 민병오, 박영호, 차재권, 최영미 옮김

세계화의 논쟁: 국제관계 접근에서의 찬성과 반대논리, 제2판 Haas, Hird 엮음 / 이상현 옮김

현대 한미관계의 이해 김계동, 김준형, 박태균 외 지음

현대 북러관계의 이해 박종수 지음

글로벌 환경정치와 정책 Chasek, Downie, Brown 지음 / 이유진 옮김

핵무기의 정치 Futter 지음 / 고봉준 옮김

비핵화의 정치 전봉근 지음

비정부기구(NGO)의 이해, 제2판 Lewis & Kanji & Themudo 지음 / 이유진 옮김

세계지역의 이슈: 갈등과 협력 김정규, 김명수, 윤성환, 이동훈, 정상희, 한미애, 김태형 외 지음

한국의 중견국 외교 손열, 김상배, 이승주 외 지음

자본주의 Coates 지음 / 심양섭 옮김